辽学丛书

辽宁省主题出版重点出版物扶持作品

辽河近代文化史

徐伟浩　鄢钢城 著

辽宁大学出版社 | 沈阳

图书在版编目（CIP）数据

辽河近代文化史/徐伟浩，鄢钢城著. --沈阳：辽宁大学出版社，2025.1

ISBN 978-7-5698-1570-2

Ⅰ.①辽… Ⅱ.①徐…②鄢… Ⅲ.①文化史—辽宁—近代 Ⅳ.①K293.1

中国国家版本馆CIP数据核字（2024）第084040号

辽河近代文化史

LIAOHE JINDAI WENHUASHI

出 版 者：辽宁大学出版社有限责任公司

（地址：沈阳市皇姑区崇山中路66号　邮政编码：110036）

印 刷 者：辽宁一诺广告印务有限公司

发 行 者：辽宁大学出版社有限责任公司

幅面尺寸：175mm×255mm

插　　页：4

印　　张：49.75

字　　数：680千字

出版时间：2025年1月第1版

印刷时间：2025年1月第1次印刷

责任编辑：徐振利　金　华　陈晓东

封面设计：韩　实　苑晓东

责任校对：吴　颖　范　微　郭露桐

书　　号：ISBN 978-7-5698-1570-2

定　　价：158.00元

联系电话：024-86864613

邮购热线：024-86830665

网　　址：http://press.lnu.edu.cn

凡　例

一、本书是一部地域文化断代史，深入探讨了辽河近代100多年文化演进的历史。

二、断限。本书上限起于1840年，下限止于1949年。为便于具体论述，将1840—1949年划分为两个时期，即将1840—1911年称“晚清时期”、1912—1949年称“民国时期”。在具体叙述时，又将民国时期（1912—1949）分为三个时期，即民国前期（1912—1931）、民国中期（1932—1945）、民国晚期（1946—1949）。民国中期又称“日本殖民统治时期”；民国晚期又称“解放战争时期”。

三、地域范围。本书着重论述的是辽河干流两岸即今辽宁境内近代文化发展演变的历史。本书论述中涉及“辽沈地区”“辽东地区”之谓，均指今辽宁省境内。

四、结构。本书结构原则上设篇、章、节、目四个层次。按时间顺序，晚清时期（1840—1911）为上篇，民国时期（1912—1949）为下篇。以纵排横写的方式展开论述。

五、纪年。本书原则上采用公元纪年，讨论中或以朝代年号载记时，则括注公元纪年。

六、注释。本书采用页下注释，分别用①②③……标示。

七、数字。本书中数字用法，参照《出版物上数字用法》（GB/T 15835－2011）。

概　述

辽河文化对近代辽宁发生着很大的影响，这是勿庸置疑的。一般来说，文化对于后世的影响主要有两种形式，即文化传统与传统文化。二者有联系，更有区别。对于辽宁而言，近代主要发生影响的无疑是辽河文化传统。

《辽河近代文化史》是继《辽河古代文化史》之后，一部研究辽河近代文化的文化断代史，侧重研究1840—1949年这百余年间影响近代辽宁的辽河文化传统。

《辽河近代文化史》是辽河近代（1840—1949）文化史之总和。辽河近代文化史可以划分为晚清时期（1840—1911）、民国时期（1912—1949）两个时期。

从1840年鸦片战争至1949年中华人民共和国成立，中国跌宕起伏地跨越了110年的近代历程。中国社会转型与文化传统的发展衍化进程，是一幅波澜壮阔、可歌可泣的历史画卷。其中，贯穿的鲜明主题是：谋求中华民族的独立与中国人民的解放，进而实现国家富强和民族复兴。1840—1949年，特别是1911—1949年，中国人民经过艰苦卓绝的反帝反封建的斗争，解决了民族独立和人民解放的问题。与此相伴，辽河近代文化传统与近代中国文化传统同呼吸、共命运，在近代中国沧桑巨变的时代背景下，辽河文化传统也发生了历史性嬗变与进步。

《辽河近代文化史》将着重探究源远流长的辽河文化传统在近代110年来出现了怎样的历史变化；在衍化过程中呈现何种文化

形态和类型；古代的辽河文化精神传统得到了怎样的传承和发展；其中有哪些历史经验和教训值得认真总结和汲取。

一

1840—1842 年，英国殖民者发动侵略中国的鸦片战争后，中国社会逐步发生了重大的变化。在西方列强的侵略和压迫下，中国进入半殖民地半封建社会，揭开了中国近代历史的序幕。在鸦片战争之前，清代封建社会盛世文化传统影响根深蒂固。一方面因循守旧、泥古不化，遂使国运日蹙、国力日衰；另一方面，大清帝国自认为天朝上国，唯我独尊，妄自尊大的文化传统致使中国对外部世界毫无所知。中国处于封闭的封建社会，与外面的世界几乎完全隔绝。鸦片战争打破了这种隔绝，西方列强纷至沓来，对中国进行侵略和扩张，裹挟着一种不能用意志和感情化解的历史文化风潮，逼迫中国改变几千年来的传统封建制度，中国遭遇三千年未有之大变局。中国是带着巨大的屈辱走入近代历史的，中国近代文化传统的发端亦充满血泪。

中国历史进入近代后，中国和西方世界发生了越来越密切的联系。这种联系当然是多方面的，而其根本的内容是西方列强武装侵略。在利炮坚船面前，大清帝国封建专制极权统治的权杖渐渐失灵了，古老的中华文明在一次次前所未有的冲击面前衰落了。对于中华民族来说，炮火下的震撼不仅是一种精神冲击，更是西方列强的意志借助武力强加给中国的一系列不平等条约。自 1842 年 8 月 29 日在南京下关江面英国军舰上的《南京条约》画押开始，半个多世纪的时间里，颟顸的清朝政府一次又一次履行着签订不平等条约的耻辱使命，和外国签订了多达 1000 余个不平等条约。这些条约“构成”了一个条约制度体系，这是西方殖民者推行殖民主义文化奴役中国人民的法律基础，也是殖民主义文化的特质。西方殖民者通过不平等条约“合法”地剥夺榨取、管束控制中国，迫使中国社会脱离常轨、改道转型。近代中国饱受西方殖民者经济上的掠夺、政治上的压迫、文化上的渗透。近代中国始终处于被蹂躏、被损害、被宰割的地位。国家和民族的权益变本加厉地被列强剥夺，中国被越来越深地拖入殖民主义文化的深渊。

近代中国的历史是被侵略、被掠夺、被压迫的历史，同时又是中华民族逐渐觉醒和反对侵略、掠夺、剥削的历史。中国近代文化传统饱受西方资本主义列强的凌辱和践踏，在反对帝国主义侵略、掳掠、压迫、剥削的斗争中曲折发展、艰难前行。这段历史从 1840 年算起，持续了约 110 年。

因为有了西方列强的冲击，过去长期与外界隔绝的中国被卷入资本主义发展的旋涡。“过去那种地方的和民族的闭关自守和自给自足状态已经消逝，现在代之而起的已经是各个民族各方面互相往来和各方面互相依赖了。物质的生产如此，精神的生产也是如此。”① 西方列强在封建主义中国筑成的资本主义租界地，由此也打开了若干个窗口，外国资本主义的东西因之源源不断地泻入、渗开，让中国人打开了眼界，得以见所未见、闻所未闻；西方坚船的迅速、利炮的声势，确实让一些有识之士认识到中国“器不良”“技不熟”②，中国确实落后了！

鸦片战争后，中华民族传统文化和外来文化碰撞与交锋、交流与融合，城乡社会的演变由此而缓缓发生，近代文化传统逐渐形成和发展。在城市，产生了买办、民族资产阶级以及工人阶级等新的社会力量；在农村，由于洋纱、洋布、五金、煤油、颜料之类的商品陆续输送到乡下，对农村传统手工业产生重大冲击，

---

① 中共中央编译局. 马克思恩格斯全集（第 4 卷）[M]. 北京：人民出版社，1958：470.

② 中国史学会. 中国近代史资料丛刊·鸦片战争 [M]. 上海：上海人民出版社，上海书店出版社，2000：568.

而原产的丝茶之类的农产品作为商品所体现的关系有了不同，它们已经从属于世界资本主义市场了，商贸型农业发展，新的市镇应运而生。受西方文化的影响，许多知识分子开始从地理学开始去了解西方的政治、社会、历史，出现了林则徐主持编译的《四洲志》、魏源的《海国图志》等著作，这些著作寄托了初步觉醒的知识分子们济世匡时的苦心，也成了中国文化近代化萌生的种子。第二次鸦片战争失败，促使革新思潮萌发，又出现了一批反映初步革新思想的议论和著作，如洪仁玕的《资政新篇》、薛福成的《筹洋刍议》、冯桂芬的《校邠庐抗议》、郑观应的《救世揭要》、汤寿潜的《危言》、陈虬的《经世博议》《救世要义》、陈炽的《庸书》等，表明中国近代文化传统的迅速发展。以奕䜣、文祥、曾国藩、李鸿章、左宗棠、张之洞等为代表，发动了学习西方的洋务运动，希望通过模仿西方资本主义列强的军事技术来发展军事工业，以图自强；通过移来西方资本主义的生产过程和生产关系来发展民用工业，以图国富；通过翻译外国书籍、宣传西学和兴办西式学校来发展文化教育，以图自新。中国近代文化传统也多了几分生气。

洋务运动搞了30余年，洋务派富强的梦想被甲午战争打得粉碎。甲午战争中国惨遭失败，中日双方签订《马关条约》（又称《日清媾和条约》），规定：中国割让辽东半岛、台湾全岛和附属岛屿给日本；向日本赔款库平银2亿两；开放沙市、重庆、苏州、杭州为商埠；日本船只可沿内河驶入以上各口，搭客载货；允许日本在上述通商口岸开办工厂；等等。这些政治奴役性的条款，给中国社会造成深重的灾难。中国在甲午战争中的失败和《马关条约》的签订，使西方资本主义列强掀起了瓜分中国的狂潮，中国面临着被世界资本主义列强肢解和瓜分的严重局面。1901年9月，《辛丑条约》（别称《辛丑各国和约》《北京议定书》）签订，清政府丧权辱国已至极点，中国的国际地位更是一落千丈。西方殖民主义文化侵入中国越来越深，中国古代文明和传统文化遇到空前的危机，中华民族陷入了严重的灾难。

空前的民族危机和社会危机带给中国人脑力上的震荡和精神上的强击。救亡图存成为所有爱国者心目中最紧迫、最关注的头等问题，一切都要围绕这个中心问题来重新思考，这是中国近代民族觉醒历程中具有里程碑意义的变化。于是，酝酿已久的资产阶级维新变法思潮便形成了一股富有朝气的政治力量，出现在历史的舞台。1895 年 5 月 2 日，康有为联合十八省 1300 多名举人签名集体上书，史称“公车上书”，使得中国近代史上的维新变法运动达到了高潮。这表明，中国反对侵略的抗争已经由一般民众的自卫本能转变为知识分子和士大夫对自身历史使命的自觉意识，是近代中国文化传统进步的一个表现。从“公车上书”到“戊戌政变”的几年间，维新变法活动以北京、天津、上海、长沙、广州等地为枢纽，大有风靡全国之势。正当光绪皇帝主持的新政搞得火热的时候，1895 年 9 月 21 日，慈禧突然宣布训政，并将光绪幽禁于瀛台，史称“戊戌政变”。百日维新运动因此宣告失败，改良运动亦从顶峰跌落下来。这说明文化传统的革新进步不是轻而易举的事，是要面对强大阻力的。

维新运动作为一场政治运动最后付出了惨重代价，以失败告终。但作为一种近代文化传统，维新派新学家们带来的思想解放却远胜于洋务运动。在维新派新学家们的呐喊中，西方近代文化、民权思想和民主意识，以及求变的观念等思想文化渐成新潮涌荡之势，逐渐深入人心。它表明，从这个时候起，中国出现了具有近代意义的知识分子。这些近代知识分子或脱胎于洋务运动，或警醒于民族危机，在他们身上体现了中华民族近代文化传统的精神。他们身处多灾多难之世，胸怀忧国忧时之思，救亡图存，奋发图强；追求真理，学习西方文化，宣传西方民权思想和民主观念，为中国寻找出路，成为最自觉承担时代使命的社会积极力量。

这一时期，由于深受半殖民地半封建社会的影响，辽河文化传统一面在与西方殖民主义文化以及中国封建主义文化的斗争中曲折发展，一面在与不断传入的西方文化以及中原文化交流、交融中形成了具有地域特色、时代特点的辽河近代文化传统。

两次鸦片战争失败后，西方列强对辽东实施殖民主义文化侵略，西方鸦片文化也不断侵入辽东，英国侵犯辽东，侵占大连湾。西方资本主义商业文化亦侵入辽东，营口开埠、西方商品输入等，对辽河文化传统产生了重大的影响。甲午战争前，辽河近代手工业文化、近代矿业文化、商贸文化、农耕文化等文化形态与类型，均有不同程度的变化与发展。

甲午战争失败后，《马关条约》的殖民文化特性，严重迟滞了辽河文化传统的发展。甲午战争与《马关条约》、八国联军占领北京与《辛丑条约》的签订使清政府统治的根本缺陷——腐败无能、卖国求荣与急速衰落，彻底地暴露无遗。受洋务运动、维新运动的影响，晚清政府被迫实施所谓“新政”。辽沈地区是清王朝的龙兴之地，为保持清王朝永世传承，晚清政府对辽宁军政文化实施改革，包括改革官制与整饬吏治、改革地方行政建制、加强军队训练与设防、实行开禁政策。清政府经济政策的变化，以及官办企业的私有化转变和民族资本主义的发展，带来辽沈地区农业文化和工矿业文化的进一步发展、近代新式金融业文化的兴起、近代交通和通讯业文化的发展。但是，日俄战争再次带给辽河文化传统灾难性的破坏。日俄战争前，俄国殖民者就开始了对辽沈地区的殖民侵略，他们强租辽东地区的港口，对辽东地区实行殖民主义统治，设立殖民统治机构，实施殖民司法文化和实施殖民教育文化，营建殖民商业文化，实行殖民掠夺政策，破坏了辽河近代文化传统的发展环境。日俄战争期间，日俄两军残杀战区人民、洗劫辽东财富与资源、践踏与破坏古建筑文化等，给辽河文化传统造成重大劫难。甲午战争爆发后，辽东人民发动辽东保卫战、旅顺口保卫战，开展声势浩大的拒俄运动，各地人民开展武装抗俄斗争。这一时期，辽河文化传统表现出强烈的不屈不挠的反抗精神。

清末时期，是中国近代历史的开启时期，也是近代文化传统兴起和形成的重要时期。这一时期，影响较深的近代文化传统主要表现为，在中华民族危难面前，救亡图存成为中华儿女共同的历史担当和伟大使命。一方面，人民群众的爱国精神，使他们敢于直接反抗西方资本主义列强的侵略，或是与敌寇兵戎相见、血肉相搏，或是反对日趋依附外国乃至堕落到“量中华之物力，结与国之欢欣”地步的清朝政府，以及它所代表的腐朽没落的封建势力；另一方面，对传统文化长期形成的惯性和定式的思维的突破，如由朝廷开明官绅和众多忧国之士发起的以强健自身进行救亡的洋务运动和为维护清朝封建专制主义集权统治政体文化而搞的维新变法运动。中国近代文化传统，尤其是辽河近代文化传统是愈挫愈勇，不断前行。

中国五千年文明，封建专制主义文化占统治的时间有两三千年。其间，封建专制主义文化借着中华传统文化，特别是儒家文化的力量，不断地完善和发展自己，最后形成完整系统的封建专制极权政体文化。鸦片战争后，中国被资本主义列强侵略和压迫，事实上已沦为半殖民地了。辛亥革命成功地把封建帝制改成了民主共和制，但在民国旗帜下的政体文化并没有实质性的改变。两千多年形成的封建极权专制文化传统，又怎么能够在一二十年的时间内改变呢？晚清时期，辽河文化传统既受中国文化传统的影响，又深受甲午战争、日俄战争的直接影响，其发展过程中又保持了地域特点和凸显了自身特性。

二

民国时期，是中国近代历史发展的第一个转折时期。近代文化传统的形成、发展和繁荣，推动了中国社会由近代向现代的转型发展，实现了由半殖民地半封建社会向新民主主义社会和社会主义社会初级阶段的历史性转变。在这个重要的转折时期，辽河近代文化传统逐步转型发展，迎来了新的曙光。

近代中国历史是一部被侵略、被掠夺、被压迫，惨遭西方资本主义列强凌辱、充满屈辱的历史，同时又是中华民族逐渐觉醒和反对资本主义列强侵略、掠夺、瓜分的抗争史。而这种反侵略的抗争，往往表现为中国一般民众，特别是不愿做亡国奴的农民的自卫本能。这也反映了当时的文化传统，如太平天国农民起义、义和团运动等。由于当时中国社会经济文化十分落后，农民起义队伍存在笼统排外、愚昧迷信、组织松散、成分复杂等问题。同时，缺乏先进社会力量的引导，特别是面对清朝政府和西方殖民者的联合绞杀，这些自发的反抗斗争没能取得最后胜利。因为有中国农民出自爱国本能的自卫抗争，才迟滞了西方殖民者瓜分中国的脚步。这是近代历史上中国农民起义最伟大的历史贡献，他们身上表现出来的反侵略、反压迫，敢于以血肉搏枪炮的勇气，是中国近代文化传统的重要体现。

民国初期，风云际会，资产阶级民主革命艰难曲折，政体文化诡谲变幻。1911 年，资产阶级民主革命派以一往直前的气概，推翻了清王朝的统治，宣告了统治中国两三千年的封建帝制的结束，开启了中华民国的新纪元。辛亥革命否定了封建帝制，以“共和”取代“帝制”，是中国历史上的伟大事件，是近代文化传统的一次历史性跨越。中华民国的建立，是辛亥革命的伟大成果，也是我国近代史上具有划时代意义的革命成果。从此，中国政治制度文化和社会思想文化进入新的发展历史时期，具有划时代意义。

从辛亥革命胜利建立中华民国，到新民主主义革命胜利建立中华人民共和国前，这一时期是辽河文化传统转型发展的重要时期。在辽河文化传统转型发展的过程中，表现出来的是新文化思想的涌现和旧文化思想的固守，新旧两种文化并立的混合形态。辛亥革命前，晚清政府在“龙兴之地”推行所谓新政，人们期待能给辽河近代文化的传统发展带来了一些新变化。但日俄战争的爆发，清政府的行径彻底暴露了晚清所推行新政的虚伪。晚清新政带来的是地方官僚队伍庞大、贪污腐化公行、经济民生凋敝，特别是清政府见到外国列强将战火燃烧在中国时，竟然持所谓中立的态度，将辽沈地区划为日俄交战区，任由日俄烧杀掳掠。地方官吏避逃，政权瘫痪，陷辽沈人民于战争灾难之中，致辽河文化传统遭受空前的浩劫。

辛亥革命后，辽河文化传统的形态更加复杂。辛亥革命结束了中国两三千年的封建专制主义的统治，建立了中华民国。由封建帝制转变为民国共和，国体的改变给中国近代文化传统的转型发展带来了可能。一场革命的胜利，在文化形式上可以改变国家的政体形式，却难以从根本上改变旧有的封建专制极权政体文化的内容。因此，在辽沈地区，既有倡导民主共和的，也有坚持君主立宪的；既有奉天民国政府的地方行政机构，又有陪都奉天内务府。在政体文化上，当时延续着辛亥革命共和与立宪的争论，军民分治、军政分治，看似十分进步的形式，但因为实际权力由督军一人掌控，政体文化专制的本质并没有多少改变，这是北洋军阀统治时期中国政体文化的共同特征。

民国初年，西方殖民者的侵略与掠夺，北洋军阀黑暗统治和各地军阀割据与混战，造成中国社会一片黑暗，中华民族灾难深重。

中国近代文化传统的发展变化是在西方殖民者野蛮侵略与扩张的冲击下产生的。学习借鉴西方文化，借用西方的观念和方法对中国古代传统文化进行改造，在实践中不断创获和发明，构成了中国近代文化传统的特色。

五四运动的爆发是中国近代文化发展史的历史转折。五四运动延续了新文化启蒙运动反对封建主义精神，第一次明确提出反对帝国主义的口号，使反对封建主义与反对帝国主义缩结起来。五四运动的胜利，极大地鼓舞了中国人民的斗志，也极大地解放了中国人的思想观念。

奉天省参议会的成立，是民主政治文化的有益尝试，表明辽河近代政体文化的发展。民国缩接于清朝帝制，所以仍然承袭清末的司法文化传统，体现了新旧文化传统的延续性。在这样的文化环境下，新文化与旧文化通过争辩、互融，逐渐形成了辽河文化传统新的形态。由辛亥革命到新文化运动再到五四运动，标志着中华民族反帝反封建文化意识的觉醒。中国共产党的成立，同盟会的转型，中国国民党的改组，北伐战争的爆发，抗日战争的胜利，蒋家王朝的垮台，表明中国文化的进步，体现了中国近代文化传统精神。辽河近代文化传统伴随时代发展的脚步，逐步产生、形成和发展。

受辛亥革命和革命党人进步文化的传播及革命党人组织武装斗争的影响，辽河儿女积极参与反帝反封建斗争，推动了辽河近代文化传统的形成和发展。民国初年，辽河文化获得一定发展，包括辽河农业文化的恢复性增长、民族工矿业文化的兴起、商贸业文化的发展、官僚资本主义文化的形成、近代产业工人文化的壮大；科技文化的发展，包括新式教育文化的兴起、兴学育才文化观念形成、留学文化热潮的兴起、科技文化的发展等。

民国前期，相对中原军阀混战、战乱频仍而言，辽沈地区保持了社会的相对稳定，辽河近代文化传统进一步发展。其主要表现在文化形态和类型多元发展，农业文化、工业文化、轻纺工业文化、军事工业文化、工矿业文化、交通业文化、商贸文化、金融财政文化、社会教育文化、军事教育文化等均有一定的发展。

三

九一八事变后，日本侵占辽宁乃至东北地区。日本殖民主义文化的野蛮侵略和扩张渗透，带给辽河近代文化一场灾难。日本殖民主义文化对辽沈地区实行政治上的奴役、经济上的掳掠、文化上的殖民化，是辽河文化乃至中华文化发展史上的浩劫。日本殖民主义对辽沈地区的文化奴役：对辽沈地区民众的新闻言论实行殖民化管制，他们通过自己兴办新闻媒体进行殖民主义宣传，设置殖民教育机构，制定殖民教育方针，采用殖民教育教材，对辽沈地区民众子弟实施殖民化教育文化；日本殖民者对辽宁的经济掠夺：强行垄断辽宁的金融、港口以及造船业、化工业，恣意掠夺辽宁的矿产资源，辽河近代文化传统惨遭涂炭。日本殖民者统治的野蛮行径，激发并形成了辽河抗日救亡文化的繁荣和发展。抗日救亡文化在辽沈大地迅速兴起和发展，由东北抗日义勇军、东北抗日联军、东北人民革命军、抗日游击队、东北军等抗日武装形成的抗日力量成为抗击日本侵略的重要力量；教育界开展反殖民教育的抗争、文艺教育界抗日救亡运动、东北流亡同胞的抗日救亡运动不断掀起。辽沈地区抗日斗争运动，促进了辽河抗战文学的兴起与繁荣，辽沈流亡作家的小说创作热情空前高涨，以抗日斗争为题材的长篇小说、短篇小说作品不断涌现，成为辽河抗战时期小说创作的重要形式，也为抗日军民提供了精神食粮。辽河近代文化传统表现了强烈的民族气节和反抗精神。

抗日战争胜利后，辽河近代文化传统迎来了新民主主义文化的曙光。由于辽沈地区特殊的地理位置，自古就是兵家必争之地。1945 年 8 月 15 日，日本投降后，蒋介石不顾民意，公然发动旨在消灭中国共产党及其军队的内战。辽沈地区成为必争之地，战火再燃。中共根据时局的发展，正确研判形势，提出“向北发展”战略，八路军、新四军正确贯彻中共中央的方针，逐步控制辽沈地区。中共派党员干部奔赴农村，在那里建立根据地。国共争夺战在山海关至北宁路沿线展开，国民党军节节败退。由于蒋介石发动内战不得民心、有违军心，以及蒋介石统治集团各级官吏的腐化，国民党军队已经失去信心，士气低落，败局已成。辽沈战役是决定中国共产党乃至中国命运的关键战役。

1948 年 11 月 2 日，在中国共产党领导下，人民推翻了蒋介石统治集团在辽沈地区的独裁政权，也结束了帝国主义、封建主义和官僚资本主义三座大山剥削和压迫辽沈人民的历史，结束了辽沈地区半封建半殖民地社会形态。辽沈大地的解放，使辽河近代文化传统终于迎来了伟大的历史性转折，走向辽河现代文化传统繁荣发展的美好时代。

辽沈地区解放初，为支持全国人民的解放斗争，中国共产党又立即组织辽河儿女恢复生产。辽沈地区的政权刚刚回到人民手中，百废待兴。在没有资金、缺少技术的情况下，辽宁产业工人响应中国共产党的号召，自力更生，艰苦奋斗，很快恢复生产，为支援全国的解放作出了伟大贡献。辽河近代文化展现了蓬勃发展的生机，以崭新的姿态迎接新中国的建立。

回顾自鸦片战争以来 110 年中国探索与发展的历史，从洋务运动仿效英国、欧洲；戊戌维新变法仿效日本、俄国；辛亥革命仿效法国、美国；五四运动之后仿效美国、苏联，最后形成中国特色社会主义道路，表现了不同时期先进的中国人的选择。这些选择构成了中国近代社会变迁的环节，每个看似偶然的环节都具有历史的必然性，各个环节的有机缩接，演绎了中国近代文化传统的历史画卷。

伴随中国近代历史成长的辽河近代文化，在每一个历史环节中，勤劳善良的辽河儿女取得了一些成就，也付出许多代价；经历了曲折和艰辛，也体验了成功和喜悦。从 1840 年以来的 110 年，辽河儿女创造的辽河近代文化，绚丽斑斓，可歌可泣。

目　录

下篇　民国时期辽河近代文化的变化

上篇　晚清时期辽河近代文化景象

1840—1911 年，是清王朝统治中国的最后 70 年，称之为“晚清时期”。晚清时期的中国灾难深重。在这个历史背景下，辽河近代文化发展曲折艰难、波澜壮阔、可歌可泣。

第一次鸦片战争后，中国社会发生了重大的变化，进入半殖民地半封建社会，拉开了中国近代历史的帷幕。随后，第二次鸦片战争、中法战争、甲午战争、八国联军入侵、日俄战争接连爆发，西方资本主义列强纷至沓来，野蛮地侵略和扩张，用坚船利炮逼迫晚清政府签订了千余份丧权辱国的条约，《南京条约》《天津条约》《北京条约》《马关条约》《辛丑条约》……一份接一份连续不断地签订。因为这些条约，中国国家和民族的权益变本加厉地被列强剥夺，国运日蹙、国力日衰。帝国主义国家在中国划分势力范围，通过上述条约合法地剥夺、榨取、控制中国。泱泱大国，事实上已经沦为西方列强的殖民地了。中国饱受殖民者经济上的掠夺、政治上的操控、文化上的渗透，始终处于被帝国主义蹂躏、宰割的地位，被越来越深地拖入殖民主义文化的深渊。

中国近代文化饱受西方殖民主义文化的凌辱和践踏，在反对帝国主义侵略、掳掠、压迫、奴役的斗争中探索前行，又在与外来文化的碰撞与交锋、交流中逐渐形成和发展。洋务运动、维新运动，“师夷之长技以制夷”“中体西用”，试图通过模仿西方的军事技术来发展军事工业达自强；以图通过移来西方资本主义的生产过程和生产关系来发展民用工业致国富；以图通过翻译外国书籍、宣传西学和兴办西式学校来发展文化教育而自新。

这一时期，辽河近代文化主要表现为：一面在与西方殖民主义文化以及中国封建主义文化的双重斗争中曲折发展；一面与不断传入的西方文化以及中原文化进行双重交流与交融，形成了具有鲜明时代特征的辽河近现代文化传统。

两次鸦片战争，对辽河近代文化的发展与演变产生了重要的影响。两次鸦片战争失败后，西方殖民主义文化侵入辽东，对辽河近现代文化产生了重大的影响。甲午战争前，辽河近代手工业文化、矿业文化、商贸文化、农耕文化，均有不同程度的变化与发展。甲午战争的失败及《马关条约》的签订，严重迟滞了辽河文化传统的发展。受洋务运动、维新运动的影响，清政府实施了“新政”，对辽宁军政文化实施改革，包括改革地方官制与整饬吏治、改革地方行政建制、加强练军设防、实行开禁政策，特别是清政府实施新经济政策，促进了辽沈地区官办企业的私有化转变和民族资本主义的发展。同时，促进了辽沈地区农业文化和工矿业文化的发展、近代新式金融业文化的兴起、近代交通和通信业文化的发展。但是，日俄战争再次给辽河近代文化造成了空前的浩劫。日俄战争前，俄国殖民者就开始侵占辽沈地区了，强租港口，实行殖民统治，设立殖民统治机构，实施殖民司法文化和殖民教育文化，实行掠夺政策，严重破坏了辽河近现代文化的发展环境。日俄战争中，日俄军队残杀战区人民、洗劫战区的财物和资源、破坏古建筑文化等，给辽河近代文化造成了空前的劫难。这一时期，辽河近代文化表现出强烈的反抗精神。

晚清时期，救亡图存是中国近代文化的历史使命。一方面，要反抗西方资本主义列强的侵略，反对日趋依附外国、腐化堕落的清朝政府以及它所代表的腐朽没落的封建势力；另一方面，要突破封建专制集权政体文化长期形成的惯性和定式的思维。辽河近代文化既受中国文化传统的影响，又深受甲午战争、日俄战争的直接影响。在救亡图存的斗争中，辽河近代文化在发展过程中既保持了地域特点，又凸显了时代特性。

第一章　晚清时期近代文化传统大变局

辽河近代文化的衍化、发展与繁荣，不仅与近代辽沈地区发展的历史相联系，而且深受近代中国历史和中华民族文化的影响。

中国的近代史是从鸦片战争开始的，中国社会的历史转型是西方列强逼迫下开始的。因此，一部近代中国史，一半是被侵略、被掳掠的耻辱史，一半是反侵略、反压迫的抗争史。鸦片战争的炮火将中国带入了近代历史，即半殖民地半封建社会，接连的战争失败和一系列不平等条约的签订，西方殖民者强暴的侵略和野蛮的扩张，带给中国社会和中华民族空前的劫难。

第一节　西方殖民主义文化的侵略

鸦片战争改变了中国近代历史的发展轨迹，西方殖民主义文化野蛮入侵，促使中国社会发生了转型，开启了中国半殖民地半封建社会历史大幕。鸦片战争是中国历史上具有划时代意义的重大历史事件，西方殖民主义给中国造成的后果极其严重。西方殖民主义给中华民族制造的苦难，强加给中国的耻辱，在中国历史上绝无仅有。从此以后，西方殖民者、帝国主义列强对中国的一系列侵略、压迫与掠夺，都是鸦片战争的延续和发展。中华近代文化传统的形成和发展也深受其影响。

一　近代西方世界与东方中国

关于鸦片战争失败的原因以及对近代中国的影响，学界已经有了基本趋于一致的共识。讲到失败的原因，概言之有清政府政治腐败；中国封建经济落后；军事技术和装备落后；掌握战争领导权的清朝统治者战和不定，军事指挥失当；等等。谈到影响，无外乎政治、经济、思想等方面。政治上，随着中国的领土、领海、司法、关税和贸易主权开始遭到严重破坏，中国逐渐由一个独立自主的国家沦为半殖民地半封建国家，软弱无能的清政府成为列强统治中国的工具。经济上，在一系列不平等条约的“合法”保护下，通过割地赔款，殖民者恣意掠夺中国的财富和资源，导致中国日益贫穷。随着列强向中国倾销产品和对中国丝、茶等农副产品的收购，逐渐把中国卷入世界市场；原本占主导地位的自给自足的自然经济受到强烈冲击，中国日益成为世界资本主义市场的一部分，客观上促进了中国商品经济的发展。思想文化上，鸦片战争失败后，中国遭受殖民者的凌辱，部分知识分子开始觉醒，注目世界、学习西方、探求新知，寻求救亡图存、强国御侮之道，萌生了许多新思潮，推动了近代文化传统的发展，对封建专制极权政体文化起到了一定的冲击作用。

早在鸦片战争前，西方殖民者就垂涎中国的商贸市场了。

第一个来到中国的殖民者是葡萄牙。1514 年（明朝正德九年），葡萄牙人裴斯特罗从马六甲乘土著居民的船只来到中国。由于葡萄牙人的海盗行径，明朝政府于 1521 年下令将葡萄牙人驱逐出境；次年，葡萄牙派专使米罗刚到上川岛，遭中国官兵袭击。在广东受阻后，葡萄牙北上浙江宁波、福建泉州和漳州等地。1545—1548 年，明朝政府对葡萄牙在浙江的据点进行了扫荡；进入福建的葡萄牙据点也被驱逐。1582 年，葡萄牙以条约形式租借澳门，每年租金 500 两白银。

第二个来到中国的殖民者是西班牙。1565 年，西班牙将菲律宾纳为殖民地，其势力范围开始进入南洋，此时的南洋地区为中国的势力范围，中国商人林凤于 1574 年率武装力量与西班牙发生激战；后西班牙派马丁拉达等两名传教士来华。

第三个来到中国的殖民者是荷兰。1601 年，荷兰要求与中国通商未果；次年，荷兰东印度公司经荷兰政府批准正式成立，享有垄断印度洋和太平洋之间与本国的贸易，享有拥有武装和宣战媾和的权利。1603 年，荷兰派军进攻葡萄牙占领的中国澳门，未得逞，后又北上，占领澎湖，并屡犯金门、厦门。1624 年，明政府发兵进攻澎湖，荷兰军败走，转而占领中国台湾。1661 年，被郑成功逐出台湾。

第四个来到中国的殖民者是英国。1573 年，英国曾设想通过 5 条航线打通中国通道，并于 1576—1578 年间 3 次寻找通往中国的道路，1580—1587 年先后 6 次从西北航道寻找通道，均无所获。1583 年、1596 年、1620 年，英国女王伊丽莎白 3 次派人寻找中国，并带有致中国皇帝的信，但都未成功。此后 100 多年间，英国对华贸易始终未能打开局面。

继以上四国来华的同时，美国、法国、俄罗斯、普鲁士、奥地利、比利时、丹麦、瑞典、意大利等国也先后“扬帆逐波”寻找中国。到 19 世纪初，几乎当时世界上所有主要的资本主义列强都来到了中国的大门口。

当西方殖民者千方百计了解中国、进逼中国时，清王朝又是什么样的呢?

18 世纪 40 年代，中国正处在康乾盛世的极盛时期①。当中国人沉浸在盛世幸福之梦幻时，西方的政治、经济、科技等情势悄然发生了变化。

在政治思想方面，法国的孟德斯鸠研究各种政制，发表了名

---

①　康乾盛世是指自康熙元年（1662）至乾隆六十年（1795）凡 133 年，包括康熙、雍正、乾隆三朝，是大清帝国的黄金时代。

著《法意》；伏尔泰发表了一系列文学作品，公然抨击贵族、僧侣等上流社会的腐朽与黑暗；卢梭发表有名的《社会契约论》（又译《民约论》）。他们的政治思想成为社会先声，成为引导政治社会发生改变的牵动力。

在经济思想方面，英国的亚当·斯密的名著《原富》发表，成为近代经济学的鼻祖；法国的魁奈（Quesnay）为重农学派的倡导者。他们鼓吹经济自由主义，成为促进社会经济发展的推动力。

在科技方面，英国的瓦特（Watt）发明了蒸汽机，1764 年始用于矿山吸水器，渐至应用于工厂，到 1807 年，美国的富尔顿应用它创造了蒸汽机驱动轮船；英国的阿克莱特（Arkwright）发明了水力织布机并开始创办纺织公司，掀起了工商革命。

这些经济上、思想上及科技上不断出现的新发展，为西方政治、经济、社会的发展提供了原动力。

从当时的国际形势来看，自航海线路发现以来，欧洲的政治格局随着殖民地的争夺也发生了变化。17 世纪时，西班牙拥有海外优势，当时西班牙海外殖民地领地最大，法国、葡萄牙次之，英吉利最小。到了 18 世纪，英国崛起，西班牙渐渐地失去优势地位。18 世纪初期，法国率先完成强固中央集权，英国由君主中央集权进入国会内阁政治；其他各国的政治组织相对散漫微弱，远不及英法。当时的欧洲，英法两国处于敌对状态，因而在海外殖民地争夺中，英法两国也常常彼此对抗。18 世纪中期，英法两国在东半球的印度和西半球的美洲都有激烈的战争。1760 年，英国将法国在印度的势力摧毁，从此英国掌控了印度。1784 年，英国政府发布条例，将对印度的监督权由东印度公司移归英国政府，奠定了英国扩张于东方的基础。欧洲“七年战争”时，英法战争最为激烈。英法两国殖民地争夺的胜负决定后，世界的政治形势发生了重大变化。1775 年，北美 13 个州不满英国的统治爆发了独立战争。经过长达 8 年的战争，打败了英国殖民地统治者。1787 年，北美 13 个州制定了联邦新宪法，正式成立联邦共和国，从此开启了近代民主共和国的先声。1789 年，法国大革命爆发。拿破仑高举自由与法制的旗帜，剑锋所指，所向披靡，把欧洲大陆的封建残余尸骸扔进历史的垃圾堆，除了俄国与英国外，他几乎征服了整个欧洲。1812 年，拿破仑兵败俄国，英、俄、普、奥各国乘势攻法，经过两年的战争，终于打败了拿破仑，并将其流放于圣赫勒拿岛。1815 年，维也纳会议恢复了欧洲的和平秩序。欧洲的和平秩序虽然恢复了，但法国的王政已非从前的王政。1830 年，法国又爆发了"七月革命"，新兴工商业的中流阶级势力战胜反动的贵族、僧侣传统势力，进而引发英国 1832 年国会改革。从此，英国新兴工商业的中流阶级势力始得及于国会，国会内阁政治充满向外发展的力量。

反观东方中国，当英法在争夺欧洲和北美殖民地及印度时，乾隆皇帝正沉醉于盛世带来的荣耀里。北美 13 个州争取民族独立与解放、成立联邦共和国，法国大革命如火如荼时，乾隆皇帝统治下的中国已进入康乾盛世晚期，虽然盛世的光环依旧笼罩着华夏，但此时的中国"政治疏阔，武备废弛"，"自道、咸以来，适值清代中衰之候，客强主弱，郑昭宋聋，丧败之端，遂至层见迭出，此亦我国民之不幸也"①。那么，究竟该如何看待清代封建专制集权统治政体文化的影响呢？

清代封建专制极权统治政体文化的发展大体可以划分为四个阶段。第一阶段：自顺治入关至康熙平三藩、灭郑氏，此为戡定阶段，其封建专制极权统治政体文化日益发展；第二阶段：自康熙、雍正整顿吏治，至乾隆遂臻极盛，此为康乾盛世时期，其封建集权专制统治政体文化全面繁荣；第三阶段：自乾隆至嘉庆，乾隆秉性浮夸，采风雅颂，文治武功，皆近粉饰，晚年重用黩货无厌之和珅，致吏治败坏，民生日蹙，其封建专制极权统治政体

① 吕思勉．中国近代史［M］．长春：吉林出版集团股份有限公司，2017：14．

文化存在的问题日益暴露出来，日渐式微；第四阶段：嘉庆、道光以后，西方列强东来，国家内忧外患，处于艰难之世，其封建专制极权统治政体文化走向衰落，以政治、财政、军事情形而言，可谓木腐虫生，大清政权江河日下。

清王朝建立之初，政府比较简陋，政治也较清明。入关初，顺康时，励精图治，宫中用度较为节俭，于百姓尚能废除三饷，依明万历以前的规制，定赋役全书，度支渐见宽裕，屡免天下钱粮，蠲除灾欠。经济发展了，故平藩戡乱，财政也未见紧张。至康熙末年（1720 年前后），库储银达 2700 万两。雍正时期(1723—1735)，库储银继续增长，多达 7800 万两。清朝国库充裕，一派盛世景象。此后，乾隆沉迷于南征北讨、游山玩水，重用敛臣和珅，致朝廷吏治大坏，贪腐之风公行于世。史料记载，和珅被抄时家产清单估值在 8 亿两左右，相当于清廷 10 年的财政收入。由于敛臣和珅的贪求，计簿无征，造成了上官诛求州县，州县盘剥百姓，吏治坏而民生蹙的世景，致国家的元气深受斫伤。

综观有清一代政体文化，中央行政机构有内阁、军机处、六部及都察院等，地方有各省都抚，看似组织十分严密，但一切权力都集中于皇帝，没有一个机关可以宰制另一个机关，无论甲机关与乙机关，抑或同一机关内部，都是互相监督、互相牵制。所以，清代的封建专制集权政体文化发展到极致，真正实现了皇帝大权独揽，乾纲独断。

清廷始有亲王及内阁大学士辅佐，置六部掌理朝政。六部虽为中央机关，但各部长官不是总辖全国的行政首长，无权向地方督抚发号施令，各部亦无统率全机关的唯一首长，职责不清，遇事相互推诿扯皮。雍正用兵平乱，雍正猜防臣下，故添置内阁军机处专管军机秘密。自设军机处，六部减压。军机大臣虽无官秩，又无定额，却掌管军国大政，赞理机务，凡政务裁决、官吏任免黜陟、用兵方略，无不参与，其地位显赫，令人敬畏。

至于六部，尚侍满汉并置后，吏、户、兵三部又置管部大臣，管部又为兼差，坐啸画诺，一切听命于司员，内宫运转效率极低，一件公文非经六七十道程序难以至尚侍。

至于外官，则督抚司道，层层抑压，州县官吏难以作为，虽为督抚，却无大权，难系一方之重。清代的总督、巡抚袭明制而有所发挥，总督初无直辖地，一般兼领两省的所属有两个巡抚，辖一省的则以总督兼授巡抚衔，不另设巡抚。巡抚则负责一省之察吏安民及转漕裕饷。洪秀全等起义后，督抚职权稍有变化。清代地方督抚均不受内阁、军机处和六部的直接命令，地方总督兼右督御史衔、巡抚兼右副督御史衔，都有单独上奏权或参劾权。督抚主政地方，看似有上下从属关系，实际上没有统率关系。地方官制立基于互相牵制之策，造成极为复杂的组织结构，均是管官而非治民。考其职权，缺乏明确规定，遇有困难，互相推诿，利之所在，则竞相争夺。官署多为传递长官命令之衙门，手续繁复，效率低下，是当时的普遍现象。八股考试乃入仕之正途，考取之士，思想才力已然梏痼，多无发展余地，官员冗余，任用无期，迨其年老，志衰力微，幸者始得简用。唯求安然无恙，俱以不生事为贵，敷衍塞责，以保禄位。故有疆臣陶澍奏称吏治八弊：①勒接交代新官承认前任亏空，少者数千，多则数万，告禀则上官有失察之咎，势不敢为；②多摊捐款，名目有等补、帮助、贴赔、使费，每岁数百数千两不等；③预备赏号，凡上司有事，或练兵，或巡边，或公宴，均有赏金，上司收之作赏，吏役更索规费；④添办供给，上司出入境时，有夫马，有酒席，有站规，有门包，同城居住有轮月或包月之供给，一窗、一扉、一厨、一厕，皆取于附郭之州县；⑤压荐幕友，道府藩臬督抚所荐，不敢不受，有未见面而送束脩者，谓之食坐俸；⑥滥送长随，上司荐之不得不受，更无所忌，乃外勾吏役，内通劣幕；⑦委员需索，一纸文书可办之事，动辄派委数员调剂闲官，多所需索；⑧提省羁留，官进省后，转委他人，一年半载之后，始令回任。清代恶劣的政治生态，胥吏营私舞弊，勒索敲诈，无恶不作，故人民视官吏贪狠如狼似虎，视政府之存亡荣辱不关于心。

至于军队。清王朝入关之后，剿平流寇，迨中原略定，无论八旗、绿营均渐趋腐朽。承平日久，八旗习于奢逸，绿营亦趋腐化。由于饷糈过于菲薄，且侵蚀成风，致有的不得不兼习手艺杂业，以养家糊口。训练不施，兵卒疲弱；战守不足，扰民有余。嘉庆初年，教众起义，将帅视出征为致富之道，玩兵养寇；道光时，军纪愈为废弛，勾结盗贼、吸食鸦片、开设赌场。一旦征调，既缺乏实战经验，又缺乏严格的训练，根本不能打仗。一遇敌人，未战先逃。

康乾盛世越康雍乾三代。清朝皇帝皆以圣明自诩，以明察自矜于臣下，动辄严加申饬，摘发隐微，使臣以礼之风荡然无存。朝廷骨鲠者绝迹，奉君皆巧言令色、全躯保妻子之徒，多得脂韦巧媚之士，亦不过供奔走使令，文武大臣唯唯诺诺而已。无筹谋良策，何来安邦定国、巩固社稷耶？更何况，自顺治入关以后，大兴“文字狱”，摧挫士气尤甚。“士皆屏息不敢出气，高者遁于考据辞章，中材则沉溺帖括，下焉者则苟求温饱，寡廉鲜耻，无所不为已。嘉、道而降，时局日趋荆棘，然官方敝，而草野之士亦未有结缨揽辔，慨然以功业自期者。”①

清朝统治自康熙朝后期始进入了相对稳定的时期，统治者的注意力也由以军事斗争为主转到加强思想文化方面上来，极端的文化专制主义迫使学者们都去钻故纸堆。

明朝的灭亡对于汉族士人最大的历史教训，就是空谈理性、鄙视事功对国家和民族的极大危害。他们觉悟了，进而批判空性理学，提倡尊经读史，注重实际有用之学。但民族主义情绪影响了清代学风朝着健实方向的发展。中国文化最顽固的观念就是大汉族主义。汉族书生读汉书，因循久习，民族意识颇强，纠结于

---

① 吕思勉．中国近代史［M］．长春：吉林出版集团股份有限公司，2017：19．

正宗、泥古于正统。清廷以满族贵族为主组成，自然为汉族书生所不堪接受。不论前朝有怎样的不是，只以异族统治，不甘身受。尤其负有声望的那些人，以文章号召天下，一呼百应，或奉武将，或奉宗室，群起相抗。这样的反抗于清朝统治者来说，是不能容许的。在武力抗拒失效后，他们转而潜藏于各种社盟组织之中。特别是随着清廷政权的日益强固，专制极权统治手段的日益严厉，许多文人的民族意识的表现形式发生转变，基层民众逆来顺受，能有饭吃也就无甚话可说；上流社会的民族意识，尤其是文人的故国情绪，只有寄于诗文。清朝统治者明白，文人集团一旦具有了政治观念，特别是将民族意识集于社团，以诗文形式传播，是十分危险的，便明令禁止，“不得妄立社名，纠众盟会”，“违者治罪”，文人结社遂成非法。大抵文人俱有倔强性格和执着精神，民族意识和民族情绪固于胸次，非是一纸禁令可以消除的，总以炽烈的情绪和坚强的斗志，创作诗文，传播于市井。

清朝统治者认为此事关涉讥讽朝政或鼓动反对清朝，“文字狱”的兴起是无法避免的。顺治、康熙年间，发生庄廷鑨刊印《明书》即《明史概》未刊余稿案，涉编纂人员及昆弟子女全部问斩，株连近 200 人，以文人的社集中人最多。雍正年间，查嗣庭主考江西，考题“维民所止”案，有以“维止”指“雍正”，遂兴狱；又曾静引吕留良诗句“清风虽细难吹我，明月何尝不照人”而兴狱，曾静及其党羽均遭杀；谢济世批注《大学》、陆生柟编写《通鉴》，均被诬有讥讪怨望、悖逆思想，而遭惨祸。“文字狱”之状况在《清代文字狱档》有载，在此不多列举。清廷兴“文字狱”以企钳杜文人之口，此为文化专制，实乃文化上不自信的表现。

客观地说，康乾盛世除了纪昀、铁保这样的文学之士，也有不少思想精英，诸如戴震、段玉裁、王念孙及其子王引之等，皆荟萃于此时。就他们的治学方式而言，还是极有科学精神的。遗憾的是，他们只能算作汉学的中坚。清代的汉学极盛，是基于清代封建专制极权统治政体文化至极所致。政体文化与学术思想两相适应，就是清朝封建专制极权统治需要一种与之相适应的学术思想，汉学（理学）正好与之契合。以知识吞并思想是汉学古文经学派根本性的特质，特别是清代汉学尤甚。因此，清朝统治期间，“只有学问，而没有哲学；只有学者，而没有哲学家”①，即使像顾炎武、黄宗羲、王夫之这样的大家，也难脱樊篱，“自顾炎武以下，凡第一流的人才，都趋向做学问一条路上去了”②。康熙特别重视汉学，四书五经，无所不习，尝召博学鸿儒到宫里询问汉学，又以辅君王之名，重用知识分子，让他们研究经典。因此，戴震、段玉裁他们将全部的科学精神都用在故纸堆里了，搜证考据而未行格物致知之健实作风，对于中国当时的政治及社会、经济生活影响甚微。

戴震自幼聪颖好学，青年经商，壮年逃难，科举受挫，参加《四库全书》编修，是一个较注重实用的人物，是清代考据学派的集大成者。其著有《原善》《绪言》《孟子私淑录》《孟子字义疏正》《勾股割圜记》等著作。但终因其固执于“王政”，未能突入近代自然科学的核心。戴震的哲学思辨近似于西方边沁派的功用主义，也被当时考证的风气所掩盖。

康乾盛世诸种政绩中，提倡文化是重要的方面。这一时期，汉学盛极一时，与乾隆奖励学术有直接关系。对于乾隆奖励学术的用心，在今天看来，与其说是启导民智，毋宁说是要将那些具有聪明才智的优秀人才统统锢蔽于故纸堆里。许多大规模书籍刊行于世，是最让文人心醉的。康雍时期，儒臣选编，皇帝裁定刊行的有经类 26 部、史类 65 部、子类 36 部、集类 20 部。其中，规模最大的为《古今图书集成》，该书于康熙中期开始编纂，至雍

① 胡适．胡适文集（第 7 册）[M]．北京：北京大学出版社，1998：281.

② 胡适．胡适文集（第 7 册）[M]．北京：北京大学出版社，1998：239.

正三年（1725）完成，计6编，32典，6109部，共1万册。乾隆时又有《四库全书》，乾隆三十七年（1772）诏海内遗书，朱筠建议将《永乐大典》择取缮写，各自为书。翌年，乾隆遂命诸臣校核《永乐大典》，定名《四库全书》，凡10年告成，全书3457部79070卷。钦定书籍，无疑是提倡文化的最好例证。但是，这类书籍只是旧有书籍的删订，都必须遵循皇帝的绝对标准，这就是巩固专制极权统治的文化手段。凡与此标准不符者，都必须予以销毁。史载，乾隆皇帝一面开四库全书馆，一面颁布禁书令，凡是明末清初关于满汉民族消长的书籍，皆定性为逆书，一律销毁。从乾隆三十九年至四十六年（1774—1781），销毁所谓逆书达24次，被销毁的书多达538种13862部。犹恐未尽，到乾隆五十三年（1788），还严谕继续查禁。其做法与秦始皇焚书坑儒的做法同出一辙，甚至有过之而无不及。用考证学来禁锢民智，何谈科学知识与文化之繁荣？所以，当以英国为首的西方列强，以坚船利炮护着西方文化潮流汹涌而至时，拖着考证证据的汉学显然无力抵抗西方文化潮流的冲击。

平心而论，乾隆皇帝并不是一个坏皇帝，虽远不如其父励精图治、宵衣旰食、勤于政事，但其在位60年，文治武功亦有可圈点之处。《御制十全记》叙述其十全功绩，虽是自作自画，有些涂脂抹粉，但主要功绩所记不虚，特别是在维护国家统一方面，十大武功当之无愧。但由于他极端自负，诸事不易轻信于人；见识又不及其先祖之通达深远，组织绵密，防止汉人，不容直言；偏好游山玩水、吟诗作赋，信任和珅，满足私欲，酿成清朝政权严重隐患。和珅贪黩长达20余年，说其富可敌国毫不夸张。和珅贪黩不堪，又援引诸如王亶望、陈辉祖、郝硕、伍拉纳之流，大肆搜刮，无所不至，赃款累累，动辄数百万，致民力凋敝，祸端蔓生。可以说，嘉庆以后“民乱”的种子，是这位十全老人埋下的，一点都不为过。甚至可以说，鸦片战争的失败也绝非偶然之事。特别是鸦片战争失败后，中国门户洞开，西方资本主义列强在中国的领地上为所欲为、恣意横行，让拥有几千年文明历史的泱泱大国颜面荡然无存。这一历史悲剧惨不忍睹。其根源何在？不知乾隆皇帝在天之灵，看到西方列强践踏山河、蹂躏子孙的惨状，该作何感想。

铁保曾编辑刊印了最有清代文学代表性的著作《熙朝雅颂集》。《熙朝雅颂集》首集26卷、正集106卷、余集2卷，计134卷，共收录自清初至嘉庆初年凡534位八旗诗人的诗作6000余首，为后世了解清代八旗诗歌和研究清代文学和了解清代有关风俗、人心、节义、彰瘅的重要文献资料。从该书中可以看出，当时沉浸在太平盛世的达官贵人们是多么的悠闲自得，随处可闻吟咏熙朝之词章、雅颂盛代之新声。大清帝国“经文纬武之鸿才，致君泽民之伟士，不可以数计”①。嘉庆皇帝在《熙朝雅颂集》序言中说：“八旗涵濡，祖恩考泽，百有余年。名臣硕彦，代不乏人。经文纬武之鸿才，致君泽民之伟士，不可以数计。夫言为心声，流露于篇章，散见于字句者，奚不可不存！非存其诗，存非人也。非爱其诗律深沈，对偶亲切；爱其品端、心正、勇敢之忱，洋溢于楮墨间也……知干城御侮之意者，可与诗言。徒耽于词翰侈言，吟咏太平，不知开创之艰难，则予之命集，得不偿失。”

二　西方殖民主义文化的入侵

1840年，英国政府借口“保护通商口岸”，派兵侵略中国。当时英国的幅员虽只及中国的1/36，人口仅及中国的1/16，但仅派出了万余侵略军，就把清王朝打得颜面扫地。第一次鸦片战争失败后，道光二十二年（1842）七月二十四日，中英签订《南京条约》（又称《万年和约》《白门条约》《江宁条约》），共13款，主要内容是割地、赔款、开放通商口岸、取消贸易限制政策、协

① 铁保．熙朝雅颂集［M］．沈阳：辽宁大学出版社，1992：4．

定关税、释放英国奸细及被监禁人员。《南京条约》是中国近代签订的第一个不平等条约，它严重破坏了中国领土和主权的完整，清政府的屈膝议和签约，以法律条文的形式公开承认殖民者掳掠和奴役中国的野蛮行径的合法化。从此，西方列强纷至沓来，美、法列强趁火打劫。道光二十四年（1844）五月二十八日，中美签订《望厦条约》；九月，中法签订《黄埔条约》。此后，比利时、瑞典、挪威等先后与中国签订了一批不平等条约。中国的领土、领海主权，关税与司法自主权遭到严重侵犯。中国的自然经济逐渐解体，陷入半殖民地半封建社会的深渊。

第二次鸦片战争失败后，1858 年，英国、法国、美国、俄国逼迫中国与之签订了《天津条约》。次年，英法因换约地点改变而发动战争。1860 年 10 月 6 日，英法联军占领北京，在对圆明园进行疯狂的抢劫后，于 10 月 18 日放火烧园。24 日，中英、中法签订《北京条约》，除承认《天津条约》各条款有效外，还要求谢罪、割地、赔款、开放通商口岸等。特别是俄国，通过《北京条约》和《瑷珲条约》割走了中国 1038365 平方千米的领土，相当于德国和法国两个国家国土面积的总和。

甲午战争失败，1895 年 4 月 17 日，中日签订了《马关条约》，规定中国割让辽东半岛（后因三国干涉还辽而未能得逞）、台湾岛及其附属各岛屿、澎湖列岛给日本，赔偿日本 2 亿两白银；增开沙市、重庆、苏州、杭州为商埠，并允许日本在中国的通商口岸投资办厂。《马关条约》是继《南京条约》以来最严重的不平等条约。各帝国主义国家援引片面最惠国待遇，获得了《马关条约》中除割地赔款以外中国给予日本的所有特权。它给近代中国社会带来严重危害，大大加速了中国半殖民地化进程，加深民族危机。该条约适应了帝国主义列强对华资本输出的需要，随后列强掀起了瓜分中国的狂潮。

八国联军入侵后，清政府与英、美、法、德、俄、意、日、奥、西、荷、比十一国签订了《辛丑条约》，它是中国近代史上赔款数目最庞大、主权丧失最严重的不平等条约。该条约规定：中国赔款价息合计 9.80 亿两白银（为赔偿 4.50 亿两白银，分 39 年还清，本息共计约 9.80 亿两白银）；划定北京东交民巷为使馆界，允许各国驻兵保护，不准中国人在界内居住；清政府保证严禁人民参加反帝运动；清政府拆毁天津大沽口到北京沿线设防的炮台，允许列强各国派驻兵驻扎北京到山海关铁路沿线要地。该条约标志着清政府完全成为帝国主义统治中国的工具，中国彻底沦为半殖民地半封建社会，严重侵犯了中国的主权，给人民带来了沉重的负担。

第二节　晚清时期社会转型及文化特征

晚清时期，清王朝的统治已经腐朽衰落，国内的阶级矛盾、民族矛盾日益加剧，危机四伏。但此时的中国社会仍处于封建社会晚期。

中国封建社会的历史长达两三千年。在 7—13 世纪时，中国经济和文化发展水平处于当时世界的领先地位，到了明朝中晚期以后，开始出现衰退。中国封建社会的经济文化形态是个体小农业和家庭小手工业相结合，自给自足的自然经济形态占主要地位。普天之下莫非王土，地主、贵族和他们的代表皇帝以地租的形式剥削农民。

清朝封建王朝专制统治者是全国地主、贵族的总代表，凭借掌握的权力，不仅自己占有大量的土地，还以封、赐等形式赐给亲王和其他贵族大量土地，形成皇庄，对其他满族人也都给予一份土地。他们自己不耕种，而是租给汉人或其他人。清嘉道年间，中国的人口约三四亿，按照当时的情况看，全国人口的九成以上是在封建地主阶级剥削下的农民和由农民转化而来的手工业者、运输工人及其他贫民。农民自己没有土地或有极少量土地，靠租种皇帝、贵族、官僚和其他地主的土地来维持生计。地主阶级以分租或定租的形式从农民那里剥削地租，供自己享用。广大贫苦农民，对于地主，对于地主阶级的国家，处于受着沉重压迫的农奴地位。除了封建国家规定的赋税外，各地的官员和豪绅地主，还以各种名义抽捐征税，所有捐税负担都加于农民身上。小农家庭终岁勤劳，至多只能维持基本生计。封建剥削和压迫，导致农民起来反抗。嘉庆初年，在鄂、川、豫等地先后爆发了教民起义，陕、甘等省也卷入了起义烽火中。这次起义历时 9 年多终归失败了，但它极大地震撼了清朝的统治。

萌生于明朝晚期的城镇商业和官营工场手工业文化，至清朝中叶也有一定的发展，并呈现出多种文化形态，如官营的织造业文化、陶瓷业文化、钱币制造工业文化、船舶制造业文化、军火制造业文化、矿山开采业文化等都已应运而生了。这些已经孕育着资本主义生产关系。在商业文化较为发达的地区，有些行业的私营手工业工场文化含有资本主义性质的东西比较多一些，如铁器制造业文化、缫丝业文化、榨油业文化、碾米业文化、造纸业文化、制糖业文化等生产文化形态，显现出资本主义文化的内容就相对多一些。再如，有些地方缫丝业有较大的作坊和手工工场，生产资料是作坊、手工工场的主人所有，对雇用的工人按期发给工钱，并无主仆关系。还有一些地方出现了商业资本投入手工工场，或以包买商的形式直接支配农民的小手工业文化的形式。这些都是资本主义因素早期的萌芽状态。城镇中的小手工业者和手工劳动者，大多数是破产的农民转化而来的，为清代资本主义文化的萌生与发展作出了贡献。

清王朝入关后，迅速采取措施消灭明朝残余势力，平定三藩之乱和占据台湾的郑氏，汉族地主阶级的军队绿营军发挥了重要作用，清王朝统治者接受了汉族地主阶级的文化传统及其政治统治方式。他们和汉族大地主绾结一处，掌握着国家的统治权力，维护着封建统治的社会秩序。这个政权给予汉族地主阶级以利益，所以得到汉族地主阶级的拥戴。清廷的政体文化基本承袭明朝，明朝的遗臣们转身成了六部的尚书、侍郎，封建专制极权统治政体文化于他们早已沦肌浃髓，他们只知有皇帝，不知天下百姓。至于清廷的中央机关如都察院、大理寺、翰林院、理藩院以及地方的督抚大员，一切均以服从和服务于皇帝专制集权统治为宗旨，各人均有单独上奏的权力，所谓理政，无非就是收发文牍、呈送奏章，亦写个参劾文牒。清廷的国家机器——官僚机构和军队组织并不做任何有利于社会生产发展的工作，它所拥有的一切手段——行政的、强制的手段和文化的、意识形态的手段，都是为了维护封建的土地关系和剥削制度，巩固皇帝专制极权统治。封建经济体系越是牢不可破，封建专制极权统治文化传统越牢固，皇帝也就越安心。正是基于这样的考虑，清廷的政策文化的突出特征是限制性和防范性，对内限制人民的一切自由，以防止民众闹事；对外限制一切欲与之交往的国家，以防止外国“入侵”。

明清之际，城镇市民中，特别是思想界出现了一些对封建文化传统来说是异端的思想，如黄宗羲、顾炎武、王夫之、唐甄等人，他们提出了一些带有民主主义色彩的观点，对于封建土地制度文化和君主制度文化，以及封建道德伦理观念等提出了怀疑甚至否定，对于在封建剥削下过着悲惨生活的农民阶级表示同情，表现出民主思想的萌芽。

《南京条约》是中国近代史上第一个不平等条约，也是导致中国社会转型的第一个条约。《南京条约》及一系列不平等条约的订立，使中国社会发生了根本的变化，它们将中国拖入半殖民地半封建社会，中国文化传统的发展也进入了一个曲折并充满屈辱的历史时期。

一　鸦片战争后殖民主义文化的大肆侵入

鸦片战争前，中国是一个独立自主的封建国家，清政府可以行使主权，不受外国干涉。鸦片战争后，以条约形式规定的割让领土、出让主权，使中国的领土和主权完整遭到严重的破坏，丧失了政治上的独立地位。而清廷不仅代表中国封建地主阶级的利益，也由于殖民者用上千个不平等条约编织的法律体系的统治，一步步沦为西方资本主义剥削和压迫中国人民的工具。鸦片战争前，中国农业文化和家庭手工业文化相结合的经济文化形态，由于战后资本主义经济文化的侵入，受到极大的冲击，农业和农村经济文化的发展愈发艰难，中国经济逐步变为世界资本主义的附庸。鸦片战争后，英国向中国掀起倾销商品的狂潮。靠近五口通商口岸的地区，大量外国商品输入，自给自足的自然经济文化受到冲击，其形态逐渐发生分解和变化的现象。由于外国棉纱、棉布等商品的输入，通商口岸附近地区的手工纺织业文化受到致命打击。1846 年，江苏松江、太仓一带出现“无纱可纺，松、太布市，消减大半”的情况；福建漳州、同安一带的土布，原来畅销中国台湾、辽宁等地，此时也出现了“壅滞不能出口”的情形。受外国棉纱、棉布倾销的冲击，这些地区出现了纺织分离和耕织分离的现象。西方资本主义国家还趁机从中国掠夺农产品，西方市场紧缺的产品如丝、茶，大批从上海、广州、福州等通商口岸运往西方各国。1845 年，生丝出口量为 1 万余担，至 1858 年则达 6.90 万担；茶叶的贸易大部分为英国垄断，于 1844 年出口 53 万担，是战前 13 万担的 4.08 倍，此后继续上升①。丝、茶出口量的增加，一面刺激了江、浙、闽、湘等省桑蚕业文化和种茶业文化的发展，促进了这些地区城乡商品经济文化的繁荣，对加快自然经济文化的解体有积极的作用；一面由于丝、茶产品的出口几乎为英国等西方资本主义列强所操控，因此中国近代丝、茶业文化的发展走上了依附外国资本的道路，带有一定的殖民主义性质。

鸦片战争后，中国社会组织结构发生了变化。西方殖民者利

---

① 汪敬虞. 十九世纪西方资本主义对中国的经济侵略 [M]. 北京：人民出版社，1983：78-79.

用不平等条约的规定，纷纷在各通商口岸地区规划租界、租赁土地、建造房屋。1845 年 11 月，英国驻上海领事巴富尔与上海道台宫慕久议定土地章程，在上海建英租界；1847 年、1849 年，美国、法国也相继在上海划定租界。后来，租界制度文化逐渐推广到所有通商口岸。租界制度文化的推行，使英国等资本主义国家在租界实行了完全独立于中国的殖民主义政体文化，即行政系统和司法制度完全独立于中国的统治制度以外，租界便成了“国中之国”，中国的社会组织结构因此而发生变化。

鸦片战争后，中国经济文化形态发生变化。鸦片战争后不久，英国、美国、法国等资本主义列强为利用中国的劳动力和生产资料，在各通商口岸投资办企业，以扩大殖民主义文化输出。1843 年，英国传教士在上海开办墨海书馆；1845 年，英国人在广州黄埔开办柯拜船坞，修理船舶；同年，美国传教士在宁波开办美华书馆；1850 年，英国人在上海开办字林西报馆。此后，英、美等国商人又陆续在上海等地开办船舶修造、印刷、食品、制药、打包、磨粉、制酒、砖茶、肥皂、榨油、缫丝、香烟、铁锅等企业，直至“把生鸦片制成烟膏”的鸦片制造厂。英、美、德投资兴办的缫丝企业规模较大，最大的有工人 1000 多人。俄国开办的砖茶厂除在沿海的福州外，在武汉、九江也有同类投资。英、美重点投资兴办印刷和报馆，从事书籍、期刊和报纸出版，企图在意识形态和舆论上为奴化中国做准备。这是彻头彻尾的殖民主义文化侵略的表现。

殖民主义金融业文化的侵略。1858 年，总行在伦敦的麦加利银行在上海设立分行；总行在中国香港的汇丰银行在上海设立分行。这两个银行逐渐成为殖民者掠夺中国财富的工具。初期，它们除了适应外国在华商人汇划便利外，还进行商业投机，对中国商人和政府机构进行高利贷款，吸收中国的官僚、地主、商绅的资金，在中国发行钞票，操控中国的金融和进出口贸易。上海和其他通商口岸的许多中国商绅的旧式钱庄，实际上渐渐地成为这些外资银行的附庸。以此为核心，加上与它们相联系的从事出口贸易的外国公司即洋行，通过中国的买办商人、买办钱庄等，形成了一个笼罩在中国农民、手工业者及其他大众头上的盘剥体系，大肆掠夺中国人民的财富。

殖民者把持了中国的海关和对外贸易。1854 年，在上海，英美法三国从买办官僚手里取得了当地海关的管理权。第二次鸦片战争期间，原任上海税务司的英国人李泰国被任命为清朝总税务司。此人前后花了 170 万两白银为清政府买舰队而一无所成，总理衙门还“念其从前办理税务出力，赠银一万四千两，俾得从容归国”。1863 年，清政府任命赫德为清朝总税务司（直至 1909 年，任职长达 45 年之久）。按照这样的制度，1864 年，中国沿海 12 个商埠和沿长江的九江、汉口的海关的税务司都由总税务司委派英国人、美国人、法国人和其他外国人担任。税务司以下的高级职员均是外国人，以后新增的海关均照此办理。税务司在名义上是清政府所派的海关监督的助理，实际上，各税务司都只向总税务司负责。总税务司设官署于北京，外交部性质的总理各国事务衙门授权其管理中国全部海关工作。这是赫德一手创办的在外国帝国主义支配下的中国海关制度文化，凸显了殖民主义文化特色。

殖民者强行推行协定关税制度，进口货物关税大降低，中国由出超国变成了入超国。以英国为首的殖民者要求中国政府按 5％标准降低进口税率，棉花进口税由 1843 年 6.54％降至 1858 年的 5.72％，棉纱由 6.94％降至 4.86％，印花税由 14.25％降至 4.98％。中国成了世界上进口税率最低的国家。

海关由外国人管理，关税压至极低水平，航运由外国公司垄断，再加上外国人，不论是商人、传教士或任何其他人都可以在中国自由行动，这就为殖民者侵略中国创造了极为便利的条件。因此，西方资本主义国家对中国的商品输出逐年增加，致中国由出超国变为入超国，如表 1-1 所示。

表 1-1　　1871—1893 年期间部分年份中国进出口贸易情况表

时　间	年均出口（百万元）	年均进口（百万元）	年均差额（百万元）	备注
1871—1873	110	106	＋4	
1881—1883	108	126	－18	
1891—1893	167	219	－52	

注：表中资料源自严中平，等. 中国近代经济史统计资料［M］. 北京：科学出版社，1955：64.

从表 1-1 中可以看出，1871—1873 年中国出超 400 万元，到了 1881—1883 年，则变为入超 1800 万元，到 1891—1893 年入超为 5200 万元，中国财富外流严重。中国当时有三四亿人口，是一个巨大的市场。中国出口的是丝、茶、棉花等传统农产品，而外国的洋货与中国手工工场生产的商品相比，具有明显的价格优势，故带“洋”字的货物，如洋火、洋钉、洋油、洋漆等，在中国市场比较畅销。殖民主义掠夺就是通过机器制品的倾销，特别是利用中国的原料和廉价劳动力就地生产销售。这种不对等的商品贸易，任由帝国主义掠夺，只能使中国日益民穷国弱。

清政府一些人认为，与洪秀全等起义比较，外国所要求的不过是通商，而通商终究于王朝统治无甚大碍，倒是洪秀全等起义那是要改朝换代的事。特别是在镇压洪秀全等起义中，洋人还帮了朝廷的忙。因此，清朝封建统治势力和西方殖民者互相勾结起来。清廷对于洋人的要求大都答应，所以自《南京条约》签订后，有 1000 多个不平等条约陆续签订，因为这些条约并没有换朝易代的条款，反倒可以保全清朝政权不被推翻，只要皇权世代一系、薪火相传，其他没有什么不可以谈的。而西方资本主义列强，最初因为清朝政府的限制贸易政策而发动侵略战争，在一次次顺利得到想要的利益后，发现清廷这个封建统治机构不但不妨碍他们攫取更多的利益，而且还能帮助他们获得意想不到的利益，如果没有这样一个“温和”“友好”的政府，势必直接面对中国人民的反抗斗争。因此，保存清封建王朝的统治机构，既能有人在合约上签字，将殖民者的要求变成“合法”，又能通过它以“和平”的方式剥削中国人民，利用它以“合法”的理由来镇压中国人民的反抗，实在是利多的好事。所以，殖民者拿清政府当掠夺中国的政治工具，清政府则拿殖民者当维护清统治的朋友。二者勾连在一起，共同镇压中国人民的反抗，剥削人民，掠夺财富。故参与订立 1858 年的《天津条约》的英法美俄四国，共同采取了“合作政策”。1867 年，湖广总督李鸿章说，外国“欲胁各官以制百姓，胁朝廷以制官民”①。江西巡抚刘坤一说：“洋人所重者利，所畏者民……自知非仗朝命，无以制中国之民，图中国之利。”② 由此可知，清政府经过两次鸦片战争，特别是借助外国势力镇压洪秀全等起义后，为什么同那么多的国家签订不平等条约的原因了。英美法俄等大国经过战争取得的利益，像比利时这样的小国只是费了一点口舌就得到了。从此，中国成了一切大小资本主义国家侵略的对象，清王朝则逐渐成为殖民者掠夺中国的工具，一面遇事屈从洋人意志，一面又以合法主人的身份要求人民绝对服从其统治，帮助其履行不平等条约规定的各项义务，稍有异动即行镇压，维持所谓“中外相安”的现状。

鸦片战争后，西方殖民主义文化侵略，中国封建专制集权统治政体文化日益腐朽，表现出十分强烈的殖民性，中华民族陷入帝国主义和封建主义相勾结的残酷压迫之中。当时的时局是，“各国条约已定，断难更改。江海各口，门户洞开，已为我与敌人公

---

① 中华书局编辑部. 筹办夷务始末·同治朝：第 55 卷［M］. 北京：中华书局，2008：9.

② 中华书局编辑部. 筹办夷务始末·同治朝：第 54 卷［M］. 北京：中华书局，2008：13.

共之地。无事则同居异心，猜嫌既属难免；有警则尔虞我诈，措置更易周。值此时局，似觉防无可防矣”。“东南海疆万余里，各国通商传教，来往自如，麇集京师及各省腹地，阳托和好之名，阴怀吞噬之计。一国生事，诸国构煽，实为数千年来未有之变局。轮船电报之速，瞬息千里；军器机事之精，工力百倍，炮弹所到，无坚不摧，水陆关隘，不足限制，又为数千年来未有之强敌。”①值此民族危难之际，侵略与反侵略，压迫与抗争，是中国近代历史的史实。中国乃至辽沈地区的近代文化传统都是在这个背景下形成和发展的。

二　鸦片战争后清政府“新政”文化的推行

鸦片战争后，国内矛盾进一步突出。洪秀全等起义后，相继发生了捻军起义、贵州苗族起义、云南彝民回民起义、陕甘等地区回民起义。尽管这些起义先后失败了，但说明鸦片战争后，中国社会阶级矛盾和民族矛盾十分突出，清王朝统治的社会基础已经不是十分牢固了。

慈禧太后是顽固地保持封建统治秩序的旧势力的代表，1862—1908年，慈禧太后实际执掌了清王朝47年。她尽一切可能坚决地拒绝任何危害封建统治秩序的新的事物。对于她来说，没有什么比高度集权的封建政权更重要。为此，她适应日益加强对中国的侵略和统治的外国帝国主义的需要，改变和调整某些统治形式和政策，目的在于巩固和加强封建专制极权统治政体文化。

同治初年，清廷的第一要务就是迅速消灭洪秀全等起义，稳定政局，加强对全国的有效控制。为挽救行将垮台的清王朝的统治，慈禧太后使用了早在咸丰朝时就已崭露头角的汉族官僚实力派、新兴的地方势力曾国藩、左宗棠、李鸿章、沈葆桢等，这批

① 吴汝纶．李文忠公奏稿：第24卷［M］．上海：上海古籍出版社，2012：10-11．

汉族新兴实力派也借机迅速崛起并很快成为晚清中兴的中坚力量。晚清时期，出现了一系列自救运动。由奕䜣、文祥、曾国藩、李鸿章、左宗棠等人倡导发起的洋务运动，由光绪皇帝倡导、康有为和梁启超等人推进的维新运动，由慈禧太后支持进行的“后党新政”。这固然暂时挽救了清朝的灭亡，但同时也挖松了清王朝中央集权专制政权的政治基础，使军权和政治实权由满族皇室为首的贵族手中逐渐转移到了汉族督抚手中，渐渐形成了内轻外重的局面。

洋务运动，初通指牵涉对外的一切事情，以及与外洋来的事物有关的事情。因此，外事交涉、订立条约等是办洋务；派留学生、学习外洋传入的科技、购买洋枪洋炮、使用机器、开办工场、开采矿业、雇用外国军官、按洋法操练军队等，都属于洋务的范围。在“师夷长技以制夷”的主张下，创设总理各国事务衙门，成为凌驾于六部之上的专办洋务的内阁。洋务运动以兴办军事工业并围绕军事工业开办其他工业企业，建立新式武器装备的陆、海军为主要内容。

近代军事工业的兴起。在洋务派的封建官僚们的主持下，中国近代官办企业文化兴起了，如表 1-2 所示。

表 1-2　洋务运动时期封建官僚们主持兴办的军事工业情况表

时间	企业名称	地址	兴办人	主要产品
1862—1863	安庆军械所	江西	曾国藩	轮船
	上海洋炮局	上海	李鸿章	洋炮
	江苏洋炮局	江苏	李鸿章	洋炮
1865	江南制造局	上海	李鸿章	军火、轮船、机器、钢铁
	金陵制造局	江苏	李鸿章	枪支、弹药、洋炮

续表

时间	企业名称	地址	兴办人	主要产品
1867	天津机器局	天津	崇　厚	炮弹、枪弹、火药、水雷、炮车、雷船、挖河船
1870	天津机器局	天津	李鸿章（接管）	
1866	马尾造船厂	福建	左宗棠	轮船等军用船只
1875	马尾造船厂	福建	沈葆桢（接任）	

注：表中资料源自孙毓棠. 中国近代工业史资料（第1辑）[M]. 北京：科学出版社，1957：276-282.

这些军事工业文化主要表现在使用新式机器、雇佣工人、大体仿照西方机器工厂的组织形式来进行生产。这是带有资本主义文化特点的企业文化形态。因时局关系，这些企业中以军事工业文化为主要形态。它们生产的产品供应国家和军队，并不作为商品参与市场流通和销售。这些企业不但为封建官僚所控制，而且对外国资本帝国主义有很大的依赖性。例如，李鸿章所办的江南制造局，系李鸿章让“因案革究”的海关通事唐国华和“同案已革”的两个扦手拿出4万两银子来赎罪，他就用这笔银子从美国人手里买了一个小机器厂，以此为基础发展起来的①。1867年以后，李鸿章把上海海关税收中的20%作为江南制造局的经常经费。这种官办军事工业文化，在技术和生产资料方面极大地依赖外国。例如，江南制造局开办时主要依靠两个美国人，创办30多年后，

① 吴汝纶. 李文忠公奏稿：第24卷[M]. 上海：上海古籍出版社，2012：32.

仍由两个英国人分别“负责全部工程事务”和“负责制炮装炮”①；天津制造局开办时交由英国商人密妥士全权办理；福州船政局则由法国人日意格和德克碑为正副监督，“一切事务均责成该两员承办”②；马尾船政局开办时用日意格为帮办。这些官的工厂固然生产出了船只、枪炮、军火等产品，然而不但机器全部是买自外国，而且原材料、原料及产品的许多部件、零件均购自国外③。

此外，在19世纪70—80年代，全国许多省份，包括陕、甘、粤、闽、鲁、湘、川、吉、晋、浙、台、滇、鄂等都以机器局、制造局之类的名义相继设立军火工厂。它们都是由各省督抚动用官资设立的，规模相对较小，其中有如广州机器局、湖北枪炮厂发展到较大的规模。

军事武器采购文化的兴起。鸦片战争让清朝统治者认识到了“船坚炮利”，洪秀全等起义让其进一步认识到武器的重要性。“查治国之道，在乎自强，而审时度势，则自强经练兵为要，练兵又以制器为先。”④　“中国但有开花大炮、轮船两样，西人即可敛手。”⑤ 洋务派官僚们在“自强”的口号下，开始采买洋枪洋炮。1874年，总理衙门提出6条“紧急机宜”，同意购买外国武器，李鸿章更是主张“现有陆军认真选汰，一律改为洋枪炮队”，“沿海

① 孙毓棠．中国近代工业史资料（第1辑）［M］．北京：科学出版社，1957：276．

② 左宗棠．左文襄公文集·奏稿：第20卷［M］．长沙：岳麓书院，2014：64．

③ 中国科学院近代史研究所．洋务运动资料［M］．上海：上海人民出版社，1962：4、59、247．

④ 中华书局编辑部．筹办夷务始末·同治朝（第25卷）［M］．北京：中华书局，2008：1．

⑤ 吴汝纶．李文忠公朋僚函稿：卷17［M］．上海：上海古籍出版社，2012：19．

防营并换用后门进子枪"①。1879年，湖北提督郭松林奏请所有军队"一律改换后门洋枪，用西人之法以练其纪律"②。四川总督刘秉璋甚至用停办川省机器局省下来的钱向"上海地亚士洋行购定后膛毛瑟枪千五百杆"以及其他枪支弹药③。除购买枪支弹药外，洋务派官僚们还购买舰船。1875—1880年，李鸿章先后委托总税务司赫德向英国的阿姆斯特朗兵工厂购买了10艘小型兵舰，即所谓"蚊子船"和"碰快船"，花费200万两银子。粤、鲁两省也相继购置"蚊子船"。李鸿章觉得不够，"欲求自强，仍非破除成见，定购铁甲不可"④，欲以每艘100万两白银的价格购买两艘英国制造的"八角台铁甲船"未果后，于1885年向德国购买了两艘铁甲船（定远、镇远）、一艘钢甲船（济远），耗资400余万两白银。在军事武器采购文化兴起和发展的过程中，各级官员贪污腐化现象严重，"浮开价格，尽入私囊，闻其数目足敷十余营一年之饷"⑤。"采买西洋军火器械，有浮报银两三倍者，并有浮报至四五倍者"⑥，这是官僚机构中常见的现象。在停止购置新舰后，北洋海防费支出每年仍高达150万两白银。有如此贪腐文化滋养的官僚政府机构的存在，李鸿章等洋务派欲靠采购一点外国的军事

---

① 吴汝纶. 李文忠公朋僚函稿：第24卷［M］. 上海：上海古籍出版社，2012：13-14.

② 中国科学院近代史研究所，中央档案馆明清档案部编辑组. 洋务运动资料［M］. 上海：上海人民出版社，1962：3，514.

③ 中国科学院近代史研究所，中央档案馆明清档案部编辑组. 洋务运动资料［M］. 上海：上海人民出版社，1962：4，360.

④ 吴汝纶. 李文忠公奏稿：第35卷［M］. 上海：上海古籍出版社，2012：28.

⑤ 中国科学院近代史研究所，中央档案馆明清档案部编辑组. 洋务运动资料［M］. 上海：上海人民出版社，1962：3，12.

⑥ 中国科学院近代史研究所，中央档案馆明清档案部编辑组. 洋务运动资料［M］. 上海：上海人民出版社，1962：2，485.

武器，来维持这种封建官僚机构、维护整个清王朝封建专制集权统治文化的延续，显然是一种幻想。

官督商办工业文化的兴起。洋务派官僚们兴办军工业文化的时候，提出了“寓强于富”的口号。“无工不富”，所以他们在军工业文化以外，又发展了其他工业文化，其形态有轮船运输业文化、煤炭开采业文化、纺织工业文化、冶炼工业文化等。这些都有力地推动了中国近代工业文化的发展。1872 年，在李鸿章主管下开办了轮船招商局经营运输业务；1877 年，李鸿章又创办了开平矿务局，采用机器开采煤矿。这一时期，在山东峄县（旧县名，今枣庄市峄城区）、台湾基隆、江苏铜山以及其他一些地方，官方曾设局使用机器开采煤矿。19 世纪 80 年代，在热河、黑龙江、山东、贵州、云南等地，官方还设有开采铜、金、铅、铁等金属的企业。最著名的是张之洞在湖北主办的大冶铁矿和汉阳铁厂，其中汉阳铁厂在当时是规模相当大的钢铁冶炼工厂。纺织业文化主要表现在 1880 年陕甘总督左宗棠主办的甘肃机器织呢厂；1890 年，李鸿章主办的上海机器织布局；1893—1894 年间，张之洞在湖北相继兴办的织布、纺纱、制麻、缫丝 4 个局。上述近代工业文化的类型与其他一些企业的性质不同的是官督商办形式，与纯官办工业文化是不同的。官督商办都有商人资金参加，具有了较多的资本主义工业文化的特性，是民族资本文化的萌生，为近代民族工业文化的产生、发展奠定了初步基础。

以“自强”“求富”为目标的洋务运动，前后“攘扰”中国长达 30 余年。在当时的历史条件下，内有封建旧势力的阻碍，外有西方殖民者的钳制，加上洋务派自身又具有天然的封建性、官僚性，洋务运动所取得的成效“茫如捕风”①，相当有限。但就是这些新式企业把科技和机器引入中国，才使封建中国揭开了学习西

① 吴汝纶. 李文忠公朋僚函稿：卷 17 [M]. 上海：上海古籍出版社，2012：20.

方资本主义生产方式的帷幕。作为一种新的生产力，科学技术和机器生产，促进了一部分人思想观念和价值取向的转变，从而使处于封建社会晚期的中国出现了具有进步性的新思想和新观念，促使中国向近代社会的转型发展。资本主义近代生产方式一旦出现在封建主义中国，必然会刺激和促进资本主义的萌生和发展。洋务运动中，部分地主、官僚和商绅投资近代企业，发展近代工业文化，也使他们自己的身份发生了相应的转换，成为新的社会力量——资产阶级。正是这个阶级的出现和成长，最终成为埋葬封建帝制的掘墓人。从这个意义上说，晚清官僚们主持的以“自强”“求富”为目的、旨在挽救封建王朝颓势的洋务运动，不自觉地培养了一个新的社会力量——资产阶级，为结束封建帝制培养了终结者或掘墓人。

洋务运动推动了近代工业文化的兴起，中国近代教育文化也随之逐渐兴起。奕䜣、曾国藩、左宗棠、李鸿章、张之洞等，他们出于维护封建集权专制统治之目的，按照“增新不废旧”的原则，着手改造封建教育文化传统，设立近代教育机构，试办新式学堂，聘请洋人传授西学，派遣海外留学生，培养近代科技人才与外语人才，传播西方科技知识。这一时期，京师同文馆、江南制造局等，翻译出版了内容涉及外资、世界名著、时事以及数、理、化、医、天文地理、地质矿物等自然科学方面书籍，使西学的传播范围越来越广，其价值观念也为更多的人所认可。他们在各种场合和给皇帝的奏疏中，揭露科举之弊端，并逐步改变科举考试内容和冲破科举取士的祖制而另开选官之途。1866 年，招收 30 岁以下的秀才、举人、进士、翰林及科举出身的五品以下的官吏入洋人学堂学习西学①。洋务学堂学生可以入仕，“嗣后同文馆

① 中国史学会. 洋务运动（一）[M]. 上海：上海人民出版社，1961：26.

考取七品官复考一等授为主事者，请仍准制分各衙门行走，遇缺即补”①。洋务派初创的近代教育文化传统，为维新变法和“后党新政”时期教育文化传统的发展奠定了基础。

甲午战争中国惨败，割地赔款，丧权辱国，举国震惊。于是，国内掀起了维新运动。康有为、梁启超等维新派代表人物，提出了教育乃立国之基，人才乃强国之础。在改革科举的同时，改书院为新式学堂或专门学堂，在1895—1898年的3年间，维新派在全国设立了19所学堂。其中较为著名的有康有为创办于广东的万木草堂、梁启超与谭嗣同创办于湖南的时务学堂。这些新式学堂以学习西方自然科学与社会科学知识为主。值得一提的是，在1898年由刑部侍郎李端棻奏请、清政府批准创办于北京的京师大学堂，是北京大学的前身，也是全国创办新式教育文化的样板，“皆颁给京师大学堂章程，令其仿照办理”②，京师大学堂的创立带动了近代教育文化传统的发展。随后，全国各地的书院、义学和社学一律改成兼习中西学问的学校。

1900年8月，八国联军攻陷北京，慈禧太后携光绪皇帝逃往西安。1901年9月，奕劻、李鸿章与英、美、德、法、俄、日等十一国公使签订了《辛丑条约》，殖民者从政治、经济、军事上完全掌控了清政府。1904年，日俄战争爆发，清政府保持中立，特将辽沈地区划为战区，致辽沈地区陷入空前浩劫。迫于中外形势的剧变，以慈禧太后为首的统治者宣布实行新政，实行教育改革是新政的重要内容之一。1903年，撤销国子监，“专设总理学务大臣，统辖全国学务，另设学监一员，专管京师大学堂事务，受

① 中国史学会．洋务运动（一）［M］．上海：上海人民出版社，1961：10.

② 舒新城．中国近代教育史资料（上）［M］．北京：人民教育出版社，1979：28.

总理学务大臣节制”①，颁布《学务纲要》，裁撤各省学政，设学务处，总理各省学务；1905年，在设立学务大臣的基础上特设学部，成为中央政府11个部之一；1906年，奏定《劝学所章程》，改革各地学务机构，规定府州县教育行政机关为劝学所，即民国后各地教育局的前身；同年，清政府宣布全国“所有乡、会试一律停止，各省岁科举考试亦即停止”②，宣告在中国沿袭了千余年的科举制度文化结束。科举制文化的结束之日，即是近代教育文化传统的繁荣之时。1907—1909年，京师及各省学校由37888所增至59177所，短短两年就增加了21289所。近代教育文化的繁荣发展，为由新式学堂的教育文化形态向现代学校的教育文化形态转型奠定了基础。

三　晚清社会转型之中西文化冲突与融合

近代百年中国历史是一部灾难深重、波澜壮阔、曲折繁杂、内容丰富的历史，血泪与炮火、苦难与抗争、屈辱与奋进始终交织在一起。在这一时期，一面是西方殖民势力强暴地侵略中国，将一个独立的封建中国，逐步变成了半殖民地半封建国家。中国带着巨大的屈辱走进了近代历史。软弱无能而又腐败衰落的清王朝与野蛮凶残而又贪得无厌的殖民者相勾结，侵略与掠夺、压迫与奴役，给勤劳善良的中国人民带来了空前的浩劫与灾难，严重阻碍了中国社会生产力的发展。一面是面对西方列强的侵略，中国社会各阶级、阶层在不同的历史阶段，都以自己独特的力所能及的方式，为维护国家主权和民族尊严，谋求国家解放和民族独立，不怕流血牺牲，前赴后继，不断奋起抗争。从洋务运动到维

---

① 舒新城．中国近代教育史资料（上）[M]．北京：人民教育出版社，1979：274．

② 天津图书馆，天津社科院历史研究所．袁世凯奏议（下）卷55[M]．天津：天津古籍出版社，1987：1186．

新运动，从太平天国起义到辛亥革命，从林则徐到孙中山，为摆脱落后挨打、任人宰割的局面，争得社会进步、民族独立、国家富强，而积极探索、不懈奋斗，使得中国避免了亡国灭种的厄运，并促进了封建帝制的垮台。近代中国社会在艰难而痛苦的转型中，实现了数千年未有之大变局。近代中华文化传统不屈不挠地在旧社会母体中孕育出了新的生机与希望。

世界工业近代化是从 17 世纪开始的，以英国工业革命为标志。工业革命促进了西方资本主义的发展，英、法等国形成了资产阶级与资产阶级统治的国家体系。中国是世界的一部分，但直至 19 世纪 40 年代，也没有走进工业近代化历史，依然沉浸在一派世景升平、采歌颂雅的封建盛世。

中西文化交流源远流长。早在 2000 多年前，贯穿欧亚大陆、绵延数千公里的“丝绸之路”，绾接着中西文化。丝绸是中国古代手工业文化发达最具典型特质的物质文化形态，是中华民族对于世界物质文化最突出的伟大贡献。精美绝伦的丝绸为人们提供了舒适、优美的服饰原料，丰富了人们的物质生活，也促进了人们的精神生活。因此，中国丝绸文化传播到哪里都深受欢迎。丝绸与茶叶是中国最早大宗出口的货物，而且直至明清时期，仍是中国向海外输出量最大且最受西方各国喜爱的中华特产。在漫长的历史时期里，几乎没有任何一种物产能与之相比。丝绸之路，千百年来连接着欧亚大陆政治、经济、文化的交流，是中西文化交流的桥梁与管道。让世界了解了中国，也让中国了解了世界。如《后汉书》就有关于罗马帝国的记载：“大秦国一名犁鞬，以在海西，亦云海西国。地方数千里，有四百余城。小国役属者数十。以石为城郭，列置邮亭，皆垩塈之。有松柏诸木百草。人俗力田作，多种树蚕桑。皆髡头而衣文绣，乘辎軿白盖小车，出入击鼓，建旌旗幡帜。所居城邑，周圜百余里。城中有五宫，相去各十里。宫室皆以水精为柱，食器亦然。其王日游一宫，听事五日而后遍。常使一人持囊随王车，人有言事者，即以书投囊中，王至宫发省，理其枉直。各有官曹文书。”① 魏收在《魏书》中也有相同内容的记述，内容更加详备：“大秦国，一名黎轩，都安都城。从条支西渡海曲一万里，去代三万九千四百里。其海傍出，犹渤海也，而东西与渤海相望，盖自然之理。地方六千里，居两海之间。其地平正，人居星布。其王都城分为五城，各方五里，周六十里。王居城中。城置八臣以主四方，而王城亦置八臣，分主四城。若谋国理及四方有不决者，则四城之臣集议王所，王自听之，然后施行。王三年一出观风化，人有冤枉诣王诉讼者，当方之臣小则让责，大则黜退，令其举贤人以代之。其人端正长大，衣服车旗拟仪中国，故外域谓之大秦。”② 这大抵是汉魏时期中国人对西欧的了解。至唐代，长安成为当时中西交流最重要的都市，从波斯或吐谷浑进来的幂旗、帷帽、胡帽、靴衫，曾进入民间和宫廷生活。“武德、贞观之时，宫人骑马者，依齐、随旧制，多著幂旗。虽发自戎夷，而全身障蔽，不欲途路窥之。王公之家，亦同此制。永徽之后，皆用帷帽，拖裙到颈，渐为浅露。寻下敕禁断，初虽暂息，旋又仍旧”，至“则天之后，帷帽大行，幂旗渐息。中宗即位，宫禁宽弛，公私妇人，无复幂旗之制。开元初，从驾宫人骑马者，皆著胡帽，靓妆露面，无复障蔽，士庶之家，又相仿效，帷帽之制，绝不行用。俄又露髻弛聘，或有著丈夫衣服靴衫，而尊卑内外，斯一贯矣”③。西方文化东渐，远不止如此。以丝绸、茶叶、瓷器等物质形态为特征的中国古代手工业文化令西方各国羡慕。西方在羡慕之余，也开始搜集各种资料，从政治、经济、

① 范晔．后汉书·西域列传第七十八［M］．北京：中华书局，1965：2919．

② 魏收．魏书·西域列传卷九十［M］．北京：中华书局，1974：2275-2276．

③ 刘昫，等．旧唐书·舆服志卷二十五［M］．北京：中华书局，1975：1957．

社会、文化各个方面来研究中国。例如，希腊罗马时代以丝国称中国的《博物志》；7世纪后的东罗马历史学家西莫喀达在《莫利斯皇帝大事记》一书中提到中国时说，“国内宁谧，无乱事，因皇帝乃生而为皇者。人民敬偶像，法律公正，其生活充满智慧”；12世纪中叶，西方教士柏朗嘉宾等曾衔命使华，其游记中叙中国事类时说：“其人亦敬信吾人之圣经，礼爱基督徒。好施舍，以济贫乏。其俗谦让温恭，无须，貌与蒙古族人同，而不及其宽。自有语言。工艺之精，世无可匹。地极富饶，盛产五谷、酒、金、银、丝及各种养生之物。”① 马可·波罗口述的游记，使西方知道了中国幅员广阔，城邑连绵，最初曾“引起了整个欧洲的怀疑，接着是激起了整个欧洲的想象力。”② 西方人憧憬、羡慕、向往着东方，以至于那么多西方人都怀揣着“到东方寻求财富”的梦想到中国来闯世界。自张骞的“凿空”，丝绸之路开通，从大汉帝国至盛唐气象，有多少西方寻梦者到过中国姑且不论，自15世纪以来，像西班牙、葡萄牙、比利时从海上扬帆渡波而来后，英国接踵而来。他们肯定不是到中国来游山玩水的，其目的十分明确，他们看中的是中国市场。为打开中国市场，西方资本主义列强做足了准备，如英法在印度争夺殖民地统治权，英国取胜后，即将东印度公司国有化，用其作为侵略中国的工具。明朝的造船业文化不仅为郑和下西洋提供了强大的物质支持，而且它的造船业文化是世界领先的。颟顸的清政府在平台湾郑氏之后，竟然将前朝造船业文化丢掉了。自诩十全老人的乾隆，对内实行专制主义文化，大兴“文字狱”，钳杜舆论；对外实行限制政策。他说，“间

---

① 方豪. 中西交通史［M］. 台北：中国文化大学出版社，1983：518.

② 赫伯特·乔治·韦尔斯. 世界史纲［M］. 北京：人民出版社，1982：767-769.

年外域有人来，宁可求全关不开。人事天时诚极盛，盈虚默念惧增哉”①，断绝与外往来，盲目排外。吏治腐败，军备弛废，民族矛盾、阶级矛盾日益激化，清朝封建社会的盛世，难掩社会危机。这些让西方资本主义列强看到了机会。将中国封建社会市场纳入资本市场，无疑是狼入羊群。

中国是在殖民者屠刀威逼下进入近代历史的，是封建文化与资本主义文化直接对决的必然结果。中国近代化是世界近代化的一个组成部分，不管中国愿意不愿意，中国是世界的中国，被纳入世界近代化是历史的必然。现代化作为一个世界性历史过程，是人类社会从农业文化向工业文化转变所必然经历的变革。从 19 世纪 40 年代即鸦片战争开始，中国被无情地纳入世界近代化的历史轨道，从而开始了缓慢、曲折而痛苦、艰难的社会转型。中国近代文化传统也随之开始了曲折艰难的发展历程。

鸦片战争失败后，西方资本主义文化汹涌而来。面对西方列强野蛮侵略与掠夺，中国面临着两种道路的选择：一是痛定思痛，承认落后，检讨差距，虚心学习，确定正确的方针政策，组织动员全社会的力量，实现国家的繁荣、富强，实现近代化；二是苟且偷安，泥古不变，继续实行专制集权统治，对内实行残酷镇压，对外采取屈膝妥协，以中华利益交好外国列强，借助外国势力维护封建统治秩序和专制集权统治。这两种道路的选择，影响着中国近代文化的发展方向。

近代中国的发展是错综复杂的。在这个复杂的历史演变过程中，封建清王朝的腐败与外国资本主义殖民化同步发展；中国人民的反帝反封建斗争与推进社会近代化的努力相互交替。中国近代文化传统发展纷繁复杂。在资本主义文化潮流的严重冲击和中国人民的反抗斗争面前，清王朝统治者为了维护王朝不被替换，

---

① 爱新觉罗·弘历．乾隆御制诗文全集·上元灯词其七：第五集（卷 26）[M]．北京：人民大学出版社，2013：137．

一面选择了一条紧密地与帝国主义相勾结，以维持清封建王朝的腐朽统治道路；一面被迫进行推进社会近代化的种种尝试。但是，封建主义和资本主义是格格不入的两种社会形态。实现近代化，意味着封建主义统治的经济基础的垮台，封建专制极权统治因此终结。这是清王朝统治者不愿意看到的。因此，清代末年，由清封建统治集团部分官僚发起的洋务运动、维新运动两次变革最终都走向失败。

近代中国社会主要矛盾是帝国主义、封建主义及官僚资本主义同人民大众的矛盾，这个主要矛盾决定了中国近代化与中国人民反帝反封建反官僚资本主义的革命交织在一起，错综复杂。同时，这也决定了近代中国反帝反封建革命与实现近代化相辅相成，推动中国社会进步的发展趋势。因此，中国近代文化传统发展的形态多样繁杂、斑驳多彩。

在经济文化形态上，表现为自然经济文化形态遭到破坏，城乡商品经济文化的发展。鸦片战争后，随着西方资本主义文化大肆侵入，中国自给自足的自然经济形态遭到破坏。1840—1899 年的 60 年间，在中国的外资企业已发展到 933 个。在资本主义经济文化侵略下，特别是资本主义国家商品倾销，大批手工工场破产、手工业者失业。五口开放后，以英国为代表的西方殖民者，掀起了向中国倾销商品的浪潮。1840 年，英国输华货物总值 52.4 万英镑，其中棉纱 8.8 万余英镑、棉布 23.8 英镑；1845 年则增加到 239.4 万英镑，其中棉纱 9.9 万余英镑、棉布 163.5 万余英镑。棉布的输入量 5 年增加近 7 倍。这一时期，美国的输华货物总值也有显著上升，仅次于英国。当时棉制品的输入，以通商口岸为基地，向周边城乡倾销，打击了这些地区的手工纺织业文化。而且，为了摧垮中国的手工纺织业文化，英国、美国资本家不惜薄利多销，甚至以低于成本 20%～30%的价格倾销。这样殖民者廉价的棉布、棉纱充斥东南沿海市场，使中国的城镇手工纺织业文化和农民家庭手工业文化遭受沉重打击。闽南地区自 1843 年开埠后，由于“民间之买洋布、洋棉者，十室而九。由是江浙之棉布不复畅销，商人多不返运；而闽产之土布土棉，遂亦因之壅滞，不能出口”①。广州附近的手工纺织业文化也是“几停其半”。手工棉纺织业不仅是中国封建社会手工业文化的重要形态，而且也是中国农村经济文化的重要组成部分。它遭到破坏，使家庭手工业文化和农村经济文化开始出现分离，广大农民、手工业者纷纷破产、失业，生活愈益贫苦。

作为资本主义萌芽的工场手工业文化受到打击，东南地区的经济文化开始融入资本主义世界经济文化的旋涡。这也标志着中国封建自然经济文化向殖民地半殖民地经济文化形态转变的开始。西方资本主义国家一面竞相向中国倾销商品，一面加紧掠夺中国的原料和农产品。1840 年前，丝的出口每年平均 1.20 万包，1847 年达到 2.20 万包，1853 年增至 6.20 万包，为鸦片战争前的 5 倍多；茶的出口，1840 年前年均为 5000 万英镑，1845 年增至 8000 万英镑，1853 年增至 1 亿多英镑，增加了 1 倍多。当时丝、茶出口的数量、价格和规格均受外商的控制，特别是英国商人的控制和操纵。中国的丝、茶产业文化纳入了西方资本主义经济文化，丝、茶的出口完全服从资本主义国家的需要。同时，丝、茶产品出口的增加，促使农产品商品化，促进了中国部分城乡商品经济文化的发展和繁荣，对自然经济文化的分解又起到了促进作用。

同时，西方资本主义国家又在上海、广州、厦门等地开办洋行、银行、工厂，建立码头、船坞等。如 1853 年，在上海开办了 120 余家洋行，尔后几家著名的殖民地银行也在上海设立分行，并且开办了船厂、印刷厂、食品厂、打包厂以及码头、仓库等，把资本主义的生产方式带进了中国，从而在客观上促进了中国近代工业文化和城乡商品经济文化的发展。

① 彭泽益. 中国近代手工业史资料（1）［M］. 北京：三联书店，1957：494.

在社会文化形态上，表现为社会阶级结构的变化，体现在新阶级群体的兴起和社会矛盾的复杂化。随着社会经济文化形态的变化，中国社会阶级结构也开始改变。鸦片战争以后，公行制度取消，在通商口岸及其附近地区出现了一批买办和买办商人。他们担任外商的代理人，销售鸦片及各种进口商品，收购丝、茶等产品及原料；或者在外国人的洋行、公司、银行里替洋人管理账务、出纳保管、推销洋货；或者自己开办洋货行栈，专门与外国人做买卖。这些人为了攫取利益，充当外国人的爪牙，从中谋利。他们中的部分人还通过捐纳取得官职，成为身份显赫的人物，有一定的社会地位和影响，由他们构成了中国社会新阶级——买办阶级。

鸦片战争后，外国资本主义文化大肆侵略，在通商口岸开辟航线、修造码头、建立船坞、设置船厂，招收了不少华工，作为海员水手、码头工人、船厂工人；外国资本还投资兴办制药厂、印刷厂、报馆等工业企业，雇佣较多中国工人。这些在外资企业里工作的工人形成了中国社会早期的产业工人，为无产阶级的出现准备条件。特别是 19 世纪 60 年代以后，在民族资本主义企业内，成长起来了一支新的阶级力量——无产阶级。这是中国革命的依靠力量。

随着外国商品的大量涌入，促使中国自给自足的自然经济文化逐渐解体，大批手工业者失去谋生手段，成为自由出卖劳动力的自由民，从而扩大了劳动力市场，为外国资本在华投资办厂和中国部分官僚、地主、商绅、买办投资开办新式企业提供了劳动力，中国近代工业文化的发展，加快了中国近代化进程。随着民族资本文化的发展，中国社会又出现了一个新的阶级——民族资产阶级，它主要由投资兴办民族工业的官僚、地主、商绅、买办转化而来。这些人十分复杂，因其出身和经济利益决定他们在政治上具有两面性：一面是同外国资本主义和封建势力的矛盾，为了经济利益，具有反帝反封建的革命性；一面也是因为经济利益，又同帝国主义和封建主义保持许多联系，因而在反帝反封建时具有妥协性。

鸦片战争前，中国社会的主要矛盾是广大人民同封建地主阶级的矛盾，而清王朝统治者是地主阶级的总代表，反对封建主义其实就是反对清王朝封建专制集权统治，以解放社会生产力。鸦片战争后，中国人民除了受清王朝统治者和地主阶级的剥削和压迫之外，还要受西方殖民者的侵略与掠夺、压迫与奴役。因此，中国社会的主要矛盾是人民大众同封建地主阶级、外国资本主义侵略者之间的矛盾。中国人民谋求独立与解放，既要反对清王朝腐朽统治和封建压迫，又要反对帝国主义侵略和压迫，双重革命任务交织在一起，只有同时担负起反帝反封建的历史使命，才能彻底获得民族独立与国家解放。总之，社会主要矛盾的变化，决定了中国革命的历史阶段性与斗争形式的复杂性，所以有鸦片战争、太平天国起义、洋务运动、甲午战争、维新运动、辛亥革命等不同的运动形式。这就是近代中国文化传统发展艰难性与曲折性的体现。

第三节　清末“新政”对辽河近代文化的影响

甲午战争失败和《马关条约》签订以及随之而来的西方殖民者在中国掀起的瓜分狂潮，八国联军攻陷北京和《辛丑条约》订立以及帝国主义实行“门户开放”“利益均沾”政策，中国完全成了任西方列强宰割的鱼肉，听任帝国主义的肢解与瓜分。以慈禧太后为首的“后党”除了顺从，毫无驳议，甚至为了维护清王朝封建专制集权统治，不惜出卖国家的领土与主权，拿民族的根本利益交好帝国主义。在“照允”《议和大纲》后，一面让光绪皇帝下“罪己诏”，一面表示要“母子一心”实行变法，以“图报各大国之惠”。“后党”主持推行的“新政”，既是一场政治运动，更是一场文化运动。从政治上看，“后党新政”是由“后党”与清廷统治集团分化出来的要求改革的立宪派共同发起的，参与新政和立宪的主体人群包括新兴民族资产阶级的上层代表、要求走宪政道路的清廷各级新派官僚，以及受洋务运动和维新运动启蒙具有一定新思想的清廷官吏，以君主立宪为仿效，即在维护半殖民地半封建社会秩序，保持清王朝封建统治的前提下，开展变法求强、救亡图存的改良运动。推行新政旨在安抚民心，取悦列强，保住统治地位。

从文化角度看，“新政”可以看作是洋务运动和维新运动的继续和发展。“新政”大约推行了 10 年，即 1901—1911 年，可以日俄战争为节点，将推行新政分为前后两个阶段：第一阶段，前 5 年，新政主要是官制、兵制、学制改革，革除陋规弊政、振兴工商。这个阶段的改良或改革，基本上把 1898 年维新运动的要求实现了；第二阶段，后 5 年，实行国家政体改革，即由封建皇帝独裁专制改变为君主立宪的国体，仿效英国和日本实行宪政国体。虽然因辛亥革命的爆发而未能实现，但立宪运动形成的文化成果还是不少的，如立宪运动产生了中国有史以来第一部宪法大纲——《钦定宪法大纲》；第一个具有议院性质的“资政院”和“咨议局”；第一个责任内阁。这都是中国近代文化传统发展的表现。“新政”也是一场思想解放运动。新政开启了全面学习西方先进文化的运动。新式教育文化的繁荣，一批批官派或自费的留学生出国留洋游学，不仅带回了科技知识，也带回了新的思想观念。在新思潮的冲击下，封建专制观念逐渐被打破，法制观念和法制意识逐步确立，民主、民权思想渐次增强。一些鼓励工商业文化发展的章程条例相继颁布，资本主义经济获得一定繁荣与发展；资产阶级不断壮大，在政治上也开始发声，资产阶级性质的立宪运动和革命运动声势越来越大。清朝统治集团也认为，“夫宪法者，国家之根本法也，为君民所共守，自天子以庶人，皆当率循，不容逾越”；就连慈祥太后也认为，“世有万古不易之常经，无一成不变之成法”①。

清末“新政”在辽沈地区的推行稍晚，是在日俄战争结束后。“新政”是由“后党”主持的，多属清廷中央政府的行为，地方政府鲜有创新，各省如是，辽沈地区也无例外。“新政”在辽沈地区的实施，对辽河近代文化传统的发展产生了重要影响。

一　清末“新政”及其影响

自1901年慈禧太后以光绪皇帝的名义颁布第一道“变法自强”上谕始，至1911年辛亥革命止，清廷曾先后推行了一系列新政举措，称之为“后党新政”。继维新运动而起的“新政”，范围之广泛，前所未见，既有除旧亦有布新，主要包括军制改革、政体改革、法制改革、教育改革、奖励实业等方面。这既是中国近代史上发生的一场政治制度改革运动，也是中国近代文化史上推动中国近代文化传统转型发展的文化运动。

1. 军制改革

清朝军事力量的发展经历了四个阶段：一是康熙乾隆时期的八旗和绿营；二是嘉庆道光时期的八旗、绿营及新出现的团练；三是咸丰同治时期的八旗、绿营及由团练转化来的湘军、淮军；四是光绪宣统时期的八旗、绿营、湘军、淮军及出现的新军。

新军的编练始于1895年，甲午战争失败，“一时内外交困，争献练兵之策，于是北洋则有新建军，南洋则有自建军，是为创练新军之始”②，先后在天津、南京和武汉等重镇设立武备学堂和随营学堂。1901年，清政府诏令改革军制。八国联军攻陷京师后，时事多艰，练兵成为急务。传统练兵教习硬弓刀石及马步射，与兵事无涉，在与洋枪对决中亦无所用。于是清政府下令停止

---

① 朱寿朋．光绪朝东华录［M］．北京：中华书局，1958：4553．

② 刘锦藻．清朝续文献通考·兵考2：卷230（影印本）［M］．杭州：浙江古籍出版社，1988：9509．

“武生童考试及武科乡会试”，并令各省在年内严汰绿营、防勇20％～30％，在原有各营中精选士兵成立常备、续备、巡警等军。令全国一些重要城市设立各种军事学堂，以满足新军扩编的需要；新设陆军学堂分陆军小学堂、中学堂和官兵学堂，即为正规学堂；此外，还设立速成陆军学堂和速成师范学堂，以应各镇所需的军官、教习之用。1902 年，推广北洋、湖北训练新军的经验。1903 年，设立练兵处，奕劻为练兵大臣、袁世凯为会办大臣、铁良为襄同办理，练兵处总理练兵事务，各省设督练处。1904 年，练兵处会同兵部奏定《新军营制饷章》《陆军常备学堂办法》以及选派陆军学生出洋游学章程，正式划定军制。1902—1908 年，赴日本学习陆军的不下千人。对学成归来的人，各省督抚争相延揽，以为己用。1905 年，统一全国新军编制为 36 镇，按省分配，限年内完成。军制改革使中国开始有了近代军队的建制和兵种分类。新军确实表现为一种新的力量，是未来推进中国近代文化传统转型发展的重要力量。

2. 政体改革

清朝前期政体文化承袭明朝并有发展，使封建专制集权统治达到了顶峰。内阁、部院、军机处，所有官僚机构以皇帝为核心，服务于皇帝专制集权统治，机构臃肿、行政效率低下，官吏以不生事为原则，不担当、不作为。1901 年 4 月，清廷设督办处，始对行政制度进行改革，包括整饬吏治，裁汰、合并朝廷和地方的若干旧有机构。在朝廷，首先裁汰了各衙门的胥吏差役，停止捐纳实官，归并詹事府于翰林院，撤销通政使司。在地方，裁撤了河东河道总督和滇、鄂、粤三省巡抚以及漕运总督。同时，创设若干新的机构，如督办政务处、商部、学部和巡警部；改组总理各国事务衙门为外交部，列六部之首。

1906 年，清廷宣布筹备立宪，政治体制改革纳入宪政的轨道，先行厘定官制。同年 9 月 2 日，宣布成立编制馆作为负责编纂官制的专门机构。不久，编制馆厘定朝廷各衙门官制进呈，奏请按照立宪国制，行立法、行政、司法三权并立的制度。裁汰军机处与内阁，设十一部，掌国家行政事务，因遭到旧势力的抵制而搁置。是年 11 月 6 日，上谕“内阁军机处一切规，著照旧行”，朝廷各部进行撤并。

1907 年，谕准《修订各直省官制情形折》，以司法独立和地方自治为原则，厘定地方官制。规定一省或数省设总督，专司辖内的外交与军政；每省设一巡抚，总理地方行政；下设布政、提学、提法三司；劝业、巡警二道。但因清政府欲“裁抑督抚之权限”，以巩固皇帝大权，将财政及兵马之事权悉收归中央政府，遭到大部分督抚反对，收效甚微。9 月 20 日，设资政院，作为建议院的基础。11 月 11 日，令各省筹设咨议局，府州县筹设议事会。

1909 年 10 月，除新疆外，各省先后完成议员选举程序，成立了咨议局。翌年 9 月 23 日，在京成立资政院。

1911 年 5 月，宣布采取各国君主立宪制度，组织内阁，旧设内阁、军机处等机构一并裁汰并将新组建的十一部调整为十部。在“新政”改革政体的过程中，清政府逐渐改变了相沿已久的祖制，并开始向近代化的建制迈进。

从文化角度看，清末“新政”从师夷走向变法，由变器到变制，这是洋务运动、维新运动的继续与发展，标志中国近代文化传统有了实质性的发展与进步。

3. 法制改革

法制是维护政治权力的保障。1903 年，清政府设立修订法律馆，命沈家本、伍廷芳为修律大臣，着手修订旧法律和制定新法。“后党新政”改革法制：一是删改《大清律例》，制定新刑律。经过数年的修订，于 1910 年颁行《大清现行刑律》；同年 12 月 25 日，颁布《大清新刑律》。二是改革诸法合体的传统法律结构。制定了《大清民律草案》《刑事诉讼律草案》和《民事诉讼律草案》等部门法和单行法律，1910 年编订了《大清商律草案》。这些法律因辛亥革命而未及颁行。三是实行政刑分离，司法独立。政刑之权从于皇帝一人，自古如此。“新政”改革法制，依三权分立之原则，制定了《各级审判厅试行办理章程》《法院编制法》，规定全国的法院分初级、地方、高等审判厅、大理寺四级，分设于县、府、省、中央，采用四级三审制，并在大理寺和地方审判厅设立相应的检察厅，各级审判厅和检察厅专司审判而俱受法部的行政监督。1907 年，在法部的主持下，创设审判厅于东北三省，并试办于直隶、江苏两省。司法与行政的分离，标志中国近代法制文化向前迈进了一大步。

4. 教育改革

“后党新政”改革教育体制是从废科举开始的。科举制度是一种选官制度文化，其形成经历了很长的过程。“大道之行也，天下为公，选贤举能”①，是史料明确记载的远古社会形态下的选官制度。自夏禹改变了选举贤能的禅让制度，把天下直接授予其子后，世袭制度成为天子的继承制度，百官也上行下效，无不将爵禄传亲传子。社会出现了世袭世禄制度，百病丛生；西汉代之以察举制度，至东汉末年，察举制败坏至“举秀才不知书，察孝廉父别居”的局面；魏代之以九品中正制度，至南北朝时期，弊端日重；隋文帝代之以科举取士，凡人才无不通过教育培养。“学而优则仕”既是知识分子的人生理想，又是社会选举人才的标准。科举制文化初兴时充满生机，为盛唐气象添了不少光彩。至明代以降，科举之弊日益暴露。至晚清，科举之积弊笃重，故光绪皇帝于 1905 年叫停科举。从非议、抨击直至最后废止科举，前后经历数百年的时间。科举制文化之是与非、功与过确实耐人寻味。清朝末年废止科举制文化，改变了久被非议而又不敢触动的中国传统教育制度文化，做成了维新运动想做而没有做成的事情，是对维新运动的发展，它结束了封建主义教育文化，开启了近代教育文

① 许嘉璐. 文白对照十三经·礼记·礼运［M］. 广州：广东教育出版社，2005：948.

化向现代教育文化转变的序幕。“新政”时期，新式办学勃然而兴。从恢复、扩建京师大学堂开始，各省先后创办了高等学堂、中学堂、小学堂以及各种职业教育和女子教育，出现了中国近代史上兴办新式教育的第一次高潮。其间，一些注重人才的开明商绅和明达人士，也出资办学。张謇先后创办了通州师范、女子师范、幼稚园、小学、中学等普通学堂，还创办了纺织、农学、医学等技术学堂，因此而名于当时。至 1909 年，各类新式学堂达 5.91 万所，在籍学生达 160 万人。当时教育文化之发达景象可见一斑。

派遣留学生，是“后党新政”教育改革的又一重要举措。通令各省迅速选派，鼓励自费留学，并让出使大臣留心察访华侨子弟就近留学。学成回国，经过考核，分别赐进士、举人、贡生等项出身，予以任用。不分官费自费，概以科名奖赏学成归国者，遂致留学蔚为潮流，尤其是留学日本蔚成风气。至 1905 年年底，留学日本的学生数约为 8000～10000 人。

在废科举、兴学堂、派游学的同一过程中，形成了《钦定学堂章程》和《奏定学堂章程》，标志中国近代教育文化传统发展日趋成熟。特别是《奏定学堂章程》明确规定了从蒙养院至通儒院的各级学校的学制、采用新式教育的内容和方式，以及对学堂毕业生给予的科名鼓励，从高小毕业到大学毕业分别授予附生、贡生、举人、进士的功名。这个教育制度文化的推广，对中国近现代学校教育制度文化的发展产生了积极影响，也为中国近代教育文化的繁荣奠定了基础。1906 年，学部《奏请宣示教育宗旨折》，明确提出了新式教育的宗旨为“尚公”“尚武”“尚实”，是中国近现代教育文化与时俱进的表现。由此可以说，“后党新政”不仅继承了洋务运动的文化传统，而且继承了维新运动的文化传统。不仅如此，在某些方面，“后党新政”比洋务运动和维新运动走得更远。新式教育造就了新式人才，他们奔向立宪和革命，创造了新的近代文化传统，推动了社会发展与进步。

奖励实业是“后党新政”发展经济的重要举措。1903 年商部设立后，即着手订立《商部章程》《奖励公司章程》《商人通例》《公司律》《破产律》《商会简明章程》等一系列商法，为近代商业文化传统的发展奠定了法律基础。1906 年，清政府对中央各部进行改组，将工部并入商部，成立农工商部，将原来由商部管理的轮船、铁路、邮政事务划归新设立的邮传部。同年，农工商部颁布了《奖励商勋章程》；翌年，颁行了《华商办理实业爵赏章程》和《奖励华商公司章程》。这些章程提出，对有高超技艺的手工艺人和有所发明创造者、实业提倡者、投资于实业者予以奖励，因而刺激了近代商业文化传统的繁荣。1905—1910 年，国内新设厂矿企业出现了一个高峰，其中资本在万元以上者有 209 家，总资本达 7525.50 万元。同 1895—1898 年出现的高峰比，其资本力量更强、投资范围更广，可见近现代商业文化的发展。

“后党”主持推行“新政”的原因很复杂。庚子之变以后封建统治者面临的时局是再也无法因循祖宗之法统治下去的局势。光绪颁布的上谕说：“无事且难支持，今又构此奇变。”虽不得已而为之，但总比让革命掀起的浪潮将清王朝的龙庭冲翻了的好。这场由“后党”主持的“新政”，是以自上而下的改革和自下而上的推动双向互动的形式出现的。“后党”把持的清政府本想借此实现王朝的自我救赎。但是，“新政”并没有按照“后党”既定的方向发展，对于清朝统治政权非但没有救赎作用，从某种意义上说，还加速了清封建王朝的坍塌。这是由近现代文化进步的力量所致。“新政”推行教育制度改革，停止科举、兴办学堂、派遣留学，无非就是想造就“尊崇孔教，爱戴大清国”的子民，但无论是在国内新式学堂里还是留洋深造学生中，清朝政府并没获得多少为朝廷所用的合格人才，西学让他们更清楚地看清了清朝封建专制制度的黑暗与腐朽，具有新思想的人不可能再驯服于封建的旧政权；“新政”实行军制改革，在全国各省扩编新军，原本是国家国防力量的军队，对外国侵略瓜分国土无所作为，而将主要精力用来镇压国内民众的反侵略、反压迫的起义，经革命党人的宣传鼓动，新军绝大多数站到了清王朝的对立面；新政奖励实业，本想借此发展经济，摆脱严重的财政危机，却培养了一批新的社会阶级力量，资产阶级、工人阶级、爱国知识分子，他们成为清封建专制帝制的掘墓人。清末“新政”是新旧文化传统的对决，是封建主义文化与资本主义文化、封建专制集权统治政体文化与资产阶级新型政体文化的对决。新兴资本主义文化传统代替落后的封建主义文化传统是历史的必然。

二　清末“新政”在辽沈地区实施

辽沈地区是在甲午战争结束后开始实行“新政”的，较中原地区稍晚。1905 年 7 月，日俄战争刚结束，清政府任命户部侍郎赵尔巽为盛京将军；同月 21 日，赵尔巽抵达奉天。他认为，“非布新除旧，无以自治，无以图存”①，因而一到任就着手实施“新政”。辽沈地区实施“新政”的内容主要表现在以下几个方面：

1. 改革地方行政建制文化

改革官制，整饬吏治，主要体现在改革官制、设立新官制和新机构等方面。搁置盛京陪都五部行政制度，建立新的行政决策运行机制，为建立正规意义上的近代行省制文化做了准备。废止将军制和旗民二重制，东北三省设总督一职为最高长官，三省将军撤销后以行省巡抚代替。辽宁巡抚以下置四道、八府、八厅、六州、三十二县。省设咨议局，府州县设议事会。

2. 改革军政体制文化

改革军政体制，主要体现在改革军制、编练新军、设置警察、开办军事学堂等方面。仿西方军制文化编练新军，在辽沈地区编有奉军马步 40 个营、新安军 4 个营、盛军 2 个营，共计 46 个营，

① 中华书局编辑部. 大清历朝实录·德宗景皇帝实录：卷 547 [M]. 北京：中华书局，1987：2.

于 1907 年统一改编为新军巡防队，以前、后、左、右、中方位编为奉天五路巡防队。同时，另编奉天新军的陆军第一标、第二标，第一标驻奉天城西关，第二标驻锦州城东八家子。设立奉天省巡警总局和警察总局，府州县设巡警局。巡警总局负责地方治安，警察总局下设 7 个分局，负责省城治安。到 1909 年，奉天省有警察区 219 处、分所 687 个，巡警总数为 1.92 万人。同时开办军事学堂，培训军事骨干。

3. 改革经济文化

改革经济文化，主要体现在振兴实业、奖励开荒等方面。设立矿政调查局、工艺传习所、农业试验场等机构，在奉天、安东、营口、锦州等城市均成立了商会、分会和分所，鼓励私人投资工矿各业。1906 年，奉天商务总局撰写介绍织布，制造火柴、肥皂、玻璃的方法，普及工业文化①。翌年 7 月，奉天省城设商品陈列馆，分设教育、天产、工艺三类十四区陈列商品，组织军警学界购买地方产品，以支持地方实业文化发展。奖励私人垦荒。特别是奖励垦荒，吸引了大批山东、直隶等农民迁往辽沈地区，使辽沈地区劳动力资源大增。至 1911 年，全省人口超过 1000 万，比 1905 年增加了 1 倍多。大量的劳动力动手开荒，全省放荒 3000 多万亩俱被垦为良田，全省耕地面积达到 3915 万余亩②，为农业文化的发展准备了条件。

4. 改革教育制度文化

改革教育制度文化，以废科举、办新学、派留学、开报馆为主要内容。推行新政伊始，赵尔巽积极发展新式教育文化。1906 年，他委托奉天提学张鹤龄创办了奉天工业学堂，当年又创办了

---

① 孔经纬. 清代东北地区经济史（1）［M］. 哈尔滨：黑龙江人民出版社，1990：399.

② 故宫博物院明清档案部. 清末筹备立宪档案史料：上册［M］. 北京：中华书局，1979：67.

女子学堂、简易师范学堂、法政学堂、武备学堂等新式学校，奉天省城的新式教育文化很快繁荣起来。次年，全市有学堂 43 处、宣讲所 3 处，在籍学生为 3513 人，其中女生有 351 人。在奉天推广新式教育的影响下，1906 年安东、营口也设立商务学堂等新式教育机构。新政促进了留学文化的兴起，1907 年辽沈地区去日本留学的达 200 多人。1906 年前，辽沈地区乃至东北城市中，只有营口一市有日本人创办的《营口新闻》1 家近代报纸发行。赵尔巽主政后，积极组织创办了《东三省公报》《白话报》，海城、营口、奉天等城市先后有了中国人自己管理的新闻传媒。1907 年，奉天创办了图书馆和通信机构。

此外，赵尔巽还积极推动财政税收制度改革积累城市建设资金。1906 年，设立奉天省财政总局，当年全省共完成市场秤税银 91 万两、厘捐银 32 万两、东边税银 335 万两、木植税银 4 万两、辽河船税 4 万两、期粮捐银 7 万两、营口船税 13 万两、烟酒税 40 万两、地亩税 31 万两、盐厘 119 万两，共计收银 382.50 万两，较往年多 200 万两。这为大规模地进行城市近代市政建设、推进近代城市文化传统发展提供了资金保证。

在法制文化改革方面，1907 年奉天省设立提法司，省府州县设审判厅，同时设立检察厅，并设立奉天省模范监狱。

总之，清末“新政”在辽沈地区的实施虽然晚于中原地区，但各项举措落实很快，取得了较好的成效，使辽河近代文化的发展出现了新的气象。

第二章 晚清时期战乱对辽河近代文化的影响

1840年对于中国来说具有特殊的含义。作为历史的界碑，它铭刻了中国社会带着屈辱步入近代史的史实。此前，中国于世界是最神秘的庞然巨物，是亚洲最坚固的封建堡垒。自从英国殖民者用坚船利炮打开了封建古国的大门，康乾盛世养成的天朝尊严和顾盼自雄的意态，此刻在西方列强面前已经暗淡无光了。“秋风戒寒和议成，庙谟柔远思休兵。华夷抗礼静海寺，俨然白犬丹鸡盟……夷人中流鼓掌去，三月长江断行旅。”① 鸦片战争不仅是英国对中国的胜利，而且是世界近代资本主义文化对亚洲古老中国封建主义文化的最初胜利。从此，清王朝封建专制极权统治便步入了摇摇欲坠的末路，国势江河日下。晚清时期中国社会陷入半殖民地半封建社会的泥潭：列强横行，战乱频仍；山河破碎，民不聊生；廷臣行私，公忠绝无；流民揭竿，义愤填膺。这一时期，对辽河近代文化影响最大的莫过于战乱，战乱最剧的莫过于鸦片战争、甲午战争、日俄战争等。

辽东挽榆关、接黄渤，物阜民丰，素以重要的战略地位和丰富的矿产等工业资源而闻名于世。旅顺、营口自古就是辽东地区重要物流集散地。因此，该地区久为资本主义列强所觊觎。鸦片战争前，英国侵略者就曾多次派遣舰船窜犯辽东。鸦片战争爆发

① 张应昌. 清诗铎［M］. 北京：中华书局，1960：420.

后，英国曾派遣舰队窜犯渤海和辽东半岛。随着以英国为首的殖民者的侵略和占领，辽沈地区逐步沦为西方列强的殖民地。辽河近代文化在半殖民地半封建社会的桎梏下曲折发展，在反抗侵略与掠夺、压迫与奴役的斗争中逐渐形成。

1894 年 7 月，甲午战争在辽东黄海海域爆发，随后战火延烧到整个辽东半岛。甲午战争持续了 8 个多月，清朝北洋海军全军覆没。辽东半岛人民在陆地展开了殊死的辽东保卫战，但最终也未能挽救中国失败的命运。腐败无能的清政府与日本帝国主义签订了丧权辱国的《马关条约》。根据《马关条约》的规定，辽东半岛沦为日本侵略者的殖民地。辽东保卫战是辽河近代文化第一次生动的展现。

1904 年，日俄两国为霸占辽东半岛进行了一场大规模的争夺战，史称“日俄战争”。整个战争期间，双方共有数十万军队如同飞蝗般铺天盖地地涌向辽东。日俄两国在中国的领土上杀人放火，清政府竟然“轸念彼此均系友邦，”对日俄两国失和用兵，“应按局外中立之例办理”①。置龙兴根本之地“子民”的生命与财产安全于不顾，将辽东半岛划定为日俄交战区。日俄战争给辽东半岛人民造成了巨大灾难。日俄战火洗劫，生灵涂炭，经济备受掠夺，古建筑惨遭破坏，是辽河近代文化的一场浩劫。辽东人民在反侵略斗争中所表现出来的英雄气概，体现了辽河近代文化的时代精神。

第一节　鸦片战争对辽河近代文化影响

近代中国的历史是被帝国主义侵略、掠夺、压迫、奴役的历史，中国始终处于被凌辱、被宰割、被损害的地位。哪里有压迫，

---

① 王彦威．清季外交史料：卷 181［M］．北京：书目文献出版社，1987：2848.

哪里就有反抗。帝国主义的侵略和压迫，激起中国人民的反抗。摆脱帝国主义殖民统治和压迫，谋求民族独立与国家解放，使中国走向近代化，是中国近代文化传统发展的主题，当然也是辽河近代文化传统发展的主题。围绕这个主题，辽河近代文化突显了反对英国、俄国、日本侵略斗争的自觉与自信、坚定与坚强。

一 西方殖民主义文化侵入辽东

鸦片战争是一个自诩文明的英国采取武力保护鸦片走私发动侵略中国的战争。鸦片是毒品，毒品是人类的公敌。英国以中国实行限制鸦片贸易为由，公然向一个主权国家诉诸武力，使其鸦片商品贸易在中国成为自由、合法的贸易。这是赤裸裸的强盗行径，任何时候都应受到谴责。

中英双边贸易文化早在鸦片战争前就存在。自 18 世纪中英正常贸易开始，英国便是对华入超国。18 世纪开始的 100 多年，英国对华贸易输入中国的白银达 2 亿多两，而中国出超只有 200 多万两白银，即“在 1830 年以前，当中国人在对外贸易上经常是出超的时候，白银是不断从印度、不列颠和美国向中国输入的”①。为了追逐利润，扭转贸易逆差，英国东印度公司从 1773 年开始向中国走私贩卖鸦片。1800—1820 年，英国商人每年走私贩卖的鸦片均值为 0.40 万箱左右，以后逐年增长，至 1839 年，已达 3.50 万箱。鸦片毒害人民身心，因而清政府很早就下令禁止鸦片入口。在鸦片战争爆发前的半个多世纪内，清廷及地方政府发布过数十道禁烟的谕旨和文告。由于走私毒品可以牟取暴利，英国的鸦片贩子根本无视这些禁令，无所顾忌地进行走私鸦片、贩卖毒品。1800—1839 年，英国不法商人贩卖走私到中国的鸦片超过了 42.70 万箱，不仅从中国掠夺走了约 4 亿两白银，而且致 200 多万

① 中共中央翻译局．马克思恩格斯选集·中国革命和欧洲革命：第 4 卷［M］．北京：人民出版社，1976：2.

人染上毒品。从军营到府衙，从城市到乡村，官吏、军人、商人、平民以及妇女、僧尼、道士，竞相置买烟具，随在吸食鸦片①。当时世景，恰如时人李光昭所言：

熏天毒雾白昼黑，鹄面鸠形奔络绎。
长生无术乞神仙，速死有方求鬼国。
鬼国淫凶鬼技多，海程万里难窥测。
忽闻鬼舰到羊城，道有金丹堪服用。
此丹别号阿芙蓉，能起精神委惫夕。
黑甜乡远睡魔降，昼夜狂喜无不得。
百粤愚民好肆淫，黄金白镪争交易。
势豪横据十三行，法网森森佯未识。
荼毒先深五岭人，遍传亦不分疆域。
楼阁沉沉日暮寒，牙床锦幔龙须席。
一灯中置透微光，二客同来称莫逆。
手挚筠筒尺五长，灯前自借吹嘘力。
口中忽忽吐青烟，各有清风通两腋。
今夕分携明夕来，今年未甚明年遇。
裙屐翩翩王谢郎，轻肥转眼成寒瘠。
屠沽博得千金资，迩来也有餐霞癖。
渐传秽德到书窗，更送腥风入巾帼。
名士吟余乌帽欹，美人绣倦金钗侧。
伏枕才将仙气吹，一时神爽登仙籍。
神仙杳杳隔仙山，鬼形幢幢来破宅。
故鬼常携新鬼行，后车不鉴前车迹。②

① 齐思和．筹办夷务始末・道光朝：卷2［M］．北京：中华书局，1964：32.

② 张应昌．清诗铎・阿芙蓉歌：下册［M］．北京：中华书局，1960：1004-1005.

李光昭用300多字写出了鸦片烟雾熏罩下的真切世景，令人扼腕。睹此社会惨象和经济状况，林则徐说，鸦片毒害人民，又使财富外流，长此以往，中国将会既无“御敌之兵”，也无“充饷之银”，最终危及政权的生存。清朝政府对毒品说“不”，禁止外国毒贩向中国走私鸦片，完全是正义的行动，任何时候都应该给予肯定。然而利欲熏心的英国资产阶级却千方百计地保护罪恶的鸦片贸易，于1840年悍然发动侵略战争。1842年，腐败无能的清政府与英国签订《南京条约》，给予英国许多特权：割让香港、巨额赔款、五口通商、协定关税、领事裁判权、最惠国待遇。鸦片大量输入中国已为清政府所默许。从此，英国东印度公司鸦片走私行为变成了合法贸易。

（一）西方鸦片文化侵入辽东

早在鸦片战争爆发前，西方鸦片文化就已经侵入辽东半岛。史料记载，1838年，盛京等处将军所辖地区“渐染成风”，“地方恶习，沾染日深，几成积重难返之势”①。鸦片走私贩运主要以商品贸易之名由东南沿海口岸至辽东沿海各口岸私销，或从山海关交通管道进入辽东，水陆两道同时贩运。1831年，美国“西洛夫”号多次到辽东湾贩卖鸦片。1832年，英国鸦片贩子在广州开设的怡和洋行就将鸦片从东南海域沿海北上贩运抵“盖州属连云岛海口”，“登岸入城”，私销获利。此后，该公司频频贩鸦片北上，经由天津转道辽东。它一面贩卖鸦片，一面沿途至锦州、南锦、三山岛、牛庄等地收购黄豆等农产品②。辽东也有一些不法者伙同洋人开设馆，打着药铺的招牌，暗中收囤和招揽吸食者，从中牟取暴利。当时形成了如锦州的马老八、海城的王老五、新

① 中国史学会．中国近代史资料丛刊·鸦片战争：第1册［M］．北京：新知识出版社，1955：370、463.

② 中华书局编辑部．大清历朝实录·宣宗咸皇帝实录：卷314［M］．北京：中华书局，1983：893.

民的张裕源等贩烟大老板，特别是行商程朴儒专门从事烟土贩运，势力很大。成千上万的人嗜毒，这无疑是社会的堕落。

辽东乃清王朝根本重地。鸦片之毒泛滥成灾，严重危及“龙兴之地”的国计民生。1838 年 10 月，清政府督促辽东禁止毒品鸦片。道光皇帝降旨盛京将军耆英查禁。耆英却以“洋船多由天津起碇，并未到口”加以敷衍搪塞。耆英敷衍了事的态度遭到了道光皇帝的斥责，严旨“该将军所称前项各船并未到口之处，殊难凭信”。不得已，耆英才带着山海关监督多龄等人到营口、盖州、复州各口走马观花地转悠了一圈，奏报共查获烟土 2954 两了事。而同期，与之相邻的直隶查获烟土达 13 万多两。盛京将军是辽东地区最高军政长官，其态度如此消极，“地方官向来不肯实力查究，互相隐讳，反以查拏为多事”。可见，辽东当时禁烟成效不大。鸦片文化流毒辽东程度之深是可想而知的。

（二）英国武装侵犯辽东

第一次鸦片战争前，英国侵略者曾多次派遣舰船和间谍窜犯辽东半岛。1831 年，英国人罔特斯拉夫曾到锦州、盖州、金州等地勘察刺探情况。翌年，英国船只再次闯入盖州连云岛，并登岸进城。1840 年，鸦片战争爆发后，英军封锁珠江口，继而北上。8 月 20 日，英军进入辽东半岛东岸，公然抢劫粮食等物资；次日，英舰布朗底、摩底斯底、衣那等，侵入复州所属的长兴岛等海域。9 月 15 日，天津谈判结束，懵懂的琦善屈辱投降，英国表示英军可以返回广州，但 17 日突然折返再次占领复州湾，并沿途侵扰旅顺的老铁山，大连的小平岛、和尚岛、棒棰岛、青泥洼、三山岛，次日于小平岛登陆，遭遇当地民众反抗，被迫撤离南下。

（三）英国强行占领大连湾

继《南京条约》签订后，清朝政府又先后与美国签订了《望厦条约》，与法国签订了《黄埔条约》。西方殖民者已然拥有了中国的领土、领海、司法等权力，中国已经沦为了半殖民地半封建社会。但以英国为首的侵略者并不满足，因为他们在中国倾销商品获取巨额剩余价值的目的并没有达到。第一次鸦片战争虽然打开了中国的大门，但是只取得了5个通商口岸，近20年间，他们在鸦片以外的正当贸易上一直是亏本的，其亏本率在35%～40%，这对于资本主义列强来说是不能接受的。为了攫取更大的利益，英国于1856年发动了第二次鸦片战争。战争打了4年多，1858年5月清政府与侵略者签订了《天津条约》，1860年10月又签订了《北京条约》。割地、赔款、增开通商口岸、关税协定、领事裁判、租地造屋、传教自由，只要侵略者提出要求，清朝政府一概满足。如果说第一次鸦片战争冲垮了中国沿海防线，那么第二次鸦片战争则震撼了清王朝的中枢。由东南而入华北，由一隅而至京师，中国加速陷入殖民地深渊。

1860年2月，英、法、美三国集结200多艘军舰、2500名军人组成远征军，对中国采取大规模入侵。英军由浙江舟山北上，直驶大连湾。2月23日，从大连湾金州的和尚岛登陆。至6月12日，英军在青泥洼集结了19艘军舰。6月16日，大孤山海域集结大批军舰，有200名英军登陆。至6月25日，先后抵达大连的英舰多达122艘。辽东半岛地区领海被控制、领地被占领、房屋被强拆、财物被掠夺，给广大人民带来重大的劫难。

（四）殖民主义文化入侵带来的影响

西方列强是通过一系列不平等条约，加深对中国政治、经济、军事、文化等方面的全面控制。第二次鸦片战争，进一步扩大通商口岸，放宽关税，改变了中外贸易形势，中国被纳入资本主义市场体系，成为资本主义商品倾销的市场目的地和原料供应地。第二次鸦片战争后，清政府同意在原五口通商的基础上再增开11个通商口岸：天津、牛庄（后改营口，今辽宁省营口市）、登州（今山东省蓬莱市）、台南、淡水、潮州（今广东省潮州市）、琼州、镇江、南京、九江、汉口。牛庄开港，辽东门户洞开，因而西方殖民主义文化大肆入侵辽东乃至东北地区，对辽河近代文化影响至深。

1. 牛庄开埠对辽河近代文化的影响

牛庄是因《天津条约》而增设的通商口岸，于1861年4月正式开埠。牛庄港自古就是南北货物集散地。明清以来，闽、浙、粤、台商贾货船频繁驶入，商业文化之繁华闻名中外。西方列强早就垂涎三尺。牛庄口岸是辽东乃至东北近代史上第一个对外通商口岸。开港时，英国驻牛庄领事密迪乐乘舰至牛庄考察，发现牛庄距海口较远，且泥沙淤积，大型轮船进入十分困难，而营口港优于牛庄，故舍牛庄而改辟营口为商埠。中英两国协议已经墨干，但英国代表硬说牛庄就是营口，把条约规定的牛庄改称营口，并在营口设领事馆，把营口领事称为牛庄领事。营口原名没沟营，在牛庄西南，两港相距90余里，营口是辽河的入海口。营口同牛庄当时都是北南货物集散地，贸易繁华。据史料记载，1838年，粤、闽、浙、苏、鲁等省货物至营口、奉天各海口贩运豆麦，停泊在营口港的商船达850多艘，足见当年营口港商业文化之繁华。本来牛庄是牛庄、营口归营口，但英法殖民者硬说营口就是牛庄，那也只好如此了。弱国无外交，历来如此。1861年6月30日，营口港正式开埠。借此口岸，西方资本主义一面向辽东乃至东北倾销商品，一面掠夺辽东工农业原料，辽东被卷入世界资本主义商品市场的旋涡。

2. 外国商品输入对辽河近代商业文化的影响

营口开埠，辽东乃至东北门户洞开。营口从此成为资本主义殖民者在辽东乃至东北倾销商品和掠夺原料的桥头堡，对辽河近代商业文化产生了重大的影响。

洋货倾销改变了辽东乃至东北地区对外贸易的格局。鸦片战争前，中国的商业文化很发达，中国在对外贸易中一直处于优势地位；英、法、美诸国对华贸易一直是入超的，大量白银流入中国。这是不争的史实。为了改变这一局面，西方列强诉诸武力。第二次鸦片战争后，中国近代商业文化传统发生了历史性转变，中外贸易的格局也发生了根本变化，中国由过去长期的出超国变为入超国，贸易逆差与年俱增，长期以来的贸易优势荡然无存。辽东地区对外贸易也一样，优势丧失殆尽。英、法、美等各国商品通过营口港源源不断地输入，几乎全部占领营口和辽东市场，国内手工业产品和土产品受到严重排挤，如表 2-1 所示。

表 2-1　1867—1871 年部分年份营口港输入商品价值表

年份	输入数（单位：千海关两）		
	洋货	土货	洋货∶土货（以土货为 100）
1867	2254	796	283∶100
1870	2241	648	342∶100
1871	1954	746	260∶100

注：表中数据源自薛虹，李树田. 中国东北通史［M］. 长春：吉林文史出版社，1991：456.

表 2-1 中的数据表明，3 个年份中，洋货通过营口港输入货物的平均值是土货的 3 倍多。说明自开港后，营口和辽东地区成了资本主义国家倾销商品的重要市场。

在倾销商品的同时，外国资本主义通过营口港运出大量的大豆等原料。营口港是清政府经营辽东乃至东北大豆的集散地。清政府对大豆和粮食采取政府专营政策，不许外国人插手买卖运输。营口开港后，英国侵略者见经营大豆获利甚厚，于 1862 年强迫清政府解禁。这样，辽东乃至东北产的大豆亦为英国侵略者控制，如表 2-2 所示。

表 2-2　1872—1891 年部分年份由营口港运走的豆类产品表

年份	运走货物（吨）		
	大豆	豆饼	豆油
1872—1876	393000	220000	6275
1887—1891	830000	695000	12805

注：表中数据源自朱诚如. 辽宁通史［M］. 大连：大连海事大学出版社，1997：255-256.

1867 年，英国商人普拉德直接在牛庄投资设立机器榨油豆饼厂，就地收购大豆，榨油制饼，掠夺农产品，攫取高额利润。随后，丹麦商人也开设了功尔兹洋行榨油厂。

此外，辽东地区的特产柞蚕丝也被大量掠夺。1880 年出口为 1030 担，1886 年以后年均输出 0.60 万多担。辽东地区柞蚕丝总产量的 80%～90%被西方列强所掠夺①。1858 年，中英《通商章程善后条款》规定，鸦片更名为洋药进口，即清政府承认了鸦片贸易的合法化。营口开港之初，英国商人输入的鸦片与一般商品比较，所占比例最大。后随着工业产品市场逐步扩大，鸦片所占比例有所降低，鸦片的输入真实情况被掩盖。鸦片输入的实际数量并不小，只是在贸易总额中占比减少而已。

3. 殖民地文化对辽河近代文化的影响

英国等殖民者在中国推行资本主义商业文化，通过开办洋行等手段控制商业市场。鸦片战争前，中国的商业文化传统受到半官半商经济组织公行的控制，外商到中国贸易受到公行的严格管控，甚至刁难、勒索。英国曾多次派使者到中国传递国书，要求取消公行和严格规范海关行政、取消各种匿规，均未达成协议。

① 朱诚如. 辽宁通史［M］. 大连：大连海事大学出版社，1997：255-256.

鸦片战争后，外国资本以武力为保障获得在中国投资兴办洋行的权利，反过来控制了中国市场，洋行成为资本主义国家向中国倾销商品、掠夺生产原料和进行经济侵略扩张的工具，这也深刻地影响了中国商业文化传统的发展。营口开埠之初，英国便在营口开办老沙逊洋行、远东洋行、瑞林洋行。尔后，各国竞相仿效，在营口纷纷开办洋行，当时共兴办有 17 家之多。

鸦片战争后，列强夺取了中国海关的行政权，特别是赫德任海关的总税务司，把控中国海关近 50 年。营口海关自开埠后，也一直为外国势力所掌控，成为西方殖民主义文化侵略的桥头堡。鸦片战争后，列强夺取了中国的常关主权，强力推行“子口半税”制商业税制文化。中国的海关行政权在关税自主权丧失后，仍保有内陆各关口即子口的税收权，外商货物入口通过海关后进入内陆，仍要受到内陆各关的管控。《天津条约》剥夺了中国的常关即子口自主权，强力推行子口半税制文化，即海关关税按进口征收5%的关税，入关后进入内陆时，只要交海关关税 5%的一半，即2.5%的子口税，便可遍运天下。而中国商人就无此权利，反倒是逢关抽税，遇卡抽厘，任意增加，造成中外商贸极不公平。税收是商业文化中的关键要素。单就税收方面言，中国商人已无取利的条件，徒令贸易皆为洋人所夺。营口开港后，中国商人在营口港和辽东的贸易，同样面临上述不公平待遇。殖民者强力推行子口半税制文化，改变了营口和辽东地区对外贸易的大好局面。

营口开埠后，不仅洋货等物质文化充斥辽东市场，改变了辽东地区的经济社会形势，而且西方的政治、军事、司法、宗教文化也随之侵入辽东地区，使辽东地区的殖民地程度大大加深，也使辽河近现代文化的殖民地化现象十分突出。1861 年，英国在营口设立领事馆，辽东出现了西方国家的行政机构。随后，法国、瑞典、日本、荷兰、美国、俄国也相继在营口设立领事馆。《天津条约》规定，外国领事享有领事裁判权。各国领事进驻营口后，还在营口驻扎军队，修筑军事设施，以武力行使行政和司法权力。

对营口及辽东地区实行殖民地统治，压迫和奴役营口人民。如1866年3月，美国驻营口领事赖特的仆人与当地居民发生口角，赖特的仆人竟然带着4名美国士兵持枪闯入与其发生口角的金某家中，开枪行凶。金某自卫，互有轻伤。海城（今辽宁省海城市）知县出面调查审理，而美国领事赖特则派出20多名士兵再次闯入金某宅中，枪杀1名中国人、重伤4人。海城知县见事态严重，将金某及同伴拘捕至县衙。然而美国领事赖特率大兵闯入海城县衙，迫使县令严惩凶手，并要求烧毁金某住宅。最后，县令不得不依美国领事的要求，判金某及同伴4人入狱，在美国人监督下烧毁金某住宅，赔偿2000两白银。

西方殖民者在对中国进行军事和经济侵略的同时，宗教文化侵略也十分猖獗。辽东也无例外。1830年，荷兰天主教传教士潜入辽东，并于1838年成立了东北教区，于1867年在牛庄建立基督教教堂。侵入辽东半岛的各国宗教势力甚嚣尘上，以传教为名，对辽东地区进行宗教迷信宣传、奴化教育和各种侵略活动，人民也不堪其扰。这些严重影响了辽河近代宗教文化的正常发展。

二　辽东抵抗殖民者侵略文化的兴起

鸦片战争后，西方殖民主义文化的入侵，给辽河近代文化带来很大冲击。作为清王朝兴起的根本之地，清政府不能不有所顾忌。迫于内忧外患时局带来的压力，清政府对辽东地区的吏治、官制进行了一定的整治与调整，进一步开禁，增设地方州县，组建练军，建设海防。辽东地区人民自发地反对外国殖民主义的侵略，迟滞了辽东地区殖民地化的进程；反对封建主义剥削与压迫，影响甚至动摇了清王朝在辽东地区的统治基础。这一时期，辽河近代文化表现出清王朝为挽救危局所进行的整饬吏治、改革官制与辽东人民自发的反帝反封建斗争相交织的特征。

（一）辽东人民反抗压迫的斗争

西方列强的侵略和压迫、封建主义的剥削和压榨，一定会激起中国人民的反抗。19世纪中期，南方爆发的太平天国起义，也影响到了辽东地区。1853—1856年，清廷下令调遣盛京1万余名八旗“劲旅”入关围剿洪秀全领导的起义，辽东防卫空虚，人民乘机发动起义。辽东人民反抗压迫的起义是辽河近代文化发展进步的重要体现。

1853年，清廷国库存银仅剩22.79万两①，几近枯竭。为了支撑战争，清政府令盛京将军、奉天府尹千方百计筹措军饷粮食随师转运。1856年，盛京将军庆祺以“盛京兵饷，待用孔亟，库款支绌”为由，奏请实行“厘捐铺税”制度，即向坐商店主每日抽税，又无固定税率。“店商于买货之家，照所买价值，每东钱百千，抽捐东钱一千，每粮十石，捐东钱一千。不及者以次递减；商贾铺户则量其生意大小，分析等第，按户逐日捐东钱十文至一千余文不等。”② 厘捐铺税名目一出，地方官员、胥吏人等，明目张胆地向工商业者敲诈勒索。奉天官吏“招摇纳贿，词讼之大小，以钱之多寡为曲直”③。由此造成了工商业者奔避不遑。这对于辽河近代工商业文化乃至辽河近代文化传统的发展无疑是一种破坏，甚至戕害。

农民及工商业者的负担日益加重，社会矛盾不断激化，抗租抗粮起义不断发生。辽东驻防被抽调至南方镇压太平天国起义，“十居七八，生还故里者，十仅二三。其户口之凋零，室家之穷

① 中国人民银行．中国近代货币史资料［M］．北京：中华书局，1964：176.

② 中华书局编辑部．大清历朝实录·文宗显皇帝实录：卷215［M］．北京：中华书局，1987：379.

③ 中华书局编辑部．大清历朝实录·文宗显皇帝实录：卷290［M］．北京：中华书局，1987：248.

苦，有不忍形诸奏牍者”①。出征者无归，在籍者无休止地抽派，不仅对社会生产力造成了严重破坏，也造成社会矛盾日益尖锐。穷苦百姓不堪重负，只有伐木为兵，揭竿而起。

辽东各地农民起义相继爆发：1851 年，昌图（今辽宁省铁岭市昌图县）爆发了吴保太、王柏龄领导的起义，1855 年，昌图爆发了霍义领导的起义，复州爆发了王毓玲领导的起义；1875 年，建昌（今辽宁省葫芦岛市建昌县）等地爆发了矿工起义；1859 年，朝阳（今辽宁省朝阳县）爆发了矿工起义。这些小规模的农民、矿工起义最后汇聚成了 1860—1866 年间大规模的农民起义。

1860 年，王达、刘珠、白凌阿等发动了义州（今辽宁省锦州市义县）起义。这年 10 月，英法联军攻占北京，咸丰仓皇逃往热河时，纵兵四处搜刮粮食、掠夺财物，遭到辽西地区人民的反抗。王达便集合大批饥民联合刘珠率领的起义军向义州进发，抵达清河门后又与白凌阿的义军会合，队伍扩大到 500 多人，一起攻入义州城内。盛京将军玉明发兵前往镇压，王达率义军撤出义州城，途中与广宁知县塔清阿率领的清军交战，失败被俘。刘珠、白凌阿率部转赴朝阳，继续斗争。

1861 年，李凤奎领导发动了朝阳起义。朝阳地区矿藏丰富，自古以来，采矿业文化较为发达。清政府对外国侵略势力割地赔款，财政空虚，将负担转嫁给地方百姓。清政府的盘剥勒索，致各族人民无法生存。朝阳的矿工响应李凤奎号召，起来反抗。由于声势很大，当地垦荒的流民、蒙古族牧民及刘珠、白凌阿统领的义军纷纷加入起义队伍。义军攻破朝阳县城，占领巡检衙署、银库，控制了整座县城，随即又占领了城东要塞凤凰山。义军声威大震，队伍迅速扩大。刚逃到热河的咸丰皇帝颇感震惊。置英法联军占领北京于不顾，急令都兴阿、成明等率军前往镇压。义

① 佟冬. 中国东北史：卷 5［M］. 长春：吉林文史出版社，2006：54.

军在建昌与清军相遇，首战告捷，随后义州之战又胜。清军连败，都兴阿率军攻打义军据点朝阳县城，李凤奎、刘珠领军驰返救援，途中与清军相遇，在桃花吐一带与清军发生激战，义军伤亡惨重，最终失败。李凤奎、刘珠均殁，余部在才宝善、白凌阿率领下转战昌图。

1861 年，王五、李维藩领导了昌图起义。李凤奎率众起义时，李维藩等聚众达 2000 余人，成为一支势力较大的起义队伍①。才宝善、白凌阿率领余部前来会合后，队伍达到 4000 多人。义军转战于昌图、铁岭、开原和吉林境内的怀德等地，采取时分时合、时出时隐的机动战术，狠狠地打击了清军。清政府令各地武装团练同驻防军合剿义军。1863 年 9 月，义军在黄花甸子一带大胜清军；11 月，先后攻克梨树县（今吉林省四平市梨树县）、榆树台（今吉林省四平市梨树县北 20 公里）。1864 年 1 月，义军在牤牛沟同清军作战失败。余部在李维藩率领下继续战斗，先后与葛成隆、张玉以及马震龙等义军一起与清军作战，致辽东乃至东北义军起义达到高潮。

1862 年，爆发了蒙古族牧民起义。1862 年，蒙古族王公在清政府名目繁多的苛捐杂税的基础上，把壮丁税提高了 10 倍，即由 8 吊钱提高到 80 吊钱，强征俊男美女充私家奴婢，激起牧民起义。1863 年 8 月，起义队伍数千人攻入蒙古王巴育太的村寨，烧毁其住宅，夺去骡马和财物。土默特（今阜新蒙古族自治县）王府派兵镇压，义军多次击败清军，杀死该旗王公。后因绰金太被捕，义军陷入低潮，至 1865 年宣告失败。这次起义虽然失败了，但它迫使清政府革了该旗长的职，把壮丁税恢复到原来的征收标准，并规定了蒙古族王公家庭奴婢的数目，不许地方再行增加赋税等。所以说，虽然起义失败了，但当地社会文化得到进步。

① 王先谦，等．东华续录·同治朝：卷 50［M］．上海：上海古籍出版社，2007：17.

马震龙、王起领导的农民起义。马震龙打着替天行道的义旗，于1864年起义，很快围攻梨树县（今吉林省四平市梨树县）获胜。1865年，转战昌图、朝阳坡（今吉林省公主岭市西北），占领怀德县（今吉林省公主岭市）八家子镇，队伍扩大至上万人。在朝阳坡与清军大战获胜后，又连续攻占铁岭、开原城，并与李维藩部会合，再度北上攻占梨树县城。马震龙、王起、李维藩三股义军会合后，义军达2万余人。清军疲于奔命，屡屡败北。1865年，义军达到高潮，曾一度攻进奉天府（今辽宁省沈阳市）。清政府极度恐慌，急派文祥挂帅，率兵前往奉天省镇压。1866年1月，文祥兵分三路，展开对义军的围剿行动。马震龙等率义军应对，采取摆脱强敌、八方游走、攻敌重点的战略，先后攻占朝阳、义州、昌图，后转战松嫩大平原。3月21日，文祥率领的清军在吉林城打败了马震龙等率领的义军。义军败走开原、铁岭、新民。被清军追剿穷蹙，向敌投降。文祥于5月16日将降后的马震龙等杀害。

辽东地区农民起义是辽河近代文化发展最生动的写照。虽然起义均以失败告终，但各次起义在客观上刺激并促进了辽河近代文化的发展，促进了辽东开禁，从而导致辽东地区的开发和社会经济的发展，极大地推进了辽河近代农业文化的发展，也推动了清政府在辽东地区实行政体文化改革。

（二）辽河近代政体文化初步转变

19世纪70年代，中国进入了以救亡图存为目的、以洋务运动为主要形态的近代文化启蒙发展的新时期。清政府为稳定其在辽东地区的统治，开始整饬吏治、开放禁地，实行军政文化改革，因而带来了辽河近代政体文化的初步转变。

1875年，上谕，“东三省为根本重地，近来旗务吏治均极废弛，以致贼氛肆扰，整顿为难。目前要务，自以三省联为一气，方为御侮良图”，“奉天金州、营口一带，本隶北洋大臣控制。李鸿章于洋务最为熟悉，自应不分畛域，协同筹防”。此时，原盛京将军都兴阿刚病殁，继任者为崇实。崇实刚一到任，便与李鸿章联手剿灭了辽东地区的农民起义，随后便着手军政整顿与改革。

奉天省地位特殊，盛京作为陪都，机构与官制均仿效京师。清代晚期，吏治败坏至极，官吏结党营私，对百姓巧取豪夺，甚至官匪勾结，包揽私讼，无所不用其极。奉天府尹，贿赂公行，官员勾结贼寇入境，杀掳多端，商民致令失业。崇实以雷霆手段，革了奉天府尹的职，对其他违法官吏进行了严厉处罚①。

1. 整顿吏治

崇实深切感到陪都官制的严重弊端，旗民二重系统，除有将军、五部外，还设有府尹，形成旗民双重管理，事权不一，政令歧出，职责混乱，遇事抵牾，势成掣肘②。于是制定《变通奉天吏制章程》，上奏皇帝③。总体设计方案是："仍存五部之名，以隍体制，兼仿督抚之例，以一事权。"

①对将军事权进行改制。将盛京的将军、五部衙门、奉天府尹三官并重，各自为政、互相掣肘的局面予以改变，将军除原司所职外，直接管辖兵刑两部，兼管奉天府尹事务，即仿各省总督制例加兵部尚书衔，另颁总督奉天旗民地方军务关防一颗，兼理粮饷，管带金银库印钥，稽核户部出入。从此，盛京将军成为名副其实的奉天一省统管军事、民政和财政大权的一省之总，彻底解决了事权问题。

②对府尹职权进行改制。将奉天府尹加二品衔，以右副都御史行巡抚事。旗民各务，悉归专理，俾与将军连成一气，不致两

---

① 王树楠，吴廷燮，金毓黻，等. 奉天通志：卷 44 [M]. 沈阳：东北文史丛书编辑委员会点校、出版，1983：899.

② 中华书局编辑部. 大清历朝实录・德宗景皇帝实录：卷 12 [M]. 北京：中华书局，1987：225.

③ 朱寿朋. 光绪朝东华录：第 1 册 [M]. 北京：中华书局，1958：112.

歧。换言之，即将军为一省的一般行省总督，奉天府尹则是盛京的巡抚，旗民行政、民事、争讼悉归府尹，避免原来旗民分治，遇事由盛京户部、奉天府尹与盛京刑部共同裁决，久拖不决的弊端。

③对五部事权进行改制。盛京原置五部，本为盛京将军衙门的机构，但五部之权日益加重，致将军呼之不应，甚至扞格不入。五部职权还与府尹等衙门牵扯混淆。崇实将户部原兼府尹之职分离，即户部不再兼府尹之职；礼部、工部，一管典礼、一管工程，各有专司，皆与民间无涉；兵部、刑部亦各有分职，两部堂官，责无旁贷。五部与京师刑部一样，以后旗民交涉罪在犯徒刑以上者，方准该部按律定拟，其余一概不得干预。盛京五部的权利责任一清二楚。实现了将军、府尹管理之下的事务性衙门，五部各司其职，余者不许过问。

④对地方行政建制文化进行改制。盛京将军加总督衔、府尹加巡抚衔，是由军政文化向行省制文化转型的过渡形态。省级有了类似的总督与巡抚制，其以下的地方行政亦应向一般行省制文化转变。为了实现这个转型，在省与州县中间增置首道一缺，称奉天驿巡道。这样，盛京以前的行政长官仅府县两级，与关内各省建制文化整齐划一，以适应国家的统一。

⑤对旗民地方官制进行改制。盛京地区实行旗民分治造成民族矛盾越来越深，地方州县与城守卫矛盾激化，盛京将军治下的20余城，仅旅顺、牛庄、海城、熊岳四城八旗驻防不与地方州县同城，其他各城旗署与民署同城，旗治与民治问题异常尖锐，已经危及地方政权稳定。崇实彻底改变了这一局面，奉天省地方一切案件，无论旗民，专归同（知）、通（判）、州、县等官管理，其旗界大小官员只许经理旗租，缉捕盗贼，不得丝毫干预地方案件。

⑥对官吏俸禄制进行改制。清代官吏的待遇不高，文官一品年俸不超过180两，15两/每月；七品官，年俸40余两，3两/每

月。清朝重文轻武，故武官待遇更低。前期社会安定，官俸支度也算稳定。雍正时，文官一品，正俸年为 180 两，而养廉银竟高达 6 万两；县官正俸年为 40 两，养廉银高达 2000 两。至乾隆时，文武百官每年正俸开支为 100 多万两，而养廉银竟达 500 万两①。规定盛京将军照总督养廉为 18000 两，府尹照巡抚例为 12000 两。后因战乱，将军实为 500 两、巡抚为 200 两。值此时艰，固核各处用度，将军养廉至少为 8000 两、巡抚至少为 6000 两，以下各级官吏，递减后发给应得之数，不应折扣，仅存虚名。但是，崇实的这项改革成效不大。

⑦对仓差陈规陋习进行改制。奉天省原来各旗草豆，由折色到实征标准很不统一，数量任意增减，由则任人归并，百弊丛生。崇实将其旧规一律取消，旗租草豆章程改为一律，无论宗室平民上中下产，酌一适中之数，按亩征收。实行新的仓差制文化，有利于促进农业文化的繁荣。

⑧对用人制度进行改制。选人用人是政体文体建设的核心。清政府在用人政策文化上一直实行重满轻汉的制度文化。崇实在《变通奉天吏治章程》中提出“不分满汉，唯才是举”的主张，最终得到清政府的批准，在奉天省实行，有利于激励人才效命国家。

2. 开放禁地

第二次鸦片战争后，一方面关内大批流民涌向奉天禁区，即盛京自东边门外至浑江东西 100 余里，南北自东沟（今辽宁省东港市）至通沟县（今吉林省集安市）约 1000 余里的地带；另一方面，“旗兵生齿日繁，丁口虽增而兵额有定，不能因治而加广，自应开垦闲田，豫筹移屯以资生计”②。这是清廷祖宗发祥之地，向

① 朱诚如. 清朝通史・乾隆朝［M］. 北京：紫禁城出版社，2003：104.

② 王树楠，吴廷燮，金毓黼，等. 奉天通志：卷 40［M］. 沈阳：东北文史丛书编辑委员会点校、出版，1983：828.

为封禁之处。崇实建议开放禁地，让百姓垦种，设官分治。由于当时财政拮据，清廷不得已，只好批准施行。1875 年，正式开禁，这是继 1860 年柳条边开禁后清政府最大的开禁，对促进辽河近代农业文化的繁荣发展具有重要作用。

3. 编练练军

清初，辽东地区驻防只有八旗军。八旗军因承平日久，渐耽安逸，到近代已远不如昔了。辽东地理位置重要且为清朝发祥之地，巩固奉天重地，加强防备理所当然。1866 年，时任盛京将军都兴阿在营口首编练 500 名练军；1875 年，崇实在锦州编练 200 名练军；1877 年，奉天又训练洋枪马队 50 名。1876 年，清政府拨款作编练练军的专项经费，辽东正式编练练军。到 1880 年，第一批练军成军，共有前、后、左、右、中马队 5 个营，另有步兵 1 个营，取名为奉字军，由左宝贵统带，约 3000 人左右。辽东练军的装备、编制、训练皆仿照直隶练军和天津洋枪队。练军是由旧式八旗、绿营军队向近代新军转型的过渡。1875 年，清政府制定海防政策。1880 年，李鸿章奉命统筹海防，重点筹办北洋水师，而重心在旅顺、烟台、大连湾。1887 年，定远、镇远、济远、致远、靖远、经远、来远、平远入列，北海舰队组成，布防中心在旅顺和大连湾。清政府拨巨资 139.35 万两白银建设旅顺军港，于 1890 年建成。自 1851 年始，旅顺的炮台修筑工程与船坞工程同时进行，至 1886 年，沿旅顺东海岸先后修筑黄金山至老虎尾等炮台，安装大炮 48 门，再至 1889 年，又修筑椅子山至大孤山沿线炮台，同时驻有毅军九营一哨，与水师互为依托。大连湾炮台也同时修造，至 1887 年竣工，筑海岸炮台 5 座、陆路炮台 1 座。旅顺及大连湾炮台，配炮共 170 余门，使旅顺口成为较为完备的近代化海军基地①，促进了辽河近代军事文化的繁荣。

① 张侠，等. 清末海军史料［M］. 北京：海洋出版社，1982：267-268.

第二节　甲午战争对辽河近代文化的影响

中日甲午战争是日本蓄谋已久、充分准备而发动的旨在吞并朝鲜进而进攻中国的侵略战争。日本曾在16世纪末进攻过朝鲜，目的是先占据朝鲜，再图辽东乃至东北，然后直下北京。当时的明王朝给予日本以沉重打击，其阴谋未能获逞，但其觊觎之心不死。1874年，日本武力侵犯中国台湾，黩武扩张。因有英美为其撑腰，日本初试手段，即见成效。此后，美国一直利用日本充当侵入朝鲜和中国的助手；英国也把日本作为在远东牵制俄国的走卒。中日甲午战争，英美明显地站在日本一边。甲午战争前半个月，日本和英国签订了新的条约，英国承认日本与西方列强具有平等地位，这实际上是支持日本对华战争。1879年，日本并吞了琉球国，为踏上朝鲜半岛做了准备；1881年，日本陆军参谋部在《邻邦兵备略》中明确提出扩充军备，准备对华战争；1885年，日本实施10年扩军计划，提前两年于1892年完成；1893年，日本成立战时大本营，做好武力吞并朝鲜进而进攻中国的作战准备。

日本是蕞尔小国，受地理环境和资源所限，危机意识十分强烈。从鸦片战争起，就一直满心忧虑地注视着中国的悲惨遭遇。19世纪50年代中期，由马登·培利率领的美国东印度舰队到达日本江户，用炮火迫使日本开港，日本与美国签订了《日美亲善条约》。其心情与痛楚恐不亚于中国签订《南京条约》，但日本没有像中国那样走上屈膝投降的道路。中国的悲惨命运引发了日本的反省体察，激发他们思考日本民族的出路。日本明治维新从酝酿到实施，举国上下，发奋图强，一举跻身资本主义强国行列。明治维新后日本迅速崛起，并确定了雄飞海外、开拓万里波涛、向大陆扩张的国策。一衣带水的朝鲜和中国被列为其侵略、扩张的首要目标。1871年，中日之间签订了两个条约，即《中日修好条规》和《中日通商章程》。清政府向以日本为臣服朝贡之国，非如英法者可比。对日本如此俯就，是为“以安其心”。但日本要求按“西人成例，一体订约”，利益“一体均沾”①。1876年年初，为割断朝鲜与中国的藩属关系，日本派3艘军舰侵犯朝鲜，逼迫朝鲜与日本签订了《大日本国大朝鲜国修好条规》，史称《江华条约》。该条约称“朝鲜国乃自主之邦”，日本借此否定了中国对朝鲜的宗主权。“日本恃其诈力，雄视东隅。前岁台湾之役，未受惩创。今年琉球之废，益张气焰。”② 1882年，朝鲜爆发“壬午兵变”，清政府派数千淮军赴朝“代平内乱”。平乱后，淮军遂驻朝鲜。因壬午兵变中朝鲜人杀害了日本军官，冲击了日本使馆，日本以此为由对朝鲜施压，迫使朝鲜与之签订了《济物浦条约》，日本通过此条约获得了在朝鲜的驻兵权。日本以改革内政为诱导，指使所扶持的朝鲜亲日派摆脱中国。到1883年，日本陆军增加了2倍；海军开始实施8年建舰计划，建造各类舰艇42艘。1884年，日本策划朝鲜亲日派发动了甲申政变。甲申政变很快被中国军队平息。然而事后，日本逼迫中国清政府与之签订《中日天津会议专条》，日本获得了同中国对等的派兵权。与此同时，日本大量增加军费。1881年，军费为1184.73万日元，占当年财政支出的16.60%；1890年，军费则达到2000余万日元，占财政支出的28%；至1892年，军费高达3450万日元，占财政支出的41%。日本在大力扩充军备的同时，积极对中国进行战略侦察。日本参谋部不断向中国派遣大量间谍，以商人或旅行者身份到中国从事所谓的商业或旅行活动，借机全面搜集中国军事、政治、经济、文化、地理形势、风俗人情等方面的情报，为挑起战争做好了充分的准备。

---

① 中华书局编辑部．筹办夷务始末·同治朝：卷78［M］．北京：中华书局，2008：3，7，24.

② 北平故宫博物院．清光绪朝中日交涉史料［M］//总理各国事务衙门奏拟劝朝鲜交聘各国片：卷1．北平：北平故宫博物院，1932：32.

甲午战争最初爆发在朝鲜，但战火延烧到中国黄海海域及辽东半岛陆地。日军野蛮侵略与扩张，先后占领九连城（今辽宁省丹东市振安区九连城镇）、凤凰城（今辽宁省凤城市），攻占岫岩、金州，夺取大连湾、旅顺口，烧杀抢掠，无恶不作，给辽东半岛造成巨大灾难，辽河近代文化传统发展深受影响。

一　甲午战争前辽河近代文化形态

1840—1894 年的半个多世纪里，随着资本主义工业技术及产品的不断传入，中国近代工商业文化有了初步的发展，也是中国近代资本主义机器工业文化的兴起和形成时期。甲午战争爆发前 20 年，资本主义列强忙于消化侵略中国得到的利益，中国得到相对平和的发展期。在这段时间内，中国近代机器工业文化得到较为迅速的发展。机器工业文化的形成和发展，使中国自然经济体系初步分解。商业文化蓬勃发展，市场不断扩大。官督商办、官办、官商合办及商办的各种工业文化形态层出不穷，民族资本主义文化萌生，中国经济较以前有了较快的发展，前进了一大步，中国近现代文化传统呈现蓬勃发展之势。

辽东早先是清王朝根本所在，是清政府封禁之地。因此，辽东地区近代资本主义工商业文化的发展，明显地较中原特别是东南沿海和沿江地区要相对迟缓。在洋务运动期间，不论是军事工业文化，还是民用和民族工业文化，均没有获得发展。直至清政府对辽东开禁，特别是营口开埠后，在内外商业贸易文化的刺激下，诸如榨油、柞蚕、制酒等形态的手工业文化迅速发展起来，形成了具有影响力的手工业文化形态。同时，资本主义文化即资本主义的生产关系和生产方式开始在辽东手工业文化形态中生根发芽。由于清王朝根本之地的开放，大量劳动力涌入，土地资源被开垦，辽河近现代农业文化获得较大发展，这也给辽河近代商业文化和手工业文化的发展提供了支撑。

（一）辽河近代手工业文化的发展

辽河近代手工业文化的繁荣得益于清政府对辽东地区的开放。一是清王朝根本之地的开禁；二是营口开港。辽东根本之地的开放，吸引了大批劳动力，随着劳动力人口的增加，耕地垦殖，农业文化发展，农产品大量增加，为辽河近代手工业文化发展创造了十分有利的条件。许多手工业者从农业种植业文化形态中走出来了，变成从事手工业文化创造的主体。以手工作坊形态为主要形态的手工业生产形式有了一定规模的发展，一些较大型的作坊向外国采购先进的机器设备，发展了近代机器工厂，促进了辽河近代机器工业文化的萌生。在甲午战争前，辽河近代手工业文化的发展，主要表现为柞蚕业和榨油业两种形态。这两种形态的手工业文化在甲午战争以后的繁荣发展，为世界所瞩目，也是辽东半岛乃至中国近代最为突出的手工业文化成就。

辽河近代柞蚕业文化的兴起是受山东柞蚕业文化的影响。柞蚕业文化大约于乾隆年间由山东传入，至甲午战争前，在辽东、辽南较为普及。辽南的海城、盖平（今辽宁省盖州市）、复县（今辽宁省瓦房店市）和辽东的岫岩、凤城、宽甸、安东（今辽宁省丹东市）等地区的丘陵地带，柞树种植多，柞蚕养殖的资源十分丰富，农民多从事柞蚕放养，产品有市场交易。营口开港后，关内及外国商人至营口及辽东采购柞蚕产品数量增加，市场的繁荣刺激了辽河近代柞蚕业文化的发展。于是，许多农民专营柞蚕养殖，柞蚕专业农户也普遍出现，柞蚕养殖产量剧增，引起国际市场关注，柞蚕丝则成为营口港出口的大宗商品。甲午战争前，辽东年产茧 25 亿粒左右，营口港出口约 20 亿粒，占总产量的 80％以上。专业织户，营口有 140 多家，织机 1000 多台。另外，凤城有缫丝坊 40 余家，宽甸有 60 余家。

手工榨油业文化是辽河近代手工业文化的传统形式，历史悠久。近代以来，稍大一点的村镇，几乎都设有榨油坊。营口开港后，外国资本投资大豆、豆饼和豆油的收购与加工，豆类加工产业及产品出口增加，刺激了辽东半岛大豆种植业文化的发展。19世纪70年代至甲午战争爆发前夕，仅由营口港出口的大豆、豆饼及豆油，占全部出口商品的80%左右，如表2-3所示。

表2-3　　1872—1894年间营口港输出豆类商品统计表

年份	累计输出量与5年平均值							
	输出价值（万海关两）		大豆（万吨）		豆饼（万吨）		豆油（吨）	
	总量	5年平均值	总量	5年平均值	总量	5年平均值	总量	5年平均值
1872—1876	867	173.40	39.30	7.86	22.60	4.52	6275	1255.00
1877—1881	1457	291.40	56.80	11.36	44.20	8.84	4193	838.60
1882—1886	1620	324.00	66.40	13.28	51.30	10.26	4230	846.00
1887—1891	2379	475.80	83.70	16.74	69.50	13.81	12085	2417.00
1892—1894	2014	673.33	49.90	16.63	47.20	15.73	17132	5710.67

注：表中数据源自张福全. 辽宁近代经济史（1840—1949）[M]. 北京：中国财政经济出版社，1989：36-38. 其中，1892—1894年为3年平均值

大豆类产品的大量出口，使得营口及辽东地区的榨油坊迅速增多，营口依托港口优势，成为当时榨油业文化发展的中心地区。土法榨油作坊遍地开花，并出现了1872年的同兴宏、1885年的东生怡两个大型近代机器榨油工厂。安东（今辽宁省丹东市）、貔子窝（今辽宁省大连市普兰店区皮口街道）、田庄台（今辽宁省盘锦

市田庄台镇）先后出现资本在2万两白银以上的油坊14家①。

此外，辽河近代手工业文化的其他形态也发展较快，如粉坊、烧锅（酿酒）、果酱、轧花、染坊、皮铺、铁匠炉、铸铧铺、鞭杆铺、工匠铺、果匠铺、麻绳坊、毡鞋铺、帽铺、石灰窑、砖瓦窑、缸窑、碗窑、泥盆窑、石灰窑、香坊、纸坊、鞭炮坊、瓷坊等普遍丛生。其中，以纺织、榨油、烧锅、面粉四种形态为辽河近代手工业文化的典型代表，甲午战争前已经从传统农业和家庭手工业文化中分离出来，成为最具影响力的辽河近代手工业文化形态。

营口的纺织工业文化是辽东及东北地区最早走出农业文化的，当时有独立的商品生产的纺织户达140家，织机有1000余台。营口的豆饼、豆油是辽东地区最早的输出产品。

盐业文化是辽河传统手工业文化。甲午战争前，辽河近代盐业文化亦继续发展。除营口盐场外，复州湾（今辽宁省大连市普兰店区复州湾镇）、盖平二道沟（今辽宁省营口市老边区二道镇）、貔子窝也兴办了盐场。盐产品不仅供应辽东地区，而且销往东北及内蒙古各地。

（二）辽河近代矿业文化的兴起

禁止随意采矿是封建社会历代王朝的专制政策，特别是辽东“龙兴之地”限制更严。因此，辽河近代采矿业文化发展比较迟缓。辽河近代矿业文化大约兴起于19世纪70年代，但发展规模不大，因各种原因先后停闭。这一时期，中国的洋务运动始由军事工业文化向民用工业文化转化发展阶段，因大批军事工业的发展对矿产原料特别是煤炭的需要增加。所以，有巨额资金投资发展矿业文化。1872年，轮船招商局的创办，加上军工生产需要大量燃料，故李鸿章等洋务官僚吁请清政府批准开采煤铁各矿。1874年，清政府明谕，批准开采台湾基隆煤矿和直隶磁州煤矿。

① 彭泽益．中国近代手工业史料：第2辑［M］．北京：三联书店，1957：493-495.

清政府政策一经变化，洋务官僚便积极投资兴办矿业，发展近代矿业文化。至1894年，中国开采的煤矿有16个，基本采取招商集股的形式创办，辽东的金州骆马山煤矿是其中之一。辽东金州骆马山煤矿始建于1882年，由李鸿章督盛宣怀等探寻到该煤矿，当时主要是为满足旅顺船坞和北洋水师舰船的用煤需要。

金州骆马山煤矿是股份公司，招商集资20万两白银，采用近代机器作业。进入掘井阶段时，矿坑渗水严重，无法继续作业。恰值李鸿章又督盛宣怀创办天津电报局，并任总办，饬令盛宣怀欲敷设一条由天津、大沽，经山海关至营口，直达旅顺的通信线路，急需资金。鉴于金州骆马山煤矿渗水大无法掘井的情况，盛宣怀做主，将骆马山煤矿建设筹集的20万两白银全部挪作电报局敷设天津至旅顺通信线路之资，至1884年，金州骆马山煤矿正式停闭①。此外，买办徐润于1892年创办了热河建平金矿，因生产成本过高，获利不大，于1898年自动停办。

辽东地区煤铁矿产资源非常丰富，但在1894年之前，辽河近现代矿业文化仍处于初兴阶段，也没能形成规模。

（三）辽河近代商贸文化的发展

辽河近代商业文化的发展得益于营口开港。营口开港后，营口港的进出口贸易文化日益发达起来。营口开港初，主要是英国鸦片输入。自1882年始进口商品发生变化，主要有英国、美国、荷兰、印度、日本的棉线、布匹、细绫、麻袋、金属制品、火柴、砂糖、烟草、面粉、铁路器材以及日用杂货。实行“子口半税”政策后，营口港进口货物量剧增，简直成了英美两国商品的倾销地，如表2-4所示。

① 朱寿朋．光绪朝东华录：第2册［M］．北京：中华书局，1958：1821-1822.

表 2-4　　1882—1894 年英美两国从营口港输入的布绸统计表

年份	输入布绸总量		粗布		斜纹布		绸子	
	匹	折万米	英国	美国	英国	美国	英国	美国
1882	193308	707	24739	55350	22009	90240	670	300
1883	225066	823	15530	72205	24868	112463	—	—
1884	325186	1190	26896	153195	6540	138075	380	100
1885	319021	1167	20636	187230	9110	102045	—	—
1886	435203	1592	24458	214710	21165	174870	—	—
1887	456400	1670	56574	257811	40169	100526	1180	140
1888	366633	1341	36405	19110	34780	103148	700	500
1889	372395	1362	15800	194940	36335	124400	920	—
1890	723830	2648	53505	414322	92330	161373	2060	240
1891	733780	2684	28000	456205	26170	220715	1970	720
1892	586310	2145	41150	369770	18845	153485	2980	80
1893	506495	1853	71110	251750	80110	100785	1940	800
1894	485610	1776	13195	290165	36780	141250	4220	—

注：①表中数据源自满铁调查部．营口开港前后［M］．//张福全．辽宁近代经济史（1840—1949）．北京：中国财政经济出版社，1989：36.

②棉布每匹折合 36.58 米。

从表 2-4 中可以看出，1890—1891 年的两年间，英美两国从营口港输入的布绸最多，每年都在 72 万匹以上。美国自从 1882 年超过英国后，粗布的输入量由 1882 年的 55350 匹增加到 1894 年的 290165 匹，12 年增加 4.20 倍，所占比重由 69.10％提高到 95.70％；斜纹布由 1882 年的 9.02 万余匹增加到 1894 年的 14.13 万匹，增加 56.50％。

营口港成了外国商品倾销的门户，同时又是外国侵略者掠夺原料的前沿阵地。

如上所述，大豆类物资产品、柞蚕及其加工品的出口是营口港的大宗商品，当时吸引了大批国内外商贾到辽东从事商贸活动。外国商品文化的侵入，刺激并推动了辽东商贸文化的繁荣。辽东地区，尤其是奉天省城等大城市，行商、坐商等商业文化形态活跃，从事大豆类产品、柞蚕业的商业铺户也普遍兴旺。

另外，土布贩运业文化也较为发达。辽东地区因气候关系不宜种植棉花，纺织原料不足，迟滞了纺织业文化的发展。辽东开禁后，从直隶、山东等地迁入大量人口，对棉布的需求大量增加，故从事棉花及土布贩运的商业活动增加。当时，江南地区的苏北盛产的棉花、南通产的土布，全国闻名。营口开港后，江南生产的棉花与土布运往营口港转卖辽东乃至东北各地，再从这些地方收购大豆类产品及其他土特产品，运往江南及上海等地销售获利。总之，营口开港后，营口便成了南北物资的转运港和集散地，吸引了许多商家来辽东投资兴业。如当时的奉天省城，从事纺织品贩卖的较大丝房，如天合东、天合铺、义来长、恒心长、年来东、大兴隆、福盛永、利顺永、德兴和、恒源祥、兴茂厚、天德成、源合东等13家；资本巨大的杂货商行，如恒发成、利顺永、天利德、同顺祥、庆德昌、信元庆、庆昌福、福盛兴、庆隆泰、吉祥甡、春发长、天合祥、天德成、永兴和、元隆久、同增利、兴茂厚、增顺永等近20家。

此外，辽东地区各城镇乡村，贸易集市也逐步扩大。

营口开港后，商贾云集，极大地推动了营口乃至辽河近代商贸文化的发展与繁荣。

（四）辽河近代农耕文化的发展

奉天封禁之地开放垦殖，耕地面积迅速扩大，意味着辽东农业生产力的增长与提高，进而也促进了辽河近代农业文化的兴旺。

1. 耕地面积粮食产量与人口增加

辽东开禁，不仅使农业生产资料进一步增加，同时也使农业生产力不断发展。据史料记载，1840 年，辽东地区总人口为 247.80 万人。1880 年，清政府为鼓励辽东乃至东北土地开垦，公布了放荒、免税、补助等一系列法令，如凡可耕未垦之地，每百亩定价 4 串卖出、官有荒田付民间开垦免税 5 年、对去边远地区开垦者给予补助等，吸引了大批劳动力来辽东。至 1894 年，辽宁地区人口增加到 430 万人。1877 年，辽东地区的耕地总面积为 4050 万亩；至 1894 年，增加到 4118 万亩。特别是 1877—1879 年，人口增加近 30 万人。当时，辽东地区人均耕地面积为 9.50 亩，是全国人均耕地面积的 2 倍多。若以当时辽东地区粮食亩产最低数 150 斤为基数计算，年总产量可达 61.30 亿斤以上，年人均占有粮食量达 1425 斤①。与当时全国人均占有粮食量相比，辽东人民可谓丰衣足食。

2. 辽东地区耕地文化的封建性

由于辽东地位的特殊性，清王朝的八旗王公贵族在这里拥有大批的土地，建立了大批的王公庄园，这些庄园经由庄头管理，壮丁、佃户进行生产。这种封建世袭的庄园经济是制约辽东地区农业文化繁荣发展的重要因素。这种庄园经济文化形态，一直保持到了民国初年。

19 世纪 70 年代中期开始的土地开禁，虽然使农业文化有了一定的发展，但封建庄园经济形态依旧存在，土地所有制性质没有多少改变，宗室贵族仍然占有相当多的土地。据不完全统计，宗室贵族王公庄园，除在河北、山西等地拥有大量土地外，在辽东的 13 个庄园中部分庄头霸占的土地多达 88.82 万亩②，平均每一王府占有土地为 6.83 万亩，是名副其实的大地主，如表 2-5 所示。

① 张福全. 辽宁近代经济史（1840—1949）[M]. 北京：中国财政经济出版社，1989：41.

② 杨学琛，周远廉. 清代八旗王公贵族兴衰史 [M]. 沈阳：辽宁人民出版社，1986：223-224.

表 2-5　　辽东地区八旗贵族占有土地资源情况表

庄园所属	占有土地（亩）	庄园所在地区
王公庄园	27219	法库、省城、牛庄
军功勋旧王公庄园	393240	
和硕庄亲王府	70000	盖平、法库、新民、海城、沈阳、辽阳、锦西、铁岭、兴城
肃亲王府	80053	辽阳、兴城、绥中、锦县、法库、盖平、沈阳、海城、铁岭
和硕郑亲王府	30741	沈阳、辽阳、海城、盖平、岫岩、广宁、抚顺、铁岭、兴京
礼亲王府	112446	锦县、沈阳、海城、辽中、辽阳、盖平、岫岩、本溪、锦西
睿亲王府	100000	奉天一带
恩封王公庄园	467741	
裕亲王府	150000	奉天一带
直郡王府	6600	奉天一带
恒亲王府	1968	义县
果亲王府	93242	法库、义县
和亲王府	82000	锦州、义县、黑山
端亲王府	50137	广宁、锦州
醇亲王府	24367	义县、广宁、宁远、中前所

注：表中数据源自杨学琛、周远廉．清代八旗王公贵族兴衰史［M］．沈阳：辽宁人民出版社，1986：221-224．

另外，还有大量异姓贵族庄园存在。开国元勋费英东后代的勋贵庄园，至民国初尚有6100亩；平南王尚可喜，其家族长期居住辽东，庄园土地仅海城一处应有 7.66 万亩；范文程后代在沈阳、辽阳、海城、牛庄、开原马厂等地占有土地总计 4.26 万亩。

总之，清朝封建庄园经济在辽东地区的大量存在，王公贵族庄园利用庄头对佃农、庄丁实行残酷的剥削，不仅限制了辽东地区社会生产力的发展，也严重阻碍了辽河近代农业文化的发展和商品文化的繁荣。

二　甲午海战失败与辽东保卫战的文化图景

1894 年春，朝鲜爆发东学党农民起义。此时，抱着侥幸心理的清政府官僚，还寄望于俄、英、美出面调解。俄国声明无占领朝鲜之意。英国一面表示欲与俄国联手出面调停，一面劝中国与日本协议，共同整顿朝政，同保朝鲜领土完整。然俄国不肯与英国合作，奕劻、李鸿章虽同意英国建议，但日本已无心再进行商讨，并要求中国 5 日内同意日方提出的改革方案。英国见势，也没有信心调停了。至于美国，拒不与他国联合做任何干涉，在表面上持中立态度，实际上是同情并怂恿日本的。

俄、英、美三国各怀鬼胎，日本对此十分清楚。特别是对清政府及其阁部大员诸如奕劻、李鸿章、袁世凯的心态以及中国的军备情况，日本也早已了如指掌。光绪皇帝似乎受到洋务运动的刺激，还以为朝廷花了近 140 万两白银建设的北洋海军有多么的坚不可摧。所以，他一面严饬李鸿章进兵，断不可畏葸；一面还指望洋人出面协调。身为阁部要员的袁世凯、李鸿章，心里也各有盘算。袁世凯要求先调海军，续备陆军，而李鸿章则称海军难调，须别募陆军。其实李鸿章心里十分清楚，他精心培植的海军，说是操演成熟、技术精密、炮台紧固、布置严整，只是讨巧皇帝的官样文章；他掌控的陆军主力淮军，兵勇逸乐已久，统领、营官朘削日甚，士心嗟怨，逃者纷纷，饷源支绌，哗溃为患。已年逾古稀的他，得失心重，进退失据。

或战或和，正当中国举棋不定、犹豫未决时，1894 年 7 月 25

日，日军不宣而战，突然发动对丰岛海面的中国北洋舰队和运兵船的进攻；8 月 1 日，清政府被迫对日宣战。甲午战争正式打响。

（一）甲午海战的文化图景

1. 丰岛海战

丰岛为朝鲜牙山口外的一个岛屿，地理位置特殊，其附近海面，北狭南阔，水深礁少，可容巨舰航行，是中国通往牙山航线的必经之地，也是日本至仁川的重要通道，军事价值十分重要。1894 年 7 月 23 日，北洋舰队的济远、广乙两艘舰船运兵到牙山，次日在丰岛海面行驶时，日军舰队吉野号突然向济远舰开炮轰击。随后济远舰开炮还击，甲午海战爆发。日本军舰秋津洲号和浪速号参与战斗。济远舰以一敌三，陷入苦战。广乙舰见状，也赶来投入战斗，遭到秋津洲号与浪速号合击，船舵毁坏，官兵伤亡惨重，难以支撑，只好躲避。济远舰再次陷入日本三舰围攻，难以抵御日舰进攻，便全速向西行驶，欲冲出重围。吉野号和浪速号则尾追济远舰不放。吉野号追近济远舰开炮攻击，济远舰还击，吉野号受伤，掉头撤退。7 月 25 日上午，济远舰抵威海港。广乙舰在摆脱浪速号追击后，不意搁浅，管带林国祥率残部弃舰登陆，奔牙山营。听说叶志超早已率军退往平壤，便于 26 日下午登上英国军舰亚细亚号返国。部下仅剩 17 人被日舰俘虏。

济远舰、广乙舰在与日舰激战时，高升舰、操江舰先后驶进作战海域。浪速号令高升舰停轮检查执照，并要求高升舰斩断绳缆随其航行。遭到高善继及全体官兵的坚决反对，宁死不降。浪速号向高升舰开炮，高善继及全体官兵英勇抵抗，直至舰船沉没。日军用快炮射杀落水官兵，实行野蛮屠杀。操江舰是一艘木质旧式炮船，秋津洲号逼近操江舰，鸣炮示警，操江舰管带王永发带着一船的武器和饷银投降了。

丰岛海战，中国四舰，高升舰被日舰击沉，广乙舰被弃于十八岛，操江舰连人带物资（武器、饷银）投降，济远舰带伤回到威海。中国海军初战完败。

2. 黄海战役

黄海战役可以说是中国历史上第一次在形式和内容两个方面带有近代意义的对外战争，其主要标志是中国洋务官僚们全力打造的近代海军的出场与日本明治维新后创建的近代海军的角逐。

日军舰队在丰岛海域一战成功，随即积极备战，大量增兵朝鲜，控制黄海海面，准备发动新的袭击，形势十分危急。在丰岛海域中国四艘舰船已遭日本沉重打击并彻底失败的情况下，李鸿章依旧抱着我不先开战，“彼谅必不先动手”的幻想，寄望于英国等出面调停，不做积极战备。8 月 1 日，中日双方同时宣战，甲午战争全面爆发。

战争中，日本采取的是进攻战术，即寻找北洋舰队主力进行决战，打败北洋舰队，一举夺取制海权。北洋舰队采取的是所谓实力威慑，避战保船的战略。李鸿章令北洋舰队退缩在威海卫港。

8 月 3 日，光绪严旨责问李鸿章，阁部大员们借机发难，指责丁汝昌等畏葸怯懦，让丁汝昌戴罪立功，以观后效。9 月初，在朝鲜的叶志超告急；9 月 10 日，李鸿章派丁汝昌率北洋海军主力护送总兵刘盛休所部铭军 4000 人赴大东沟后，12 日丁汝昌率北洋舰队由威海卫出发，13 日抵旅顺，午后接到日舰出没威海卫的战报，即率舰队回航威海卫。16 日，丁汝昌率 14 艘战舰和 4 艘鱼雷艇起锚向大东沟进发，午后到达大东沟口外。

在北洋舰队护航之际，日军舰队正四处寻找北洋舰队。9 月 17 日上午，北洋舰队被日本联合舰队发现。丁汝昌令各舰立即起锚迎敌。北洋舰队最初参战的舰船有 10 艘；日本联合舰队参战的日舰有 12 艘。中午黄海战役的帷幕拉开。炮战开始后，丁汝昌自瞭望台震落受伤。北洋水师的官兵是英勇的，他们不畏强敌，表现了中国近代军人的爱国主义和英雄主义。扬威舰、超勇舰午后被日舰击沉，管带黄建勋、林履中及全舰官兵全部阵亡。致远舰作战勇猛，受到重创，弹药将尽，管带邓世昌下令鼓轮直冲日舰吉野号，被日舰鱼雷击中，全舰官兵 250 余人殉难。经远舰因船身碎裂管带林永升与船同归于尽。定远舰、镇远舰遭日舰夹攻，力战不怯，定远舰曾击中日舰西京丸号，遭到日舰炮击起火。镇远舰管带林泰曾与全舰官兵奋勇抗敌，一面护卫定远舰，一面与日舰恶战，击中日旗舰松岛号，伤亡日官兵80余人。靖远舰中弹数十处，前后3次起火，与敌酣战。丁汝昌带伤沉着指挥，与敌苦战。黄海战役中国损失舰船4艘，死伤1000多人；日舰3艘受损，死伤500余人。

综观，北洋水师的官兵们是英勇的！舰如致远、经远、超勇、扬威等，将如邓世昌、林永升、黄建勋、林履中等，兵卒如在舰战殁的90余人、与舰俱沉没的600余人等。他们展现了真正的北洋舰队的军人，他们才是中国人的骨气，他们才是中华民族的脊梁！北洋舰队的失败，不仅是军事上的失败，更是中国近代文化传统的失败。从第一次鸦片战争至甲午战争，半个多世纪的时间里，清政府的阁部大员们搞洋务也搞了三五十年了，学习了一些西洋的技术，也带给近代中国一些生机与希望。可是，阁部大员们的脑子依然停留在清王朝封建专制集权统治的政体文化中。在这些阁部大员们看来，自鸦片战争以来，洋人们打得中国人头破血流是正常的，“落后就要挨打”嘛。“技不如人”成了他们搪塞职责最好的说辞，故一个民族的失败与痛苦、失落与屈辱、流血与牺牲再多，也打不破他们身上那层以因循和麻木织成的厚膜。近代中国落后了，世人知其然，但孰知其所以然？若不摆脱封建专制极权政体文化之桎梏，失败是在所难免的。

（二）辽东保卫战的文化图景

1. 朝鲜半岛陆战

日军在丰岛海域与中国北洋舰队作战的同时，在朝鲜半岛陆地也展开了对中国清军的进攻。1894年6月中旬，入朝的日军人数接近4000人，中方清军2465人。朝鲜半岛陆战首先在成欢驿展开。日军向清军第一堡垒展开攻击，至上午6时30分，清军第一堡垒陷落。日军继续向清军第二堡垒进攻，战斗异常激烈。清军不敌，撤离第二堡垒。占领清军两座堡垒后，日军展开对清军的夹击，清军四面受敌，伤亡很重，聂士成率军誓死拼战，军火殆尽，率众突围，向南与叶志超会合，且战且退，后至平壤与左宝贵等会合。占领成欢驿后，日军切断了中国军队到朝鲜西海岸的航道，专力攻击平壤。平壤战役，清军参战的 4 支大军共 32 个营、13526 人；日军派遣 16000 人进攻平壤。

日军进攻平壤，在船桥里、普通江受到了重挫。虽然攻占了玄武门和牡丹台，但仍被清军挡在城外。日军连连受挫，有 189 人死亡、516 人受伤，死伤多达 705 人。清军死亡人数比日军少很多。且日军冒雨露宿在城外，又遇到粮食和弹药补给困难的问题。战场形势对清军是有利的。但叶志超却被日军吓破了胆，主张放弃平壤，一面令人去与日军送乞降书，一面乘雨夜弃城而逃，结果遭到日军伏击，溃兵死尸遍野，血流成渠，惨不忍睹。清军因叶志超的错误决定而遭日军伏击，死亡 1500 多人，被俘 701 人，损失了 5 个营的兵力。另外，将平壤城内各类大小口径的炮 35 门、步骑连发枪 550 支、后膛单发枪和其他枪 610 支、炮弹 792 发、子弹 56 万发、粮食 4700 石、大车 150 辆、金砖 43 公斤、金锭等 53 公斤、银锭 540 公斤以及其他无可数计的物资，拱手送给了日军。这简直是中国近代军事文化史上莫大的耻辱。

2. 辽东半岛保卫战

日本联合舰队取得了黄海海域海权，日本大本营立即决定向中国境内推进，兵分两路入侵辽东半岛。以山县有朋指挥的第一军为右路，从义州渡过鸭绿江，进攻辽东半岛；以大山岩率领的第二军为左路，从辽东半岛登陆，进攻辽东半岛之辽南地区。平壤失陷后，清军溃奔而北，全部撤离朝鲜回国，集中兵力以加强辽东地区防御。以九连城为扼要，西起大东沟、大孤山一带，沿鸭绿江各城镇要隘设防，东至鸭绿江上游长甸河口附近。

虎山为鸭绿江北的天险，进攻九连城必先夺取虎山，而夺取虎山又必须先夺取安平河口。10 月 24 日，日军向清军发动进攻，立即向安平河口涉渡，清军弃炮而走。日军占据了安平河口炮垒；25 日凌晨，日军第三师团发动向虎山的攻击。马金叙和聂士成率军与敌奋战，顽强抵抗，打退日军三四次冲锋①。山县有朋即派第十旅团增援，轰击清军。终因众寡悬殊，清军全部撤出虎山阵地。日军占领虎山后，兵分三路于 26 日拂晓向九连城发动进攻，至上午 10 时占领九连城。

日军占领九连城后，以疾风之势追击清军，很快占领凤凰城和大东沟，剑锋直指辽阳、奉天。岫岩是通往海城、辽阳的要冲。山县有朋决定由凤凰城北上，先取岫岩。11 月中旬，日军分南北两路进攻岫岩。聂桂林与丰升阿组织清军分别御敌，并于 16 日在黄岭子袭击日军骑军侦察兵，迫敌逃走；次日，日军向黄岭子进攻，清军全力阻击，打退日军多次进攻，后退至兴隆沟，战至下午 1 时，兴隆沟被日军占领。占领兴隆沟后，日军即向岫岩北面的孙家堡子进攻。聂桂林、丰升阿见已被日军南北夹击，遂放弃岫岩，退往析木城。岫岩城内 10 余门大炮及大量弹药粮秣为日军所获。

清军从鸭绿江防线败退下来，至辽阳东路的西起摩天岭、东迄赛马集，构成了长约 150 千米的新防线。摩天岭位于奉天东南，为日军由凤凰城进攻奉天的必经之路。连山关是摩天岭的前关，奉天的第一关隘。为阻止日军打通至奉天的通道，清军在赛马集、连山关、通远堡和草河口一带与日军激战争夺了 3 个多月。12 月 13—14 日，清军曾发动凤凰城反击战，击毙日军 12 人、击伤 62 人。1895 年 2 月，清军发动宽甸战役，收复宽甸，至 3 月中旬，宽甸境内日军全部撤退至九连城。至此，辽阳东路的日军龟缩在九连城和凤凰城等地，无力再发动新的攻势。

---

① 中国史学会．中国近代史资料丛刊·中日战争：第 6 册［M］．上海：上海人民出版社，1957：310.

3. 辽南保卫战失败与日军暴行

山县有朋指挥日本第一军渡过鸭绿江，侵入安东、九连城，相继攻占辽东各重镇的同时，大山岩率领新组建的第二军，在日本联合舰队的掩护下于花园口登陆，向辽东半岛全面进犯，遭到了辽南金州、大连、旅顺等地守军的抵抗。日军占领旅顺后，实行了惨绝人寰的屠城。在辽河近代文化史上乃至中国历史上留下黑暗的一页。

（1）金州与大连保卫战

10 月 8 日，日军大本营向大山岩发出进行辽东半岛作战的训令；24 日，日军在花园口登陆后向金州前进。

金州是辽东半岛连接东北腹地与大连、旅顺的交通要冲。11 月初，日军开始在大沙河架桥，准备向金州发动进攻。5 日，日军由刘家店向金州方向侦察前进，被清军击退。当日下午 3 时，日军再次发动进攻，清军据天险猛烈还击，日军被迫退出战斗。当晚 20 时，日军下达次日再次发动对金州的进攻的命令。6 日上午，日军先后攻占台山和南岗。南岗守军周鼎臣、林志才率兵奋勇抵抗，战斗异常激烈。徐邦道没有盼来赵怀业的援兵，撤退至旅顺。金州失陷后，日军烧杀抢掠，无恶不作，给金州人民带来了重大灾难。日本人荒川于 12 月中旬对金州城进行户籍调查，在日军占领前，金州的人口为 1 万多人，战后为 117 户、空房 299 处、男人有 3293 人、女人有 2783 人，合计人口为 6076 人，人口减少了近 40％。

占领金州的第二天，日军向大连湾发动进攻。大连湾地处金州之南，是辽东最大的港湾，地理位置十分重要，为旅顺、金州后路要隘。

清军守将赵怀业却不战而逃，率军奔向旅顺。日军向大连湾进攻时，未遇任何抵抗，顺利占领大连湾各炮台，获得火炮 120 门、炮弹 245 万颗，杆枪 600 余支、子弹 3381 万发，以及马匹、行帐及各种军储，有新从上海运到的枪炮尚未启封就落入日军手中。

（2）旅顺口保卫战

日军占领大连湾后，于 11 月 17 日开始进攻旅顺口。洋务运动以来，清政府花巨资打造北洋舰队，在旅顺修筑炮台。至甲午战争前，旅顺口沿海岸山峰都修造了海防或陆防炮台。旅顺的海防与陆防炮台与北洋舰队基地结合在一起，形成了具有近代意义的完整的军事防御体系，如表 2-6、表 2-7 所示。

表 2-6　　甲午战争前旅顺口海岸炮台列表

<table>
<tr><th rowspan="2">炮台方位</th><th rowspan="2" colspan="2">炮台名称</th><th rowspan="2">火炮种类</th><th colspan="3">火炮数量（门）</th></tr>
<tr><th>数量</th><th>小计</th><th>合计</th></tr>
<tr><td rowspan="14">旅顺口东海岸</td><td rowspan="5">黄金山炮台</td><td rowspan="3">主台</td><td>120 毫米加农炮</td><td>2</td><td rowspan="5">17</td><td rowspan="14">39</td></tr>
<tr><td>240 毫米加农炮</td><td>3</td></tr>
<tr><td>12 磅榴弹炮</td><td>4</td></tr>
<tr><td rowspan="2">副台（日本人称东小炮台、同臼炮炮台）</td><td>120 毫米加农炮</td><td>2</td></tr>
<tr><td>150 毫米臼炮</td><td>6</td></tr>
<tr><td rowspan="3" colspan="2">摸珠礁炮台</td><td>150 毫米加农炮</td><td>2</td><td rowspan="3">8</td></tr>
<tr><td>210 毫米加农炮</td><td>2</td></tr>
<tr><td>80 毫米野炮</td><td>4</td></tr>
<tr><td rowspan="4">老砺嘴炮台</td><td rowspan="3">本台</td><td>240 毫米加农炮</td><td>4</td><td rowspan="4">10</td></tr>
<tr><td>120 毫米加农炮</td><td>2</td></tr>
<tr><td>5 管加特林炮</td><td>1</td></tr>
<tr><td>副台
（日本人称同北山平台）</td><td>120 毫米加农炮</td><td>3</td></tr>
<tr><td rowspan="2" colspan="2">西鸡台炮台
（又称人字墙炮台）</td><td>120 毫米加农炮</td><td>2</td><td rowspan="2">4</td></tr>
<tr><td>47 毫米霍奇克斯炮</td><td>2</td></tr>
</table>

续表

<table>
<tr><th rowspan="2">炮台方位</th><th rowspan="2">炮台名称</th><th rowspan="2">火炮种类</th><th colspan="3">火炮数量（门）</th></tr>
<tr><th>数量</th><th>小计</th><th>合计</th></tr>
<tr><td rowspan="11">旅顺口西海岸</td><td rowspan="2">考虑尾炮台</td><td>210 毫米加农炮</td><td>2</td><td rowspan="2">5</td><td rowspan="11">32</td></tr>
<tr><td>12 磅榴弹炮</td><td>3</td></tr>
<tr><td rowspan="2">威远炮台</td><td>150 毫米加农炮</td><td>2</td><td rowspan="2">5</td></tr>
<tr><td>12 磅榴弹炮</td><td>3</td></tr>
<tr><td rowspan="2">蛮子营炮台</td><td>150 毫米加农炮</td><td>4</td><td rowspan="2">6</td></tr>
<tr><td>12 磅榴弹炮</td><td>2</td></tr>
<tr><td rowspan="2">馒头山炮台</td><td>240 毫米加农炮</td><td>3</td><td rowspan="2">6</td></tr>
<tr><td>120 毫米加农炮</td><td>3</td></tr>
<tr><td rowspan="3">城头山炮台</td><td>120 毫米加农炮</td><td>2</td><td rowspan="3">10</td></tr>
<tr><td>80 毫米野炮</td><td>6</td></tr>
<tr><td>2 管加特林炮</td><td>2</td></tr>
<tr><td colspan="5">另外有预备炮 150 毫米加农炮 3 门，120 毫米加农炮 2 门</td><td>5</td></tr>
<tr><td colspan="5">合　计</td><td>76</td></tr>
</table>

注：表中数据源自戚其章．中国近代史资料丛刊续编·中日战争：第 7 册［M］．上海：上海人民出版社，1957：459-460．

表 2-7　　　　甲午战争前旅顺口陆防炮台群表

<table>
<tr><th rowspan="2">炮台方位</th><th colspan="2" rowspan="2">炮台名称</th><th rowspan="2">炮台种类</th><th colspan="3">炮台数量（门）</th></tr>
<tr><th>数量</th><th>小计</th><th>合计</th></tr>
<tr><td rowspan="8">旅顺口西部陆防</td><td colspan="2" rowspan="2">椅子山炮台
（日本人称案子山低炮台）</td><td>90 毫米野炮</td><td>1</td><td rowspan="2">2</td><td rowspan="8">12</td></tr>
<tr><td>加特林机关炮</td><td>1</td></tr>
<tr><td rowspan="6">案子山炮台</td><td rowspan="2">东炮台</td><td>120 毫米加农炮</td><td>1</td><td rowspan="6">10</td></tr>
<tr><td>200 毫米臼炮</td><td>2</td></tr>
<tr><td rowspan="2">西炮台</td><td>120 毫米加农炮</td><td>2</td></tr>
<tr><td>70 毫米野炮</td><td>1</td></tr>
<tr><td rowspan="2">东麓小炮台</td><td>200 毫米臼炮</td><td>2</td></tr>
<tr><td>诺德典费尔德机关炮</td><td>2</td></tr>
</table>

续表

<table>
<tr><th rowspan="2">炮台方位</th><th rowspan="2" colspan="2">炮台名称</th><th rowspan="2">炮台种类</th><th colspan="3">炮台数量（门）</th></tr>
<tr><th>数量</th><th>小计</th><th>合计</th></tr>
<tr><td rowspan="23">旅顺口东部陆防</td><td rowspan="7" colspan="2">松树山炮台</td><td>120 毫米加农炮</td><td>1</td><td rowspan="7">9</td><td rowspan="23">36</td></tr>
<tr><td>200 毫米臼炮</td><td>2</td></tr>
<tr><td>12 磅榴弹炮</td><td>1</td></tr>
<tr><td>80 毫米野炮</td><td>1</td></tr>
<tr><td>70 毫米野炮</td><td>1</td></tr>
<tr><td>60 毫米山炮</td><td>2</td></tr>
<tr><td>霍奇克斯机关炮</td><td>1</td></tr>
<tr><td rowspan="7">二龙山炮台</td><td rowspan="4">主炮台</td><td>120 毫米加农炮</td><td>2</td><td rowspan="7">8</td></tr>
<tr><td>120 毫米口装线臼炮</td><td>1</td></tr>
<tr><td>60 毫米山炮</td><td>1</td></tr>
<tr><td>霍奇克斯机关炮</td><td>1</td></tr>
<tr><td rowspan="3">东炮台</td><td>80 毫米野炮</td><td>1</td></tr>
<tr><td>霍奇克斯机关炮</td><td>1</td></tr>
<tr><td>加特林机关炮</td><td>1</td></tr>
<tr><td rowspan="9">东鸡冠山炮台</td><td rowspan="2">主炮台</td><td>60 毫米山炮</td><td>1</td><td rowspan="9">19</td></tr>
<tr><td>诺典费尔德机关炮</td><td>2</td></tr>
<tr><td rowspan="3">西炮台</td><td>120 毫米加农炮</td><td>2</td></tr>
<tr><td>加特林机关炮</td><td>1</td></tr>
<tr><td>霍奇克斯机关炮</td><td>1</td></tr>
<tr><td rowspan="2">西北炮台</td><td>60 毫米山炮</td><td>3</td></tr>
<tr><td>加特林机关炮</td><td>2</td></tr>
<tr><td>大坡山炮台</td><td>60 毫米山炮</td><td>4</td></tr>
<tr><td>小坡山炮台</td><td>诺典费尔德机关炮</td><td>3</td></tr>
</table>

续表

<table>
<tr><th rowspan="2">炮台方位</th><th colspan="2" rowspan="2">炮台名称</th><th rowspan="2">炮台种类</th><th colspan="3">炮台数量（门）</th></tr>
<tr><th>数量</th><th>小计</th><th>合计</th></tr>
<tr><td rowspan="9">旅顺口东部陆防</td><td colspan="2" rowspan="4">望台北炮台</td><td>120 毫米加农炮</td><td>2</td><td rowspan="4">7</td><td rowspan="9">30</td></tr>
<tr><td>80 毫米野炮</td><td>3</td></tr>
<tr><td>70 毫米野炮</td><td>1</td></tr>
<tr><td>加特林机关炮</td><td>1</td></tr>
<tr><td rowspan="5">建立临时炮台</td><td rowspan="2">松树山东</td><td>60 毫米山炮</td><td>4</td><td rowspan="5">23</td></tr>
<tr><td>霍奇克斯机关炮</td><td>2</td></tr>
<tr><td>二龙山西</td><td>60 毫米山炮</td><td>7</td></tr>
<tr><td>鸡冠山西</td><td>80 毫米野炮</td><td>4</td></tr>
<tr><td>蟠桃山</td><td>60 毫米山炮</td><td>6</td></tr>
<tr><td colspan="6">合计</td><td>78</td></tr>
</table>

注：表中数据源自戚其章. 中国近代史资料丛刊续编·中日战争：第 7 册 [M]. 上海：上海人民出版社，1957：461-463.

金州之役后，清朝在辽东半岛的军队几乎都集结于旅顺口。徐邦道、赵怀业、刘盛休、张光前、黄仁林、卫汝贵、程允和、姜桂题，都到了旅顺口，集各所部共计有 1.47 万余人。

旅顺口保卫战开始于土城子阻击战。11 月 15 日，日军侦察部队抵近距旅顺 15 千米的土城子侦察，与守卫的清军发生交火。清军败北，日军骑兵大队和步兵乘势追击，到水师营北高地，遭到清军炮击，日军被击退。

土城子位于旅顺北部，距旅顺约 10 千米，两旁丘陵起伏，便于设伏阻敌。日军进攻旅顺必经土城子，在此遭到了清军徐邦道所部的伏击。15 日拂晓，日军先头搜索部队被清军打退。因徐邦道所部“非回旅顺不能得一饱”，只好退回旅顺。17 日，徐邦道与姜桂题、程允和等率 3000 余人再往土城子，主动出击。当天下午抵达土城子布防，分三路迎敌。程允和中路军守土城子以南许家窑一带；徐邦道东路军守曹家村、周家地一带；姜桂题西路军守韩家村、傅家甸一带。次日上午 8 时左右，日军秋山好古部进入清军防区，遭到清军猛烈攻击。秋山好古率日军突出重围，向北败逃，并向双台沟日军求援。清军奋勇追击，日军丸井正亚派来增援的第三中队，被从傅家甸与周家屯包抄过来的清军包围在长岭子，丸井正亚急令第二、第四两个中队增援，双方在长岭子展开激战，至中午，日军向营城子方向撤退，清军一直追至双台沟止。此役，日军被击毙 10 余人、伤 30 余人①。土城子阻击战打击了日军的嚣张气焰，但由于清政府实行消极防御的战略，土城子一役之胜无法挽救旅顺口保卫战失败的命运。

20 日，徐邦道再次出击，分两路向石嘴子一带进袭日军，从三面包围了日军步兵第二联队驻扎的石嘴子以南地区，遭到日军野炮、山炮的轰击。日军第一师团本队及混成第十二旅团赶来增援，徐邦道撤退回旅顺。次日晨 6 时，日军发起了对旅顺口的进攻。战斗先后在椅子山、案子山、二龙山、松树山、东鸡冠山打响。清军在程允和、姜桂题、徐邦道带领下，与日军展开激战。炮声如万雷齐鸣，硝烟弥漫天地，咫尺不辨，旅顺口陷入一片火海之中。战斗极为惨烈，特别雄壮。日军以 40 人死、241 人伤、7 人失踪，计 288 人伤亡的代价，赢得了旅顺口之役的胜利。李鸿章苦心经营旅顺“凡十有六年，靡巨金数千万，船坞、炮台、军储冠北洋，乃不能一日守”。旅顺口海陆炮台大小 20 余座、大小火炮 140 余门，以及水雷营、鱼雷营、船坞等各种军事设施和弹药、粮饷等各种物资，“价值相当于六亿数万元”②，悉数成为日军的战利品。

日军侵占旅顺后，制造了惨绝人寰的旅顺屠城惨案。11 月

① 龟井兹明. 血证——甲午战争亲历记［M］. 高永学，译. 北京：中央民族大学出版社，1997：132.

② 中国史学会. 中国近代史资料丛刊续编·中日战争：第 8 册［M］. 日清战争实记选译. 北京：中华书局，1994：130.

21—25 日，5 天内屠杀了无辜者 2 万人。这场骇人听闻的大屠杀，是日本高级军官山地元治中将下达的命令①，是有组织、有预谋实施的反人类罪行。

4. 日军进攻辽阳南路

海城是辽南要冲，北控辽阳、奉天（今沈阳市），南达盖平（今辽宁省盖州市）、金州，占领海城便可北上占领辽阳及奉天，直逼山海关乃至北平。12 月 9 日，日军从岫岩出发，分三路向析木城（今辽宁省海城市东南）进发。驻守析木城和海城的清军 4 支部队共 28 个营约 1.5 万人。12 日，日军向二道河子发起进攻。经过 90 多分钟的战斗，聂桂林、丰升阿带领部队溃退，日军占领了析木城以南阵地后，从析木城附近直奔海城。次日上午日军先后占领罗家堡子和海城。

清廷令聂士成、吕本元移师岫岩、海城，与宋庆合力会剿日军，收复海城。18 日，日军得知清军欲收复海城，并在感王寨一带驻防。19 日，日军从海城出发，于下午 2 时向感王寨一带清军发起攻击。日军兵力为 4537 人，急行军 50 千米；清军人数 5000 左右，以逸待劳。这是敌我双方一场旗鼓相当的较量，战斗十分惨烈。至下午 5 时 50 分，战斗结束，日军伤亡 160 余人，清军伤亡约 600 人，战损比 160∶600，清军失败了。

占领海城后，日军第三师团 6000 人分别驻防海城、析木城、岫岩，而此时辽东地区辽阳、盖平、田庄台驻有数万清军。第三师团属孤军深入，处于清军三面包围之中。23 日，大山岩令混成旅团北上进攻盖平。1895 年元月 3 日，混成旅团从普兰店出发，进击盖平。驻守盖平的清军有 13 个营约 6000 人。日军于元月 10 日晨 5 时发起攻击，9 时 40 分占领盖平，日军伤亡 334 人、清军伤亡 700 余人。当时宋庆、徐邦道、马玉崑、姜桂题等所领诸路

① 向野坚一. 从军日记［M］. 冰莹，译. 大连：大连图书馆馆藏，1932：273.

大军近在咫尺，但盖平还是失守了。

盖平失陷后，清军环营口东西北三面布防，力保营口。并以营口为据点，于 1895 年 1 月 17、22 日，2 月 16、21、27 日，先后 5 次展开对海城的进攻，企图收复海城。1 月 24 日，宋庆、马玉崑曾率部向日军据点大平山发起攻击，欲夺回大平山要寨，从早晨打到晚上，清军伤亡 500 余人，日军伤亡 300 余人，清军功败垂成。牛庄失守，营口东、南、北三面相继丢失，辽河下游地区已经成为日军囊中之物。营口、田庄台先后沦陷。从田庄台沿辽河以东，自鞍山站以西，辽南全部城镇要塞尽为日军占据。清军在辽南战场全部瓦解，辽阳、奉天至锦州、山海关岌岌可危。

综观，晚清时期清朝政府阁部大员们，一面满汉分心、互相倾轧、钩心斗角、争权夺势；一面一门心思琢磨如何在“帝党”与“后党”的争斗中渔利肥私。为保全自己，凭借手中的权势培植势力。特别是在镇压太平天国起义中崛起的湘、淮集团，在皇帝与皇太后面前，极尽邀宠之能事，左边讨个顶戴，右边领个花翎，可谓左右逢源、春风得意，何来半点国家兴亡、民族安危之意识？莫说对远在泰西的资本主义列强发展不了解，就连近在眼前的日本之崛起也一无所知。不是他们不能知，是他们根本就不想知。他们只要知道一条就够了，忠君保皇即保住了皇帝与皇太后，就没有人敢摘自己的顶戴花翎。至于外国人无非就是图利而来，还不敢夺了一国阁部大员的性命。但皇帝与皇太后就不一样了，一道谕旨，不光顶戴没了，项上人头也保不住了。所以，当洋人入侵的时候，他们从惧洋到崇洋，而至于拿着朝廷的爵位与洋人交好，从媚洋到挟洋，而至于拿着与洋人的关系向朝廷索利，一人握两手牌，皇帝是不能让他倒台的，洋人也是不能说撵走就撵走的。否则，他们就不能两面讨巧获利了，也无法保住自己既得的权势与地位。英法联军和八国联军攻陷了北京，烧的是皇家的园林，抢的是国家财产，东躲西逃的是皇帝母子，阁部大员们什么也没有损失。甲午战争，流血殒命的是那些前线战场的兵丁，至于阁部大员们照旧一身新鲜地请旨问安。事成，邀功请赏；事败，指责弹劾。

5. 辽河近代抗日文化的兴起

日军疯狂地进攻侵略辽东地区的时候，当地人民群众自发组织起来，支持清军官兵抵抗侵略、保家卫国，与日军展开了不屈不挠的英勇斗争，谱写了辽河近代文化传统的光辉篇章。

（1）辽东地区抗日文化的兴起

日军占领九连城、安东时，辽东人民响应清政府募兵号召，纷纷报名，踊跃参军，10 个营的新军迅速组成。猎户首领李樾、徐润等率领自发组织的 2000 余人抗日武装投入清军。他们与统领荣和招募的猎户共编成 8 个营。这些猎户英勇善战，在反抗日军的战斗中屡挫日军，打击了日军的气焰。流民首领韩登举率 3000 余人投入清军吉林将军长顺部，转战辽东、辽南各地，韩登举作战勇敢，屡败日军①。

辽东地区抗日文化形态表现为民团形式。日军占领九连城，向宽甸、长甸进攻时，当地人民“壮夫老弱，死战不降”②。日军占领了宽甸、长甸，两县人民先后自发组织了 10 个民团，坚持组织抗日活动。日军入侵辽东后，清政府谕地方官吏、士绅举办民团，由官发给军火。民团的任务是随军助剿、协助官军作战，打击日军。各地抗日文化迅速发展，民团不分民族，以村屯为单位，主要由农民、手工业者、矿工、流民、猎户等劳动群众参加组成。甲午战争期间，民团组织遍地开花，“辽阳、凤（城）、岫（岩）、

① 易顺鼎. 盾墨拾余［M］//中国近代史资料丛刊·中日战争：第 1 册. 上海：上海人民出版社，1957：112-113.

② 王彦威. 清季外交史料：卷 106［M］. 北京：书目文献出版社，1987：1809.

海（城）、新（民）交界周围七八里，无民不团”①。“民团颇为同仇，各村堡习练征战。”② 民团或与官兵本辅，或独立作战，在反抗日本侵略的战争中，取得了不少胜利，作出了重要的贡献。如聂士成夺回连山关就是“半借团练之力”③。日军进攻岫岩时，当地团练“极力堵御，以抬枪毙敌无算。自十月中旬至下旬，相持甚久，贼不敢轻进”④，迟滞了日军占领岫岩的时间。安东、凤城失陷后，当地人李天维举办团练，带领团练联合附近乡村各民团袭击日军黄花甸子据点。“日军不支，败至哨子河岸，据险反射。沙坎会夹之，碾盘沟会又袭其背，日军败逃”，这一仗缴获了许多枪支弹药⑤。1895 年 2 月 26 日，在宽甸、凤城一带，民团与清军配合，向宽甸日军发动进攻，乡团扼住道路，截击日军，取得宽甸反击战胜利，协助清军收复宽甸，尔后乘胜向长甸反攻，收复了长甸。3 月 11 日，协助清军岳元福、周廷顺在红铜沟、长冈打败日军，“民团至，合击，复毙倭多名”⑥，收回金厂，将日军赶回九连城。

此外，辽阳、岫岩、凤城三地交界的龙头寨、屯山、三家子等处民团，在团长袁德山、钟学进、韩文祥等领导下，于 1895 年 3 月 2 日向三家子的日军发动进攻，一举收复了三家子。

---

① 中国档案汇编．清光绪朝中日交涉史料：卷 27 [M]．北京：故宫博物院，1932：1.

② 陈旭麓，等．甲午中日战争・盛宣怀档案资料选辑之三：上册 [M]．上海：上海人民出版社，1980：292.

③ 徐庆璋．辽阳防守日记 [J]．近代史资料，1962（3）：6.

④ 易顺鼎．盾墨拾余 [M] //中国近代史资料丛刊・中日战争：第 1 册．上海：上海人民出版社，1957：113.

⑤ 丹东市史志办公室．凤城县志・人物志：卷 9（旧志整理）[M]．沈阳：辽宁民族出版社，2008：176.

⑥ 姚锡光．东方兵事纪略 [M] //中国近代史资料丛刊・中日战争：第 1 册．上海：上海人民出版社，1957：33.

（2）辽阳地区抗日文化的兴起

日军占领凤城、岫岩、海城后，辽阳三面受敌，形势十分危险。徐庆裕在辽阳州城内“举办团练，得千人，树帜登埤，修治城隍，以资守御。并令四乡各举团长，给以谕帖，使之制备器械，操演步伐，分路侦探防守，以兵法部署之，人心稍安”①，共组成13个民团，与清军配合，防守辽阳边界。1895年1月17日，日军进犯韩家岭，民团奋勇抵御，打退日军，并乘势夺回了潜家大岭；19日，日军再次侵犯韩家岭，又遭民团打击，毙日督队官，缴获一些器械衣物；28日，日军500余人进犯梨宝沟岭口，团练迎战获胜；2月18—19日，辽凤、兴隆沟、七通碑、六道河团练求援南分水岭；24日，辽阳、凤城、岫岩三地交界民团袭击日军。

辽阳地区以徐珍举领导的民团表现最为出色。他们作战英勇，屡挫日军，助清军在吉洞峪阻击日军，粉碎了日军由间道进攻辽阳的阴谋②。

辽阳地区民团抗日斗争，有力地支援了清军在海城、盖平等地的抗日斗争，并且一直坚持到甲午战争结束，打乱了日军夺取辽阳、奉天的战略部署，迟滞了日军占领辽东的时间，充分体现了辽河近代文化传统中的爱国主义。

（3）辽南地区抗日文化的兴起

从日军侵入之日起，辽南地区人民便投身到抗击日本侵略的斗争中。他们纷纷参军，拿起武器和日军战斗。1894年9—10月，大连地区有3000余人加入清军。大连有500人编入徐邦道拱卫军1个营；旅顺有1000余人加入宋庆毅军，编为两个营；旅顺附近有1500人加入张光前、姜桂题部，编为三个营。日军在花园口登

---

① 阿英．甲午中日战争文学集［M］．北京：中华书局，1958：427．

② 辽阳市史志办公室．辽阳县志：卷21（旧志整理）［M］．沈阳：辽宁民族出版社，2008：97．

陆时，遭到了当地群众自发的抗击①。复州顾家岭一带民团发展很快，人数多达三四千人，团练的袭击，让日军“白日无宁，夜不安寝”②。爱国青年陈宝财组织操练四五十人的红枪帮，于11月3日在凤凰城山下落凤沟伏击日军，打得日军仓皇逃窜，后遭到日军增援部队包围，陈宝财等45人全部殉国。金州地区有高武组织800多人的锄头队，袭击日军兵营，杀死许多日军，高武在战斗中牺牲。金州失陷后，日军烧杀奸淫，无恶不作。金州城西一曲姓人家，7位妇女不忍日军凌辱，投井而殁。日军在向旅顺进攻时，抓到阎世开，让他带路，阎世开宁死也不给日军带路，最后被日军刺死③。旅顺口沦陷后，日军屠城，旅顺口人民拼死搏斗，表现出了不屈不挠的气节。

总之，日军侵略辽东地区，在中国官军一再败退的时候，辽东人民无论是自发组织起来，还是响应清政府号召参加清军，他们都在危难时刻挺身而出，敢于和敌人斗争。特别是宽甸、长甸、岫岩、辽阳、旅顺等地的民团（乡团）纷起抵抗，支持了清军官兵抵抗日军、保家卫国，极大地迟滞了日军占领辽东地区的进程。辽东地区人民表现出的不畏强暴、视死如归、不屈不挠的英雄气概，是辽河近代文化时代特征的集中体现。

三　《马关条约》对辽河近代文化的影响

1895年2月17日，日军侵占刘公岛，俘获北洋舰队全部舰船。甲午战争，中国洋务派经营30多年的成果，被日本军队用8

---

①　薛天忠．金县志［M］．大连：大连出版社，1989：584；河村直等．日清战争实记选译·金旅之役［M］//中国近代史资料丛刊续编·中日战争：第8册．北京：中华书局，1996：96．

②　辽宁省中日关系史研究会．中日关系史论文集·甲午中日战争期间东北人民的抗日斗争［C］．1984：109．

③　孙克复．甲午抗日烈士阎世开考略［C］//纪念甲午战争一百年学术研讨会专辑：第4期．大连：大连市社科联，1994：72-74．

个多月就摧毁了。北洋舰队全军覆没，与其说是日本用武器打破了洋务派的幻想，莫不如说是封建专制集权统治腐朽落后的自我暴露。从文化的角度看，甲午战争是近代资本主义文化对传统封建主义文化的胜利。千疮百孔的清王朝靠补苴罅漏是无法挽救的。

（一）《马关条约》的殖民主义文化特性

甲午战争爆发后，清政府幻想通过英美等国的调停而尽快结束战事。日军侵占辽东，直接威胁到了北京，清政府的求和心情更加迫切。因此，让美国驻华公使田贝转达日本，中国愿意以承认朝鲜独立和赔偿军费为媾和条件。1894 年 11 月 27 日，日本断然拒绝，并提出中国政府如真诚希望和平，可任命具备正当资格的全权代表与日本全权代表会商，届时宣布日本政府的停战条件。1895 年 1 月 31 日，张荫桓、邵友濂一行赴日本广岛议和。日本任命伊藤博文和陆奥宗光为全权大臣。2 月 2 日，伊藤博文指责中国无诚意，议和中断，并以广岛为屯兵之地为由，令中国代表离开。同时，日本加紧军事行动，以武力逼迫清政府就范。2 月 17 日，日本在占领刘公岛、俘获北洋船舶的当日，提出要求中国另派须有能画押之全权的媾和大臣。清政府颁给李鸿章头等全权大臣赴日，于 3 月 19 日抵达马关；30 日，中日两国签订了《马关条约》。《马关条约》包括《讲和条约》十一款、《另约》三款、《议订专条》三款以及《停战展期专条》二款。其中，《讲和条约》的主要条款为：

> 第一款　中国认明朝鲜国确为完全无缺之独立自主国。故凡有亏损其独立自主体制，即如该国向中国所修贡献典礼等，嗣后全行废绝。
>
> 第二款　中国将管理下开地方之权并将该地方所有堡垒、军器、工厂及一切属公物件，永远让与日本。第一，下开划界以内之奉天省南边地方。从鸭绿江口溯该江抵安平河口，又从该河口划至凤凰城、海城及营口而止，画成折线以南地方；所有前开各城市邑，皆包括在

划界线内。该线抵营口之辽河后，即顺流至海口止，彼此以河中心为分界。辽东湾东岸及黄海北岸在奉天所属诸岛屿，亦一并在所让界内。第二，台湾全岛及所有附属各岛屿。第三，澎湖列岛，即英国格林尼次东经百十九度起、至百二十度止及北纬二十三度起、至二十四度之间诸岛屿。

第四款　中国约将库平银二万万两交与日本，作为赔偿军费。该款分作八次交完：第一次五千万两，应在本约批准互换六个月内交清；第二次五千万两，应于本约批准互换后十二个月内交清；余款平分六次，递年交纳；其法列下：第一次平分递年之款于两年内交清，第二次于三年内交清，第三次于四年内交清，第四次于五年内交清，第五次于六年内交清，第六次于七年内交清；其年分均以本约批准互换之后起算。又第一次赔款交清后，未经交完之款应按年加每百抽五之息；但无论何时将应赔之款或全数或几分先期交清，均听中国之便。如从条约批准互换之日起三年之内能全数清还，除将已付利息或两年半或不及两年半于应付本银扣还外，余仍全数免息。

第六款　中日两国所有约章，因此次失和自属废绝。中国约俟本约批准互换之后，速派全权大臣与日本所派全权大臣会同订立通商行船条约及陆路通商章程；其两国新订约章，应以中国与泰西各国见行约章为本。又，本约批准互换之日起、新订约章未经实行之前，所有日本政府官吏臣民及商业、工艺、行船船只、陆路通商等，与中国最为优待之国礼遇护视一律无异。中国约将下开让与各款，从两国全权大臣画押盖印日起，六个月后方可照办。第一，见今中国已开通商口岸以外，应准添设下开各处，立为通商口岸；以便日本臣民往来侨寓、从事商业工艺制作。所有添设口岸，均照向开通商海口或向开内地镇市章程一体办理；应得优例及利益等，亦当一律享受：湖北省荆州府沙市，四川省重庆府，江苏省苏州府，浙江省杭州府。日本政府得派遣领事官于前开各口驻扎。第二，日本轮船得驶入下开各口附搭行客、装运货物：从湖北省宜昌溯长江以至四川省重庆府，从上海驶进吴淞江及运河以至苏州府、杭州府。中日两国未经商定行船章程以前，上开各口行船务依外国船只驶入中国内地水路见行章程照行。第三，日本臣民在中国内地购买经工货件若自生之物，或将进口商货运往内地之时欲暂行存栈，除勿庸输纳税钞、派征一切诸费外，得暂租栈房存货。第四，日本臣民得在中国通商口岸、城邑任便从事各项工艺制造；又得将各项机器任便装运进口，只交所订进口税。日本臣民在中国制造一切货物，其于内地运送税、内地税、钞课、杂派以及中国内地沾及寄存栈房之益，即照日本臣民运入中国之货物一体办理；至应享优例豁除，亦莫不相同。嗣后如有因以上加让之事应增章程条规，即载入本款所称之行船通商条约内。

第七款　日本军队见驻中国境内者，应于本约批准互换之后三个月内撤回；但须照此款所定办理。

第八款　中国为保明认真实行约内所订各款，听允日本军队暂占守山东省威海卫。又，于中国将本约所订第一、第二两次赔款交清，通商行船约章亦经批准互换之后，中国政府与日本政府确定周全妥善办法，将通商口岸关税作为剩款并息之抵押，日本可允撤回军队。倘中国政府不即确定抵押办法，则未经交清末次赔款之前，日本应不允撤回军队；但通商行船约章未经批准互换以前，虽交清赔款，日本仍不撤回军队。

以上条款概言之：一是中国承认朝鲜自主（实际是由日本宰制），不再过问；二是割让奉天南部及台湾、澎湖；三是赔款2亿两白银，3年内付清；四是日本人在中国各口岸从事工艺制造，机器只纳进口税，所造货物豁免内地税及钞课、杂派；五是开放苏州、杭州、沙市、重庆为口岸，日船自由航行于长江、运河、吴淞江；六是另订商约，日本享有领事裁判权与最惠国待遇；七是允许日本驻军中国，驻军费用归中国负担。

《马关条约》充斥着殖民主义特色，说是空前未有的亡国条约一点都不为过。因为这个条约带给中国的民族危机与社会危机是空前的、全面的。

巨额赔款造成中国政府严重的财政危机。马关条约规定中国向日本赔款2亿两白银，是1842—1860年向英、法两国赔款的7倍，加上后来赎回辽东半岛的0.30亿两白银，大体相当于当时国家3年的财政收入。为能在3年内偿清，清政府一面加紧对国内人民的搜刮与榨取，一面不得不向外国举债，不仅造成财尽民穷，而且为西方殖民者在华争夺和划分势力范围提供了机会。另外，日本人在中国各口岸从事工艺制造，机器只纳进口税，所造货物豁免内地税及钞课、杂派，西方列强亦援例办理。中国的工商业初兴，根本无法与之竞争。这就给刚刚兴起的中国近代工业文化以严重摧残。

割地赔款、开放口岸、享有领事裁判权、允许驻军等，造成中国社会严重的政治危机。领土完整和主权独立是国家独立的政治基础。辽东、台湾、澎湖等地割让；开放苏州、杭州、沙市、重庆为口岸，日船自由航行于长江、运河、吴淞江，侵略扩张深入到内地范围；享有领事裁判权与最惠国待遇；驻军中国，驻军费用归中国负担。可见日本侵占最为凶狠。日本将中国推向了灭亡的边缘。从此，日本军国主义便一步一步地发展成为20世纪三四十年代对中华民族的主要威胁。

《马关条约》彻底暴露了清政府的腐败无能和急速衰落，彻底暴露清政府以出卖中国的主权换取外国殖民主义列强的支持，来维持对中国人民统治的丑恶嘴脸。帝国主义列强在互相争夺、瓜分中国的权益的时候，需要保存清政府这个腐朽没落、软弱无能的政权，利用它来剥削和掠夺中国人民。清政府及其阁部大员们也极甘愿充当这个角色和工具，而且唯恐帝国主义不高兴，自己被抛弃。

《马关条约》签订后，西方列强再次掀起瓜分中国的狂潮。甲午战争后，德国出兵占领了胶州湾，强租 99 年；准许德国修造胶济铁路，铁路附近 30 里内的煤矿由德国开采；山东境内开办各项事务，德国具有优先权。俄国强租旅顺、大连；南满铁路由俄国修造。法国强租广州湾 99 年；取得滇、桂、粤开矿优先权，以及中国境内至越南的铁路修造权。英国得到中国长江流域永不割让他国、任英国人为海关总税务司的承诺，又强租香港九龙新界和威海卫。日本获得清政府不将福建让租他国的认可。帝国主义的瓜分活动，大大地加深了中国的殖民地化，给中国近代文化传统造成了空前的浩劫。

丧权辱国的《马关条约》对中国来说既是空前的耻辱，又是启后的悲剧。知耻而后勇。屈辱迫使人们从昏睡中觉醒，重新思考，发愤图强。于是，便形成了维新思潮，揭开了中国近代历史上新的一页。

《马关条约》割让奉天南部，包括鸭绿江至凤凰城、海城、营口以南的旅顺、大连在内的整个辽东半岛地区。日本的强暴侵略、扩张与野蛮掠夺、压迫，严重影响了辽河近代文化传统的发展。

（二）三国干涉归还辽东半岛的文化意义

日本割占中国的辽东半岛，英国是倾向日本的。俄国觉得严重威胁到了其在远东的利益，绝不能坐视不管，首先站出来反对。1895 年 4 月 11 日，俄国政府召开了第三次特别会议，研究应对措施。对日本占领辽东半岛问题，作出决定：一是先以友好方式劝告日本放弃占领，保持战前状态；二是正式通知欧洲列强及中国，俄国坚决主张日本放弃占领满洲南部①。在《马关条约》签订当日，邀请德、法驻俄公使进行会晤，表明俄国态度②。经过俄国的努力，俄、法、德三国意见趋于一致，虽然各怀心腹事，但结成联合阵线，共同干涉日本归还辽东给中国。

4 月 23 日下午，俄、德、法三国公使联合至日本外务省，分别向日本政府提出备忘录，公开劝告日本放弃割占中国辽东半岛。同时，在军事上也进行了一系列部署。次日，日本在广岛召开御前会议，讨论三国干涉还辽的对策。日本开始是反对俄、德、法干涉的，企图得到英、美、意三国支持，并设法破坏俄、德、法三国联盟。29 日，俄、德、法三国再次到日本外务省表示强硬态度。次日，日本采取了退让，接受了俄、德、法三国的部分劝告：一是除金州厅外，同意一切放弃之，但放弃要有相当金额作为报酬；二是在中国清政府完全履行条约所规定义务前，作为担保有权占领上述领土。其实这只是一种外交辞令，日本根本就是不放弃。俄、德、法三国当然不答应，俄国甚至派遣太平洋舰队在东海、黄海海域示威；德、法两国也派出军舰活动于中日之间的海上。鉴于三国强硬干涉的情况，英国由原来倾向于日本转变为劝说日本放弃其立场。

日本见俄、德、法三国态度强硬，英国也劝说放弃，美、意两国袖手旁观，自己越来越孤立，于是接受俄、德、法三国的劝告，忍痛放弃对辽东的永久占领权，但要求中国偿付赎金。经三国一再协商，由中国出银 3000 万两白银，作为日本交还辽东半岛的补偿。11 月 8 日，中日双方签订了《辽南条约》，中国同意 3 个月内偿付库银 3000 万两作为赎金，日本同意将军队撤回。12 月

---

① 戚其章．俄帝国主义在远东的开端［M］//中国近代史资料丛刊·中日战争：第 7 册．上海：上海人民出版社，1957：313-318.

② 戚其章．驻圣彼得堡代办齐尔绪基致外交部电［M］//中国近代史资料丛刊·中日战争：第 7 册．上海：上海人民出版社，1957：351.

28 日，日本政府通知英、美、俄、法、德、奥、意、荷、韩等国公使，关于辽东撤兵及交接完毕。

至 12 月 29 日，虽然被日军占领达一年之久的辽东、辽南地区全部收复，但这不是中国的胜利。由于俄、德、法三国干涉，日本在勒索赎金白银 3000 万两后才把辽东还给中国。这说明中国根本无外交。一个腐败而软弱的清政府，心甘情愿地接受西方列强的殖民统治，所谓外交就是俯首就缚，听任列强摆布，只要能够保持清王朝不被更换，殖民者提出什么条件都可以答应，真的到了“崽卖爷田不心疼”的地步了。晚清政府的外交政策是“以夷制夷”，换言之，即李鸿章所谓“用以毒攻毒，以敌制敌之策”①。其门生盛宣怀认为，“各国窃保护之名，分占边疆口岸，渐入腹地。一国起争，数国效尤。牵制之法，不足破其阴谋；通商之利，不足抵其奢欲”。所谓“以夷制夷”根本办不到。更彻底的办法是借鉴土耳其的办法，让各国列强全部进来接管中国的一切事务，列强利益均沾了，他们就会互相制衡。“处今日而欲散其瓜分之局，唯有照土耳其请各国共同保护。凡天下险要精华之地，皆为各国通商码头；特立铁路矿务衙门，统招中国及各国股份，聘请总铁路司、总矿务司，职分权力悉如总税务司。”也就是说，以“散其瓜分之局”换取“各国共同保护”。保护什么呢？很明显，他们要保护的不是国家的主权和民族的尊严，他们所要保护的就是苟延残喘的清朝封建专制集权统治的政权。昔日统治中国人民的威风被其腐朽没落消耗殆尽，而今风雨飘摇的政权只有靠不断地将国家主权和民族利益奉送给外国列强，才能换取列强的保护，维持他们对人民的统治地位。国家被肢解为一个个帝国主义的殖民地没有关系，只要清王朝还在、皇帝还在，这群阁部大员们的福祉就存在。所以，清朝的阁部大员们已然堕落到甘愿受

① 王彦威. 清季外交史料：第 16 卷［M］. 北京：书目文献出版社，1987：42.

洋人的保护来窃得一些好处了。“苟延之局，何必认真”，“惟在求好，偷安旦夕，遂以此自结于内，而引重于外，养痈遗患，安然不顾”①。李鸿章的这番话，可作为晚清阁部大员们心理的真实写照。

三国干涉还辽再一次证明了西方殖民者侵略的本质。西方殖民者为了自身的利益，拿维护中国的权益做说项，其实是为了达到瓜分中国的利益平衡。《马关条约》签订后只短短几年，到 1898 年，中国沿海重要港湾，诸如旅顺、威海卫、胶州湾、九龙、广州湾，都树起了帝国主义列强的旗帜；许多重要的铁路干线的修筑权被帝国主义攫夺；“租借地”“租界”“租借港口”等殖民地随处可见。偌大个中国，被瓜分成各帝国主义国家的势力范围。将中国彻底变成殖民地，这就是西方殖民主义文化侵略的本质。

第三节　日俄战争对辽河近代文化的影响

俄国在三国干涉日本放弃侵占辽东半岛的事件中发挥了主导作用，因而博得了清政府特殊的好感。甲午战争后，颟顸的清政府对俄国抱有更大的幻想，以为依靠俄国就可制约其他列强了。殊不知俄国早就对辽东怀有觊觎之心。三国干涉还辽以后，俄国在东北亚的势焰不可一世。于是，围绕辽东问题，各列强开始了新一轮角力，矛盾不断激化。日本以力不能抗，欲与妥协；俄国为先行建筑西伯利亚铁路，经营中国东北，曾于 1896 年、1898 年与日本两次签订协定，虽对朝鲜暂作让步，但仍不肯真正放手；日本则希望成为朝鲜的保护国；英国以对俄国妥协失败，谋与其他国家联合制俄；及俄国占有东北，英、德一度成立协定，名义

① 魏元旷. 坚冰志：第 1 卷 [M]. 上海：上海人民出版社，1957：4.

上是为保护中国完整；日本唯恐俄国独占东北，朝鲜势必为俄国囊括，愿与英国一致行动；英国认为在东方有实力助其对付俄国的，而且可望助其对付俄国的也只有日本，英国如不联合日本，万一被迫向俄国屈服，或与俄国一战而败，则对英国极其不利；1901 年夏秋之际，中俄交涉的紧要关头，英、日联合的具体条款大体已经商妥；英日同盟既已成，俄国不得不重新考虑对华政策。1902 年 4 月，《中俄交收东北条约》签订，规定允许中国在东北的权力，前提是“亦无牵制”，俄国才能分三期撤军。其实，俄国根本无意撤军，这么做无非是缓兵之计，意在图谋兼有朝鲜。1902 年 8 月，德、俄联合对付英、日，德国劝俄东进。1903 年 4 月，俄国对中国提出新的领土要求，英、日又联合劝中国不允俄国要求，同时向俄国抗议，美国尤其不喜欢俄国，宁愿中朝依附日本，也决不允许俄国得逞；7 月，日本主动与俄国会商，提出俄国承认日本在朝鲜的优越利益、日本承认俄国在满洲的特殊利益，要求俄国不得干涉朝鲜之事，不得妨碍日本及他国权益；俄国态度强硬，设置远东总督府，强调朝鲜、满洲均属俄国。日本久拟与俄国一决胜负。英日同盟成立，美国亦有倾向，日本则是成竹在胸。

日俄战争无可避免地在中国领土上爆发，是西方资本主义殖民瓜分中国分赃不均引起的。中俄同盟本来是为了对付日本，但由于日俄战争前，俄国对辽东地区实施野蛮的殖民地文化侵略，强租和霸占旅顺口、大连湾、金州，在关东州厅建立殖民统治机构，进行经济掠夺和压榨、横征暴敛以及实行殖民地教育等，7 年怨愤所积，因而在日俄战争时，辽东人民明知日本并非为中国而战，但同情反倒倾向日本了。腐朽软弱的清政府，置辽东人民的生命与财产安全于不顾，将辽河以东广大地区划为日俄交战区。就这样，日俄战争在中国的领土辽东地区厮杀起来。

日俄战争中，日俄两国军队对辽东地区人民进行残害，对战区经济进行疯狂掠夺和破坏，给辽东地区人民造成空前浩劫，致辽河近代文化遭到严重破坏。这是日俄侵略者犯下的不可饶恕的罪行。这一时期，辽河近代反侵略文化进一步形成和发展。

一　日俄战争前俄国殖民主义文化侵略

日俄战争前，俄国就已经对辽东地区实施野蛮的殖民地文化侵略，以武力强行租占旅顺口、大连湾，建立殖民统治机构，实施经济掠夺和压榨、横征暴敛以及实行殖民地教育文化和司法文化等，极大地加深了辽东地区的殖民地化。

（一）俄国殖民主义军事文化侵略

三国干涉还辽后，俄国以为是其扩大在华利益的时机到了，软硬兼施向清政府勒索报酬，加快了侵占辽东的步伐。

1. 推行殖民地契约文化

以契约形式推行殖民主义文化，是近代以来西方资本列强惯用的手法。以合法形式包藏侵略扩张野心，兜售殖民地文化，具有很大的欺骗性。1896 年 6 月，俄国利用李鸿章赴俄国参加沙皇尼古拉二世加冕典礼之机，签订了《中俄密约》，这个密约形式上是中俄两国结盟，实际上是在共同防日的名义下，通过修造铁路使俄国合法侵入辽东地区。通过这个密约，俄国实际上会控制辽东乃至东北，俄国可以在任何时间内以最快的速度把自己的军事力量运到海参崴及集中于东北、黄海海岸及离中国首都的近距离处。是年 12 月 14 日，俄国军舰以“帮助中国人免受德国人侵害，保护中国不让德国欺侮”① 的理由开进了旅顺口。1898 年 2 月中旬，俄国提出“不仅要求中国让出旅顺口和大连湾，而且还应该要它让出整个辽东半岛”，作为其“关东州”，“此外还必须加速修筑从中东铁路通往旅顺口支线”②；并从海参崴向旅顺口增派舰

① 维特．俄国末代沙皇尼古拉二世——维特伯爵的回忆录［M］//大连近百年史见闻．张开，译．沈阳：辽宁人民出版社，1999：119.

② 维特．俄国末代沙皇尼古拉二世——维特伯爵的回忆录［M］//大连近百年史见闻．张开，译．沈阳：辽宁人民出版社，1999：120.

艇，运去两个水雷兵中队、辎重及骑兵共约3000人、67门大炮。1898年3月20日，李鸿章率张荫桓与俄国谈判时，完全接受俄国造成的事实并于27日签订了《中俄旅大租地条约》（又称《中俄会订条约》），规定：中国允将旅顺口、大连湾暨附近水面租与俄国；所有划入租界线内之地及附近水面专归俄国租用，期限为25年，期满再商展限；俄国所租之地及附近海面，所有调度水陆各军，并治理地方大吏，全归俄官，中国无论何项陆军不得驻此界内；所租地界以北定一隙地。此隙地之内，一切吏治全归于中国，唯中国兵非与俄国商明，不得来此；旅顺一口专为武备之口，独准俄船只享用。大连湾亦照此例专为俄兵舰之用，允许自行盖造水陆各军所需处建筑炮台，安置防兵；中国允其建造中国东方铁路之理，推及由该干路某一站起至大连湾或筑一支路①。根据此条约规定，就旅大租地确切界限及各细节问题，于5月7日又签订了《中俄续订旅大租地条约》，规定：租地北界，从西岸亚当湾（即普兰店湾）北过亚当山脊，连山脊在内至东岸皮子窝（今皮口）止，并附近水面及各岛均准俄国享用；隙地界线从西岸营口起绕海城、凤凰城、大孤山至东岸五道河口止，沿线道路及居民处均为隙地，隙地地段非俄国允许不让与他国享用，并不将造路、开矿及工商诸利让给，隙地海口亦不与属国通商；将别项铁路支路通至旅顺、大连湾，不到辽东半岛别海口，并共同商明，支路经由之地不将别项铁路利益许给他国人；俄允许将租界内金州城归中国自治，并设巡捕，准居民享用、生利，但不连沿海岸。5月下旬，又签订《东省铁路续订合同》；1899年2月26日，又签订《勘分旅大租界专条》。这一系列条约的签订，俄国以“合法”形式将强盗式的掠夺变成了国与国之间的合理转让。俄国以一纸条约，就将辽东半岛的大片土地、海域和主权以及工商利益、铁

① 王铁崖．中外旧约章汇编：第1册［M］．北京：三联书店，1982：741-742.

路修造权攫为己有。这就是列强殖民地契约文化的虚伪性和殖民地性质。

2. 俄国实行殖民地军事文化

以武力相威胁，强行租占中国领土，是一切帝国主义共同的特点。《中俄旅大租地条约》签订的第二天，俄军 3000 余人在旅顺口登陆①；同时，俄“纳瓦林”号运载的 200 名水兵在大连湾登陆。至 1900 年年初，占领旅大的俄军总兵力为 2.33 万余人②。此外，还驻有战舰总吨位达 3 万多吨③。俄国殖民者为谋划永久占领旅顺口，投资兴建旅顺防御工程。计划 10 年（1900—1909）总投资 892.78 万卢布，修筑永久性海岸炮台 22 座、永久性陆路炮台 8 座、半永久性炮台 24 座、永久性堡垒 8 座、半永久性堡垒 6 座，安装各种口径的火炮 542 门。1900 年，俄军出动近万人参加镇压义和团运动④，在天津一个军火库夺得 300 余门火炮、炮弹 150 余万发，全部运往旅顺口。此外，俄国又从欧洲定购大口径火炮，配备在旅顺各炮台上。俄军还在旅顺口的后路布置了两道防线；在东鸡冠山堡垒设有东西 2 座炮台；在金州附近的南山也修筑了 1 座永久性防御工事。至 1903 年，俄军陆军增派部队总兵力已达 5 万余人。是年，俄军增派战舰共计 19 艘，总吨位 8.24 万多吨，加上原有的船舰，旅大地区共有各种作战舰艇 60 余艘，总吨位达 19.30 万吨⑤。俄国在旅顺口强制推行殖民主义军事文

---

① 旅顺民政署. 旅顺事情·第 1 章［M］//朱诚如. 辽宁通史（第 3 卷）. 沈阳：辽宁民族出版社，2009，298.

② 总参谋部军事档案馆. 1900—1901 年俄国在华军事行动资料：第 1 册［M］. 济南：齐鲁书社，1980：75-76.

③ 曾根俊虎. 俄国暴状态［M］. 日本：东京国文社，1904：15.

④ 安德鲁·马洛泽莫夫. 俄国的远东政策［M］. 北京：商务印书馆，1977：207.

⑤ 曾根俊虎. 俄国暴状态［M］. 日本：东京国文社，1904：16.

化，将辽东旅大变成由俄国完全掌控的军事要塞，并以此为基地，参与镇压义和团运动，对中国进行恣意侵略和掠夺。如 1900 年 7 月 27 日，借口清朝官员可能会“掀起暴动”，派兵占领没有设防的金州城。旅大地区的电信机关和设施完全落入俄国殖民统治者手中。

（二）俄军实施殖民地文化

俄军占领旅大后，便开始实施殖民地政体文化、设置殖民地统治机构、实施殖民地司法文化等，强化对殖民地的统治。

1. 设立殖民地统治机构

1899 年 2 月，俄国在旅大租界正式设立行政厅，建立司法机构；8 月 28 日，俄国颁布《暂行关东州统治规则》，将旅大租界命名为关东州，表明俄国视辽东半岛为俄国新的边疆领土。关东州治所设在旅顺口，旅顺为关东州之关东州厅。关东州是一个军政合一的殖民地统治机构，置州长官、州陆军副司令官（兼州参谋长）、州陆军会议、州参谋部和军法会议等职官，州长官为海军中将阿列克谢耶夫；地方行政建制，置民政部、财务部、外务部、警察署、法院及其他各部、局；置大连市、旅顺市、金州市、貔子窝市，其中旅顺市、金州市、貔子窝市属关东州管辖，大连市为特别市，隶俄国财政部。关东州厅长官在军事方面拥有陆军边疆军区司令官的权力和海军舰队和军港司令官的权力，接受俄国中央政府陆军大臣和海军大臣、外交大臣的指令及阿穆尔总督的领导。州内有关民政、财政、外务官员以及其他各部、局长官的任命，州厅长官需与中央各部大臣协商。涉外事务须经沙皇批准。这俨然是将关东州置于俄国政权统治下的一个地方政权了。

①大连地区行政建制文化。1899 年 8 月 11 日，建立大连市，置市政厅、市参议会、港务局、警察署、消防队等机关；市政厅设市长 1 人、市长助理事务官 1 人、总务官 1 人、翻译官 1 人、市医及检疫委员 1 人，其他工作人员若干；市参议会议议长 1 人，由市长兼任，议员 6 人，候补议员 3 人，东省铁路公司代表 1 人。

议员是由在大连市拥有一定财产、具有选举权与被选举权（居住在欧罗巴街拥有土地所有权或终身租地权，或缴纳超出关东州规定的市税额者具有选举权和被选举权）的居民通过选举产生的，其中俄国臣民不少于3人。

大连市官员的任免，由财政大臣提名，经关东州厅长官认同后上奏沙皇任免。

大连市行政区划为3个市区，即市辖市街、老虎滩、沙河口，其中市街又划分为欧罗巴（分商业区、市民区、邸宅区，今劳动公园以东、铁路线以南的全部市街）、行政（今胜利桥以北地区）、中国人市街（今劳动公园以西地区）；老虎滩、沙河口为郊区。

②旅顺地区行政建制文化。旅顺市初设时，在关东州厅民政部部长监督下，由警察署长行使行政管理。警察署长由民政部部长推荐、州长任命。旅顺市设两个警察区，由民团长管理行政民事，各区民事由民团助理掌管。民团设民团长和两名助理，从中国居民中产生，经州民政部部长批准。民团长和助理由俄国发放薪酬，分别为50卢布和20卢布。市委员会从陆军部、海军部、民政部、财政部、会计检查部以及从俄国居民中各推选两名代表组成，负责旅顺的行政事务。市委员会一周至少两次集会，讨论市政问题。议会议员由陆军部、海军部、财政部、中东铁路公司、市医界、警察署各指定1人，经州厅长批准出任，任期不限；再从旅顺俄国居民中推举出3～6人，也经州长批准，任期为1年。参议会议长由市长兼任。

③金州地区行政建制文化。金州市由金州行政区区长兼管，辖区为金州城的施家街、曹家街、麦子家街、旗仓街、范家街、会馆庙前街、庙后街、姜家街、民仓街、火神街、城隍庙街、圣庙街、赵家街、阎家街、真武庙街、新市街、东门外屯、西门外屯、南门外屯、北门外屯等20个街（屯）。

④貔子窝地区行政建制文化。貔子窝（今皮口）地处关东州北部，靠近隙地，是进出口贸易要地，故设市。除行政人员、通

信人员和守备队官兵外，无欧洲居民，为中国居民区。市管理事务由行政区长行使。

⑤关东州地区行政建制文化。关东州分为 5 个行政区，行政区与市平行，分别为：旅顺行政区，治所在水师营；金州行政区（不含金州城），治所在金州；貔子窝行政区，治所在貔子窝；亮甲店行政区，治所在郭家岭；岛屿行政区，治所在大连湾。行政区设区长 1 人，由民政部推荐的俄军军官担任，职掌监督村行政、处理和报告租税征收情况、审判中国疑犯、调查户口、推举乡长等。区长对中国人的违法行为有权处以 15 天以内的拘留或 15 卢布以下的罚金。关东州地区乡村建制文化，如表 2-8 所示。

表 2-8　　　　关东州乡村行政建制一览表

行政区名称	乡（个）	村（个）	屯（个村）
貔子窝行政区	4	12	326
亮甲店行政区	4	12	395
旅顺行政区	4	12	374
金州行政区	5	12	378
岛屿行政区	2	—	29
合计	19	48	1502

注：表中数据源自王希智、韩行方．大连近百年史文献［M］．沈阳：辽宁人民出版社，1999：114.

⑥建立殖民地统治机构。1903 年 8 月 11 日，俄国颁布《远东暂行统治条例》，批准建立远东总督府，府治初在旅顺，于次年 5 月 5 日迁往奉天，同年 10 月撤回俄国。远东总督府辖区包括阿穆尔州、外贝加尔州、滨海州、堪察加州、关东州和库页岛。阿列克谢耶夫为总督。远东总督府不受中央各部节制，直接听命于尼古拉二世任主席的远东特别委员会，执掌远东地区的军政、外交

大权，有权指挥阿穆尔军区、关东州以及在满洲的俄军、指挥太平洋舰队；行政上具有监督辖区内行政各官厅和官员的权力，有中东铁路沿线维护治安最高监督权。在外交上，有权处理同中国、日本等东亚国家的外交事务。总督成为沙皇的代表，总督府辖区俨然成为俄军在远东地区的一个国家了。

远东总督府下设军政部、民政部，由沙皇任命副总督负责。民政部掌管辖区内民政，政务范围由总督决定。民政部设总督府参议会、工务会议、外交局、总务局、矿山局、税务局等。

远东总督府辖关东州厅及大连市政厅，州长官可以任免中国人行政机关的各个职员；依法以违背官方命令或触犯违警罪的中国人有权处以 1 个月以内拘留或 30 卢布以内的罚金。旅顺市警察署长改由州厅长推荐、总督任免。旅顺市的财务、一般政务由旅顺特别市厅办理，管辖区域由总督确定。大连市和市政厅隶属于远东总督。大连特别市市长由远东总督推荐、沙皇任免。大连市的施政、管辖的事务，须经彼得堡财政大臣承诺，在远东总督的规则中决定。市参议会议长的任免须事先同东省铁路公司协商，经特别市市长的推荐，由总督任免。

总之，俄国在辽东地区建立了一套殖民地统治机构体系，以确保其殖民地政体文化得到贯彻落实。

2. 实施殖民地司法文化

关东州依据沙皇批准的司法暂行准则，在旅顺设立关东州法院，隶属于伊尔库茨克中级法院，分为旅顺地方法院、调解法院、中国人法院三部分。关东州的各市、区、乡、村也设立相应的司法机构。案件审理上，东省铁路南满支线附属地的案件审理由旅顺地方法院负责；有契约、赔偿及其他有关动产诉讼案件由调解法院审理；中国人法院是专门为中国人设立的。1900 年 1 月，实施针对中国居民的审判制文化。审判长为关东州的行政区长，旅顺和大连市审判长为该市的警察署署长。审判长下设中国人联络员和两名候补联络员，联络员或候补联络员由俄国民政长官任免。

针对中国人的审判程序，一般案件先由联络员审判，审讯记录由联络员和俄语翻译签字，每月将审理的案件与判决书一起报民政长官。若是中国人违反了国税和地方税法规、反抗耶稣教、侵害政府的财产及收入、有害风纪、违反保护人民健康法规、扰乱公共秩序、聚众及藏匿犯人、虚伪之诉讼及关于依据帝国法律须制裁事件作伪证、藏匿逃亡者、破坏电信及交通机关、违反有关身份的法律、侵害生命与健康、侵害自由与名誉（包括杀人、殴打致死、故意重伤、致残或危及生命的殴打、虐待、强奸、非法拘留及监禁等）、侵害所有者（包括强占属于他人的不动产、放火以及故意对他人财产损毁、强盗及掠夺、伪造依据俄国法律制作的证件、盗窃官有财产），则归地方法院按照俄国法律惩办①。

俄国统治下的关东州，严格实施殖民地司法文化。关东州厅长官预派 1 名军官到金州执行警务任务，辅佐行政区长。旅顺市警察署长还负责行市政行政政管，俄军派旅顺守备队 1 名军官协助警察署长工作；旅顺市辖两个警察区，各区配有警员 2 人、巡警 4 人。招有志愿者组建巡逻队，执行警察任务。大连市政厅设警察署长 1 人、警官 3 人、俄国人巡警 51 人、中国人 16 人、事务官 1 人、文书兼护照科 1 人。大连海港港务局长兼任水上警察署署长，警察署下设若干名水上警察。远东总督府建立后，旅顺市、大连市的警察署署长由关东州厅推荐、总督任免。俄国统治下的关东州厅特地招募华人充任巡警，这些巡警横行乡里、鱼肉百姓，人民敢怒不敢言，否则治以“违警罪”。“违警罪”是俄国订立的用以威慑人民反抗的刑罪，是指在公众场合打架斗殴、妨碍公共秩序、违抗沙俄统治、侮辱沙俄官员或不服从管理。此外，俄国殖民地统治者还在旅顺、大连、貔子窝建造监狱，在各地警察署设置拘留所。1902 年，修建了能够关押 120 人的旅顺监狱。

① 矢野太郎. 露治时代关东州法规类集［R］. 关东厅，1931：15-16，60-61.

（三）俄国实施殖民地社会经济文化

俄国占领旅大后，极力推行殖民地统治文化，一面对辽东地区实施经济掠夺和压榨；一面强化殖民地经济文化建设，实施殖民地教育文化。

1. 营建殖民地商业文化

俄国深信“中华帝国正在逐渐崩溃”，“中国在缓慢地衰亡”，“已濒临彻底解体”①，认为中国已经无力恢复对辽东半岛地区的统治，对于旅大的主权更是无法恢复了。所以，俄国全力以赴，培育殖民地商业文化，主要是建设港口和城市商业设施。

①港口建设。《中俄旅大租地条约》签订不久，俄国即派遣工程技术人员从海参崴到旅顺口，勘察、规划旅顺军港和建设国际大商港。计划将旅顺港西侧两岸修建客货两用的商港，西侧东岸和东澳为军港，并编制出建港方案。建港工程分为两期，第一期工程从 1899 年 9 月至 1902 年年末，建成可同时停泊 25 艘 1000 吨级船舶，年货物吞吐量为 8000 万普特（约合 130 万吨），计划投资 1082 万卢布，连同 198.70 万卢布的船坞、造船厂投资和其他费用，共计 1396.60 万卢布。1899 年 9 月 28 日，第一期建港工程正式动工，该工程采取边建设边使用的方法。1901 年始有商船进出港。次年，进港船舶 717 艘，帆船 1418 只。1902 年第一期工程基本完成，一码头为突出式，东侧为护岸，西侧为系泊岸壁，长约 600 米；二码头位于一码头西侧，亦为突出式，与一码头平行，东侧长为 593 米，西侧长为 596 米，北头宽 108 米，岸壁延长 1297 米；甲码头位于一码头与二码头之间，长 371 米。3 座码头建成，岸壁长合计 1986 米，其中水深 28 英尺（合 8.50 米）处为 959 米，水深 18 英尺（合 5.50 米）处为 1027 米。除二码头西侧南半部 327 米和北端 108 米外，有效长度 1551 米，可同时供 11

① 中央档案馆. 日俄战争［M］//吉林省哲学社会科学院历史研究所. 北京：商务印书馆，1976：60.

艘 5000 吨级船舶停泊，货物吞吐量在 100 吨以上。① 此外，还建有港口辅助设施，如建有防波堤，环绕面积达 917620 平方米；木制仓库 10 座、铁架仓库 1 座、砖木混质仓库 1 座，总面积达 1.46 万多平方米；修建小型船坞 1 座，可容 0.30 万吨级轮船入坞；坞岸有机械车间及其加工设备等。

②市区建设。俄国的市街设计的指导思想是实行殖民地统治，搞种族隔离，使旅大地区殖民地化。按照这个指导思想，大连的市街规划完全欧洲化，即依照法国巴黎市街，以 212 米直径的大连中心广场为中心，呈放射状设计了 10 条大街，从广场向四周辐射。广场周围计划建设外观壮美，足以显示俄罗斯现代化大都市风貌的机关、银行、教堂、旅馆等各式公共建筑物。欧罗巴街区分为商业、一般市民和士绅宅第三个区域。商业区的面积为 21.53 万俄坪，在今中山广场、人民路、中山路以北，此区为各类公司、银行、商店和商业机关的建筑用地；市民区计划为各类职员和中层社会的一般市民建筑用地，占地面积为 18.06 万俄坪，在商业区以南今永胜街及朝阳街以西；士绅区在居民区以东，占地面积为 13.65 万俄坪，是一片幽静的山坡地带。到 1904 年，市行政区建设基本完成，区内建成了北海公园，开辟了部分道路。

俄国殖民者在建设市街时，采取掠夺性征用市区土地，大搞种族隔离。例如，强征青泥洼一带中国居民的家园和土地，将中国居民从中心区赶往郊区，在那里修建中国人居住区。建筑中大量使用华工做苦力。在大连港、市街建设工程中，每天役使 4～5 万中国苦力②。俄国殖民统治时期，华工每天的劳动时间长达 9～10 小时，没有休息日；饮食以小米和高粱为主，住宿也十分简

① 大连港史编委会. 大连港史［M］. 大连：大连出版社，1995：109.

② 朱诚如. 辽宁通史（第 3 卷）. 沈阳：辽宁民族出版社，2009：338.

陋，十几个人挤住一间房屋，多则 20 人挤住一处；华工工资待遇极低，如表 2-9 所示。

表 2-9　　　　1902 年关东州华工日工资表

工　种	日工资	工　种	日工资
一般华工	25～35 戈比	瓦　工	24～40 戈比
石　匠	40～6 戈比	采石工	40～75 戈比
木　工	40～60 戈比	泥瓦匠	50～75 戈比
木　匠	40～75 戈比	锻冶工	50 戈比～1 卢布
机械工	1～2 卢布	锻造工	60 戈比～1.5 卢布
金银匠	1～2 卢布	马车夫	1 卢布 50 戈比

注：表中数据源自朱诚如. 辽宁通史（第 3 卷）[M]. 沈阳：辽宁民族出版社，2009：338.

华工与同种的俄国工人工资相差很大，华工工资仅是俄国工人工资的 1/4，如表 2-10 所示。

表 2-10　　　　1902 年俄国工人月工资表

工　种	月工资	工　种	月工资
俄国劳工	25～35 卢布	劳工头	35～65 卢布
锻冶工	50～120 卢布	木　匠	50～100 卢布
木　工	40～95 卢布	机械工	75～150 卢布
工　长	60～200 卢布	—	—

注：表中数据源自朱诚如. 辽宁通史（第 3 卷）. 沈阳：辽宁民族出版社，2009：338.

西方殖民者对中国工人的剥削，反映了殖民地劳苦大众深受剥削和压迫的真实情境。华工劳动强度大、报酬低，生活困苦，这就是西方殖民主义造成的苦难。

为了实行种族隔离，1899年2月26日，俄国颁布了《旅顺旧市街租地条件》，规定旧市街分成两个区，租借给俄国人的，逐步改建成欧式的俄国市街和新市街并连成一片，使之成为俄国化的政治、军事中心大都市；将居住在旧市街的中国居民全部迁移到旅顺市东北方教场沟一带，建立一个新的华人街，中国人在此租地盖房，须和旅顺市政府签订租赁土地契约。至1903年年初，教场沟一带初步形成了新华人街，有339户居民居住，其中中国人245户、德国人1户、俄国人29户、美国人1户。

俄国殖民者在旅顺市新市街东北角划出一片区域，建设殖民者的特权区和别墅区。至1904年年底，已经建成19户，如表2-11所示。

表2-11　　1902年实施建筑特权区房屋及所有者一览表

地区号	官　职	级　别	姓　名
第1号	关东州要塞炮兵队	七等官	穆哈尔斯基
第5号	水雷敷设队长	海军大尉	沙乌银斯基
第8号	旅顺炮兵仓库长	陆军大尉	布拉辛
第10号	炮兵部高级副官	陆军大尉	纪亚罗夫
第14号	关东海军陆战队	海军中校	伊万夫
第15号	地方会计检查官	八等官	拉兹莫夫斯基
第16号	地方会计检查官	十二等官	别宁格
第17号	关东州军司令部参谋官	陆军上校	马德利得夫
第18号	旅顺筑港总工程师	—	布次列尔

续表

地区号	官　职	级　别	姓　名
第 20 号	要塞炮兵队	九等官	瓦西里埃夫
第 21 号	经理部事务官	八等官	斯克比勒克
第 27 号	旅顺陆军仓库	陆军大尉	乌利塞夫
第 28 号	金州行政区长	陆军大尉	布索格罗夫斯基
第 29 号	经理部	陆军大尉	埃弗列诺夫
第 34 号	地方会计检查官	十二等官	保利德夫斯基
第 41 号	工程师	—	巴尔德
第 42 号	陆地测量	陆军中校	伊万诺夫
第 43 号	要塞炮兵	陆军大尉	雅木西耶夫斯基
第 44 号	联队区司令官	陆军中校	鸠埃尔奴阿

注：表中资料源自朱诚如. 辽宁通史（第 3 卷）. 沈阳：辽宁民族出版社，2009：342-343.

别墅区是俄国殖民统治者的上层居住区，居住条件优越。

2. 实行殖民地经济文化

俄国占领辽东地区后，对辽东地区推行殖民地经济文化，主要表现在疯狂掠夺农渔盐矿业、侵占邮电业与交通运输业、垄断工商业与金融业以及横征暴敛的租税。

①掠夺农渔盐矿业。俄军占领旅大后，马上组织调查旅大的耕地面积、农作物及产量，以增加税收；公然使用武力保护征税，镇压当地农民的反抗；以征用、收购、官用、军用等各种名义剥夺农民土地。在占领旅大后三四年间，强行侵占城乡人民宅第 613 俄亩、庭院用地 21 俄亩、畜养牛羊的牧场 768 俄亩、开辟植树地带 53 俄亩、划归俄官有土地 1233 俄亩。短短几年，俄国殖民者以各种名目攫取的土地达 5000 多俄亩。关东州各种农作物品种及

面积，如表 2-12 所示。

表 2-12　　1902 年关东州各种农作物品种及占地面积一览表

品　种	面积（俄亩）	品　种	面积（俄亩）	品　种	面积（俄亩）
玉蜀黍	23868	高　粱	9412	粟	2200
小　麦	1301	豆　类	3638	荞　麦	274
米	157	大　麦	250	燕　麦	13
面积小计	25326		13300		2487

注：表中资料源自朱诚如．辽宁通史（第 3 卷）．沈阳：辽宁民族出版社，2009：310．1 俄亩约等于 16.35 市亩

农业经济的发展，为俄国殖民者创造了税源。

俄国占领旅大后，对鱼类需求很大。1903 年，关东州地区渔民有 1901 人，渔业产值达 93400 卢布。其中，旅顺口区渔民为 1239 人，产值为 17120 卢布；亮甲店区渔民为 84 人，产值为 8306 卢布；岛屿区渔民为 578 人，产值为 68002 卢布。岛屿区渔业文化最发达。此外，还有小平岛、老虎滩、营城子、金州、大孤山等地。著名的渔场有小平岛海域、羊头洼附近海域、旅顺口以及双岛至金州一带。渔民捕获的鲜鱼只许在当地销售，不许外运，主要是满足俄国殖民者的需要。俄国殖民者既是消费者又是征税者，他们只管消费、征税，不采取措施发展渔业文化。

旅大地区自古就是辽东地区的重要原盐产地。俄国殖民占领时有 107 家经营海盐的商家，年产原盐 100 万普特（合 1638 万千克），主要销往东北三省。俄国殖民者占领后，将税收由原来的 1 普特征收 6 戈比提高至 1 普特征收 8 戈比。盐商要交清政府的税，还要交俄国殖民者的税，双重征税，1 普特征收高达 14 戈比的税，沉重打击了旅大地区盐业文化。至 1900 年，盐产量大幅下降，部分经营者不得不停止生产，个人承包者也陷入极度困难的境地。

俄国占领旅大时，清政府实行禁止采矿的政策。1901年6月30日，关东州厅长发布《关东州矿业暂行规则》及《关于中国人在关东州采矿暂行规则》，中国人只能在固有的土地内开采，实际上剥夺了中国人的采矿权，关东州地下资源为俄国殖民者独霸了。至1903年，关东州发现金矿114处、金银矿1处、金银铅矿1处、银铅矿2处、煤矿1处，共计122处，有17名俄国人获得开采权。俄国殖民者霸占了所有矿山，开采权也全被他们垄断。

②侵占邮电业与交通运输业。侵占邮电业、垄断经营交通运输业，是俄国发展殖民主义经济的又一特征。俄国殖民者在占领和控制旅大电信局后设立了俄国电信局，关东州通信业务归电信局管辖。自1900年起，俄国殖民者在旅大开办邮局，同时在铁岭、开原、营口、锦州、新民、辽阳开设邮局，并利用丹麦技术设备在旅顺烟台之间敷设了海底电缆，旅顺经烟台、海参崴或上海同欧俄的电报通讯联系被建立起来。八国联军占领北京后，俄陆军通信部队侵入奉天，利用铁路沿线的线路增加线杆，建立了关东州与俄国的电报联系，独霸了关东州的电讯业务。

为加强对关东州的控制，发展殖民地经济，俄占领旅大不久，便开始修筑公路。至1901年，修筑了旅顺—大连—金州—貔子窝—普兰店之间的公路，并设立关东州公路修造部，专门负责修造公路事宜。在取得东省铁路满洲支线筑路权后，即设立东省铁路公司南满洲分公司，负责铁路修造。至1901年年初，部分线段开始运营，旅顺至大连的客运列车每日往返1次；同年，南关岭至大连的铁路线竣工；次年，公主岭以南的铁路全线竣工。货物运输全由俄掌控。1902年，经南满运抵大连的货物中，铁路用品和军用品为77949普特、私人货物为19.81万普特。旅大港口建设工程的推进，促进了港口贸易。1902年1—9月，进港船舶2545只，其中轮船545只、帆船2000只，运送物化总量为20.92万吨。进口货物轮船运输量为305.55万普特、价值171.69万卢布，帆船为12.05万普特、价值12.16万卢布，共计为317.60万普特、183.85 万卢布。1903 年大连港进出口货物品种、数量、价格，如表 2-13 所示。

表 2-13　　1903 年大连港进出口货物品种、数量及价格表

<table>
<tr><th colspan="3">进　口</th><th colspan="3">出　口</th></tr>
<tr><td>品　种</td><td>数量（普特）</td><td>价格（卢布）</td><td>品　种</td><td>数量（普特）</td><td>价格（卢布）</td></tr>
<tr><td>煤　炭</td><td>8185520</td><td>1121923</td><td>米</td><td>158487</td><td>135767</td></tr>
<tr><td>水　泥</td><td>2003065</td><td>945273</td><td>豆</td><td>126017</td><td>127215</td></tr>
<tr><td>茶</td><td>1921666</td><td>19284744</td><td>粟</td><td>120356</td><td>145017</td></tr>
<tr><td>米</td><td>510762</td><td>577028</td><td>小　麦</td><td>175740</td><td>178285</td></tr>
<tr><td>木　材</td><td>1384816</td><td>591960</td><td>杂　货</td><td>122243</td><td>1282822</td></tr>
<tr><td>杂　货</td><td>2387130</td><td>10585715</td><td rowspan="2">合计</td><td rowspan="2">702843</td><td rowspan="2">1869106</td></tr>
<tr><td>合　计</td><td>16392959</td><td>33106643</td></tr>
</table>

注：表中资料源自孔经纬. 中国东北地区经济史（第 1 卷）[M]. 哈尔滨：黑龙江人民出版社，1990：541-543；朱诚如. 辽宁通史（第 3 卷）. 沈阳：辽宁民族出版社，2009：312. 1 普特约等于 16.38 千克

从表 2-13 中可以看出，大连港口所出口的货物均为本地区的农产品，出口数量与价格远低于进口。关东州的帆船运输贸易，主要在环渤海及辽东半岛一带，以小平岛最为繁华。史料记载，俄国殖民者对出入小平岛的大型帆船每只年课船舶税墨银 88 元。海鱼的交易每 1000 斤征收 33.90 元税金，年鳕鱼和带鱼汛期承包金达 3 万卢布。

③垄断工商业与金融业。日俄战争爆发前，西方列强垄断了旅大的工商业和金融业，如表 2-14 所示。

表 2-14　　日俄战争爆发前殖民者在旅大地区经营的商业公司表

<table>
<tr><th rowspan="2">国家</th><th colspan="2">经营公司名称、数量及范围</th><th rowspan="2">国家</th><th colspan="2">经营公司名称、数量及范围</th></tr>
<tr><th>公司名称</th><th>经营范围</th><th>公司名称</th><th>经营范围</th></tr>
<tr><td rowspan="10">俄国</td><td>达里尼（大连）旅馆</td><td>1 家，客房 16 间</td><td rowspan="2">英国</td><td>旭升洋行</td><td>1 家，商贸</td></tr>
<tr><td>莫斯科旅馆</td><td>1 家，客房 18 间</td><td>和记洋行</td><td>1 家，木材及商贸</td></tr>
<tr><td>铁路医院附属药店</td><td>1 家，药品</td><td>法国</td><td>帆足商会</td><td>1 家，煤炭及商贸</td></tr>
<tr><td>东省铁路公司浴池</td><td>2 处，俄人高级洗浴</td><td rowspan="3">德国</td><td>福来洋行</td><td>1 家，运输及商贸</td></tr>
<tr><td>东省铁路公司轮船部</td><td>1 家，维修</td><td>哈利洋行</td><td>1 家，杂货及商贸</td></tr>
<tr><td>东省铁路公司矿业部</td><td>1 家，开采</td><td>万利洋行</td><td>1 家，商贸</td></tr>
<tr><td>华俄道胜银行旅顺支行</td><td>1 家，金融</td><td rowspan="2">美国</td><td>茂生洋行</td><td>1 家，商贸</td></tr>
<tr><td>德和号洋行</td><td>1 家，商贸兼营砖瓦</td><td>史密斯北方商会</td><td>1 家，商贸等</td></tr>
<tr><td>秋林商会</td><td>1 家，商贸</td><td rowspan="2">日本</td><td rowspan="2">三井物产出张所</td><td rowspan="2">1 家，商贸</td></tr>
<tr><td>东省铁路公司洗衣店</td><td>2 家，洗衣</td></tr>
</table>

注：表中资料源自伊藤武一郎. 满洲十年史［M］//朱诚如. 辽宁通史（第 3 卷）. 沈阳：辽宁民族出版社，2009：313.

表 2-14 中情况表明，这一时期旅大地区的商业文化虽然发达，但主要经营均被殖民者掌控。至 1902 年，旅顺市年商业额已达 1555 万卢布，其中主要的杂货店有 314 家，年营业额为 1170.20 万卢布。行业分布情况，如表 2-15 所示。

表 2-15　　1902 年旅顺市商业运营行业分布情况表

行　业	企业数（家）	年经营额（万卢布）	行　业	企业数（家）	年经营额（万卢布）
建筑承包与物资供应	11	87.00	代理商	9	48.30
精肉店	16	44.50	运输商	6	33.00
旅馆与客栈	25	26.20	饮食商店	121	14.90
小型饭馆	7	16.50	药店	24	16.90
理发店	38	14.00	杂货店	314	1170.20

注：表中数据源自朱诚如. 辽宁通史（第 3 卷）[M]. 沈阳：辽宁民族出版社，2009：313.

俄国占领前，旅大地区的榨油业、造纸业及金银首饰加工等手工业文化及军用大型船坞等近代工业就有一定发展。俄军占领后，在修筑铁路、兴建殖民地市街等工程的带动下，机构、煤炭、建材等近代工业文化发展很快。加工制造业企业有 139 家，年产值 74.90 万卢布。其分布情况，如表 2-16 所示。

表 2-16　　1902 年大连地区近代加工制造业分布情况表

行　业	企业数（家）	年产值（万卢布）	行　业	企业数（家）	年产值（万卢布）
砖	17	5.20	面　粉	1	3.80
人造矿泉水	3	8.00	铁　工	21	3.90
木　材	24	12.00	首饰作坊	20	1.00
牛　奶	2	3.50	总　计	139	74.90

注：表中数据来源朱诚如. 辽宁通史：第 3 卷 [M]. 沈阳：辽宁民族出版社，2009：314.

关东州最早的金融机构是隶属于华俄道胜银行上海分行的华

俄道胜银行旅顺支行，主要业务是经办国库业务，为俄国殖民者经济侵略提供资金保障。后又设立俄罗斯帝国银行旅顺支行和不动产银行（土地银行旅顺支行）及旅顺储蓄银行。随着俄国的军事、政治势力的不断扩张，经济侵略的不断加强，俄国殖民地金融业文化也在关东州悄然兴起了。

④横征暴敛租税。俄国殖民者在关东州的租税分为两种，即国税、地税。征收国税遭到州议会的反对，多数议员认为，关东州工商业尚没有走上正轨，如果实施商工税上缴国库，关东州各市收入将丧失殆尽。故实施市税。

俄国殖民者征税用横征暴敛来形容，一点都不为过。俄军占领旅大地区不久，就严禁中国税官在旅顺、金州附近各海口征税，不许商民向中国政府纳税，“旅顺附近小平岛、大孤山、小孤山、羊头洼、双岛东西一带，不准华税，商民亦不得交纳”①。1899 年 1 月，俄国殖民者当局从俄军中抽调 12 名将校，组织 10 名翻译，带 40 名士兵，配备 24 匹驮马、13 辆马车，组成武装巡回征收大队，强行征税，至当年 9 月，征得土地税和公共费 40079 卢布 48 戈比。武装巡回征收大队“挨家挨户催收，令各户自报亩数，与底册相符丈量，地多归俄。不分旗民，每亩东山收制钱 70 文，西山收制钱 300 文……意在驱民顺从”，东西山武装巡回征收大队“逼征，乡民老幼，哭声彻野。俄又言，民间若不允，惟华官是问。并把守金州四门，禁出入”②。2 月，刘家店征税点限期征收马家沟、华元寺、龙王庙、双台沟、夹河庙、粉皮墙几个村组的租税，村民因歉收请求缓征，与武装巡回征收大队发生争执，200 多名俄骑兵从貔子窝赶来，向村民开枪，“轰毙三十余人，余民惊

① 王彦威. 清季外交史料：卷 135 [M]. 北京：书目文献出版社，1987：2235.

② 王彦威. 清季外交史料：卷 135 [M]. 北京：书目文献出版社，1987：2160、2175.

散，俄又乘马追砍毙十余人，受伤五六十名，驱马赶杀”，还拘捕20余人；次日，又绑走士绅王天阶，警告乡民，限7天完纳租税。1900年秋，俄国殖民者制定税率，地税为每亩6戈比；州附加税（地方公共费）为4戈比。1900—1901年，共征地税68604卢布92戈比、州附加税23068卢布，总计91672卢布92戈比。此后，地税维持不变，但州附加税逐年增加。1902年州附加税由1901年的51428卢布35戈比增加到83540卢布34戈比。

盐税最初由私人承包，俄向其收税，每担盐交税50戈比，承包期两年，承包人纳税400戈比；后由俄当局直接征收，1898—1899年，共征收4万卢布；1900年征收16559卢布；1901年征收1万卢布；1902年征收1600卢布。

俄国殖民者于1902年7月开始在关东州实行酒类商业特许税和烟草制造与贩卖特许税，如表2-17所示。

表2-17　1902年俄国在关东州征收烟酒特许税税额表

<table>
<tr><th>类别</th><th>商　业</th><th>税　种</th><th>征收标准（卢布）</th></tr>
<tr><td rowspan="10">酒类特许税</td><td rowspan="2">批发店</td><td>葡萄酒及酒精</td><td>400</td></tr>
<tr><td>啤酒、蜜酒、俄产葡萄酒</td><td>60</td></tr>
<tr><td rowspan="8">经营商店及摊点</td><td>酒类商店</td><td>500</td></tr>
<tr><td>铁路食堂</td><td>200</td></tr>
<tr><td>啤酒店</td><td>30</td></tr>
<tr><td>俄产葡萄酒商店</td><td>25</td></tr>
<tr><td rowspan="2">临时摊点</td><td>头5天，60</td></tr>
<tr><td>以后，15/每天</td></tr>
<tr><td rowspan="2">贩卖啤酒、蜜酒、俄产葡萄酒</td><td>头3天，10</td></tr>
<tr><td>以后，3/每天</td></tr>
</table>

续表

<table>
<tr><th>类别</th><th>商　业</th><th colspan="3">税　种</th><th>征收标准（卢布）</th></tr>
<tr><td rowspan="16">烟草制造与贩卖特许税</td><td rowspan="2">一类</td><td rowspan="2">烟草制造</td><td colspan="2">一般制作</td><td>150</td></tr>
<tr><td colspan="2">劣等制作</td><td>100</td></tr>
<tr><td rowspan="6">二类</td><td rowspan="6">烟草批发</td><td colspan="2">大连旅顺批发外国烟草</td><td>250</td></tr>
<tr><td colspan="2">其他地区批发外国烟草</td><td></td></tr>
<tr><td rowspan="2">批发满洲地区烟草</td><td>一般</td><td>170</td></tr>
<tr><td>劣等</td><td>100</td></tr>
<tr><td rowspan="2">批发其他地方烟草</td><td>一般</td><td>50</td></tr>
<tr><td>劣等</td><td>30</td></tr>
<tr><td>三类</td><td colspan="3">烟草交易</td><td>5/年</td></tr>
<tr><td rowspan="4">四类</td><td rowspan="4">烟草贩卖</td><td colspan="2">大连旅顺贩卖外国烟草</td><td>50</td></tr>
<tr><td colspan="2">其他地区贩卖外国烟草</td><td>30</td></tr>
<tr><td colspan="2">贩卖东北三省烟草</td><td>15</td></tr>
<tr><td colspan="2">贩卖其他地方烟草</td><td>5</td></tr>
<tr><td>五类</td><td>临时贩卖</td><td colspan="2">啤酒店临时贩卖东北三省烟草</td><td>3</td></tr>
<tr><td>六类</td><td>小贩行商</td><td colspan="2">贩卖东北三省烟草</td><td>3/年</td></tr>
<tr><td>七类</td><td>送货者</td><td colspan="2">为经营东北三省烟草者送货</td><td>3/每人</td></tr>
</table>

注：表中资料源自矢野太郎．露治时代关东州法规类集［M］//朱诚如．辽宁通史（第3卷）．沈阳：辽宁民族出版社，2009：317-318.

俄国殖民者当局的地方税分为州税和市税两种。州税：1900年为35584卢布79戈比；1901年为71646卢布55戈比；1902年为103533卢布59戈比。其中，包括地税附加税61040卢布，厘金税22500卢布，官有财产租借费5650卢布13戈比，酒类特许税14343卢布25戈比。

关东州租税国税少，主要以地方税为主，其中以市税最为突出。1901 年，关东州的国税仅有 1 万卢布，而地税则高达 297945 卢布。地税中，州税为 71646 卢布，市税为 226299 卢布。

市税更是名目繁多，包括行商税、乘用马车人力车税、饮食业税、入港税、进口货物税、运搬税、畜犬税、建筑税、观剧税、不动产税、土地附加税、杂税、经常市税、厘金税、关税、屠宰场收入税、医院收入税等，如表 2-18 所示。

表 2-18　　1903 年旅顺市市税种类及征收标准表

<table>
<tr><th colspan="3">税种</th><th>征收标准</th><th>税种</th><th>征收标准</th></tr>
<tr><td colspan="3">不动产税</td><td>市府评估价的 1%</td><td rowspan="5">饮食店营业税</td><td rowspan="5">分若干等级，每年 9 月 15 日确定等级和分摊税额，一旦确定，须在 3～6 个月内缴纳，逾期不缴，警察署封闭该店</td></tr>
<tr><td rowspan="5">入港税</td><td colspan="2">船舶</td><td>10 戈比/吨</td></tr>
<tr><td rowspan="3">装卸货</td><td>一类</td><td>谷类、干草、各种肥料、黏土、石灰、水泥、宝石、石材（除大理石）、煤、石油、矿石、普通砖、盐等，每普特征 1/4 戈比</td></tr>
<tr><td>二类</td><td>各类种子、亚麻、木材（不含高价的），每普特征 1/2 戈比</td></tr>
<tr><td>三类</td><td>其他商品，每普特征 1 戈比</td></tr>
<tr><td colspan="3">自俄国海港向其他海港运送商品征收前列科的 1/3；悬挂俄军旗的舰船、敷设海底电缆的船舶、因其他原因来旅顺港的非商用船舶、旅游船舶，免征入港税</td><td>观戏税</td><td>戏剧票价的 1/10</td></tr>
<tr><td>商业税</td><td colspan="3">一至二级商业直至五级的工业及船舶业，只征收俄国国内税的 40%；
其他市内工商业，征收 20%</td><td>畜犬税</td><td>每只，2 卢布/年</td></tr>
</table>

续表

<table>
<tr><th colspan="2">税种</th><th>征收标准</th><th>税种</th><th>征收标准</th></tr>
<tr><td>行商税</td><td colspan="2">3 卢布/年</td><td rowspan="3">帆船税</td><td rowspan="3">舢板,10 卢布/年
帆船,25 卢布/年</td></tr>
<tr><td rowspan="2">马车人力车税</td><td colspan="2">马 1 头，5 卢布/年</td></tr>
<tr><td colspan="2">人力车，3 卢布/年</td></tr>
</table>

注：表中数据源自矢野太郎．露治时代关东州法规类集［M］//朱诚如．辽宁通史（第 3 卷）．沈阳：辽宁民族出版社，2009：319-320.

1903 年度，旅顺市税征收高达 10 万卢布以上，其中工商税收多达 6.60 万卢布。如此名目繁多的苛捐杂税，严重剥削工商业者，势必妨碍甚至制约辽东地区工商业文化的发展。

3. 实施殖民地教育文化

俄在关东州建立殖民机构后，实施以奴化教育为宗旨的殖民地教育文化。

1900 年，俄总督批准实施《关东州俄清学校规则》（以下简称《规则》），规定：对中国人开设俄清学校“以培养将来录用为关东州各级官署的通晓俄语的中国职员为办学目的”，主要是“向中国青年传播俄国思想”，“以培养关东州各官署需要的通晓俄语的下级官员以及适合铁路下级职员为目的”，“为各官署以及诸团体，了解俄语且对俄忠诚的下级中国人职员”①。奴化教育宗旨体现在俄清教育的课程设置上，俄语课占课时的一半以上，这是传播俄国思想的主要途径。

为确保奴化教育宗旨的贯彻落实，关东州专门设置教育机构以加强组织管理。1899 年，关东州民政部设立学务科。次年，又成立了以民政专员为首的关东州教育委员会，负责管理教育工作；

① 鸠田道弥．满洲教育史（下卷）［M］//朱诚如．辽宁通史（第 3 卷）．沈阳：辽宁民族出版社，2009：324.

下设由各市市长、行政区长担任主席的市区教育委员会，负责监督各级学校教育的实施。教育委员会成立后，制定了《关东州学校建设纲要》（以下简称《纲要》），按照《纲要》与《规则》的要求，积极完善和筹建俄人学校，强化俄清教育管理体制。在1903年实行远东大总督制后，组成远东教育管辖区，下设教育管辖区视学官、事务局和教育参议会，加强对学校教育的监督与管理。

《纲要》构筑了“俄国殖民政策远大目标”，主要包括：扩建现有学校的一切校舍；在旅顺、大连分别设立高等女学校；在旅顺、大连、金州等市区建立铁路、商业和其他实业专科学校；在旅顺市设置有商业科的实业学校；扩大现有学校规模，在大连湾建立第四所俄清学校；建立可容纳50人寄宿的学校宿舍①。据《纲要》和《规则》要求，1900—1903年，先后分别设立了俄国人学校和中国人学校。

专门为俄国人子弟开办的学校有陆军部直属预备学校、拉里奥诺娃私立预备女子学校、旅顺市立两级普希金学校、旅顺实业学校、达里尼小学校。

1899年，貔子窝、旅顺、金州、大连湾先后设立了俄清学校。根据《规则》要求，学校定员为100人，不收学费，免费提供教材，以鼓励中国人学习俄语。毕业生发给特别证书，优先录用为翻译、村长、职员等。

此外，私塾教育作为学校教育的补充，是当时重要的教育文化形式。1900年，金州地区有私塾约203处，学生1899人；1901年，私塾有283处，学生有2868人②。中国人学校数及在校生人

① 鸠田道弥．满洲教育史（下卷）［M］//朱诚如．辽宁通史（第3卷）．沈阳：辽宁民族出版社，2009：325.

② 大连市史志办公室．大连市志·教育志［M］．北京：中央文献出版社，2001：121.

数，如表 2-19 所示。

表 2-19　1900—1901 年旅大地区中国人学校数及在校生人数表

学校	1900 年度		1901 年度	
	学校数（所）	在校学生数（人）	学校数（所）	在校学生数（人）
私塾学校	203	1899	283	2868
貔子窝俄清学校	1	40	1	40
金州俄清学校	1	42	1	45
旅顺市两级普希金学校中国部	1	40	1	63
合　计	206	2021	286	3016

注：表中数据源自日本关东厅庶务课调查系. 1900、1901 年ニ於テル关东州统治状况ニ关スル“アレキセーフ”总督ノ上奏文·附统计表[M] //朱诚如. 辽宁通史（第 3 卷）. 沈阳：辽宁民族出版社，2009：329.

关东州俄国人学校的教育经费是由俄国教育经费预算、市政府经费预算、沙皇批准从国库拨款补助等几种渠道来解决的。旅顺俄清学校即中国人学校的经费从旅顺市经费中拨款解决。1901 年，中国人学校经费支出情况，如表 2-20 所示。

表 2-20　1901 年度关东州各市年收支预算及教育经费支出预算表

市别	总收入（卢布）	预算支出（卢布）		
		总支出	教育支出	占比（%）
旅顺市	118181	118181	11940	10.10
大连市	7950	7950	1400	17.61

续表

市别	总收入（卢布）	预算支出（卢布）		
		总支出	教育支出	占比（%）
金州市	12000	12000	1600	13.33
貔子窝市	25156	25156	2233	8.88

注：表中数据源自日本关东厅庶务课调查系．1900、1901 年ニ於テル关东州统治状况ニ关スル“アレキセーフ”总督ノ上奏文・附统计表[M] //朱诚如．辽宁通史（第 3 卷）．沈阳：辽宁民族出版社，2009：329.

总之，俄国以武力强占旅大地区，推行殖民地政体文化，实施野蛮的统治，建立殖民统治机构，实施经济掠夺和压榨、横征暴敛以及实行殖民地教育文化和司法文化等。俄国殖民者所进行的殖民主义文化侵略，极大地加深了辽东地区的殖民地化。

二　日俄战争带给辽河近代文化的浩劫

1904—1905 年间爆发的日俄战争，是日俄两国为争夺朝鲜和中国的东北，进而争夺远东和太平洋的主导权、控制权而进行的一场殖民者之间的权益争夺战。日俄战争是两个近代化发展起步相同、近代化水平相当的帝国主义之间的较量。

19 世纪末至 20 世纪初，日俄两国先后实现了由封建主义社会向资本主义社会的转型发展。成为新兴的资本主义国家后的日俄两国，积极参与瓜分殖民地。半殖民地半封建的中国，成为日俄等帝国主义瓜分争夺的主要对象。

1861 年，俄国颁布农奴解放令，开始进行产业革命。1880 年后，外国资本，特别是法国资本的大量投入，使其发展速度相当迅速，产业生产力很快得到提高。虽然俄国经济的生产力发展很快，但尚未达到能够过剩地生产大量商品而向国外市场推销的阶段，30 多年的发展，其资本积累不多，还不具备大规模向外输出资本的实力。但俄国产业家们在国内快速发展产业的局势下，认识到资源与市场对于发展资本主义的重要性。特别是远东和满洲具有的重要价值，它们可以充当俄国新的并可能获取超额剩余价值的区域。自1900年以后，俄国派兵强行占领了辽东半岛乃至东北地区。

日本明治维新建立了君主立宪政体，在政治、经济和社会等方面实行改革，促进了日本的近代化。明治维新使日本摆脱了封建落后的状况，走上了资本主义发展道路。同时，随着日本的迅速崛起，日本废除了与西方资本主义国家签订的不平等条约，摆脱了民族危机，成为亚洲唯一保持民族独立的国家。虽然资本主义得到很大发展，但日本狭小的岛国环境、狭小的市场空间和贫乏的资源，既不能容纳急剧增加的产品，也不能保证足够的原料供应。日本政治家认为，富国强兵和位居岛国有着深刻的矛盾，而这个矛盾必须通过开疆拓土来解决。而且，在日本政治家看来，富国强兵和位居岛国的矛盾，不仅表现在国家安全上，同样表现在经济发展上。但日本作为后起的资本主义工业国，在正常贸易中无法与西方帝国主义竞争。很显然，邻国中国是日本开辟市场和取得资源方面最为理想的殖民地。通过军事占领而形成排他性的经济掠夺，获得可靠的商品输出和原料供给的市场。于是，日本的大陆政策出台了。所谓大陆政策，是指作为岛国的日本立足于用战争手段侵略和吞并中国、朝鲜等周边大陆国家，实现称霸亚洲、征服全世界的侵略总方针。大陆政策具体分吞并中国台湾、吞并朝鲜、吞并中国满蒙，进而吞并中国、称霸亚洲、称霸世界六个步骤。大陆政策是日本近代长期奉行的最高国策。在大陆政策的指导下，日本沿着军事化的方向迅速发展，把扩充军备作为当务之急和头等大事。极具扩张性和掠夺性的大陆政策是近代日本军国主义的主要特征和表现。

随着经济与军事实力的增长，日俄两国都开始实施对外扩张政策，开始对邻国进行侵略与扩张。19世纪末，中国深度陷入半殖民地半封建社会，清政府腐朽无能、民众积贫积弱，中国如板上的鱼脯，任人宰割。日俄对中国领土觊觎已久，都想趁着中国内外交困，抢占中国东北大片领土。甲午战争，日本轻易地战胜中国，一纸《马关条约》，日本不仅攫得中国领土，还榨取了2.3亿两白银的赔款，这极大地刺激了俄国。俄国以干涉日本归还辽东半岛有功，向中国索取利益，并迅速占领了辽东半岛乃至整个东北地区。这又引起了日本的不满，在日本看来，辽东半岛乃至东三省是日本的囊中之物，岂能轻易让俄国抢走。于是，日俄为了争夺各自的利益，终于在1904年爆发了日俄战争。

（一）日俄战争的爆发与晚清腐化的政体文化

日俄战争前，辽东半岛乃至整个东北，事实上已经处在俄国的统治之下。俄国大规模向这里输送资本，投资兴建工厂。1903年，俄国投资兴建的中东铁路开始运营。这条铁路从东至西横穿北满平原，由北向南联结腹地与海港，全长2500千米，总投资约为3.66亿卢布。修筑铁路工程，把庞大的人口聚集到了北满地区，特别是俄国向北满调集了百万俄远东军。人口聚集，使铁路沿线兴起了许多城邑，这些城镇成为移殖俄国资本近代工业的经营基地。俄国资本通过铁路等的各种产业投资，逐步实现对满洲殖民地化，为俄国远东战略的实施构建了前沿阵地。5月30日，俄国宣布在远东实行“新的政治方针”，新方针的核心就是首先独霸中国的东北地区，主要是“坚持不让他国以任何形式渗入满洲”，要在“最短的时期内，不吝惜必要的开支，从我们在远东的战备水平同我们的政治经济任务相一致，以清楚表明保卫我们在满洲的特权决心”①。显然，这与日本实行的“大陆政策”发生了尖锐矛盾。俄国的野心日本早就十分清楚，必须强力应对，不惜诉诸武力以阻止甚至打碎俄国的企图。日俄双方的战争不可避免。

① 罗曼诺夫．日俄战争外交史纲［M］．上海人民出版社，编译．上海：上海人民出版社，1976：220-221.

1. 日俄战争的爆发

日俄争夺辽东半岛乃至东北地区早有图谋。1902 年夏，俄国背信弃义，签订《东三省交收条约》后，却拒绝从中国东北撤兵。日本对此极为不满，公开表示，鉴于俄国“企图占领东三省”，侵害了日本的利益，决定不惜一战，以决胜负。7 月 28 日，日本外务省照会俄国公使，并提出与俄国协商。“俄国近来之行，对中国提出新要求，其占据满洲之势，益形坚固。俄国撤军之意并已抛弃。同时其在韩国境内之举动愈觉横恣，贪得无厌，伊于胡底?”日本对其“所有利益自任保护之责，绝不让于他国或稍减其程度。帝国熟筹此事，故决与俄国政府协商”①。于是，从 1902 年 8 月起，到 1904 年 2 月日俄战争爆发止，日俄双方进行所谓外交政治努力持续了一年半之久。在英、美等国的支持下，日本在协商谈判中毫不让步。1903 年 6 月 23 日，日本召开御前会议，讨论并提出了日俄谈判的纲领，核心内容为：日俄两国在中国东三省利益必须完全均等，日本独占朝鲜，俄国不得争夺和干涉。俄国则针锋相对地提出了应对方案，核心内容是：俄国独占中国东北，绝不允许日本争夺，只有日本承认俄国对中国东北的占领，俄国才会在朝鲜让渡一些利益给日本。因此，双方根本无法达成共识，直至战争爆发而破裂。

日俄战争分海战与陆战两部分。

(1) 争夺旅顺口制海权

日本作战计划是先夺取旅顺口，消灭俄军驻旅顺口的太平洋舰队以保证掌控制海权，从而保证日本陆军安全登陆，进而消灭辽东半岛俄军，夺取战争的胜利。俄国深知，旅顺口制海权关系整个辽东半岛俄陆军的安全，必须拼死守住旅顺口要塞，挡住日军的进攻，保证俄军在辽东半岛战区的兵力优势，从而击败日军。

① 王芸生. 六十年来中国与日本：第 4 卷 [M]. 北京：三联书店，1980：190-191.

2 月 4 日，日军获悉俄军驻旅顺舰队在旅顺口外停泊的消息，统帅部即下达进攻命令。2 月 8 日晚，日军舰队突然向俄舰发动攻击，俄军 3 艘主力战舰被击中，丧失战斗力。其他俄舰试图还击，日舰乘黑撤离。日舰偷袭成功，改变了俄日战列舰力量的对比，日舰数量超过了俄舰。俄舰受挫后，士气低落，龟缩在港内不敢出海。日舰以长山列岛为基地，不断组织舰队向旅顺口俄太平洋舰队发起攻击，并封锁旅顺港口。

俄海军舰队节节失利，海军司令斯达尔克被撤职，波罗的海舰队司令马卡洛夫走马上任，亲自率舰队出海，寻找日舰，伺机打击①。3 月 26 日，俄舰编队在庙岛列岛击沉日舰羽丸号，并俘虏了该舰船员。4 月 13 日，俄舰与日舰作战，旗舰触到日军舰队布设的水雷被炸沉，马卡洛夫随旗舰与 27 名军官及 620 名水兵一起葬身海底。维特盖夫特接任后，宣布“严格遵循防御性的行动方式”②，俄舰重新龟缩于旅顺港内，制海权完全被日舰队掌控。日舰控制旅顺港外水域对俄舰是巨大威胁。5 月 14 日，俄舰乘海上有雾在口外海域布设水雷。5 月 15—20 日，日舰包括一级战舰初濑号、八岛号，以及吉野号、宫古号、大岛号、晓字号和 48 号水雷艇触俄舰布设的水雷沉没，1000 余名官兵葬身海底。

日舰在海上受挫，但日军在辽东半岛顺利登陆，从陆路包围旅顺，俄舰受到日军海陆两面夹击，彻底陷入被动。6 月 23 日晨，俄舰开始突围，遭到日舰的堵击，第一次突围失败。8 月 7 日，日军占领狼山，居高临下攻击港内俄舰。10 日，俄舰队再次突围，旅顺要塞相继失守。11 月末，日军占领旅顺西部的 203 高地，日军利用该高地炮击港内俄舰，不断有波尔塔列号、列特维占号、

---

① 罗斯图诺夫. 俄日战争史［M］. 中国人民解放军三七〇〇一部队司令部译印. 北京：科学出版社，1982：132-133.

② 罗斯图诺夫. 俄日战争史［M］. 中国人民解放军三七〇〇一部队司令部译印. 北京：科学出版社，1982：140.

曙光号、胜利号、帕拉达号、巴扬号被日军炮火击沉。1905 年 1 月 1 日，俄军投降。

（2）争夺旅顺的陆战

1904 年 3 月 15 日，日军从辽东半岛登陆，从北路包抄旅顺，配合联合舰队消灭俄太平洋舰队，水陆配合攻取旅顺要塞。5 月 6 日，日军登陆部队占领了大沙河至普兰店一线，切断了辽东半岛俄军的南北联系。日军第三军于 6 月 4 日登陆，向旅顺包抄。于 6 月 8 日发动了夺取俄军横山与鞍子岭的战斗。俄军退守龙王塘至双台湾一线。7 月 26 日，日军向俄军防线发动猛烈攻击。至 30 日，俄军全线崩溃，撤入旅顺要塞防守。8 月 7 日，日军占领大孤山，于次日占领小孤山。14 日，日军开始攻击大、小孤山西线阵地 164 高地，至 16 日 11 时攻下 164 高地。19 日拂晓，日军开始了对旅顺要塞第一次总攻，经 6 天苦战才占领要塞堡垒，仅有两个小山头和两个小堡垒，就付出了 1.60 万人伤亡的惨重代价。第二次总攻于 9 月 19 日开始。当日下午，日军占领庙堡，于次日凌晨攻占水管堡。

进攻西线的战斗于 19 日早晨打响。至 10 月 26 日，日军先后发动 3 次攻击，始终遭到俄军坚决而顽强的抵抗。3 次攻击，日军死伤 4 万多人，伤亡惨重。日军总司令派总参谋长儿玉源太郎亲赴旅顺“以总司令的名义指挥第三军作战”。

11 月 26 日，日军从东西两线同时发起了攻占旅顺要塞的第四次总攻。日军屡次进攻受挫，伤亡惨重。30 日，乃木希典为鼓舞士气，让自己的次子乃木保典加入攻击 203 高地的战斗，双方战争更加惨烈，漫山遍野的尸体，目不忍睹。乃木保典战殁，他的两个儿子都在争夺旅顺的战争中战殁。直至 12 月 6 日拂晓，日军才占领 203 高地。在东线，11 月 26 日至 12 月中旬，日军用燃烧油毡散发的毒气攻击俄军。12 月 15 日，俄军总指挥康特拉琴科等到鸡冠山堡垒察看日军施毒气情况时遭日军炮击，和另外 6 名军官同时被炸身亡。16 日，鸡冠山堡垒被日军占领。二龙山、松树山和望台山各堡垒及炮台，先后被日军攻陷，西线除炮台和堡垒外也被日军攻陷。旅顺要塞东西两线失守。12月29日，俄军指挥部召开了军事会议，提出继续抵抗毫无意义，应尽快与日军谈判，争取体面地投降。1905年元月2日，双方在水师营会谈投降事宜；当晚7时，双方签署了《旅顺开城规约》，俄军正式投降。旅顺正式沦为日本侵略者的殖民地。

（3）争夺辽沈地区的战役

1904年4月23日，日军第一军的4.5万人在鸭绿江左岸集结完毕，准备渡江和向辽阳、奉天进攻。俄军组建了东满支队，部署在九连城和沙河子一带，以阻击日军。日军则以5倍于俄军的优势兵力，进攻沙河子，很快占领九里岛和多智岛，先头部队占领了鸭绿江右岸的虎山等阵地，迅速渡江，向九连城进攻。俄军连连败退。5月6日，日军占领凤凰城，俄军鸭绿江防线全线崩溃。

在貔子窝登陆的日军第二军在6月中旬击败南下支援旅顺的俄军后，继续北上与第一军会合。日军于6月23日组建满洲军总司令部，部署辽阳会战。

7月23日，俄军退保辽阳，拱手将营口让给了日军。28日，日军向俄军发起攻击，一举夺取了析木城。俄军放弃阵地，向辽阳撤退。日军占领了辽阳的外围阵地，从东南西三面对辽阳形成了包围。俄军在辽阳布设了三道防线，欲与日军决战。

8月23日，日军向辽阳进攻。俄军依凭有利地形和工事阻击，使日军遭受巨大伤亡。俄军曾在太子河右岸的施官屯与日军展开了一场争夺战，夺回了施官屯。日军被迫撤回太子河左岸。在如此大好形势下，俄军却“将部队撤向奉天及奉天以远，在那儿集结、补员、以便再战”①。9月3日，辽阳被日军攻占。

---

① 罗斯图诺夫．俄日战争史［M］．中国人民解放军三七〇〇一部队司令部译印．北京：科学出版社，1982：267．

1905 年 2 月 25 日，日俄奉天会战开始。25 日凌晨，俄军向三尖泡日军阵地发起猛烈攻击，很快控制了浑河全线。28 日早晨，日军发起对西伯利亚第一军的反击。俄军“不惜一切代价拿下三尖泡”，攻势凌厉，迫使日军向东撤退，俄军一举攻克日军阵地小台地、喇叭台据点。正当俄军挺进之时，库罗巴特金下令撤退，俄军放弃已经攻取的阵地，一直撤到浑河对岸。

奉天会战，日军针对俄军的布防，采取集中优势兵力，重点突破俄军战线，迂回包抄，切断奉天至铁岭的铁路交通，最后围歼俄军的战略。面对日军的强大攻势，俄军按照总司令库罗巴特金的命令一撤再撤，直至全线溃败，最后撤退至吉林四平一带布防。日军占领奉天后，继续北上，占领铁岭、昌图，在铁岭、昌图一线布防。至此，日俄争夺辽沈地区的战争结束。

2. 晚清腐化的政体文化

日俄战争是日俄两国为侵吞中国辽东半岛乃至东北地区而发动的侵略战争。清王朝政府竟然对于帝国主义在中国境内发动战争采取局外中立的立场。1904 年 2 月 12 日，清廷发布中立上谕和《日俄战争中国严守局外中立条规》（以下简称《条规》）34 条。《条规》规定：“现在日俄两国失和用兵，朝廷轸念彼此均系友邦，应按局外中立之例办理。”① 更为荒唐的是，清廷竟然将辽东地区划为日俄双方作战区。规定战区范围：“西自盖平属熊岳城中间所历之黑龙潭、洪家堡、老岭、一面山、沙里寨；双庙子以东至安东县街止。由东至西，所历以地名，分为南北线，界线以南至海止；”“或西自海岸起，东至鸭绿江岸止，南自海岸起，北行至五十里止，为指定战区。”并规定“两国开衅，无论胜负军队，均不得冲突窜入指定战地以外之地”，“此次指定战地限内之地，但供两国战时之用，如军事已竣，所有指定区域，两国兵队均各随时

① 王彦威．清季外交史料：卷 181［M］．北京：书目文献出版社，1987：2848．

退出，不得占据”①。

日俄两国的战争在中国领土上发生，严重侵犯了中国主权，损害了中国的利益行为。尤其日俄两个帝国主义国家野蛮践踏中国河山，残害甚至屠杀中国人民，这是包括主权国家在内的所有国家谴责的行径。清政府居然说日俄两国“均系友邦”，日俄进行反人类战争是“失和”。清朝政府置国民生死于不顾、视山河破碎而不见，却轸念强盗友邦之情，对于失和之举持“严守局外中立”的原则，岂不是滑天下之大稽吗？清政府严守中立的态度，彻底暴露了晚清政体文化的腐朽与没落。

日俄战争一经爆发，两国军队追求的是占领阵地和战争胜利，根本不理会清政府持什么态度，也不理会什么《条规》。如俄军总司令库罗巴特金说，“我此去驻军，倘有中国官民有犯我军政者，在民即杀无赦，在官则十分钟内必加禁锢”②。俄军侵入奉天后，强硬要求盛京将军以下官员和兵丁全部迁往辽河以西地区，盛京城内官员所住地方，全部被俄军强行占用。俄军所至其他城市亦然，随意驱赶中国地方官民，任意驱使他们。要财索物，车、马、牛、粮、草，急如星火。稍有怠慢，非打即罚。如海城县令、开原县令等朝廷命官，因俄军驱使稍有怠慢，即被俄军拘押去远方。俄军遇到中国军队，就强令他们为之调度使用。没有俄军命令，中国军队不得擅自行动。中国军队的军需物资全部为俄军占用，补充俄军供应。俄军甚至解除中国军队的武装，防止中国军人的武力反抗。

总之，在日俄战争中，清政府所谓秉持中立之态度，实际是纵容日俄的侵略与掠夺行径。不但给辽东地区人民造成无穷灾难，也给辽河近代文化带来空前的浩劫。

---

① 朱诚如．辽宁通史［M］．大连：大连海事大学出版社，1997：343.

② 佟冬．沙俄与东北［M］．长春：吉林文史出版社，1985：451.

（二）战争给辽河近代文化造成的劫难

日俄战争期间，日俄两国军队对辽东地区的践踏，对辽东半岛人民进行残害，对战区经济进行疯狂掠夺和破坏，给辽东政治、经济、社会、文化造成空前浩劫，辽河近代文化遭受破坏。日俄侵略者犯下了不可饶恕的滔天罪行。

1. 日俄军队残害战区人民

日俄战争给辽东半岛造成的劫难是令人发指的。为争夺辽东半岛，双方投入数十万兵力，进行近一年的攻杀，从安东九连城、凤凰城至海城、辽阳，从金州、营口至奉天铁岭，进行大小战斗和战役数十次，辽东地区经受着炮火的洗劫。当时由日本主办的《盛京时报》记载："辽东半岛陷于枪林弹雨之中，死于炮林雷阵亡伤者数万生灵，血肉横飞，产破家倾，父子兄弟哭于途，夫妇亲朋呼于路，痛心疾首，惨不忍睹。"

俄军为了阻止日军抢夺旅顺和金州，便修筑和加固旅顺要塞堡垒工事，俄军逼近旅大地区人民做苦力，役使华人数万之多，这样的苦力困惫之状，实不敢言，"此等苦工，殆以旅顺为地狱，而俄人为鬼卒也"。为抢修工事，俄军还诱骗山东、华北各地中国百姓来旅顺、金州等处干苦力。如有迟慢，俄军即以棍鞭交加，有不堪忍受的乘夜逃走，即以重刑处治，甚至治死。工事修筑好后，俄军为防止中国劳工泄密，同样会将他们监禁或干脆杀死。1904 年 3 月，由于俄军的残暴激起了劳工的罢工，俄军对罢工采取武力镇压，一次枪杀 60 多名劳工。俄军在修筑要塞堡垒时，肆意毁坏村舍，践踏农田，抢劫财物。旅顺东起塔河湾、北至水师营、西抵洋头洼的广阔地域，房屋、村舍，一律拆毁，或强令搬出，作为俄军营房、仓库。为保证要塞军需和物资供应，俄军把旅顺周边村镇抢劫一空①。

---

① 董志正．日俄战争始末［M］．大连：东北财经大学出版社，2005：312.

日军侵略旅顺时无情残害旅大地区的人民。日本海军联合舰队为了困住俄军太平洋舰队，封锁了旅顺港口，禁止中国船舶出港。对中国的渔船、商船出港，一经发现，不是没收，就是炸沉。被没收的中国船舶，船上人员一律杀害。在日军侵占旅顺前，这里早被俄军侵占，且俄军在这里实施殖民统治有年。因此，日军视俄军殖民统治区内的旅大人民为俄军的谍工人员，野蛮残害或杀害。如旅顺营城子前牧家杂货店小老板韩恒景，一天，因儿子韩玉外出赶车拉粪，天晚未归，韩恒景前往儿子拉粪的方向迎着寻找，路过由家屯日军的岗哨，日军盘查时，发现他手上没有干活留下的茧子，又身着长袍，便认定韩恒景是俄军间谍，不由分辩，推进道边沟里杀死。日俄“交战的每一方对居民稍涉间谍嫌疑者，一批一批地枪杀”①，而韩恒景只不过是日军无辜杀害的成千上万个中国人之一②。“东三省之人民，不死于敌，亦死于党，斯民何辜罹此荼毒。”日本攻击俄军固守的旅顺要塞的 7 个月里，经常向市区开炮，致市区内大量居民房屋燃于战火、毁于炮弹，许多无辜市民、船坞工人被日军炮火夺去了生命。在日俄两军争夺金州、辽阳、沙河、奉天的战斗中，这些地区的人民更是惨遭涂炭。如日俄辽阳会战，双方兵力达到数十万、大炮数百门，发射炮弹几十万发，给辽阳人民造成重要伤亡不亚于日俄双方之伤亡。“辽阳之役，华民死者不亚于俄日两军之数。”③ 为躲避战火，辽阳地区百姓四处逃难，使小民转徙游离，号哭于路者以数十万计。

日军攻占辽阳后，恣意虐待辽阳人民，以俄军间谍罪枪杀、

① 阿瓦林．帝国主义在满洲［M］．北京对外贸易学院俄语教研室，译．北京：商务印书馆，1980.

② 董志正．日俄战争始末［M］．大连：东北财经大学出版社，2005：317.

③ 无尤．日俄战争辽阳会战［J］．今古辽阳，1992（2）：47.

活埋者不计其数，连辽阳地方官员也不放过。如辽阳会战结束两个月后上任的辽阳知州陈良杰，被日军扣上资助俄军罪名而抓捕关押，两个月后在大连被杀害。俄军从辽阳溃败，一路北撤，沿路烧杀掳掠、残害百姓。据英国传教士克里斯蒂在他的《奉天三十年》一书中记载，俄军在辽阳战败，迁怒于当地百姓，撤退时一路烧杀而去。而沙河大战时，俄军“变得不高兴了，说有人通敌，归罪于中国人。一个村庄又一个村庄被一扫而空，居民什么也不能拿出去，好歹不能不赶快逃命。沙河战役之后，为建筑俄军阵地，进行了对村庄有组织的破坏。柱头屋梁都被用作地下室支柱，为此，几百个富饶的村庄，除了破屋颓垣、孤立的墙架、悄然耸立的烟囱之外，什么也没有留下来”①。

奉天会战，日俄侵略者对辽东奉天至新宾300余里更是蹂躏殆尽。他们焚烧房屋，毁坏田园，乡村、城邑几成废墟。中国人被炮火吞噬的，被日、俄两军抓住枪杀、活埋者不计其数。俄军因村民无粮草供应，便以通日罪一次竟杀害77人；有不愿交出耕牛的，被俄军绑在马后，活活拖死；有百姓听不懂俄语，也被俄军开枪杀害。日军残忍有过于俄军。他们毒打、枪杀奉天城郊的中国人从来不需要借口。如俄军占据奉天在先，中国人要通行证，都是俄军发放。而后，日本包围了奉天，见到使用俄军发放的通行证，无论官民，一律骈首戮之②。日俄侵略者在辽东半岛进行的侵略战争，陷辽东人民于空前的劫难之中，生灵惨遭涂炭，罪恶滔天。

2. 日俄摧残辽东地区经济文化

日俄侵略者在辽东地区疯狂战争，极大地摧残了辽东地区的经济文化。为资其战争军需供应，日俄两国对辽东经济大肆掠夺

① 佟冬. 沙俄与东北［M］. 长春：吉林文史出版社，1985：457.

② 朱诚如. 辽宁通史［M］. 大连：大连海事大学出版社，1997：351.

与洗劫。俄军先于日军占领旅大、辽沈地区，为扩充军备和军需，俄军将这些地区财政现金劫掠一空；并对这些地区实施严酷的管制，强制发行军用票即羌帖，借此搜刮钱财；俄军勒令辽东各地税收一律上缴俄国政府，不准中国地方收税①。日军同俄军一样残酷，在辽东地区强行发军用票即手票，日军强迫其在市场流通，并强制要求中国人以现洋兑换其军用票。日军禁止使用俄军发行的军用票，有使用俄军羌帖者，轻则鞭笞，重则处死。日俄两军竞相发行的军用票，到市场流通不久便贬值成一张废纸，而日俄两军用此手段将辽东人民的财富洗劫一空。

粮食和农副产品是日俄两军抢劫的重点。俄军占领辽东之初，便开始抢掠辽南地区的粮食和农副产品。日俄战争爆发后，大批俄军运抵辽东，他们的吃喝用度无一不是因粮于民，摄取于满洲。除了俄军参战部队用度之外，俄军还大肆抢劫辽东乃至东北地区的粮食与农副产品，通过中东铁路运回国内。据估计，俄军占领辽东及东北地区至日俄战争爆发前的几年内，每年抢劫运回本土的粮食达 2700 多万普特②。日俄战争爆发后，俄军的军需粮食80％取自中国东北本地，仅粮食一项就搜集大约 7000 万普特③。俄军搜集粮食，其实是一种勒索行为，勒索不够了，就干脆抢掠，严布关防，拦路设卡，公开拦劫运粮车辆。日军也是如此，日军的抢劫行为较之俄军，有过之而无不及。日军在辽东半岛登陆后，即开始疯狂抢劫，原粮、面粉、肉类、酒、食盐、食油、蔬菜，凡能吃的东西，无一不抢。辽南的苹果，除了日军自用外，还大量运回日本国内。

---

① 孙铭军．俄国侵华史简编［M］．长春：吉林人民出版社，1983：341．

② 丛佩远．日俄战争期间东北人民的抗俄斗争［J］．社会科学战线：1978（4）：63．

③ 佟冬．沙俄与东北［M］．长春：吉林文史出版社，1985：455．

除了生活用度物品外，日俄两军还依照各国统帅部的要求，在辽东半岛抢劫物资资源。辽东的煤炭资源是沙俄掠夺的重点。战争期间俄军抢劫了大量的煤炭资源运回本土。抢不走的如森林资源，日俄两军便施以炮火毁坏。如辽阳首山东南有万亩森林，日俄辽阳会战后，整个森林化为灰烬。甜水、水泉、安平等地的原始森林无一幸免。华子乡砬子寺方圆 30 千米的原始森林，先遭砍伐用于修筑战防工事，后又遭战火焚劫几尽。辽阳东部山区方圆 40 千米的山林，亦毁于日俄侵略者的战火①。

日俄战争期间，辽东地区被炮火笼罩，死亡的恐怖时刻威胁着人民，战火破坏了辽东的社会安宁，致使辽东地区城镇手工业文化停滞，农村农田荒芜，经济一片萧条，民生凋敝。日俄侵略者给辽东经济文化的发展造成了难以估量的损失。

3. 日俄破坏辽东地区古建筑文化

日俄侵略者为了争夺各自的利益而兵戎相见，把战火燃烧在辽东地区，致辽东地区许多古建筑物遭受严重破坏。如 1905 年 2 月 19 日，日军第五军攻打抚顺，炮击退守于高尔山的俄军，高尔山上一座建于辽代的古塔遭日军炮击受到损伤。这座建于 1088 年的辽代佛塔，是研究辽代佛教文化的重要文物古迹。该塔位于抚顺高尔山西峰顶上，为八角形九级实心密檐式砖塔结构，用多种型制的青砖砌筑而成。塔通高 14.26 米，由基座、塔座、塔身、塔檐、塔刹五部分组成，基塔为圆形，高为 0.26 米；塔座为等腰八角柱体，高为 2.60 米；塔身高为 3.16 米，造型与塔座对称，亦为八角形，八面下部中央皆有券顶佛龛，龛内设有莲花宝座，座上置坐佛一尊，佛像头上雕垂幔宝盖，宝盖两侧雕琢飞天；塔檐高为 8.06 米，为砖雕九级密檐，每层叠涩出檐，层层上收，直

① 无尤. 日俄战争辽阳会战 [J]. 今古辽阳，1992 (2)：47.

至塔刹，各层密檐的 8 个角脊上各悬一只风铎①。这样一座建筑设计十分精美的宝塔，历经近千年的风霜雨雪纹丝无损，却毁损于日俄炮火。这是日俄侵略者犯下的不可饶恕的罪行。

抚顺地区遭日俄侵略者炮火毁灭的古建筑还有明代建的抚顺“广润门”、高尔山观音阁。抚顺古城建于明代，重建于清乾隆四十三年（1778）。抚顺古城周长 1.5 千米，建有东、南、北 3 个门。南门为正门，称嘉会门，北门称广润门。1905 年 2 月，日俄侵略者争夺抚顺城，双方以大炮对射，日军占领抚顺正门嘉会门后，俄军在高尔山上以炮攻击日军，广润门匾额毁于俄军发射的炮弹。从此，广润门门匾不复存在。高尔山观音阁相传为明代中叶建造，位于高尔山山腰的绝壁之上，依半山天然石窟，顺着险峭绝壁的走向而建，其外观雄奇壮观，独具魅力。俄军占领高尔山后，日军以巨炮狂轰滥炸，使高尔山观音阁和古刹等许多宝贵古建筑毁于一旦。

金州城依山傍海、风光绮丽、经历久远，留下许多宝贵的古代建筑，是辽南地区少有的古城。日俄大战时，许多古建筑未能幸免。其中，金州城东 5 千米处的南山顶端，有明代建造的台山烽火台。烽火台建在山巅，鸟瞰大海，俯视金州，是监视海上和陆路通行的制高瞭望台。日俄在争夺金州时，双方进行了一场惨烈的炮战，10 多个小时的炮轰，南山处处着弹，山上的古建筑化为齑粉。金州城东黑山西麓，明代在此建有一座观音阁，亦被日俄侵略者的炮火炸得面目全非。金州城经日俄侵略者炮火洗劫，古城弹痕累累、千疮百孔、满目疮痍。

海城唐王山战役，唐代留下的许多古建筑被俄军拆毁，建筑材料用于修筑战垒；奉天的故宫、工部衙门、城楼、角楼等多处遭到日军炮火轰击倒塌。奉天南塔广慈寺、八王寺、北陵、东陵

① 辽宁省人民政府地方志办公室．辽宁古塔志［M］．沈阳：辽宁大学出版社，2019：32．

等古代建筑，也惨遭日俄侵略者炮火摧残，亦有损失。辽阳古城墙、城隍庙、祖师庙等古建筑悉遭炮轰，惨遭破坏。旅顺要塞是日俄侵略者争夺了7个多月的主战场，大小战斗达300多次，古今建筑无一完好，如水师营的关帝庙、双台沟的金龙寺等古代建筑惨遭日俄侵略者毁坏，尽为废墟。

总之，日俄两国粗暴践踏了辽东地区，恣意破坏了辽东地区古代建筑文化，给辽河历史文化造成了空前劫难。日俄侵略者摧毁辽河历史文化罪恶昭彰，为人类所不齿。

三　辽东人民反对侵略文化的初步形成

甲午战争后，俄国殖民者借干涉日本归还辽东主权一事，无所顾忌地向清政府索取利益，腐朽没落的清朝政府甘愿俯就，以国家主权和民族利益填俄国之欲壑。俄国殖民者占据辽东地区后，一面疯狂掠夺资源，一面实施殖民主义残酷统治。深受其害的辽东人民不甘屈服，反对俄国殖民主义侵略的文化不断兴起。1901年，俄国殖民者拒绝从中国的东北地区撤兵，其调停人的虚伪面目和企图霸占中国东北的野心彻底暴露，中国人民掀起了声势浩大的拒俄爱国运动。从拒俄运动发展为武装反抗，辽东人民反侵略文化一浪高过一浪，成为辽河近代文化传统发展的一股洪峰。

（一）辽东人民拒俄运动

辽东人民拒俄爱国运动是20世纪初中国人民反帝爱国运动的重要组成部分，也是辽河近代文化传统发展的重要表现。

辽东半岛乃至东北在东北亚地区具有特别重要的战略地位，是沙俄从谋求远东战略，实现其所谓“黄俄罗斯计划”的重要布局中争夺的关键。鸦片战争后至1864年，沙俄就从中国割走了150多万平方千米的土地。但贪婪的沙俄并未感到丝毫的满足，蚕食进而霸占整个东北，才是其最终目的。对辽东乃至东三省这块肥肉，志在必得。1900年，义和团运动爆发。沙俄以保护其在中国东北境内的铁路及其他利益为由，出兵占领了中国东北地区。

腐朽没落的清政府及其阁部大员们一意媚外，签订了丧权辱国的卖国条约《辛丑条约》，“量中华之物力，结与国之欢心”，赔款4.50亿两白银，竭力维护外国殖民者在华特殊权益，八国联军陆续从北京撤走。但沙俄一再制造借口，不肯从东北撤兵，并于1900年11月抛出《奉天交地暂且章程》，提出要在奉天设俄国总领事馆、留俄军驻防、奉天清军一律缴械遣散、奉天设警察局由俄办理等无理要求。消息传出，遭到中国人民的坚决反对。1901年3月，上海各界爱国人士于张园集会，要求清政府“力拒俄约，以保危局”。拒俄反帝爱国运动开始后，立即掀起全国人民的反帝爱国热潮。在声势巨大的全国拒俄运动的威逼下，清政府没敢在《奉天交地暂且章程》上签字。虽然在各列强国的干预以及清政府的拒绝下，沙俄被迫宣布废止《奉天交地暂且章程》，但依然拒不撤军。

拒俄运动开始便取得了胜利，极大地鼓舞了辽东人民的拒俄斗志。辽东是遭受沙俄直接侵略的地区，当拒俄爱国运动在全国兴起并迅速发展的时候，辽东地区人民也以各种形式投入到拒俄抗俄斗争中去。

俄军驻扎东北后，英、美、日等国也以利害冲突，出面干涉俄国撤军，德国、法国也表示反对俄军驻扎中国东北。迫于形势压力，1902年4月8日，沙俄政府与清政府签订了俄中《交收东三省条约》，主要包括：东三省各地“一如俄军未经占据以前，仍归中国版图及中国官治理”；“如果再无变乱，并他国之举动亦无牵制”，俄国军队在一年半内分三期全部从东北撤走；俄军撤退前，东三省中国军队的数目、驻地，必须与俄军商定；俄军撤退后，中国在东三省的兵力应添应减，应随时知照俄国；俄国交还山海关、营口、新民屯沿线铁路，清政府应给予赔偿。第一期撤军如约实行，沙俄撤走在奉天省辽河以西的军队。至1903年4月第二期撤兵时，沙俄却撕毁条约，不撤军了，反而于1903年4月18日提出了旨在攫取更大权利的“七项撤军新条件”，主要包括：

列强势力不得进入满洲、俄国参与北满行政管理等变相独霸中国东北的条款，并重新占领奉天，任命阿列克塞耶夫为远东总督，妄图霸占东三省。消息传出，掀起了全国大规模拒俄浪潮。

4 月 27 日，18 省爱国人士再次聚集上海张园举行拒俄集会，并通电全国，强烈要求清政府拒绝沙俄殖民者的一切无理要求，号召全国各省行动起来，向沙俄以及侵占中国领土及主权的侵略者作坚决斗争。全国各大城市、各界爱国人士纷纷响应，成立了拒俄会、抗俄义勇队，组织集会，散发传单，组织捐款，组建武装力量，坚决抗拒沙俄侵略中国东北。

全国拒俄爱国运动极大地鼓舞了饱受沙俄殖民者残酷压迫与剥削的辽东人民，辽东各界爱国人士也以各种形式纷纷投入到拒俄抗俄斗争中去。从游行示威到罢工怠工，从经济抵制到武装反抗，从分散行动到有组织的集体斗争，形成了拒俄抗俄的强大声势，极大地发展了辽河近代文化传统，如表 2-21 所示。

表 2-21　　1901—1905 年辽东地区爆发拒俄爱国运动情况表

爆发时间	爆发地点	规模（人）	运动形式	爆发原因
1902 年 7 月	辽阳西关	1000	集会抗议	沙俄修造铁路强占田园、墓地，强行迁移村民
1903 年 5 月	安东	袁大化	照会俄国	俄退伍军官强占鸭绿江边 1800 平方英里土地开办木材公司
1904 年初	牛庄	全体商户	不响应	逢俄国新年，沙俄要求牛庄群众歇业若干日庆祝俄国的节日

续表

爆发时间	爆发地点	规模（人）	运动形式	爆发原因
1904年2月	旅顺港	2000	罢工	俄军采取辞退、鞭棍、驱赶等残忍手段强迫工人劳动
1904年	辽西、奉天	数万联军	欲同俄开战	辽西、奉天驻军目睹俄军暴行，积极要求与俄军开战
1905年	扶余（今吉林省松原市）地区	2000	示威游行	因俄军暴行，逃难至吉林扶余地区的辽东妇女奋起抗议

注：表中资料源自朱诚如. 辽宁通史：第3卷［M］. 沈阳：辽宁民族出版社，2009：432-434；1905年，扶余地区2000名妇女抗俄游行示威，源自佟冬. 沙俄与东北［M］. 长春：吉林文史出版社，1985：465.

在拒俄运动中，辽东人民自发行动，拒绝帮助俄军修筑工事，拒绝为俄军提供军需。如为阻止日军进攻，俄军欲在沙河一带赶修工事并在奉天城南构筑5个炮台，奉天地区民众不管俄军威逼利诱，根本无人应募，被抓民夫也乘夜逃走，俄军无奈，只好停止修建。俄军增兵奉天大本营，军需供应紧缺，急向四周征粮，城南的一个村庄在俄军的威逼下，宁死也不提供粮食，俄军以私通日人罪杀戮该村70余人。俄军到打虎山征牛作军需，无论威逼还是重金收买，农民拒不听从。俄军到昌图抢粮，各村镇粮米行栈一律关门停业，拒绝向俄军提供粮食。在营口，俄军逼迫工人为其修筑铁路，工人们拒绝做工，俄军稍不注意，工人们就逃走；牛庄的工人因沙俄殖民者的残暴虐待，组织起来伏击俄军，杀死一些护路的俄军。

（二）辽东各地武装抗俄斗争

沙俄殖民者的残暴统治，激起了辽东人民的义愤，由拒俄运动发展成为有组织的武装抗俄斗争，是辽河近代文化传统的进步与发展。

辽东各地武装抗俄斗争得到了全国广大知识分子的支持，他们通过《日俄战争》《东方杂志》《俄事警闻》《警钟日报》《直隶白话报》等媒体，进行舆论宣传，组织和发动广大民众拿起武器同沙俄军队作战。日俄战争一爆发，奉天、海城等地“秘密会党起而抗俄”；中国铁路沿线也因“俄人暴虐太甚”而“结会抗俄”；锦州“有人结为私会，遍贴揭帖”。这些秘密组织关注日俄战争战况，随时把日俄侵略者的暴行公之于世。如 1904 年 2 月 24 日，《俄事警闻》对奉天、海城、牛庄等地的抗俄组织产生，秘密发动工农群众“毁断电线”，破坏俄军通讯联系的活动加以宣传；3 月 5 日，《俄事警闻》改名为《警钟日报》，又报道了奉天、海城的矿山工人造反，组织了“数百人起而攻击俄人”，并称赞工人的抗俄，“此种不受势力压制之人，真昆山片玉、桂林一枝矣”。3 月 31 日，《警钟日报》报道，锦州“有人结为私会，遍贴揭帖”，号召华人赶快组织起来，向俄人作不屈斗争。由于有舆论的支持和唤醒，更多的工农群众投入有组织的抗俄斗争中去，掀起了辽东地区抗俄斗争的新高潮。抗俄斗争由个别的、分散的逐渐发展成为有组织的、群体性的抗俄运动。如辽西一带，“大小数十村皆被俄兵蹂躏”，致这一带“华人仇恨俄人益深，遂联团练，誓欲报仇”，于是各村联合起来，相互支援，共同抗击俄军，迫使俄军稍稍敛迹。这些抗俄组织不断发展壮大，少则数百人，多则上千人，甚至多达数千人。他们活动在辽东各地，针对俄军盘踞的据点，或声东击西，或突然奇袭，给俄军以狠狠打击。

日俄战争爆发后，辽东抗俄组织破坏俄军交通运输、粮库，甚至直接袭击俄军。1904 年 3 月 13 日，抗俄组织破坏俄军铁路运输动脉中东铁路，在辽阳至大石桥附近，有多段同时被炸毁，致俄军急运满洲的军火辎重无法通行。5 月 3 日，海城龙台铺屯附近的铁路大桥被炸。4 月 14 日，俄军设于海城东北的粮库，遭抗俄组织烧毁；8 月 5 日，抗俄组织的 3000 余人夜袭了铁岭的俄军粮库，同时消灭俄军 600 余人，并缴获大批粮饷军械，余下的粮食和军用物资被烧毁。曾与义和团重创俄军的忠义军，在辽吉接合部的山岭地带袭击俄军，令俄军总司库罗巴特金十分头痛。金州、复州、岫岩等地有抗俄组织“六合团”以及海城、大石桥、营口、辽阳等地的民众积极响应。

在打击沙俄侵略者的同时，对日本侵略者亦给予抗击。日本侵略者同沙俄侵略者本质上没有区别，所到之处，烧杀抢掠，无恶不作，激起辽东人民的愤恨，受到了有力的抗击。日军在侵占辽东半岛和旅大地区时，遭到安东、貔子窝等地人民的强烈抵抗。安东大东沟伐木工人聚集数百人武装抗击日军，貔子窝群众利用各种机会杀伤日军，甚至一度攻破日军衙署，毙伤日军多人。日军强制发行军用票，遭到辽东人民的抵制，拒绝为日军提供军粮。在康平县境、老虎滩等地，经常发生抗日民众打死打伤日军、汉奸、警察的事件。这些抗日行动给日本侵略者以很大打击，成为辽河近代抗战文化传统的重要组成部分。

（三）辽东人民维权索赔斗争

日俄战争给辽东人民造成的劫难是无法形容的，对辽东经济的破坏是罕见的。据不完全统计，盖平县有 214 个村庄被日俄战争战火吞没，4.36 万垧良田被毁；辽阳会战，日俄侵略者造成的财产损失值银达 194.49 万余两；新民府有 541 个村庄被摧毁，仅俄军造成的直接损失值银达 290.90 万余两；奉天八旗界地官属内地区的损失值银 1497 万两，奉天城中的八王寺被烧光，仅寺院建筑费值银 630 余万两。日俄战争造成的重大损失，按照国际惯例，必须依法予以赔偿。日俄战争以俄国失败而告终。战争造成的巨大损失，由战败国俄国赔偿无可置疑。俄国战败了，依据公法和条章，如数赔偿中国的损失理所当然。对于战争中“无辜杀害人民、烧毁房屋、抢劫财物”，或者越过“指定战地界限以外”造成上述破坏者，不论是战败国俄国还是战胜国日本，都有无可推卸的责任。

但事实并非如此。对中国的损失，负有主要赔偿责任的俄国总是设法敷衍。口头上一再答应，行动上要么一拖再拖，要么轻描淡写地做做样子。如新民府损失 290 多万两白银，俄国仅赔付 305 两白银；海龙损失 20 万两白银，俄国只赔付 3000 余两白银；对于昌图被俄军强行占用的民房造成的损失，俄国派员现场查实，写了损失清单和承诺赔偿的数目，最后一走了之。

腐朽没落的清政府表面上一再催促地方官员详确清查，分门别类造具清册，实际上俯就沙俄，沙俄的赖账与清政府媚外的外交政策不无关系。沙俄的无赖面目和清政府的腐败无能，激起了辽东乃至东北地区广大受害人民的极大愤慨，他们决心团结起来进行斗争。随着日俄战争的结束，辽东地区人民索赔斗争相继展开，并逐渐形成声势浩大的维权斗争。

辽东地区人民的索赔斗争虽然次数多、规模大，但由于腐朽无能的清政府多次从中作梗，均未取得实效。如辽阳是日俄战争的主要战场，也是战争破坏的重灾区，辽阳人民进行了造册呈报，索赔损失，但日俄战争后，清政府也未积极推进。索赔斗争影响最大的是昌图潘云庆组织的二十一县民众索赔斗争。索赔初，潘云庆组织昌图、西丰、东丰、西安四地民众提出索赔，然索赔了 3 年，毫无结果。1909 年，四县民众推举潘云庆为索赔代表，直接赴俄京向俄国索赔。但腐败的清政府担心此举惹出乱子，以“索赔被毁各产，事关国际交涉，非潘云庆所能”①，未予批准，由此激发了民愤。潘云庆、国树棠等在四县人民支持下，到周围各地串联，号召受灾的民众团结起来，向俄国索赔，联合索赔发展到 21 个县，包括：铁岭、海城、兴京、本溪、辽阳、西丰、辽中、西安、柳河、奉天、昌图、通化、八面城、桓仁、辽源、奉化、

① 佟冬. 沙俄与东北［M］. 长春：吉林文史出版社，1985：484.

怀德、凤凰、海龙、盖平、东平。这 21 个县共推潘云庆等为代表，前往俄国索赔，禀请清政府颁发护照。但东三省总督认为，“日俄构衅时代，民间物产多次被蹂躏，情殊堪怜”，但“自赴俄国索赔一节，未必部中所许可，具情发给护照，碍难准行”①。辽东人民依法合理索赔，再次遭到清政府拒发护照。在得知海参崴华人的索赔取得胜利后，潘云庆等再次请求清政府给联合地区的代表颁发护照，赴俄国索赔，但始终没有取得清政府发给的护照，致使声势浩大的索赔无果而终。

日俄战争后，日俄双方在瓜分中国领土上暂时达成妥协，但日俄双方的矛盾犹存。于是美国充当调解人，于 1905 年 8 月 9 日将日俄两国请到美国的海军基地朴次茅斯举行会商，并于 9 月 5 日签订了《朴次茅斯和约》，主要内容包括：俄国承认日本对朝鲜“政治军事经济上均享有卓绝的利益，如指导、保护、监理”的权利，凡是日本认为必要的措置，俄罗斯“不得阻碍干涉”；“俄罗斯政府以中国政府之允”，将俄国从中国攫取的旅大租借地及其附属的一切权益、公产均转让给日本；俄罗斯政府将从长春至旅顺段的中东铁路支线及其所属的一切权利、财产，包括煤矿，均移让给日本；日、俄两国可在各自霸占的铁路沿线每公里驻护路兵 15 名。俄罗斯宣布取消在东北的一切有违机会均等主义的权益。日俄订约后，日本又强迫清政府承认《朴次茅斯和约》中有关中国的各项规定，于 12 月 22 日签订了《中日会议东三省事宜正约》，取得经营安（东）奉（天）路、修筑长春到吉林的铁路以及在鸭绿江右岸伐木等权利，又开放东三省 16 处为商埠。自此，中国东北成为日俄两国的势力范围，出现从一国独占变为两国分据南北的局面。日俄两国侵吞东北领土，侵占东北煤炭森林资源，

① 辽宁省档案馆馆藏. 奉天府呈报昌图等城灾民国树棠等禀为公举代表赴俄国理索赔款，请发护照请示由［R］. 宣统元年（1909 年）卷：1374.

蛮横干涉、阻挠中国的内政和中国自己开展的建设事业，辽东乃至整个东北成了日俄的殖民地。

从此，辽东人民开启了反对日俄殖民掠夺与扩张、维护民族权利的斗争，在抵制南满铁路、反对日本强修大营铁路和展修京奉铁路、反对日本强占抚顺煤矿等斗争中，书写了辽河近代文化传统反帝反封建斗争的新篇章。

下篇 民国时期辽河近代文化的变化

民国时期，是指辛亥革命推翻清王朝建立中华民国至中华人民共和国成立前的这段历史时期，即1912—1949年的38年时间，是中国人民逐步觉醒，认清北洋政府腐化堕落的本质，看清国民党新军阀独裁专制的面目，认识到帝国主义殖民统治野蛮残酷的本性，联合起来彻底推翻帝国主义、封建主义和官僚资本主义三座大山的压迫，从屈辱走向崛起的伟大时期。

在这38年的时间里，中国社会经历了北洋军阀的黑暗统治、国民党新军阀的混战、日本帝国主义的侵略、蒋介石统治集团发动的内战，神州大地到处硝烟弥漫、血雨腥风；在这38年的时间里，从辛亥革命到北伐战争、从抗日战争到解放战争，中国人民为争取民族独立与国家解放所进行的反帝反封建革命运动前赴后继、波澜壮阔；在这38年的时间里，从孙中山到毛泽东、从资产阶级政党领导的旧民主主义革命到无产阶级政党领导的新民主主义革命，中国革命从失败走向胜利，中国人民终于摆脱三座大山的压迫站立起来了。那个任西方殖民者宰割、凌辱的时代一去不复返了。

在这一时期，中国社会半殖民地半封建的性质没有改变，但社会主要矛盾或矛盾的主要方面悄然发生了改变。反对帝国主义勾结中国官僚资本主义残酷统治，争取中华民族的独立与解放，成为这一时期中国文化传统的主流。这一时期，由于西方资本主义的强势侵入，并残酷地统治中国，中国社会经济文化较半殖民地半封建社会初时的情况更加复杂。中国已经被纳入世界资本主义经济市场体系，大量外国资本输入和中国资源惨遭掠夺，资本主义商品经济极大地影响了中国半殖民地半封建社会的地主经济，农民和手工业者的个体经济生存空间被严重挤压，新兴的民族资本受到排挤。在西方资本主义的强暴侵略和野蛮扩张下，中国农村和农业经济受到冲击，自给自足的自然经济文化形态遭到破坏，商业文化迅速形成，商品生产快速发展，中国无可避免地陷入了世界资本主义市场经济的旋涡。

中国资本主义的进一步发展，虽然没能改变中国社会的性质，但在这个经济背景下，中国社会的阶级关系产生了新的变化。西方资本主义觊觎中国广阔的市场和丰富的资源。因此，在西方殖民者侵入中国后，西方殖民地文化不断渗透。为完全操纵控制中国的经济、政治、军事、文化等各个方面，他们不仅精心扶植和竭力支持封建地主阶级，使其成为西方殖民者统治中国的政治基础和剥削中国的忠实工具，而且通过金融资本培养出一批甘心为其服务的买办资产阶级，积极扶植从封建地主阶级内部分化出来的新兴的军阀官僚地主，取代了原来的官绅地主的支配地位。由此可见，军阀官僚地主是西方资本主义的附庸，在他们身上兼有早期官僚资本家的身份，具有浓厚的买办性。军阀官僚在地主阶级政权中握有实权，成为民国时期举足轻重的势力。这也是中国封建地主买办化的重要表现。在西方资本主义与封建主义的残酷剥削压迫下，农民和手工业劳动者日益贫困破产，自由劳动者人数增多，成为无产阶级的后备军；西方资本的输入带来了中国近代工业文化的兴旺、近代工业企业的发展、民族资本的兴起，培养了民族资产阶级，也造就了工人阶级。阶级关系的新变化带来的政治、经济、军事、文化各个方面的矛盾和利益冲突是不可避免的。帝国主义、封建主义和官僚资本主义对中国人民的残酷压迫剥削与中国人民反对这种残酷压迫剥削的斗争，成为民国时期中国文化传统的集中表现和主要特征。

辛亥革命的历史贡献在于推翻了封建帝制，建立了中华民国。但袁世凯在窃取了辛亥革命成果并篡夺了中华民国临时大总统的职位以后，残酷镇压民主势力，逐步建立独裁、卖国的反动统治政权，中国社会陷入北洋军阀黑暗统治时期。袁世凯的独裁专制与卖国行径，激起了人民的坚决反抗，以孙中山为代表的资产阶级革命派又发起了护国运动。护国运动粉碎了袁世凯复辟帝制的野心，结束了袁世凯反动的独裁统治，但护国运动同样没有能够改变中国社会半殖民地半封建的社会地位，中国仍然处于北洋军阀的黑暗统治之下。

民国时期，中国历史发展是曲折的，中国革命道路是坎坷的。中国人民反抗帝国主义的残酷统治、反对北洋军阀的黑暗统治、反对国民党反动派的独裁统治，是这一时期中国文化传统发展主题。

这一时期，辽河近代文化传统伴随时代发展的脚步不断进步与发展。受辛亥革命的影响，辽河近代文化传统的发展表现为辽河儿女积极参与反帝反封建斗争。

1912—1930年，中原战乱频仍，辽沈地区保持了社会的相对稳定。辽河近现代文化传统表现在文化形态和类型多元发展：辽河农业文化、工业文化、轻纺工业文化、军事工业文化、工矿业文化、交通业文化、商业文化、贸易文化、金融财政文化、社会教育文化、军事教育文化等呈繁荣景象。

1931年，九一八事变后，日本侵占了辽东乃至东北地区。日本殖民主义文化的野蛮侵略和扩张，带给辽河近代文化空前的浩劫。日本殖民者对辽沈地区实行政治上的奴役、经济上的掳掠、文化上的殖民化，是辽河近代文化乃至中华文化发展史上的劫难。日本殖民者对辽东地区民众的新闻言论实行殖民主义统治，通过兴办新闻媒体进行殖民主义宣传，设置殖民教育机构，制定殖民教育方针，采用殖民教育教材，对辽东地区民众子弟实施殖民化教育文化；对辽东地区经济进行操纵与掠夺，强行垄断辽东地区的金融、港口以及造船业、化工业，疯狂掠夺辽东地区的矿产资源。辽河近代文化惨遭涂炭。日本殖民统治的野蛮行径，激起辽东地区人民的坚决抵抗，并逐步形成了辽河近代抗战文化。

辽河近代抗日救亡文化在辽沈大地迅速兴起和发展，由东北抗日义勇军、东北抗日联军等抗日武装形成的抗日力量成为抗击日本侵略的重要力量；教育界开展反殖民教育的斗争、文艺教育界抗日救亡运动、东北流亡同胞的抗日救亡运动不断掀起高潮。这些抗日斗争运动的蓬勃发展，极大地促进了辽河近现代抗战文学的兴起与繁荣。这一时期，辽东流亡作家的小说创作热情空前高涨，以抗日斗争为题材的长篇小说、短篇小说作品纷纷涌现，成为辽河抗战时期小说创作的重要形式。辽河近代文化的发展表现了强烈的民族气节和反抗精神。

抗日战争胜利后，辽河近代文化迎来了新的曙光。但蒋介石为图独裁，公然发动旨在消灭中国共产党及其军队的内战，辽东地区战火再燃。中共中央根据时局的发展，正确研判形势，提出“向北发展”战略，派党员干部奔赴农村建立根据地。由于蒋介石集团发动内战不得人心，加上蒋介石统治集团各级官吏的腐化，军队已经失去信心，士气低落，国民党军节节败退。辽沈战役是决定中共乃至中国命运的关键战役。1948 年 11 月 2 日，在中国共产党领导下，推翻了蒋介石政府在辽沈地区的独裁统治，也结束了三座大山剥削和压迫辽沈人民的历史。辽沈大地解放，辽河近现代文化也终于迎来了伟大的历史性转折，走向辽河现代文化传统繁荣发展的美好时代。辽沈地区的政权回到了人民手中，辽宁产业工人积极响应党的号召，恢复生产，发展经济，在没有资金、缺少技术的情况下，自力更生，艰苦奋斗，为支援全国的解放作出了伟大贡献。辽河现代文化传统展现了蓬勃发展的生机，以崭新的姿态迎接新中国的建立。

第三章　民国前期辽河近代文化的变化

民国前期是指中华民国建立至九一八事变前的这段时期。这段历史虽然只有近 20 年的时间，但构成这段历史的故事却十分丰富。

辛亥革命推翻了封建帝制，建立了中华民国。袁世凯执掌了中华民国临时大总统的职位以后，通过残酷镇压民主势力，谋求建立独裁统治政权。袁世凯殁后，西方列强为了维护并扩大在华侵略利益，纷纷培植代理人。各派军阀纷纷投靠帝国主义，以洋人为后台，争权夺利，中国陷入了军阀割据混战的局面。军阀割据统治下的中国，战乱频仍、百业凋敝、民不聊生，中国社会陷入北洋军阀黑暗统治的时期。

军阀独裁政体文化是在近代中国特定的历史条件下形成的一种特殊的政体文化形态，是中国社会由封建专制集权统治政体文化向资产阶级民主政体文化过渡时期的特殊的政体文化形态。军阀独裁政体文化的形成和出现是半殖民地半封建社会的历史必然。鸦片战争后，西方列强不断东侵，西方文化不断东渐。中国封建文化传统受到西方思想文化的严重冲击，特别是中国封建专制集权统治政体文化受到西方民主政治文化的挑战。腐朽没落的晚清政府内忧外患、风雨飘摇、江河日下，为挽救颓局，清朝政府先后扶植湘军和淮军。这便为军阀政体文化的形成提供了机会。《马关条约》和《辛丑条约》的签订，从根本上动摇了清朝封建专制集权统治政体文化的根基，也彻底暴露了晚清政府腐朽无能的本质，也为军阀政体文化的形成提供了条件。辛亥革命结束了封建帝制，在资产阶级革命派内部纷争不休时，北洋军阀凭着手中的军事实力走向政权中心也就成为历史的必然了。中国近代军阀独裁政体文化一形成，便占据了统治地位。军阀政体文化的兴衰，对辽河近代文化传统产生了重大影响。

第一节　辛亥革命前辽河近代文化的发展

甲午战争惨败后，腐败无能的清政府和日本签订了丧权辱国的《马关条约》，日本侵略者割占了中国大片领土，辽东地区深受其害。辽东地区先是陷入日本的控制与掠夺，后又由沙俄殖民者出面干涉，清政府花白银 3000 万两赎回，但却落入沙俄的掌管，深受沙俄近 10 年残酷剥削和压迫。日俄战争后，沙俄战败，辽东地区重新陷入日本野蛮的殖民地统治。甲午战争和日俄战争给辽东地区造成空前劫难，经济破坏，民生凋敝。辛亥革命前，日俄统治辽东地区时期，是辽东半岛文化发展史上最黑暗的历史时期。在日俄殖民统治下，不仅大量资源遭掠夺，而且造成大批农、工劳动者失业、破产，民族资本也深受严重打压和排挤。这一时期，辽东地区农工商业文化在与殖民主义文化的抗争中艰难地生存和发展。

一　辛亥革命前辽河近代经济文化发展背景

甲午战争中国惨败，晚清政府和日本签订了《马关条约》，日本侵略者不仅割据了中国大片领土，而且还得到 2 亿两白银赔款，尤其是日本获得在中国投资办厂、进行资本输出的权利。西方殖民者借所谓最惠国待遇，纷纷要求到中国投资。据史料记载，1895—1911 年的 10 多年间，外资兴办企业文化迅速发展，殖民地特色突出。投资本金在 10 万银元以上的大型工矿企业达 136 家，总资本为1.03多亿银元，相当于此前50年投资总数的13倍。其中，英国有37家，资本为4968.10万银元；日本有49家，资本为2633万银元；德国有12家，资本为768.10万银元；沙俄有17家，资本为664.80万银元；其他国家共有21家，资本总额为1281.30万银元①。

以烟草业文化为例。据史料记载，1895—1911年，菲律宾、希腊、俄国、英国、日本等国陆续在上海、哈尔滨、天津、沈阳、营口等地投资兴办烟草业文化。其中，规模最大的是英国于1902年设立的英国烟草公司，该公司在上海、汉口、哈尔滨、天津、青岛等地设立卷烟厂、烤烟厂及一系列附属企业，并以上海为中心建立了控制大半个中国烟草文化市场的网络体系，其投资由初始之10.50万银元增加到1100万银元，超过了当时中国所有20家纸烟公司投资总和137.80万银元的7倍②。为攫取巨额利润，1906年俄国将老巴夺父子烟草公司从俄国迁入哈尔滨，使俄国烟草业文化逐步主导北满；1906年，日本在沈阳设立三林烟草公司；1909年，日本东亚烟草株式会社在营口开办卷烟厂，日产纸烟1000万支。烟草业文化殖民化程度日深。其他诸如火柴、砖茶、制糖、啤酒、汽水、蛋粉、制冰、造纸、砖瓦、水泥、木材、皮革、轧花、猪鬃、榨油、碾米、精盐、氧气、樟脑、肥皂、钢琴、电工器材等轻工业文化类型，外商也多有投资。

总之，甲午战争后，西方列强对中国的资本投资可谓无孔不入，并在很多行业或部门居于垄断地位。直至第一次世界大战爆发前，中国由于受西方资本主义国家资本输出和商品倾销的影响，不仅大量资源遭掠夺，而且农民、手工业劳动者纷纷失业破产，

① 汪敬虞．中国近代工业史资料：第2辑（上册）[M]．北京：科学出版社，1957：2．

② 汪敬虞．中国近代工业史资料：第2辑（上册）[M]．北京：科学出版社，1957：400．

民族资本也受到严重打压和排挤。中华民族的危机到了极点，一些有识之士和爱国人士，特别是新兴的民族资产阶级，掀起了救亡图存运动。

在全国救亡图存声势的压迫下，清政府的经济政策出现了一些积极的变化。上谕阁部大员们“通盘筹划”“补救之道”。于是，朝廷的阁部大员们纷纷上书，各陈建议。最好的补救之道就是鼓励私人设厂，抵制外国人在华制造。光绪皇帝下令让总理衙门和各省地方督抚，除清政府的军事工业之外，一律交由商人承办，即“亟应从速变计，招商承办”①。这是清王朝建立以来第一次允许私人办企业，标志着清朝私有经济政策的确立。这无疑促进了中国近代经济文化的发展，从而成为推动辽河近代经济文化发展的时代背景。

（一）军事工业文化的扩展

中国近代军事工业文化兴起于洋务运动时期。甲午战争后，原有军事工业文化得到扩展，其生产能力和水平均有进一步提高，武器的形制与质量都有不同程度的改进，其中具代表性的是江南制造总局和湖北枪炮厂。

1895 年江南制造总局开始试造无烟火药，停造水、旱雷，专门制造各种铜引。1898 年，制造小口径新毛瑟枪，并停止生产所有旧式枪支②。据 1896 年统计，其炼钢厂每年可产快炮管、快枪筒及枪炮机件、炮架器具等钢料 2000 吨；栗色药厂每年可产栗色火药 20 余万磅；无烟药厂每年可产无烟火药 6 万磅。其快炮、快枪、枪子、炮弹均已一律改造成新式。其中，加利新枪年产 1500 杆；100 磅子快炮每年可产 6 尊；40 磅子快炮每年可产 12 尊；加利枪子弹每年可产 120 多万发；快炮钢弹每年可产 1500 发；大小

① 朱寿朋．光绪朝东华录［M］．北京：中华书局，1958.

② 魏允恭．江南制造局记：卷 3［M］．上海：上海文宝书局，1905：1.

铁弹每年可产 1 万发①。

1895 年，湖北枪炮厂以较新机器装备的枪厂、炮厂、炮架厂、枪弹厂、炮弹厂等所属各厂陆续建成投产。当年就仿造出德国 1888 年小口径毛瑟快枪，同年还仿造出德国克鲁森式陆路快炮及过山快炮两种。其后，陆续增建镕铜、机器、锅炉、翻砂、木样、打铁、打铜等厂，设备日臻完备。1904 年以后，能够仿造丹玛新式机关枪；1908 年，共生产步、马快枪 11 万多支；枪弹 4000 多万颗；前膛炮弹 6 万多颗及诸多枪炮器具②。

此外，全国新开设的军事工业企业有新疆机器厂、江西制造局、山西制造局、河南机器局、湖南机器局、北洋机器局新厂（德州机器局）等，其中德州机器局规模较大，下设 12 个厂，以制造子弹和火药为主。

（二）官办民用工业文化的发展

据不完全统计，1895—1911 年，全国共建立民族资本主义工矿企业 549 家，资本总额约 1.20 亿银元；纯属商办的有 463 家，资本为 0.90 亿银元。463 家纯商办民资企业中，纺织有 159 家，食品加工有 122 家，水电有 41 家，矿冶有 35 家，硅酸盐有 26 家，金属加工有 13 家，其他的有 67 家③。官办、官督商办和官商合办的 86 家企业，资本总额约 2949.60 万银元，约占这一时期新增资本的 1/4。这 86 家官办企业有 85 家是甲午战争后建立的，主要是采矿业、冶炼业和纺织业等工业形态。

官办的采矿业文化发展较快，主要分布在湘、川、桂、闽、

① 汪敬虞. 中国近代工业史资料：第 2 辑（上册）[M]. 北京：科学出版社，1957：420.

② 汪敬虞. 中国近代工业史资料：第 2 辑（上册）[M]. 北京：科学出版社，1957：424-430.

③ 汪敬虞. 中国近代工业史资料：第 2 辑（上册）[M]. 北京：科学出版社，1957：654.

皖、豫、鄂等地，尤以煤矿业文化形态为主。1896—1911 年，新增资本在万元以上的采煤企业达 17 家，占这一时期万元以上采煤企业总数的 41%；资本为 763.40 万银元，占采煤业总资本的 54%，其中规模较大的有北洋滦州煤矿有限公司和萍乡煤矿。金属矿冶业文化亦获发展。1895—1911 年，官方控制的金、锑、铜、铅、锌等矿冶业有 29 家，占当时新增矿冶业总数的 74%。其中，投资在 20 万银元以上的有四川的麻哈金矿，湖南的中路久通矿务公司、黄金洞金矿、水口山铅锌矿、黑铅炼厂，云南的宝华锑矿公司，广西的梧州炼锑厂，甘肃的甘肃炼铜厂，广东的宝昌公司。1906 年，开始在陕西延长开工凿井，设立延长油矿，采取官商合办方式，筹集官商资本 600 万银元；1908 年，湖北汉阳铁厂与大冶铁矿和江西萍乡煤矿合并，组建汉冶萍煤铁厂股份有限公司，即汉冶萍公司，成为当时亚洲第一家大型近代化钢铁联合企业。企业由官办转为商办，后由于资本短缺，日本趁势侵入。

轻纺工业文化进一步壮大发展，主要表现在湖北纺织四局和华盛纺织总厂的形成和发展。

湖北纺织四局是张之洞开办的湖北织布局，以及他于 1894 年底设立的缫丝局、1897 年设立的纺纱局、1898 年设立的制麻局的统称。四局均为官办，投资 400 万银两。于 1902 年租给粤商应昌公司经营，1911 年转归张謇等人的大维公司承租，租金每年 11 万银两、租押 25 万银两、租期 10 年。

华盛纺织总厂是盛宣怀等人以官督商办方式于 1894 年建成并部分投产，同时在上海招股购机筹设华新、裕源、裕晋、大纯 4 个分厂。甲午战争后工厂一度陷入困境，于 1901 年由盛宣怀改组为商办的集成纺织厂，后又更名又新，实际上被盛宣怀攫为己有。辛亥革命后，盛宣怀被查抄，纺织厂于 1913 年更名为三新。

这一时期，陕、晋、直隶、渝、新疆等地先后试办了一些纱厂，但成效不大。此时，轻纺工业文化开始向商办转化，在京、沪等地，官商合办的呢厂有所发展。此外，官方控制的轻工文化在卷烟、造纸、印刷、制革、陶瓷及公用事业等文化类型均有较快发展。

（三）民间机器工业文化的崛起

甲午战争后，中国人民面对民族危机，积极投身实业救国运动，清政府被迫放松对发展民族工商业文化的管制，并采取了一些奖励发展民族工业文化的措施，有力地推进了民间机器工业文化的崛起。据史料统计，1895—1911 年，资本在万元以上的民间机器工业约兴办 463 家，包括矿冶、纺织、缫丝、食品加工、水电、火柴等行业或部门。其中，纺织机器工业文化最为繁盛，同期共兴办 159 家，包括轧花厂、纺织厂、织染厂、缫丝厂、织麻厂及其他纺织厂①。这一时期，机械面粉业文化发展较快，新增企业为 57 家；火柴业文化发展逐步加速，由 1894 年的 12 家增加到 52 家；烟草业文化在抑制洋货、挽回利权、振兴国货的斗争中兴起，1899—1908 年，私人投资烟草业数达 18 家、资本约 126.80 万元②。重工业文化在收回路权运动兴起后，相继收回了一些矿区，刺激了民间采掘、冶炼、制造等工业文化的发展。煤矿业文化发展迅速，1896—1911 年，民间机械采煤企业达 25 家③；有色金属矿包括铜、钨、锑、铅、锌、锰、汞等矿业文化发展很快，如全国铜矿年产量最高达 1600 吨④；钢铁业文化以汉冶萍公司为代表，开启了由官办向商办转型发展的序幕；机器制造业文化形态日益丰富，发展较快，1895—1911 年，先后兴建 15

① 汪敬虞．中国近代工业史资料：第 2 辑（下册）［M］．北京：科学出版社，1957：869-920、890-904.

② 吴承明．中国资本主义与国内市场［M］．北京：中国社会科学出版社，1985：125.

③ 祝慈寿．中国近代工业史［M］．重庆：重庆出版社，1989：566.

④ 陈真，姚洛．中国近代工业史资料：第 3 辑［M］．北京：三联书店，1958：616.

家企业，以上海求新机器轮船制造厂、大隆机器铁厂，武汉的扬子机器厂，天津的天津铁丝铁钉厂为代表。

（四）通信业文化的发展

1896 年 3 月 20 日，光绪皇帝批准开办大清邮政官局，总理衙门随即委任赫德为邮政总司，负责大清邮政官局事务，至此大清邮政正式开办。至 1911 年，全国邮政局达 49 处，邮政局、分局和代办局达到 6250 处，邮路总长达到 19 万千米；邮政业务发展迅速，以进口、出口及转口信函总数为例，1901 年为 1000 万件、1904 年达到 6600 万件、1906 年超过 1 亿件，至 1911 年达到 4 亿件，是中国邮政业文化大发展的时期。

总之，辛亥革命前，晚清政府经济政策的调整，极大地推进了中国近代工业文化的繁荣与发展，从而构成了促进辽河近代文化发展的时代背景。

二　辛亥革命前辽河近代文化发展变化

如前所述，辛亥革命前大量外国工商资本输入、晚清政府经济政策刺激了中国近代工商业文化的繁荣，从而构成了促进辽河近代文化发展的时代背景。辽东地区先后被沙俄和日本殖民者统治，辽河近代工商业文化在与俄日殖民主义文化的抗争中艰难发展。

（一）农业文化的初步发展

甲午战争后，沙俄殖民者在辽东及东北地区实行殖民主义政策，移民垦荒，掠夺土地资源。在财政恐慌、国土沦丧之际，清政府被迫进一步开放“龙兴之地”，积极发展农业文化，以达到移民戍边、垦荒济用、就地筹款的目的。这一时期，辽东地区农业文化的发展主要表现在耕地的进一步开垦、种植养殖业文化的发展。

1. 耕地开发文化的发展

1894 年，辽东养息牧牧场开放。翌年，清政府清丈放垦田亩，共放生荒地 49.10 万亩、熟地 12.10 万亩、学田 5600 余亩、新陈苏鲁克草原牧地 65 万余亩、牧场排地 4 万余亩，另有彰武县私垦升科地 23 万余亩①。1899 年，大凌河牧场再次放垦 50.90 万亩，至 1905 年日俄战争结束时，一次放出牧地 21.30 万余亩。至此，大凌河牧场全部开放，变成了民田。盘龙驿牧场官荒 100 多万亩，至日俄战争结束，亦全部放垦完毕。锦州官庄（牧马场）1897 年时马匹已经售卖完毕，日俄战争后，盛京将军赵尔巽清查土地后，一律放垦，一次性放垦该庄土地 104 万亩。此外其他各地，诸如海城所属的牛庄苇塘放垦苇地 38.50 万亩；凤凰厅所属的种类荒田，岫岩所属的大孤山、青堆子，安东所属的柳树、杂木山等处的苇地、山荒等，于 1907 年共放垦 123 万亩。盛京作为清廷的陪都，围场放垦较晚，至 1900 年所有围场也已全部放垦。

辽东地区大面积的蒙古族各部各旗旗地，源于努尔哈赤对蒙古族各部的重视，建立八旗制度，给予优待政策，蒙古族各部旗地占地很广，实行庄园制度。1902 年，清廷正式解除蒙古族各部旗地禁封令，准许蒙古族各部各旗放垦荒地，也鼓励流人开垦蒙古族各部旗地，当年放垦巴彦以北旗地 62.50 万垧；1907 年，放垦科右中旗荒地 64.80 万垧；1909 年，再次放垦科右中旗荒田 8.30 万垧，收取押租 23.70 万银两②。

清廷在最后统治的 10 年内，仅科尔沁六旗就放垦 243.15 万垧，包括以前放垦的，科尔沁旗共放垦荒田 359.81 万垧。至 1908 年，流民开垦旗地者被正式编户达 130 余万人，人口密度由开放前每平方公里的 6 人增长至 67 人以上，增长了 10 倍，由是使蒙边地区空虚状况大为改观③。

---

① 徐世昌. 东三省政略·附奉天省垦务（下）：卷 7 [M]. 长春：吉林文史出版社，1989：14.

② 田志和. 清代科尔沁蒙地开发述略 [J]. 社会科学战线，1982 (2).

③ 田志和. 清代东北蒙地开发述要 [J]. 东北师范大学学报，1984 (1).

2. 种植业文化的发展

清政府对辽东地区大量禁地的放垦，促进了农业文化的兴旺。据 1851 年统计，辽东地区的耕地面积为 1152.42 万亩，至 1909 年增加到 6822.26 万亩，共增长了 6 倍。同期，吉林为 4932.42 万亩、黑龙江为 2110.40 万亩。东三省的耕地以奉天面积为最大。农业耕地面积扩大，为辽河近现代种植业文化发展准备了条件。当时，辽东地区的主要农作物为大豆、高粱、谷子、苞米、旱稻、小麦及水稻。这些农作物多数为传统品种。作物价值高的水稻亩产相对要高，但种植面积少；大豆亩产相对较低但种植面积最大，是由于市场需求大，刺激了大豆种植面积的扩大。奉天地区出口的粮食，以大豆、豆饼和豆油为大宗。出口国主要是日本和俄国，也有销往欧洲的。1895 年前，出口港为营口；20 世纪初，又增加安东和大连两个港口。据记载，当时绥中县每年运出的粮食达 5 万多石、豆饼 7 万余块、花生 5 万余斤；辽阳每年有大豆、高粱、豆饼大宗运出；铁岭每年运出豆类达 40 万石，高粱七八万石左右①。

3. 畜牧业文化的发展

畜牧业文化是辽东地区传统农业文化的主要形态。清代初年建有许多牧场，最主要的有大凌河、养息牧和盘龙驿三大牧场。1895 年以后，虽然辽河近现代种植业文化形态取得主要地位，但由于牧业文化是传统产业文化，加之农牧同为农业文化的重要形态，当时农业文化的发展主要依靠畜力，故畜牧业文化一直都有较好的发展。随着清廷开放辽东禁地、放垦牧场，辽河近现代牧养业文化形式发生了变化，即由原来的官牧转变为以私养为主。

自然经济时代，以个体为单位是农业文化的主要类型。农户在发展种植业文化的同时，家家都饲养牲畜，因而畜牧业文化伴

① 朱诚如. 辽宁通史 [M]. 沈阳：辽宁民族出版社，2009：459.

随着种植业文化发展，种植业文化有赖于畜牧业文化的提高，而畜牧业文化的发展又支持了种植业文化的发展，甚至还会刺激牲畜产品加工业文化的发展。辽东地区畜牧养殖以牛、马、驴、骡、猪、羊为主要品种。一般以牛、马、驴、骡为主要畜力，猪、羊为肉食品种，农家多有饲养，尤以养猪为最多。

4. 渔业文化的发展

辽东半岛海岸线漫长，黄海、渤海是优良的天然渔场，具有品种多、产量高的特点，大虾、海参闻名于世，黄花鱼、带鱼、鲅鱼资源丰富，发展渔业文化具有独特优势。清廷开放禁地后，奉天省于1907年在盖平设立奉天渔业保护总局。次年，该局迁至营口，更名为奉天渔业总局，除负责渔业管理、海上警务外，还直接经营渔业。据奉天省咨议局调查，1910年省局管辖的渔业户为1549户、从业人口有1.20万人、渔船有0.12万只，年捕鱼量为868万斤，渔业文化比较兴旺。

5. 农特产品及林业文化的发展

辽东地区的农特产品以大豆、棉花、柞蚕、水果、烟草为主。大豆的特别之处在于它的需求量大，种植面积比例较大，在对外贸易中是大宗品。柞蚕业文化十分繁荣，如表3-1所示。

表3-1　1907—1911年辽东地区柞蚕业文化发展情况表

年份	柞蚕年产量（万粒）	柞蚕丝年产量（吨）
1907	354680	1122
1908	665626	2482
1909	620824	1962
1910	504274	1576
1911	635651	2236

注：表中资料源自张福全. 辽宁近代经济史（1840—1949）[M]. 北京：中国财政经济出版社，1989：183.

辽东地区东部山峦绵延，有天然的森林，是发展林业文化的重要资源。森林资源主要包括针叶树，有红松、白松、油松、黄花松、赤板松、落叶松；阔叶树有曲柳、黄波椤、核桃楸、椴木、桦木、色木、刺楸等。辽南地区主要集中在旅顺、大连、金州地区，天然森林面积为140万亩，发展林业文化资源丰富。

（二）工矿业文化的初步发展

甲午战争后，依据《马关条约》允许外国列强在华设厂的相关条款，殖民者急剧增加对华投资，因而外资企业在华迅速扩张，在许多部门占据垄断地位。《马关条约》致辽东地区沦为日本侵略者殖民地，所受压迫最重。1898年，俄国中东铁路公司建造大连修造船场；1907年，日本在大连地区设立西森造船所；次年，设立川崎造船所；1911年，设立小金丸造船所；在安东设立鸭绿江造船会社等。随着资本主义工业文化的侵入，辽东地区工业文化在困境中艰难发展。

1. 农产品加工业文化的发展

辽东地区农业文化的兴旺，农产品的丰富，有力地推动了农产品加工业文化的发展。大豆种植是辽东地区农业文化发展的主要形态之一。辽东产的大豆品质好，国内外市场销售旺盛，以大豆为原料的加工业文化也十分兴旺，豆油、豆饼产量大，销售旺。同样，由于辽东地区大量种植高粱、玉米、薯类、小麦等粮食作物，产量比较大，带动了以粮食为原料的加工业文化的繁荣，使酿酒业、面粉加工业文化发达起来。甲午战争后，榨油、酿酒、面粉加工业文化发展成为辽东地区三大地方民族工业文化的主要形态和类型，并实现了由手工榨油向机器榨油的转变。

1895年，营口怡兴源油坊始兴机器榨油，实现了由手工榨油转变为机器榨油；1900年，怡兴源油坊也发展成为近代机器榨油工厂。至1904年，营口已有12家机器榨油工厂。日俄战争后，营口地方民族资本兴办的榨油工厂遭到日本殖民者挤压。1906年，日本投资兴办了小寺机器榨油厂，技术设备比较先进，对营口地方民族资本发展的榨油厂进行排挤。至 1911 年，营口有华商蒸汽豆饼厂 7 家、榨油厂 14 家。其中，有 8 家设备比较先进，使用全套内燃机，另外 6 家也部分使用机器。这 14 家榨油厂日产豆油 12.20 万斤、豆饼 2.2 万片。

大连的榨油业文化发展很快，到 1911 年，大连新式机器榨油企业达 42 家，超过营口，成为辽东乃至东北地区的榨油业文化中心，如表 3-2 所示。

表 3-2　1908—1911 年大连民族资本经营的榨油厂情况表

年份	企业户数（家）	年产量		民族资本经营占比（%）	
		豆油（吨）	豆饼（万斤）	豆　油	豆　饼
1908	16	1010	45.10	27.30	28.90
1909	32	1167	52.20	22.10	30.70
1910	31	1960	89.80	63.10	42.50
1911	42	12127	506.40	66.70	67.20

注：表中资料源自张福全. 辽宁近代经济史（1840—1949）[M]. 北京：中国财政经济出版社，1989：112.

此外，铁岭、丹东的榨油业文化也有一定发展。

辽河近代酿酒业文化在甲午战争后发展较快。酿酒业文化主要有白酒（又称烧酒、老白干、高粱酒）、黄酒、绍兴酒三种类型，以手工酿造为主要形态。甲午战争后，辽东地区经营规模较大的是烧锅，企业数在 50 家左右，仅沈阳地区年产烧锅约 400 万斤。辽东地区的烧锅产量高、销路广，拉动了辽河近现代酿酒业文化的发展。

辽东面粉加工业文化受到日、美、俄等殖民主义文化的打压，没有像榨油业文化那样兴旺起来，尤其是地方民族资本发展的面粉加工业文化遭受西方资本主义殖民文化排挤更甚，在大城市基本无法站住脚，仅能在一些小城镇兴办，形态规模比较小。

2. 新式纺织业文化的兴起

辽东地区纺织业文化发展的历史悠久。清朝时期，盛京的内务府旗地庄园有棉花庄头45个，每年上交内务府棉花1.20万斤。辽东地区素有柞蚕养殖业文化传统，盖平、海城、复州、金州、安东、岫岩等地养殖柞蚕业文化发达，为丝织业文化的发展提供了充足的条件。如前所述，辽东地区畜牧业文化也比较发达，这也为辽东毛纺业文化发展创造了条件。总之，棉花、柞蚕、畜牧业文化的发达，是辽东地区棉、毛、丝纺织文化兴盛的前提，丰富的原料奠定了辽河近代纺织业文化繁荣发达的基础，如表3-3所示。

表3-3　1895—1911年辽东地区纺织业文化发展情况简表

纺织业门类	企业数量（户）	从业者数量（人）	平均每户从业者数量（人）
棉纺织业	908	3523	3.90
毛纺织业	143	588	4.10
丝纺织业	58	309	5.30
针织业	470	1845	3.90

注：表中数据源自张福全. 辽宁近代经济史（1840—1949）[M]. 北京：中国财政经济出版社，1989：117.

辽东地区棉纺织业文化主要在奉天、新民、辽阳、营口一带较为发达，如表3-4所示。

表 3-4　　辽东主要地区纺织业文化分布情况表

主要地区	奉　天	新　民	辽　阳
企业数（家）	10 余	300	2
从业者（人）	1800 多	—	—
机器娄（台）	550	1900	20
资本数（万元）	—	—	2

注：表中资料源自朱诚如．辽宁通史（第 3 卷）[M]．沈阳：辽宁民族出版社，2009：477．

辽东缫丝业文化较为发达的地区有盖平、安东，盖平柞蚕养殖业文化发达，有丝户达 0.44 万多家，其中有缫丝机的工厂达 28 家，缫丝机有 5000 余台；安东次之，有丝户达 0.12 万多家，其中拥有缫丝机的企业 25 家，缫丝机有 0.90 万余台。

3．机器采矿业文化的兴起

甲午战争后，辽东地区机器采矿业文化在与殖民者抗争的艰苦历程中取得了一定的发展。

1901 年，清廷批准开采抚顺煤矿。翌年，成立了抚顺煤矿公司和华兴利煤矿公司，并接纳了华俄道胜银行 6 万银两股金。日俄战争后，俄国逼迫清政府承认此公司为俄国产权并强行夺取了该矿的开采权。1905 年 3 月，日本武装占领该矿后开采；1907 年，将该矿更名为抚顺炭矿，由满铁统一经营开采。

本溪煤矿于清初已经土法开采，是盛京一带唯一的采煤区。日俄战争后，日本侵略者强行占领该矿，非法开采。1905 年 9 月，盛京将军向日本提出交涉，禁止日方开采，日本用武力要挟清政府同意本溪煤炭为中日合办。

地处锦西县（今辽宁省葫芦岛市）北部的大窑沟煤炭，于 1905 年由广东商人集资开采，投资为 20 万银元，矿区有 0.27 万亩。次年，罗裕堂入股 50 万银元，创通裕煤矿公司，实行机器开采，有矿工0.24万名，日产煤180吨，年产6万吨左右。

辽东复县（今辽宁省瓦房店市）的五湖嘴煤矿，于1898年实行机器开采。日俄战争后，民资成立华裕公司，于民国元年（1912）更名为大业公司，继续开采。

此外，还有本溪田师付煤矿和牛心台煤矿、阜新煤矿、锦西煤矿等，以及西安煤矿、八道壕煤矿、北票煤矿、蛤蟆山煤矿等。

总之，1895—1905年辽东地区煤矿业文化发展很快，有大小煤矿148处之多①。

煤炭开采业文化的发展带动了地方电力工业文化的发展。1905年，建立旅顺发电所；1906年，日资建立了营口水道电气株式会社、安东电气株式会社；1909年，建立奉天电灯厂、本溪发电厂；1911年，建立铁岭电灯局。

辽东地区铁矿资源十分丰富，炼铁工业文化也有较快的发展。

（三）商业与金融业文化的发展

甲午战争前，西方殖民者对中国的经济侵略，主要是商品倾销，资本输出的数量不大，总量在二三亿美元左右。《马关条约》的签订，使西方列强打开了对华资本输出的方便之门。西方殖民者进而攫取了在华设厂、开矿、修筑铁路的一切投资特权，对华经济侵略主要实行资本输出，至1902年，西方殖民者对华总投资达15亿美元，是1895年前的5～8倍。其中，英国增长在90%以上，日本增长44%以上，法国增长为33%以上，德国增长近30%，美国增长超过24%。他们不仅在华设立工厂、掠夺资源，而且还在华设立金融机构，企图控制中国的财政与金融，大大加深了中国社会的殖民地性质。

为抵抗殖民金融业文化的入侵，中国也积极发展自己的金融业文化，从而促进了中国金融业文化由封建旧式金融业文化逐步

---

① 王松龄．清代东北地区工矿业述略［J］．松辽学刊，1990（3）：61.

向近代新式金融业文化的转变和发展。

1. 商业文化的发展

①商品经济文化的快速发展。甲午战争后，伴随着殖民者掠夺中国农产品原料，农产品商品化进程大大加快，辽河近代商业文化迅速发展。

辽东商业地区商业文化的发展主要是由于人口的增加、耕地面积扩大和粮食产量增加，因而促进手工业文化与农业文化的分离，从而推动辽河近现代商业文化的发展。至 1893 年，辽东地区总人口达到 430 万人；人均耕地面积 9.5 亩；人均占有粮食 1425 斤，其中大豆产量的 70％作为商品，出口或销往内地①。

甲午战争后，日本侵略者勒索中国巨额赔款折合当时日币为 36486.86 万日元，相当于 1894 年日本社会总资本的 1.58 倍。日本以此增强军事力量和拨充确立金本位的基金，在全世界扩展的金本位通货制度，使日本在贸易上跻身世界强国，与各国站在平等的立场，向中国进行资本和商品输出，在中国投资兴办工商业。

日俄战争后，日本把满铁作为侵略中国的主要工具。满铁在辽东地区的经营范围有政治、经济、文教、科技、卫生及报刊通讯等，无所不包。对铁路、港口、航运、国际运输、都市交通、煤矿、炼铁等国民经济主要部门实行直接经营；对加工工业、商业市场、土木建筑等部门进行投资，实行间接经营。1907—1912 年，营业收入为 13758 万日元，平均年收入为 2293 万日元，年均增长 21.80％②。其中，以铁路和煤矿收入为最重，如表 3-5 所示。

① 张福全．辽宁近代经济史（1840—1949）［M］．北京：中国财政经济出版社，1989：41-42.

② 张福全．辽宁近代经济史（1840—1949）［M］．北京：中国财政经济出版社，1989：75.

表 3-5　　1907—1911 年满铁的铁路、煤矿收入及其占比

年份	营业总收入（万日元）	其　中		所占营业收入比重（%）	
		铁路收入（万日元）	煤矿收入（万日元）	铁路	煤矿
1907	1254	977	132	77.90	10.50
1908	1762	1254	270	71.20	15.30
1909	2311	1502	403	65.00	17.40
1910	2478	1567	575	63.20	23.20
1911	2816	1753	646	62.20	22.90

注：表中资料源自张福全. 辽宁近代经济史（1840—1949）[M]. 北京：中国财政经济出版社，1989：75.

从表 3-5 中不难看出，日本侵略者对中国资源和财富进行疯狂的掠夺。

采盐业是日本重点掠夺的对象。1911 年，在辽东地区经营的盐田达 2.55 万亩、原盐产量 3.51 万吨。日本对旅大地区一带盐田扩张极其迅速，在 12 处盐田中，日本经营的有 8 处，主要分布地区，如表 3-6 所示。

表 3-6　1911 年日本资本在辽东半岛沿海地区经营的盐场及产量

盐场所在地区		原盐年产量（吨）	盐场所在地区		原盐年产量（吨）
旅顺管内	双岛湾	9709	大连管内	沙河口	222
	营城子	—	貔子窝管内	夹心子	7621
普兰店管内	普兰店	—		东老滩	13585
	石　岛	3389		碧流河	—

注：表中资料源自张福全. 辽宁近代经济史（1840—1949）[M]. 北京：中国财政经济出版社，1989：81.

此外，日本财阀与中小资本家也大肆对辽东地区进行侵略，如表 3-7 所示。

表 3-7　1907—1911 年日本财阀与中小资本家在辽东地区的公司分布情况表

行　业	公司数（家）		实缴资金（万日元）	
	1907 年	1911 年	1907 年	1911 年
合　计	11	30	10667	11198
农　业	—	1	—	10
水产业	—	1	—	8
工　业	4	10	186	211
电力煤气	1	1	150	150
运输业	2	2	10202	10250
商　业	3	8	15	77
银　行	—	3	—	469

注：表中资料源自张福全. 辽宁近代经济史（1840—1949）[M]. 北京：中国财政经济出版社，1989：79.

此外，日本人在旅大地区独资和中日合资的工厂，1908 年为 20 家、资本为 154 万日元，至 1911 年为 46 家、资本为 174 万日元。日本人投资的主要是油坊。具体情况，如表 3-8 所示。

表 3-8　1908—1911 年日本人在旅大独资和合资经营的油坊情况表

年份	企业数（家）	资本额（万日元）	豆饼（万片）	豆油（吨）	生产额（万日元）
1908	2	125.00	110.50	2691	153.10
1909	3	135.50	170.10	4104	242.20
1910	4	144.50	121.50	1145	229.20
1911	5	156.50	247.70	6047	472.70

注：表中资料源自张福全. 辽宁近代经济史（1840—1949）[M]. 北京：中国财政经济出版社，1989：83.

日本殖民主义工商文化的侵入，也给中国工商业文化的发展带来极大的刺激，客观上促进了辽河近代工商业文化的快速发展。

甲午战争前，辽东地区手工业文化的发展已经进入了一个新的时期，各地一些主要集镇手工业文化，已经由以农闲时期从事家庭副业形态，转变为以手工业文化为主要形态，或完全脱离农业文化而独立的个体手工业文化形态，主要包括食品行业、纺织行业、小农具制造行业、窑业、杂品行业等，手工业文化的形态和类型十分丰富。

手工业文化的繁荣带来商品的极大丰富，为辽河近现代商业文化的兴盛奠定了基础。如生产生丝的缫丝手工作坊遍布辽东半岛地区，安东成为收购柞蚕茧、生丝以及丝织商品交易的集散地。纺织品贩运也随之活跃起来。仅奉天一地，至 1894 年，先后开办较大的杂货商行近 20 家①。

经甲午战争和日俄战争的劫难后，清廷当局为摆脱经济窘境，督促地方官员采取一些资本主义生产经营方式，支持发展工商业

① 张福全. 辽宁近代经济史（1840—1949）[M]. 北京：中国财政经济出版社，1989：47-48.

文化。1896年3月，清廷谕令盛京将军筹款资助开采奉天境内金银矿；1898年7月，又任命德磬办理奉天矿务，开放禁地，允许开采。据奉天省矿政调查总局1905年调查，奉天省当时全省开采煤矿148处，开采金矿188处。此后，清廷又允许开采较大的矿山有25家，资本金约为24.90万银两，分别占东北三省矿山企业总数和资本总额的71.40%和73.20%①。

在清政府鼓励商办工商业文化政策的推动下，辽河近代工商业文化加快发展。1903年前，奉天省民族资本开办的7人以上的加工工厂为315家，至1911年年底，增加至0.11万家，从业人数为3.77万人，分别占东北三省企业总户数和总人数的56.90%和50.70%②。

晚清末年，辽河近现代民族工业文化以大豆及其他谷物类为原料的加工业文化为主要形态和类型。营口开港后，榨油业文化发展很快，最盛时期是1909—1910年，当时营口民族资本经营的油坊为34家。同期，旅大、奉天地区民族资本开办的油坊，如表3-9所示。

表3-9　奉天及附近地区民族资本开办油坊情况表

地区 企业	企业户数（家）	最大日产能力	
		豆饼（片）	豆油（市斤）
旅大	91	898000	3919000
奉天	35	6280	34182
新民	19	5700	31026

① 张福全. 辽宁近代经济史（1840—1949）[M]. 北京：中国财政经济出版社，1989：102-103.

② 张福全. 辽宁近代经济史（1840—1949）[M]. 北京：中国财政经济出版社，1989：105-106.

续表

地　区 企　业	企业户数（家）	最大日产能力	
		豆饼（片）	豆油（市斤）
辽　阳	19	4900	26671
铁　岭	13	6500	35380
开　原	60	14650	79742
昌　图	7	1320	7185

注：表中资料源自张福全．辽宁近代经济史（1840—1949）[M]．北京：中国财政经济出版社，1989：107-108.

烧锅酿造业文化在清朝末年较发达。辽阳城内较大的烧锅有14家；辽南地区各地，海城有3家，大石桥、营口各有7家，复州、貔子窝各有6家，岫岩有4家；辽北地区，铁岭有3家，新民、大民屯等有11家。奉天及附近地区较大的烧锅酿造企业有16家，如表3-10所示。烧锅产量，1905年为801.20万市斤，1906年为789.60万市斤，1907年为1045.10万市斤，1908年为812.80万市斤，1909年为789.60万市斤，1910年为483.10万市斤。

表3-10　　奉天一带民族资本开办的较大烧锅分布表

烧锅厂名	所在地	班　次	资本额（万吊）
永增新	城南十里河	2	20
永隆源	十间房北	2	20
聚隆源	城西沙岭	2	20
永成源	十间房北	2	20
永源生	十间房北	2	25
馥泉涌	城北清水台	2	25

续表

烧锅厂名	所在地	班 次	资本额（万吊）
体泉涌	城北平罗堡	2	3（万银两）
庆丰泉	城东石官屯	2	18
万丰涌	城西北坨山子	2	25
广成泉	城北阿吉牛辰	2	20
积顺泉	城东柳相屯	2	20
世义泉	城东四方台	2	20
增盛涌	城东官屯	2	20
义盛涌	城东木厂	2	20
万隆泉	小东门外	2	25
晋泉涌	城东南姚千户屯	2	32

注：表中资料源自张福全．辽宁近代经济史（1840—1949）[M]．北京：中国财政经济出版社，1989：109．

奉天省7人以下的手工业文化形态和类型主要表现为油、酒、粉、食品、纺织、缝纫、皮铺、金属制品8个行业较为发达，占全部企业户数的77.40%，从业人数占77.30%，生产额占80.10%，如表3-11所示。

表3-11 奉天手工业文化各形态和类型情况表

行业 企业	企业数（家）	从业人数（人）	生产值（万元）	占全部手工业作坊的比重（%）		
				户数	人数	生产值
各种植物油	783	4460	4910.00	9.00	10.10	27.90
各种酒类	430	4623	595.00	4.90	10.40	3.40
各种粉条	874	1846	68.30	10.00	4.20	3.90

续表

行业 企业	企业数 （家）	从业人数 （人）	生产值 （万元）	占全部手工业作坊的比重（%）		
				户数	人数	生产值
糕点食品类	852	2222	87.20	9.80	5.00	4.90
纺　织	865	3746	306.30	9.90	8.50	7.50
缝　纫	604	5563	142.60	6.90	12.60	8.10
皮　铺	507	2396	82.90	5.80	5.40	4.70
金属制品	1840	7549	237.90	21.10	17.10	13.60

注：表中资料源自张福全. 辽宁近代经济史（1840—1949）［M］. 北京：中国财政经济出版社，1989：110.

②对外贸易文化的发展。由于商品经济文化的快速发展，为辽河近现代对外贸易文化的积极发展创造了条件。甲午战争后，辽东地区先后开放了营口、大连、安东、大东沟、奉天、辽阳、铁岭、新民、凤凰城、法库、通江口 11 个对外通商口岸，海关有大连、安东、大东沟、营口 4 处，极大地促进了辽东地区对外贸易文化的发展。

1907 年前，营口是东北地区唯一的开放口岸。1895—1904 年，营口港的贸易几乎是直线上升，如表 3-12 所示。甲午战争后，由营口输出的商品仍以大豆三品为主。1895—1904 年间，大豆三品输出额为 1196 万海关两，比前 10 年平均值增加 1.40 倍。10 年累计输出大豆 207 万吨、豆饼 208 万片、豆油 8.30 万吨，分别比前 10 年增加 1.30 倍。

表 3-12　　1895—1901 年和 1904 年营口港进出口贸易情况表

年份	合计（万海关两）	贸易额（万海关两）			直接对外贸易额（万海关两）
		由外国输入	由关内输入	输出	
1895	936	247	128	561	145
1896	2277	811	338	1128	544
1897	2636	900	355	1381	719
1898	3245	1058	442	1745	863
1899	4837	2178	597	2062	140
1900	2202	773	282	1147	660
1901	4228	1708	646	1874	1160
1904	4160	1923	1017	1220	—

注：表中资料源自杨绰庵. 东北经济小丛书［M］. 北京：京华印书局，1948：79.

1907 年后，大连港的对外贸易迅速发展，居于上海、天津、广州之后，排名全国第四位。辽东的大连、营口、安东三大港口的贸易额急剧增加，如表 3-13 所示。

表 3-13　　1907—1911 年辽东三大港口贸易及占东三省的比重表

年份	三港合计		其中（单位：万海关两）		
	万海关两	占东北比重（%）	营口港	大连港	安东港
1907	5994.00	100	3994.00	1484.00	516.00
1908	9812.00	84.20	5354.00	3593.00	865.00
1909	12861.00	75.70	7044.00	4899.00	918.00

续表

年份	三港合计		其中（单位：万海关两）		
	万海关两	占东北比重（%）	营口港	大连港	安东港
1910	13187.00	72.30	6560.00	5663.00	946.00
1911	15334.00	72.00	7453.00	6782.00	1099.00

注：表中资料源自张福全. 辽宁近代经济史（1840—1949）[M]. 北京：中国财政经济出版社，1989：276.

据史料记载，辽东三大港口在1911年的贸易额是1904年的4.4倍，其中输入额增加3.3倍、输出额增加8倍。这一时期，发展贸易的国家由原来的英美等少数国家扩展到日、英、美、法、德、比、意、加拿大、丹麦、俄国、荷兰、菲律宾、印度及中国香港等20多个国家及地区。其贸易额占东北三省总量的70%以上。但这一时期，辽东三大港口输出的商品农、副产品占八成以上，工业产品极少。

③城镇商业文化的初步繁荣。1895年以后，随着辽东地区农业、畜牧业、手工业及机器工矿业文化的发展，各地的城镇商业文化初步繁荣起来。各地商业店铺明显增多，商业资本扩大，从业人员增加，商业文化较为活跃，同时也产生了许多商业组织机构。如省城奉天，商业店铺迅速增加，集市与店铺贸易、行商与坐商日益繁荣。1895年前，奉天城的商业店铺有近20家，至1911年，则增加至0.13万家，是1895年前的60倍。此外，1900年盖平出现上等商号128家、中等商号178家；1909年，营口有商业店铺130余家，每年盈利超过万两的有七八十家；铁岭县城有商业店铺共166家，另持有店帖者22家、有坐票者14家、牛马贩42家、盐店栈商109家、乡镇商户46家、盐店栈商54家；

新民有注册资本超过万元的商号共 28 家①。

由于商业贸易文化的发展，城市商业组织、商务机构应运而生。辽东地区几乎所有城市都设有商会组织，史料明确记载的有奉天商务总会、安东总商会、营口总商会、西丰商务分会。以城市为名的商会还有昌图、庄河青堆子、海城、牛庄、凤城、辽源、锦县、复县、盖平、法库、铁岭、海龙山城子、海龙朝阳镇、庄河大孤山、洮南等商会。

总之，甲午战争后，辽东地区工商业文化获得了较快发展，这就为金融业文化的兴起和发展提供了条件。

2. 金融货币文化的初兴及演变

①金融货币文化的初兴。辽河近代金融货币文化最早兴起于营口。营口开港后，随着商品经济的发展，营口地区金融货币文化也获得发展。据史料记载，“迨道光初年，南方杉雕客船，航运云集，于是粮栈，油坊商业踵起，交易亦繁。迨咸丰八年，而炉银亦于是成立”②。炉银即过账炉银，又名过账银，是当时炉房所发行的一种通用货币，又是一种存款。当时的商业交易活动全部用炉银过付，每年三、六、九、腊月 4 个月初一为印期，届时开印，向炉户兑付现银。营口成为东北地区最早的近现代金融货币文化发展中心。同期，奉天也出现了经营钱业，先后设立了万亿恒、义奉长、渊泉溥、豫长丰、泰记钱号、咸元会等，说明近现代金融货币文化开始在奉天地区兴起。

辽河近代金融货币文化的发展以成立官银钱号和官帖局为标志。1894 年，奉天设立华丰官帖局，首次发行地方货币官帖。1898 年，盛京将军依克唐阿继续设立官帖局。这些官帖局发行官

① 孔经纬. 中国东北地区经济史（第 1 卷）[M]. 哈尔滨：黑龙江人民出版社，1990：486-490.

② 营口县地方志办公室. 营口县志：上篇 [M]. 沈阳：辽宁民族出版社，1999：156.

帖，对活跃市场、办理汇兑、限制私钱流通、阻遏外币起到了一定的作用。1904 年，清廷组建了国家银行——户部银行，随着金融业文化的发展，地方金融业文化进一步发展，并逐渐朝着近代金融业文化转变。于 1905 年成立的奉天官银号是由盛京将军赵尔巽主持筹建的，属官商合办的官银号，当时财政局拨款 60 万银两，私股较少，只有几万银两；总局设立在奉天省城，在大连、营口、盖平、安东、辽阳、本溪、锦州、铁岭、开原、昌图等地设有分号、支行 80 余处，经理银行汇兑和调节钱价；马恩桂为经理，发行的纸币为小洋票，是奉票流通的开始。

1907 年，奉天改为行省，奉天官银号同吉林、黑龙江两省连号，于 1909 年 4 月 21 日将奉天官银号改为东三省官银号，发还私商股份，成为东北地区官办的第一家银行。自奉天官银号成立，各城镇成立了分号、支行后，遂强令各地不许再印发私帖私票。由于当时官银财力不足，虽强令私人不许滥发纸票，仍有令不止。奉天地区也是全国滥发私帖最多的省份。各地商会、钱庄、当铺、粮栈、杂货铺、烧锅，随心所欲，滥发私帖，与奉天官银号发行的奉票同时流通。黑山县是当时最有名的，竟有 8 家著名的私商印发私帖，流通全县家家户户。

②金融货币文化的演变。辽河金融货币文化形态和类型相当复杂，据统计，至晚清末年大约有上百种。其主要形态和类型有银两、制钱、盛京制钱、东钱、凭帖、铜元、小银元、现大洋、奉票（小洋票、大洋票）等。其中，银钱和制钱是清朝的货币，两者同时流通，钱银比价为1000∶1。盛京制钱是清入关前所铸造的天命元宝、天聪通宝，流通于辽东及东北地区，清入关后颁行的顺治通宝，即制钱。各省开炉铸造，辽东地区流通盛京铸制钱。

东钱是因制钱不足而流通于盛京的货币，是由关东地方铸造、发行的铜钱，属于辽东地区地方金融货币形态和类型。

凭帖即地方性纸币。因金属货币流通不便，所以用纸币取代铜钱。但清政府担心纸币贬值，影响政府形象，造成市场混乱，纸币发行工作并未积极展开。但地方缺少铜钱，故印行纸币。凭帖是商业文化发展的必然产物。道光初年，盖平出现私商发行的钱票称为虚票，是辽东地区凭帖的雏形。至20世纪初，私商发行的凭帖演变为飞子。以银两为单位的称银飞子，以东钱为单位的称钱飞子。这种飞子钱也是私商开的当铺、银钱店、粮栈、烧锅发行的。钱飞子以吊记账，每吊为东钱160文。钱飞子遍行辽东地区，流通面很广。银飞子和钱飞子都是一种虚票，在流通过程中，往往要和东钱兑换，而市面的东钱短缺，兑现不出现钱时，会发生纠纷。

铜元俗称大铜子，是仿照银元形制制造的铜质金属货币，初在吉林制造，遭到俄军破坏后，于1900年改由奉天铸币厂铸造。

小银元俗称银角，奉天小银元又称小洋元，是银元的辅币，奉天铸造厂铸造的小银元面值有5角、2角、1角、5分几种。因其面值小，形制美观，很受市面欢迎，成为辽东地区通行货币，铸造和流通量很大。奉天铸币厂铸造数百万两有奇，外省也有许多小银元流入辽东。

现大洋主要是外省和国外流入的银元。

奉票是东三省官银号发行的纸币的总称，包括小洋票、大洋票。奉天大洋票面值有10元、5元、1元，面值与现大洋相等。奉小洋票是奉小洋的汇兑券，是辽东地区通行量最大的纸币，对促进辽东地区商业文化的繁荣与发展发挥过积极作用。

总之，清末辽河金融货币文化的形态与类型十分复杂多样，说明辽东地区近代金融货币文化较为发达。

3．外资金融业文化的渗透

金融工具是西方殖民者大肆掠夺中国财富的重要手段。甲午战争后，以日俄为代表的外国资本主义势力在辽东地区开办金融机构、滥发纸币，给辽东乃至东北带来巨大的劫难。

日本侵略者率先在辽东地区建立金融机构，且数量最多。金融机构有日本政府的银行和信托公司，也有日本商人经营的民间组织、信用组织、当铺等。在辽东势力最大的是横滨正金银行和日本朝鲜银行。

总部设在日本横滨的横滨正金银行是1880年开办的官商合办的股份制银行，官股占33%，商股占67%，创办时总资本300万日元，至20世纪初增至1亿日元。1899年，横滨正金银行侵入营口，首先在营口设立支行。日本政府对此抱有野心，企图以该银行统一垄断中国辽东乃至东三省货币，从而控制金融市场。因此，赋予正金银行发行钞票、银兑换券、发放长期贷款、发行金票、办理外汇业务等特权，大力扶持正金银行在华发展。其很快便在辽东地区的营口、大连、旅顺、安东、奉天、铁岭、开原等地开设10余家分行。

日本朝鲜银行总行设在朝鲜京城，于1909年在安东设立分行，并相继在大连、营口、奉天、开原等地设立分行，也赋予该行发行金票和经营国库业务等特权。日本在中国东北地区开设了17家银行，其中有13家设立在辽东地区的大连（兴信银行、正隆银行、满洲银行、商业银行）、辽阳（商工银行）、铁岭（日俄银行）、奉天（满洲殖产银行）、开原（开原银行）、鞍山（南满银行）、瓦房店（东华银行）、安东（协成银行、实业银行）、营口（振兴银行）等城市①。

华俄道胜银行于1895年设立，原始资本金为600万卢布，由俄、法两国出资兴办。1898年，沙俄诱使清政府入股，签订《入股伙开合同》，清政府一次注资500万银两，折合俄币为756.20万卢布。因政府入股，该行便拥有了许多特权，诸如经收中国税款、经营中国国库和地方金库、铸造发行货币、敷设中国境内铁路和通讯电线等，在营口、奉天设有分行。

日俄以外，其他殖民主义国家也陆续在辽东地区投资兴办金融机构，共设立11家银行：美国的花旗银行、英国的汇丰银行、

① 张福全．辽宁近代经济史（1840—1949）[M]．北京：中国财政经济出版社，1989：314.

英国的麦加利银行、中美合资的中华懋业银行、法国的露亚银行、美国极东借款银行、极东犹太商业银行、犹太庶民银行、中法合办的法亚银行等。这些银行分别在辽东地区的奉天、营口、大连、开原等地设有分行。

殖民者凭借金融工具和享有的特权，操控辽东地区经济，掠夺财富。特别是他们滥发纸币，给辽东乃至东北带来巨大的损失。据史料记载，各国银行在辽东及东北地区发行的各种货币多达136种。各国银行大搞投机，大发横财，且手段无所不用其极，严重破坏和干扰辽东乃至东北地区的金融市场。例如，提高日本货币价值，贬低中国货币。日本规定，辽东和中东铁路南满段，无论客货，一律不得用中国货币结算，强制用日本货币结算。当用中国货币与日本货币兑换时，又故意压低中国货币价格，从而加速中国货币贬值。开始时，奉票与日币的比值为1.1∶1.75，奉票币值高于日币，但3年后变成为10∶1，4年后变为25∶1，5年后变为51∶1，6年后变为62∶1，7年后变为64∶1。由此不难看出，日本帝国主义掠夺中国财富手段之残酷。

在日元的打压下，辽东地区的几种硬币全部贬值。过炉银开始时，1日元换0.96银两，10年后能换4.78银两；镇平银开始时，1日元换0.72银两，10年后能换1.53银两；小银元开始时，1日元换1.11银元，10年后能换2.47银元。可见，日本操纵中国金融市场致中国的硬金属货币如此价落。

日本银行故意把日元币值抬高，旨在极力吸引辽东地区的社会游资，使日本银行在辽东地区吸收更多的存款后，再将这些存款放贷给各类企业，如此循环榨取，使辽东地区金融市场完全被日本金融机构操控。日本银行的存贷差十分悬殊。社会存款利息一般为4.5～6厘，而银行放贷款利息高达2.5～5分。如此低存高贷，日本金融机构残酷盘剥中国巨额资本，年榨取高额利息达8000多万日元。

日本金融机构还利用在各地开设的金融分支机构，控制各乡镇的粮食收购，每年夏秋粮食收购时，压低价格大量收购粮食，而后转卖到国外换取外汇；然后利用这些外汇高价套购我国银两，使我国的外汇业务完全被日本金融机构操纵，辽东地区的家副产品交易也完全被日本金融机构所操控。

为使辽东奉票贬值，同时套取辽东地区的现银，日本金融机构公然干起了直接套现的恶毒做法，即前店兑硬币，后门用纸币收购硬币，如此轮番捣兑，使银钞差价加大，奉票价格日跌。日本金融机构甚至勾结不法商人捣兑奉天小银元，从中牟利。

总之，辽东金融业文化在甲午战争后，不仅出现了新形态和类型，而且有所发展。但是，其在日本殖民地金融文化的压迫下，又走向衰落，甚至倒闭。日本殖民统治给辽东地区金融业文化乃至辽河近代文化发展带来了严重的破坏。

（四）交通与通信文化的发展

辽河近现代交通与通信文化以铁路、轮船陆路水运交通与电报、电话通信为主要文化形态。近代交通与通信业文化兴起于欧美地区，是人类文明进步的重要标志。然而，在资本驱使下，西方殖民者却将人类文明的成果作为对落后地区进行野蛮掠夺的工具。西方列强根本不顾中国政府和人民的反对，公然损害中国的交通、通信主权，纷纷向中国输出资本，在中国沿海、沿江地区设立航运、电报、邮政机构，擅自修筑铁路，用以收集情报、传递信息，便于其经济掠夺、军事侵略、政治霸凌，用先进的交通与通信文化进行殖民侵略和侵占，加重了中国人民的苦难，严重侵害了中国的权益。

为挽救民族危机和维护中国合法权益，许多有识之士奔走呼号，吁请清廷扶持创办近代交通与通信业文化，中国近代交通与通信业文化才有了发展的机会，航运、铁路、电报、电话纷纷创办，形成了交通与通信文化兴盛的局面。辽河近代交通与通信文化也随之兴起。

1. 近代铁路文化的兴起

辽河近代铁路交通文化的兴起以英国修建的山海关至新民的

铁路和沙俄兴建的中东铁路为代表。19 世纪末，帝国主义为了经济掠夺和军事侵略，在中国投资兴修铁路。首先是英国殖民者于 1894 年建成的津榆铁路。后将津榆铁路延长至新民，至 1903 年建成山海关至新民的铁路。为了对抗英国，进一步瓜分占领中国，沙俄推行远东政策，意欲占领并控制中国的东北地区，筹划修筑从莫斯科至海参崴再至中国东北地区的铁路，进而延伸至中国山海关以里至华南。为实现其远东战略，沙俄在 1896 年与中国签订了《清俄同盟密约》（又称《中俄密约》），并签订了《中东铁路合同》，因而取得了在中国满洲里至绥芬河的铁路修筑权。翌年，借德国占领胶州半岛之机，沙俄提出租借辽东半岛。1898 年，沙俄与中国签订了《东省铁路公司续订合同》，又取得了哈尔滨至旅顺口的铁路修筑权与经营权。中东铁路干线从满洲里与沙俄西伯利亚大铁路接轨，经海拉尔、齐齐哈尔、哈尔滨、牡丹江至绥芬河，从绥芬河出境至海参崴。支线铁路由哈尔滨经长春、奉天至旅顺口，连同附属支线，总长约 0.26 万多公里①。中东铁路于 1897 年破土动工，至 1903 年全线修建完成并通车运营。

英俄在辽东半岛修筑铁路的时期，也是辽东铁路交通文化兴起的时期。南面是英国修筑的具有经济侵略价值的京奉铁路，北面是沙俄修建的具有军事战略运输意义的中东铁路南满线，英俄两个帝国主义以辽河之隔而相互对峙较量。日本侵略者虽后来，但在与英俄殖民者争夺辽东地区铁路修筑权上毫不示弱。日俄战争中日本一举打败俄国，与沙俄签订了《朴次茅斯和约》，从沙俄手中夺得了中东铁路南满段即长春至旅大 700 多千米的干线及一切支线，共 5 条线路，总共 840 多千米的铁路修建与经营权，并成立南满洲铁道株式会社（简称“满铁”）负责经营管理。

总之，辽河近代铁路交通文化发展较快，但大都由殖民者投

① 金士宣，徐文述．中国铁路发展史［M］．北京：中国铁道出版社，1986：47.

资修造和经管，因而这一时期辽河近代铁路交通文化带有明显的殖民地色彩。

2. 公路水运交通文化的发展

辽河陆路交通文化历史上比较发达，近代以来又有较快发展。境内有南北陆路交通干线和数量众多的驿站，形成了四通八达的陆路交通网络，促进了经济文化的繁荣和发展。

辽河近代水运交通文化主要形态包括河运和海运。河运的干道主要有辽河和鸭绿江，海运主要有黄海、渤海沿岸港口至东南沿海地区乃至国外。辽河近代商业文化蓬勃兴起，特别是营口开港后，辽河近代水运交通文化发展迅速，形成了营口、大连、安东、大东港四大港，与辽河与鸭绿江两条河运商道一起，构成了辽河近代水运交通文化的繁盛局面。

营口、大连、安东三大港口水运交通文化的发展，也促进了辽东地区经济文化的繁荣兴盛。如表 3-14 所示。

表 3-14　　1907—1911 年辽东及大连港口货物吞吐量情况表

年份	辽东港口货物量合计（万吨）	大连港口吞吐量（万吨）						
		总量合计	出港货物种类及数量			入港货物种类及数量		
			合计	农产品及加工	重工业产品	合计	轻工业品	纺织品
1907	41.80	41.80	17.30	16.80	0.50	0.50	0.30	0.20
1908	107.00	107.00	66.10	53.90	12.20	1.70	0.90	0.80
1909	136.60	136.60	91.90	55.70	36.20	2.20	1.50	0.70
1910	151.30	148.50	87.60	70.20	17.40	2.70	1.50	1.20
1911	166.30	140.70	90.00	68.90	21.10	4.20	2.20	2.00

注：表中资料源自张福全. 辽宁近代经济史（1840—1949）[M]. 北京：中国财政经济出版社，1989：265-266.

营口、大连港以辽东及东北地区为腹地，安东港以鸭绿江及辽河流域为腹地，其贸易文化日益发达，说明了辽东地区腹地经济的发展与繁荣。

3. 近代通信业文化的兴起

辽河近现代通信业文化是伴随西方列强的经济侵略传入而发展起来的。19 世纪 70 年代以后，英、美、俄等侵略者为了加速传递中国军政情资和市场信息，纷纷在中国架设电线、开办邮政和电报，以攫取、控制中国的电报通信。至 1906 年，西方列强在中国开办的邮政机构就多达 65 家。其中，日本 17 家，英法德三国各 14 家，沙俄 5 家，美国 1 家①。

辽河近代通信业文化兴起于 1884 年以后。当时，为了加强辽东防务，清政府修筑了津沽北塘至山海关、营口、旅顺、奉天的通信线路，其中山海关至营口、营口至旅顺线路于 1884 年 10 月始建，建成后，设总局 1 处，分局、栈房、报房 14 处，自此通信业文化便在辽东地区逐渐传播开来。1895 年以后，辽东的几条支线继续扩修。1908 年，营口至凤凰城的 789 里线路建成。次年，架设了奉天经抚顺、兴京、通化至临江的线路。同年，建成奉天至海城、奉天至山海关的线路。通信线路的架设，为通信业文化的发展奠定了基础。

辽河近代邮政业文化兴起于 19 世纪末。至 1906 年，盛京将军赵尔巽创办了奉天文报局，后改称东三省文报局，不久又改称东三省邮政总局。辽东地区铁路交通文化发达，邮政业文化借此获得较快发展，不仅快捷方便，而且节约省事。通信业文化的兴盛，逐渐取代驿站交通文化。辽东地区是国内较早废驿设邮的地区。

---

① 邮电史编辑室．中国近代邮电史［M］．北京：人民邮电出版社，1984：17．

第二节 民国前期辽河近代文化景象

民国前期，主要是指辛亥革命后至九一八事变前即 1912—1930 年这段历史时期。

辛亥革命推翻了封建帝制，建立了中华民国。民国虽然成立了，但原有的社会基础，无论是政治的、经济的、文化的、社会的，并没有随着封建帝制的垮台而改变。晚清时代的社会文化，很大程度上保留或者延续下来了，脱胎于封建母体的新事物，初期尚无法蜕去带着浓重封建味道的乳臭，就像处于断乳期的懵懂少年一样，既想挣脱父母的呵护，又担心失去父母的呵护，姑且称之为社会断乳期的文化心理。所以，辛亥革命成功后执掌民国大权的不是资产阶级革命党人孙中山，而是北洋军阀袁世凯。这是历史的必然选择。

袁世凯执掌了中华民国临时大总统的职位以后，通过残酷镇压民主势力，谋求建立独裁统治政权，中国社会陷入北洋军阀黑暗统治的时期。

北伐战争是国共两党合作共同领导的反对北洋军阀黑暗统治的战争。北伐战争胜利在望之际，1927 年以蒋介石为代表的国民党反动派蓄意制造了屠杀共产党人的四一二反革命政变等系列惨案。国民党中的共产党人被清理，蒋介石欲实现独裁统治，新军阀派系蒋、桂、冯为争夺权力展开中原大战，致中国再次陷入了混战的局面，中国又一次重现四分五裂的局面。

1931 年 9 月 18 日，日本帝国主义再次发动野蛮的侵华战争。东北危急！华北危急！中华民族陷入了更大危机之中。

1911—1931 年近 20 年期间，可以概括为事件迭起、风云莫测、变幻诡谲、眼花缭乱，充满迂回曲折，甚至还出现了一段时间的逆转或倒退。中国近代文化传统的发展深受影响，辽河近代文化传统的发展表现出明显的地域特色。

一　辛亥革命对辽河近代文化的影响

辛亥革命是20世纪中国发生的一件影响重大而深远的历史事件，是中国民族资产阶级领导的反帝反封建的民族民主爱国运动，一举推翻了腐朽没落的晚清政府的昏庸统治，结束了几千年的封建专制帝制。推翻封建专制帝制，建立共和政体，不止于政治制度大进步，而且牵动了整个中国社会以至思想文化等方面的演进。

辛亥革命是中国民族资产阶级先进分子在黑暗的环境中，勇敢地高举起民族民主革命的火炬，进行宣传与鼓动，在中国人民的心中燃起了新的希望，为中国革命开辟了新道路。辛亥革命虽然改变了政体，但并没有解决近代中国社会的根本矛盾，引领中国从此走上独立、民主和富强的道路，实现人们长期的期盼与渴望。帝制垮了，民国则成了北洋军阀的合理外衣，他们口头上喊着民国，屁股下坐的是封建军阀和封建官僚的国家机器，近代中国半殖民半封建的经济基础更是原封未动，成为北洋军阀政客们实行黑暗统治的经济基础。

辛亥革命对中国近代文化传统的影响是深刻而复杂的，对于辽河近代文化传统的影响也是如此复杂而深刻！

受辛亥革命的影响，辽东地区爆发了反帝反封建斗争，并发展成为辽河近现代文化发展的主流。

（一）辽河儿女反帝反封建斗争

1. 辽东工商学界反帝斗争

以日俄为代表的西方列强对辽东人民残酷压榨，导致民族矛盾加剧。1905—1908年，辽东地区爆发的工人罢工斗争逐年增加。1905年，矿工、铁路工人掀起罢工；1906年，奉天、铁岭、营口等地的酿酒、榨油、造纸业工人纷纷爆发罢工；1908年，中东铁路工人罢工超过万人；其间，鸭绿江产业工人罢工，抗议日本掠夺辽东地区森林资源。各行业工人的罢工造成日俄殖民地工厂、铁路、矿山经常陷入瘫痪状态，连日俄警察也无法制止。自1905年始，全国掀起反美爱国运动，由反美开始，到反对各国对中国的侵略与掠夺。辽东地区的城镇商人也掀起抵制洋货倾销的罢市活动。营口商人首先行动，他们与各城商会联络，共同抵制美货，约定“美约不改，一律停销”美货。1909年，盖平商人为反对银元和铜钱贬值采取罢市行动，影响很大；同期，省城奉天的商人和普通市民也参与罢市，拒绝购买美日俄货物。工商业界的罢工得到了广大青年学生的拥护，学生们也积极参与反帝爱国运动，掀起罢课运动，走上街头与工人和市民一起抵制美日俄货物，宣传反帝爱国，铁岭的爱国学生“断指血书”，要求晚清政府取消与日本的一切卖国条约①。城市工商学界的罢工、罢市、罢课斗争风起云涌，得到各地民众纷纷响应，开始发起针对殖民者统治的破坏行动，或破坏铁路交通，或破坏通信线路。据当时的《盛京日报》报道，南满之日本电线，两年内被民众砍断达180多次，半年内民众破坏铁路有13次，给帝国主义器张气焰以极大打击。对残害中国人的日本侵略者，民众也敢于直接袭杀反抗。如1906年，日本侵略者闯入康平县“托言绘图，百般骚扰”，被康平民众“枪毙多名”；是年6月，貔子窝民众袭击日本税务局，普兰店民众围攻日本警察所，枪战中有22名日本警察被打伤、打死。

辽东地区工商学界掀起的抵制美国货的斗争，具有反帝爱国斗争的积极意义，给予西方殖民者以有力打击，体现了中国人民不畏强暴的斗争精神。

2. 辽东农民抗捐抗税斗争

辽东地区农民对日俄殖民统治下沉重的苛捐杂税不堪重负，抗租抗税斗争从未间断过，声势越来越大。当时，辽东地区有厘

① 王魁喜. 近代东北史［M］. 哈尔滨：黑龙江人民出版社，1984：327.

捐、东边税捐、木植税捐、河口粮货捐、通江子河捐、期粮税捐、营口八厘捐、烟酒加价捐、土药暨亩捐、船规凑挂银等捐税，真是巧立名目，任意鱼肉乡里，且日甚一日。因此，营口地区抗租抗税由“自缚请命”转变为武装暴动。1906 年，营口地区农民要求减免重捐遭到拒绝，78 个村屯的农民“自缚请命”，农民将自己绑缚后涌入府衙，不免重捐便自愿坐牢，斗争长达半年多时间。清政府一味媚外，根本不顾中国农民的权益，不但不免重捐，而且更加暴戾，使农民走上武装反抗的道路。次年 6 月，辽阳 3 万多名农民涌入省城，强烈要求减免捐纳，东三省总督竟派官兵镇压，开枪杀害大批请愿农民；同年，安东、凤凰厅、宽甸地区暴发农民反对强纳山荒捐，凤凰厅农民冲入凤凰厅，包围垦荒局，要求免除不合理的捐纳，遭到当局弹压，有两个人被当场枪杀，多人被打伤。这引发了更大规模的农民反抗，3 万多人围攻官署，把镇压农民的 7 名警察捆绑起来。奉天巡抚派大批官兵进行镇压，遂使矛盾激化为武装冲突。由鲍化南联系岫岩等地农民 3000 多人，与清军作战。起义农民包围了凤凰城，打死、打伤警察，徐世昌见事越闹越大，恐难以收拾，命东边道张锡銮免除不合理捐税。

庄河地区农民的抗捐斗争持续时间最长、最激烈，牺牲最为壮烈。1906 年秋爆发抗捐斗争，1908 年转变为武装斗争，武装农民 2000 多人，与官兵展开斗争。至 1911 年 8 月，首领潘永忠、隋守真等人领导庄河农民反抗警捐、学捐和牲畜捐。8 月 27 日，起义农民攻入庄河县城，捣毁立宪议事会，杀死议会董事。随后，海城、岫岩、复州等地民众也投入起义队伍，复州的高丕儒组织联庄会有快枪 70 余支，与庄河联庄会联合抗捐。东三省总督赵尔巽勾结日本人，派马步炮队 1000 余人，镇压抗捐民众。9 月 10 日，潘永忠等人组织抗击官兵，战斗持续了 6 天，起义首领之一的王春发战死，潘永忠被捕。战斗结束后，赵尔巽以“啸聚匪徒，聚众抗拒官兵”罪，杀害了潘永忠、隋云朋、刘中林、宋国中等人。

此外，1909 年 6 月，复州李双贵等率众 300 余人，要求免除锄捐，四方农民纷纷响应；次年 6 月，辽西宁远州（今辽宁省兴城市）爆发抗捐斗争，遭到官兵镇压，宁远 5000 余人包围州衙，州官再次下令镇压，打死民众 2 人，打伤 10 余人。奉天地方当局担心民众再度起事，惩办了杀人凶手，释放了抓捕的民众。

3. 辽东地区爆发民众抢粮风潮

由于连年水灾、病疫灾害，辽东乃至东北地区发生粮荒。至 1910 年，秋粮未下，陈粮已然吃光。不法商人趁机倒卖粮食从中牟利，从而引发了饥民抢粮风潮。抢粮风潮兴起于安东，很快蔓延开来。安东不法商人囤积居奇，把大批的粮食运往外地倒卖。安东民众得知后，赵氏沟 300 余乡民把奸商的 200 多石大米抢光。随后，脉起山、观音堂两地又有 700 余饥民四处抢粮。抢粮风潮很快蔓延开来，汤池子、五道沟、大东沟、宽甸、凤凰城等地饥民闻风而起，迫使官府“压令商店将存粮尽数分给贫民”①。接着，庄河 700 多人的饥民队伍四处抢粮，影响很大。辽东地区爆发的民众抗捐斗争和抢粮风潮是针对官府不作为的斗争，具有反封建剥削和压迫的积极意义。

4. 辽东地区民族资产阶级的觉醒

城市工商学界、农民抗捐斗争与抢粮风潮爆发的同时，辽东地区民族资产阶级先进分子也开始了合法斗争，如要求实行地方自治、请求立宪和速开国会、保护民族利权等斗争。

在晚清政府推行所谓新政和搞预备立宪时，奉天、营口、锦州、新民、海城等地纷纷成立商会，至 1907 年，辽东地区已成立商会有 41 处。这些商会组织是辽东地区民族资产阶级有识之士发起并组织成立的，目的是向晚清政府要求参政权。1908 年，辽东

① 中国史学会. 中国近代史资料丛刊·辛亥革命（三）[M]. 上海：上海人民出版社，1957：532.

地区民族资产阶级发起请愿，要求速开国会。1910 年，先后 4 次组织万名请愿者到晚清政府的东三省总督衙门请愿，东三省总督只好在请愿书上钤印，请愿者于 12 月 11 日启程进京上书。

同时，还掀起规模巨大的要求保卫民族利权的运动。1909 年，日本又通过《图们江中朝界务条款》，攫取了吉惠铁路经营权。辽东地区民族资产阶级掀起了保路运动和抵制日货运动，并得到了吉林的响应。辽吉两地保路代表同赴东三省总督衙门请愿，并进京请愿，发出“故宁为死，争作中国之鬼魂；亦不愿苟活，供外人之奴隶”的呼声，誓死保卫中国铁路主权不为日本侵略强夺。辽东地区民族资产阶级的觉醒，使反对帝国主义掠夺与压迫增添了新的斗争力量。

（二）革命思想文化的传播

20 世纪初，以张榕等为代表的革命党人组建了关东自卫军，在辽东地区开展反俄斗争。1905 年，安徽人吴樾到达辽东，张榕与吴樾结识并共同从事革命活动。是年 9 月，在北京刺杀晚清政府派出国学习宪政的五大臣，吴樾被自制炮弹炸死，张榕逃走后又被捕，关进了大牢，后在典狱长的帮助下越狱，前往日本，参加了同盟会。同盟会成立时，决定在国内设立 5 个支部，东三省设北方支部。同盟会成立之初，革命党人宋教仁、廖仲恺、徐镜心等骨干分子赴辽东地区的奉天、营口、铁岭、安东及辽西等地进行宣传活动。1907 年，宋教仁等到大连活动，以创办实业为名赴奉天省城，建立了同盟会辽东支部。从此，由辽东支部领导辽东地区的革命活动。

同盟会辽东支部成立后，按照部署积极开展反清宣传活动，揭露晚清政府的各种罪行，动员革命力量。辽东支部成立后，赵中鹄在省城创办了《东三省民报》，徐镜心创办了《盛京时报》并任主笔，沈吁若主笔《大中公报》。1909 年，又在奉天城创办了《醒时白话报》（民国成立后更名《醒时报》）。次年，从日本留学归来的金鼎勋创办了《国民报》。革命党人利用这些媒体发表揭露帝国主义侵略中国的种种罪行，揭露晚清政府媚洋卖国的嘴脸，积极宣传革命思想，呼吁民众团结起来，反对帝国主义及其走狗晚清政府的统治和压迫。《东三省民报》以辽东军政府的落款发表《辽东义勇军檄文》，例数晚清政府在辽东地区乃至全东北犯下的13条罪行，号召广大民众团结一致，“诛其淫后昏君，推倒专政，创立民国”，革命矛头直指晚清政府。

革命党人还排演俚曲乡戏，载以革命内容，四处演唱，起到了很好的宣传效果。例如，革命党人汪笑侬在大连演出了《哭祖庙》，其演技和戏剧中的悲壮情节，深深感染了广大观众，激动人心的“国破家亡死了干净”等唱词，令观众激愤不已；赵中鹄创作的《潘公投海》剧本，以感人的爱国情节激励民众的爱国热情，经著名艺术家刘艺舟主演，引起了强烈反响。在革命党人的宣传影响下，许多演艺团体和艺人也积极编练、演出具有爱国思想的节目，对宣传革命思想发挥了重要作用。

革命党人提出“兵战、商战、实业战，要皆根本于学校”，“学校不兴，教育不能普及，民智遂未由而开”①。因此，蒋大同等还先后创办了辽阳陆军小学、奉天劝学公所、商业专门学校、官话字母总塾等学校，利用这些教育机构传播革命思想，发展革命力量。

革命党人以推翻晚清政府统治，建立资产阶级执政的民主共和国为革命目标，在宣传革命思想的同时，还积极组织革命武装，先后同“马贼”、联庄会和新军进行联络，筹备革命武装力量，准备发动武装起义，以暴力推翻腐朽没落的晚清政府。这些武装力量是当时辽东地区反帝反封建斗争的重要力量，其成分复杂、组织分散，活动的内容和目标各不相同。辽东地区革命党人看到了这股力量的作用，因而积极争取他们加入革命队伍。如徐镜心、

① 吉林省档案馆．清代吉林档案史料选编·辛亥革命［M］．长春：吉林省社会科学院出版社，1985：67．

张继、宋教仁、林伯渠等，都曾主动出面联系这些反清武装组织，许多首领也参加了同盟会辽东支部，约期起义。联庄会是辽东地区农民组织，如关内的团会、团练、大刀会、小刀会等，大多是地方豪绅出资组建的地方武装。革命党人与他们联络，吸纳他们加入同盟会组织的革命力量。在徐镜心等人的努力下，联庄会首领刘纯一、宁武等加入了同盟会辽东支部，其领导的4000余人联庄会武装组织也加入了革命军，成为革命党人发动武装起义的重要力量。

清末的新军也是辽东革命党人积极争取的重要对象。新军是近代军人，他们中很多人是知识分子，文化水平和思想觉悟比较高，对于帝国主义野蛮侵略和腐朽没落的晚清媚洋卖国的行径深恶痛绝。辽东地区的革命党人参加新军，到新军中去做组织发动工作，如商震主动入新军第20镇在奉天创办的随营学堂，与程起陆发起组织锦州武学研究会，作为革命党人的联络中心，暗中开展革命活动；彭家珍、钱拯等革命党人积极争取冯麟阁部军官。在革命党人的积极工作下，驻辽东的新军中革命气氛愈来愈浓烈，诸如新军第二十镇统制张绍曾、教练处总办吴禄贞、第二混成协协统蓝天蔚等军官成了同盟会辽东支部的主要负责人，并成为同盟会骨干，对辽东地区的革命事业给予了巨大支持并作出了重要贡献。

此外，革命党人还积极做辽东地方警察部队的工作，向他们宣传革命思想，艰苦策动，组织革命力量。革命党人的宣传鼓动起到了促进革命文化传播与渗透、激励民众革命激情的作用。

（三）革命党人组织的武装斗争

革命党人欲和平独立流产后，张榕、徐镜心等人成立了奉天联合急进会，继续展开斗争，并将斗争的目标确定为“将以响应南方，牵制北军势力，使清帝不敢东归”，强调要“建立满汉联合共同政体”，并在辽东各地设立分部，将斗争重点转向敌对势力薄弱的地方，组织武装力量发动起义。

11月20日，由顾人宜、顾人邦、顾人敏三兄弟发动了庄河、复州起义。早先，顾氏三兄弟为反对苛捐杂税曾领导农民起义。适逢武昌起义爆发，顾氏三兄弟与革命党人磋商后率众起义。起义部队打垮了清军，于24日决定成立地方军政府。庄河、复州起义，是奉天响应辛亥革命武装起义的首次发动，并取得了胜利。随后，与革命党人杨大实、张璧领导的起义队伍会合，于当月27日在庄河县成立了中华民国庄河军政府，顾人宜任第一军司令，张璧任参谋长。庄河、复州起义的胜利，使辽南地区民众深受鼓舞，表示“听从顾命，生命相许”，不少人变卖家产支持革命，起义队伍迅速扩大。尔后，革命党人在辽东地区相继组织了辽阳起义、海城起义、凤凰城与安东起义以及其他地区的起义。可以说，当时起义的烽火燃遍了整个辽东地区。虽然大多数起义都被镇压了，但起义给晚清政府以极大的震动。1912年1月23日，张榕被谋杀；当晚，汤玉麟率兵捣毁革命党人机关报《国民报》，并枪杀了田又横、宝昆。省城奉天，一片恐怖，几天之内，革命党人被杀害者不下400人①，致辽东地区革命党人群龙无首，最终走向分散与失败。

辽东地区革命党人组织民众起义体现了反帝反封建的爱国精神和英雄气概，表现出辽河近代文化发展的时代特征。

二　民国前期辽河近代文化的发展

辛亥革命推翻了晚清帝制，随着封建地主经济开始解体，辽东地区农业文化发生了新的变化，清朝王公贵族庄园全部丈放，促进了农业文化形态的变化，农牧公司迅速发展，农业生产得到提高，新富农经济和经营地主快速发展，农业文化日益繁荣；民国初年，尤其是第一次世界大战期间，辽东地区工业文化出现少

① 孙克复．狐狸方去穴，桃偶已登场——辛亥革命在辽宁的失败[J]．辽宁大学学报（哲学社会科学版），1981（6）：49.

有的繁荣景象，轻工业、重工业文化形态发展较快；商业文化日益活跃，内外贸易日渐发达；官僚资本文化逐步形成；教育科技文化获得发展；近代产业工人文化迅速兴起。辽河文化传统呈现新的景象。

（一）辽河近代经济文化的发展

这一时期，辽河近现代经济文化的发展主要表现在农业、民族工矿业、商贸业及官僚资本文化的发展。

1. 农业文化的演变

清王朝结束后，辽东地区禁封土地，即王公贵族封建庄园包括官庄、旗地、官荒、蒙地、八旗官兵的伍田及随缺军旗地等全部丈放，共360多万亩，或收归国有，或放为民田。这有力地推进了辽河近现代农业文化的发展。生产关系、经营方式发生了明显改变，传统自然经济文化形态被打破。近代生产技术和新式生产工具的引进，以及资本主义的生产方式和经营方式的发展，带来了经营方式的转变，也促进了近现代农业文化形态和类型的转变。

（1）农村土地开发与经营

土地开发是农业文化发展的前提。土地开发的规模是农业文化发展与否的标志之一。辽东地区是清王朝的发源地，长期受到清廷的保护，土地开发是在晚清末年辽东土地解禁之后，主要依靠外来农民的垦荒。民国初年，晚清皇室及贵族私有田庄陆续放垦。1914年3月，民国政府颁布了《国有荒地承垦条例》，进一步放宽了承垦条件，因而招徕大批关内移民，土地开发进入高潮。奉天省设立专门机构，组织和管理土地开发工作。奉系军阀统治确立后，继续推行招垦、催垦政策文化，着手对已经放荒的土地进行清理、清丈，同时采取多种措施鼓励垦殖，广招垦民，续放余荒，进一步促进了垦殖业文化的发展。1916年5月，奉天省进一步丈放官荒、淤荒、牧场、围场、苇场及东边道一带荒地。各地设立了清丈局，加以推进。1923年以后，各地方政府还纷纷制定催垦规程，由是，招垦、催垦成效越来越大。1924—1930 年，是辽东乃至东北地区垦荒的极盛时期。1929 年 9 月成立了辽北荒务局，并颁布了《辽北荒务局章程》，明确了荒段范围、勘测要求、测量标准、地级价格及招领政策等事宜。翌年，又颁布了《辽宁移民垦荒大纲》，规定了垦荒区域等。经过多年的催垦、招垦，辽宁省人口和耕地面积迅速增加，辽河近代农业文化发展有了良好的基础。

公司化经营是辽河近代农业文化发展的一大特色。民国初年，垦务公司在奉天规模不大、资本不多，但由于具有农场规模，有集资入股经营的近代资本经营的性质，因而可视为辽河近代农业公司化的开端。例如，锦县（今辽宁省凌海市）的奉天天一垦务公司、奉天农事试验场及其各地的分场、黑山的奉天牧养场及其分场。1913—1920 年间，东北地区共有农牧垦殖公司 137 家，其中奉天有 71 家，缴资近 686 万元①，占东三省垦殖公司总数和缴资总额的比例分别为 51.82%和 43.42%。当时，有张宗昌办的裕宁屯垦公司、江苏财阀陈陶遗办的东井公司、浙江官商周大荣办的智远公司、河北地主宋庆澜办的近思公司、商人潘宗和郑永昌办的火犁公司和阜宁屯公司等，这些公司性质比较复杂，有官僚资本性质的，也有民族资本性质的，总体上看都是资本主义性质的，这较封建租佃关系无疑是一个进步。辽东地区农业文化公司化经营，不但发展快、数量多，而且地域广、类型多，垦荒农业公司、垦牧林业公司、水稻专业公司、农产商业公司等各种形态和类型皆备。例如，于 1915 年在省城创办的五合公司，最初是由金是珠等 5 个人合办，因其资本金由 5 个人分担，不入他股，故称五合公司，创办不久即购地 2000 余亩，随后便在铁岭设分号经营。农垦公司的快速发展，表明这一时期辽河近现代农业文化的

① 孔经伟. 新编中国东北地区经济史（第 1 卷）[M]. 长春：吉林教育出版社，1994：155、153.

发展。

（2）农业体制与农产品商品化发展

农业体制文化主要包括土地制度和经济形态。民国初年，辽东地区实行丈放土地，彻底改变了封建贵族地主占有土地的关系。1915 年，奉天地方当局实施《奉天全省官地清丈局章程》，将传统的封建土地丈放给人民，晚清末年诸官庄便在法律上失去了封建性。在旧的土地制度解体之际，进行土地集中的是军阀官僚、地主和商业高利贷资本。至 1917 年，奉天省农村土地占有情况，如表 3-15 所示。

表 3-15　　1917 年奉天省农村土地占有情况统计表

土地占有数量（亩）	数量（户）	占比（%）
合计	1686646	100
占地 30 亩以下	693830	41.10
30～50	401632	23.80
50～100	336731	20.00
100 亩以上	254453	15.10

注：表中资料源自张福全．辽宁近代经济史［M］．北京：中国财政经济出版社，1989：164.

耕地的集中程度不断加强，造成许多农民逐渐丧失土地，出现了大规模集约化经营土地的农业文化新形态。地主采取雇佣形式雇用劳动力，丧失土地的农民成为农业工人，具有了近代资本主义农业雇佣工人的特征，有利于农业商品经济文化的发展。

辽东地区的农产品商品化早就存在。自营口开埠以后，受外国资本输入的刺激和影响，辽东地区农业文化的资本主义商品经济形态迅速繁荣与发展。商业资本进入农业领域，加快了农业产品商品化进程，进而农业生产由自然经济形态向资本主义商品经济形态转化。一面是农产品直接销往省外、国外，商品化程度大幅度提高，如棉花，至 1931 年年初，辽东地区耕种棉花的县由 1915 年的 19 个增加至 36 个，籽棉产量由 1915 年的 147.80 万吨增加至 435.80 万吨，增长了近 2 倍①；一面是农产品深加工的商品化发展，如豆类产品加工成豆油、豆饼，高粱等粮食加工成烧锅，棉花加工成棉线、棉布，柞蚕加工成丝织品，销往省外和国外。如以大豆三品为例，1927—1931 年间，出口额高达 300 万吨②。1915 年辽东地区主要港口输出的主要农产品数量，如表 3-16 所示。

表 3-16　1915 年辽东地区主要港口输出的主要农产品数量统计表

农产品类别 港口及输出量	输出量合计（吨）	其　中			
		大连港	营口港	安东港	大东沟港
豆　类	731488	242734	100601	16925	397
小　麦	86588	4566	261	—	—
苞　米	45464	36118	3487	2168	116
谷子、高粱	79095	42993	7989	11638	—
豆　饼	805009	501843	204301	37691	471
豆　油	50506	42791	3014	392	—
粉条子	1130	809	4	16	—
大　茧	12225	3784	—	8433	8

① 张福全. 辽宁近代经济史（1840—1949）[M]. 北京：中国财政经济出版社，1989：181-182.

② 张福全. 辽宁近代经济史（1840—1949）[M]. 北京：中国财政经济出版社，1989：164.

续表

农产品类别 港口及输出量	输出量合计 （吨）	其　中			
		大连港	营口港	安东港	大东沟港
柞蚕丝	1297	552	325	450	—
花　生	2840	1764	—	18	—
麻	116	26	12	10	—
面　粉	25638	539	—	—	—
麦麸子	16465	4192	—	464	—
生皮类（海关两）	541897	235188	15735	2884	—
熟毛皮及制品（海关两）	109788	27076	57091	7122	—
马　鬃	289	247	31	5	—
其他兽毛	24	4	2	1	—
骨　类	3048	2802	159	87	—
木材（万方尺）	4672	17	11	4317	—
鲜、咸、干鱼（海关两）	410062	39431	14036	3042	24

注：表中资料源自张福全．辽宁近代经济史（1840—1949）[M]．北京：中国财政经济出版社，1989：287.

农业商品经济文化的兴起，土地经营以种植大豆、棉花、烟草麻类为主，也有经营蚕业、果园、菜园，或因资金雄厚，为追求高额利润，出现了某种作物种植专业户进行的商品经济生产。无论是土地的总收益，还是经营者、被雇佣者的收益，都较封建的租佃关系要高。土地占有者和被雇用者的生产积极性提高，使农业经济关系中超经济剥削关系日益削弱，经济剥削关系逐步占有主导地位，表明旧的封建经济关系日趋瓦解，资本主义因素在传统农业经济中增长起来。

因此，新富农经济和经营地主成为农业文化新的形态，已经具有了资本主义经济模式。辽东地区官地放垦，军阀、官僚及富商凭借手中握有的资本，大量占据土地资源，形成新兴的土地占有形式，形成新的富农和地主。他们占有大量土地，少者百余亩，多者上千亩，更多者达到数万亩。大官僚、大军阀占有的土地，其经营情况更加复杂，多数仍以封建剥削和投机买卖为主。还有大小商人以工商利润购买土地，或富裕农民扩大土地经营上升为新富农、新地主后，他们对自己土地的经营多属于农业经营中的资本主义性质，较封建租佃剥削要进步许多。他们采取雇工经营方式，将流民雇来生产，其工价依约支付，一般在每年 30 银两，已具有资本主义契约经济的特征。这种方式尽管也存在剥削，但这种剥削是在双方意愿内的合理剥削，较封建租佃关系下的剥削要轻许多。

综上，说明了辽河近代农业文化的进步。

2. 工矿业文化的繁荣

辛亥革命以民国取代帝制，资产阶级政党对发展民族工业有了一些鼓励政策，加之西方殖民主义忙于第一次世界大战，稍稍放松了对中国经济的压迫，同时也因战争需要工矿产品，给中国民族资本主义的发展提供了一定空间。因此，民国前期，工矿业文化、交通通信业文化，都有一定发展和进步，特别是军事工业文化发展更加迅速。

民国前期，辽河近代工业文化发展十分显著，虽然战乱不止，并受到日本殖民者的掠夺和满铁公司残酷挤压，但辽河近代民族工业文化在反抗中谋发展。1912 年，奉天省共有工厂和矿山企业 1491 家。其中，手工业作坊和工厂为 1331 家，矿山为 56 家，满铁公司附属工厂为 104 家。1912—1917 年，每年新增数，如表 3-17 所示。

表 3-17　　1912—1917 年奉天省每年新增企业数统计表

年份	1912	1913	1914	1915	1916	1917	合计（户）
增加（户）	120	63	50	37	40	20	330

注：表中资料源自辽宁省统计局．辽宁工业百年史料［R］．辽新内资字（2003）第 14 号，2003：4.

1917 年，奉天省有 7 个人以上的工厂共 981 家。具体见表 3-18。

表 3-18　　1917 年奉天省工厂企业人数颁布情况统计表

工厂人数（人）	7—30	31—50	51—100	101—500	合　计
企业数量（户）	871	78	17	15	981

注：表中资料源自辽宁省统计局．辽宁工业百年史料［R］．辽新内资字（2003）第 14 号，2003：4.

至 1931 年 9 月初，辽东地区民族资本 5 人以上工业经营模式，见表 3-19。辽东地区民族资本经营的纺织、油坊、粮米加工业中使用机器情况，如表 3-20 所示。

表 3-19　　1931 年 9 月初辽东地区民族资本 5 人以上工业经营模式统计表

企业类别		资本总额（万日元）	所占比重（%）
合计		4796	100
其中	有限公司	2510	52.30
	合资公司	876	18.30
	个人独资	1410	29.40

注：表中资料源自张福全．辽宁近代经济史（1840—1949）［M］．北京：中国财政经济出版社，1989：128.

表 3-20　1931 年 9 月初辽东地区民族资本经营的纺织油坊粮米加工业使用机器情况统计表

地区	纺织工业		榨油工业		粮米加工业	
	使用机器（户）	占本部门（%）	使用机器（户）	占本部门（%）	使用机器（户）	占本部门（%）
奉天	62	41.60	15	100.00	102	100.00
安东	21	14.20	20	100.00	22	100.00
营口	24	27.60	23	100.00	1	100.00
辽阳	5	83.30	39	100.00	13	86.70

注：表中资料源自张福全. 辽宁近代经济史（1840—1949）[M]. 北京：中国财政经济出版社，1989：129.

总之，这一时期，辽东工业文化发展为以后辽宁现代工业文化发展以及工业大省的地位奠定了良好的基础。

（1）轻纺工业文化的发展

辽河近代民族资本工业文化以轻纺工业形态最具代表性。轻纺工业的投资有限、原料易取、管理相对简单、市场需求较高，因而发展较快。辽河近现代轻纺工业文化主要以面粉业、榨油业、酿酒业、纺织业等类型发展尤为突出，在民国初年发展势头非常好。1912 年，东三省有轻工机器厂 1242 家，其中奉天有 668 家，占比为 53.78%；1913 年，东三省有轻工工厂 1899 家，其中奉天有 1080 家，占比为 56.87%①。1912 年奉天省民族资本开办的工厂及行业分布，如表 3-21 所示。

① 张福全. 辽宁近代经济史（1840—1949）[M]. 北京：中国财政经济出版社，1989：105-106.

表 3-21　　1912 年奉天省民族资本开办的工厂及行业分布情况表

行　业	工厂数（家）	职工数（人）
食品加工制造业	292	5600
纺织行业	1011	3915
缝纫业	17	189
皮革皮毛及其制品业	105	1685
木材加工及竹藤棕革制品业	70	1064
造纸及其制品业	48	754
工艺美术品制造业	9	105
电力生产业	1	32
化学工业	27	679
砖瓦陶瓷制造业	39	442
金属制品及机器制造业	209	2847
其他工业类	72	20374

注：表中资料源自张福全．辽宁近代经济史（1840—1949）[M]．北京：中国财政经济出版社，1989：106.

此外，民族资本在各行业也出现繁荣景象，如表 3-22 所示。

表 3-22　　1913 年奉天省民族资本经营的股份公司统计表

行业分布	公司个数（家）	实缴资本（万银元）	积累（万银元）
农　业	11	30.00	2.00
工　业	18	50.00	—
交　通	34	13.00	2.00

续表

行业分布	公司个数（家）	实缴资本（万银元）	积累（万银元）
商　业	4	7.00	—
合　计	67	100.00	4.00

注：表中资料源自张福全. 辽宁近代经济史（1840—1949）[M]. 北京：中国财政经济出版社，1989：109.

1913年，奉天省7人以下手工业作坊有8708户，从业人员为4.43万人，分别占东三省的57.20%和54.70%①。行业结构情况，如表3-23所示。

表3-23　1913年奉天省工业行业分布及其所占比例情况表

行　业	企业数（家）	占全省比重（%）	从业人数（人）	占全省比重（%）	行　业	企业数（家）	占全省比重（%）	从业人数（人）	占全省比重（%）
奉天省合计	1096	100	17403	100	制香烛业	23	2.10	432	2.48
棉纺业	41	3.74	522	3.00	制酒业	133	12.14	3184	18.30
制线业	8	0.73	66	0.38	制糖业	5	0.46	63	0.36
织物业	50	4.56	883	5.07	制烟业	1	0.09	8	0.05
漂染业	24	2.19	319	1.84	糕点业	41	3.74	384	2.21
成衣业	235	21.44	3643	20.92	印刷刻字业	10	0.91	181	1.04

① 张福全. 辽宁近代经济史（1840—1949）[M]. 北京：中国财政经济出版社，1989：105-106.

续表

行　业	企业数（家）	占全省比重（%）	从业人数（人）	占全省比重（%）	行　业	企业数（家）	占全省比重（%）	从业人数（人）	占全省比重（%）
窑瓷业	63	5.57	442	2.54	纸制品业	12	1.09	128	0.74
造纸业	51	4.65	856	4.92	竹藤柳编织业	121	11.04	1597	9.18
榨油及制蜡业	137	12.50	2673	15.36	皮毛皮革制品业	116	10.58	1747	10.04
制漆业	3	0.27	58	0.33	玉石牙骨介角制品业	22	2.01	217	1.25

注：表中资料源自辽宁省统计局．辽宁工业百年史料［R］．辽新内资字（2003）第14号，2003：77.

民国前期，辽东地区支柱产业依旧是大豆榨油业。沈阳、大连、营口等地发工资经营的油坊继续发展。例如，营口在1912年有较大的油坊19家，日产豆饼4.10万片、豆油21.72万斤①；大连榨油业，1912年民族资本投入比1908年增加了5.85倍，豆油产量增加了23倍。是年，奉天省有2万银元资本的大烧锅45家，总投资额为110万银元。同时，奉天、营口、安东等地棉纺、针织、毛纺织业文化继续发展。1915年，营口有纺织厂200余家，拥有织布机1000多台；奉天有大型纺织厂12家，从业人员有1882人，拥有织机550台；辽阳、安东也建有多家棉纺织厂。至1917年，奉天省棉纺厂有1579家，从业人数为6265人，分别占

① 张福全．辽宁近代经济史（1840—1949）［M］．北京：中国财政经济出版社，1989：106.

东三省总数的90.30%和87.60%。针织厂有470余家，从业人数为1845人。缫丝业厂有58家，其中奉天有5家，纯益缫丝公司规模较大，资本为25万银元，从业人员有461人，拥有缫丝机50台，织布机25台，日产生丝150多斤，织布350尺；盖平有28家，总资产为1.50万银元，从业人员为270人，拥有缫丝机5000多台，年产生丝为6000多斤，较大的有恒盛德、永兴盛等7家；安东有25家，总资本为40万银元，拥有缫丝机9000台左右。据不完全统计，奉天省城毛纺织业有7家，资本额一般为1000～2500银元；法库有3家，年产毡子600余条；西丰有2家，年产毡子1.50万条。

这一时期，辽河近代轻纺业文化的形态与类型比较丰富。榨油业、酿酒业、缫丝业、纺织业、制盐业、面粉业、皮革业、火柴制造业，凡关乎民生的，几乎应有尽有。经历鸦片战争、甲午战争，进入20世纪，辽东地区工业理念有了长足进步，民族资本迅速发展，促进了辽河近代手工业文化向近代机器工业文化的转变，企业也逐渐向规模经营发展。

①榨油业文化的发展。营口开埠后，辽河近代榨油业文化实现了由传统手工作坊向近代机器榨油业的转变。由以营口为中心，逐渐发展到大连、奉天两地。辽东地区榨油业文化形成了以营口、大连、奉天为主，其他各县均有发展的繁荣局面，机器生产企业逐渐取代手工作坊。据史料记载，至1916年，营口有民族资本机器榨油厂8家①；1918年，奉天城有榨油坊10余家，次年增加到

① 营口市史志办公室．营口县志·制油工业（旧志整理）[M]．沈阳：辽宁民族出版社，2008：45.

20余家①；大连1910年有榨油坊35家，至1918年增加至53家②；1915—1916年，安东有榨油坊11家③。1920年以后，辽东地区榨油业文化有较大发展，遍布辽东地区，大连、营口、奉天、安东、铁岭、开原、盖平，瓦房店、辽阳、新民等地，均有发展，榨油厂家少则数家，多则数十家。1914—1927年，是大连榨油业文化的繁荣和鼎盛阶段。如至1923年，榨油企业已发展到78家，其中，1921年新开设13家，1922年新开设7家，1923年新开设3家④。1914年以来，辽东地区榨油业文化逐步发展为以机器榨油业文化为主。以安东广泰油坊为例，1914年初创时，购买木制榨油机45台；1920年后，逐步淘汰了木制榨油机，代之以螺旋式榨油机；至1925年，共购置螺旋榨油机70台，全部取代了木制榨油机⑤。以上说明辽东地区榨油业文化的发达。

②棉纺业文化的发展。辽东近代纺织业文化兴起于清末民初，民国前期得到进一步发展。辽东地区纺织文化主要分布在奉天、辽阳、营口等地。据史料记载，1913—1929年期间，营口棉纺业文化发展很快，1913年有大小织布厂仅5家；1919年，增加到23家，工人不下万人；1925年，增加到120家，织机2000余台；1929年，尚有织布厂87家，其中使用电力的有24家，织机有

① 中国银行总管理处．东三省经济调查录［M］．中国银行总管理处印，1919：39.

② 魏福祥．解放前辽宁工商业发展概述［M］//辽宁文史资料选辑：第26辑．北京：文史资料研究委员会，1962：12.

③ 中国银行总管理处．东三省经济调查录［M］．中国银行总管理处印，1919：101.

④ 大连市工商业联合会．大连油坊业史略［M］//辽宁文史资料选辑：第26辑．北京：文史资料研究委员会，1962：87.

⑤ 宋瑞宸．解放前安东的油坊业［M］//辽宁文史资料选辑：第26辑．北京：文史资料研究委员会，1962：124.

500 余台，织带厂 40 家，织机多的有 20 台，总计 230 余台①。1914—1915 年，因国内掀起抵制日货高潮，辽东地区近代纺织业文化遂逐渐兴起，有广集成、惠工公司等大小企业 100 多家，织布机达 7400 余台，年生产大尺布、花旗布 335 万匹②。奉天纺织公司是当时最大的纺织工厂，占地 200 亩，拥有资本 300 万元、纺织机 200 台、1300 名工人，年产 2 万锭，主要生产棉纱、棉布、染色纱、线袜等品种。至 1928 年奉天纺织厂更名为辽宁纺织厂；1929 年，辽宁纺织厂获纯利大洋 5261.62 万元，成为全省乃至东北地区最大的、最具影响的纺织企业。1924 年创办的东兴色染纺织公司，集资 5 万元，占地 30 亩，机器设备全部由日本进口，为首家采用新式机器染色的工厂；至 1931 年，该公司总资本达 50 万元，有机器 400 台，职工近 1000 人，是东北地区民族工业中颇具影响的纺织企业之一。

此外，1922 年海城有织洋布工厂 3 家、牛庄有 35 家、虎庄屯有 48 家。同年，辽中县（今辽宁省沈阳市辽中区）有 6 家，还有其他纺织业 2 家③。1931 年，安东有制造洋袜厂 25 家④。

③缫丝业文化的发展。缫丝业文化是辽东地区的传统产业文化。近代机器缫丝业文化兴起于营口开埠以后。辽东地区缫丝业文化主要颁布在东部和南部地区，包括复州、盖平、海城、西丰、西安（旧县名，在今吉林省辽源市西部）、庄河、安东、宽甸、凤凰城、本溪、岫岩等地，因这些地区有丰富的柞树资源，是柞蚕

① 工商部工商访问局．工商半月刊·营口工业状况：第 1 卷［M］．南京：国民政府工商部工商访问局印，1929：23.

② 魏福祥．解放前辽宁工商业发展概述［M］//辽宁文史资料选辑：第 26 辑．北京：中国文史资料研究委员会出版社，1962：12.

③ 奉天省政府．奉天省长公署档：辽宁省档案馆馆藏卷 3108［M］．沈阳：奉天省政府印，1913.

④ 丹东市史志办公室．安东县志·工业：卷 6（旧志整理）［M］．沈阳：辽宁民族出版版，2008：149.

的重要产地。1908 年，安东柞蚕放养地有 20 处，至 1917 年增加到 1572 处，增加了 77.60 倍；宽甸则由 19 处发展到 2527 处，增加 132 倍；岫岩则由 48 处增加到 770 处，增加 15 倍；凤凰城则由 41 处增加到 663 处，增加 15.10 倍。1908 年，安东养蚕户仅 912 户，至 1917 年则发展到 10539 户，增加 10.50 倍；凤凰城则由 407 户发展到 2738 户，增加 5.7 倍；宽甸则由 1525 户增加到 2818 户；岫岩则由 3343 户增加到 3785 户①。据 1919 年调查，奉天全省平均产茧为 80 亿粒（20 万笼），安东一带就占有 32 亿粒，占全省总产量的 40%。柞蚕茧靠行商上门收购，大多销往山东烟台等地。丝绸商看到商机，就开设茧栈专营代理买卖业务，缫丝业文化快速发展。

最早使用机器缫丝的是安东，缫丝织绸较为集中的也是安东。早在 1907 年，东边道道尹为鼓励发展缫丝业，出资在元宝山南麓开设七襄丝厂，使用了电力铁机缫丝，该厂缫制的柞丝称灰丝，拥有小纩机 170 台、雇佣工人 200 名。自此，纩坊陆续开办，多达 30 余家。另外，安东的织绸业文化也十分发达，有大小织绸工厂 50 余家，较有影响的是和聚正和义泰祥。和聚正是缫丝织绸漂染联合厂，1914 年开业，资金 3.50 万银元，由山东人张守业独资经营，产品畅销，效益显著。1928 年后日渐衰落。义泰祥是缫丝织绸联合工厂，1925 年开业，资金为 10 万银元，由浙江人罗坤祥独资经营，拥有木制缫丝机 240 余台、电力铁木织绸机 100 台，单鹿、双鹿柞丝绸商标在国际市场上享有盛名，产品远销欧洲及印度，在国际丝绸市场占有一席之地，后因九一八事变而毁于

① 《中国蚕业》编辑部. 柞蚕放养调查 [M]. 沈阳：《中国蚕业》编辑部印，1917：8.

一旦①。

当时，奉天省规模较大的缫丝企业为1918年创办的奉天纯益缫织公司。该公司集资25万银元，占地45亩，主要生产花素绸、纯丝等产品。1923年，该公司在省城设立分厂；同年冬，在安东设立丝庄收买各等灰丝；1927年，因奉票毛荒，该公司资金周转大受影响，乃于3月1日归东三省官银号接办，核定资产资本额为25万银元，并在安东设缫丝厂一处和丝栈一处，在海城增设第二缫丝厂和茧栈一处。

④酿酒业文化的发展。酿酒业文化是辽东地区传统手工业文化。随着近代以来商品经济文化的发展，酿酒业文化形态出现了大规模的酒厂，以白酒为主要品种，兼有啤酒、果酒等类型。辽东酿酒业文化主要分布在辽阳、奉天等地。如1903年，奉天省城有烧锅119家，辽阳有33家，开原有7家，盖平有4家，凤凰城有4家，岫岩有5家，广宁有10家，查界（今辽宁省凌海市东北）有16家，锦州有5家，义县有5家，兴城有5家，海城有6家，牛庄有7家，新民府有10家，铁岭有4家②。至民国前期，辽东地区的酿酒业文化继续发展。1921年，奉天八王寺啤酒汽水股份有限公司创立，每股25元，共1万股，总资本为25万元，股东有308户，拥有20股以下的小股东占股东总数的80%③。1923年，创办广合源酿酒厂，资本有1万元；1927年，创办大吉顺酒厂，资本为2万元；1929年，创办义盛泉酒厂，资本为3.70万元；聚隆泉，资本为1万元；永丰源，资本为2万元；万隆合，

---

① 丹东市工商业联合会编. 丹东柞蚕丝绸发展简史［M］//辽宁文史资料选辑：第26辑. 北京：中国文史资料研究委员会出版社，1962：127-143.

② 奉天省政府. 奉天省长公署档：辽宁省档案馆卷718［M］. 沈阳：奉天省政府印，1903.

③ 马尚斌. 奉系经济［M］. 沈阳：辽海出版社，2000：38.

资本为 1 万元；知易馥泉涌，资本为 3 万元。至 1929 年，创办于清末的永源生，资本有 2.50 万元①。此外，至 1924 年，新民县（今辽宁省新民市）有 3 家烧锅，号内人数有 200 人②；海城县（今辽宁省海城市）有 4 家烧锅③。

⑤皮革业及其他文化的发展。辽河近代制革业文化主要分布在锦州、阜新一带，锦州尤盛。民国初年，锦州地区制革业文化出现了一个高峰期。锦州城内有各类皮革铺 138 家之多，从业人员有 2600 余人，年产皮货达 130 万张，产值 500 万元左右④。当时，影响较大的皮货店有四季春皮庄、三益兴皮铺、聚义财皮铺、益顺成皮庄等。这些商家经营的皮货畅销黑龙江、内蒙古、直隶等地，有的还远销海外。1915—1931 年期间，锦州制革业文化进一步繁荣，当时有皮革店铺 160 余家，从业人员达 7000 人左右。其中，资本超过 1 万元、从业人员在 100 人左右的商家占全行业总数的15%～20%；资本在 500～10000 元、从业人员在 30～50 人的约占 50%；资本较少、从业人员较少、几个人合伙经营的约占 25%～30%。比较有名的大户，从事白皮货的有天合元、钧记、钧裕成、和大、德合盛、天德长、天利长等；从事直毛皮货的有和兴永、聚成和、隆春和、天升和、德峰永、宝兴成等。

⑥辽河近代其他轻工业文化有窑业、火柴业等形态。民国前期，面对日本殖民主义窑业文化的侵略，辽东地区民族机器制造

---

① 东北文化社年鉴编印处．东北年鉴［M］．沈阳：东北文化社，1931：1048-1049.

② 沈阳市地方志办公室．新民县志·实业：卷 5（旧志整理）［M］．沈阳：辽宁民族出版社，2008：117.

③ 鞍山市史志办公室．海城县志·实业：卷 7（旧志整理）［M］．北京：辽宁民族出版社，2008：137.

④ 锦州市工商联合会，等．锦州皮毛业［M］//文史资料研究委员会．辽宁文史资料选辑：第 26 辑．北京：中华书局，1962：183.

陶瓷业文化在抗争中发展。1923 年，民族资本家杜重远在奉天创办了第一家近代化机器制陶厂，即肇新窑业公司，资本额为 10 万元，占地 100 余亩，当年产小青砖 5 万余块；1924 年，吸纳新股 10 万元，当年产青砖和泥瓦 90 余万块；3 年获利 7 万余元。1928 年 10 月，该公司又获免征营业税 5 年的支持，发展势头良好。其主要产品有蓝、绿瓷器。在当年上海中华国货展览会上，肇新窑业的机制瓷器，被评为优良产品，获得奖状。该公司于 1929 年改股份有限公司，年底生产瓷器 300 万件；翌年 8 月，产出瓷器达 533 万件，年末可制瓷产品 800 多万件。1931 年，该公司筑窑 14 座，机械 26 台，年使用黏土 1500 吨，其他原料 250 吨，瓷器生产能力 1200 万件。此外，火柴业文化主要分布在营口。1913 年，营口三明火柴公司成立；1915 年，营口关东火柴公司、志源火柴公司创立；1919 年，营川火柴厂创立。当时，奉天城也创办火柴公司，如 1919 年创办燧丰火柴厂；1922 年创办惠临火柴公司。其中，惠临火柴公司在东北地区有较大的影响。惠临火柴公司创办时有资本奉票 18 万元，1924 年以日金 18 万元收购奉天磷寸会社资产。该厂设备齐全，共有夹抽机 32 架、卸锅机 20 架、油锅机 3 架、药锅 3 具，日产火柴 100 余箱，成为除营口外东北地区火柴生产的主要企业。

以上表明，民国前期辽河近代轻纺工业文化的繁荣与发展。

（2）军事工业文化的发展

民国前期，也是关内军阀混战时期。战争需要军工产品，这为辽东军事工业文化的快速发展提供了机会。当时，奉天兵工厂和奉天迫击炮厂堪称国内一流的大型兵工厂。

奉天兵工厂于 1919 年春选址，基址为东至东塔、西至大东边门、南至新开河、北至马路（今善邻路）。建厂工作首先设立工程处，陆续建设无烟药厂、枪弹厂、枪厂厂房及办公处所，后又修建铁路，火车直通厂内。至 1921 年，工厂粗具规模。1919—1924 年，总督办先后有陶治平、韩麟春、杨宇霆。特别是 1924 年杨宇霆任总督办后，奉天兵工厂进行了大规模的扩建，先后添设炮厂、火具厂、铸造厂、制酸厂、木工所，并增添设备，成为东三省规模宏大、设备精良的一流兵工厂。

1929年，开始整顿奉天兵工厂，缩小军工生产规模，筹建民生工厂，转产民用生产机械。奉天兵工厂是大型综合军事工业企业，军工生产包括枪弹厂、枪厂、炮弹厂、炮厂、药厂、铸造厂、火具厂、兵器厂，并附设钢厂、造币厂、发电厂、印刷厂，以及火药厂内的水压机所的化工所。厂内还建有兵工医院和兵工学校。全厂占地3200余亩，建设基金达3亿银元以上；全厂职员最多达1000多人，生产工人最多达2500余人，经常在2万人以上；拥有各种机器1万台以上。生产13式7.9毫米口径步枪，17式6.5毫米口径机枪，13式7.9毫米口径重机枪。枪弹厂生产有6.5毫米枪弹、7.9毫米枪弹；药厂生产有无烟火药、安全火药、黄色炸药等；铸造厂制造有工作母机、车床、刨床、铣床、钳台等，还能仿制各种复杂的机器。枪弹厂于1920年4月至1923年12月生产的6.5毫米和7.9毫米枪弹由日产1万发增加到10万发；1924年，日产达15万发；1925—1931年，日产达30万发。枪厂生产的13式7.9毫米口径步枪，由每月生产400支增加到4000支；17式6.5毫米口径轻机枪每月可产40挺；13式7.9毫米口径重机枪，每月可产100挺。药厂生产的无烟火药，由每月生产2吨增加到24吨；安全火药由每月生产12吨增加到120吨；黄色火药由每月生产3吨增加到30吨；其他如硫酸，由每月生产100吨增加到300吨；硝酸由每月生产100吨增加到250吨；依托由每月生产30吨增加到50吨①。九一八事变后，日本侵略者占领奉天兵工厂。工厂损失各种步枪、手枪共102544支，机枪2724挺，各种炮弹658门，各种枪弹18000余发，炮弹50余万发，总计损

① 沈振荣. 东三省兵工厂［M］//辽宁文史资料选辑：第8辑. 北京：文史资料研究委员会，1962：47-64.

失约为 329962294 元①。奉天兵工厂于 1929 年制造出大型载重卡车及一般货车底盘，这是中国制造的第一辆货运卡车；翌年，试制和装配了吉普式小轿车；1931 年 6 月，制造出中国第一辆载重 4000 磅的越野汽车②。奉天兵工厂成功地将部分军事工业生产转为民用工业生产，开创了军事工业文化转向民用工业文化的范例。这是辽河近代工业文化最具代表性的发展成就。

奉天迫击炮厂创办于 1922 年。当时聘请英国人沙敦在奉天北大营修械司旧址设厂，制造迫击炮。于 1926 年建新厂，占地 70 余亩，翌年新旧两厂合并，开始制造新式迫击炮。1929 年 5 月，奉天迫击炮厂更名为辽宁迫击炮厂，设有工务、总务、材料、会计、兵器五科，分设炮厂、炮弹厂和新药厂，炮厂附有民生工厂，生产民用汽车。迫击炮厂的工作机械种类齐全，其中，新式车床 239 台，各式刨床 8 台，钻床 23 台，铣床 10 台，锯床 6 台，舂床 5 台，剪床和压床各 5 台，木工用机械类 4 台，翻砂用机械类 70 台，制暖气片炉片用机械类 4 部，另有空气压力机 2 部，烧焊机 8 部，水压试力机 2 组，万能试力机 1 部，试验硬度机 1 部，立卧式锅炉 2 部，喷漆机 2 套，缝纫机 2 台，各式小工具 500 余种③。制造的枪械种类有：3.7 厘米日式平射炮，7.5 厘米日式野炮，7.5 厘米日式山炮，7.5 厘米日式高射炮，7.5 厘米日式迫击炮，10 厘米奥式榴弹炮，10.5 厘米日式加农炮，24 厘米日式榴弹炮。生产的弹药有：克氏 7.5 厘米钢性榴弹，7.5 厘米山野炮霰弹，10 厘米加农炮钢性榴弹，10 厘米榴弹炮钢性榴弹，7.5 厘米山野炮钢性榴弹。1924—1931 年，共生产 3.7 厘米日式平射炮 370 门；

① 陈觉．国难痛史：第 1 卷［M］．上海：上海书店，1932：57．

② 沈振荣．东三省兵工厂［M］//文史资料研究委员会．辽宁文史资料选辑：第 8 辑．北京：中华书局，1962：60．3

③ 东北文化社年鉴编印处．东北年鉴［M］．沈阳：东北文化社，1931：316．

7.5 厘米日式野炮 108 门；7.5 厘米日式山炮 72 门；7.5 厘米克式山炮 1 门；7.5 厘米日式高射炮 4 门；7.5 厘米日式迫击炮 11 门；7.7 厘米奥式野炮 300 门；10 厘米奥式榴弹炮弹 300 门；10.5 厘米日式加农炮 12 门；15 厘米日式榴弹炮 21 门；24 厘米日式榴弹炮 2 门①。

此外，东北航空工厂创办于 1923 年，翌年投产，能够制造飞机的机身、机翼及尾舵，发动机零件配制，机关枪转盘及连动机，炸弹架及投掷器，航空仪器等主要部件 23 种。

民国前期，辽河近现代军事工业文化带有一定的殖民地性质，技术上主要是在日本殖民者支持下兴建起来的，设备大部分购自日本和德国等，技术人员也大部分是日本和德国人。

（3）矿业文化的发展

清朝末年，辽河近代矿业文化相对发达，其形态和类型主要包括商办、官办和官商合办三种。一般商办多为小型矿业企业，这种形态的矿业文化兴起较早、数量较多、分布较广，但资金较少，技术设备相对落后，生产能力也较低。官办和官商合办的形态多为较大型的矿业企业。据史料记载，1905 年，奉天当局开始注重矿业发展，设立矿政调查总局，“召商提倡”，简化开矿手续，劝导海外华侨回来投资，以谋矿业的发展。据当时统计，全省有各种煤矿 148 处，较为有名的矿业有南票大窑沟通裕煤矿公司、辽阳县尾明山煤矿、本溪湖煤矿、锦西县（今辽宁省葫芦岛市）通裕煤矿公司、抚顺东乡坑拣矸厂、复县（今辽宁省瓦房店市）同益公司和黏土公司、锦西爱商煤矿、西安（旧县名，在今吉林省辽源市西部）县半截河煤矿等。金矿 188 处，其中白金 1 处。另有银矿 12 处，铜矿 26 处，铁矿 21 处，铅矿 48 处，石棉矿 7

① 沈振荣. 东三省兵工厂［M］//辽宁文史资料选辑：第 8 辑. 北京：文史资料研究委员会，1962：47-64.

处，水晶矿1处，锡矿1处①。辛亥革命前夕，东北三省有民族资本开办的煤矿35家，其中奉天省有25家，资本为24.90万银两，分别占东三省总数的71.40%和73.20%。至1912年，奉天省开办的较大矿产有：辽阳蛤蟆煤矿，资本为5万银两，矿工有0.20万余人，年产煤约为3万吨；芦家沟煤矿，资本为3.50万银两，矿工有700多人，年产煤约为1万吨；大榆沟煤矿，资本为2万银两，年产煤为0.50万吨左右；张家沟煤矿，资本为1.50万银两，年产煤0.15万吨。这几家煤矿均在辽阳境内。② 金矿开采集中在朝阳地区。

民国前期，辽河近代矿业文化继续发展。至1915年，辽西地区开采金矿有13处，其中朝阳4处、阜新3处、建平6处。此外，铁矿、土矿、石矿业文化也有发展。铁矿业开采被日本侵略者垄断。民族资本经营的土矿、石矿，主要集中在辽南地区的复州、海城、盖平等地，且产生了较有影响的矿业形态。如1917年，创办桓仁宝兴矿业公司；次年，兴办兴城杨家杖子铅矿，以及创办的苦土矿、石灰石矿、建筑石矿；1919年，先后创办兴城榆树沟煤矿、黑山县八道壕煤矿等。据不完全统计，截至1919年，奉天省煤、铁、金矿矿区面积约为139220亩③。1913—1919年，奉天省采矿区个数和亩数占全国的比重以及各种矿原产品价额和各种矿制炼品价额占全国各种矿原产品、炼制品份额的比重，如表3-24、表3-25所示。

① 徐世昌. 东三省政略·实业（奉天省）[M]. 长春：吉林文史出版社，1989：153.

② 张福全. 辽宁近代经济史（1840—1949）[M]. 北京：中国财政经济出版社，1989：102-103.

③ 马尚斌. 奉系经济[M]. 沈阳：辽海出版社，2000：84.

表 3-24　　1913—1919 年奉天省开采矿区个数和亩数占全国的比重统计表

年份	开采区数量（个）			开采亩数（亩）		
	全　国	奉天省	占比（%）	全　国	奉天省	占比（%）
1913	5770	20	0.35	5024107	66939	1.33
1914	5371	14	0.26	4740045	24066	0.51
1915	4888	21	0.43	2382511	27960	0.83
1916	2164	35	1.62	2987427	200002	6.69
1917	2202	61	2.77	140994940	206970	0.15
1918	2695	63	2.34	141960365	124369	0.09
1919	1968	13	0.66	139241666	68434	0.05

注：表中资料源自辽宁省统计局. 辽宁工业百年史料［R］. 辽新内资字（2003）第 14 号，2003：6.

表 3-25　　1913—1919 年奉天省各种矿原产品价额和制炼品价额占全国的比重统计表

年份	各种矿原产品份额			各种矿制炼品份额		
	全国（万元）	奉天省（万元）	占比（%）	全国（万元）	奉天省（万元）	占比（%）
1913	1329.40	65.10	4.90	1431.40	5.10	0.36
1914	3337.60	54.20	1.62	1424.20	3.30	0.23
1915	3570.00	103.90	2.91	660.30	3.00	0.45
1916	3251.10	574.90	16.85	1243.20	71.00	5.71
1917	5256.30	1095.40	39.86	1221.60	223.20	18.27

续表

年份	各种矿原产品份额			各种矿制炼品份额		
	全国（万元）	奉天省（万元）	占比（%）	全国（万元）	奉天省（万元）	占比（%）
1918	6066.00	3081.70	50.80	947.20	299.70	31.64
1919	5411.20	4154.40	76.77	1573.60	1439.10	91.45

注：表中资料源自辽宁省统计局. 辽宁工业百年史料［R］. 辽新内资字（2003）第14号，2003：5.

从表3-24、表3-25中可以看出，当时辽河近代矿业文化之发达情况。

另外，在盖平地区，矿业文化主要以苦土、石灰石、建筑石为主要形态。1920—1922年，盖平地区矿业文化的发展，如表3-26所示。

表3-26　　1920—1922年盖平地区矿业文化发展统计表

年份	矿主姓名	资本额（万元）	矿区面积（亩）
1920	张宝瑢	2.00	1868
	郑韵泉	0.50	30
1921	沈殿举	0.20	140
	何长运	0.10	40
	李纯福	0.05	65
	朴庆凯	0.10	50
	史占鳌	0.10	50
	王作英	0.10	50

续表

年份	矿主姓名	资本额（万元）	矿区面积（亩）
1922	周述春	1.30	50
	贾书田	0.10	50
	房成有	0.10	50
	赵仁邦	0.25	50

注：表中资料源自石秀峰，等. 盖平县志（续修）［M］//石秀峰等续修，1930：216.

总之，民国前期辽河近现代矿业文化有了较快发展，其形态和类型也较为丰富。

（4）机械工业文化的发展

辽河近代机器工业文化始兴于营口开埠以后。民国前期，辽河近代机器工业文化有较大发展，其中规模较大、设备较先进的机器工业形态和类型主要分布在奉天、营口、大连、辽阳地区。

奉天省城创办了一些较大规模的工厂，以工科大学附设的实验工厂和兵工厂附设的民生工厂为主。诸如东北大学工厂、皇姑屯机车车辆厂、大亨铁工厂、奉天兵工厂附设机车厂及辽宁迫击炮附设民生工厂等，因技术设备先进，这些工业企业逐渐发展成为近代机械制造工业，初步形成了民族机械工业体系。

东北大学工厂始建于 1923 年，至 1926 年，共用地 329 亩，总资本奉大洋 370 万元，设有机械、铸造、发电、木工、铁工、印刷 6 个分厂，技术先进，设备齐全，有技术工人 400 余人①。其借助东北大学工学院的技术支持，在自建重工业中占重要地位，成为辽宁重工业生产基地的核心。

① 孙景悦. 张学良与辽宁教育［M］. 香港：香港同泽出版社，1993：130.

始建于1921年的大亨铁工厂，投资奉大洋57.50万元，占地177亩，有职工650人，经1927年和1929年两次改组和扩建，形成具有一定规模的重工业工厂，设立车工、钳工、木工、焊工、锻工、铸工6个部，拥有机器80余台，另有锅炉3台、熔炉5台、铁炉8台、汽锤及起重机8台、钢钳100余台。其逐渐发展成为能安装制造水管、铁路车辆、铁桥、暖气锅炉、起重机及一切工作机器的重工业工厂，成为当时奉天地区最大的民族工业企业之一①。

总之，民国前期辽河近现代工矿业文化迅速发展，煤矿业和重工业文化形态近代化程度明显提高，近现代机械工业文化初具规模，初步奠定了辽宁重工业文化基地的基础。

3. 商贸业文化的兴盛

随着辽河近代工农业文化的发展和商品化程度的加深，民国前期辽河近代商贸文化迅速发展。首先，辽河近现代商业企业文化的形态与类型日益发展，诸如商号、商业公司、商铺、商店之各种形态和类型纷纷出现，而且规模不断扩大。奉天、辽阳、安东、复州、营口等地，商业企业数均在1000家以上②，奉天甚至达到3300家③。各种名目的杂货店铺在街巷两旁，鳞次栉比。其次，商业机构日益增多。1906年4月，奉天设立商务总会，其中奉天、营口、安东3处设立分总会，锦州、盖平、辽阳、铁岭等38处设立分会。此外，还有商务所16处。至1912年，奉天省商

① 马尚斌. 奉系经济［M］. 沈阳：辽海出版社，2000：101.

② 中国银行总管理处. 东三省经济调查录［M］. 沈阳：中国银行总管理处印，1919：191.

③ 王树楠，吴廷燮，金毓黼，等. 奉天通志·实业·商业：卷115［M］. 沈阳：东北文史丛书编辑委员会点校，出版，1983：2593.

务总会入会商号达 1.24 万户①。如至 1917 年，铁岭一地就有 302 户工商业者参加商会组织，横跨近 30 个商业行业。行业商会组织的大量涌现，系统化、网络化的发展，积极传播近代商业文化，宣传开放、竞争、民族意识，对于促进商业文化繁荣，带动农工商企业转型发展，具有积极作用。最后，内外贸易日渐活跃。1914 年，东三省共开放 30 个通商口岸，奉天省占有 1/2，其中营口、大连、安东三大港口的贸易占全东北贸易总量的 71%以上。1914—1915 年，奉天省三大港口贸易情况，如表 3-27 所示。

表 3-27　　1914—1915 年奉天省三大港口贸易情况统计表

年份	东三省贸易总额（万海关两）			奉天省三大港口贸易情况				
				三大港口合计		其中		
	合计	输入	输出	总量（万海关两）	占东三省比重（%）	大连港	营口港	安东港
1914	22128	11241	10887	16127	72.90	8947	4735	2445
1915	23819	10811	13008	18208	76.40	10101	5196	2199

注：表中资料源自张福全．辽宁近代经济史（1840—1949）[M]．北京：中国财政经济出版社，1989：285-286.

从表 3-27 中可以看出当时辽河近代商贸业文化之发达。

民国前期，日本殖民者为了掠夺辽东乃至东北地区的农副产品，建立了严密的流通体制，客观上也刺激了辽河近代商贸业文化的发展。日本关东都督府成立了大连粮谷交易所，致大连成为当时东北地区最大的粮谷集散地。大连粮谷交易所办理签订长期交易合同、短期交易合同和现货交易 3 种。其中，长期交易合同、短期交易合同交易情况，如表 3-28、表 3-29 所示。

① 国家统计局．中国统计年鉴：第 1 卷 [M]．北京：中国统计出版社，1998：387.

表 3-28　1913—1916 年大连粮谷交易所农产品长期交易合同情况表

品种数量金额		合同期限		
		1913 年 9 月至 1914 年 8 月	1914 年 9 月至 1915 年 8 月	1915 年 9 月至 1916 年 8 月
大　豆	数量（火车皮）	54179	92938	72149
	金额（日银万元）	9592	13178	11249
豆　饼	数量（万片）	522	387	1819
	金额（日银万元）	75	472	2081
豆　油	数量（万斤）	3337	4555	9012
	金额（日银万元）	426	509	1125
高　粱	数量（火车皮）	476	4127	19692
	金额（日银万元）	51	502	2695

注：表中资料源自张福全. 辽宁近代经济史（1840—1949）[M]. 北京：中国财政经济出版社，1989：84.

表 3-29　1913—1916 年大连粮谷交易所农产品现货交易情况表

品种数量金额		合同期限		
		1913 年 9 月至 1914 年 8 月	1914 年 9 月至 1915 年 8 月	1915 年 9 月至 1916 年 8 月
大　豆	数量（火车皮）	1390	10682	11033
	金额（日银万元）	1361	1500	1711
豆　饼	数量（万片）	823	623	874
	金额（日银万元）	1201	791	1048
豆　油	数量（万斤）	2451	2046	2921
	金额（日银万元）	301	223	358

续表

品种数量金额		合同期限		
		1913年9月至1914年8月	1914年9月至1915年8月	1915年9月至1916年8月
高　粱	数量（火车皮）	831	1458	475
	金额（日银万元）	44	147	63
苞　米	数量（火车皮）	218	560	199
	金额（日银万元）	26	66	28
谷　子	数量（火车皮）	316	208	17
	金额（日银万元）	60	33	4
红小豆	数量（火车皮）	66	104	53
	金额（日银万元）	23	22	9
胡　麻	数量（火车皮）	18	38	49
	金额（日银万元）	21	17	14
青大小	数量（火车皮）	43	108	143
	金额（日银万元）	8	15	24
白眉大豆	数量（火车皮）	31	110	116
	金额（日银万元）	6	18	18
吉　豆	数量（火车皮）	20	187	14
	金额（日银万元）	6	37	5
小麻子	数量（火车皮）	47	79	60
	金额（日银万元）	7	10	9

注：表中资料源自张福全．辽宁近代经济史（1840—1949）［M］．北京：中国财政经济出版社，1989：85．

从史料记载情况看，这一时期辽河近现代商贸业文化发达，其表现特点：一是辽东输出的商品仍是以农产品和辽东土特产品为主，农产品仍以大豆、豆饼、豆油为大宗。1914 年，输出农产品总量为 171 万吨，其中大豆为 142 万吨，占总量的 83%；1915 年，输出农产品总量为 220 万吨，其中三豆类为 192 万吨，占总量的 87.30%。二是对外贸易明显增加。至 1912 年，洋货输入已占辽东三大港口的 64.40%，国内贸易占 35.60%，见表 3-30。三是对日本的贸易量最大，增长速度和幅度迅速提高，如表 3-31 所示。

表 3-30　1912—1913 年辽东地区三大港口贸易额中各国占比统计表

港口贸易			各国贸易及占比						
			两年累计贸易额（万海关两）				各国占比（%）		
			合计	中国内地	日本	其他国家	中国	日本	其他国家
三港合计		合计	26607	10909	12577	3121	41.00	47.30	11.70
		输入	12662	4506	6017	2139	35.60	47.50	16.90
		输出	13945	6403	6560	982	45.90	47.00	7.10
其中	大连港	小　计	13808	3262	8608	1938	23.60	62.30	14.10
		输　入	6680	1093	4384	1203	16.40	65.60	18.00
		输　出	7128	2169	4224	735	30.40	59.30	10.30
	营口港	小　计	10377	6764	2448	1165	65.20	23.60	11.20
		输　入	4796	3161	717	918	65.90	14.90	19.20
		输　出	5581	3603	1731	247	64.60	31.00	14.40
	安东港	小　计	2422	883	1521	18	36.50	62.80	10.70
		输　入	1186	252	916	18	21.20	77.20	1.60
		输　出	1236	631	605	—	51.10	48.90	—

注：表中资料源自张福全. 辽宁近代经济史（1840—1949）[M]. 北京：中国财政经济出版社，1989：281.

表 3-31　1914—1916 年东北贸易总额及对日贸易占比统计表

年份	全贸易额（万海关两）				占全部贸易额比例（%）		
	合　计	对日本	对其他国	对我关内	对日本	对其他国	对我关内
1914	22128	6881	8919	6328	31.10	40.30	28.60
1915	23855	6414	8345	9060	26.90	35.00	38.10
1916	23336	7587	8154	7595	32.50	34.90	32.60

注：表中资料源自张福全. 辽宁近代经济史（1840—1949）[M]. 北京：中国财政经济出版社，1989：285.

总之，由于国际市场急需许多商品，刺激了辽河近代商贸业文化的兴旺。农产品及土特产品虽是大宗，但与西方殖民地工业产品比，没有明显的竞争优势。辽东地区也有煤炭、钢材输出，但受日本殖民地挤压和盘剥，也没有竞争优势。辽河近代商贸业文化资本主义殖民地供应地的特征突出。

民国前期，奉天省的商贸业文化有较大规模发展。商铺、商港在经济活动中异常活跃。各种商铺遍布大中市镇，有力促进了城乡物质交流活动；营口、大连、安东三大商港连通海外，促进了内外贸易文化的发展。在对外贸易中，进口以棉纺织品、工业制成品为主，出口以大宗农产品和未加工原料为主。辽东地区商贸文化的发展鲜明地反映了半殖民地半封建农业经济文化占主导地位的特征，充分说明了外国资本主义列强对东北特别是辽东地区的经济侵略。

（1）商业文化的发展

辽东地区商业文化有较好的基础，尤其是奉天城和其他沿海城市。民国前期，辽东地区出现了闻名全国的以奉天城为中心的商业城市群。

1912 年，奉天城有益记祥洋行、乾元厚、庆泰永、四合堂、隆记洋行、同益兴、大顺永、敦庆祥、兴盛合、德顺成、天利昌等著名的商铺；翌年，又新设志诚谦、东德昌、义增厚、源丰盛等商铺。1914年，新增吉顺丝房、中顺恒丝房、永兴东、长元号、振记号、德昌永等商铺；翌年，增设世义顺、成泰永、同顺恒等商铺。1916年，增设天兴信、大德祥、金兴竣、振记工厂、德义祥等商铺；翌年，增设商铺义增源。1918年，增设纯益织公司、顺源长等商铺；翌年，增设福隆顺、汇泉远德记、德兴成、恒顺东、正记布庄、同义和、同协利丝房等商铺。至1919年，奉天有商铺3000余家，在市场上较有影响力的有500家①。其他城市商业文化形态和类型也十分发达。例如，辽阳于1911年设立大业公司，从事花旗布、大尺布经营；复县于1913年设立大业公司，从事无烟煤经营②；铁岭于1917年加入商会的工商企业户有302家。至1919年，安东有大小商铺1000家，较有影响的有100余家；大连有商铺900余家；营口有商铺约1500家③。此外，商业行会及民间商业组织发展迅速。1906年，奉天设立商务总局，在全省各地劝办商会分会、分所总计50多处。至1917年，商会组织进一步发展，东北地区有国人组织的商会组织191个，会董有3578人，会员有16831人④。

20世纪20年代，奉天省商业文化进一步发展。1920年3月，设立交易保证所。1920—1931年，奉天的杂货商铺、丝房等，每年都有增加。1924年，奉天的商铺有4040户；1928年，新增奉

① 中国银行总管理处．东北三省经济调查录［M］．沈阳：中国银行总管理处印，1919：39．

② 奉天省政府．奉天省长公署档：辽宁省档案馆藏卷3151［M］．沈阳：奉天省政府印，1912．

③ 中国银行总管理处．东北三省经济调查录［M］．沈阳：中国银行总管理处印，1919：39．

④ 满铁社长室调查课．满蒙全书（卷5）［M］．大连：满蒙文化协会印，1923：170．

天消费合作社、德和茂、永顺祥、同泰和、德顺成、丰益商店、东发合等商铺；次年，又增设，振兴成、新华商店、德顺长、恒顺西、源昌福等商铺；1930 年，增设永义谦、义巨成、志仁成、同增成、天聚成等商铺；1931 年 6 月以前，增设德源东、瑞祥号、福庆隆、同济东、德兴盛、锦全昌、德昌隆、东仁泰等商铺。其间，新增的丝房也较多。1928 年，增设福恒泰、大德祥仁记、恒茂昌、天兴元等商铺；次年，增设泰和商店（兼营百货销售）、恒祥久、新顺昌、庆泰成；1930 年，增设五源商店（兼营杂货）、鸿增祥庆记、新新商店①。

另外，据地方志记载，至 1927 年，辽阳境内有商铺 381 个②；1929 年，铁岭县加入商会的有 903 户，其中有 11 户豆油商、49 户碾磨坊、15 户织纱商③；1930 年 11 月以前，台安县有商铺 251 家④；1931 年 8 月以前，东丰县有商铺 285 家⑤。

以上表明，民国前期辽河近代商业文化之发达状况。而且，有许多老字号商铺，如奉天城的萃华金店、百货商店，铁岭的百货商店，辽阳的商业联号、果子店等；老字号饮食业，如奉天城的德馨楼、马家烧麦、明湖春、洞庭春、鹿鸣春、厚德福以及来自广东的玉壶春、调和馆，来自江苏的知味斋等，经营较红火。

---

① 奉天省政府．奉天省长公署档：辽宁省档案馆藏卷 5596［M］．沈阳：奉天省政府印，1926.

② 辽阳市史志办公室．辽阳县志·实业志：卷 27（旧志整理）［M］．沈阳：辽宁民族出版社，2008：109.

③ 铁岭市地方志办公室．铁岭县志·实业·商务：卷 8（旧志整理）［M］．沈阳：辽宁民族出版社，2008：79.

④ 鞍山市史志办公室．台安县志·工商业：卷 3（旧志整理）［M］．沈阳：辽宁民族出版社，2008：37.

⑤ 辽源市史志办公室．东丰县志·商业志：卷 3（旧志整理）［M］．北京：中央广播电视出版社，1994：63.

（2）贸易文化的发展

民国前期，由于辽河近代农业文化、工业文化和交通运输业文化都有较大的发展，特别是铁路、港口陆续竣工，极大地促进了辽河近现代贸易文化的繁荣与发展。以营口、大连、安东为主的辽东三港，在发展对外贸易文化中发挥了重要作用。这一时期，辽河近代对外贸易文化特征表现为以农业产品之大豆三品为主要贸易形态。

1907年，辽东三港贸易各自的占比：营口为75%，大连为15%，安东为10%。至1912年，大连港货物贸易量超过营口港，位居东北第一，全国第四，全国港口前四位排名是上海、天津、广州、大连。1919年，大连港贸易额跃居全国第二位，列上海之后。

当时大连港把持在日本殖民者手中，因而大连港既是东北贸易进出口的集散地，更是日本殖民者疯狂掠夺中国东北地区资源的集散地，大连港贸易文化记录了日本殖民者对辽东乃至东北地区经济掠夺的历史。

1922年，东北地区输入中外各种商品价值为关平银18016万两，同年向关内各省及外国输出商品价值为关平银27442.66万两，合计贸易总额为关平银45458.67万两。其中，辽东三港进口商品为关平银16267.19万两，出口货物为关平银19537.05万两，两项合计为关平银35804.24万两，占东北三省进出口总额的75%以上。

1925—1926年，辽东三港贸易出现波动，贸易额有所下降。1927—1930年，贸易额又开始回升。1925年，辽东三港的贸易总额为关平银48435.87万两，至1928年，则增加为关平银61441.87万两，增加近20%，占当时全国贸易额的35%以上①。

从输入商品看，1922年主要输入商品有7种，其输入货物价值额排序为棉纺织品、棉纱、卷烟及烟叶、面粉、钢铁、糖、纸

① 马尚斌．奉系经济［M］．沈阳：辽海出版社，2000：185-186.

类。至1927年，输入货物价值额排序为棉纺织品、麻袋、棉纱、布匹、钢铁、卷烟及烟叶、机器、糖。具体输入变化情况，如表3-32所示。

表3-32　　1922年和1927年主要输入商品变化情况统计表

货物	1922年	1927年	增长（%）
	输入货物额（海关两）	输入货物额（海关两）	
棉纺织品	49078518	54424198	10.89
棉　纱	16090108	12900092	－19.82
钢　铁	5430001	11854865	118.32
麻　袋	（没上榜）	13658429	—

注：表中资料源自朱诚如. 辽宁通史（第4卷）[M]. 沈阳：辽宁民族出版社，2009：273.

从出口商品看，1922年，主要出口商品有8种，其输出货物价值额排序为豆饼、大豆、高粱、豆油、煤炭、柞蚕丝、小米、木材及竹材。至1927年，输出商品价值额排序为大豆、豆饼、煤炭、豆油、小米、高粱、粮食、铁及铁器。具体输出变化情况，如表3-33所示。

表3-33　　1922年和1927年主要输出商品变化情况统计表

货物	1922年	1927年	增长（%）
	输出货物额（海关两）	输出货物额（海关两）	
豆　饼	58072138	84958824	46.30
大　豆	36164538	18814957	－47.97
豆　油	14367410	32928739	129.19

续表

货物	1922 年	1927 年	增长（%）
	输出货物额（海关两）	输出货物额（海关两）	
煤　炭	13462752	35265708	161.95
柞蚕丝	11242321	（没上榜）	—
小　米	6591058	31397978	376.37
木材及竹材	5462017	（没上榜）	—
铁及铁器	（没上榜）	6150399	—

注：表中资料源自朱诚如．辽宁通史（第 4 卷）[M]．沈阳：辽宁民族出版社，2009：274．

从表 3-32 中可以看出，从国外输入辽东地区的商品，除钢铁外，皆为制成品。特别是棉纺织品的大量输入，说明殖民者实行商品倾销。从表 3-33 中可以看出，辽东地区的大豆三品大部分仍然是输出境外的大宗商品，其余也都是资源型物资的输出。

总之，民国前期辽河近代贸易文化有所发展，进口物资品种有所变化，出口基本保持以大宗农产品为主要特征的贸易文化。

4．金融与财政文化的发展

民国前期，随着辽河近代工商业文化的繁荣与发展，辽河近代金融财政业文化也日渐兴旺。由于战争频仍，造成军费浩繁、通货膨胀严重，致使奉天省财政形势十分严峻。财政管理文化是稳定金融文化平稳发展的枢纽。辽河近代金融文化在财政整顿和诸多困境中艰难发展，取得了一些成绩。

（1）金融管理文化的发展

辽河近代工商业文化发达，促进了以新式银行为主要形态的辽河近代金融业文化不断发展。1919 年，辽东乃至东北只有 7 家普通新式银行，至 1930 年，增加到 19 家，新增 12 家皆为新式银行。民国前期，新式银行不断涌现，老银号也在改进中发展，辽河近代金融业文化的发展，对于推动辽东地区工商业文化的繁荣发展发挥了极其重要的作用。

创设于1905年的奉天官银号，在营口、辽阳、安东、彰武、通化、新民、锦州、昌图等地设有分号。1909年，奉天官银号经营范围扩大到吉黑两省，并于是年改称东三省官银号。1916年，该号改奉天大洋为本位币，总资本额为奉大洋81.20万元，奉天省政府又追加奉大洋100万元。1924年，为统一东北三省货币，奉天兴业银行和东三省银行合并东三省官银号，资本额达到奉大洋2000万元。该银号除享有货币发行权外，还担负奉天省政府代理省金库业务、省内外汇兑、金银原料及各种外币买卖，放款、存款、期票、汇票、兑现，还代理委托保管证券、证书及贵重物品等业务。

东三省官银号先后在外地设有分号或分支机构近90处，其发行的纸币及面值，如表3-34所示。

表3-34　　东三省官银号发行纸币及面值情况统计表

<table>
<tr><th>纸币种类</th><th colspan="2">数量及印刷单位</th><th>纸币面值</th></tr>
<tr><td rowspan="2">东三省现大洋</td><td rowspan="2">7</td><td>奉天东记印刷所印刷3种</td><td>奉天壹角、贰角、伍角券</td></tr>
<tr><td>美国钞票公司印刷4种</td><td>奉天壹圆、伍圆、拾圆、壹佰圆券</td></tr>
<tr><td rowspan="3">奉哈大洋票</td><td rowspan="3">23</td><td>美国钞票公司印刷6种</td><td>美哈壹圆、伍圆、拾圆券，美哈签印壹圆、伍圆、拾圆</td></tr>
<tr><td>奉天东记印刷所印刷6种</td><td>伍分、壹角、贰角、壹元、伍元、拾元</td></tr>
<tr><td>财政部印刷局印刷11种</td><td>京哈伍分、壹角、贰角，京哈签印伍分、壹角、贰角，津奉哈伍圆、拾圆，津哈壹圆、伍圆、拾圆</td></tr>
</table>

续表

<table>
<tr><th>纸币种类</th><th colspan="2">数量及印刷单位</th><th>纸币面值</th></tr>
<tr><td rowspan="2">奉大洋票</td><td rowspan="2">8</td><td>美国钞票公司印刷 5 种</td><td>新壹圆、新伍圆、新拾圆、新伍拾圆、新壹佰圆券</td></tr>
<tr><td>奉天东记印刷所印刷 3 种</td><td>旧壹圆、旧伍圆、旧拾圆</td></tr>
<tr><td>银元票</td><td>5</td><td>奉天东记印刷所印刷</td><td>伍枚、拾枚、贰拾枚、伍拾枚、壹佰枚</td></tr>
<tr><td>准备库券</td><td>2</td><td>美国钞票公司印刷</td><td>伍圆、拾圆券</td></tr>
</table>

注：表中资料源自朱诚如. 辽宁通史（第 4 卷）[M]. 沈阳：辽宁民族出版社，2009：278.

东三省官银号还附属经营一些企业，如东三省购运特产事务所、利达公司、公济栈、公济当、纯益缫织公司、公济平市银号等总计 28 处。

此外，创设于 1901 年的奉天公济平市钱号，资本为沈平银 10 万两，专门从事钱币业。1918 年 10 月，公济钱号改称为公济平市钱号，资本为奉大洋 10 万元；1919 年 1 月始，发行铜元票，成为铜元票独立发行机构；1926 年 12 月，铜元票发行额折奉小洋 2000 万元、奉大洋 1700 万元；翌年 12 月，铜元票发行折为奉小洋 2800 万元、奉大洋 2300 万元；1928 年 12 月，铜元票发行折为奉小洋 4200 万元。该钱号当时发行的铜元票壹佰枚和小洋壹元票等价兑换，同时流通，没有限制。

还有创设于 1912 年的奉天兴业银行，在各地设有分支机构 27 处，办理普通银行业务；1914 年分设的中国银行奉天分行、1910 年分设的交通银行奉天分行等金融机构。中国银行奉天分行曾发行现大洋票、哈大洋票、汇兑券及小洋票等 4 种纸币；交通银行奉天分行发行纸币面值有拾圆券 5 万元、伍圆券 10 万元、壹圆券 30 万元、伍角券 3 万元、壹角券 2 万元，总计 50 万元；1913 年，又发行新纸币，对原发行的银两票及银元票予以收回；1919 年 4 月，交通银行奉天分行发行汇兑性质的大洋票，至 1925 年，奉天分行发行奉大洋票 5263.80 万元。1926 年，边业银行正式在奉天挂牌，随后在东北各城市设有分支机构 29 处，拥有发行纸币的权力。是年 5 月，发行拾圆、伍圆和壹圆券，总额为 1250 万元；10 月，发行新纸币 300 万元；1928 年 5 月，发行现大洋票；1930 年，发行壹圆、伍圆、拾圆、伍拾圆券和壹角、贰角及伍角券，总额为 800 万元。

（2）财政管理文化的发展

金融文化的发展总是以财政文化繁荣为基础的，财政文化的发展不能步入正轨则金融文化就难以稳定发展。民国前期，由于实施较为有效的财政政策，努力开源节流，奉天省财政状况相对稳定。后由于战乱，军需过高，财政波动性很大，甚至出现了金融混乱、通货膨胀。但奉天省政府财政管理所做的努力，仍然收到了一定的成效。

民国初期，北洋军阀政府将征税划分为国税和地税，各省支度司改为国税厅。1914 年时，财务税种为：国税包括田赋、田房契税、户管、执照工本、官契纸费、新契纸费、印花税；地税包括亩捐、车牌捐、茧捐、民房捐、蔬圃捐、铺捐、妓捐、屠宰捐、肉捐、商房捐、车辆捐、店捐、戏捐、班捐。税捐之多之重，可见一斑。1915 年，改国税厅为财政厅。1917 年，王永江出任奉天财政厅厅长，锐意兴革，极力整顿，针对奉天省财政积欠和积弊，提出了补救之策和重纲严法，奉天省财政状况出现好转。王永江理财之道是开源与节流并举。

开源方面，采取三项措施，即厘定税目，规范征收；清丈土地，广开财源；发展实业，广开税源。节流方面，也采取三项措施，即淘汰冗员，裁并机关；加强公款管理，防止贪污浪费；加强地方财政款项监督，严格执行财政法规。针对私币泛滥的现状，王永江提出了整顿金融的方针和办法。1917 年 9 月 4 日，奉天省长公署为改良币制取消小洋纸币，改用大洋，要求商务总会实力奉行、悉心倡导。收回小洋票并销毁的同时制发了《收销各县私贴章程》，实行统一货币的政策，势在必行，所有各县私贴，一律勒限收毁①。由于采取了一系列有效措施，奉天省财政出现好转，收入大幅增加，如表 3-35 所示。

表 3-35　　1916—1917 年奉天省财政收入统计表

征收税种	1916 年度（元）	1917 年度（元）	增长（%）
田赋收入	4309817	5234517	24.46
税捐收入	5545766	6124710	10.44
契税收入	622275	1252735	101.32
官产收入	36946	101578	174.94
收入合计	10514804	12713540	20.91

注：表中资料源自辽宁省档案馆．奉系军阀档案史料汇编：第 3 册［M］．南京：江苏古籍出版社，1990：222.

1917—1921 年，奉天省财政收入持续向好，政府清欠了到期旧债，归还了官银号巨额积欠，补发了拖欠经费，还增加了军费。第一次直奉战争爆发，奉天省财政支付战争经费达 3000 多万元，使初见成效的奉天省财政再度陷入困境。第二次直奉战争耗资更大，奉天省财政支付战争经费高达约奉大洋 1.50 亿元，造成奉天省财政入不敷出、濒临破产的局面。奉天省金融混乱，民不聊生。1928 年，奉票毛荒一落千丈，成为当时金融、财政的难解问题。1927 年，奉大洋与现大洋的比价，高值为 5.8∶1，低值为11∶1；1928 年 4 月，奉大洋与现大洋的比价，高值为 20∶1，低值为

① 辽宁省档案馆．奉系军阀档案史料汇编：第 3 册［M］．南京：江苏古籍出版社，1990：4-5、68-69.

30∶1；至5月时，则为50～60∶1，有时甚至在60以上①。面对如此危局，奉天省当局采取整顿金融和财政的措施。财政方面，缩减军费开支、压缩行政支出、整理税收、扩大出口换现；金融方面，发行新币，解决奉票毛荒问题；管理发行公债，抑制通货膨胀；吸收存款，限制总需求。这些措施，使奉天省财政状况趋于好转，金融秩序趋于稳定并开始恢复增长。但由于九一八事变，很多政策措施尚未得到充分发挥，金融秩序变得更加混乱。

（二）交通与通信业文化的发展

民国前期，辽河近代交通运输业文化与一般通信业文化获得快速发展。

1. 铁路交通文化的发展

民国前期，政府鼓励官商合办和商民自办铁路，辽河近代铁路业文化发展达到了高峰。民国初，奉天省自建的铁路只有连葫铁路和通裕铁路。其中，连葫铁路是清末奉天省投资修建的11.9千米的标准轨道铁路，于1919年建成通车，1920年并入京奉铁路；通裕铁路修建的29千米标准轨道铁路于1916年建成，1925年拆除。为加强东北地区各省之间的政治经济联系，政府鼓励各方参与修建铁路。

1921—1931年的10年间，奉天省自营自建铁路包括国有京奉铁路的锦朝支线和打通支线，民办的开丰铁路，官办的有吉海、昂齐、洮索、齐克铁路以及官商合办的奉海、呼海、鹤岗等铁路，共计10条，营运里程共计1521.7千米。1924年，东三省交通委员会成立，是负责领导东三省铁路交通文化建设管理的行政机关。1928年，奉天省当局改组和重建东三省交通委员会，任命郑谦为东三省交通委员会委员长，常荫槐、翟文选、诚允为副委员长，重新成立东三省交通委员会，批准了东三省交通委员会组织条例

① 荆有岩. 张学良执政时期东北、华北财经概况［R］. 沈阳：辽宁文史资料，1982.

和章程。1929 年 1 月 11 日，任命高纪毅兼京奉铁路局局长，同月 30 日又任命高纪毅为东三省交通委员会副委员长并主持会务。4 月 18 日，东三省交通委员会更名为东北交通委员会，隶属于东北政务委员会。南京国民政府确认了其组织权限和组织机构，并公布了《东北交通委员会暂行组织条例》①。1930 年 4 月 25 日，东北交通委员会召开会议，依据 1922 年以来自建铁路线路的计划和基础，经过 5 个多月的专门研究，确定了东北自建铁路网 3 大干线计划，即延长东西两大干线，并增加南大干线②。具体线路包括：东大干线，即从葫芦岛海港起，经北宁、沈海、吉海铁路，计划全长为 1623 千米，已建成铁路干线 760 千米。其大部分在奉天省境内，葫芦岛至奉天省城（北宁铁路）312 千米；奉天省城至朝阳镇（奉海铁路）264 千米；朝阳镇至吉林（吉海铁路）184 千米。西大干线，即从葫芦岛海港起，经北宁路的打通支线，四洮路的郑通支线和郑洮支线、洮昂路、昂齐路、齐克路为基础，已建成 1549 千米，需增修 415 千米。奉天省境内计划部分全部建成，其中葫芦岛港至打虎山（北宁干线）180 千米；打虎山至通辽（打通铁路）252 千米；通辽至洮南（四洮铁路干支线）343 千米。南大干线，即从葫芦岛海港起，经北宁铁路的锦朝支线为基础。全线计划 1135 千米，已修部分在奉天省境内，其中葫芦岛至金岭寺（北宁干线及锦朝支线）159 千米；其余未修。

2. 港口建筑文化曲折发展

1916 年，奉天省当局提出了官办或官商合办建设港口的主张。同年 10 月，通裕铁路煤矿公司总办向奉天省当局申请，拟设连（锦州连山）峰（赤峰）铁路商埠股份有限公司，修建锦州至

① 董慧云，张秀春．张学良与东北新建设资料选［M］．香港：香港同泽出版社，1998：442-444．

② 东北交通委员会．交通委员会文书：辽宁省档案馆藏卷 7515［M］．沈阳：东北交通委员会印，1930．

赤峰的铁路，并修筑葫芦岛港口。奉天省当局认为修筑葫芦岛商港很有必要，于1917年同意组织股份公司，后担心商办资金不足借用外资又担心被外国控制，特别是日本满铁插手筑港，最终停止了民办商港的计划。1919年，奉天省当局再次倡议筑港筑路。奉天省政府与交通部议定了合资筑港合同，1000万元投资，双方各承担一半。1920年2月，奉天葫芦岛商埠事宜处成立。至1922年，交通部仍无筑港投资，计划被迫放弃。1927年夏，东三省交通委员会又提出了筑港计划，得到奉天省当局的积极支持，且商定由荷兰公司承包筑港工程，采取垫款包造的方式解决资金问题。由于日本干涉，这次筑港计划没能实现。1928年以后，东北自建铁路网计划陆续实施，铁路实现联运需要港口吞吐货物，筑港工程又提上了日程。是年5月，制订了以葫芦岛商港和京奉铁路为轴心的自建铁路网三大干线计划，三大干线都是以葫芦岛商港为出海口。1929年夏，奉天省决定修筑葫芦岛商港，指示北宁铁路局筹备筑港资金，每月从铁路利润中拨出50万元，存入奉天城各大银行。是年12月，东北交通委员会在北宁铁路局内增设港务处，着手制订工程计划及详细说明书，并与荷兰筑港公司商谈工程承包合同。次年7月2日，北宁铁路局在葫芦岛举行形式典礼。1931年9月18日，日本发动九一八事变，筑港工程被迫停止。筑港资金5282554.27元全部被日本及其扶持的傀儡政府侵吞，筑港合同亦被废除，刚刚兴起的港口建筑文化即停滞。

3. 一般交通通信业文化的发展

辽河近代交通通信文化长期被日本侵略者垄断。至民国初，辽河近代电信文化已经是一派支离破碎的残败局面。早在日俄战争期间，日本就大肆抢夺辽东地区的电报机关，并擅自添设电报和电话线路，并与清政府签订不平等条约《中日电约》和《满洲陆线办法合同》，攫取了辽东的电信利权。鉴于有线通信已成复杂局面，奉天省当局决定从无线电通信入手，建立自己的无线电通信网。1922—1924年，随着国内电信文化加速发展，奉天通信文化也快速发展，可直接将欧洲各国发布的电信新闻随时送达各报馆。这是辽东乃至中国与欧美直接通信的开端。1927 年，奉天城建成短波电台和广播电台。至此，辽河近代无线电事业文化发展初具规模。至 1928 年，凡欧洲各国拍入中国的官商电报直接由奉天城接收代转，同时国内各大城市拍往国外的电报，也多由奉天城代为拍发。辽河近代无线电通信事业文化发展的规模已居全国之首。

1928 年，辽河近代无线电通信事业文化建设被列入奉天省新建计划中，发展更为迅速。至 1930 年，基本上建成了一个完整的独立的通信体系。九一八事变后，辽东地区的通信失去了自由。许多从事无线电工作的人员分别转到京津地区继续工作，天津华北无线总台和北平电台始终担负并保证了辽东乃至东北地区抗日的通信任务。

（三）产业工人文化的兴起

中国工人阶级是伴随中国近代工业而产生的。中国近代工业的产生不同于欧洲，中国近代工业文化是西方殖民者侵略中国时输入资本主义工业文化而产生的。因此，中国产业工人文化的兴起具有十分特殊的历史背景。

1. 工人阶级的诞生

1840 年鸦片战争后，外国侵略者开始在中国境内兴办经营近代工业企业，雇佣劳动者，便产生了中国近代产业工人。中国大批产业工人出现在 19 世纪 70 年代以后。第二次鸦片战争失败后，中国开始了洋务运动，官僚、买办、地方和商绅开始创办近现代工业企业，中国近现代工业文化的繁荣与发展，渐次产生了中国资产阶级，也壮大了中国的产业工人队伍，形成了无产阶级。19 世纪末，西方列强在中国创办了 100 多家近代企业，清政府兴办了 100 多家近代企业。在这 200 多家企业中，中国无产阶级形成并发展。另外，随着运输业文化的发展、市政文化的发展，航运工人和市政工人也成长起来，中国工人阶级队伍日益壮大。至 19

世纪末，中国工人阶级队伍已经发展到10多万人。

与中国工人阶级的形成与发展历史相同，辽东地区的工人阶级队伍的形成和发展也是从殖民地工厂中兴起的。1867年，英国商人普拉德在牛庄设立机器榨油厂，机器代替手工，劳动生产率提高了，雇佣劳动便在该工厂出现了，这些被雇佣者就是辽东地区最早的产业工人。产业工人是与机器化规模生产相联系的。随后，在1877年，清政府设立大东沟木税局，是当时最大的木材采伐、加工中心，这个木材加工厂创造了大批产业工人。尔后，1882年，李鸿章在旅顺修建船坞，建起了造船厂；1883年，盛宣怀在山海关架设山海关至旅顺的通信线路；1884年，丹麦商人在牛庄设立苏尔兹洋行榨油厂；1892年，大东沟又有官商合资兴办的木植公司。这些近代企业的兴办，产生了辽东工人阶级队伍。1895年后，中国民族资本进入发展时期。辽东地区的榨油、缫丝、酿酒、采矿业等工商业快速进入机器工业文化发展时期，营口、大连、安东等重要口岸城市出现了数十家机器榨油工厂；盖平、安东、凤凰城、岫岩、海城、奉天等地，相继出现的机器缫丝厂更是风生水起；辽东地区的煤、铁、金、银、石、土等采矿业文化蓬勃发展；棉纺、针织、毛纺、面粉、木材采伐加工等各业文化也陆续兴旺起来。1905年以后，辽河近代民族工业文化大力发展。随着这些工业的发展壮大，辽东地区的产业工人和无产阶级队伍迅速成长起来。至1912年，辽东工人阶级队伍达10多万人，主要分布在：辽东民族资本开办的1080家工厂，3.80万人；7人以下工厂1900家，2.70万人；日本满铁公司雇佣的1.90万人；日本掌控的抚顺煤矿约3.50万～4.00万人；民族资本开办的矿山工人有近2万人；林业、土建工人有约万余人；加上码头装卸工、铁路工人等①。

① 苏崇民．劳工的血与泪［M］．北京：中国大百科全书出版社，1995：8.

2. 工人运动文化的发展

产业工人深受殖民者的剥削、压迫和奴役。日资矿山企业诸如本溪湖煤铁矿、抚顺煤矿和鞍山铁矿，皆实行把头管理制文化。由把头直接采用大量临时工，由抬头自行管理，即矿山把作业全部包给把头，把头与作业主签订作业和报酬合同，而工人的劳动、伙食、工资全部由把头支付，工人不与矿主产生联系。把头实行包工作业，往下层层分包，经二把头、三把头层层盘剥，层层加重劳动，对工人强制执行“饥饿纪律”和“棍棒纪律”，实行残酷压榨和无情迫害。在矿山作业中，大力推行临时工制文化，以少付工资、增加作业时间，对矿工进行残酷剥削。因为临时工无需劳动合同，没有固定工资和人身保障。临时工也没有任何劳动保障，具体的劳动时间和工资给付标准完全由把头自己决定。日本殖民者与把头勾结起来，采取当年招工、当年解雇的办法，从中榨取临时工的利益。例如抚顺煤矿，1917—1919 年历年解雇的工人皆为年初工人总数的 4～5 倍①，全矿中 80％以上的工人在矿场工作不满 3 年，使用的全是青壮年劳动力，70％以上的工人年龄在 20～35 岁之间。他们利用当时山东、河北的失业农民多，故意压低临时工的报酬，加大劳动量，进行残酷剥削。

日本殖民者在中国榨取的高额利润其实是中国工人的血汗和生命换来的。日资矿山企业要求中国劳工每天工作时间长达 12～18 小时，规定矿工作业实行两班制，为加大工作量延长劳动时间，把头与日本殖民者勾结起来，实行加班制，即正班干满 12 小时后，再加 6 个小时，加班的报酬按日工资的 15％给付。日薪为 0.867 日元，即工人干满 18 小时，才得到 1.347 日元的工资。在日资企业中，中国劳工的工资即使是同一工种，也仅为日籍工人工资的 1/3～1/6，平均为 1/4，如表 3-36 所示。

① 张福全．辽宁近代经济史（1840—1949）[M]．北京：中国财政经济出版社，1989：336.

表 3-36　　1914—1916 年抚顺煤矿中日工人日工资对照表

年份	中国工人日工资（日元）	日本工人日工资（日元）	中国工人日工资占日本人工资的比例（%）
1914	0.324	1.120	28.90
1915	0.301	1.123	26.80
1916	0.308	1.094	28.20

注：表中资料源自朱诚如．辽宁通史（第 4 卷）[M]．沈阳：辽宁民族出版社，2009：73.

日资矿山企业劳工的劳动强度越来越大，据史料记载，在没有增加任何技术设备的情况下，抚顺、烟台等煤矿吨煤用工由 1908 年的 0.96 工时下降到 0.57 工时，劳动强度增加了 69.10%，工资下降了 27.40%。工人的工时长、劳动强度大，而维持生命的吃住条件却极差。日本殖民者为中国工人提供的住房称红房子，不足 10 平方米的大通铺上要睡 40 人，夏天如蒸笼，冬天似冰窖，阴暗潮湿，根本不适合人休息。日资矿山企业简直就是人间地狱，生产事故频发。据日本人自己调查记录，每年抚顺、烟台煤矿的伤亡人数占全部工人数的 40%～60%。1907—1917 年的 10 余年间，仅抚顺煤矿就累计伤亡在籍矿工为 2.90 万人，其中死亡为 0.14 万人；同期，临时工伤亡为 1.60 万人，其中死亡为 0.61 万人①。由此可见，在日本侵略者统治下，中国产业工人惨遭压迫和剥削到了极致。这是对辽东工人阶级的极大摧残，必将遭到坚决反抗。

产业工人的抗争。日本殖民者对辽东地区的强暴侵略掠夺，对工人的残酷剥削压迫，激起辽东工人阶级的强烈反抗，各地区

① 朱诚如．辽宁通史：第 4 卷 [M]．沈阳：辽宁民族出版社，2009：75-76.

各产业部门的罢工斗争越来越激烈，声势越来越大。据日本满铁调查课编写的《南满矿山劳动事情》记载，1916—1928 年，南满各地发生的工人罢工达 496 起。其中，日本统治的大连发生工人罢工 102 起、奉天 74 起、本溪 48 起、抚顺 41 起、营口 37 起、铁岭 23 起、鞍山 20 起。这些罢工在日资经营的各行各业均有普遍发生，矿业 63 起、食品制造业 78 起、染织业 44 起、化学工业 62 起、冶炼业 14 起、机械业 32 起、其他制造业 27 起、建筑业 49 起、交通运输业 42 起，其他企事业 79 起，农业 6 起。

1916 年，营口织染业 0.20 万多工人举行罢工；同年，西丰织染业工人也集体罢工，要求增加工资，取得了胜利①。1917 年营口篓厂 1000 余名工人举行罢工，要求增加工资，取得了胜利。1916—1918 年，大连满铁沙河口铁道工厂工人大罢工，先有 450 人罢工，厂方勾结警察署镇压工人的罢工，激起工人反抗，随后有 2000 多人，其中中国工人 1200 人、日本籍工人 860 人，举行联合罢工，要求增加加班津贴，厂方勾结警察再次镇压，逮捕工人首领，罢工持续 38 天而止；同年 9 月，该厂工人再次组织罢工，有 2000 多人参加，最后取得胜利。1918 年，大连川崎造船所工人大罢工，要求增加工资，最后取得胜利。

总之，辽东地区工人阶级不堪忍受日本殖民者的残酷压榨，一直坚持反抗斗争，也取得了一定的胜利。反剥削反压迫，争取合法权益，是这一时期辽东地区工人运动文化的主要表现。

（四）教育科技文化的演进

近代中国受西方文化影响最大的莫过于教育文化。西方的思想文化早在元明时代就传入中国，但规模不大，影响甚微。鸦片战争后，包括教育文化在内的西方文化伴随着殖民者侵略而不断侵入。中国陷入深重的殖民地危机之中，中华民族的危机日益加

① 顾明义，等. 日本侵占旅大四十年史［M］. 沈阳：辽宁人民出版社，1991：599-600.

剧，中国思想界受到强烈震动。思想界的有识之士及救亡图存的仁人志士们，在要求抵抗西方列强侵略的前提下，极力主张了解西方、学习西方，改革图强，以御外侮，并逐渐形成了认识西方、向西方学习的新思潮。在这个历史背景下，西学东渐，进入中国的西方思想文化与中国的传统思想文化产生了激烈碰撞与交流、冲突与融合，进而引发了中国近代教育思想文化的兴起与繁荣。辽河近代教育文化也随之发展变化。

1. 教育文化的演进

（1）旧式教育与科举文化的衰落

中国旧式教育不乏优秀的传统，但明清两代八股取士，致中国教育的优秀传统渐次衰落。至晚清，西方殖民奴化教育思想文化与西方资产阶级新式教育及科技文化蜂拥而至，以八股取士为目的的中国旧式教育文化难以招架，旧式教育与科举文化的衰落是必然的。这一时期，辽河近代教育文化在学习西方科学与反对殖民地奴化和坚持优秀传统与反抗封建专制中，交织纵横、复杂错乱、艰难发展，主要表现为官学文化的渐衰、私学文化的兴起、书院文化的式微、科举文化的衰落。

①官学文化的渐衰。官学是清朝政府官方设置的学堂，当时辽东有盛京宗室学、觉罗学、八旗官学和官办义学等。盛京地区乃清王朝龙兴之地，设学校以教育培养皇族、八旗子弟是清王朝的国策。因此，鸦片战争以前，在盛京地区，旧式官学文化表现为宗室学、觉罗学、旗学十分发达。鸦片战争后，随着西学东渐，西方的教育思想和科技文化日益扩展和浸润，清代官学文化面临严重挑战。清廷曾一度重视并试图重振官学，但由于深陷八股取士渊泽的官学文化已经遭到多数国人的反对，况且西方教育文化和科学技术已传入中国，社会已接受并自觉传播，所以清政府欲重振官学以抵制西学的举措失败了。以八股取士为中心的清代官学，不仅内容陈旧，而且严重脱离实际，根本无法与西方资产阶级新式教育及科技文化相抗衡，更遑论抵抗以武力为后盾的西方

殖民奴化教育思想文化。“旧学空疏，无裨实用，乃罢科举，立学堂，注重实学”①，故官学遭到淘汰。至1911年辛亥革命爆发，推翻了封建帝制，再经过新文化运动和五四运动的洗礼，辽东地区的官学彻底消失了。

②私学文化的兴起。私学文化是官学文化的补充形态，是教育文化不可或缺的重要内容，其在辽东地区早有存在。私学文化的形态和类型比较复杂。有富裕家庭在家设馆，或称坐馆、教馆、专塾，专门教育培养自家和亲友子弟；有塾师或在家，或祠堂、庙宇，或租房设馆，或称门馆、散馆、家塾，专门招收村镇民众子弟授业；有由村、族集资，择址建馆，或称村塾、族塾，延请教师，专教本村、族子弟。私学教师或为谪戍的流人，或为屡试不第或不求进仕或弃官的知识分子，其中以被贬谪者居多。辽东地区近代私学文化很兴旺，在官学文化渐衰的形势下，私学文化更显繁荣。19世纪末年以降，辽东畛域遭受日俄野蛮侵略，民族教育文化也遭受日俄殖民教育文化的压迫与破坏，许多有识之士强烈要求发展地方教育，以抵制殖民地奴化教育。但由于日俄占领辽东后实行残酷掠夺，致使地方政府财政捉襟见肘，根本无力发展地方教育文化，只有任兴办私学以对官学补足。因此，辽东地区私学兴盛，奉天省及各地政府顺水推舟，任其发展。辽东地区在各府州县、基础乡村，处处俱有兴办，生命力旺盛，其以培养人才，发展地方文化事业为目的，深受欢迎。私学教师他们来自社会基层，了解社会生产劳动，有丰富的社会实践知识和实践经验，以其知识渊博传道授业，和乡民亲和，常为乡民办理文字方面的事务。私学一直受到社会各界支持，新式学校发展起来后，私学仍与新式学校并存，直至民国结束前夕，辽东地区的私学文化才逐渐消失。

① 王树楠，吴廷燮，金毓黼，等. 奉天通志·教育四·近代上[M]. 沈阳：东北文史丛书编辑委员会点校、出版，1983：3537.

③辽东书院文化的式微。书院文化兴起于唐代，是封建社会传统教育文化的重要形态。“国学与府、县之学多近于科举，不足以厌学者之望，师弟不能自由讲学，故必于学校之外别辟一种学机关。”① 由此可知，书院是一种师弟自由讲学、切磋学问的地方，就其本质而言，亦属私学文化类型。鸦片战争后，辽东地区书院文化仍在继续。比较有影响的书院有锦州的凌川书院、盖平的辰州书院、复州的横山书院、海城的他山书院、义县的聚星书院、兴京的启运书院、昌图的开文书院、岫岩的大宁书院、凤城的启凤书院、开原的龙冈书院、桓仁的莲沼书院、康平的秀水书院、新民的辽西书院、铁岭的银冈书院、奉天的萃升书院、金州的南金书院、兴城的柳城书院、辽阳的襄平书院等 18 座。辽东地区书院文化的发展，使官学之外的文人学子有了受教育的机会。对于繁荣辽东教育文化贡献很大。特别是书院文化自由疏散，又有许多教师是贬谪官员，思想相对解放，他们在书院中讲授、研究，对于抵制日俄殖民地文化具有积极作用。但由于书院文化亦是为培养科举制艺之人，故随新式教育的兴起而逐渐式微。

④辽东科举文化的衰落。清代科举制文化沿袭前朝且有扬弃。八股取士主导了学校教育文化。学校教育文化一应科举之科目设计课程，教育官对在校生员主持月季考核，岁科两考。岁试结果依照成绩把附生（秀才）、增生、廪生递增一级。科试由学政主持，依成绩选出乡试资格的生员，作乡试的预考。乡试亦称大比，是生员们期盼的。科举是网罗人才的重要手段，也是知识分子入仕的唯一途径。清季，辽东地区以科举中进士者凡 510 人、举人有 1204 人，其中鸦片战争后考取进士者 153 人、举人 561 人。此外，还录取岁贡 1285 人、恩贡 360 人、副贡 115 人、拔贡 284 人、优贡 136 人。至 1905 年废止科举制文化，辽东地区的科举考

① 王德昭. 清代科举制度研究 [M]. 北京：中华书局，1984：103.

试共录取4343人。中国科举制文化的兴衰是中国人才选拔制度文化的写照，也是中国政体文化兴衰的反映。其兴也合理，其亡亦必然。初兴时，的确为最有学问的知识分子脱颖而出，充实国家政权机构的官吏，治国理政，为国家的政治建设和社会进步作出了一定贡献。但至清朝，以八股取士的科举制文化，空疏而无裨实用的思想文化，最终葬送了科举文化，也葬送了整个晚清王朝。鸦片战争后，民族危机日甚一日，救亡图存日急一日。实业兴国、救国，教育救国、立国为新思想，在广大知识分子中传播，终于形成思潮。从洋务运动到维新运动，在强烈要求政治改革的同时，也发出了改革教育文化的呼声，罢科举、立学堂，发展新式教育，培养实用人才，成为救亡图存的重要一着，终于得以实现。光绪皇帝下诏“永久废止八股”，但由于维新运动失败，至1905年，晚清政府正式下令，“所有乡会试一律停止，各省岁科考也一律停止”，科举制文化才真正废止。辽东地区的科举文化也随之废止。

（2）新式教育文化的兴起

民国初期，辽河近代新式教育文化的兴起和发展，表现在兴学育才文化的形成。奉天地方政府采取设置专门机构管理教育等措施，积极扶持发展教育文化，同时鼓励生员出国留学，大力培养实用型人才。

①兴学育才文化的形成。1901年，光绪新政初始，清廷明发上谕，自次年起科举考试不再考八股文章。随之，进行了比较彻底的教育体制改革，将原有的官学与私学（书院）一律改为新式学校，实行全新的大学、中学、小学3级教育体系，并于1903年颁布重新修订的学制，即儿童7岁入学，初等小学学制为五年、高等小学学制为四年、中学学制为四年、大学学制为三年，从小学至大学，实行16年教育制文化；引进西法，创办新学，培养实用型人才。

辽东地区的教育改革，始于20世纪初。1902年，奉天省设立全东北第一所大学堂——奉天大学堂；翌年，改名盛京省立大学堂，设正学额 200 名，由中西教员分门授课。1904 年，设立省立第一小学。至 1908 年，奉天已有专科学校 3 所，在校生 602 人；实业学校 8 所，在校生 584 人；各级师范 31 所，在校生 1634 人；普通中小学堂达 2071 所，在校生多达 8.27 万余人。据 1911 年统计，奉天全省有各类学校 0.27 万多所，在校生 10.60 万多人。“奉天教育，自清末停止科举创办学校，虽已略具规模。然经费未经确定，制度仍多迁就故习。乡村教育亦犹未能普及。暨民国改元，废提学使司，以教育厅办理全省教育。厘定章程，扩充学校，十余年间，学校林立。于是荒僻山陬，莫不有弦歌之声矣。”①

这一时期，普通学校设置最多，仅海城、承德两县就设有 350 余所。新式学校初设，初级小学数目最大，共有 2034 所，在校生 8.03 万人，占全省在校学生总数的 80%左右。奉天创办的 8 所实业学校，省城就有 4 所，即中等农业学堂、中等森林学堂、艺徒学堂、官吏实习学堂。另外，设在营口的有中等商业学堂，并附设了夜校；同江厅艺徒学堂，设有纺织和染布两个专业；铁岭工艺传习班，设有织布和轧花、染布、木工等多科。这些实业学校以满足社会实际需要而设置专业，旨在为地方工农商业培养实用型人才。新式学堂还设立了 23 所女子学堂，在校生有 1238 人，说明辽河近代教育文化发展较早重视女性教育问题，是具有特色的教育文化。在新式学校教育机构中，高等学校发展较慢。自兴起以来的 10 多年间，仅有盛京省立大学堂 1 所高等学校，说明当时奉天的教育系统的不平衡。

②教育机构的设立。新式教育文化的发展迫切需要有新的教育机关进行管理，以引导新式教育沿着正确的方向发展。1902 年，全国最高教育机关设立。奉天随之设立省级教育机关——省立大学堂，即奉天大学堂兼管全省教育。1905 年，奉天省正式设

① 王树楠，吴廷燮，金毓黼，等. 奉天通志·教育四·近代上［M］. 沈阳：东北文史丛书编辑委员会点校、出版，1983：3516.

立独立的教育行政机关——学务处，其职官称学政；翌年，更名为提学使司，其职官称提学使。1907年，省属以下各州县的教育机关称劝学所，负责本州县的学堂事务，劝学所的行政长官称总董，可由各州县视学兼任。当时省属州、厅、县共设有39个劝学所。1917年9月，北洋军阀政府教育部颁布《教育厅暂行条例》，要求各省成立专门教育行政机关。奉天当局于1919年9月正式组建奉天省教育厅，主管教育行政，主要任务包括制订教育行政法规、教育计划、监督办学、筹集教育资金、考核教育人员等，实现了教育管理事权的独立。教育厅初设三科，于1929年改设四科：第一科掌管教育人员的进退奖惩、会计庶务、文书留印信；第二科掌管专门教育、学术团体、留学及调查统计；第三科掌管普通教育和地方教育行政事宜；第四科掌管社会教育、图书馆、博物馆、审查宣传等问题。随后又设秘书处和编译处。省教育厅对劝学所的管理主要包括明确职能、整顿学务、严明制度、规范行为、提高素质五个方面。

1923年5月，北洋军阀政府颁行新体制，规定各县设立教育局。奉天省教育厅根据本省县级政体情况，提出将劝学所改为教育公所，同时重新拟定《县教育公所规程》，规定其职责主要包括商承县知事，主持全县教育行政事宜，并督导所辖区、村教育事务。直至1929年4月，奉天省各县教育公所始改为教育局。县教育局下设三科：第一科掌管文书编纂、会计、庶务、统计等事项；第二科掌管规划、执行、指导事宜；第三科掌管劳动教育及社会教育。至同年6月，全省58个县全部设立教育行政机关，奉天省县级教育行政机构得以完备①。

此外，还设有辅助行政管理的临时组织，如教育成绩审查会、城关学务委员会、学生试验委员会、平民教育委员会。专门

① 孙景悦. 张学良与辽宁教育［M］. 香港：香港同泽出版社，1993：30.

教育行政机构的设立，极大地推动了奉天省教育文化的繁荣与发展。

伴随学校的兴起，各种教育团体也陆续兴起。奉天省教育团体对促进全省教育的发展起到了积极作用。创设于1905年的奉天省教育总会，于1913年正式更名为奉天省教育会。1919年11月，确定教育会会长为任期制。1931年，教育会的领导机关改为理事制，辽宁省教育会的组成包括许多政府教育官员、教育界名流和社会知名人士，全省拥有近万名会员。教育会主要是协助教育行政机关开展教育研究，提出发展教育的相关议案，推进私塾改革，实施义务教育、平民教育，举办小学教员讲习所、美术专修科、教育成绩展览会，组织科学竞进会等；分省、县、乡镇三级，各会之间互为联系，但不相统辖。

此外，1928年9月创办国民简易教育协进会，负责筹办国民简易学校、国民简易读书处、简易图书馆以及其他简易教育事宜；1930年2月，辽宁省创办民众教育委员会，负责制订本省义务教育实施计划、筹划义务教育经费、督促推动各市县义务教育进行、考核全省义务教育实施成绩等。另外还有一些教育团体，如省城职员联合会、满蒙文化协会、孔教宣讲会、东三省大同学会等。

教育行政机关的设立，对于促进辽河近代教育文化的繁荣，推动新旧转换时期辽东教育事业的发展，起到了积极作用。

③教育文化转型发展。进入20世纪后，辽河近代教育文化进入转型发展的重要时期。早在1901年，清政府就颁布实施《奏定学堂章程》，规定中国近代新式教育文化的具体形态与类型。具体规定，如表3-37所示。

表 3-37　　1901 年奏定新式教育文化的形态与类型划分表

<table>
<tr><td colspan="2" rowspan="2">学校类型
专业课程</td><td colspan="2">课程设置</td></tr>
<tr><td>专业课程</td><td>公共课程</td></tr>
<tr><td rowspan="3">高等学堂（学制三年）</td><td>文科类</td><td>历史、地理、法学、理财、辩学</td><td rowspan="3">经学、人伦道德、中文、语文、外语、体育</td></tr>
<tr><td>理工类</td><td>数学、物理、化学、地质、矿物、绘画</td></tr>
<tr><td>医科类</td><td>数学、物理、化学、动物学、植物学、拉丁语</td></tr>
<tr><td colspan="2">中学（学制五年）</td><td colspan="2">经学、修身、中文、外语、历史、地理、数学、物理、化学、法学、理财、博物、体育</td></tr>
<tr><td colspan="2">初等小学（学制五年）</td><td colspan="2">经学、修身、中文、算术、历史、地理、格致、体育，有条件可加手工、图画科</td></tr>
<tr><td rowspan="5">优级师范（学制一年）</td><td>第一类以中文、外文为主</td><td>周秦诸子、英语、德语或法语、辩学、生物学、物理学</td><td rowspan="4">群经、人伦道德、源流、中国文学、东语、英语、辩学、数学、体育</td></tr>
<tr><td>第二类以历史、地理为主</td><td>历史、地理、法学、理财、英语、生物学、体育</td></tr>
<tr><td>第三类以数、理、化为主</td><td>数学、物理、化学、英语、图画、手工</td></tr>
<tr><td>第四类以动植矿生理为主</td><td>动物学、植物学、矿物学、生理学、地学、农学、英语、图画</td></tr>
<tr><td>学制三年，加习科分类科毕业后，择重要学科加习 1 年</td><td colspan="2">选择加习科课程有：人伦道德、教育学、教育制度、教育政令、教育机关、美学、实验心理学、学校卫生、专科教育、儿童研究、教育演习、教授实事练习</td></tr>
</table>

续表

<table>
<tr><td colspan="3" rowspan="2">学校类型
专业课程</td><td colspan="2">课程设置</td></tr>
<tr><td>专业课程</td><td>公共课程</td></tr>
<tr><td rowspan="3">实业学堂</td><td colspan="2">农科</td><td>数学、测量、气象、农业泛论、农业化学、农具、土壤、肥料、耕种、畜产、园艺、昆虫、兽医、水产、森林、农产制造、农业理财、实习</td><td rowspan="3">人伦道德、英语、教育、教授法、体育</td></tr>
<tr><td colspan="2">商科</td><td>应用化学、应用生物、商业作文、商业算术、商业地理、商业理财、商业实践、商品、簿记</td></tr>
<tr><td>工科</td><td colspan="2">简易科（学制一年），其又分金工、木工、染色、机织、陶器、漆工 6 种</td></tr>
<tr><td rowspan="5">实业学堂</td><td rowspan="5">完全科（学制三年）</td><td>金、木科</td><td>无机化学、应用力学、工场用具及制造、构造材料、农具及建筑流派、房屋构造卫生、建筑制图及匠意</td><td rowspan="5">人伦道德、英语、教育、教授法、体育</td></tr>
<tr><td>染料科</td><td>一切器用、化学、应用机器定性分析、工业分析、染色配色、机织及间匠</td></tr>
<tr><td>窑业科</td><td>一切应用化学、应用机器定性分析、工业分析、窑业品制造</td></tr>
<tr><td>应用化学科</td><td>应用化学、机器、电铸及电矿</td></tr>
<tr><td>工业图样科</td><td>图样、材料</td></tr>
</table>

注：表中资料源自陈学恂. 中国近代教育史教学参考资料（上册）[M]. 北京：人民教育出版社，1986：532-551.

从表 3-37 中不难看出，新式教育在课程设置上有了明显改进，即课程设置既注重实用性，又兼顾人伦道德等人文知识的学习。相对旧式教育文化，新式教育文化无疑是一种重要进步。

辽河近现代新式教育文化发展速度快，其形态和类型也复杂且丰富。清末全省共创办 2700 多所新式学校，其中具代表性的有奉天省城的育英小学堂、维城小学堂（省立第四小学）、八旗公立高等小学堂（省立第一小学）、奉天陆军小学堂、奉天中学堂、奉天崇实中学堂、奉天大学堂、奉天高等实业学堂、奉天筹边学堂、奉天农业学堂、奉天仕学馆、奉天法正学堂、方言学堂、奉天师范传习所、体育美术专修科、游学预备学堂、格致测算专修科、公立女子美术学校、官立女工传习所、营口中等商业学校。由此可以看出，这一时期辽河近代新式教育文化之繁荣景象。到 20 世纪 20 年代，随着东北的政治、经济、文化等领域的发展，教育文化发展也取得了一定成绩。奉天省当局在政局动荡、经费支绌的情势下，克服了许多困难，积极兴办教育，繁荣教育文化。至 1930 年，全省各级种类学校增至 10404 所，比民国初年增长了近一倍。初等教育学校为 10115 所，适龄儿童入学率达 37%；中等教育学校有 271 所；高等学校有东北大学、冯庸大学、东北交通大学 3 所正规大学以及一些专门学校①。社会教育文化日渐普及，但仍然存在教育结构不合理的现象。

④奉天视学制文化的发展。民国初期，视学制文化分为两种形态，即省视学和县视学。省视学，按旧制，一切悉遵《省视学规程》。1918 年 5 月，奉天省政府为了进一步规范省视学行为，制定了《奉天省视学处分细则》，规定省视学要定期对指定区域切实进行调查研究，每次调查必须保证 2～5 个月的时间，并写出学务

① 孙景悦. 张学良与辽宁教育［M］. 香港：香港同泽出版社，1993：5.

报告。1919 年奉天省教育厅成立后，划分了 6 个学区，如表 3-38 所示。

表 3-38　　1919 年奉天省教育厅成立后学区划分情况统计表

学　区	具体范围
第一学区	沈阳、辽阳、新民、辽中、铁岭、开原、台安、抚顺、彰武
第二学区	长白、凤城、本溪、桓仁、辑安、临江、安东、宽甸、安图
第三学区	营口、海城、盖平、庄河、岫岩、复县
第四学区	锦西、锦县、盘山、义县、兴城、北镇、绥中、黑山
第五学区	东丰、西安、西丰、海龙、兴京、辉南、通化、柳河
第六学区	昌图、洮南、法库、辽源、开通、洮安、安广、突泉、镇东、梨树、怀德、康平、双山

注：表中资料源自郭建平. 奉系教育［M］. 沈阳：辽海出版社，2000：69.

省视学有严格程序，视学视察前，要拟订计划并呈报省长，每到一县要拟订出该县视察计划并速报省教育科，视察期间要逐日填写日程表，等视察完毕，连同视察报告一并呈报省长。视察报告分为特殊报告和例行报告。特殊报告没有时限规定，发现问题即可随时报告；例行报告为分县摄要记载普通事项，有时限要求，一般为 1～2 个月报告 1 次。

县视学规程明确了视察方式、范围、内容，规定：县视学视察前不得通知各学校，以免视察情况失实；县视学只对高小以下的学校负视察责任；县视学对劝学所用人、用款及县立各校一切用款，均须负责，日后倘因用款涉讼，查明失实，该视学亦负应得之咎，规定了晋级和降级的奖惩方式，允许以功抵过。1923 年 5 月，省教育厅制定了《视学视察标准》，对学校设备、教师、校长、劝学所长、劝学员、县知事、县视学等分别提出了考察标准，内容十分详细。视学制文化对于推动辽河近代教育文化的发展起到了积极的作用。

⑤奉天学制及学塾文化。1911—1922 年，奉天省实行的是旧学制文化。旧学制文化概括为：民国小学、高等小学、初等中学、高等师范或大学。小学学制为四年，7 岁入学，10 岁毕业，为义务教育，即初等小学；初等小学毕业后可选择读高等小学，为升入中学作准备，中学不设预备科。此三级教育是一种普通教育。其无力升学者，仍不能自谋生活。或有升入大学预科，补习外语，方能至本科学习。可见，旧学制文化没有考虑地区的差异，在奉天省的施行，已致教育的功效日薄，社会游民日多。因此，奉天省从 1921 年开始对旧学制进行改革，至 1925 年结束。

奉天省新学制的实施十分谨慎。省教育厅成立教科书编审处，直属省长公署，下设修身、国文、数学、物理、化学、英语、历史、地理、博物、教育、艺术等 11 个股，分头审查各科教科书。为实施新学制中的中学分科制，教育厅决定先试点再推广。至 1925 年，奉天省学制改革才圆满结束。

奉天省新学制于 1923 年 1 月正式施行。新学制学校系统分为三级制：第一级是小学校，学制六年（初小 4 年、高小 2 年、7 岁入学）。第二级是中学校、师范学校、职业学校。其中，中学校学制六年，前 3 年为初级、后 3 年为高级；师范学校学制为三年；职业学校学制为一至五年。第三级是大学校、专门学校。大学校学制为四至六年，专门学校学制为三至四年。大学校之上设大学院为大学毕业及同等程度者研究之所，年限不定。

新课程标准的具体内容，如表 3-39 所示。

表 3-39 各级各类学校新课程标准的具体内容

学校	学制	所设科目	课程内容
小学校	六年	国文科	语法、读法、作法、书法
		算术科	珠算、簿记
		社会科	公民、卫生、历史、地理
		自然科	自然、园艺
		艺术科	工艺、美术
		音乐和体育	乐谱识记、拍节、口唱视唱、表演、游戏、舞蹈、体操、器械操、田径
初级中学校	三年	国文科	讲读、作文、习字、文法
		外语科	读本、正音、会话、习字、缀字、造句、默写
		数学科	算术、代数、平面几何
		自然科	动植物、物理、化学、地质、矿物、天文、气象
		历史科	本国史、世界史
		地理科	天文、地文、人文
		公民科	法治、社会、经济、伦理
		职业指导	职业研究、择业指南
		图画科	铅笔画、毛笔画、画理、绘画鉴赏
		手工科	工作图、厚纸工、藤竹工、木工、金工、石膏工、工艺要识、工业大要
		生理卫生科	人体构造及功能、个人卫生、急救法、治疗法
		体育科	各种运动、体操、童子团训练

续表

学校	学制	所设科目	课程内容
高级中学	三年	国文科	讲读古文、研究应用文、作文、选读《论语》
		外语科	会话、演说、文法作文、修辞作文、翻译
		社会学科	本国史、本国地理、社会学、社会问题、伦理学
		科学概论科	科学精神方法、应用科学发达史、科学与哲学、宗教、艺术之关系
		数学科	平面三角、平面几何、立体几何、代数
		政治经济科	政治概论、经济概论
		史地科	本国史、本国地理、西洋史、东洋史、西洋地理、人生地理
		哲学及心理学科	心理学、论理学、伦理学、哲学概论
		自然科	物理、化学、生物学
		艺术科	图画、音乐、手工、普通体操、各种运动、医学常识
师范学校	三年	培养小学教师，课程设置与高中文科基本相同，但教学内容、教学目的及教学要求均有所不同	
		教育科	教育史、教育心理学、论理学、教育原理、小学教育法原理及各科教育法、小学行政、乡村教育、伦理学、哲学概论、心理测验
		（与高中文科课相同）	历史、地理、科学概论、动物学、植物学、矿物学、物理、化学、数学
		（与高中文科课不同）	艺术（工艺、美术）、音乐（唱歌、乐理、乐器）、体育（游戏、舞蹈、模仿操）

注：表中资料源自朱诚如. 辽宁通史（第 4 卷）[M]. 沈阳：辽宁民族出版社，2009：307-312.

民国前期，辽东地区新式教育课程设置充分体现了实用的特点。例如，表中所列师范学校所增设的教育史、教育心理学、伦理学、教育原理、小学行政、心理测验、哲学概论等课程，就充分体现了这一特点。新学制课程标准说明书指出：教育史，为师范生应首先研究之科目，不明了以往教育之沿革，便不能进而研究现代教育之理论；教育心理学，重在受教育者之心理；论理学，重在思维之方法；教育原理，在授学生以教育上之普通原理，供学生从事教育时之应用或实验；小学行政，在授学生以小学行政方面之知识技能；乡村教育，为学生毕业后充任乡村小学职员之预备；教育测验，意在使学生能以科学标准测定教育成绩；心理测验，意在使学生以科学标准测定儿童智力，为教育及管理之助；伦理学，养成学生道德之观念，既定裨益其个人之修养，且为将来从事道德教育之一助；哲学概论，使学生明了主要哲学学说及问题，为研究教育学之助；科学概论，“在使学生了解科学精神及方法，为研究教育科学之助”①。

学塾文化是辽东地区历史上遗留下来的私塾教育文化的沿袭和发展，是辽河近现代教育文化的另一种形态与类型。但由于其对新式教育文化的阻碍，奉天当局在民国初期对私塾文化的政策是予以取缔。对于私塾文化的态度经历限制、取缔到改造三个阶段。1916 年，省教育会针对私塾文化大量存在的状况，向奉天省省长提出了限制私塾的 5 条建议。省长公署批准了该提议，并指令所属遵照办理。1917 年，省教育会又提出取缔私塾议案，认为“私塾、学校两不并立，私塾一日不去，学校一日不兴，诚为教育进行之大碍”，因而必须“绝其根株”。但这次取缔令仍然收效不大。1923 年，教育厅下令改私塾为学塾，并拟定了《管理学塾规则》，规定对学塾进行限制，只许在穷乡僻壤之地开办学塾，学塾

① 孙景悦. 张学良与辽宁教育［M］. 香港：香港同泽出版社，1993：153.

必须开设经学、国文、算术和游艺4门课程并定期向劝学所造报清册。同时，对塾师提出要求，塾师必须文理兼通、讲解清楚，不得专注背诵；对教育管理机构规定责任：地方官、县视学、劝学所应定期对学塾进行考核，合格者发给凭证，不合格者令其改业。经过限制、改造和监督措施，奉天省学塾在一定程度上纠正了传统私塾的一些弊端，使学塾真正成为学校教育文化的补充。

（3）社会教育文化的发展

民国前期，辽河近现代社会教育文化得到了较大发展。按照初等教育为主，中等和高等教育为辅的原则，各级各类普通教育文化的发展规模和速度各不相同，初等教育文化形态发展较快，中等教育文化发展相对滞后，高等教育文化形态处于初创阶段。奉天省学校系统和教育体系初步形成。

①初等教育文化的发展。初等教育文化是国民教育文化形成的基础。民国前期，辽河近现代初等教育文化保持了连续发展的态势。学校的数量和教育的质量都有明显的提高。

民国之初，奉天省共有小学校4000余所，在校生为15万余人。20世纪20年代前后，奉天省共有小学校5418所，在校生为25.26万人。至1929年，全省小学校数量已达1.01万多所，在校生达66.65万人，分别是1916年的1.90倍和2.60倍；小学校数量平均每年增长360余所，在校生人数平均每年增长3.18万余人，全省适龄儿童入学率达34%，居全国前列①。

具体而言，幼稚园的发展相对缓慢。至1929年，全省共有幼稚园14所，其中省立仅有1所，其余为县立和私立。在园学生为630余人，教职员有27人，全年经费为13301元②。

公立小学，分为省立与县立两种。省立小学采用完全小学制，

① 郭建平．奉系教育［M］．沈阳：辽海出版社，2000：157.

② 孙景悦．张学良与辽宁教育［M］．香港：香港同泽出版社，1993：50.

经费由省库支出；县立小学采用单级和完全两种形式，经费由地方公费支出。奉系军阀主政东北前，省立小学增至 8 所；至 1929 年，全省又增省立小学 10 所，在校学生有 12879 人。县立小学，至 1929 年，全省 58 个县全部设有小学，共有 8496 所，在校生人数为 46 万人。但分布不平衡，其中辽阳最多，共有 496 所，昌图县最少，仅有 7 所。高级小学和完全小学的发展不如初级小学，在全省 58 个县中有 36 个县设立，普及率较低。其中，设高小最多的是奉天城，完全小学最多的是凤城，都是 45 所；其他均在 1～2 所之间，在校生人数为 12 万人左右①。

私立小学校，1915 年有 989 所；1924 年有 2162 所，在校生人数为 7.99 万人。私立小学校数量增加了 1.20 倍，占小学校总数的 24%，所容纳学生数增加 2.16 倍。私立小学校在全省初等教育中已占有相当比重②。

②中等教育文化的发展。民国前期，辽河近现代中等教育文化发展体现在普通中等教育、职业中等教育和师范中等教育三种形态和类型上。

普通中等教育文化的发展水平有较大幅度提高。到 1929 年，全省有普通中学 122 所，列全国第二位。奉天省中等学校分分立与私立两种形态和类型。公立中学主要设置在省城，1916 年前，奉天省共有中学 20 所，省立中学仅 3 所。县立中学有 14 所，其中高中仅 1 所，即辽阳公立高中，其余为初中。1922 年全省县立中学共有 19 所；次年，新增 12 所；至 1924 年，全省中学达 43 所；1926 年，全省中学数量达到 54 所；至 1929 年，全省各县初

① 孙景悦．张学良与辽宁教育［M］．香港：香港同泽出版社，1993：59.

② 孙景悦．张学良与辽宁教育［M］．香港：香港同泽出版社，1993：67.

中已达 80 所，全省 58 个县中有 53 个县设立了中学，几近普及①。同时，先后开办私立中学 24 所，位于省城的初中有 10 所；位于各县的初中有 13 所；设于县上的高中仅 1 所。私立中学的发展良莠不齐，奉天省教育厅采取措施严格管理、严格限制、严厉取缔，对符合要求的私立中学，采取民办公助的形式，在财力上给予帮助，对辽东地区教育文化的发展起到积极作用。

辽河近代职业中等教育文化的发展，大体经历了从起步阶段至快速发展阶段到稳定阶段。

1916—1922 年，辽东地区中等职业教育文化已经粗具规模；至 1922 年，全省共有中等职业学校 17 所。1923—1926 年，辽东地区中等职业教育文化飞速发展，全省创办中等职业学校 27 所，占全省职业学校创办总数的 77%。1927—1929 年，由于军阀混战、财政危机等影响，职业教育文化陷入困境。至 1930 年，全省共有职业学校 45 所，其中省立有 6 所、县立有 39 所，在校生人数有 2740 人。

民国初期，辽河近代师范中等教育文化也有所发展。至 1912 年，辽东地区有各种师范学校、传习所、简易科、讲习所等 40 余所。1916 年，奉天省当局增加教育经费优先发展师范教育，各类师范学校增加至 47 所。次年，为更科学地发展师范教育，辽东地区划分 5 个学区作为省立各师范学校的招生和各县市级小学培养师资的区域范围。1918 年，为提高师范教育质量，采取师范教育与普通教育分办的措施。是年，国立沈阳高等师范学校成立，并将奉天两级师范学校原设的专修科及附属中学各级尽行并入。1920 年，又重新划分了师范教育区，即六大招生区进行分类指导。1922 年，辽东地区实行新学制改革，师范学制除原有的师范学校、师范讲习科外，增加了师范专科，附设于大学教育系或师范学校内；次年 1 月，颁布了《师范学校暂行规程》和《师范讲

① 郭建平. 奉系教育 [M]. 沈阳：辽海出版社，2000：173.

习科暂行规程》①。同时，允许各县设立师范学校。是年，东北大学成立，高等师范学校被撤销，培养中等以上师资的任务改由东北大学承担。1925 年，为使师范生“自觉其教育家之天职，树国民之模范”，奉天省师范教育特别重视道德情操的培养。是年，省教育厅修订了新学制课程标准，师范学校的管理更加规范。1928 年，张学良主政东北后，更加重视师范教育。1928—1929 年，各县设立师范讲习科就达 17 所。至 1929 年，全省共设立师范学校 25 所、师范专修科 1 所、师范讲习科 65 所。除省立师范学校外，全省 58 个县中有 15 个县设立了师范学校，其余 43 个县也都设立了师范讲习科②。至 1930 年，全省共有师范生 141 级、5797 人，毕业生 1767 人，教职员 494 人③。重点师范学校有 8 所，如表 3-40 所示。

表 3-40　1930 年辽东地区重点师范学校概览表

学校概览	级数	学生数（人）	教职员数（人）	年经费（元）	设立时间	校　址
省立第一师范学校	17	656	55	79764	1919 年 10 月	省城小南关
省立第二师范学校	7	200	22	45606	1913 年 6 月	凤城县城
省立第三师范学校	6	274	17	37302	1914 年 6 月	盖平县城

① 孙景悦. 张学良与辽宁教育［M］. 香港：香港同泽出版社，1993：67.

② 郭建平. 奉系教育［M］. 沈阳：辽海出版社，2000：246.

③ 孙景悦. 张学良与辽宁教育［M］. 香港：香港同泽出版社，1993：171.

续表

学校概览	级数	学生数（人）	教职员数（人）	年经费（元）	设立时间	校　址
省立第四师范学校	6	176	18	38490	1914 年 9 月	锦西县高桥镇（后迁县城内）
省立第五师范学校	6	420	15	2984	1914 年 9 月	东丰县城东门内
省立第六师范学校	3	82	—	—	1920 年 9 月	辽源县城
省立女孩师范学校	4	161	16	27000	1906 年 7 月	省城大东门内
省立师范专科学校	2	44	9	24608	1927 年 2 月	省城小南关

注：表中资料源自孙景悦．张学良与辽宁教育［M］．香港：香港同泽出版社，1993：155；表中省立第六师范学校又称省立第四高级中学附设师范学校

③高等教育文化的发展。辽河近代高等教育文化兴起于 20 世纪初期。1901 年，清政府设立奉天大学堂；翌年正式开学；1903 年，更名为奉天省学堂；翌年，因日俄战争停办。日俄战争结束后，因发展实业需要，辽东地区陆续创办其他高等教育性质的专门学校，诸如奉天工业专门学校、外语专门学校、文学专门学校、医科专门学校等，但没有创设正规的综合性大学。民国前期。奉天省当局出于对人才的需要，一面改扩原有的高等专科学校，一面开始创设正规综合性大学。其中较有影响的大学有东北大学、东北交通大学、冯庸大学等。从此，辽东地区高等教育

文化取得突破性发展，高等教育文化的形态和类型不断发展完善。

东北大学是民国前期创设的最具影响力的综合性高等学府。1916 年 10 月，奉天省议会提出“整顿学务以储人才建议案”，请立高等师范和东三省大学；1919 年 12 月，省议会表决“在省城设立专门学校造就实业人才以供实用案”。1921 年 10 月，奉天省议会正式向奉天省省长提出“建议联合吉、黑两省创办东北大学，以储人才而兴教育一案”，因第一次直奉战争被搁置。1922 年 8 月，奉天省长公署设立大学筹备委员会，东北大学的筹建工作开始步入正轨。大学筹备委员会拟定了《东北大学组织大纲》，对大学的组织架构、选址、科系等提出了详细方案。东北大学建校基本遵循此大纲进行。1922 年 12 月 25 日，任命王永江兼任东北大学校长。次年 4 月 26 日，颁布“东北大学之印”，东北大学正式成立。于同年 7 月正式招生，此次招生 480 人，其中黑龙江选送生为 310 人，其余为沈阳高等师范学校未毕业学生 40 人，文学专门学校未毕业学生 130 人。是年 10 月 24 日，举行开学典礼，宣布东北大学“以研究高深学术，培养专门人才，应社会之需要，谋文化之发展为宗旨”。东北大学的创设是奉天省高等教育文化发展史上的大事。奉天省政府高度重视，省长公署专门拨给奉洋 24000 元作修缮之用。因校舍不敷使用，遂决定在北陵附近开辟新校区。先后两次划拨土地共计 700 余亩，作为东北大学的工厂用地。1925 年暑期以后，东北大学分为南、北校区，南校区留文、法两科，仍在高等师范学校旧址，北校区有理、工两科，在北陵新址上课。1928 年 8 月 16 日，张学良接任东北大学校长后，进行校政改革，完善学制，捐资扩校，广聘名师，提倡体育，兴办校工厂。从此，东北大学揭开了新的历史篇章。次年，教育部通令全国实行大学院制，规定凡称大学的，须有 3 个以上学院，又必须有理工科之一，否则不得称大学。借此，东北大学将原有的文、法、理、工 4 个学科改为 4 个学院，同时将师范部改为师范学院，又增设农学院。东北大学遂成为拥有 6 个学院的综合性大学。学院下设学系，如表 3-41 所示。各学系设主任教授 1 人，专任教授、教授、讲师、助教若干人。

表 3-41　　1929 年东北大学院系设置情况概览表

学院	学系数（个）	具体学系
文学院	5＋1	中国文学系、英文学系、俄文学系、哲学心理学系、史学群学系＋史学系
法学院	3	法律学系、经济学系、政治学系
理学院	3＋2	数学系、物理学系、化学系、＋天文系、生物系
工学院	5＋1	机械系、电工系、土木系、采冶学系、建筑学系、＋纺织系
教育学院	2	教育行政学系、教育心理学系
专修科	8（科）	国文、英文、数理、博物、公民史地、艺术、体育、家政
农学院（新增）	3	农艺系、园艺系、畜牧系

注：表中资料源自朱诚如. 辽宁通史（第 3 卷）[M]. 沈阳：辽宁民族出版社，2009：346. “＋”表示 1929 年以后增设学系；农学院亦为 1929 年以后新增的院系

东北大学学生管理制度十分严格，制定了课堂制度、请假制度、风纪制度、考试制度、奖励制度等一系列规章制度来约束学生的行为，以保证学习质量和良好的校风。东北大学实行奖学金制、贷学金制、公费留学制和奖学制；实行学分制，规定预科生毕业时要修满 100 学分，专修科生为 180 学分，本科生为 190

学分。

作为一流高等学府，东北大学的课程设置，如表 3-42 所示。

表 3-42　　1929 年 12 月东北大学部分院系课程设置情况表

学院	学系	课程设置
文法学院	哲学心理学系	初级心理学、普通心理学、应用心理学、社会心理学、教育心理学、普通实验心理学、高等实验心理学、生理心理学、变态心理学、系统心理学、比较心理学、学习与工作、感觉与感情、心理学史等 10 余门专业科目
教育学院	教育行政学系	教育史、教育政策、公民教育、教育行政概论、教育原理、教育统计、比较教育、城市教育行政、乡村教育行政、中小学管理法、职业教育、教育法规、学校卫生及建筑、大学组织及行政、学校财政学、省教育行政、地方教育行政、统计与分级、数学测验法、学龄儿童统计法、视学制度、教育测验法、特殊教育组织及行政等 20 余门专业科目
理工学院	物理学系	力学、热学、声学、光学、电磁学、热力学、高等力学、理论物理、物理分子运动论、电振动、原子构造、热辐射及量子论、新量子论、相对论、普通天文学、应用天文学、天体力学等 10 余门专业科目
	土木系	应用力学、机械制图、地质学、测量学、材料力学、图式力学、水力学、热力工学、电汽工学、桥梁工学、铁道工学、河海工学、养路工学、房屋结构、铁道定线、测地天文学等 40 余门专业科目

注：表中资料源自朱诚如．辽宁通史（第 3 卷）[M]．沈阳：辽宁民族出版社，2009：348.

从表 3-42 中可以看出，东北大学院系课程设置具有科学化、现代化的特点，教学内容具有前沿性、实用性的特点。

东北交通大学是奉天省当局为抗衡日本控制南满铁路、自建东北铁路交通网培养人才而设立的一所专门大学。1927 年年底，以北京政府交通部的名义，在锦州筹办唐山大学锦州县分校，于 12 月更名为交通部锦州交通大学；1929 年 3 月，再次更名为东北交通大学，由张学良兼任校长。该校占地 352 亩，校内设施齐全，有办公楼、教学楼、图书馆、礼堂、运动场、师生宿舍、医院、印刷所等。当时拥有图书 6900 余册，各种杂志刊物 50 余种、日报 20 余种；学校理化仪器、化学实验用品设置齐全。学校经费由交通部筹拨，后由东北交通委员会筹划。

东北交通大学的主要行政组织是校务委员会和教务处、事务处。学校初设运输、商业、闸门 3 个专业，1931 年改为运务、商务、财务 3 个专业。学制，本科为四年、预科为二年。本科的课程分为必修和选修两种。九一八事变后，东北交通大学撤到北京，一部分并入东北大学，一部分归到北京大学交通系。

冯庸大学是由冯庸以私人投资 150 万元于 1927 年创办的一所综合性大学。学校建有主楼两座，称忠楼、仁楼，内设教室、办公室、实验室、图书馆等 200 余间校舍；校内设有原动力厂等 5 个学生实习场所；设有体育场等 5 处运动场馆。学校组织设有秘书处、教务处、训育处、总务处。学校设有理、工两个学院；1930 年，陆续扩充为理工学院、法学院、教育学院，学校成为一所综合性私立大学。学校重视教学质量，聘请留学归国的专家学者任教，延请东北大学教授来校兼课。1929 年，根据教育部的规定，学制改为四年。冯庸大学的特点是重视道德教育和军事教育，并把爱国主义教育渗透其中。为培养守清洁、有秩序、俭朴耐劳、勤勉寡欲和品质优秀的人才，冯庸提出“八德八正”和“五戒五尚”要求。“八德”即孝、悌、忠、信、礼、义、廉、耻；“八正”即正行、正业、正命、正思、正言、正视、正德、正容。“五戒”即戒升官发财、戒宴安温饱、戒恣情纵欲、戒结党营私、戒阴险欺诈；“五尚”即尚忠义侠烈、尚坚志守节、尚沉毅卓荦、尚博爱泽人、尚温和爱物。九一八事变后冯庸被捕，誓死不降。脱离虎口后，冯庸毅然参加抗战。1933 年，冯庸大学解体。

④平民教育文化的发展。平民教育文化是国民教育文化的重要形态和类型。这一时期，社会教育文化经历了从简易识字学校到平民识字夜校、平民学校、平民读书处再到平民简易学校、民众学校的发展变化，教育面不断扩大，受教育对象的年龄不断放宽，社会教育文化不断普及。

民国前期，平民教育文化乃至社会教育文化并没有受到当局的重视。直至 1922 年，奉天省进行学制改革，拟定了《奉天省立各校附平民识字夜学校暂行规程》①，发展针对平民的社会教育文化才受到重视，并开始在省城筹办平民识字学校，规定：凡年龄在 13～40 岁之间不识字的人，无论男女都可入校学习书法、读法、缀法等课程；课本以日常习见的 1000 个字为基数编定，学业期限为 4 个月，星期日不休息，考试合格者发给毕业证书。当时，营口率先跟进，在县属的师范讲习所、商业学校、高等小学等一律附设平民识字夜校，且所有执教员皆义务授课，不支津贴。

1924 年，平民教育文化作为社会教育文化的重要形态在全省普遍兴起。为此，省教育厅又拟定了《奉天平民教育办法纲要》，规定平民教育的宗旨是“使失学男女皆领受人生及共和国民必不可少之基本教育”，“凡男女在十二岁以上，五十岁以下者均可收录之”②。

平民读书处以捐助方式创办，以捐资人或创办人别号称之或

① 孙景悦. 张学良与辽宁教育［M］. 香港：香港同泽出版社，1993：204.

② 孙景悦. 张学良与辽宁教育［M］. 香港：香港同泽出版社，1993：205.

由指定亦可，以每机关店铺或每住户为单位，如有能读平民识字课本者即可充任助教，或中学以上肄业或同等程度者，皆可聘为教师。平民读书处设处长 1 人，每处学生人数不限，采用连环教书法，由助教先教数人，再由数人各教若干人。平民读书处须登记管理，自设立之日起满 4 个月，按规定举行考试，合格者发给识字国民文凭。

1925 年，创办平民学校最为积极者是毕业于北平中国大学的毕业生车向忱，其在奉天第一监狱组织平民学校，让 200 多名年轻犯人有了识字的机会。后来他与其他志同道合者在省城创办了 9 所平民学校，在奉天城近郊创办了 5 所平民学校，有力地推动了奉天平民教育文化的发展，受到各界人士的关注和支持。

1928 年，车向忱先后创办了奉天学生平民服务团和国民简易教育协进会。开展调查平民生活状况，研究他们切身需求，实地为他们提供服务；协助筹办国民简易学校、国民简易读书处、简易读书馆、发展各县简易教育协进会、发行简易教育月刊、组织简易教育教员讲习会等；将入学年龄放宽为 12～60 岁。仅半年多，在省城成立简易学校 40 余处，各县创办简易学校 200 余处，受教育人数过万人。

1930 年 1 月，省民众教育委员会成立，国民简易教育协进会并归其中，各国民简易学校遂纷纷改名为民众学校。是年，南京政府公布《中央民众教育委员会组织大纲》，省教育厅亦拟定了《辽宁省民众教育委员会组织大纲》①，规定将全省国民简易教育学校一律改称民众学校。同年 4 月，省教育厅拟定《辽宁省民众教育委员会办事细则》②，规定民众教育委员会下设调查股、编辑

① 孙景悦. 张学良与辽宁教育［M］. 香港：香港同泽出版社，1993：213.

② 孙景悦. 张学良与辽宁教育［M］. 香港：香港同泽出版社，1993：215.

股、审查股、宣传股、推行股、视导股，并规定了委员会议事规则及职掌。此后，全省的民众教育文化进入了深入传播的时期，一时间呈风起云涌之势。至是年底，全省有民众学校 1389 所，学生 48212 名。其中，省城有民众学校 34 所，学生 2506 名；各县有民众学校 1339 所，学生 45716 名①。

1931 年 8 月，省教育厅鉴于民众教育文化发展师资缺乏的现状，为了确保民众学校教育质量，提出筹设民众教育人员训练所，规定：入训练所者年龄在 25～40 岁，且省立师范学校毕业曾任教一年以上者，或高级中学或旧制中学毕业曾任教二年以上者，或县立师范学校毕业曾任教村区学校三年以上者，或现任民众教育机关职员 1 年以上、卓有成绩者。训练所课程设置主要有民众教育原理、民众教育行政、文艺教育、生计教育、卫生教育、公民教育等，训练时间为 5 个月，毕业后从事民众教育服务工作。民众教育训练所于 9 月 1 日正式开学，学员有 80 人，其中省城为 40 人，其余 40 人为各县选送。不久，因九一八事变，训练所夭折。

⑤留学教育文化的发展。留学教育文化是教育文化的重要形态。辽东地区留学教育文化的兴起较关内晚，大约是在 1905 年以后。辽东地区当时的留学文化表现为欧美留学生派遣制度。官派留学欧美的学生原定四五人，向系考送。1913 年，驻奉德国领事韩根斯详陈留学德国的好处，故奉天乃有赴德国留学。留德学生资格要求甚严，需经过两次考试，严格选拔，合格者方能赴洋留学。至 1930 年，留学欧美的达 89 人，如表 3-43 所示。

① 孙景悦．张学良与辽宁教育［M］．香港：香港同泽出版社，1993：217．

表 3-43　　　1930 年留学欧美学生及国度统计表

国　别	官费生（人）	自费生（人）	共计（人）
英　国	8	3	11
法　国	—	4	4
奥　国	1	—	1
德　国	5	26	31
比　国	2	8	10
美　国	16	16	32
总　计	32	57	89

注：表中资料源自王树楠，吴廷燮，金毓黼，等. 奉天通志·教育四·近代上［M］. 沈阳：东北文史丛书编辑委员会点校、出版，1983：3536.

据史料记载，日俄战争后，辽东地区赴日留学者在中国赴日留学生中占居多数。据徐世昌《东三省政略》记载，仅日本田歌子所办的一所实践女校就有中国地方当局派的女留学生 36 名，其中有奉天籍的女生 18 人。1906 年，奉天地方官方派出日本留学生 70 人，而自费赴日留学的有 200 多人；次年，又选派女师范学堂学生 37 人赴日实践女学校肄业，还有派往日本学习师范、警监、法政速成学生毕业 100 多人。徐世昌所记只是一个约数，在 300 余人以外。为鼓励留学，许多自费生去了日本，都又“补给官费”①。

留学生，一是由毕业学校校长或原籍教育行政部门保送，经教育厅检定试验及格，呈请教育部发给留学证书，方准出国；一

① 董守义. 清代留学运动史［M］. 沈阳：辽宁人民出版社，1985：203-204.

是由省教育厅在省立高等中学附设预备班，收初中毕业生补习应试必修科目及日语1年，然后呈请教育部派往日本，入当地委托预备班补习半年以上，再介绍入高等专门学校。

自1915年起，奉天省咨商教育部同意，将所有津贴生出缺逐渐并归作为官费正额，采取两个津贴生归并为1个官费生的办法，官费生名额大增。当时留学主要有官费、自费、津贴三种形态。至1919年，对津贴生归并，一律变作奖励制；1922年，实行新的留学制度，对具体奖励办法亦作调整。具体奖励情况，见表3-44。

表3-44　1923年奉天省派往几个主要留学国的奖励金情况表

国　别	甲　等	乙　等	丙　等
日　本	日金600元	日金500元	日金400元
美　国	美金800元	美金650元	美金500元
英　国	英镑150元	英镑120元	英镑90元
俄　国	现大洋800元	现大洋650元	现大洋500元
法、瑞、比	法金6000法郎	法金5000法郎	法金4000法郎
德　国	德国大银元800元	德国大银元650元	德国大银元500元

注：表中资料源自辽宁省档案馆藏.《奉天省长公署档》卷2916

1923年，为鼓励留学日本学生的学习积极性，省教育厅拟定了《留日学生施行奖学金细则》。1924—1928年，受到此项奖励的有应届毕业生、在校生，亦有自费生、官费生。自1929年起，留学生出国前要进行考试，对官费生特别是留学欧美的考试更严。张学良主政东北后，留学生层次更高，出现了博士留学生。另外，还有军事留学生。

民国前期，辽东地区派遣留学生很多，耗资甚巨，其目的也十分明确，即培养人才以适应用，并对留学生采取严格的甄别考试，量才录取的方法。

1917—1929 年，辽东地区向日本、美国、英国、法国、德国、比利时、奥地利、瑞士等国派遣理科、工科、机械科、应用化学科、电工学科、采冶科、土木工程科、造船科、窑业科、林科、水产科、医科、兽医科、药科、文科、教育科、法律科、商科、家事科、畜产科、经济科、政治科、铁路管理科、无线电科、水力工程科、电气工程科、机械工程科等各类学科人才总计达 600 多人。这些人员学成归来，都被分配到重要部门。

中国留学文化热潮的兴起，对促进中西文化交流发挥了重要作用，特别是对促进西学东渐发挥了直接的作用，对中国近代科学技术、思想文化、社会政治运动的发展起到了推动作用。近代中国发生的洋务运动、维新运动、辛亥革命、新文化及五四运动的风起云涌，与留学文化的兴盛带来思想文化变化是分不开的。辽东地区近现代留学文化热潮带来的直接结果是西方民主思想的传播和民主运动的兴起。如前文曾介绍过的张榕等人，都是留学归来的革命者。辛亥革命爆发前，到辽东地区进行革命发动的宋教仁、吴昆等，也都是海归派人物。

⑥军事教育文化的发展。民国时期，军事教育文化形态从普通单科逐步发展到多科军事学科，并开始向国外派遣军事留学生，最终发展成为以东三省讲武堂为主要形态，包括各种兵科在内的全方位军事教育文化体系。

陆军学校军事教育文化的兴起。东三省讲武堂初兴于清朝末年。1906 年，清政府创办陆军学堂，并颁布规程，规定各省设立讲武堂 1 处。据此，盛京将军赵尔巽在奉天省城创办了东三省讲武堂。1908 年 10 月，迁至小东边门外建立新舍，改称陆军讲武堂。首期有学员 80 名，学期 1 年；第二期有学员 200 名，分两个班，陆军班学期半年，巡防班学期 1 年。1910 年，陆续兴办二期。1911 年，因辛亥革命爆发而停办。1913 年 3 月，东三省讲武堂恢复，学员分为军官团和军士团两部。1914 年，因学款支绌又停办。1919 年 2 月重新开办讲武堂①，称奉天陆军讲武堂。1927 年，东北讲武堂发展到北京，称东北讲武堂北京分校。1928 年，北京分校撤销。奉天陆军讲武堂迁至东大营，并改称东北讲武堂奉天本校。设有步、骑、炮、工、辎 5 个专业，设学科和术科两个科目。学科内容为两项，一是战术、兵器、地形、筑城、交通、军制六大教程；一是各兵科操典、射击教范、阵中勤务令、通讯教范、内务规则、陆军惩罚令等典范令以及马学、卫生学。术科内容亦有两项，即制式教练和战术教练，其中包括操场教练、野外学习、技术、体操、劈刺、马术等。其校训为：忠诚服从长官，努力尽忠尽职，不贪意外之财，不避分内之险。

讲武堂经费比较充足。1919 年，为现大洋 6.56 万元；1920 年，为现大洋 10.81 万元；1921 年，为现大洋 10.97 万元；1922 年，为现大洋 14.68 万元。② 1919—1931 年，奉系军阀军事教育文化发展规模日益增大，共兴办 11 期，共培养学员 0.92 万名。③东北讲武堂“历届毕业员生从事军旅者甚众，学行昭闻，共相推服……捍卫疆场，保护黎元，纪律修明，秋毫无扰”④。

其他专业军事教育文化的发展。奉天省当局为培养军事人才，在不断发展陆军讲武教育文化的同时，根据不同的军事需要，亦发展了许多其他形态和类型的军事教育文化。诸如适应近代军事通讯需要的东北无线电专门学校、适应空军扩建需要的东北航空学校、适应后勤业务需要的军需教育班、适应海战需要的海军军

① 奉天省政府. 奉天省长公署档案：辽宁省档案馆馆藏卷 21794 [M]. 沈阳：奉天省政府印，1927.

② 郭建平. 奉系教育 [M]. 沈阳：辽海出版社，2000：249.

③ 孙景悦. 张学良与辽宁教育 [M]. 香港：香港同泽出版社，1993：235.

④ 孙景悦. 张学良与辽宁教育 [M]. 香港：香港同泽出版社，1993：324.

官学校、适应扩军需要的东北陆军军士教导队，以及炮兵研究班、宪兵教练处、高等军学研究班、东北步兵研究班等。前后共培养学员 15000 余人。

辽河近现代军事教育文化凸显了全面、高效、实际的特点。从军事教育文化的形态和类型上看，包括陆、海、空、炮、通信、宪兵、参谋等各个兵种；从军事教育文化发展的效果看，培养了一大批奉系军阀军事需要的专业人才，为提高奉军的战斗力发挥了重要作用。

综上表明，民国前期辽河近现代军事教育文化不仅形态和类型较为丰富，并且成效十分突出。

2. 科技文化的发展

西方科技文化是在鸦片战争以后，特别是在营口开埠后传入辽东地区的，并迅速传播开来。鸦片战争后，资本主义商品与资本疯狂地涌入中国市场。西方列强的侵略与掠夺，使中国人在失败中看到了技不如人，因而在洋务运动中，洋务派官僚们提出师夷之长技、求强、求富等口号，提倡引进西方的机器设备，发展近代工业文化。营口开埠，成为西方列强侵略辽东的门户，也为西方科技文化侵入开了方便之门。19 世纪 60 年代，英国殖民者在营口投资设立近代工厂，特别是沙逊洋行、远东洋行、瑞林洋行在营口设立公司，公司制文化所带来的榨油机器、引进的轮船运输，表明西方近代科技文化开始登陆辽东半岛；19 世纪 70 年代后，辽东地区的豆类加工业、缫丝业和采矿业文化发展，急需引进机器生产，因而官办的煤矿、铁矿、官商合营的缫丝业、榨油业，纷纷引进机器生产技术，提高了生产效率。西方的科技文化在辽东地区的传播和应用，为辽东地区的生产力和资本主义生产关系的转变奠定了基础。

在引进生产技术的同时，西方的科学著作和技术资料也随之大量地引入。例如，《机器发轫》《汽机问答》《运规约指》《泰西采矿图说》《克虏卜后膛炮法》等著作得到翻译出版和流传，西方的数学、物理、化学、机械、冶金等基础科学和应用科学也随之传入，促进了辽河近代科技文化的发展。辽东地区开办的新式学堂，成为传播西方科技文化的重要阵地，也为辽东地区科技和实力的发展培养了大批基础研究与技术实用人才。

辽河近代科技文化进步主要表现在科技开发形态上。不仅农业机械化程度大大提升，矿业开采、缫丝、机器制造等进步很快，而且产生了一些具有影响力的重大成果。

此外，1915 年在巴拿马召开的万国博览会上，产自辽东地区的工农业产品在中国馆展出，如丹东的柞蚕丝、奉天及绥中的毛毯、锦县的石烟嘴，皆为此次展会展品中的佳品①。

其他形态文化的发展。民国前期，辽河近代社会教育文化表现有图书馆、博物馆以及其他文化形态。

辽河近代图书馆文化发展速度相对缓慢，在 1910—1930 年的 20 年间，全省各县仅有图书馆 41 处②，如表 3-45 所示。

表 3-45　　1930 年全省省县立 42 处图书馆一览表

名　称	地　址	立馆时间	藏　书
奉天省立图书馆	奉天省城	1908 年 10 月	21261 种 94984 册
辽阳县立图书馆	教育局门前	1927 年 7 月	1891 种 7673 册
铁岭县通俗图书馆	县衙	1912 年 4 月	5203 种 6318 册
海城通俗图书馆	县衙	1923 年 7 月	210 种 1900 册
开原县立图书馆	县城东街路南	1925 年 3 月	937 种 2687 册

① 辽宁省社会科学历史研究所．东北地方史研究（创刊号）[J]．1984：42.

② 王树楠，吴廷燮，金毓黼，等．奉天通志・教育五・卷 153 [M]．沈阳：东北文史丛书编辑委员会点校、出版，1983：3550.

续表

名　称	地　址	立馆时间	藏　书
盖平县立图书馆	县城鼓楼上	1910年10月	2000余册
锦县县立图书馆	锦县城内	1925年2月	3934种5282册
营口县教育会图书馆	附设营口县教育会院内	1928年11月	22种957册
复县县立瓦房店图书馆	瓦房店中央街1排26号	1925年6月	474种1930册
复县县立图书馆	城内东街路南	1911年4月	903种3365册
庄河县立图书馆	县衙	1912年3月	20种87册
兴京县立图书馆	县衙	1914年2月	151种3477册
法库县立图书馆	县城中街	1924年10月	800种3204册
西丰县立图书馆	城南隅公园孔庙后	1912年	630种3368册
凤城县立通俗图书馆	县衙	1913年6月	615种657册
安广县立通俗图书馆	县衙	1930年4月	筹备中
海龙县立图书馆	教育局院内	1926年3月	33种1500册
怀德县立图书馆	县衙	1927年8月	577种3094册
昌图县立图书馆	县街市场北门外	1912年8月	350种3147册
北镇县立图书馆	附设教育局院内	1926年11月	283种929册
通化县立图书馆	通化县城	1928年2月	675种2495册
黑山县立图书馆	县衙	1930年6月	34种645册
盘山县立图书馆	县衙	1928年	168种460册

续表

名　称	地　址	立馆时间	藏　书
梨树县立图书馆	县衙	1913 年 5 月	500 种 2520 册
洮南县立通俗图书馆	县衙	1926 年 6 月	2700 种 13500 册
绥中县立通俗图书馆	南大街财神庙院内	1923 年 3 月	1796 册
开通县普通图书馆	附设教育局院内	1928 年 9 月	2000 册
长白县立通俗图书馆	教育局院内	1924 年	31 种 178 册
安东市立图书馆	安东县街	1925 年 5 月	346 册
岫岩县立通俗图书馆	附设教育局内	1916 年 7 月	252 种 2291 册
西安县立通俗图书馆	县城小十字街西首路南	1913 年 7 月	108 种
辽源县立图书馆	县衙	1929 年 7 月	1348 册
宽甸县立图书馆	附设教育局院内	1913 年 6 月	359 种
突泉县立通俗图书馆	县衙	1929 年 5 月	192 册
台安县立通俗图书馆	附设教育局院内	1927 年 5 月	240 种
通辽县立图书馆	教育局院内	1929 年 5 月	220 种
抚顺县立民众图书馆	县衙	1929 年 11 月	1685 种 5670 册

续表

名　称	地　址	立馆时间	藏　书
辽中县立图书馆	县衙文庙后院	1927 年	518 种 4969 册
东丰县立图书馆	县城封神庙前	1928 年	420 种 4720 册
康平县立通俗图书馆	县衙	1914 年 3 月	128 种
柳河县民众教育馆	县衙	1929 年 12 月	112 种
兴城县立通俗图书馆	县衙	1925 年 8 月	250 种

注：表中资料源自王树楠，吴廷燮，金毓黼，等. 奉天通志・教育五・卷 153 [M]. 沈阳：东北文史丛书编辑委员会点校、出版，1983：3550.

从表 3-45 中可以看出，绝大部分图书馆是 20 世纪 20 年代后建立的。

1926 年 11 月，奉天省长公署拨款 1.37 万元修缮费，在清故宫的基础上，建立东三省博物馆；1928 年 5 月，首次试展，展期 6 天，参观人数达 10 万人以上；次年 4 月，正式对外开放。至 1930 年 6 月，参观人数达 6.99 万人。博物馆以博物考古辅助文化为宗旨，负有搜集古物及阐扬文化之责，同时也作为社会教育文化之辅助形式，为学术研究和民众阅览创造了条件。

小说、戏剧、影片是社会教育文化的特殊形态和类型，对社会风俗文化具有重要影响。1923 年 11 月，奉天省教育会针对当时的民智民德，提出了《取缔有伤风化之小说、戏曲、影片案》，决定各县由教育公所、教育会、市政公所组织取缔不良小说戏剧影片委员会，经严密调查后，由警署予以取缔。次年，成立改良书曲传习社，分批调集艺人，进行改良书曲的教育。1925 年，由一批热心人士发起组织了奉天改良书曲研究会，协助市政当局进行书曲改良工作。次年，制定《管理书曲及取缔规程》，规定凡在省城唱歌书曲各艺人，不论男女，不论是市内的还是外来者，演出前必须先到改良书曲研究会报到入会，说明演唱书词之宗旨，有无伤风化之处，经会中审查适时发给会证，方可在市内演出。此举得到艺人们支持，至 1925 年 6 月，首批入会的艺人达 305 人，1927 年增加到 529 人，1929 年增加到 829 人，1930 年竟过 1000 人。

此外，辽东地区还有巡回文库、讲演会、阅报社等文化形态存在。民国初期，辽东地区有巡回文库 229 处、讲演会 410 处，这在发展社会教育文化的计划项目中，从数量上看已是很有成效的。至 1920 年，鉴于巡回文库和讲演会“日久懈生，几同虚设”的情形，省教育厅呈请教育部同意，令讲演会暂行停止，巡回文库一律停办。取代以公共阅报社，至 1929 年，全省设公共阅报社 7 所。

作为社会教育文化的特殊形态和类型，巡回文库、通俗讲演会、公共阅报社在一定历史条件下，为推动辽河近代教育文化的发展作出了贡献。

第四章　民国中期辽河近代文化曲折发展

本书所指民国中期，是指日本发动九一八事变（1931 年 9 月 18 日）至日本宣布无条件投降（1945 年 8 月 15 日）这段时期。

九一八事变后，辽河两岸广大土地沦为日本帝国主义的殖民地，勤劳善良的辽河儿女，饱受日本殖民者的野蛮欺凌和强暴掠夺，从物质掳掠到精神摧残，在辽河文化史上刻下永难磨灭的历史记忆。

日本占领辽东地区期间，强制推行殖民主义文化。在政体文化上，建立日本直接掌控的各级各类政权机构和组织，以溥仪为“神主牌”，建立傀儡政权伪满洲国；在经济文化上，以满铁公司为工具，对辽东地区工业、农业、商业、贸易、铁路、金融进行全面控制和疯狂掠夺，各种特需会社林立，将军需产业和重要经济部门完全垄断，使民族工业受到严重破坏和摧残；在城市建设文化上，强行推行日本城市建设文化，从规划设计到施工建筑，完全以日本人居住环境的要求进行，从政权组织、行政区划到街道命名、城区开发，无一不充满日本殖民主义元素和景象；在教育文化上，日本殖民者强行实施奴化教育，从教育方针到教学内容，充斥着“王道主义”和“王道精神”；在思想文化上，极力扼杀中华优秀传统文化，通过新闻媒体、影视作品、图书资料及宗教等，大肆宣扬和推行日本殖民文化，利用“建国神社”供奉“天照大神”，愚弄人民。

九一八事变后，日本的野蛮侵略、压迫与掠夺，激起了辽河儿女的坚决抵抗。辽沈大地掀起了如火如荼的抗日救亡运动。辽河儿女以热血之躯，义无反顾地投身抗日队伍，到1932年6月，辽宁抗日义勇军总人数达30余万，编成56路军和27个独立中队，与抗日联军、抗日游击队等抗日武装力量一道，纷纷奔赴抗战第一线。工商业界、教育界与文艺界人士，响应中共满洲省委的号召，迅速掀起抗日斗争。工人停工、怠工、罢工；商人罢市；教育界反殖民教育，学生罢课；文艺界、东北流亡同胞以笔杆作武器，创作反映抗日救亡运动的文学作品，动员人们积极参加抗日武装，拿起武器抗击日本侵略者。

这一时期，辽河儿女抵抗日本帝国主义侵略所表现出来的愈挫愈奋、屡仆屡起的顽强精神，不畏强暴、倔强不屈的民族气节，忧国忧民、共赴国难的民族情怀，百折不挠、敢同敌人血战到底的英雄气概，保家卫国、同仇敌忾、前赴后继、不怕牺牲的精神是辽河近现代文化的基本特质。

第一节　九一八事变及其对辽河近代文化的影响

九一八事变是自甲午战争以来日本对中国野蛮侵略、压迫与掠夺的继续和发展，也是对辽东乃至东北地区实施殖民统治的开始。

辽东地区是中国重要的工业基地。自从营口开埠以来，辽东地区农工商业文化获得了相当发展。民国前期，辽东地区农工商业文化进一步发展，近代民族工业文化空前繁荣。至九一八事变前，辽东地区已经成为中国农工业文化最发达、经济最具活力的地区。九一八事变改变了辽东乃至整个东北地区经济、社会、文化发展的历史轨迹。日本扶植操纵傀儡政府伪满洲国，对辽东乃至东北地区实行高压统治和军事镇压，强制推行以摧残民族意识为核心的殖民主义文化，长达十四年之久，给辽东乃至东北地区造成的损失无法估量，对辽河近代文化造成了巨大影响。

一　日本发动侵华战争蓄谋已久

日本自明治维新后国力逐步强大，称雄亚洲。但由于地处岛域，资源贫乏，市场窄小，发展空间有限，日本把目光投向近邻中国东北及内蒙古东部所谓“满蒙地区”。甲午战争轻易攫取巨大利益刺激了日本的野心。1927 年日本田中义一内阁组成后，即召开东方会议，确定了“欲征服中国必先征服满蒙”“欲征服世界必先征服中国”的大陆政策，把征服满蒙、征服中国作为基本国策，提出对华更加激进的侵略扩张政策，并且将中国的东北三省和内蒙古地区作为侵略的重点。不久，田中政府又召开大连会议，研究落实征服满蒙的具体措施。1928 年，东北宣布易帜，服从南京国民政府的统治，日本便加紧策划武力占领东三省及内蒙古地区。

（一）日本发动侵华战争的舆论准备

甲午战争，蕞尔小国轻而易举地战胜泱泱大国，并获得晚清政府割地、赔款等丰厚利益，极大地刺激了日本侵占中国东北地区的野心。日俄战争，蕞尔小国日本战胜了沙俄，让日本更加觉得自己不可一世了。第一次世界大战期间日本资本主义得到迅速发展。第一次世界大战时，日本站到了协约国一边，协约国向日本订购大批军需品，这给日本经济带来了空前的繁荣。日本的运输业文化、矿业文化、重工业文化、化学工业文化和电力工业文化都有了很大繁荣和发展。日本在上述经济跃进的形势下，凭借《二十一条》，使得日本在中国攫取的利润有了大幅增长，其对华投资也同步增长。因而更加加紧实施侵占中国领土的步伐。欧美列强为保护自身在华利益，对日本侵华行动予以干涉与制约。1922 年，由美国发起并邀请英、法、日、中、意、荷、俄等国，在华盛顿召开了太平洋和远东问题的国际会议，会议通过了《关于限制海军军备条约》，抑制了日本海军向外扩张，还签署了关于中国问题的《九国公约》，规定：尊重中国的主权和独立以及领土与行政完整；供给中国以完整的无妨碍的机会，以发展和维持一个有力而巩固的政府；运用各国权势以求建立和维持在中国领土上各国的商工业机会均等的原则；不得利用中国现状，以求取得特殊权利，并不赞助妨害友邦安全的行动①。会议通过的《四国协议》要求日本从西伯利亚撤兵，责令日本将侵占山东的大部分权利归还给中国，强调日本在中国不存在特殊权益。这些都限制了日本大陆政策的实施。特别是中华民族革命运动日益发展，日本占领中国东北遭到了中国人民的抵抗，如《旅大租地条约》期满，中国人民要求收回旅大的呼声高涨。奉天省议会作出了收回旅大的决议案，省城爆发了收回旅大的群众运动，在受到日本军警镇压后，以杜重远为首的 29 名代表毅然赴京津等地进行宣传，进而推动了全国反对《二十一条》和收回旅大运动的发展。翌年 3 月，中国外交部照会日本外相，提出废除《二十一条》，遭到日本拒绝，从而激起全国废除《二十一条》、收回主权的爱国运动的发展。与此同时，东北各地商会组织抑制日货、参与经济绝交等活动。奉天省当局在与日本交涉中提出自办铁路的发展计划，针对日本制订的“满蒙新五路”计划，东北交通委员会拟订了建设三大铁路干线计划，并付诸实施。到 1930 年，东北自办铁路共有 11 条，全长达 1100 多千米，打破了日本满铁公司垄断东北铁路的局面。日本的目的始终未能如愿，这使得日本实现“耀皇威于海外”，做“天之骄子”的梦想变得更为急迫，急切希望尽快“解决满蒙问题”。为使侵华战争变得合法化，九一八事变前，日本持续大造武装侵占东北的舆论。

九一八事变前，日本图谋实施占领满蒙的大陆政策，不断向中国东北地区移民，至 1930 年年底，在东北地区的日本人已达 20

① 程道德，等．中华民国外交史资料选辑（1919—1931）[M]．北京：北京大学出版社，1985：104-105.

多万人。这些日本人主要集中在辽东地区，仅大连就有 10 多万人，主要包括：日本殖民统治机构的官员、职员及家属；满铁公司的官员、职员、工人及家属；银行、会社、厂矿企业的职员、工人及家属；日本军人、警察、宪兵、特务机构人员及家属；文教、卫生系统职员及一般侨民。这批人中大多具有较高的社会地位或较高的文化水平，是日本侵略中国政策的追捧者。他们认为自己的前途和命运与日本侵略中国的成果紧密联系在一起，视“埋藏于满蒙的天然资源，实为日本最必要的生命粮食”①，来中国的目的就是要协助日本政府将中国东北的丰富资源变成日本国家发展的动力。日俄战争后，日本攫取了俄国对旅大的权益。日本开发满蒙的计划碍于《旅大租地条约》的限制未能全部展开。1915 年，袁世凯被迫与日本签订了丧权辱国的《二十一条》，日本终于实现了长期霸占旅大的“夙愿”。

日本视大连为海外开拓的新疆土，试图在大连建设国际性大都市，将其变成日本人的乐园。由于有日军撑腰，日本人在大连置业兴产，任意使用土地，并且得到日本满铁公司和各大银行在资金、设备、交通方面的扶助。他们以大连为中心，向东北腹地辐射，不断扩张势力。开办公司、设立工厂企业，全面侵占辽东乃至东北地区的铁路、矿山、水陆运输、电气、建筑、机械等产业和行业，实行经济垄断。为使这些特殊利益和地位永远保持，便成立各种团体和组织，进行舆论宣传，煽动满蒙危机，为其侵占东北地区制造借口。其主要团体，如日本在乡军人会。它是一个由关东军都督府陆军部设立的在乡军人团，表面上看是一个社团组织，其实它是以对会员进行军事训练，让会员随时听从日本殖民当局调遣，执行临时性紧急任务，并负责对日本居民，尤其是日本青少年进行军国主义思想宣传教育责任的半官半民的组织。

① 宓汝成．中国近代铁路史资料（中册）[M]．北京：全国图书馆文献馆缩微中心影印，2002：94．

该会的活动经费由日本关东厅和满铁公司各承担1/2；日本关东军司令部定期对在乡军人进行军事训练，关东州以外的东北各地在乡军人的军事训练，由所在地的关东军各部队负责召集，以确保“使会员在平战两时，做好应召准备，以便官署随时都可以召集”。日本在乡军人其实是日本政府精心策划和安插在侵华第一线的一支后备武装力量。在日本发动侵华战争中，他们“毅然冒无数危险，发挥义勇奉公精神”，“或支援军事行动”“或执武器参加战斗”；该会会员积极宣扬日本在满洲的特殊权益和日本关东州是日本生命线，“辅导未入伍的会员，贯彻军人会的目的”①，蛊惑在东北地区生活的日本人把这里当作故乡，并号召日本人树立为帝国建功立业的志向。

“满蒙研究会”是日本殖民当局培植的政治团体。这个组织以日本在东北和内蒙古东部活动的法学家、社会研究学者、实业家为核心成员，他们既有强大的后盾，又担负着该组织的智囊团的作用。专门为日本侵华出谋划策。1927年3月，该会向日本众议院提出了满蒙问题建议案，其核心内容是整顿日本在满蒙的金融机关；迅速解决东三省土地商租权，完成满蒙铁路建设问题等。在帮助田中内阁登场后，又积极帮助田中内阁对华政策做积极鼓动宣传，制造对满蒙积极政策的舆论。田中内阁对华积极政策一出台，“满蒙研究会”就积极响应，精心策划了由1702人签名的《关于建立满蒙积极政策的请愿书》，要求日本政府对外公开对满蒙的积极政策，利于日本侨民“堂堂正正地实行”，一旦中国人“故意阻碍我帝国之行动”，“确信行使武力也在所不辞”。

“满洲青年议会”是由日本官办日文报社大连新闻社组织成立的右翼团体，旨在积极制造舆论，推动日本武装占领中国东北地区。该组织负责人宝性确成是舆论推手，极会制造和炒作新闻热

---

① 辽宁省档案馆，等．“九·一八”事变前后的日本与中国东北——满铁秘档选编［M］．沈阳：辽宁人民出版社，1991：123、129．

点。其策划在大连模拟日本国会的形式召开一个会议，“以向在满同胞传授国际知识”为宗旨，“审议讨论开发满蒙的议案，借以实现理想的满洲为目的”①，然后将会议内容见诸报端，引起社会关注，将日本占领满蒙的舆论推向高潮。1928年3—5月，筹备在东北地区选出90位议员，于5月4—6日在满铁大连协和会馆召开了满洲青年议会第一次会议，讨论审议包括满蒙拓殖银行设立法案、满蒙拓殖会社设立法案、日满工商协会设立法案、满蒙未成铁道设立法案、旅顺口军用飞机场设立法案、鞍山制铁所补助法案以及“关于满铁同营议案”“关于满蒙自治决议案”“关于社会思想善导决议案”“日满商工协会设立案”“防止失业与救济案”“满蒙资源开发案”“满洲议会开设案”②。由此可见，“满洲青年议会”在对如何加快侵占中国东北和攫取东北资源的策略及方式等问题的研究已经相当深入，意见几乎与日本殖民侵略政策同出一辙。

“大雄峰会”是20世纪20年代在大连成立的以满铁社员为主体的日本右翼团体。创始人为日本民间法西斯运动的活跃分子笠木良明。该组织在奉天和大连都有活动据点，两地成员每年两次轮流在奉天和大连聚会。在奉天的据点是以一家律师事务所为掩护的奉天特务机关。该组织打着学术研究的旗号，探讨日本如何将东北从中国分离出去、日军占领东北后以何种方式施行统治、如何使中国人心甘情愿地接受日本统治等问题。笠木良明向以思想家的姿态展现在人前，其观点很具有煽动性。日本关东军将其作为最可靠的社会智囊团来对待。

“满洲青年同盟”是一个地地道道的右翼法西斯政治团体，在

① 菊池宽．满铁外史（后篇）［M］//朱诚如．辽宁通史（第5卷）．沈阳：辽宁民族出版社，2009：9．

② 菊池宽．满铁外史（后篇）［M］//朱诚如．辽宁通史（第5卷）．沈阳：辽宁民族出版社，2009，10．

辽东地区有 24 个支部，盟员达 0.50 万余人①，聘用“大连在乡军人会会长”“关东州律师协会会长”“满洲电业株式会社社长”“大连商工会议所会头目”和“大连船渠株式会社社长”等大连各界头面人物为顾问。该组织成立的目的是纠集日本在中国东北地区的右翼势力，抵抗中国人民收回领土主权的民族解放运动，支持日本武装侵占中国满蒙政策的实施。以定期举办各种报告会和讲演会的形式，向在中国东北地区的日本青年灌输军国主义思想并宣传日本对满蒙建设的巨大成就，以坚定日本人对开发满蒙的信心。在沈阳发生的农场事件、本溪发生的本溪湖事件、营口发生的大石桥事件中，“满洲青年同盟”皆竭力歪曲事实，制造中国排日舆论，煽动日军发动侵华战争。1931 年 2 月，该组织提出了“新满蒙政策确立运动”的提案，提出：为引起社会舆论对满蒙问题的重视，立即编辑《满蒙问题及其真相》向社会散发；为统一在满日本人的认识，由各支部召开当地市民局大会，保持舆论口径的一致性；为引起日本国内舆论的重视，派遣游说团到日本宣讲满蒙的现状；在发生万一情况时，所有联盟成员将以身殉国。这些鼓动“满洲青年同盟”走向发展的第二个高潮②。5 月，《满蒙问题及其真相》印好后，全体盟员出动，到日本、中国东北和朝鲜各地散发；7 月，组成游说团回日本国内向政府和军方要员发表游说，鼓吹日本占领满蒙，引起日本社会一定反响。游说团回到大连，继续造势活动，“应趁此机会，依靠国家的舆论与威力，实现维护满蒙权利的任务”③。游说团日本之行，将日本武力

① 满洲青年联盟史刊会. 满洲青年联盟史［M］. 大连：满盟青年联盟印，1933：846.

② 草柳大藏. 满铁调查部内幕［M］. 刘耀武，等，译. 哈尔滨：黑龙江人民出版社，1982：407.

③ 马越山. “九·一八”事变实录［M］. 沈阳：辽宁人民出版社，1991：112.

侵占中国东北地区的舆论推到了顶峰，也将日军武力侵占中国的情绪煽动到了极致。

1931 年 1 月 23 日，日本参议院议员松冈洋右公开发表了《动荡之满蒙》，大力鼓吹满蒙是日本的生命线，“今天满蒙之地位，对我国说来，不仅在国防上十分重要，而且对国民经济也是不可缺少的”，“满蒙问题是关系到我国存亡的问题，是我国的生命线”，“要牢固地确保和死守，而不必害怕任何国家和任何人”①。3 月，板垣征四郎在陆军步兵学校发表题为《从军事上所见到的满蒙》的演讲，提出“满蒙是帝国国防的第一防线”，“在对俄作战上，满蒙是主战场；在对美作战上，满蒙是补给的源泉”，满蒙在对美、俄、中的作战上，“有着何等重要的地位”②。若解决了“满蒙问题”，控制中国本土，日本的国力就会增强，“完成将来争霸世界战争的一切准备”，因而“完全解决满蒙问题，并将其作为日本领土，实为当务之急”③。5 月 29 日，关东军司令官在对部下训示时提出，“唯满蒙之地，对帝国国防及生存，具有极深的特殊关系”，日本要“打开现状”，“谋求国运发展”，“第一步是从根本上解决满蒙问题”④。9 月 9 日，满蒙第一主义者森恪发表《危急的满蒙》一文，提出“若不确保满蒙的和平，日本的生存权就将受到侵犯”，“日本国民若不想做亡国之民，必须保住其衣食居住

① 松冈洋右．动荡之满蒙［M］//朱诚如．辽宁通史（第 5 卷）．沈阳：辽宁民族出版社，2009：23.

② 小林龙夫，等．现代史资料（7）·满洲事变［M］//朱诚如．辽宁通史（第 5 卷）．沈阳：辽宁民族出版社，2009：23.

③ 日本国际政治学会太平洋战争原因研究部编．走向太平洋战争之路：别卷（资料编）［M］//朱诚如．辽宁通史（第 5 卷）．沈阳：辽宁民族出版社，2009：24.

④ 栗屋宪太郎．文献昭和史（第 2 卷）［M］//朱诚如．辽宁通史（第 5 卷）．沈阳：辽宁民族出版社，2009：24.

之所，使其土地不被他人侵犯”①。

总之，九一八事变前夕，无论是日本民间，还是日本政要、军方，都为日本发动侵华战争积极做了舆论准备。

（二）日本发动九一八事变的军事准备

九一八事变不是偶然的，是日本蓄谋已久、精心策划的侵华战争行为，是日本长期形成的军国主义文化对外扩张的必然体现。早在16世纪，日本就觊觎中国东北领土，只是那时的日本还没有侵占的能力。日本明治维新后，侵略扩张思想越来越成为思潮，明确将满蒙乃至中国作为侵略目标。主张征服中国先从满蒙着手，已经成为日本的发展战略②。明治政府把征服朝鲜作为跳板，征服满蒙视为大陆政策的目标，“朝鲜国北连满洲，西接鞑清，绥服此地，实为保全皇国之基础，成为售后经略万国之基石”③。

随着日本军国主义文化的发展，对外侵略扩张思想也进一步膨胀。继山县有朋、桂太郎、寺内正毅等日本首相之后，田中义一在发展日本军国主义文化方面更是不遗余力。田中认为，中国东北地区资源丰富，要“使贫困日本成为富国日本，唯一方法是利用中国的资源，而首先开发日本势力范围尚未开发的宝库——‘满洲’，别无良策”。“日本政府必须确定经营满蒙的大方针，经营大陆是国家的自下而上的当然要求。”④

1927年4月20日，以强硬外交自诩的田中上台后，立即指示外务省森恪制定将满蒙从中国肢解出来的国策。森恪提出，“日本

① 森恪．危急的满蒙［M］//侵略·没有宣战的战争．日本：东京平凡社，1985：231-233．

② 汪向荣．中国近代化与日本［M］．长沙：湖南人民出版社，1987：171．

③ 井上清．日本军国主义（第2册）［M］．姜晚成，译．北京：商务印书馆，1985：55．

④ 纐缬厚．田中义一［M］．顾令仪，译．北京：社会科学文献出版社，2017：345．

把满洲的治安担当起来，以此为核心，把一切干起来”，“将满洲从中国本土分割出来，划为单独的区域，在这个土地、地区上渗入日本的政治势力”，“这就是日本要做的一切”，“必须成为日本一切内治、外交、军事以及其他所有政务的政策中心”①。森恪的主张赢得了参谋部和关东军的一致赞同。6月6日，关东军参谋长向参谋部和陆军省提交了《关于对满蒙政策的意见》，极力主张坚决准备使用武力实现其目标。这表明执政党与陆军在武力侵占东北、进一步推行大陆政策方面达成一致。6月27日至7月7日，田中义一主持召开了以制定新的对华政策为主题的会议，史称“东方会议”，提出了8条《对华政策纲领》，其核心就是把满蒙从中国本土分离出去。7月25日，田中根据会议内容拟就了一份秘密文件，即《帝国对满蒙之积极根本政策》，史称《田中奏折》，明确提出了日本对外扩张政策的总战略：“惟欲征服支那，必先征服满蒙；如欲征服世界，必先征服支那。倘支那完全被我国征服，其他如小亚细亚及印度、南洋等异服之族，必畏我敬我面降于我，使世界知东亚为我国之东亚，永不敢向我侵犯。此乃明治大帝之遗策，亦是我日本帝国之存立上必要之事也”，“握执满蒙利权，乃其第一大关键也”②。从东方会议和《田中奏折》可以看出，执行大陆政策，侵占中国东北地区，早已成为日本的既定方针。东方会议后，田中内阁按照既定的方针，开始从军事、政治、经济上积极筹划侵占中国东北。8月15日，田中指示外务省在大连召开秘密会议，研讨提出独占满蒙的具体方法和步骤。1928年4月9日，日本以保护侨民为借口，第二次派兵入侵山东，制造了五三惨案；5月9日，第三次出兵1.50万人入侵山东，制造了济南

① 沈予．日本大陆政策史（1868—1945）[M]．北京：社会科学文献出版社，2005：309．

② 王芸生．六十年来中国与日本[M]．北京：北京三联书店，2005：371-375．

惨案。这为下一步攫取“满蒙新五路”铺平了道路。8月，日本政府制订了《对华政策要点》；10月，关东军制订了《攻取奉天城计划》，提出“闪电般地歼灭奉天附近军队，推翻其政权”。

1930年，爆发世界范围的经济危机，日本作为新兴的资本主义国家也不能幸免。外贸严重受挫，国内工商业效益锐减，农业经济受到空前打击，整个社会陷入世界经济危机造成的严重恐慌之中。日本为摆脱经济危机，军政界大力鼓吹占领满蒙。是年底，日本军部提出了《1931年度形势判断》，明确解决满蒙问题的三个步骤；次年3月，日本关东军司令部制订了《处理满蒙问题方案》；7月、8月间，日本关东军参谋部又提出了《关于情势判断的意见》，主张立即着手解决满蒙问题，强调“不能等待良机的偶然发生，而要亲自制造机会”。在1929年7月至1931年7月期间，日本关东军以组织参谋军官旅行为名，由高级参谋板垣征四郎和石原莞尔率领北满参谋旅行、南满辽西参谋旅行、参谋演习旅行、北满参谋旅行，前后4次，到中国东北各军事要地进行侦察，了解和搜集预定作战区域的军事情报，为制订武力侵占东北之策提供依据。通过4次参谋旅行实施侦察，甚至以访问为名，深入奉天城详细侦察军政机关的位置、军事配置及防御情况。板垣认为，北满、东满、辽西兵要地志尽在掌握之中。

九一八事变前夕，日本政府加紧部署侵华战争。提高军费预算。1930年，日本在严重经济危机情势下，仍将军费开支提高到4.40亿日元，占日本国预算的28.50%。建立战时经济体制，优先发展军事工业，将90%以上的大型民用工业转向军火生产。不断扩军，至1931年，日军总兵力扩大到30.80万人，其中陆军有17个师，计23万人。加强武器装备，将最先进的被称为“日本陆军之宝”的24厘米口径、炮弹重200千克、最大射程10多千米的榴弹炮，分解运往沈阳。频繁举行军事演习。1930年4月至1931年9月18日前，在不到一年半的时间里，驻奉天和长春日军共举行143次军事演习。其中，1930年驻奉天日军演习47次，驻长春日军演习 45 次；1931 年年初至九一八事变前夕，驻奉天日军演习 4 次，平均每月演习约 5 次，驻长春日军演习 11 次①。日本关东军还不断制造重大侵华事件。1931 年 4 月 1 日，蓄意制造万宝山事件；5 月，又制造中村事件，为武装侵占东北制造借口。进行人事调整，将建川美次、今村均、东条英机、土桥勇逸、铃木贞一、武藤章、土肥原贤二等一大批主张解决满蒙问题的激进分子充实到陆军中央部和关东军的重要岗位。

在日本政府制定侵占满蒙乃至中国的新大陆政策指引下，日本关东军积极进行舆论、军事、方案方面的筹划，一切准备妥当，悍然发动这场野蛮的侵华战争行为。

二　日本侵占辽东乃至东北地区

日本企图占领中国东北的计划激发了日本军人的野心。1930 年，日本关东军高级参谋板垣征四郎表示，满蒙问题非外交手段能解决，唯有诉诸武力。参谋石原莞尔还拟定攻沈要领。1931 年，日本军国主义思潮发展到了极盛。以武力侵占满蒙地区乃至整个中国的思潮已经成为洪流，无可阻拦。关东军精心策划了柳条湖事件，为发动侵华战争制造借口。

而此时的中国，新军阀势力正在为政治权力而混战。九一八事变前，国民党完成统一后，内部派系斗争和军事冲突并没有停止，在一系列的混战之后，1930 年 5 月爆发了更大规模的军事冲突，经过 8 个月的中原大战，蒋、桂、冯、阎等新军阀为抢夺权力，兵戎相见，各方陈兵百万，拼死厮杀，死伤 30 万之众，致军队元气大损。在日本加紧图谋东北的危急关头，东北军入关，助蒋介石统一全国，确立了蒋介石在军事上、政治上的优势地位。东北军大量入关，减少了在东北的军事实力。这给日本武力夺取

① 赵冬晖，等. 苦难与斗争十四年·上卷［M］. 北京：中国大百科全书出版社，1995：128.

东北以可乘之机。

（一）九一八事变日本攻占沈阳

1931年4月、5月间，日军在先后制造了万宝山事件、中村事件后，便谋划借这两个事件交涉之机，于9月18日实施闪击战，一夜之间攻占沈阳城。早在8月上旬，日军关东军密令在四平街（今沈阳中街）组成的装甲车、步兵、炮兵部队作联合出动准备。因消息走漏，关东军当即决定将原定日期提前10天，即于9月18日制造事端，挑起战争，攻占沈阳城。

1931年9月18日夜10点20分，日军按计划由独立守备队柳条湖日军，在距离北大营东南角约800米的柳条湖，用42包小型黄色炸药炸毁了约1.5米长的南满铁路钢轨，并诬称中国军队破坏南满铁路和袭击了日本守备队。于是，日军向北大营发起攻击。

九一八事变发生后，日本关东军一面捏造谎言，欺骗舆论；一面调集军队，加强进攻。板垣征四郎以代理关东军司令官的名义，连续发布4道命令：命令独立守备队第二大队攻击北大营中国军队；命令步兵第二十九联队攻击沈阳；命令驻辽阳第二师团、驻公主岭独立守备队第一营、第五营迅速开往沈阳，攻击该地中国军队；命令第二师团主力增援之。板垣要求关东军迅速攻占奉天省城沈阳。

当时驻守沈阳北大营和沈阳城的是东北军，总数近18万人。而日军当时在东北地区的正规部队只有1万余人。中日双方军队人数比例约18∶1。

在日军独立守备营进攻北大营的同时，日军步兵第二十九联队对沈阳发起进攻。城内有军警奉张学良“不可与之反抗，致酿事端”的命令奔散①。日军在未遭到任何抵抗的情况下，占领了沈阳城。

① 谭泽．“九·一八”抗战史［M］．沈阳：辽宁人民出版社，1991：26．

日军占领沈阳后，大肆烧杀抢掠、奸淫妇女，致东北最繁华的中心城市沈阳，一夜之间变成了人间地狱，财产损失不计其数。仅“沈阳兵工厂，损失步枪 15 万支、手枪 6 万支，重炮、野战炮 250 门，各种子弹 300 余万发、炮弹 10 万多发，金库所存现金 7000 万元，亦被洗劫一空”①。东北军飞机 262 架、各种炮 3091 门、战车 26 辆、枪械 11.8 万支、机枪 5800 挺、坦克 26 辆及大批弹药、粮秣、被服悉数落入日军之手。

（二）日军占领辽东及东北地区

日本以占领辽东及东北地区为首要目标。在攻陷沈阳的同时，发起了对安东、凤城、营口的进攻。

安东是辽东地区的重要枢纽和边境重镇。1931 年 9 月 18 日夜，日军进攻沈阳时，日本驻安东领事前往安东县政府会见县长，提出日军将要进入县区，县长竟然作出坐待日军入城的决定。次日凌晨，县长王介公向日本领事保证，今后决不服从省政府指示，中方军警绝对不准轻举妄动等。1931 年 9 月 19 日凌晨 5 点 30 分，日军开进县城，解除了中方军警武装，占领县政府、县公安局及银行、报馆等要害。安东县落入日军手中。

凤城是安奉铁路沿线军事重镇，当时驻有省防军姜全我部 1 个团的兵力。1931 年 9 月 19 日凌晨，日军驻连山关独立守备队第四大队向凤城进攻。由于中国军警奉不抵抗之命，上午 7 点，日军包围驻军各机关、县政府、县公安局及公安大队等，解除了中方军警武装，凤城县（今辽宁省凤城市）被日军占领。

营口是辽东湾北部重要口岸城市，是辽东对外开放的重要门户之一，又是京奉铁路营沟支线的南端终点。1931 年 9 月 19 日凌晨 5 时左右，日军驻大石桥独立守备队第三大队的两个中队奉命乘火车到达营口，然后兵分两路攻占营口。至上午 8 时，营口全

① 王道平. 中国抗日战争史［M］. 北京：解放军出版社，2005：77.

部被日军占领。日军随即宣布对营口实行军管。没收营口中方银行财产金额，合计中国银行现大洋 8.85 万元；东三省官银号现大洋 3.65 万元，现大洋票 25.42 万元；奉天大洋 1364.06 万元。

日本关东军占领辽东大部分地区后，很快占领了辽北的四平、长春，并威胁吉林。1931 年 9 月 21 日，占领吉林；23 日，占领敦化；24 日，占领通辽、新民等地。就这样，9 月 19—25 日一周的时间，日军就轻而易举地占领了沈阳、长春、吉林、通辽等 30 多座城市，控制了南满长大线和安奉线两条铁路和部分控制了北宁（北平至奉天）、中东（哈尔滨至满洲里）等 10 余条铁路。接着便开始进攻辽西地区和黑龙江省。

锦州是辽西重镇，位于北宁线和锦朝线交会处，是控扼关内外的要津，战略地位十分重要。九一八事变后，东北边防军司令部和辽宁省政府行署暂置于锦州城。当时守军约三四万人，火炮约 70 门，东北边防军在此布防，有固守辽西和相机收复失地之考量。1931 年 10 月 8 日，日军派飞机轰炸锦州。10 月 19 日，日军攻陷黑龙江省城齐齐哈尔后，便集中兵力进攻辽西的锦州和北满的哈尔滨。20 日，日军向辽西发起进攻，占领新民、通辽等地，为沿北宁、大通、营沟 3 条铁路进攻锦州铺平了道路。11 月下旬，关东军调集混成第四旅团和第三十九旅团，沿北宁铁路向锦州发起第三次进攻。日军进攻锦州，伤及了英美法等国的利益，遭到美国严正抗议，因此被迫暂停进攻锦州。12 月中旬，日本由犬养毅组成新内阁；13 日，关东军根据军部的意见，制定了《进攻锦州的方略》；15 日，日军参谋部给关东军下达进攻锦州的命令；17 日，派遣混成第八旅团；27 日，派遣第二十师团、混成第三十八旅团，以及坦克、野战炮兵等部队赴辽西战场参战。12 月末，日军第二师团、第二十师团、混成第三十旅团、混成第八旅团和飞行队对锦州发起了全面进攻。在日军的猛烈攻击下，1931 年 12 月 31 日晚，东北边防军参谋长荣臻率部撤离锦州；1932 年 1 月 2 日，黄显声率公安总队撤离；次日，日军攻占锦州。

总之，从九一八事变沈阳沦陷到哈尔滨沦陷，日军仅用了 4 个月零 18 天的时间。沈阳及辽东乃至东北全部沦陷，是东北军据蒋介石“攘外必先安内”的政策，面对日本侵略不抵抗造成的。致沈阳及辽东乃至整个东北陷入空前危机，3000 多万同胞陷入日军的铁蹄之下，惨遭蹂躏。日本大肆掳掠物质财富，野蛮践踏辽河文化，给辽河文化造成了深重灾难。

三　日本法西斯推行殖民主义文化

日本以武力侵占辽东乃至东北地区后，按日军原来的构想，由日本侵略者建立政权，直接进行殖民统治。根据这个构想，在日军占领沈阳后，马上将沈阳改名为奉天，以日本驻奉天陆军特务机关长土肥原贤二为市长，由日本人担任主要官员，由临时军政公署实行军事管制。但是，日本军国主义文化和殖民地文化必然招致中华民族文化传统的强烈抵制，也必然遭到辽河近代文化传统的坚决抵抗。日本军部采纳了建川美次的建议，“消灭现有东北政权，树立以宣传皇帝为盟主而受日本支持的政权，当为上策”。日本实质上就是要打出清废帝溥仪这张神主牌，来聚集宗社党及亲日派、汉奸，建立以溥仪为首的傀儡政权，培植在辽东乃至东北地区扩张殖民文化、实行残酷殖民统治的政治工具。

（一）培植扩张殖民文化的工具

日本侵占辽东地区后，关东军直接实行军政文化，但无法平息中国人民的反对和世界舆论的谴责。为掩盖其粗暴侵略中国的罪恶阴谋和行径，日本搜罗汉奸走狗和培植傀儡政权，实行以华治华，达到稳固其殖民统治的目的。

日本早就为侵略辽东乃至东北地区做准备，豢养了一批亲日派、汉奸。九一八事变后不久，汉奸于冲汉、赵欣伯等于 1931 年 9 月 24 日在省城沈阳组织了地方自治维持会。于冲汉系辽阳人，在日俄战争期间充当日军间谍；赵欣伯系宛平人，于 1926 年曾任东三省保安司令部法律顾问。9 月 26 日，“沈阳地方自治维持会”

改名为“辽宁省地方维持委员会”，袁金铠任委员长，赵欣伯和阚朝玺任副委员长；于冲汉、丁鉴修、翁问卿、张成箕、王光烈、阮振铎、吴贯一等任委员。“满洲青年联盟”的骨干分子金井章次为最高顾问，日本人升巴仓吉、高井恒则和三浦义臣等为顾问。“辽宁省地方维持委员会”代行省政府职能，其首要任务是：帮助日本侵略者维持辽东地区的社会治安；协助日本恢复省署内的各科，成立“财政”“农矿”两厅，由翁问卿任财政厅厅长、高毓衡任农矿厅厅长，亲日分子王庆璋出面组织“奉天省自治警察局”，置于日本宪兵队控制之下。日本侵略者指使汉奸组织了“辽宁四民临时维持会”“东北绅民临时解决方策讨论会”等，于 1931 年 9 月 28 日与“辽宁省地方维持委员会”共同发表了所谓的“独立宣言”，宣布脱离南京国民政府和张学良政权的关系。1931 年 11 月 10 日，正式组建以袁金铠为首的“辽宁省政府”；11 月 20 日，将辽宁省改称奉天省。日本关东军命赵欣伯接替土肥原贤二担任伪奉天市市长的职务，大雄峰会骨干分子中野琥逸为伪奉天市首席顾问。曾任奉天陆军整理处少将参谋长、奉天总司令部参议、一向与日本关东军过往甚密的原辽宁省主席臧式毅被日军请了出来，就任伪奉天省政府主席，以袁金铠为首的“辽宁省地方维持委员会”在日本武装宪兵和警察的监视下被迫解散。次日，臧式毅在日本操控的伪省政府举行的就职典礼上宣布正式担任伪奉天省政府主席。臧式毅就职后即任命原维持委员会高级顾问金井章次为首席顾问兼交通委员会顾问，统辖指挥省政各厅及金融机关。色部贡、三浦义臣、高井恒则分别担任伪省政府厅、院的顾问。伪省政府所有警政名为中国人，其实际权力完全由日军所掌控。日本顾问简直就是伪奉天公署供奉的“太上皇”，他们完全操控了伪奉天公署的所有权力。经过一系列的谋划和操作，日本实现了以华治华的殖民统治目的，借助这些汉奸组织和伪政权，大肆推行日本殖民文化。

由于遭到中国人民的坚决抵制和强烈反对，日本关东军欲以

“奉天省地方维持委员会”取代省政府的计划未能实现。在50多个县中，除满铁附属地几个县，“维持委员会”的权力起作用外，其他40余县，对“维持委员会”根本不予理睬。为了攫取市县级政权，1931年11月10日，日军指使汉奸于冲汉在沈阳成立了“自治指导部”，监督和指导各县市行政，拼凑县一级政权。“自治指导部”下设总务、调查、联络、指导、监察5个部和自治训练所，由于冲汉之子于静远任顾问兼自治训练所所长和监察部长。“自治指导部”实际由日本操控，90%的人员都是日本人。“自治指导部”主要负责指派日本人到各县就任自治指导委员会委员长，监督改组和指导各县的施政。各县傀儡政权的骨干大多由自治指导部训练所培训的人员担任。这样，“自治指导部”便成了日本推行殖民地文化、攫取市、县政府权益的主要工具。

辛亥革命后退位的清帝溥仪于1924年11月5日被冯玉祥领导的国民军逐出紫禁城，一直避住在天津的日本租界内。这个一心想恢复清朝的废帝便成为日本统治中国东北地区最理想的神主牌。九一八事变的第二天，日本关东军就指使晚清遗臣罗振玉和板垣征四郎的特使上角利一到天津，向溥仪递交了“劝驾信”，请溥仪勿失良机，立即到祖宗发祥地主持大计。

1931年11月10日晚，在土肥原精心策划下，溥仪躲过日本领事馆的耳目，偷偷地离开租界，在郑孝胥父子和10余名日军的陪同下，偷渡白河，逃到大沽口，转乘日本商船“淡路丸”号于11月13日抵达营口满铁码头。日本关东军将其护送到汤岗子温泉疗养区对翠阁旅馆暂住。11月18日，日本关东军将溥仪弄到旅顺，准备成立“满洲国”。

12月12日，犬养毅组成日本新内阁，对军部和关东军在中国东北建立傀儡政权的计划和行动给予支持，并派前陆军大臣南次郎视察中国东北。南次郎回国后，专门向日本天皇报告了满洲近况，并提出了建立傀儡政权、实行殖民统治的具体办法。

1932年1月4日，日本参谋部专题研究建立“满洲中央政府”

的具体设想；6日，日本陆军部制定了《中国问题处理方针纲要》；2月5—25日，日本关东军接连召开10余次“建国幕僚会议”，加紧策划并具体制订建立“满洲国”的方案。2月15日开始，日本关东军在东北各地组织开展“促进建国运动”，在奉天成立了“民众促进建国大会筹备委员会”，举行游行活动，还动用飞机散发传单，伪造民意。2月17日，按照日本关东军的指示和板垣拟订的纲要，召开了“建国会议”，提出建立“满洲国”方案，并起草“建国宣言”，通电宣布东北四省（奉、吉、黑、热河）和内蒙古与中国分离，成立一个独立国家。2月22日，板垣到旅顺就建立“满洲国”一事正式通知溥仪。1932年3月6日，溥仪离开旅顺返回汤岗子；9日，溥仪在日军保护下从营口抵达长春，随即在一所旧道尹衙门里举行就职典礼，宣告“满洲国”傀儡政权正式建立。从此，日本殖民者通过操纵“满洲国”傀儡政权，在辽东乃至东北地区强制推行殖民文化，实施法西斯残暴统治，给辽河近代文化造成极大的破坏。

（二）日本法西斯文化残暴统治

九一八事变后，日本军国主义文化大肆侵略辽东乃至东北地区，通过军事侵略、政治压迫和经济掠夺，制造了一个又一个骇人听闻的惨案，对中国人民造成的伤害在世界史上是绝无仅有的。

日本操纵建立了“满洲国”，企图将东北乃至整个满蒙地区从中国肢解出去，遭到中国人民的强烈反对和坚决抵抗。为稳定其统治地位，日本法西斯立即从日本国内调集大批兵力到东北，对反抗其殖民统治的群众运动和抗日力量进行残酷镇压。

1932年9月，对辽东地区义勇军进行镇压。九一八事变后，原东北军步兵一团副团长唐聚五与桓仁县县长刘铮达举起抗日义旗，在辽东半岛一带与日寇势力展开斗争，令日寇闻风丧胆。日军司令官武藤信义调集关东军骑兵第一旅团、骑兵第四旅团、混成第十四旅团、第二师团、第八师团、第十师团部分兵力及伪军等对其进行大规模镇压，至10月中旬，攻陷新宾、通化、宽甸和桓仁等地。唐聚五率部撤到抚松。

1932 年 12 月中旬至 1933 年 1 月中旬，日军对辽南三角地带义勇军进行镇压。辽南三角地带是指以安奉铁路、南满铁路和黄海海岸为界，围成的一个三角形地带，包括凤城、岫岩、庄河等县域。九一八事变后，原凤城县公安局局长邓铁梅组织东北民众自卫军 3000 多人，与日寇展开斗争；在攻克岫岩县后，争取县长刘景文转向抗日，成立东北民众自卫义勇军第五十六路军；至 1932 年秋天，队伍壮大到 3 万余人。为镇压这股抗日力量，日军调集了第二师团、第六师团、独立守备队及混成第十四旅团的一部及大批伪军，对邓铁梅、刘景文、李子荣领导的东北民众自卫军进行残酷镇压。邓铁梅、苗可秀被捕后惨遭日军杀害。

1933 年 1 月下旬，日军对辽南地区义勇军进行镇压。从 1931 年年底开始，原辽宁省警务处处长黄显声率领东北抗日义勇军在辽阳、盖平、海城、营口一带抗击日本侵略者。日军以汉奸于芷山所部伪军为主，加上部分日军，一共万余人，对辽南李纯华、张海天、项青山等各路抗日义勇军展开镇压。义勇军被迫撤离。

1932 年 9 月至 1933 年 1 月，日军对辽西地区义勇军进行镇压。

1932 年 11 月，日军对辽北地区义勇军进行镇压。

1933 年 12 月 22 日到 1934 年 2 月 3 日，在不到两个月的时间内，日本法西斯先后颁布了《暂行保甲法》《暂行保甲法施行规则》《关于实行保甲法须知》等政策，大肆推行法西斯专政文化。

日军推行保甲制文化。保甲制规定：县以下组织机构实行保、甲、牌制，即 10 户为 1 牌，以 1 村或相当于 1 村的区域内之牌合为 1 甲，在街市地 10 牌为 1 甲，以伪警察署管辖区域内之甲合为 1 保。设保长、副保长各 1 人，甲长、副甲长各 1 人，牌长、副牌长各 1 人，各负责“保持该保、甲、牌康宁之任”。这些保、甲、牌长在伪警察署署长的指挥监督下，承担管辖区内的警防、预防通匪、经费征收、户口调查、取缔武器等责任。

日军推行连坐制文化。连坐制规定：牌内居民中有犯内乱罪、外患罪、公共危险罪、“暂行惩治叛徒法”所规定之罪、“暂行惩治盗匪法”所规定之罪、“暂行枪械取缔规则”所规定之罪之一者，警察署长得对该牌内各家课以2元以下连坐金①。

日军推行自卫团制文化。规定：自卫团成员由管内居住一年以上的18～40岁男子组成，由伪警察署长指定团总、副团总，团长、副团长。作为地方武装力量的帮凶，他们在伪警察署长、保甲长指挥监督下，负责镇压百姓和抗日力量。

为从根本上消灭辽东地区抗日力量，日本关东军建立集团部落，强制实施归屯并户政策，制造无人区。1934年12月3日，日本扶植的伪满洲国颁布“关于建设集团部落之件”，规定从1935年开始，在奉天、安东、滨江等地普遍推行集团部落制文化。1935—1937年间，在辽东地区建设集团部落864个②。这些集团部落其实如同法西斯集中营，凡被日军驱入集团部落的居民，不但言论、行动受到日军的严密监视和保甲连坐制的残酷控制，而且还要遭受集团部落森严的戒律管制。如居住要有日军签发的居住证，出门要有军警签发的通行证，买东西要有购物证，白天不得远离部落，晚间不得点灯、说话、掩门，不准串门或三五成群议论、走路。违者轻者毒打，重者杀害。

日军实施残暴的归屯并户政策，给东北人民特别是辽东地区人民带来了深重灾难。1935年，日军在辽东地区实施归屯并户，将抚顺全县改划为1街、30个村。当时的窟窿榆树有400余户，共2000多口人，归屯并户后，全村有1100余户，共5700余口

① 陈本善，等．日本侵略中国东北史［M］．长春：吉林大学出版社，1989：324．

② 赵冬晖，等．苦难与斗争十四年·上卷［M］．北京：中国大百科全书出版社，1995：365．

人，一家挤住三四户，甚至一铺炕住两三家①。日军令辽东地区人民归屯并户后，将他们世代居住的村落、房屋全部烧光，制造无人区。1935 年，窟窿榆树地区有 6 个自然村屯，共 980 多间房屋棚舍被日军烧毁；在苇子峪地区共有 6112 间房屋被焚毁；在南山村归围前有 6 个自然屯，共有 800 余户计 3200 余人，归围后仅有 90 余户，不到 400 口人。在下窝棚，有 37 户被归屯并户为 1 个部落，有 118 栋共 320 间房舍被烧②。

日本法西斯侵占辽东地区后，视人命如草芥，到处屠杀无辜，制造了无数屠杀平民的惨案。

1932 年 9 月 16 日，日军抚顺守备队第二中队和抚顺宪兵共 200 余人，包围了平顶山，封锁了路口。日军冲进平顶山街里，佯称给居民照相，挨家挨户将全村男女老少赶出家门，将 3000 多民众集中在平顶山南面草地上，四周有日军包围。日军突然动用 6 挺机枪同时向手无寸铁的村民扫射，顷刻之间 3000 余条生命惨死在日军的枪口下。在机枪扫射后，日军担心有人未死，用刺刀刺、手枪打、军刀砍，将每具尸体重新清理一遍，真是惨绝人寰。次日，日军雇用朝鲜浪人将尸体在山崖下堆积起来，浇上汽油焚烧后再用炸药炸塌山崖，掩埋了焚烧现场。日军将平顶山的 400 多户、800 多间房屋烧毁。整个平顶山仅有 30～40 人死里逃生。平顶山惨案后，日军又在千金堡屠杀了 400 余人，烧毁房屋 1000 余间。1933—1937 年间，日军在新宾县响水河子、旺清门等地，将 150 多人投入监狱，先施以酷刑，然后或杀死或活埋，共屠杀平民 3000 多人，烧毁房屋 3000 余间，新宾县 10 多个堡子几乎被烧杀殆尽。1933 年 2 月 25 日，朝阳被日军占领后，日本法西斯进行

① 孙邦，等．伪满史料丛书·伪满社会［M］．长春：吉林人民出版社，1993：108.

② 孙邦，等．伪满史料丛书·伪满社会［M］．长春：吉林人民出版社，1993：98.

了惨无人道的烧杀抢掠，朝阳方圆几百里，“村村哀鸿遍野，户户母哭子啼”。1932 年 11 月 15 日凌晨，60 多名日军趁二车户沟村民尚未起床之际包围了该村，挨家挨户搜查，凡 15 岁以上男子均遭杀害。日军用了 3 个多小时进行屠杀，全村 60 多名男性村民，除韩文章、王世云钻进草垛和 1 人外出幸免外，其余全部惨遭日军屠杀①。这就是日军制造的朝阳二车户沟惨案。

1936 年 11 月至 1937 年 1 月，日本法西斯制造了安东教育界惨案。1936 年 11—12 月，日军在桓仁展开搜捕，安东、通化、庄河、辑安（今吉林省集安市）等地共抓捕 314 名救国会成员和爱国人士。其中，安东 97 人，桓仁 115 人，通化 26 人，宽甸 21 人，凤城 19 人，岫岩、庄河各 14 人，辑安 3 人，临江、长白各 1 人②。日本宪兵队对抓捕的爱国人士施用酷刑，邓士仁、王冠五等被酷刑致死后，日军将他们的尸体喂狗。在被捕人员中日军采用酷刑致死有 7 人，有 38 人被判死刑，140 人被判无期徒刑或有期徒刑，近 400 人受到株连。

日本法西斯在镇压辽东人民抗日斗争时无所不用其极。如日军宪兵队于 1940 年 6 月 24 日至 9 月 18 日，先后在大连、奉天等地抓捕抗日组织大连放火团成员 155 人，无论男女一律施用严刑拷打，使用各种刑具折磨，遭受酷刑的人，轻者面目全非，重者当场毙命。被捕的 155 人中，秋世显、吴成江、马永佐等 18 人被酷刑折磨致死。有 12 人被处以死刑、17 人被判处有期徒刑。

---

① 孙邦，等. 伪满史料丛书·伪满社会［M］. 长春：吉林人民出版社，1993：218.

② 中共沈阳市委党史研究室. 暴虐的罪行——日本殖民统治下的东北［M］. 沈阳：沈阳出版社，2005：61-62.

第二节　日本法西斯文化的野蛮统治

占领辽东乃至整个东北之后，日本便开始全面展开法西斯文化的野蛮侵略。以满铁公司为工具，打压、排挤和摧残辽东地区民族资本及其他工商业文化，在辽东地区进一步扩张日本法西斯文化，实行日本法西斯专制文化统治。以日本关东军和警察特务宪兵为打手，对辽东地区在政治、经济、文化上实行奴役和压迫，垄断金融、港口、造船、化工等工商业行业和部门，掠夺矿产资源和财富。

一　满铁公司——日本殖民主义文化侵略工具

满铁公司即南满洲铁道株式会社的简称。日俄战争爆发后，日军于1904年5月在辽南貔子窝登陆；于当月25日以陆军为中心成立了野战铁道提理部，从日本运来机车和货车、轨条及其他筑路材料，并从日本各铁路公司选拔3000名工作人员，一起运至大连；自1904年7月26日开始，改修南满各干、支线铁路，至1906年11月11日完成。其所辖的车站有干线的大连、南关岭、大房身、金州、三十里堡、普兰店、瓦房店、得胜寺、万家岭、熊岳城、盖平、大石桥、海城、汤岗子、鞍山、辽阳、烟台、苏家屯、浑河、奉天、虎石台、新台子、铁岭、开原、昌图、双庙子、四平街、郭家店、公主岭、范家屯、宽城子；支线的营口、千金寨、抚顺、营城子、旅顺、柳树屯。1906年1月4日，开始办理一般旅客的搭乘和货物托运业务。到次年3月31日，运送旅客达285万人次、马匹15万头、货物245万吨。野战铁道提理部不断扩张，于1905年9月11日接管了由日本大本营占领的抚顺采煤所和烟台采煤所，1906年9月1日接管了安奉铁路经营权。日俄战争日本取胜，根据1905年《朴茨茅斯条约》，日本从俄国人手中夺取了南满铁路经营权。是年 12 月，日本与晚清政府签订了《中日会议东三省事宜正附条款》。据此，日本又取得了安奉铁路的改良、经营权，新奉、吉长铁路的贷款权，鸭绿江右岸的木材采伐权，以及开放商埠 16 处、铁路材料豁免一切税捐厘金等权益。为加强对辽东乃至东北地区煤矿、交通运输业文化的垄断，加紧掠夺中国资源，1906 年 6 月 7 日，根据日本天皇敕令，成立了南满洲铁道株式会社股份公司，总部在大连，日本首都东京设立分部，资本总额 2 亿日元。其中，日本政府出资 1 亿日元，由南满洲铁路及附属于铁路的一切财产与抚顺及烟台煤矿充作其所出资本，日本政府持股以外的股份，由中日两国人中募集①。满铁公司成立后，根据日本政府的指令，分别从日本陆军和海军手中接管了铁路、煤矿、土地、房屋、器械材料、大连栈桥及电灯材料、码头、船渠及船只，完全取代了野战提理部。经过 10 多年的经营，特别是第一次世界大战带来的发展，至 1918 年，其资本由创立时的 2 亿日元增加到 24 亿日元，总资产由 1916 年的 1.59 亿日元增加到 42 亿日元，从业人员从创立时的 1.10 万人猛增到 39.80 万人（其中日本人 13 万余人）②，已经具有很强实力。1931 年 9 月 18 日以后，即在日本占领东三省后，满铁公司成为日本侵略和压迫辽东地区民族资本，掠夺辽东资源和财富的重要工具。

（一）满铁公司文化的真实本质

日本于 1906 年 6 月 7 日公布敕令第 142 号《关于南满洲铁道株式会社文件》，决定成立由日本政府出资，日本政府给予保护和监督、保险事项，包罗社会事业的满铁公司，目的是对中国大连

① 南满洲铁道株式会社．南满洲铁道株式会社十年史［M］．大连：满洲日日新闻社，1919：21.

② 满史会．满洲开发四十年史（上卷）［M］．东北沦陷十四年史辽宁编写组译．营口：辽宁省营口县商标印刷厂印（准印证：87·第 192 号），1988：76.

及南满进行侵略。8月22日，后藤新平向日本政府提出《满铁总裁就职情由书》，明确了满铁公司成立的目的："第一，经营铁路；第二，开发煤矿；第三，移民；第四，发展畜牧业。其中尤以移民为最。""不出十年，将五十万日本移民移入满洲，届时，俄国虽强，亦不敢轻易挑起战端。和战缓急这主动权，安然握在我之手。我在满洲，如拥有五十万移民和数百万牲畜，战如对我有利，则可进而做侵略敌国之准备，如对我不利，则俨然不动，持之以和，等待时机。"① 后藤新平的这一番讲话，揭开了满铁公司文化的真实本质，即主张文装武备。1913年，后藤新平明确地讲："盖出于不把满铁看成是一个营利的铁路事业，而拟使之成为帝国殖民政策或我帝国发展的先锋队，其本旨确实如此。""所谓文装武备，简言之，就是以文事设施，以备外来侵略，以便在突发事变时，兼可有武断的行动。"② 文装武备"在于广义的经济发展"，但事实上又"并不限于经济方面。从教育上、卫生上、学术上，如非坚实地建成广义的文化社会，就不能说是完成了真正的文装武备。就是说，只有到了那一天，即我国大陆政策能够贯彻到全满民众的生活当中，民众自然高兴我们的经营，获致所谓群众基础时，别人才不敢窥伺我们，大陆经营才算占有牢固的地位"③。后藤新平的主张，道破了满铁公司文化的真实目的在于服务日本实施大陆政策，为侵占中国满蒙地区作准备。

在九一八事变前，满铁公司文化发展打着经营的旗帜，以满铁公司调查部和哈尔滨事务所调查课为主，即"在满洲地区从事

---

① 南满洲铁道株式会社．南满洲铁道株式会社十年史［M］．大连：满洲日日新闻社，1919：110.

② 张福全．辽宁近代经济史［M］．北京：中国财政经济出版社，1989：63.

③ 解学诗．隔世遗思——评满铁调查部［M］．北京：人民出版社，2003：36.

一般经济及惯例的调查”①。1923年4月，在调查部内增设了交通系和情报系。“情报系负责情报的收集、分析、研究和整理。”“情报收集的重点当然是中国政府的动态、军阀战争的归趋，也包括日本政府的内情，政党、军部的动向。”1927年，调查课又设置法制、产业、商事、贸易统计、交通、俄国、统计、资料、庶务九课；“调查课从其成立到1932年12月撤销为止，在25年间还出版了《满铁调查资料》162种，资料汇存12种，交涉资料20种，调查资料11种，调查报告书26种，各种小册子75种，以及俄文翻译资料、汉译调查资料和关于东北和华北的各种经济统计等”②。此外，满铁公司在东京支社内设立的东亚经济调查局，主要负责搜集各国出版的有关经济问题的图书、杂志、报纸、政府公报、文书、各公司企业公文等，总数多达10万余种，不论任何资料，在5分钟内即可提供③。1927年11月，满铁公司社长山本条太郎为能得到直接有益于公司事业的资料，抽调有实际工作经验的人员130多人，组成临时经济调查委员会，“从道路、水运、载重马车的研究开始，直至在满洲育肥的牛肉应如何供应给日本等问题的研究，数以百计”④，展开调查，搜集情报。由此可以看出，在九一八事变前，满铁公司文化的重要使命是充当日本的情报机构。

满铁公司文化与日本军国主义文化沆瀣一气，积极支持日本关东军全面侵略中国。日本关东军发动九一八事变，满铁公司是完全支持的。1931年10月5日，满铁总裁内田康哉与关东军司令

① 南满洲铁道株式会社．南满洲铁道株式会社十年史［M］．大连：满洲日日新闻社，1919：905.

② 苏崇民．满铁史［M］．北京：中华书局，1990：414-415.

③ 草柳大藏．满铁调查部内幕［M］．刘耀武，等译．哈尔滨：黑龙江人民出版社，1982：628.

④ 草柳大藏．满铁调查部内幕［M］．刘耀武，等译．哈尔滨：黑龙江人民出版社，1982：270.

长官本庄繁会谈，本庄繁提出建立新政府的三条根本原则：使满蒙完全脱离中国本土；日本一手统一满蒙；表面上由中国人统治，但实质上要掌握在日方手里。同时，本庄繁还向内田康哉提出《对满铁公司的要求事项》，要求满铁公司迅速做到①。内田康哉不仅支持本庄繁的主张，而且建议："当前必须举国一致以应国事。目前事件已经越过万里长城，必须作为与中国本土间的问题、世界性问题来处理。"② 是日夜里，他将满铁公司在奉天办事处的全体职员召集到春日町小学校训话，强调："满铁应竭尽全力去支援关东军。"③ 自此，满铁公司便有计划、有组织地在运输和经济等方面，全力支持关东军全面侵华战争。

在运输方面。仅 1931 年 9 月 18—23 日，满铁公司帮助关东军运输兵力的军用列车就多达 40 次。如 19 日凌晨 1 时 30 分，由抚顺运往沈阳守备部队 400 人，至 20 日上午 10 时，从各处开往奉天的军用列车多达 17 次，平均每 2 小时就有 1 次，运送兵力达 2140 人。此外，还有马匹、武器弹药等辎重。19—23 日，开往长春的军用列车有 16 次，运送兵员 3497 人，军马 455 匹，及其他军需物资；19—20 日，由安东开往奉天的军用列车有 7 次④；21 日，由长春发往吉林的军用列车有 7 次，吉林失陷后，于 22 日又将日军运往敦化。9 月 25—26 日，先后将关东军独立守备司令部、第三混成旅团司令部、步兵第二十九联队第三大队、野炮兵第二联队第一大队运往四平。11 月 5—10 日，先后将长春日军步兵第四联队、野炮兵第二联队本部及一中队和奉天的日军步兵第七十

---

① 关宽治，等．满洲事变［M］．王振锁，等，译．上海：上海译文出版社，1983：418．

② 苏崇民．满铁史［M］．北京：中华书局，1990：429．

③ 草柳大藏．满铁调查部内幕［M］．刘耀武，等，译．上海：上海译文出版社，1983：404．

④ 苏崇民．满铁史［M］．北京：中华书局，1990：436．

八联队第一大队及野炮兵第二十六联队、野战重炮大队由长春与奉天运往四平，集中攻击四平。12月13—19日，为确保日军顺利进攻锦州，满铁从大连、安东、四平、大石桥调入奉天机车64辆，从大连调入辽阳机车12辆；于29日将关东军步兵第七十七联队、野炮兵第二十六联队、骑兵第二十八联队第二中队、工兵第二十大队一小队、电信队、无线电班运往锦州，军列共有28列。1932年1月，日军进攻哈尔滨，满铁公司从长春、打虎山将日军第三旅团两个大队、炮兵两个中队、野炮兵第八联队1个大队、第八混成旅团运往哈尔滨。据史料记载，1931年9月18日至1932年3月间，满铁公司派出铁路员工0.77万人、14.48万人次，每天平均740人次，参与运输兵力及军需行动；共动用军用列车运行4056次，平均每月达676次，每天达22次之多；共运送军需19.80万吨，每天平均1000多吨；军需列车运行里程达157万多公里。关东军所有参战部队、军事辎重，几乎都是满铁公司运输的①。

在经济方面。满铁公司从1927年起向日本侵华活动提供经费。是年7月7日，支付反华日人和登良吉5000元；自1928年起，每年为日本在乡军人会提供经费1万元，于1935年调高到2万元；1931年，为日本关东军提供机密费贷款300万日元；次年，发给满铁各火车站站长情报费2492.80日元②。据满铁公司的计算，1931年9月18日至1932年3月期间，满铁运送日本关东军及军需的费用达319.30万日元③。同时，向日军战殁者或负伤者发放抚恤金和慰问金，标准如表4-1所示。

---

① 苏崇民．满铁史［M］．北京：中华书局，1990：436-438.

② 辽宁省档案馆，等．“九·一八”事变前后的日本与中国东北——满铁秘档选编［M］．沈阳：辽宁人民出版社，1991：115.

③ 辽宁省档案馆，等．“九·一八”事变前后的日本与中国东北——满铁秘档选编［M］．沈阳：辽宁人民出版社，1991：458.

表 4-1　满铁公司为日军战殁或负伤者提供抚恤金和慰问金标准

军阶职名 发放标准	抚恤金（日元）	慰问金（日元）	
		重　伤	轻　伤
将校准士官	600	300	100
下士官	400	200	70
兵	300	150	50
警　视	600	300	100
警部及警部补	400	200	70
巡查长及巡查	300	150	50
巡　捕	100	50	20

注：表中资料源自辽宁省档案馆，等. “九・一八”事变前后的日本与中国东北——满铁秘档选编［M］. 沈阳：辽宁人民出版社，1991：367.

满铁在 1931 年 11 月至 1938 年 4 月期间，向侵华战争中战殁日军 4427 人共发放抚恤金 130.25 万日元，其中为九一八事变中战殁的日军 311 人发放抚恤金达 11.13 万日元。1931 年 10 月至 1933 年 10 月间，满铁公司向日本关东军 4469 名伤员发放慰问金 40.64 万日元；1933 年 11 月至 1936 年 3 月，又向 3240 名关东军伤员发放慰问金 31.45 万日元；1932 年 9 月至 1933 年 8 月，向参加九一八事变的 180 名驻朝日军伤员发放慰问金 1.76 万日元①。九一八事变期间，在满铁的 3.90 万名职员中立功者竟达 2.23 万人之多，占职员总数的 57％。

以上可见，满铁公司文化与日本军国主义文化本质上有一致性。满铁公司对日本关东军侵华战争的大力支持，有力地推动了

① 辽宁省档案馆，等. “九・一八”事变前后的日本与中国东北——满铁秘档选编［M］. 沈阳：辽宁人民出版社，1991：413.

日军对辽东乃至东北地区的占领。

九一八事变后，满铁公司文化发展的一个突出特点是在满铁调查部基础上成立了满铁大调查部，负责搜集情报。1938 年，大调查部有 817 人；至 1942 年，大调查部人数竟达 2094 人。预算经费则高达 1000 万日元左右。大调查部不但自身拥有庞大的调查机构和人员，而且还同当时日本各地较大的调查机关或调查机关联合体保持着不同的合作关系，其中主要的机构包括："东亚研究所""中国调查关系机关联合会""满洲调查机关联合会""日满农政研究会""华北综合调查研究所"等。大调查部成立后，先后从事了中国抗战能力调查、通货膨胀调查、战时经济调查、世界新形势调查、中国惯行调查、华北农村惯行调查、华中商工惯行调查、城市不动产惯行调查、作战资源与兵要地志调查、对苏战备调查、对犹太人谋略调查、南洋军政调查等。在这些调查中，值得一提的是关于中国抗战能力的调查。该调查从 1939 年 6 月至 1940 年 5 月，耗时 1 年，最终形成了《中国抗战力调查委员会昭和 14 年度总括资料》，内容涉及中国抗战时的内政及军力，中国的交通、商业、贸易、通货、金融、财政、农业、工矿业及各国对华援助等问题，竭尽全力为日本帝国主义侵略战争服务。1942 年 9 月 21 日，大调查部发生日本关东军宪兵逮捕、迫害调查部内部某些自由主义和左翼思想人士的事件即九二一事件，给满铁大调查部以沉重打击。从此，满铁大调查部一蹶不振。1945 年 8 月 15 日，日本帝国主义投降，满铁大调查部随着满铁公司的解体而解散。满铁公司文化也随之消散。

（二）满铁公司经济文化的无孔不入

南满铁路、安奉铁路及其支线总长为 1129.10 公里，满铁在这 1100 多公里的铁路沿线占有的土地，称满铁附属地。南满铁路附属地承袭俄国中东铁路附属地。中东铁路是沙皇俄国在远东地区特别是中国东北地区进行侵略扩张的重要工具。早在 1891 年俄国政府就着手筹划修建具有世界意义的西伯利亚大铁路，直至

1896年年底才正式确定修筑经过中国东北的铁路方案，全长2100俄里（约2240公里）。是年5月，李鸿章以贺使身份参加沙皇加冕仪式，期间签订了《中俄御敌互相援助条约》。条约规定："俄国为将来转运俄兵御敌并接济军火、粮食，以期妥速起见，中国允于中国黑龙江、吉林地方，接造铁路，以达海参崴。"① 根据这个条约的规定，中俄于1896年9月8日在柏林又签订了《中俄合办东省铁路公司合同章程》，规定中国以库平银500万两入股，与华俄道胜银行合伙开设该铁路；铁路用地应该是为"建造经营防护铁路所必需之地，又于铁路附近开采沙土、石块、石灰等项所需之地"②，为铁路附属地的形成开了方便之门。是月20日，俄国单方面公布了《中东铁路公司章程》，决定将来中东铁路与俄国国内铁路秩序、规章制度完全相同，并规定了沙俄在中国东北铁路沿线特权。在铁路境内，由公司任命警察负责维持秩序和治安。因此，公司制定警察法规，还可在中国境内开采煤矿或发展其他工业文化。1898年3月，俄国强迫晚清政府签订了《中俄旅大租地条约》，控制了辽东半岛和在旅顺建立海军基地，并取得了东省铁路支线的修筑权。同年5月，中俄又签订了《续订旅大租地条约》，规定俄国可从中东铁路干线修筑一条支线到大连和旅顺。中东铁路西起满洲里，中经齐齐哈尔、哈尔滨、牡丹江，东至绥芬河，直达海参崴，长1700多公里；支线北起哈尔滨，中经长春、奉天，直达旅顺，长1100公里；干线与支线成"丁"字型大铁路，总长2800多公里，纵贯东北三省，使辽东与整个东北连成一片。为服务沙皇俄国的侵略战争，保证军事运输，沙俄政府在中东铁路沿线建立了许多机构，在铁路各车站驻扎军队，设置警察，设立法院、监狱、市政机关，建立学校、医院、教堂，设立商务所、经济调查局、农业试验场等，全部开销由中东铁路提供。为

① 王铁崖．中外旧约章汇编：第1册［M］．北京：三联书店，1957：650.

② 王铁崖．中外旧约章汇编：第1册［M］．北京：三联书店，1957：672.

了维持这些庞大的开支，中东铁路趁俄军占领中国东北之机，抢占铁路沿线大面积官荒和其他田亩。这些被强占的铁路沿线的地亩统称铁路附属地，设立各种机构，拍卖、出租地皮，经营地产业，进行开发经营，以弥补铁路运营的亏空。日俄战争结束后，日本夺取南满铁路经营权，同时霸占了南满铁路附属地。满铁公司接管后，由于其对土地需求贪得无厌，因此南满铁路附属地逐年增加。1907 年 4 月，满铁公司从日军手中接收的土地为 149.70 平方公里，次年 7 月末，增加到 182.70 平方公里；1931 年，增加到 482.90 平方公里；至 1936 年，增加到 524.30 平方公里。

满铁附属地文化充满殖民主义色彩。日本殖民者不仅建筑了大量的工厂、住宅、街路，而且建有学校、商店、邮局、酒店、影剧院、医院、妓院、公园，所有这些公共场所一律冠以日式名号。附属地行政司法不受中国政府管辖，为日本在中国的“国中之国”。

1. 满铁附属地是中国的“国中之国”

满铁公司文化的发展是以这些附属地为基础的，满铁附属地简直就是“国中之国”。日本在满铁附属地内驻扎正规军队、设立警察制度，实行殖民文化统治。1905 年 9 月，日本在辽阳设立关东都督府，并设师团司令部，在铁岭、大连柳树屯设立旅团司令部，在旅顺、柳树屯、辽阳和铁岭各设步兵联队 1 个，在公主岭设骑兵联队、在海城设野炮联队、在辽阳设工兵大队各 1 个。至 1909 年，南满铁路改造工程完工后，日本又以保护南满铁路为由，单独设立日军守备队，守备队司令部设在公主岭，下辖 6 个大队，分驻附属地各地。日军在满铁附属地内随意枪杀中国民众、侵犯中国主权，任意干涉中国内政。

日本在满铁附属地建立行政机构，实行殖民文化统治，主要通过满铁公司进行。1907 年 4 月 1 日，满铁公司成立，随即接管南满铁路及其附属地，专设地方事务部负责附属地事务；7 月，按照日本关东都督府的要求，在瓦房店、大石桥、大连、辽阳、公主岭、奉天、抚顺等地设置居留民会，派出地方部部员，处理该地区事务，监督居留民会的活动；10 月，撤销居留民会，另设出张所和派出所进行管理，并先后在瓦房店、大石桥、辽阳、奉天、铁岭、公主岭、长春、山城镇、昌图等地设立出张所和派出所；同时，在安东、大连、开原等地设立地方事务所，负责满铁附属地所有事务。至 1936 年，满铁公司在附属地设立的事务所已达 13 个之多。

日本关东都督府在满铁附属地瓦房店、大石桥、鞍山、辽阳、营口、苏家屯、铁岭、开原、奉天、抚顺、安东、本溪、凤城等地设立警务署和 205 个派出所①。1931 年，警察数量为 2500 人，至 1937 年，警察总数达 3347 人②，用以维护殖民文化统治。

此外，满铁还在附属地推行按户别捐和杂捐赋税文化。户别捐分为 11 等、杂捐分 3 种。1907 年，满铁公司征得户别捐为 1.89 万日元、杂捐为 0.72 万日元；1913 年，征得户别捐为 9.74 万日元、杂捐为 8.47 万日元；1929 年，征得户别捐为 69.27 万日元、杂捐为 35.35 万日元③。可见，满铁对民众盘剥之重。

满铁在附属地实施殖民教育文化。满铁的殖民教育文化形态一直维持着从幼稚园到大学，包括进修教育、职业教育、社会教育文化类型在内的综合体系。满铁在附属地的殖民教育文化大体经历了始创期（1906—1916）、整顿期（1917—1926）、扩充期（1927—1931）、跃进期（1932 年以后）。至 1935 年，满铁公司投入殖民教育文化的经费总额为 2415.95 万日元。1906 年，在日本关东州始设两所小学，即辽阳小学、抚顺千金寨小学。从此以后，逐渐增添。初等教育文化始兴于 1918 年，在盖平设立公学堂；次年，设立铁岭育英学校，随后在开原等地开设普通学校。中等教育文化始兴于 1917 年，即在奉天开办的南满中学堂；1919 年，在

① 张洪祥. 近代日本在中国的殖民统治［M］. 天津：天津人民出版社，1996：75.

② 苏崇民. 满铁史［M］. 北京：中华书局，1990：379.

③ 苏崇民. 满铁史［M］. 北京：中华书局，1990：377.

奉天设立奉天中学；次年，开设奉天高等女子学校。1922 年以后，在抚顺、鞍山、安东、长春等地设立中学，女子中学校也同时设立。1935 年，当时收容的学生数，中学生为 3294 人，设有 72 个班级；女子学校学生为 2982 人，设有 62 个班级。专科教育文化始于 1911 年，即在大连设立南满洲工业学校。该校于 1922 年升为本科，设有建筑工程学和机械工程学两个学科，设置建筑、矿山、土木、农业土木以及电气、机床、铁路机械等课程；至 1935 年，工业学校毕业生有 12 期，人数达 716 人，工专毕业生有 12 期，人数为 760 人。本科教育文化始兴于 1910 年，即在奉天设立的南满医学堂。该校于 1922 年升格为大学，设有本科四年，在校生有 320 名；预科三年，在校生有 160 名①。

2. 满铁公司文化对辽东经济部门的垄断

九一八事变后，满铁公司借着取消治外法权的机会，实现了悬而未决的附属地行政权的移交，把昭和钢铁等与重工业有关的技术和产业部门的工程技术人员拨给担负迅速培植重工业的满洲重工业株式会社，满铁公司的业务改成只从事铁路、煤矿和调查三大项。这是满铁公司的重大转变，因而逐渐垄断了辽东地区交通运输业、工矿企业文化。

（1）垄断交通运输业文化

满铁公司初始经营的铁路仅为南满铁路及其支线。南满铁路即长春至大连铁路，全长 824 公里。支线铁路有 4 条，即旅顺至周水子铁路，长为 50.8 公里；苏家屯至抚顺铁路，长 52.9 公里；烟台（今辽阳市灯塔市）至烟台（今辽阳市灯塔市铧子镇）煤矿区铁路，长 15.6 公里；大石桥至营口铁路，长 21.5 公里。随后，满铁采取各种手段掠夺了东北各地铁路，至 1931 年 9 月，共攫取 10 条铁路，即吉长铁路，长 127.7 公里；吉敦铁路，长 210.5 公里；四郑铁路，

① 满洲开发四十年史·南满洲铁道株式会社（上卷）[M]. 营口：辽宁省营口县商标印刷厂印（准印证：87·第 192 号），1988：125-127.

长 92.8 公里；溪城铁路，长 14.9 公里；天图铁路，长 111 公里；郑通铁路 114.5 公里；郑洮铁路 228.1 公里；洮昂铁路，长 220.1 公里；奶子山铁路，长 10 公里；金城铁路，长 102.1 公里①。

九一八事变后，在日本关东军的支持下，满铁公司又攫取了中国东北地区所有铁路路权，同时逼迫苏俄向日本出售中东铁路。

1931 年 10 月 11 日，满铁控制了沈海铁路；23 日，掌控了"东北交通委员会"实权。11 月 1 日，攫取了吉敦延长线及长大线、吉五线、延海线、依兰线、扶余铁路、拉法至呼海铁路等各条铁路的建筑权或经营权；同月 28 日，攫取吉海铁路经营权。12 月 1 日，夺取四洮铁路借款及经营权；同月 28 日，夺取将齐克铁路延长到海伦，将洮昂、齐克两路合并为一，将洮索铁路延长到海拉尔及满洲里，将齐克铁路延长到大黑河，将呼海铁路接连可于将来建设之扶哈铁路等铁路建设包工和经营权②。1932 年 1 月 5 日，满铁控制了奉山铁路；同月 8 日，夺取了呼海铁路经营权。3 月 10 日，日本控制的伪满洲国政府将四洮线、洮昂线、洮索线、齐克线、呼海线、吉长线、吉敦线、吉海线、沈海线、奉山线、打通线及附带事业，全部委托给满铁经营。1935 年 3 月 23 日，日本逼迫苏俄出售中东铁路给伪满洲国，而伪满洲国又将中东铁路的经营权委托于满铁。至此，日本满铁公司完全垄断了中国东北地区全部铁路。

满铁在攫取上述铁路后仍不满足，在九一八事变后，还相继修建新的铁路。至 1945 年日本投降前，满铁已经建成的铁路新线达 33 条之多，总长 5307.20 公里，如表 4-2 所示。

---

① 满洲开发四十年史·南满洲铁道株式会社：上卷［M］. 东北沦陷十四年史辽宁编写组译. 营口：辽宁省营口县商标印刷厂印（准印证：87·第 192 号），1988：210.

② 吉林省社会科学院《满铁史资料》编辑组. 满铁史资料·路权篇：第 2 卷第 4 分册［M］. 北京：中华书局，1979：1133.

表 4-2　　1931—1945 年期间满铁在东北修建铁路情况统计表

线　路	里程（公里）	线　路	里程（公里）	线　路	里程（公里）
敦化—图们	191.90	鸭园—大栗子	112.30	河西—东宁	91.10
图们—佳木斯	580.20	绥化—佳木斯	381.50	双峡—纳金口	20.20
拉法—三棵树	265.50	凤凰城—灌水	83.00	朝阳川—开山屯	59.50
泰东—北安	87.00	林口—虎头	331.80	海伦—北安	106.10
墨尔根—霍龙门	102.70	拉哈—墨尔根	132.30	北安—黑河	302.90
长春—白城子	332.60	王爷庙—杜鲁尔	283.00	梅河口—辑安	244.70
四平街—西安	82.50	叶柏寿—赤峰	146.90	龙潭山—大丰满	22.40
金岭—古北口	447.70	高台山—新立屯	61.00	宫原—田师傅	86.00
新立屯—义县	131.50	新兴—城子沟	216.10	梨树镇—鸡宁	71.10
龙井—青道	51.00	绿神—霍龙	168.30	安东—浪头	13.00
辽阳—宫原	69.00	浑江—三岔子	17.20	雄基—罗津	15.20

注：表中资料源自满史会. 东北沦陷十四年史辽宁编写组译. 满洲开发四十年史（上卷）[M]. 营口：辽宁省营口县商标印刷厂印（准印证：87·第 192 号），1988：226-227.

此外，满铁还垄断公路运输业。1933 年，攫取公路汽车运输营运权。1934 年，满铁经营的汽车线路只有 10 条，即安城线、奉抚线、山通线、就扶线、北承线、朝赤线、赤承线、敦海线、洮将线、哈同线，营运里程为 2647 公里，资本为 177.50 万日元，在辽东地区有奉天、海城、安东、貔子窝、锦州、西阜新、朝阳 7 个营业所；至 1937 年，则增加到 24 条，营运里程达 6319 公里，在辽东境内有 8 条线路，营运里程为 964 公里；至 1943 年，营运里程达 1.98 万多公里；从业人员由 1934 年的 706 人增加到 1943 年的 5886 人。如表 4-3 所示。

表 4-3　　1934—1943 年东北地区汽车营运情况统计表

年份	东北地区				辽东地区			
	营运里程（公里）		从业人员（人）		营运里程（公里）		从业人员（人）	
	国营	民营	国营	民营	国营	民营	国营	民营
1934	2647	1475	706	320	660	517	297	252
1935	3298	4710	857	1419	792	1944	356	555
1936	4365	5086	1135	2444	873	3004	393	883
1937	6319	6794	1476	2970	964	3971	404	1134
1938	9544	7026	2898	2021	2386	3705	907	1029
1939	14478	7413	5175	3187	3329	3319	1232	921
1940	18230	7826	5326	3365	4010	2861	1444	773
1941	18516	7435	5180	3197	4047	2714	1421	735
1942	19877	7242	5566	3259	4344	2522	1520	663
1943	19803	7035	5886	3095	4021	2414	1404	635

注：表中资料源自张福全. 辽宁近代经济史（1840—1949）[M]. 北京：中国财政经济出版社，1989：408-409.

（2）垄断辽东地区工矿企业文化

满铁公司垄断辽东地区工矿企业最具代表性的是抚顺煤矿和鞍山制铁所。

抚顺煤矿原为晚清候补知县翁寿与商人王承尧于 1901 年同时呈请清政府同意后，于次年分别成立抚顺煤矿公司和华兴利公司进行开采的。后因二人为争夺矿权发生矛盾。翁与俄商签订合采合同，但俄商不守信用，强占了煤矿。日俄战争后，日本强指抚顺矿为俄商产业予以没收。1905 年，日本又强占了该地其他 3 处煤矿，改称抚顺炭矿。1907 年，日本政府将抚顺炭矿移交满铁公司。接收后，满铁又建成大东乡两个竖井、古城子露天矿、龙凤矿斜井、新立屯斜井和古城子第二露天矿。1920 年，满铁又收购了塔连煤矿。至 1931 年，满铁在抚顺共建成 7 个采煤所、12 个矿井，如表 4-4 所示。

表 4-4　　九一八事变前满铁在抚顺所建采煤所一览表

采煤所名称	矿　井	营业开始年月	1930 年度产煤量（吨）
古城子	古城子露天矿（包括大山南矿）	1915 年 4 月	1716800
杨柏堡	杨柏堡露天矿	1928 年 11 月	245200
东　冈	东冈露天矿	1928 年 12 月	221000
大　山	大山本井	1911 年 4 月	588000
	大山南井	1907 年 4 月	358000
东　乡	东乡本井	1911 年 6 月	323600
	东乡南井	1907 年 4 月	349400
老虎台	老虎台井	1907 年 4 月	342600
	万达屋井	1915 年 4 月	521400
龙　凤	新屯井	1920 年 4 月	517600
	龙凤井	1918 年 10 月	277400
	塔连井	1920 年 12 月	47940
合　计			6598100
烟　台	（支矿）	1908 年 10 月	142500

注：表中资料源自苏崇民. 满铁史［M］. 北京：中华书局，1990：200.

由于满铁公司对抚顺煤矿实行掠夺性经营，煤产量成倍增长。1907 年，煤炭产量为 23 万多吨；至 1930 年，煤炭产量高达 650 多万吨，如表 4-5 所示。

表 4-5　1907—1930 年度满铁经营抚顺煤矿采煤量统计表

年份	煤产量（吨）	年份	煤产量（吨）	年份	煤产量（吨）
1907	233329	1915	2162575	1923	4883000
1908	490761	1916	2044409	1924	5504300
1909	693226	1917	2311445	1925	5681680
1910	899192	1918	2521164	1926	6414060
1911	1324520	1919	2762674	1927	6839870
1912	1471217	1920	3158439	1928	6710720
1913	2179202	1921	2738413	1929	6825610
1914	2149815	1922	3784200	1930	6550060

注：表中资料源自苏崇民. 满铁史［M］. 北京：中华书局，1990：201.

鞍山制铁所是日本为掠夺辽东铁矿资源而建立的钢铁厂。1909 年，日本满铁调查发现鞍山铁矿储量极为丰富，决定攫取铁矿开采权，创办炼铁厂。1915 年，袁世凯为称帝，与日本签订《二十一条》，将鞍山铁矿开采权拱手让给日本。由于当时法律不允许外商独资经营采矿业，满铁于 1916 年以中国商人、汉奸于冲汉为中方代表，满铁奉天公所长镰田弥助为日方代表在奉天成立中日合办振兴铁矿无限公司，开始经营鞍山矿业。振兴铁矿公司成立后，在 1916—1917 年又攫取了辽阳、海城一带的 8 个矿区；于 1916—1921 年，再攫取了本溪、盖平、海城、辽阳等地 16 个矿区。如表 4-6 所示。

表 4-6　1916—1921 年满铁在辽东地区所攫取的矿区统计表

<table>
<tr><th>县域</th><th>矿区名称</th><th>矿区面积（亩）</th><th>县域</th><th>矿区名称</th><th>矿区面积（亩）</th></tr>
<tr><td rowspan="9">辽阳县</td><td>孤山子、大孤山</td><td>1792</td><td rowspan="10">海城县</td><td>鞍山站一带之小岭子、火龙寨、梨树房身山地</td><td>2495 亩 49 方丈</td></tr>
<tr><td>樱桃园山地</td><td>1866</td><td>鞍山站一带之甸沟铁石山山地</td><td>760</td></tr>
<tr><td>鞍山站鞍山山地</td><td>2345</td><td>上鹰窝</td><td>538</td></tr>
<tr><td>王家堡子</td><td>2046</td><td>杨家南沟</td><td>547</td></tr>
<tr><td>鞍山站对面山地</td><td>2674</td><td>大铧子峪</td><td>1005 亩 260</td></tr>
<tr><td>关门山山地</td><td>700</td><td>前勒峪</td><td>1388 亩 232</td></tr>
<tr><td>一担山（胡家庙、老虎峪、金家岭子）</td><td>2298</td><td>庙儿沟圣水寺</td><td>345 亩 417</td></tr>
<tr><td>新关门山（关门山、马圈子、三道沟、金家岭子）</td><td>2665</td><td>范家峪</td><td>1362 亩 270</td></tr>
<tr><td>白家堡子（肖家堡子、胡家庙子）</td><td>2296</td><td>庙儿沟郭家堡寺</td><td>1757 亩 900</td></tr>
<tr><td>本溪县</td><td>火连寨</td><td>不详</td><td>前后红土岭子</td><td>258 亩 600</td></tr>
</table>

续表

<table>
<tr><th>县域</th><th>矿区名称</th><th>矿区面积（亩）</th><th>县域</th><th>矿区名称</th><th>矿区面积（亩）</th></tr>
<tr><td rowspan="2">盖平县</td><td>圣水寺</td><td>895</td><td rowspan="2">盖平县</td><td>转山子</td><td>250</td></tr>
<tr><td>小圣水寺</td><td>1621 亩 9 方丈</td><td>小高庄屯</td><td>1812</td></tr>
</table>

注：表中资料源自解学诗．满铁史资料，第 4 卷第 3 分册［M］．北京：中华书局，1987：997-1019.

1918 年 5 月 15 日，鞍山制铁所正式成立；1919 年 4 月 29 日，第一号高炉点火，鞍山制铁所投产。第一次世界大战结束后，钢铁市场萎缩，需求量减少，一度遇到经营困难。自 1927 年始，日本政府给予满铁补助，每年补助 100 万日元，故满铁经营状况逐渐好转。至 1930 年，第三号高炉全部投产。这时鞍山制铁所的年产量由 1919 年的 3.10 万吨增加到 1931 年的 26.90 万吨，如表 4-7 所示。

表 4-7　1919—1931 年鞍山制铁所生铁产量及成本统计表

<table>
<tr><th rowspan="2">年份</th><th rowspan="2">年产量（吨）</th><th colspan="3">各高炉产量（吨）</th><th rowspan="2">产量增长指数</th><th colspan="2">生产成本</th></tr>
<tr><th>第一号高炉</th><th>第二号高炉</th><th>第三号高炉</th><th>每吨成本（元）</th><th>成本指数</th></tr>
<tr><td>1919</td><td>32126</td><td>32126</td><td>—</td><td>—</td><td>100</td><td>130.721</td><td>100.00</td></tr>
<tr><td>1920</td><td>76094</td><td>76094</td><td>—</td><td>—</td><td>237</td><td>91.199</td><td>70.00</td></tr>
<tr><td>1921</td><td>58107</td><td>42649</td><td>15458</td><td>—</td><td>182</td><td>78.973</td><td>60.00</td></tr>
<tr><td>1922</td><td>67492</td><td>—</td><td>67492</td><td>—</td><td>210</td><td>69.736</td><td>53.30</td></tr>
<tr><td>1923</td><td>73461</td><td>—</td><td>73461</td><td>—</td><td>229</td><td>54.605</td><td>41.70</td></tr>
</table>

续表

年份	年产量（吨）	各高炉产量（吨）			产量增长指数	生产成本	
		第一号高炉	第二号高炉	第三号高炉		每吨成本（元）	成本指数
1924	96021	38889	57132	—	299	58.077	44.40
1925	89676	89676	—	—	279	67.363	51.50
1926	165054	97955	67099	—	514	51.303	39.30
1927	203445	103060	100385	—	633	35.241	35.60
1928	224460	107725	116735	—	699	28.520	21.80
1929	210443	94155	110487	5801	655	32.187	24.70
1930	288433	—	114874	173559	898	29.376	22.50
1931	269494	—	108354	161140	839	—	—

注：表中资料源自解学诗．满铁史资料，第 4 卷第 3 分册［M］．北京：中华书局，1987：1199.

（3）控制经营的其他事业文化

九一八事变前，满铁公司对辽东地区的农业、林业、工业、矿业、商业、金融、城市运输、建筑、科技、文教、新闻、服务等行业进行直接投资经营或有投资关系的会社多达六七十家。九一八事变后，满铁继续大力发展关系会社，增加社外投资。1931—1937 年，满铁公司有投资关系的公司由 1931 年的 57 家增加到 1937 年的 80 家；投资也从 1931 年的 1.10 亿日元增加到 1937 年的 2.48 亿日元①。满铁通过关系公司，垄断了东北特别是辽东地区的经济命脉，如表 4-8 所示。

① 苏崇民．满铁史概述［J］．历史研究，1982（5）：14.

表 4-8　　1936 年满铁对关系会社的投资情况统计表

所投行业投资情况	本　社所在地	创立时间	全部资本（万元）		在实缴资本中	
			公称资本	实缴资本	满铁投资（万元）	所占比例（%）
农林业			5130	2465	1238	52.00
大连农事	大连	1929 年 4 月	1000	500	500	100.00
东亚劝业	奉天	1923 年 1 月	1000	250	239	94.00
扎免公司	哈尔滨	1913 年 6 月	480	480	244	58.00
满鲜坑木	安东	1919 年 12 月	150	60	60	100.00
鲜满拓殖	京城	1936 年 11 月	2000	800	200	25.00
满洲林业	新京	1936 年 2 月	500	375	94	25.00
采掘工业			5680	18934	17071	90.20
满洲炭矿	新京	1934 年 5 月	1600	1600	800	50.00
满洲采金	新京	1934 年 5 月	1200	476	125	26.30
满洲矿业开发	新京	1935 年 8 月	500	310	135	43.50
山东矿业	青岛	1923 年 5 月	500	225	99	44.00
满洲铅矿	奉天	1935 年 6 月	400	400	200	50.00
南满矿业	大连	1932 年 4 月	60	60	42	70.00
复州矿业	复县	1937 年 8 月	200	125	125	100.00
大满采金	大连	1934 年 6 月	20	5	3	60.00
开平矿务	伦敦	1912 年	200	196	5	2.60
抚顺煤矿	抚顺	1906 年	—	14787	14787	100.00
烟台煤矿	辽阳	1906 年	—	—	—	100.00
蛟河煤矿	蛟河	—	—	—	—	100.00

续表

所投行业投资情况	本　社所在地	创立时间	全部资本（万元）		在实缴资本中	
			公称资本	实缴资本	满铁投资（万元）	所占比例（%）
老头沟煤矿	老头沟	—	—	—	—	100.00
瓦房店煤矿	复县	1906 年	—	—	—	100.00
满洲矿业	奉天	1937 年 7 月	1000	750	750	100.00
加工工业			33865	27261	19268	70.70
昭和制钢所	鞍山	1929 年 7 月	10000	8200	8200	100.00
满洲化学工业	大连	1933 年 5 月	2500	1250	646	51.70
东亚烟草	东京	1906 年 11 月	1150	730	1	1.40
南满制糖	奉天	1916 年 12 月	1600	1000	26	2.60
日满镁矿	东京	1933 年 10 月	700	245	123	50.20
同和自动车工业	奉天	1934 年 3 月	620	320	145	45.30
满洲制粉	铁岭	1906 年 12 月	575	355	2	—
满洲石油	新京	1934 年 2 月	500	500	200	40.00
东洋窒业工业	东京	1926 年 12 月	500	125	38	30.40
满洲曹达	新京	1936 年 5 月	800	400	100	25.00
满洲盐业	新京	1936 年 4 月	500	250	73	29.20
昌光硝子	东京	1925 年 4 月	200	300	120	40.00
大连制油	大连	1918 年 9 月	300	91	1	1.10
满洲纺绩	辽阳	1923 年 3 月	300	250	63	25.20
抚顺水泥	抚顺	1934 年 7 月	250	250	250	100.00
满蒙毛织	奉天	1918 年 12 月	250	250	14	5.60

续表

所投行业投资情况	本　社所在地	创立时间	全部资本（万元）		在实缴资本中	
			公称资本	实缴资本	满铁投资（万元）	所占比例（%）
日本精蜡	大连	1919 年 2 月	200	200	200	100.00
满洲大豆工业	大连	1934 年 9 月	150	150	80	53.30
大连窑业	大连	1925 年 7 月	60	60	60	100.00
大连工业	大连	1918 年 4 月	50	25	13	52.00
南满硝子	大连	1928 年 11 月	30	30	5	16.70
大连油脂工业	大连	1916 年 5 月	50	50	34	68.80
满洲电业	新京	1934 年 11 月	9000	9000	5914	65.70
南满电气	大连	1926 年 5 月	2500	2200	2200	100.00
南满瓦斯	大连	1925 年 7 月	1000	1000	930	93.00
满洲畜产工业	奉天	1936 年 11 月	30	30	30	100.00
土木建筑业			2410	1335	656	49.10
阪神筑港	神户	1929 年 7 月	1000	300	120	40.00
奉天工业土地	奉天	1935 年 3 月	550	550	275	50.00
东亚土木企业	大连	1920 年 1 月	500	125	63	50.00
鞍山不动产信托	鞍山	1921 年 10 月	100	100	43	43.00
哈尔滨土地建筑	哈尔滨	1920 年 5 月	50	50	50	100.00
营口水道电气	营口	1906 年 11 月	200	200	100	50.00
日佛对满	大连	1936 年 2 月	10	10	5	50.00
交通邮电业			15657	8020	3198	39.90
朝鲜铁道	京城	1923 年 9 月	5450	1765	5	—

续表

所投行业投资情况	本　社所在地	创立时间	全部资本（万元）		在实缴资本中	
			公称资本	实缴资本	满铁投资（万元）	所占比例（%）
满洲电信电话	新京	1933 年 8 月	5000	2938	88	3.00
大连汽船	大连	1915 年 1 月	2570	1445	1445	100.00
日满仓库	东京	1933 年 5 月	1000	825	825	100.00
国际运输	大连	1926 年 8 月	500	170	170	100.00
金福铁路	大连	1925 年 11 月	400	200	5	2.50
福昌华工	大连	1926 年 10 月	180	180	180	100.00
大都市交通	大连	1925 年 5 月	500	440	400	100.00
溪碱铁路	本溪	1916 年 4 月	57	57	40	70.20
商　业			1573	910	432	47.50
日满商业	新京	1936 年 10 月	1000	600	306	51.00
锦州市场	锦州	1934 年 6 月	5	5	3	60.00
满洲火药贩卖	奉天	1935 年 11 月	50	50	5	10.00
抚顺煤贩卖	东京	1927 年 3 月	300	150	83	55.33
生铁共同贩卖	东京	1932 年 8 月	100	25	9	36.00
满蒙冷藏	东京	1922 年 6 月	100	25	—	—
满洲市场	奉天	1917 年 9 月	40	30	15	50.00
安东市场	安东	1935 年 8 月	17	17	8	47.05
抚顺市场	抚顺	1918 年 5 月	10	3	—	—
新京市场	新京	1917 年 6 月	5	5	3	60.00
金融业			4050	3065	1077	35.10

续表

所投行业投资情况	本　社所在地	创立时间	全部资本（万元）		在实缴资本中	
			公称资本	实缴资本	满铁投资（万元）	所占比例（%）
兴中公司	大连	1935 年 12 月	1000	1000	1000	100.00
东亚兴业	东京	1909 年 8 月	2000	1320	3	—
中日实业	东市	1913 年 8 月	500	500	6	1.20
大连火灾海上保险	大连	1916 年 7 月	200	50	17	34.00
新京交易所信托	新京	1916 年 3 月	100	25	13	50.00
奉天交易所信托	奉天	1921 年 7 月	50	50	25	50.00
哈尔滨交易所	哈尔滨	1933 年 10 月	200	120	13	10.80
旅馆业			203	118	65	55.10
辽宁饭店	大连	1930 年 9 月	100	90	50	55.60
汤岗子温泉	汤岗子	1920 年 3 月	100	25	13	50.00
登瀛阁	大连	1928 年 1 月	3	3	2	66.67
元山海水浴	元山	1923 年 6 月	15	15	10	66.67
新闻业			140	140	115	82.10
满洲日报	大连	1907 年 11 月	75	75	75	100,00
盛京时报	奉天	1925 年 11 月	35	35	20	57.10
哈尔滨日报	哈尔滨	1922 年 11 月	20	20	15	75.00
		1933 年 10 月	10	10	5	50.00
满洲弘报协会	新京	1930 年 9 月	300	250	125	50.00

注：表中资料来源：张福全．辽宁近代经济史（1840—1949）[M]．北京：中国财政经济出版社，1989：381-384.

从表4-8可以看出，满铁公司经营的各项事业文化在辽东地区可谓是无孔不入，通过关系会社垄断了辽东地区的经济命脉。

（三）满铁公司文化的衰亡

随着日本军国主义文化的进一步发展，1937年7月7日，日军蓄意制造了卢沟桥事变，对中国发动了全面进攻。为了支持军国主义文化的发展，支撑大规模的侵华战争，日本决定以中国东北为基地，投资36.60亿日元，建立以工矿业文化为中心的军事工业文化体系，进一步加紧掠夺辽东乃至东北地区的物资资源。因此，日本政府和关东军，在日本财阀的支持下，于1937年12月组建了满洲重工业开发株式会社。该会社成立后，日本政府强行将原由满铁和“满洲国”经营的重工业企业划归该会社统一经营。满铁公司文化从此开始衰落。至1945年8月15日，日本宣布无条件投降。同日，满铁公司总裁山崎元干向全体职员发出布告，表示：接替关东军处理善后的重大责任，维持输送秩序和保护在满日人和“满洲国”的安宁；负责同苏军交涉关于铁路及生产设施管理、职工保护，要求所有人员在岗位，努力确保输送及生产能力；同当地防卫军及各地区分别设立的日本人保护机关合作，采取一切办法，保护会社职员及家属；当苏军进驻时，严禁一切轻举妄动，满足苏联的要求；对历经战争的社员的献身奋斗表示感谢，同时切望奠慰战殁将士和殉难社员之灵。根据中苏《友好同盟条约》和《关于中国长春铁路之协定》的规定，9月22日，中长铁路苏联代表加尔金中将到长春上任；27日，加尔金向满铁总裁山崎元干宣布，截至9月22日，满铁公司法人资格消灭，丧失了管理权，满铁公司理事会被解职。至此，满铁公司在中国大陆上消失了，满铁公司文化同日本军国主义文化一道被扫出中国。

二 日本殖民主义文化在辽东地区的扩张

日俄战争日本胜利后，日本侵略势力进入辽东地区，并以日本设立的关东州为中心，开始对辽东地区进行殖民统治，殖民主义文化迅速扩张。

（一）日本殖民统治文化的历史演变

日本以关东州为中心的殖民统治文化可分为三个时期，即日本军事管制时期、军政统治时期和民政统治时期。在不同时期，日本殖民建制文化的形态和类型亦有所不同。

1. 军事管制时期的殖民建制文化

军事管制时期亦称军事占领时期，是指 1904 年 5 月至 1905 年 5 月这段时期。当时日俄战争正处在进行时，日本关东军就积极谋划对大连乃至辽东地区实行殖民主义文化统治。1904 年 4 月，日军进入辽东地区，日军大本营规定了军管委员会制文化。目的在于安抚民心和筹措军需、劳力及其他征收任务。各军管委员被依次派遣到战地，由各军司令官领导，在各要地设立军管署。首先，在大连设置军管署，对其占领地区实行军事管制。1904 年 5 月 26 日，日军第二军占领了金州，次日便成立了金州军管署；5 月 31 日，日军又设置大连湾军管署；6 月，又在复州设置复州军管署；次年 1 月，日军攻下旅顺后，便设置旅顺军管署。1905 年奉天会战后，至 1906 年 2 月，日军在辽东地区先后设置了 20 个军管署，如表 4-9 所示。

表 4-9　1904—1906 年日军在辽东地区设置的军管署一览表

地区	设置时间	所属系统	地区	设置时间	所属系统
安东	1904 年 5 月	第一军	凤城	1904 年 5 月	第一军
大孤山	1904 年 5 月	第四军	金州	1904 年 5 月	第二军
大连	1904 年 5 月	第二军	复州	1904 年 6 月	第二军
岫岩	1904 年 6 月	第四军	盖平	1904 年 7 月	第二军

续表

地区	设置时间	所属系统	地区	设置时间	所属系统
营口	1904 年 7 月	第二军	海城	1904 年 8 月	第二军
辽阳	1904 年 9 月	满洲军总司令部	烟台	1904 年 11 月	满洲军总司令部
旅顺	1905 年 1 月	辽东守备军	奉天	1905 年 3 月	满洲军总司令部
铁岭	1905 年 3 月	满洲军总司令部	新民	1905 年 3 月	满洲军总司令部
法库	1905 年 5 月	第三军	昌图	1905 年 12 月	关东总督府
开原	1905 年 12 月	第四军	瓦房店	1906 年 2 月	关东总督府

注：表中资料来源满史会．满洲开发四十年史（下卷）[M]．东北沦陷十四年史辽宁编写组译．营口：辽宁省营口县商标印刷厂印（准印证：87·第 192 号），1988：398.

此外，日本大本营为了巩固日军后方，协调关东军总司令部与后方兵站线之间的关系，特设置辽东守备军司令部，由陆军大将西宽次郎担任司令官，并决定属于各军的军管署依次隶属于辽东守备司令部。辽东守备军参谋长神尾光臣少将作为军管长官总理军管，并统一了辽阳以南守备军管辖内各军管署的设施。辽东守备军司令部根据日本大本营的要求，将原隶属沙俄租借地的关东州划分为旅顺、大连、金州 3 个地区，并配备军管委员。同时，将金州区划分为 5 个管区，配置管区长，推行殖民主义文化统治。辽东守备军虽然只存在短短 8 个月，但其推行的殖民主义文化统治却为后来日本对辽东地区的殖民文化统治做了准备。

2. 军政统治时期的殖民建制文化

军政统治时期又称“军民合治时期”。这一时期的殖民建制文化包括满洲军总兵站监部、关东总督府、关东都督府三种行政文化形态。

满洲军总兵站监部以大连为中心施行行政文化。日本政府于1905年5月19日下令将辽东守备军司令部称为“满洲军总兵站监部”，撤销旅顺、金州、大连3个军管署，成立关东州民政署，隶属于满洲总兵站监部，下设大连、旅顺、金州3个民政支署。关东州民政署置庶务课、土木课、财务课、学为课、工商系、水利系、农林系；警察署内置警务课、保安课、卫生课、司法课。这种行政文化施行约半年，日本政府便对其进行调整。同年10月18日，又颁布《关东总督府官制》；31日，在辽阳设置关东总督府代替满洲军总兵站监部。次年5月，关东总督府迁至旅顺，接管了原满洲军总兵站监部所辖的关东州民政署及其驻大连的日军所有军事机构，重新恢复对大连地区的军管制文化统治。在满洲军总兵站奉命撤回日本后，关东总督府便成了日本殖民者在辽东乃至东北地区的最高军政权力机关。原关东州民政署改隶关东总督府以后，机构、行政区划没有变化，仍然置大连、旅顺、金州3个支署。这一行政文化大约施行了10个月，日本政府再次进行了调整。1906年7月31日，又颁布《关东都督府官制》，决定废止关东总督府制文化，推行军事与民政分治的行政文化，并于9月1日置关东都督府。关东都督府成立后，下设陆军部掌管军事，将原民政署改为民政部掌管行政。民政部下辖旅顺、大连、金州3个民政署，金州民政署下设普兰店、貔子窝两个民政支署。1908年11月，关东都督府将民政部下辖的3个民政署调整为两个，即置大连、旅顺民政署，将金州民政署降为支署，置于大连民政署之下；原金州民政署下设的普兰店、貔子窝民政支署相应降格为办事处，即出张所。

3. 民政统治时期的殖民地建制文化

民政统治又称“军民分治”。这一时期日本殖民统治实行的是军民分治的行政文化。殖民建制文化包括关东厅和关东州厅两种形态。

关东厅官制文化始行于 1919 年 4 月。1919 年 4 月 12 日，日本政府宣布废止关东都督府制文化，改行关东厅官制文化，即将原关东都督府陆军部改为关东军司令部专管军事、民政部改为关东厅专管行政。关东厅设立长官官房、内务局、警务局、财务局、民政部、警察署、高等法院、检察局、递信局、海务局、专卖局、刑务所等。这一政体文化，明显反映了日本侵略中国的行动日渐扩大，殖民文化统治日渐深入。是年 8 月，正式成立关东厅后，将原旅顺、大连两个民政署改为旅顺、大连、金州 3 个民政署，金州民政署下设的支署恢复到关东都督府前的行政区划。1924 年 12 月，对关东州的行政区划再次作出调整，即将 3 个民政署调整为两个民政署，保留大连、旅顺两个民政署，大连民政署下设金州、普兰店、貔子窝 3 个民政支署；1930 年 10，对关东州的行政区划再次作出调整，将原来的旅顺、大连两个民政署改为大连、旅顺、金州、普兰店、貔子窝 5 个民政署。

九一八事变后，日本占领了辽东乃至整个东北地区，并精心策划欲将满蒙地区从中国肢解出去，于 1932 年以晚清废帝溥仪为神主招募晚清遗臣组建了傀儡政权“满洲国”，充当日本侵占中国的工具。为加强对辽东地区的控制，确保日本殖民统治地位，1934 年 12 月 26 日，日本政府下令成立关东局，负责调整东北统治事宜，同时下令废止关东厅官制文化，改设关东州厅，隶属关东局。关东州厅置官房及内务、警察两个部，1937 年 11 月后，因应日本殖民文化统治的需要，增设经济、土木、财政、人才等部，并由关东局析入专卖、气象、度量衡、交易、货币兑换等局所。是年 11 月，关东州厅下令裁撤大连民政署，并将于 1915 年设立的大连特别市和旅顺、金州、普兰店、貔子窝 4 个民政署，一并置于关东州厅辖下。原大连民政署管辖区域的一部分划归大连特别市，其中一部分分别划归相邻的金州和旅顺民政署。

为维护殖民文化统治，日本大力推行以建立会、街、屯为主要内容的基层行政建制文化，以强化对基层的政体文化统治。1919 年 2 月，日本关东厅民政局参照日本国内及其他国家殖民地情况，推行会制文化；1925 年 6 月，日本政府公布了《关东州会制》，在 69 个村庄实行。会制文化的要点是：承认会长的法人资格，设协议会，作为会长的咨询机关，新设会计员，承认会有发行债券权限和职能，规定了会税及其他收入的强制征收方法。并于是年 9 月 1 日起正式施行。会级机构设会长 1 人，由关东厅长官任免，任期 3 年。会长在民政署指挥监督下处理会内一切事务。会的行政区划，在街及屯，其会长为名誉职务。会的协议会员由民政署长选任。当时民政署下辖旅顺、金州、普兰店、貔子窝 4 个支署共设有会 64 个、街 36 个、屯 540 个①。详见表 4-10。会制文化的实施，将村庄一切人员置于会制体系内，进一步强化了日本殖民统治。

表 4-10　　1925 年年底关东州地区会、街、屯设置情况一览表

所属民政署	会（个）	街（个）	屯（个）
旅　顺	10	4	183
金　州	16	20	122
普兰店	18	8	135
貔子窝	20	4	100
合　计	64	36	540

注：表中资料源自满史会．满洲开发四十年史（下卷）［M］．东北沦陷十四年史辽宁编写组译．营口：辽宁省营口县商标印刷厂印（准印证：87・第 192 号），1988：407.

① 满史会．满洲开发四十年史・下卷［M］//东北沦陷十四年史辽宁编．沈阳：辽宁省内部图书准印证（87）第 192 号，1988：407.

1915 年 9 月，日本关东都督府决定在关东州设置旅顺、大连两个特别市，实行所谓的地方自治制文化。10 月 1 日，大连、旅顺两个特别市正式成立，分隶大连民政署、旅顺民政署。大连、旅顺两个特别市分置市政府（日文称市役所即市行政管理机关）、市议会（市政议决机关），设市长 1 人。关东都督从市议会推荐的 3 人中选任 1 人为市长，市长任期为 4 年；市长下设市长助理，协理日常工作。市政府行政职能为负责城市卫生、教育、市场管理、职业介绍等。大连市行政区域为大连市街、小岗子（今西岗区）及寺儿沟一带；旅顺市行政区域为旅顺口一带。

市议会又称市会，职能是议决市规章的建立或废止、制定财政税收及市政支出预算、通过决算报告、法定以外的手续和课赋、不动产的取得处理及管理、基本财产的管理及公共积累的设置等。大连市议会议员有 40 名，其中 33 名为民选；旅顺市为 16 名，其中 14 名为民选。民选议员主要在日本人中选举。民选以外的议员由民政署长在中国人中指任。

大连、旅顺建市以后，两市及关东州人口变化情况，如表 4-11、表 4-12 所示。

表 4-11　　1935 年和 1944 年大连市旅顺人口变化情况统计表

地区	1935 年				1944 年			
	合计（人）	日本（人）	中国（人）	外国（人）	合计（人）	日本（人）	中国（人）	外国（人）
大连市	377000	136722	235525	173	796200	202800	585500	7900
旅顺市	34690	13860	20480	350	42827	14500	27900	427

注：表中资料源自满史会. 满洲开发四十年史（下卷）[M]. 东北沦陷十四年史辽宁编写组译. 营口：辽宁省营口县商标印刷厂印（准印证：87・第 192 号），1988：407.

表 4-12　　1944 年 7 月关东州人口状况统计表

地　区	日本人（口）	朝鲜人（口）	中国人（口）	其他人（口）	合计（口）
大连市	202800	6700	585500	1200	796200
旅顺市	14500	400	27900	27	42827
旅顺民政署	2100	300	172000	100	174500
金州民政署	6000	400	206200	—	212600
普兰店民政署	3500	200	231800	—	235500
貔子窝民政署	1900	100	188700	100	190800

注：表中资料源自满史会. 满洲开发四十年史（下卷）[M]. 东北沦陷十四年史辽宁编写组译. 营口：辽宁省营口县商标印刷厂印（准印证：87・第 192 号），1988：403.

（二）日本军国主义文化的扩张

1905 年 9 月，日俄战争结束后，依据相关和约的规定，日俄两国都应将参战军队撤出中国。日本不守信用，虽撤走了大部分军队，但在辽东地区却保留了 4 个师团没有撤离，后改为两个师团，1907 年 10 月后改为 1 个师团，并每两年换防一次。从此，日本军国主义文化在中国建立并不断扩张。

1. 日本军国主义文化逐步完善

1907—1931 年，日本派驻辽东地区的军队，如表 4-13 所示。

表 4-13　　1907—1931 年日军派驻辽东地区军队情况一览表

军队名称	驻扎年限（年月）	军队名称	驻扎年限（年月）
第十师团	1907 年 10 月—1909 年 9 月	第十一师团	1909 年 9 月—1911 年 4 月
第五师团	1911 年 4 月—1913 年 5 月	第二师团	1913 年 4 月—1915 年 5 月
第十七师团	1915 年 4 月—1917 年 5 月	第七师团	1917 年 5 月—1919 年 5 月
第十六师团	1919 年 5 月—1921 年 4 月	第十五师团	1921 年 4 月—1923 年 4 月
第六师团	1923 年 4 月—1925 年 6 月	第十师团	1925 年 6 月—1927 年 4 月
第十四师团	1927 年 4 月—1929 年 4 月	第十六师团	1929 年 4 月—1931 年 5 月
第二师团	1931 年 5 月以后		

注：表中资料源自王强，等．日本关东军的滋生与覆灭［J］．文史月刊，2002（8）：37-38.

1906 年 2 月 28 日，日本陆军省以日俄签订的《朴次茅斯和约·附约》有关“两订约国可留置守备兵，保护满洲各自之铁道线路，至守备兵人数，第一公里不过十五名之数”的规定，在“满洲国”建立独立守备大队，并在东北日军复员预备役士兵中招募人员，并于次年 4 月组建独立守备队，共建 6 个大队，有 5400 人。独立守备队与驻扎师团一样，受关东总督节制。

1919 年 4 月 12 日，日本政府鉴于军民合治的行政文化不利于其对关东州的殖民统治，故废止关东都督府制文化，改行关东军司令部制和关东厅制文化，其中关东军司令部制文化属于专管军事文化。自此，关东军从原来接受关东都督管辖状态中独立出来，原来的驻扎师团和独立守备队全部受关东军司令部节制，正式改称日本关东军，军事文化得到进一步加强。

2. 日本军国主义文化不断扩张

九一八事变前夕，日本关东军在辽阳、大连、奉天、长春、公主岭、旅顺、海城、铁岭等地驻扎军队总数达 1.04 万人。其中：驻扎师团 1 个，共 5000 人；独立守备队 6 个，共 5400 人。九一八事变后，日军军事文化迅速扩张。1937，日军增加到 5 个师团；至 1941 年，增加至 13 个师团，兵力最多时达 100 余万。这时的关东军驻扎在整个东北地区。

日本关东军宪兵队是一支负责执行军事警察和司法警察业务，同时在日本殖民统治地区兼行政警察和司法警察责任的特殊队伍。关东军宪兵队最早创建于 1904 年，当年关东军宪兵作为日本陆军的军事警察来到中国东北，在日俄战争期间，负责维持日军军纪。是年 9 月，有 44 名宪兵被编入日军占领地军政，行使行政事务。次年 5 月，满洲关东军司令部总兵站监设辽东兵站监，废止军政署，设立关东民政署，日军宪兵又转隶关东民政署。为强化日本殖民统治，是年 12 月，日本政府将宪兵正式编为关东宪兵队，直隶关东总督。宪兵队本部设于旅顺、辽阳、奉天、铁岭、长春、安东等地，宪兵分队和宪兵分遣所则分设于柳树屯、大石桥、营口、海城、抚顺、开原、四平街、公主岭和连山关等地。1905—1931 年期间，日本关东军宪兵兵力变化情况，如表 4-14 所示。

表 4-14　1905—1931 年期间日本关东军宪兵兵力变化情况表

年份	军官（人）	准士官（人）	下士官（人）	兵（人）	合计（人）
1905	30	3	85	240	358
1907	10	4	43	159	216
1910	10	5	40	133	188
1913	10	7	36	129	182
1915	10	6	37	128	181
1919	11	6	36	128	181
1922	10	10	32	126	178
1925	10	9	32	126	177
1929	10	10	32	126	178
1931	34	32	243	381	690

注：表中资料来源：傅大中．关东宪兵队［M］．长春：吉林教育出版社，1991：8.

从表 4-14 中 1905 年和 1931 年的数据可以看出，日军宪兵队兵力配备完全是以侵略战争的实际需要为考量的。1931 年九一八事变前夕，日军宪兵队兵力剧增。

九一八事变前后，历任关东军宪兵长官情况，如表 4-15 所示。

表 4-15 九一八前后历任日本关东军宪兵队长官情况一览表

宪兵队成立至九一八事变前夕				九一八事变后至 1945 年日本投降			
任序	姓名	军阶	任职时限（年月）	任序	姓名	军阶	任职时限（年月）
第一任	福永定	中佐	1905 年 12 月—1906 年 5 月	第一任	二宫健市	少将	1931 年 9 月—1932 年 8 月
第二任	冈本清作	少佐	1906 年 5 月—1909 年 3 月	第二任	桥本虎之助	中将	1932 年 8 月—1933 年 8 月
第三任	安鸠政伍	中佐	1909 年 3 月—1910 年 10 月	第三任	田代皖一郎	中将	1933 年 8 月—1934 年 8 月
第四任	中岛矩真	中佐	1910 年 11 月—1913 年 8 月	第四任	岩佐绿郎	中将	1934 年 8 月—1935 年 9 月
第五任	藤田耕一	中佐	1913 年 8 月—1915 年 8 月	第五任	东条英机	中将	1935 年 9 月—1937 年 3 月
第六任	山田鹿太郎	中佐	1915 年 8 月—1917 年 8 月	第六任	藤江惠辅	中将	1937 年 3 月—1938 年 3 月
第七任	限部亲信	少将	1917 年 8 月—191 年 8 月	第七任	田中静一	中将	1938 年 3 月—1938 年 8 月
第八任	前田升	少将	1919 年 8 月—1920 年 8 月	第八任	城仓义卫	中将	1938 年 8 月—1940 年 3 月
第九任	峰幸松	少将	1920 年 8 月—1925 年	第九任	竹内宽	中将	1940 年 3 月—1941 年 3 月
	小山介藏	少将	1925 年—1928 年前后	第十任	原守	中将	1941 年 3 月—1942 年 3 月

续表

宪兵队成立至九一八事变前夕				九一八事变后至1945年日本投降			
任序	姓名	军阶	任职时限（年月）	任序	姓名	军阶	任职时限（年月）
末任	二宫健市	少将	九一八事变前后	第十一任	加藤泊治郎	少将	1942年3月—1943年1月
				第十二任	大野广一	少将	1943年1月—1943年8月
				第十三任	三浦三郎	中将	1943年8月—1944年10月
				第十四任	大木繁	中将	1944年10月—1945年8月

注：表中资料来源：傅大中．关东宪兵队［M］．长春：吉林教育出版社，1991：9；中央档案馆，等．日本帝国主义侵华档案资料选编（7）［M］．北京：中华书局，1983：24.

至九一八事变前夕，日军在辽东乃至东北地区已经建成完整的军事文化，如表4-16所示。

表4-16　九一八事变前夕日本关东军组织机构一览表

机构名称	官　职	姓　名	军　阶
关东军	司令官	本庄繁	中将
司令部	参谋长	三宅光治	中将
第二师团	师团长	多门二郎	中将
独立守备队	司令官	森连	中将
旅顺要塞司令部	司令官	厚东笃太郎	中将

续表

机构名称	官　职	姓　名	军　阶
旅顺卫戍医院	院长	矢泽弘水	一军正（大佐）
辽阳卫戍医院	院长	笹井秀恕	一军正（大佐）
铁岭卫戍医院	院长	木下福	一军正（大佐）
关东陆军仓库（大连）	仓库长	石原通	二军正（大佐）
关东卫戍刑务所（旅顺）	监狱长	大山文雄	—
关东军宪兵队（旅顺）	队长	二宫健市	少将
旅顺重炮兵大队	大队长	山村新	中佐

注：表中资料来源：朱诚如．辽宁通史（第5）[M]．沈阳：辽宁民族出版社，2009：131.

为了强化军事文化扩张，在九一八事变后，日本政府确立了在20年内即1937—1957年期间，向中国满蒙地区移民100万户的计划，若以每户5人计算，则移民总人数为500万口。计划如表4-17所示。

表4-17　1936年8月制订迁移日本内地开拓民百万户的计划表

期别	期间（年）	户数（万户）	细　目	
			集团开拓民（万户）	集合开拓民（万户）
第一期	1937—1941	10	7	3
第二期	1942—1946	20	12	8
第三期	1947—1951	30	14	16
第四期	1952—1957	40	17	23
共计		100	50	50

注：表中资料来源满史会．满洲开发四十年史（下卷）[M]．东北沦陷十四年史辽宁编写组译．营口：辽宁省营口县商标印刷厂印（准印证：87·第192号），1988：520.

这是日本确实的基本国策。为加强日军军事文化扩张制造舆论，即把日本军部作为治安对策而制订的满洲移民政策打扮成全体国民如何强烈要求而实行的移民政策。关东军积极参与其中。在贯彻执行开拓国策方面，日本不仅让成年开拓者迁居，而且让纯真的日本青少年在当地接受训练，组成青年义勇队派遣到中国。1937 年 7 月，日本制定"义勇队纲要"，订出义勇队派遣计划，提出在 1938 年后的 5 年内派遣 20 万人到中国。为此，日本拓务省设立了 94 个练训所，并委托"满洲移住协会"负责青少年义勇队的练训。1941 年，青年义勇队已经结束第一期 4 年的训练，由此组成第一批义勇队开拓团，派遣到中国东北，至 1943 年，又组建了第二批义勇队开拓团。

总之，九一八事变后，日本军事文化的扩张气焰日胜一日。

（三）日本法西斯专制文化的统治

日本关东军侵占辽东地区后，大肆推行法西斯专制文化的统治。日俄战争日本获胜，从沙俄手中接管辽东地区，到 1945 年日本宣布投降，即 1905—1945 年，日本对辽东地区实行殖民统治长达 50 年之久。其间，日本法西斯专制文化在形态上经历了军法专制文化统治下的军政委员文化形态，军政文化统治下的司法委员文化形态，临时司法制文化统治下的"审理所制文化形态"及"关东州法院制文化形态""二审制文化形态""三审制文化"，总共 6 次重大的变化。然而，每一次变化的结果，都是为了加强对辽东地区的殖民统治。日本法西斯专制文化统治给辽东地区造成了巨大灾难。

1. 军法专制文化下的军政委员

日本军法专制文化统治始于 1904 年 5 月，止于 1905 年 8 月。日军占领辽东地区后，将中国人与日本人的司法问题适用不同的法律。规定，日本人之间产生的司法问题，由日本裁判所、陆海军军法会议和临时军法会议等日本司法机关处理，根据日本法律进行审判。对中国人的司法问题，则实行完全不同的法律。1904

年5月，日军占领金州、大连后，决定将旅大地区作为日军侵略东北的基地。为此，日军一面疯狂掠夺当地民众财物，一面强制民众服苦役。这必然遭到民众的强烈反抗。日本政府为了维护所谓地方治安秩序，下令在其占领地大连、安东、凤凰城、瓦房店、大孤山、岫岩、辽阳、盖平、海城、营口、奉天、铁岭、开原、昌图、法库和新民等地成立军政署，对民众进行军事管制，实行军政专政文化统治①。日本军政专政机构由日本辽东守备司令官、军政长官、军政事务官、军政委员、管区长官和参事员组成，军政长官由日军最高统帅机关——东京大本营直接任命，统理辖区内的军政事务。军政委员出任各军政署署长，并掌管司法工作。该委员经军司令官同意，制定并发布辖区内的行政规则，维持管区内的治安。这一时期发布的法令有：1904年12月发布的“辽东守备军行政规则”，统一了占领地区的军政事务。该规则规定：军政委员参照中国历来的法律、惯例及占领军的规定，处理与中国人有关的民事和刑事案件。1905年3月27日发布的“关于就地处理拘留及罚款、违警罪规则”规定：在原俄国租界地内的日军占领区的日军政委员、宪兵队长、宪兵分遣所长及其代理者，有权处理他们认为违反日本军法的各种案件，并处以拘留、罚款，但对中国人则只处以服苦役的刑罚②。该规则授予日本警察和宪兵可以不通过司法程序，随意处置他们认为不符合日军要求的中国人。这便为日本随意强迫中国人去服苦役，包括为日军修筑工事、运送军需物资，满足日军对苦役的大量需求提供了方便。同时，又发布了“军事管理处罚规则及军事管理处罚办法”。这是一部对

① 满史会．满洲开发四十年（下卷）[M]．东北沦陷十四年史辽宁编写组译．营口：辽宁省营口县商标印刷厂印（准印证：87·第192号），1988：389.

② 关东局．关东局施政三十年史［M］//朱诚如．辽宁通史（第5卷）．沈阳：辽宁民族出版社，2009：138-139.

违反日军司令部命令的人进行惩罚的军法。共 8 条 25 款，刑罚包括死刑、笞刑、流放、没收财产和处以罚金 5 种。其审理由旅顺镇守府的军法处分会议负责。军法处分会议由 3 人组成，其中委员长 1 人、委员 2 人。委员长由佐官以上的将校担任。7 月 15 日，日军又发布了“关于取缔旅顺要塞违反军令的命令及审判程序”，规定：将旅顺的龙王塘、大白山、安子岭及双台沟以南的沿海划定为要塞区，实行军事管制文化①，严禁中国人进入上述地区从事海上作业和其他一切活动，违者将被处以死刑、监禁、驱逐、罚款、笞刑等刑罚，或没收财产。发生在要塞区的案件由旅顺要塞军事法庭负责。

在这一时期，日军施行军法专政文化统治，以军法代替司法，一切唯日军命令是从。在这军法专政文化统治下，日军可以随意没收中国民众的财产，到处抢占中国人的房屋、土地、山林。如有反抗就是违法行为，会遭到日军军法处置，轻者处以笞刑，重者会被判死刑。由此可见，日军用武力侵占中国领土，施行军法专政手段镇压中国人民的反抗，用军令强行霸占中国民众的财产，用酷刑创建殖民者的“乐土”，这就是日本实行军法专政文化统治的本质。

2. 军政文化统治下的司法委员

日本推行军政文化统治始于 1905 年 6 月，止于 1906 年 6 月。1905 年 6 月，日本在大连地区设立了关东州，隶属于“满洲军总兵站监部”，并分别在旅顺、金州设置民政支署。民政署的职责有镇压辖区内中国人对日军的反抗，向当地民众征收税款，搜刮民众财富，胁迫中国人服苦役等。是年 8 月。日军发布了占领区刑事处分令，规定：扰乱安定秩序，对生命、身体、自由、名誉和

① 关东局．关东局施政三十年史［M］//朱诚如．辽宁通史（第 5 卷）．沈阳：辽宁民族出版社，2009：136.

财产加害是为犯罪①，对于犯罪行为，可判处死刑、劳役、没收财产、罚金、笞刑、拘留、罚款 7 种刑罚。在民政署内设置司法委员，掌管司法审理事务。司法委员的权力仅限于地方上发生的民事案件和刑事案件的审理和调解，对于临时军法会议和军事法庭的案件则无权过问。

司法委员制文化，是由各民政支署及其所属的警察机构将辖区内发生的各种民事或刑事案件移交民政署的司法委员，司法委员接案后，有权组织警察、巡捕等对案件进行调查，然后作出审理、审判。量刑依据是占领军所发布的法规以及当地历来适用的习惯法，也可参照日本国的民法、刑法、商法等进行裁决。

这种司法文化在本质上属非正常法制文化。它从根本上剥夺了当事人的申辩权，完全听由日本民政支署长、日本警察和日本的司法委员的审判。在中国国土上，日本侵略者随时都可罗列各种罪名，任意地处以各种刑罚。这种司法文化充分暴露了日本殖民文化统治的残暴本质。

3. 总督府制文化与临时司法机构

日俄战争日本获胜，日本攫取了俄国在中国东北地区南部的所有权益，掌控了旅顺、大连的租借权和南满铁路的经营权。为了实现日本大陆政策确定的将满蒙从中国分离出去的目的，1905 年 10 月，日本决定成立关东总督府，作为占领区的最高军事和政治统治机构，对占领地区实行军事管制文化，进一步强化其殖民统治地位，并在奉天、安东、营口等地设置 8 个军政署。次年 6 月，关东总督府设置审理所作为司法机构，处理各种民事、刑事案件，发布了“关东州审理所条例”，规定审理所的职责和组织机构。审理所下设初审部和复审部，对案件实行二审制文化。初审部实行单独审判，即由审理官 1 人负责处理民事调解和民事、刑

---

① 关东局. 关东局施政三十年史［M］//朱诚如. 辽宁通史（第 5 卷）. 沈阳：辽宁民族出版社，2009：139.

事案件的审理；复审部实行合议制审判，即由审理官 3 人共同审理对初审判决不服的上诉案件，以及初审为终审的危害皇室、国事等罪的案件。日军还发布了“关东州刑罚令”“关东州刑事审理规则”“关东州民事审理规则”，规定了审判时的量刑依据和案件审理程序等，民事案件由审理官进行审理，刑事案件的审理则必须由检察官进行监督，对民政支署辖区内发生的案件，由初审部派出审理官到民政支署去进行审理①。二审制文化比一审制文化更能体现日本殖民文化的本质，它不仅更加随意和严苛，而且企图用民族歧视和民族压迫来代替司法的公正。

4. 殖民法治统治下的审判文化

日本军部在日俄战争结束后，对旅大地区实行军事管制文化，不仅遭到被统治地区人民的反抗，而且遭到日本国内元老派政治家的严厉批评。1906 年 7 月 31 日，日本政府颁布了《关东都督府官制》，旅大地区的最高统治机构由军事管制文化的关东总督府形态转变为民政统治文化的关东都督府形态。实行关东都督府制文化，为加强司法文化建设，决定起用专业法律人员主持司法事务。自 9 月 1 日起正式施行“关东都督府法院令”，宣布废止关东州军事管制文化，在旅大地区建立隶属于关东都督府的关东州高等法院和地方法院，各设检察官 1 人，负责指导和监督司法警察对刑事追诉和判决的执行；各级法院设有专职翻译官 1 人、翻译 2 人、书记 7 人。审判官和检察官在行政上均接受高等法院院长的监督②。审判官、检察官必须由现任的具备相应资格的法律人员担

① 高桥勇八. 大连市［M］. 大连：大连大陆出版协会印，1931：222.

② 何云仲. 现行汉译日文俱备满洲新法规全书［M］. 大连：关东州集编纂会印，1915：74.

任①。地方法院及其派出机构在审理民事、刑事案件及非诉讼案件时，实行单独审判制文化；高等法院实行 3 人合议审判制文化，对于不服地方法院审判的上诉案件进行终审。

1908—1924 年，日本殖民者在其统治的关东州地区实行二审制法院司法制文化。其间，日本殖民统治当局为了巩固和加强对旅大地区的殖民统治，多次对“关东州裁判令”进行修改，使司法文化得以发展和完善。

自 1908 年 10 月 1 日起，日本国内实施新的刑法，这对关东州产生了较大的影响。和日本国内一样，关东州的司法制文化也发生了变化。在日本政府看来，关东州的日本人担负着为日本帝国开拓海外疆土的责任与使命，政府应设法保护其利益，以巩固日本在关东州的殖民统治。因此，在司法文化应该较日本国内的人享有更多的特殊关照。是年，日本政府下令废止了 1906 年 9 月发布施行的“关东都督府法院令”“刑罚令”和“民事刑事审理规则”，重新颁布施行“关东州裁判令”“关东州裁判事务管理令”“关东州辩护士令”，对关东州法院的组织形式、职权范围和民事、刑事案件的审理等，都作出了明确规定。如，新的法令废除了原地方法院设在金州和大连的两个出张所；原来由地方法院或其派出机构负责审理的相当于拘留、罚款及相当于一年以下惩役、非诉讼案件即简易案件，改由民政署长或民政支署长负责审判；规定地方法院为初审法院，高等法院为终审法院。这便规定了关东州法院为二审制法院的性质。这样在关东州的日本当事人，就可避免因身处关东州而到长崎地方法院打官司的奔波，享受与日本国内人一样的司法待遇。日本政府颁布的“关于满洲领事裁判之文件”明确规定，对于驻伪满洲国领事官裁判的上诉案件，作为终审，归关东都督府高等法院管辖；驻伪满洲国领事官预审的重

① 关东局．关东局施政三十年史［M］．大连：日本关东局印，1936：248.

罪案件的审判，属关东都督府地方法院管辖①。特别是“关东州辩护士令”的颁布，开创了关东州司法文化史上实行辩护人制文化的先例，对维护司法公正、维护当事人权益具有重要的进步意义。9月30日，关东都督府发布了“关东州罚金及笞刑处分令施行细则”，进一步规定，凡处3个月以下惩役之刑的中国人之犯罪，照其情形亦可处以罚金或笞刑；凡处100元罚金之刑的中国人之犯罪，如在关东州内无一定住址之时，或认定无财产之时，照其情形亦可处以具体笞刑；凡处民事拘留或科料的中国人之犯罪，照其情形亦可处以笞刑②。

日本殖民司法文化带有明显的民族歧视和民族压迫的特征。如笞刑，是一种专门针对中国人而设立的酷刑。笞刑刑具是用麻线缠绕的灌铅竹条。其形制：长约60厘米，头宽2.3厘米，柄宽1.5厘米。鞭笞受刑人臀部，每次执行不少于5笞，最多不超过30笞。笞刑必须在民政署或警务署内秘密进行。行刑时，将受刑者衣服剥光，绑在“火”字形的老虎凳上，为避免其喊叫，还用毛巾将受刑人嘴堵住。行刑后，受刑者皮开肉绽，惨不忍睹。日本警察和宪兵用此残忍的笞刑，专门惩治中国人，是殖民者对殖民地人民实行民族歧视和民族压迫的最好证明。这种暴虐残忍的刑罚，在世界殖民史上留下了极其丑恶的一笔。

辽东半岛地处中国东北地区的南端，有营口、大连、安东等重要港口，自古就是与华北、华东、华南乃至世界各地相通的海上出口。特别是大连，20世纪以来，成为南满通向日本的物资集散地和港口城市。随着经贸的发展与繁荣，民事、刑事案件也增多。1920年全年关东州发生的民事案件为374件，诉讼案件的总

---

①　关东都督府．关东都督府法规提要［M］//朱诚如．辽宁通史（第5卷）．沈阳：辽宁民族出版社，2009：142．

②　关东都督府．关东都督府法规提要［M］//朱诚如．辽宁通史（第5卷）．沈阳：辽宁民族出版社，2009：143．

金额为148.83万日元，其中由地方法院大连支厅受理的案件就达361件，诉讼案件的总金额为148万日元，占关东州所发案件总数的96.52%，占诉讼总金额的99.44%①。为了强化日本殖民统治，自1919年5月起，日本又在辽东地区实行关东厅司法文化，即设立关东厅取代都督府，将都督府的军政部分析出，成立关东军司令部，专管军事，关东厅长官则由日本文职官员担任。关东厅设置高等法院及检察局、地方法院及检察局、警察署、消防署和监狱等机构，用以推行殖民司法文化。这些殖民司法机构主要审理民事案件和非诉讼案件，对各种裁判事务采取单独审判或会议制审判，由检察官监督、指挥司法警察进行刑事追述和裁判执行。

在实行二审制司法文化期间，关东州推行的法律文化，表面上全部源自日本国内的法律文化，但在实际审判当中，种族歧视十分严重，对适用于中国人的条款，多被故意歪曲或随意修改，根本不存在法律平等可言。

日本殖民司法文化的种族歧视，遭到中国人民的强烈反对。迫使日本当局对"关东州裁判令"进行第二次修改，将法院院长直接指挥和监督的检察事务析出，划归关东厅长官统一管理，并成立附设在法院之下的检察局，检察局设检察长，负责监督、指导关东州的检察事务；高等法院检察长官监督、指导地方法院检察官的工作。检察事务从法院院长的监督领导中析出，成为独立的机构，是裁判制度进一步完善和殖民统治得以强化的又一举措。

1924年年底，日本在关东州实行三审制司法文化。所谓三审制司法文化，即根据新的裁判令，在关东州高等法院内分设复审部和上告部，由关东州地方法院、高等法院复审部和高等法院上告部这三级法院组织组成关东州司法中枢机构，分别行使初审、

① 篠崎嘉郎．大连［M］//朱诚如．辽宁通史（第5卷）．沈阳：辽宁民族出版社，2009：142.

二审、三审的职权①。地方法院作为一审法院，主要负责审理关东州内的民事、刑事案件和日本驻伪满洲国领事官预审的案件，对外务大臣指定的涉及外交方面的特定刑事案件拥有裁判权；高等法院复审部作为二审法院，主要负责审理不服地方法院和日本驻伪满洲国领事官裁判的上诉案件；高等法院上告部为三审即终审法院，主要负责审理不服二审判决的案件。同时，在地方法院和高等法院设立检察局，负责对案件的公诉，检察局检察长直接受关东厅长官领导。检察局和法院脱离，成为独立的检察系统，使得关东州司法文化进一步完善。民政署及支署、警察署及支署作为关东州司法的辅助机构，负责处理辖区内的民事调解、公证、登记、即时判决以及上旨下达等事务。

1924—1945 年期间，日本在关东州实施三审制司法文化。在这一时期，日本殖民者当局通过不断地修改裁判令，强化其对关东州地区的统治，加强对中国人民的残酷压迫。在关东州，有关罚金和笞刑是殖民地特有的规定。如前所述，笞刑是作为对中国人的微罪的裁判而进行的刑罚，日本对此直言不讳，说这是“殖民地刑事司法制度必要而且适当的制裁”②。笞刑是日本殖民地司法文化特有的形态，也是日本殖民司法文化的本质特征。

日本实施三审制度司法文化前期，正是辽东地区人民掀起反对日本殖民统治，争取民族解放运动的高潮期。1925—1927 年间，以大连为中心的南满铁路员工举行反日罢工达 168 次，参加员工有 3.44 万多人次；此外，大连的印刷工会、电车工会和店员工会，也多次组织工人举行罢工，反对日本殖民统治和压迫。日本殖民者对此采取更加严酷的镇压。一面增加军警力量；一面制

① 关东局. 关东局施政三十年史［M］//朱诚如. 辽宁通史（第 5 卷）. 沈阳：辽宁民族出版社，2009:：145.

② 关东局. 关东局施政三十年史［M］. 大连：日本关东局，1936：249.

定大量法律、法规和条例，企图以法律的手段使其镇压变成合法化。如1925年，在关东州实施“治安维持法”和“治安警察法”，并授予日本关东厅长官司法解释权。如“治安维持法”规定，对变革国体或否认私有财产制度的言论和行为可处死刑。关东厅长官在解释时说，只要成立企图变更国体的结社，就可判处死刑。因此，任何个人或团体只要批评日本当局，发表与日本侵略者政策相左的言论或散布不满情绪，当局就可以变更国体、危害社会治安、制造内乱等罪名将其投入监狱，对组织者或领导人即可判处死刑。“治安警察法”规定，在关东州内，可由关东厅长官代行内务大臣或官厅的职权，“有必要维护安宁秩序时”，可以禁止任何结社团体的活动①。“治安维持法”和“治安警察法”不但是关东州殖民当局镇压大连人民反对日本殖民统治活动的法律依据，而且还是日本法西斯向大连地区人民大开杀戒的借口。日本虽然建立了三审制司法文化，但其本质是用以维护日本殖民者的利益。而对于中国人来说，这些司法文化就像绞索一样，套住中国人民的脖子，只要日本认为必要，就可将中国人绞死。

1932年，为了维护在中国东北地区的统治，日本殖民者提出了以华制华的思想，精心炮制由日本关东军操控的、以清废帝溥仪为首的伪满洲国傀儡政权。日本形式上废除了关东厅制文化，代之以关东州厅，实际上将一切权力复归于日本关东军手中。关东军司令官是日本帝国主义在东北的最高代表，集军事、行政、外资、司法等权力于一身，真正实现了日本对中国东北地区的殖民统治。也因为有溥仪这个傀儡，日本关东军可以操纵满洲地区的一切权力。伪满洲国的司法制文化依然是三审制文化形态。1936年，伪满洲国颁布了“满洲帝国法院组织法”，规定在地方法院之下设区级法院及相应的检察部门。在辽东地区的奉天、安

① 关东局．关东局法规提要（下卷）[M]．大连：日本关东局印，1944：70．

东、锦州分别设置高等法院和高等检察厅，并由日本关东军出面从日本国内招聘了大批法官，派往“满洲国”担任各级法院和检察院的次长、法官、审判官、检察官等。这些日本法官忠实地秉承关东军的旨意，利用司法手段，对辽东乃至东北地区抗日力量进行残酷迫害和疯狂镇压。1933—1935 年，辽东地区抗日力量有 0.56 万人被投入监狱，大多是抚顺、新宾、清原的抗日义勇自卫军和抗日名将杨靖宇的部下；同一时期，仅奉天省高等法院就对 124 名抗日军民判了重刑①。1932—1936 年，伪满洲国先后公布了“暂行惩治叛徒法”“暂行惩治盗贼法”“治安维持法”“思想矫正法”“时局特别刑法”和“处理共产党有关人员要纲”等，这些法律、法规罗列的罪名多达 50 余种，将矛头直指中国抗日力量和爱国团体。1938 年 5 月，伪满洲国又发布了《关于治安庭之设置并其特别手续之文件》，决定在最高法院和高等法院置治安庭和特别治安庭，以便随时快速审理在各地搜捕的抗日力量。1942—1945 年，在热河的特别治安庭里处分了爱国人士 1700 多名，多数处以死刑；对 2600 多名爱国人士处以 8～20 年不等刑期，数百人死于狱中②。此外，按照“思想犯保护观察法”规定，当局把怀疑的对象集中起来，限制其居住、交友、通信和其他活动。仅 1940 年，关东保护观察所共受理保护观察事件 183 人次，中国人 149 人次，占总数的 81.42％③。1941 年，日本修订了于 1925 年颁布的“治安维持法”，由原来的 7 条增加到 65 条，内容增加了近 10 倍，量刑标准更加严酷。1943 年年初，伪满洲国公布了“保安矫正法”和“思想矫正法”，并设置矫正局，日军便依此随意抓

① 孙邦．殖民政权［M］．长春：吉林人民出版社，1993：470.

② 中央档案馆，等．日本帝国主义侵华档案资料选编·伪满傀儡政权［M］．北京：中华书局，1993：416.

③ 关东局．昭和十六年关东局要览［M］//朱诚如．辽宁通史（第 5 卷）．沈阳：辽宁民族出版社，2009：153.

捕中国人去服苦役。仅奉天一地，在4月27日至6月22日间，共抓捕7402人去为日军做劳工。1944年，日本关东军又以伪满洲国的名义发布了“时局特别刑法”，共75条，罗列罪名500多项，进一步扩大了日本军警的权限和抓捕中国人的范围。日军据此特别刑法，到处抓捕中国人，送去服苦役。

总之，日军侵占辽东后实施的这些司法文化，完全体现日本殖民者和日本关东军意志。它们以法律作为幌子，企图掩盖日军镇压和迫害中国抗日民众的罪行。以溥仪为首的伪满洲国傀儡政权完全成了日本法西斯统治中国东北的帮凶。由此可见，日本殖民统治下的司法文化是法西斯军事独裁的司法文化。其二审制文化、三审制文化的修订、调整、变化，与其说是司法制文化的发展和完善，莫不如说是日本军国主义对辽东地区人民的野蛮镇压和迫害的历史文化见证。

（四）日本警察特务宪兵制文化的发展

日本警察、特务、宪兵是日俄战争后直至日本殖民统治时期，日本军国主义文化在辽东地区实行法西斯统治的暴力工具。日本对辽东地区长达近半个世纪的殖民统治期间，警察、特务、宪兵制法西斯文化不断发展和完善，对辽东地区人民的残酷迫害与粗暴镇压也是日甚一日。

1. 日本警察制文化的发展

日俄战争日本取胜后，从俄国人手中接管了辽东地区，为了维护其殖民统治，日本便在旅大地区、满铁附属地及辽东地区各城市推行警察制文化，设立警察机构。至九一八事变前夕，在东北地区先后置警察署约40个，配备警员约4000名，其中90%以上的警察署设置在辽东境内。九一八事变发生不久，日本全面占领了辽东乃至整个东北地区后，便在辽东地区遍置警察机构，以维护和强化其殖民统治。警察制文化有不同的形态和类型，包括特别高等警察课、外事课、警防课、保安课、司法课、卫生课、经济课等。其中，特别高等警察课主要负责调查搜集中国各党派的政治动向，军队、游击队的兵力部署、武器装备和军事动向情况等；外事课的主要任务是对驻辽东的外国领事馆和各国侨民进行监视以强化所谓谍报、谋略、思想对策和向这些机构派遣特务进行窃取、窃听等活动；警防课强制辽东地区民众服各种劳役，帮助日军修筑机场、防空等战备设施，对奉天附设铁道警护学院等高等学校的学生实施军事训练，拟作预备兵源；保安课负责户籍管理、枪支弹药管制，监督枪支弹药生产、运输销售、使用各环节，防止流入抗日民众手中；司法课负责押解疑犯、检查、验收及相关事项；卫生课负责实施药品管制，防止流入抗日民众手中，以防疫为名，将抗日民众作为“传染病者”集中审查；经济课负责对军工生产、运输部门进行保卫，惩治“怠工、破坏者”。

1909 年 1 月，日本在辽东地区警察机构设置情况：旅大租地附属于民政署警务署 8 个；南满铁道借用地内警务署 6 个、支署 8 个、派出所 139 个。至 1930 年，警员数增加至 3700 人。旅大地区，置大连、旅顺、沙河口、大连小岗子、大连水上 5 个警署和金州、普兰店、貔子窝 3 个支署，关东州外置警署 13 个；派出所 398 个，警员 2690 人。至 1932 年，日本在关东州、铁道附属地和领事馆管内的警署直辖派出所总数为 373 个，警员有 3192 人。其中，关东州直辖派出所为 165 个，警员有 1396 名；铁道附属地直辖派出所有 166 个，警员为 1575 名；领事馆管内直辖派出所有 42 个，警员为 221 名①。至 1937 年，日本警察系统配置情况，如表 4-18、表 4-19、表 4-20、表 4-21 所示。

① 满洲文化协会．满蒙年鉴［M］//朱诚如．辽宁通史（第 5 卷）．沈阳：辽宁民族出版社，2009：156.

表 4-18　　　　1937 年关东州日本警察系统表

<table>
<tr><th>警察署长</th><th>警署名称</th><th>内设机构</th><th>警署性质</th><th>所辖地域</th><th>派出所数量（个）</th></tr>
<tr><td rowspan="12">日本驻伪满洲国大使馆（关东军司令兼）</td><td rowspan="4">关东州厅警察部</td><td>警务课</td><td rowspan="4">消防警察</td><td rowspan="4">旅顺、大连，大连沙河口、小岗子，大连水上，金州、普兰店、貔子窝，大连消防署</td><td rowspan="4">176</td></tr>
<tr><td>保安课</td></tr>
<tr><td>高等警察</td></tr>
<tr><td>卫生课</td></tr>
<tr><td rowspan="4">关东局警务部（关东宪兵队司令长官兼）</td><td>警务课</td><td rowspan="4">警务署</td><td rowspan="4">新京、范家屯、公主岭、四平街、开原、铁岭、奉天、抚顺、苏家屯、本溪湖、凤凰城、安东、辽阳、鞍山、大石桥、营口、瓦房店</td><td rowspan="4">226</td></tr>
<tr><td>保安课</td></tr>
<tr><td>高等警察</td></tr>
<tr><td>卫生课</td></tr>
<tr><td>大使馆警务部（关东宪兵队司令官兼部长）</td><td></td><td></td><td>除各分馆管辖地域外全境</td><td>70</td></tr>
</table>

注：表中资料来源：中央档案馆，等．日本帝国主义侵华档案资料选编·伪满宪警统治（7）[M]．北京：中华书局，1993：468.

表 4-19　　　　1937 年关东州日本警察系统配置表

警署名称	管辖区域	所辖派出所及出张所数（个）
旅顺警察署	与民政署管辖区域相同	25
大连警察署	东部市区及附近	41
大连小岗子警察署	西部市区的一部分	11
大连沙河口警察署	西部市区一部分及附近	19

续表

警署名称	管辖区域	所辖派出所及出张所数（个）
大连水上警察署	大连市一部分及大连湾周围	4
金州警察署	金　州	20
普兰店警察署	普兰店	26
貔子窝警察署	貔子窝	30
合计		176

注：表中资料来源：中央档案馆，等．日本帝国主义侵华档案资料选编·伪满宪警统治（7）[M]．北京：中华书局，1993：468.

表 4-20　　1937 年满铁附属地警察系统配置表

警署名称	管辖地区	所辖派出所及出张所数（个）
瓦房店警察署	关东州界至盖平	13
大石桥警察署	盖平至汤岗子	9
营口警察署	营口支线全部	5
鞍山警察署	汤岗子至首山	14
辽阳警察署	首山至十里河铁桥及烟台（今辽阳）支线	11
苏家屯警察署	十里河铁桥至浑河铁桥姚千户、十里河铁桥至抚顺支线孤家子	11
奉天警察署	浑河铁桥至新台子	18
抚顺警察署	孤家子至抚顺	27
3 本溪湖警察署	姚千户至草河口	13

续表

警署名称	管辖地区	所辖派出所及出张所数（个）
铁岭警察署	新台子至中固	7
开原警察署	中固至满井	13
四平街警察署	满井至郭家屯	12
公主岭警察署	郭家屯至刘房子	10
范家屯警察署	刘房子至新京	6
新京警察署	新京铁路附属地周围	17
凤凰城警察署	安奉线草河口至汤山	10
安东警察署	汤山至安东	30
合计		226

注：表中资料来源：中央档案馆，等．日本帝国主义侵华档案资料选编·伪满宪警统治（7）[M]．北京：中华书局，1993：469.

表 4-21　　1937 年日本领事馆直属警察系统配置表

警署名称	管辖区域	所辖派出所及出张数（个）
奉天总领事馆警察署	除各分馆管辖地域外全境	24
奉天通化分馆警察署	除桓仁、兴京管辖地外之全境	1
奉天桓仁警察署	桓仁县全境	1
奉天兴京警察署	兴京县全境	1
奉天山城警察署	分管馆内全境	8
新京总领事馆警察署	除农安分馆管辖地外之全境	8

续表

警署名称	管辖区域	所辖派出所及出张数（个）
安东领事馆警察署	除各县馆外之全境	9
安东领事馆临江警察分署	临江县全境	1
安东领事馆庄河警察分署	除第六区外庄河县全境	1
安东领事馆大孤山警察分署		1
锦州领事馆警察署	除绥中外之全境	6
锦州领事馆阜新警察分署	阜新县全境	1
锦州领事馆朝阳警察分署	朝阳县第一、第二、第三区	1
锦州领事馆北票警察分署	朝阳县第四、第五、第六区	1
赤峰领事馆警察署	除各分署管辖外之全境	1
赤峰领事馆承德警察分署	承德、滦平、丰宁、隆化、围场各县	1
赤峰领事馆平泉警察分署	平泉、青龙、宁城置局管辖区域	1
赤峰领事馆凌源警察分署	凌源、建平第三区、凌源置局管辖区域	1
郑家屯领事馆警察署	辽源县、双山县	1
郑家屯领事馆通辽警察分署	通辽县全境	1
郑家屯领事馆白城警察分署	郑家屯领事馆管辖内的其他区域	
合计		70

注：表中资料源自中央档案馆，等．日本帝国主义侵华档案资料选编·伪满宪警统治（7）[M]．北京：中华书局，1993：470．

1933 年、1938 年，伪奉天省公署时期的警察机构情况，如表 4-22 所示。

表 4-22　1933 年和 1938 年伪奉天省公署时期的警察机构情况表

<table>
<tr><th colspan="3">1933 年</th><th colspan="3">1938 年</th></tr>
<tr><td rowspan="7">伪警务厅</td><td>警务科</td><td>警务股、经理股、规划股</td><td rowspan="7">伪警务厅</td><td>警务科</td><td>警务股、经理股、规划股</td></tr>
<tr><td>特务科</td><td>特务股、特高股、外事股</td><td>特务科</td><td>特务股、特高股、外事股</td></tr>
<tr><td>保安科</td><td>安安股、风纪股、交通股</td><td>刑事科</td><td>防范股、搜查股</td></tr>
<tr><td>司法科</td><td>司法股、清乡股</td><td>教养督察科</td><td>教养股、督察股、兵事股</td></tr>
<tr><td>卫生科</td><td>卫生股、保健股</td><td>警备科</td><td>警备股、清乡股、铳器股</td></tr>
<tr><td>督察官室</td><td></td><td>保安科</td><td>保安股、经济保安股、交通股</td></tr>
<tr><td>指纹局</td><td></td><td>指纹管理室</td><td>庶务股、鉴识股、指纹股</td></tr>
</table>

注：表中资料来源：辽宁省地方志编纂委员会办公室. 辽宁省志·公安志［M］. 沈阳：辽宁科学技术出版社，1999：23-24.

此外，为加强对辽东地区人民的殖民统治，于 1941 年又增设了警察警备队、直辖警察队和奉天情报处。警察警备队主要承担警卫、警备、警戒及讨伐任务。次年，警察警备队人数达 1300 人。直辖警察队主要以抗日团体和民主进步人士为主要镇压对象；

奉天情报处专事情报搜集工作。另在营口等地设立海边警察队、辽河和鸭绿江两江水上警察局、海上警察队及铁道警察总队。警力总人数超过1.20万人。

总之，日本侵占东北地区后，大肆推行法西斯警察制文化，建立了十分完备的警察体系，用以镇压辽东人民抗日组织，维护其殖民统治。

2. 日军特务制文化的发展

特务机关是日本关东军参谋部领导下的情报机关，为日本侵略中国提供情报服务。日本大力推行殖民特务制文化由来已久。无论是甲午战争、日俄战争，还是侵华战争，日本始终将特务制文化视为军国主义军事文化的重要组成部分，不断加以发展壮大。1907—1945年期间，日军在中国东北地区先后设置了15个特务机关和20个分机关。其中最有名的是奉天特务机关和大连特务机关，它们主要负责搜集军事、政治经济、社会、文化等方方面面的情报。奉天特务机关成立于1916年，隶于日本关东军司令部。九一八事变前后，主要为关东军搜集中国东北的军事、政治和民众动向，包括反日武装、团体、人士及亲日分子活动等情报，以配合日军侵华行动。1932年以后，主要负责监视和调查当地中国民众、东北抗日军事力量、反日团体等动向，为日军扩大侵略战争服务。有特务官员55人、特务人员数万名。大连特务机关成立于1907年，主要负责搜集中、俄等国情报。自大连特务机关成立至灭亡，其先后在大连地区设立特务据点58处，发展特务450多名，情报人员904名①。此外，日本还在厂矿企业建立特务外围组织，监视工矿企业工人的思想动态，侦察中国爱国人士的活动。

3. 日本宪兵制文化的发展

日本侵略者在中国东北殖民地推行宪兵制文化始于日俄战争

① 徐广兴．日本统治大连时期的警特宪机构［M］//朱诚如．辽宁通史（第5卷）．沈阳：辽宁民族出版社，2009：169.

期间。1904 年 5 月，伴随日军侵占旅大地区，为维护关东军法西斯殖民统治，日军在大连设置了宪兵分遣所；1905 年 2 月，在旅顺成立了关东军宪兵队，隶属于日本东京宪兵司令部。随后，关东宪兵队在旅顺、大连、辽阳、奉天、安东、铁岭等地设置 8 个分遣所，计 218 人。1906 年 9 月，关东宪兵隶属于关东都督府。日本关东宪兵队作为关东军血腥镇压辽东地区抗日民众的工具，根据殖民统治的需要而不断发展。1931 年 9 月，日军为在东北地区实行法西斯统治，将关东军宪兵队扩充为关东宪兵司令部，直接隶属于关东军司令部，由少将二宫健市任司令长官，并将司令部从旅顺迁至长春，仍由关东军司令部统辖。辽东地区置有奉天宪兵队、大连宪兵队、锦州宪兵队等。其中，奉天宪兵队成立于 1932 年。早在 1905 年，关东宪兵队便在奉天设立宪兵分队。九一八事变前夕，奉天宪兵分队为积极配合与支持日本关东军的侵略活动，直接参与制造了皇姑屯事件。九一八事变后，关东宪兵司令部由旅顺迁至奉天，奉天宪兵分队扩充为宪兵队，下辖奉天、商埠地、城内、辽阳、营口、安东宪兵分队，大连、旅顺宪兵分队改属奉天宪兵队。1933 年，关东宪兵司令部分别在锦州、山海关、大虎山增设宪兵分队，由奉天宪兵队统辖。随着日本侵华战争的不断扩大，奉天宪兵队的辖区也越来越大，宪兵队人员也日益增多。大连宪兵队于 1936 年 4 月成立。1938 年 12 月，大连宪兵分队扩充为独立大连宪兵分队，次年 4 月扩充为大连临时宪兵队，8 月 1 日正式设置大连宪兵队。其主要任务是负责监督军事警察、地区行政警察、司法警察。然而，在辽东地区的日本宪兵队主要从事的活动是建立秘密情报组织和据点；向工矿企业和复杂场所派遣特务人员搜集和侦察各阶层民众的思想动态；镇压中国人民抗日活动；监控驻中国东北地区的外国领事馆以及外企、外侨、外商人员的活动；向外地派遣特务；搜集中国的政治、经济，特别是军事情报；负责日本仓库、后勤补给、工厂防卫和监督军需生产等。其职能部门工作职责与管辖范围，划分明确，就是为了搜查与镇压反帝抗日活动，一切为了维护其殖民统治。

日本宪兵队人员结构，以日本人为主，也有朝鲜人和中国人。中国人参加日本宪兵只能充当宪补、翻译、临时翻译、嘱托（顾问）和联络员。宪补是中国人在日本宪兵队中最高的职务，属于宪兵队正式人员。宪补的主要任务是发展联络员、搜集情报、捕人刑讯，也有被秘密派遣到工矿企业进行特务活动的。翻译也是日本宪兵队的正式成员，由日本宪兵队颁发证书，其任务与宪补相同。嘱托是高级联络员，大多是有一定社会地位的绅士或名流，又分为经济嘱托和政治嘱托两种。联络员是日本宪兵进行特务活动、侦察与镇压反帝抗日活动人士发展的情报员，负责搜集各种情报，从事特务活动①。

总之，日本实行警察特务宪兵制文化，对辽东地区人民实行残酷镇压和迫害，造成了深重的民族灾难。

三　日本法西斯文化对辽东地区的奴役

日本侵占辽东地区后，实行移民政策，从日本国内大批移民到辽东乃至东北地区。为满足在辽东地区日本人的文化和精神需求，鼓励日本人扎根辽东，增强他们实现大陆政策的信心，大肆推行日本殖民文化，企图用日本的思想观念和生活习俗文化影响和同化中国，使其能够按照日本殖民统治者的要求行事。日本以大连租借地为中心，逐步将殖民文化传播到辽东乃至东北地区。日本侵略者每占领一地后，一方面控制该地区的新闻舆论，牢牢掌控报纸、杂志等新闻媒介的审批和发行权；投资兴办图书馆、博物馆，垄断文史资料和掠夺历史文物，对中国人民实行全面的殖民文化侵略和法西斯文化专政。另一方面实施殖民教育，根据长期在中国搞奴化教育和培训侵华骨干的经验，提出在占领地区

① 顾明义. 日本侵占旅大四十年史［M］. 沈阳：辽宁人民出版社，1991：85.

开办学校，向中国学生教授日语及其他所需要的新知识，毕业后分配乡村去兴办小学校，充当小学教师，对学生主要教授日语及其他一些简易的新知识，使“满洲”人与日本人密切交往，以此来奠定经营“满洲”的基础①。因此，日本在辽东地区兴办殖民主义教育文化。

（一）日本法西斯文化的侵略与压迫

日俄战争后，日本占领辽东地区，以大连为中心，加紧控制了新闻舆论，而且依托满铁附属地，逐渐控制了整个辽东地区的新闻舆论。

1. 对新闻业文化实行法西斯管制

日本以大连为殖民文化传播和新闻舆论中心。日俄战争中，日军占领旅大后，便对大连地区实行军事管制文化，以实现对旅大地区思想文化领域的强力控制，建立强有力的言论机关，协助军方扩大宣传日本的基本国策和关东军的法令，推行殖民统治新秩序。当时的新闻媒体主要是报纸和杂志。日军一面严格管控中国人的言论，一面积极创办报业文化，掌控新闻舆论的主导权。

（1）日本在大连地区大力发展殖民新闻业文化

1905 年 10 月 25 日，辽东守备军聘用《日本新闻》的记者末永纯一郎主持创办了以宣传日本文化为主的《辽东新闻》，这是旅大地区第一家日文报纸，每周发行两次。于次年 4 月 3 日改为日报，每日 6 版，其中日文 4 版、中文 2 版。末永纯一郎精通日本国学和汉学，23 岁开始办报，创办了《中国新报》，随后到《关门新闻》《东京第夕》等报社供职，在当时日本报界小有名气。甲午战争期间，末永纯一郎随日军出征，任随军记者，撰写了大量战地通讯，鼓吹日本侵略有理等。日军强占辽东，随后又在俄国等国的干涉下，在索取中国 3000 万两白银赎金后，将辽东还给了

① 辽宁教育厅教育志编纂委员会. 辽宁省教育志［M］. 沈阳：辽宁省教育厅印，1992：208.

中国。八国联军侵略中国后，日本见俄国人趁中国之危，攫取辽东，心怀愤恨。日俄战争中，日本战胜了俄国，并从俄国人手中接管了辽东地区。当日本辽东守备军聘请他主持创办报纸时，他欣然而至。创办了股份制报社《辽东新闻》，末永纯一郎担任社长，报社一切都依照他的旨意和风格行事。一时间，《辽东新闻》独领风骚于当时旅大新闻业界。该报主要配合当局宣传日本侵略政策和殖民文化，如其在创刊号上说，日俄“战争已结束，和平的舞台已拉开帷幕，以同胞之鲜血换来的辽东半岛大地，再也不能让它回到故主的手里”。同时，为关东都督府刊登各种公报，因而得到当局支持，成为旅大日本统治者的御用报纸。另外，该报鼓吹中日友善、互相提携，促进日本各界踊跃投资旅大地区，将其建设成日本在海外的国际性大都市。极力宣传日本大力推行的殖民文化和日本思想，为日本侵略中国，对旅大地区实行殖民统治和文化侵略制造舆论。该报因有关东军方面的支持得到了良好的发展环境。

1912 年，《辽东新报》扩版，增至 8 版，成为东北报业界的“佼佼者”。次年，末永纯一郎病逝，其弟末永节接任社长。1920 年，《辽东新报》增发晚刊，至 1926 年年末，仍保持早刊 8 版、晚刊 4 版，发行量为 45108 份①，拥有职工 274 人。因其经营状况良好，业绩令满铁总裁刮目相看。于 1927 年将其收归满铁旗下，并与满铁机关报《满洲日日新闻》合并，改为《满洲日报》。

《满洲日日新闻》是满铁于 1907 年创办的机关报，凭借满铁雄厚经济实力的支持，报业发展很快，至 1927 年拥有发行量 4.18 万份、职工 240 人，在当时具有举足轻重的地位，成为强化殖民宣传、推行殖民文化、灌输殖民思想的舆论重镇。该报与《辽东新报》之间常常是针锋相对。可以说，这两份报纸是在斗争与竞

① 佐田弘治郎．满洲言论界的现势［M］//朱诚如．辽宁通史（第 5 卷）．沈阳：辽宁民族出版社，2009：240.

争中发展起来的。1927 年，《满洲日日新闻》依靠满铁的经济支持，吞并了《辽东新报》。九一八事变后，由于日本法西斯军事文化迅速扩张，关东军加紧对舆论控制，在军方的直接干预下，《满洲日报》收购了《大连新闻》，并恢复《满洲日日新闻》的旧称，成为日本在东北地区最大的日文报纸。

《大连新闻》是由律师立川云平和小泽太兵卫自筹资金于 1920 年创办的日文报纸。次年，聘任宝性确成为编辑长后，名声大振。1926 年，宝性确成一举登上社长宝座，他密切配合日本殖民当局的政策要求，领会日本军方的意图，并主动与日本右翼势力勾结，大肆制造武装侵略中国东北有理的舆论。是年 10 月，以日本在东北和内蒙古的法学工作者、社会学研究者、记者、满铁高级职员、中小企业主、殖民统治机构的职员和在乡军人为骨干的日本官办右翼团体——“满蒙研究会”在大连正式成立，宝性确成出任常务理事，主持日常工作，他是向日本众议院提出“满蒙问题建议案”的主要策划者。1928 年 5 月，遵照关东军的旨意，《大连新闻》社出面组织召开了“满洲青年议会”，以满铁社员为核心，召集日本在东北地区各界的代表，在大连满铁俱乐部模仿议会的形式，讨论有关日本在满洲的问题，大造“满蒙危机”舆论。宝性确成指示《大连新闻》详细报道了大会情况，扩大舆论宣传，煽动在东北的日本人之反华情绪。次年，以“满洲青年议会”为基础，成立了日本法西斯右翼团体——“满洲青年联盟”。宝性确成及《大连新闻》全力支持该团体。九一八事变前夕，《大连新闻》还派出两名代表与满洲青年同盟的 3 名代表一起回到日本国内游说，四处宣传日本在满蒙的特殊利益遭到破坏，要求政府采取强硬措施，否则 20 万同胞用生命换来的满蒙特殊权益将毁于一旦。极力煽动日本政府发动全面侵华战争。因此，《大连新闻》声名鹊起。1935 年，《大连新闻》与《满洲日报》合并，改称旧名《满洲日日新闻》，宝性确成出任社长。

这一时期，日本人经营的中文报纸有《泰东日报》《关东报》

和《满洲报》，其中较有影响力的是《泰东日报》。

《泰东日报》始创于 1908 年 11 月。由大连（华商）筹资 20 万元购买《辽东新报》的中文栏目，并以此为基础创办的《泰东日报》，聘任精通汉学的日本人金子平吉任副社长兼主编，主持报社业务，掌握和管理报社的全部事务。金子平吉曾协助末永纯一郎成功创办了《辽东新报》，并主编中文栏目。他与日本政府以大陆政策为构想，以扩张日本在亚洲利益为目标的亚洲主义不同，主张在中国弘扬日本王道精神，建立王道乐土，反对霸道，反对轻视中国的做法，提倡尊重各自的是非观念，不恃强凌弱、压制对方等。但其文化理念在本质上仍然是以侵华为目的。1913 年，金子平吉聘请了原中国同盟会会员、爱国人士傅立鱼为《泰东日报》主编。由于该报文字通俗易懂，且立论相对公允，深受中国读者喜爱。特别是傅立鱼主持任主编期间，传播了俄国十月革命的思想，使之成为在日本殖民统治下的中国人了解世界的一个窗口。1925 年，金子平吉病逝后，由阿部真言出任社长。1928 年，傅立鱼被日本殖民统治当局逐出关东州而离开该报社。九一八事变后，《泰东日报》沦为日本殖民统治当局的宣传喉舌。

此外，《关东报》和《满洲报》，都是日本人创办的中文报纸。九一八事变后，日本加紧了对新闻言论的管控，成立满洲弘报协会，负责对报业文化进行整顿和统治。在该协会的策划和操纵下，《关东报》和《满洲报》于 1939 年被《泰东日报》兼并。

《满洲每日新闻》是日本侵略者为了向欧美宣传其在中国东北地区实行的对外政策和满铁公司业绩而创办的英文报纸，也是东北地区唯一的一家英文报纸。原为《满洲日日新闻》的英文栏目，1911 年改为《满洲每日新闻》独立发行，为旬刊，即每月发行 3 次，每次 6 版；1921 年，改为每月发行 6 次；后在高柳太郎任社长时，改为日刊，每日 8 版，主要刊登中国东北地区的历史、风俗人情，发布经济方面讯息；1941 年，因太平洋战争爆发而停刊。

日俄战争后，日本占领了辽东地区，旅大地区是日本在中国设立的政治、经济、文化等统治中心。所以，日本的新闻媒体纷纷前往旅大地区，在大连设立新闻通讯机构，传递资讯。20 世纪 20 年代后，日本在大连设立的通讯社主要包括日本电报通讯大连分社、帝国通讯社、日满通讯社、日本联合通讯社、“满洲国通讯社大连分社”、商业通讯社和“满洲摄影通讯社”。1925 年，日本还在大连建立了广播电台即大连中央放送局。是年 7 月，由日本关东递信局设立发送装置，8 月 9 日正式对外播音，呼号为“JQAK”，呼号名称为大连中央放送局，用日语、汉语、朝鲜语、蒙古语、俄语、英语 6 种语言对外播音，主要传播日本法西斯军国主义文化，灌输殖民思想和意识形态，制造侵略有理的舆论。1945 年 8 月 15 日，在宣读日本天皇投降诏书后，随即停止播音。

日本殖民统治时期，在大连大力培植殖民主义新闻业文化。当时大连公开出版发行的杂志总计达 253 种，几乎囊括了当时社会科学与自然科学的各个门类，涵盖政治、经济、社会、文化等 20 个类别。其中，仅有《新文化》后改称《青年翼》这一种杂志为中国人团体主办的外，其他全部由日本殖民当局或日本实业团体、社会团体、学术研究部门、教育机构及私人等创办经营，多达 252 种。足见日本殖民统治者对新闻业管控之严。中国人根本没有话语权，整个新闻舆论都被日本所操纵。

（2）日本在全辽东地区培植并操控新闻业文化

日本侵略者高度重视新闻业文化，在所占领地区培植新闻机构，发展新闻业文化，为侵略战争和殖民统治服务。据不完全统计，1931 年前，日本在其统治的关东州以外辽东其他地区，出版发行的报纸有 20 多种，如表 4-23 所示。

表 4-23　　1931 年前日本在辽东地区出版发行的报纸统计表

所在地区	报纸名称	创办时间（年月）
奉天地区	盛京时报	1906 年 10 月
	奉天每日新闻	1907 年
	大陆日日新闻	1912 年
	奉天日日新闻	1921 年
	奉天新闻	1924 年
安东地区	安东新闻	1906 年
	安东每日新闻	1926 年
	安东时事新报	1927 年
	新满洲报	1929 年
	东边日报	
	安东经济时报	时间不详
营口地区	满洲日报	1905 年 8 年
	营口新报	1908 年
辽阳地区	辽鞍每日新闻	1908 年
铁岭地区	铁岭日报	1911 年
	铁岭每日新闻	时间不详
开原地区	开原新报	1918 年
	开原实业报	1922 年
抚顺地区	抚顺新报	1921 年
本溪地区	安奉每日新闻	1926 年

注：表中资料来源朱诚如．辽宁通史（5）[M]．沈阳：辽宁民族出版社，2009：251-251．

日本在辽东出版发行的报纸中，当时影响最大的是《盛京时报》，这是日本殖民统治当局专门向中国人发行的报纸。该报由日本人中岛真雄创办。中岛真雄系日军间谍，他师从谍报专家岸田吟香，一面学习汉学，一面从事间谍活动。1901 年，中岛在北京创办了《顺天时报》，是当时京津一带颇具影响力的中文报纸。日俄战争爆发，他奉命到营口参与策划对占领地区殖民统治计划，并提出在辽东地区筹办报纸和杂志，以控制新闻舆论。1905 年，将《顺天时报》移交日本外务省，于同年 8 月在营口创办了《满洲日报》。次年，又在奉天创办了《盛京时报》，该报社属于股份制，由满铁公司控股 57%；1932 年 7 月后，《盛京时报》逐渐摆脱中岛真雄的影响，直至中岛真雄殁，才真正进入满铁经营的报业文化。

日本殖民统治时期，辽东乃至东北地区的广播、电信业文化完全由日军控制。1932 年，日本出资 1 亿日元，伪满洲国出资 0.60 亿日元，成立“满洲电信电话株式会社”，对辽东乃至东北地区电报、电信和广播等文化实行全面统治。该会社一直由日本陆军参谋部或关东军中将级军官掌控。这一时期，日本在东北地区建立了 4 个中央放送局（即广播电台）和 13 个地方放送局。其中，在辽东境内的有奉天、大连两个中央放送局和安东、营口、锦州、抚顺、鞍山 5 个地方放送局。中央放送局设有庶务、放送、技术 3 个课。这些放送局用日语和汉语两种语言播音。

关东军为了加强对各地放送局（广播电台）的管控，在各地方放送局任命日本人为课长，负责审查各放送局的播音稿件，还规定新闻类节目必须采用伪满洲国通信社发的稿件，对文艺类节目则常以各种罪名加以限制甚至封杀。特别是日本统治当局还要在春秋两季对思想犯进行搜捕，借机对在放送局工作的中国人严加审视，甚至以反满抗日的罪名将中国人投进监狱。

太平洋战争爆发后，日军控制的放送局便赤裸裸地大肆宣传所谓的“大东亚共荣圈”和疯狂吹嘘日本“圣战”战绩和战况，成为宣传和鼓动日本人参加“圣战”的工具。

（3）日本殖民当局对新闻业文化的管制

日本殖民统治时期，辽东地区新闻业文化较为发达，新闻业文化的形态与类型较为丰富，报纸与杂志有273种，其中大连地区有253种，大连以外地区有20种。但这并不意味着日本殖民统治当局发展新闻业文化政策的宽松和自主。日本殖民者始终将占领中国东北作为其实现大陆政策的第一步，在占领辽东乃至东北地区后，继续推行军国主义的内政外交政策。为维护其殖民统治，无论是在政治经济方面，还是在思想文化教育方面，日本的监管手段和控制力度，无不体现殖民文化的奴役，无不体现军国主义文化的专制性、独裁性和残酷性。

1906年，关东都督府制发了《营业取缔规则》，作出了管制报纸、杂志的规定；1908年，颁布了《报纸法》，规定：参照日本国内现行的《新闻报纸法》的有关条款，制定了在辽东地区强化新闻言论的监督与制约的规则，将报纸、杂志的审批和管理收归警察署高等警察课负责。《报纸法》规定：“内务大臣认为刊载的内容有扰乱安定秩序或有伤风化时，即禁止其发行，必要时，可以扣押查封。”因此，辽东地区的报纸、杂志由警察署负责审批和管理，只要警察署认为其有与当局意图不符的行为，便可以“扰乱安定秩序”罪，随意扣押查封任何一家报纸和杂志。仅1927年，关东州地区的出版物，因所记载内容被警察署认定为有害公安、有伤风俗而遭查封的就有16种，其中有害公安的为12种、有伤风俗的为4种。1928年，大连唯一的一家由中国人创办的刊物《青年翼》被查封，社长傅立鱼被逮捕，随后被驱逐离境；1931年2月，日本警察以违反治安维护法为由逮捕了《泰东日报》编辑、中共地下党员陈涛。九一八事变后，日本以武力占领了辽东乃至东北地区，加紧控制新闻媒体，杜绝从言论机关发出惑乱民心之类的言论，对报纸的审查更加严格，若发现审查者认为不合格的内容，即令停刊。1932年3—7月，日本侵略者在东北共焚书达650余万册；12月，日伪当局颁行“出版法”，严禁各书店出版发行具有中华民族意识的书刊。1933年9月，《大连时报》《大陆》《极东周报》等刊物就是这样遭查封停刊的。是年，日本殖民统治当局筹划成立了“满洲弘报协会”，令将媒体的报道、言论和经营三者集中管理，从而操纵和控制舆论导向。据《满洲年鉴》记载，1935—1938年间，日伪当局禁止发行的报纸有0.75万份、扣押有5.61万份，禁止发行的杂志有0.23万份、扣押有1.37万份，禁止普通出版物有0.35万册、扣押有92.49万册。1939—1940年，输入的出版物以“有碍公安”为由，禁止发行的共有897种，其中关内的出版物为488种①。这一时期，日本侵略者的出版物像潮水般涌向中国东北地区。据史料统计，1936年，日本输入东北图书为58.70万余册；1937年，输入为380万册；1938年，输入为1000万余册；1939年，输入为1440万册；1940年，输入为2230万册；1941年，输入为3440万册。同时输入的还有报纸、杂志，仅以1939年为例，这年输入的报纸为5494万余份、杂志有827万余份，平均每天有25万份报纸、2.20万份杂志从日本输入中国东北②。

“满洲弘报协会”是一个垄断东北新闻媒体业文化的托拉斯组织。形式上，它在行政上隶属于伪满洲国国务院弘报处，实际上完全由日本关东军控制。高柳保太郎受聘于满铁公司，于1927年提议在满铁公司设立弘报系，负责对日本推行大陆政策、对外侵略扩张的宣传，包括制作各种宣传物品、接待来访、拍摄影像及电影、举办博览会与展览会等。伪满洲国成立时在资政局下设有思想统治机构弘法处，随后改为弘报处，主要负责管理新闻、出版、艺术、广播、电影等对外宣传事务，以及与思想、文化等相

① 满洲文化协会. 满洲年鉴［M］//朱诚如. 辽宁通史（第5卷）. 沈阳：辽宁民族出版社，2009：238-242.

② 孙邦. 伪满文化［M］. 长春：吉林人民出版社，1993：11.

关事宜。于1935年11月11日正式成立的“满洲弘报协会”是一个拥有数千万元资金的财团法人组织，也是一个文化垄断组织，不但拥有强大的政治团体作为靠山，而且拥有雄厚的经济实力支撑发展。其宣扬的宗旨是：“统治指导言论，助长日满两国政策，宣传‘满洲国’国威和加强各报刊的联合”，并“提倡成员间在物资和人员方面的互助以及在业务上的斡旋通融”①。高柳保太郎抱定这个宗旨，操纵“满洲弘报协会”对东北，特别是辽东地区日文、中文、朝鲜文、英文、俄文报刊进行全面统制，先后将日文报纸《满洲日日新闻》《奉天日日新闻》，中文报纸《盛京时报》，英文报纸《满洲每日新闻》收归旗下，对不能加入该“协会”的报纸，按照一地一报的原则，进行调整或合并。该“协会”不但垄断了东北地区的新闻发布和报刊发行权，而且还直接插手下属各报社的经营管理。因此，日本势力控制下的新闻业文化得以充分发展，尤其是满铁卵翼下的新闻业文化，变成统一经营管理后，一时间成了舆论界的霸主。

1937年以后，日本殖民者更加强化了对新闻媒体的控制，重新修订了“报纸法”，对报纸、杂志等出版物的稿件内容作出了详细规定，如有关军队的报道，除事先经陆海军大臣批准的外，一律禁止；报纸和杂志如有刊登亵渎皇室尊严、改变政体或扰乱国宪的事项等有关内容，所有相关责任人甚至印刷者一律处以二年以上的监禁。“满洲弘报协会”据此加紧了对辽东地区新闻业文化的垄断和专制管理，特别是对于那些未加入该“协会”的报社，坚决予以整肃和兼并。是年10月，该协会旗下的《泰东日报》兼并了《关东报》《满洲报》；次年，《泰东日报》发行量达12万份；至1939年，《泰东日报》完全沦为日本殖民统治者的御用工具。同一时期，《盛京时报》兼并了当地的《大亚公报》《民报》《民生

---

① 中村明星. 满洲言论界活动全貌［M］//朱诚如. 辽宁通史（第5卷）. 沈阳：辽宁民族出版社，2009：255.

晚报》《奉天日报》。

“满洲弘报协会”于1940年12月解散，1941年1月，成立了“满洲新闻协会”，行使“满洲弘报协会”的职能。1941年8月，伪满洲国傀儡政府制定了“通信社法”“新闻社法”“记者法”，进一步强化对战时体制下新闻讯息的统治。

2. 日本掠夺辽东地区图书及文物等文化资源

（1）掠夺图书资源

日本侵略者以满铁公司为工具，大肆掠夺中国图书资源。满铁公司担负着为日本制定侵略中国的方策、提供咨询材料和意见的使命。因此，搜集大量的、不同种类的信息、情报并进行分析是满铁公司的重要责任。为此，专门成立了满铁调查部图书馆，并规定：该图书馆为“会社业务参考图书馆，兼代公共阅览”，负责广泛搜集古今中外的图书资料，为满铁开展业务提供参考，兼代向社会提供阅览服务，管理满铁所属的各个图书馆。在近40年时间里，满铁图书馆始终严守这一规定，利用搜集到的图书资料，为满铁公司乃至日本殖民统治当局制定侵华政策提供服务，是日本帝国主义侵略中国的情报中心。至1945年日本投降前夕，满铁图书馆搜集到的中文、日文、英文、俄文等图书资料达40万册。其中中文古籍有20多万册，包括古籍线装图书、家谱、内府档案、舆图、名人书画、公牍电文等，都是堪称珍品的重要图书资料。有宋版书8种、元版书10种，明清两朝刊印的图书不计其数；中国方志0.25万种，几乎囊括了当时中国30多个省市自治区的1662个县的所有方志，其中有109种善本属于方志珍品；有舆图1200余种5000余幅，很多舆图如明代的《中国古地图》《太华山图》、清代康熙年间的《坤舆全图》、反映清代海防大小炮台图说及《九江附近长江大观》《军衙配置图》等，都属于精品舆图。有明清小说，包括自《金瓶梅》问世至《红楼梦》刊行的140年间的小说刻本和抄本，其中有120多种被列为国家级善本，有数十种属于孤本。日文图书资料有9.41万多种17.94万多册，其中杂志有0.19万多种2.20万册，报纸有104种。西文和俄文图书资料各有3万多册。以上图书资料，除满铁公司自己通过正常采购、特殊采购，以及单位和个人捐赠得到的外，还有就是通过对中国文化机构进行公开掠夺得到的。如九一八事变后，日军分别在奉天、辽阳等地公开掠走图书资料，沈阳故宫的全部珍贵藏书及萃升书院、东北大学、冯庸大学图书馆和张氏帅府的藏书共计10万余册全部被掠夺一空，归于日本管控的国立奉天图书馆；此外，由满铁投资建设并直接管控的满铁奉天图书馆，从1907年至1937年7月前的10年间，藏书由始建时的几百册增至10万余册，可见日本满铁掠夺图书资源之一斑。1937年12月至1938年3月，日军攻陷上海、南京等城市，满铁派人参加占领地区图书文献接收委员会，掠夺沦陷地区图书80多万册。满铁从中掠到的图书资料数量虽然没有明确记载，但从满铁图书馆现存的资料看，有一部分封面上盖有“中支联络部”印章的，无疑是掠夺来的。

（2）掠夺文物资源

日本占领辽东地区后，便对辽东半岛考古资源展开了摸底调查。至1945年，对大连地区新石器时代、青铜时代、汉代和清代的遗址、墓葬进行了多达56次的调查①。如1905年，调查了普兰店锅底山遗址；1909年，调查了旅顺老铁山积石墓和郭家村、双岛湾、新金台子山等新石器时代遗址；1910年，再次调查老铁山积石墓和刁家屯古墓，并将许多文物运到东京大学考古教研室收藏起来；1911—1912年，调查旅顺刁家村汉墓、牧羊城遗址及附近的古墓，并再次发掘了老铁山积石墓。随着日本人对大连地区文物资源调查的深入，其掠夺文物的行为也日益猖獗。出于“举王道之旗”“行霸道之实”的目的，日本于1917年4月在旅顺

① 许明纲. 日本人在大连考古活动年表［J］. 大连文物，1992（1）：36.

设立了关东都督府满蒙物产馆，当时馆藏文物有 0.75 万多件①；次年，更名为关东都督府博物馆，至 1934 年，正式定名为旅顺博物馆。日本掠夺的文物大多收藏其中，包括大连当地出土的文物、日本人在辽东乃至东北各地掠夺搜集的有关文物，日本在中国新疆、敦煌等地窃取的文物，以及日本人在中国其他各地搜集的文物。

日本人借博物馆之名，行盗窃文物之实。1927 年 5 月，日本东亚考古学会决定对关东州貔子窝的单砣子和高丽寨新石器时代遗址进行有组织、有计划的发掘。由京都的滨田耕作担任主任，旅顺博物馆派人参与。此次发掘所出文物全部被运到日本京都大学考古教研室整理收藏。此后，在旅顺博物馆的协助下，东亚考古学会还在大连地区进行 3 次大规模考古发掘，即于 1928 年 9 月发掘了旅顺牧羊城遗址，次年 4 月发掘了旅顺南山里和刁家村的汉墓，1933 年 5 月发掘了旅顺羊头洼遗址。

此外，还有日本学术振兴会，也多次到大连地区进行考古发掘活动。1941 年 4 月，调查发掘了长海县大长山岛上马石遗址；1941 年 9 月，发掘了旅顺老铁山和营城子四平山积石墓；1942 年，再次发掘了营城子四平山积石墓。

这两个日本学术团体，将他们在大连地区发掘的文物全部掠走，运到了日本，现藏于日本京都大学文学部考古研究室、日本名古屋爱知学院大学、日本九州大学等单位。日本人在大连地区发掘所出的文物中有许多珍贵文物，如营城子四平山积石墓所出的玉牙璧、玉斧、玉锛、玉笄、蛋壳黑陶把杯、黑陶罐、黑陶豆、袋足鬶；营城子文家屯贝丘遗址所出的猪形鬶、彩陶器；大长山岛上马石贝丘遗址所出的三环足盘、角剑；羊头洼贝丘遗址所出的高足陶豆、卜骨、青铜片等，都是难得一见的稀世珍宝。这些

① 李振远．长夜·曙光——殖民统治时期大连的文化艺术［M］．大连：大连出版社，1999：248.

文物全都被日本掠走。在日本皇宫御府五府中，振天府专门收藏甲午战争期间从中国掠夺的“战利品”；怀远府专门收藏日本作为八国联军参与者，侵略北京抢夺的“战利品”；建安府专门展示日俄战争期间从中国抢掠的“战利品”；惇明府专门收藏日本在第一次世界大战期间、日本与德国之战及日本出兵西伯利亚时期的“纪念品”；显忠府专门收藏日本侵占中国济南、发动九一八事变和上海事变时从中国抢夺的物品。御府对外开放，目的是展示对外战争的“战绩”，也成为日本野蛮侵略和掠夺中国文物的罪证。

（二）日本推行殖民主义教育文化

推行殖民主义教育文化是日本军国主义侵略文化的重要组成部分，日本对中国东北的军事侵略和经济掠夺，总是伴随着教育文化渗透与侵略进行的。1905—1945 年的 40 年间，出于长期占领中国东北地区的需要，日本关东军在所占领地区开办学校，“向中国学生教授日语及其他所需要的新知识，毕业后分配到各村去兴办小学校，充当小学教师，对学生主要教授日语及其他一些简易的新知识”，“使满洲人与日本人密切交往，以此来奠定经营满洲的基础”①。为此，日本将全面推行殖民教育文化列为第一要务，设立殖民教育机构、拟订殖民教育方针、编发殖民教育教材，采取切实措施加以推进，形成了较为完整的殖民教育文化体系。通过教育文化的渗透与侵略，日本强行实施殖民教育，为其侵略中国服务的政策是明确的、始终如一的。

1. 殖民教育机构

日本在辽东地区推行殖民教育文化主要分为两种形态和类型，即由关东都督府或关东州厅主办的、集中于大连地区的学校，由满铁公司主办的、分布在南满铁路沿线附属地区的学校。1906—1919 年期间，日本在大连设立关东都督府，作为日本实行殖民统

① 槻木瑞生．南满中学堂回忆录［M］//辽宁省教育厅教育志编纂委员会．辽宁教育志（1），辽宁省教育厅印，1992：208.

治的最高统治机构。这一时期，日本关东都督府以民政部庶务课学务系主理教育事务，该学务系与其下属的大连、旅顺、金州民政署及普兰店、貔子窝民政支署的学务系，负责管理所辖地区的殖民教育和相关的行政事务。为加强殖民教育文化发展的控制力度，指派了大批日本人充当各级学校的校长、副校长或学监、主持，以及教师，直接监视中国教师；同时，组织各级教育主管、各校校长、分校主任、教育权威人士等成立咨询会，作为顾问，发挥监督和咨询作用。在当时尚未形成教育考察制度文化的情况下，在遇有重大教育决策问题时，召开咨询会会议直接听取意见和建议。咨询会可以帮助提供决策咨询服务。关东都督根据咨询会议提出的意见下达指示和任务，由庶务课长负责统一部署和贯彻落实。其间，于 1918 年设立了专职学务官和视学官，加强对殖民教育情况的监督和检查。在关东州厅设立前，推行殖民教育文化的大权一直掌握在关东最高军政长官手中，可见日本关东军对殖民教育文化的重视。

1919—1934 年是关东厅统治期间。日本殖民统治当局为强化对发展殖民教育文化的管理，增加了教育行政管理人员编制，在关东州民政部设学务课，并在大连、旅顺民政署，及金州、普兰店、貔子窝民政支署设学务系，增加了专职视学官员。此间，日本殖民教育文化不断发展，教育管理机构职能不断完善。1923 年 11 月 4 日，关东厅颁行了《关东厅视学委员规程》，规定：关东厅设视学委员若干人，视学委员由关东厅长官从关东厅职员中挑选任命，或委任社会名流担任。视学委员负责对特别指定的学事工作进行视察监督。1930 年，关东厅对学务课进一步充实，学务课下设事务官、视学官、技师各 1 人，属官 3 人，教育书记 3 人①，负责对各学校教育事务作调查研究并有针对性地提出指导意见。

---

① 齐红深. 日本侵华教育史 [M]. 北京：人民教育出版社，2002：178.

除日本官方设有专门主理教育事务的机构外，满铁公司作为日本帝国主义侵略中国的工具，其在教育行政管理上与日本关东都督府保持高度的一致，也设有主管教育的部门，即地方部学务课，实行视学与视学委员会制度，在附属地奉天、辽阳、鞍山、安东、营口等地设有地方视学委员。

关东厅于 1934 年 12 月改为关东州厅，辽东地区的殖民教育文化名义上统归伪满洲国关东局管辖，但实际上关东州始终保持一定的独立性。为保证伪满洲国的教育能够按照日本帝国主义的既定方针政策发展下去，建立了自上而下的各级教育指导监督机构，“务善导国民之思想，以养成忠良之国民”，以强迫教育工作者和学生按照日本教育警察的要求办事。关东局下设司政部学务课，管理东北地区教育，协助日本推行殖民教育文化。

日本不仅牢牢掌控整个教育行政机构，而且强行统一教育法规，建立殖民教育文化管理秩序。1932 年 5 月，伪满洲国民政部颁行了“关于改废教育命令法规之件”，规定“凡是省发布重要之教育命令或改废法规时，务须事先请由本部核准后再进行”。次年 5 月，伪文教部重申：“制定教育法规及重要教育设施，均须事先呈部核准”；9 月，伪满洲国文教部发布《私立学校暂行要旨》，规定“以率循王道为原则”，以“勿得偏重知识技能”为教育方针；12 月，发布了“关于学校学年、学期、放假的暂行规程”，对各学校寒暑假及其他休假日作出统一规定。

2. 殖民教育方针

日本在辽东地区推行的殖民主义教育文化，实行的是双轨制形态，即日本人和中国人分而教之。因此，日本殖民主义教育文化的方针十分明确，要使“新国家变成日本帝国控制下的永久性或半永久性的农业国”，“防止汉民族自身的资本主义化”①。

---

① 卢鸿德. 日本侵略东北教育史［M］. 沈阳：辽宁人民出版社，1995：56-57.

1905年，关东都督府都督大岛义昌说，“本府与国内府县不同，它在帝国将来的大发展上，据有重要位置，负有重大责任。因此，本府的教育方针，不能以与国内各府县相同为满足”，“须使学生知晓”，“作为帝国开发大陆的先驱者”，“要启迪诱掖中国人，保持东洋手足之谊”，要让在中国的学生学习“我国几万勇士为皇国奋战而献出生命”的新历史，以“培养忠君爱国的精神”①。在关东都督府于1910年7月2日发布的“关于教育工作告谕学校职员和学生”中，进一步明确了日本推行殖民教育文化的目的和方针，核心在于要求师生发扬光大帝国勇士开拓关东州的历史业绩，致力于立身报国。这一方针，在其后日本殖民统治的30多年的时间里，一直没有改变。关于这一点，可以从“满铁附属地小学校儿童训练要目”（以下简称“要目”）中得到详细解读：“第一，深刻领会尊严的我国国体的渊源，努力于培养国民道德。第二，锻炼身心，培养刚健的气质。第三，了解帝国所处的地位，培养随地而安的思想，生活朴素，勤劳不懈。第四，同胞之间团结友爱，共同努力发扬国威。第五，维护日本国民的品格，赢得外人的信赖。”② 满铁公司的这个“要目”十分清楚地讲明了日本在中国东北地区推行殖民教育文化的根本目的，因此被日本在中国东北教育界人士认为奠定了附属地教育文化方针的基础。

至于对于中国人的教育文化和政策却另有规制。无论是军政统治时期的军人当政者，还是民政统治时期的文治派当权者，都始终以培养能接受日本的殖民统治，使中国人成为日本的忠臣良民和驯服工具，谋求永远牢固的殖民统治基础为主要目的。1905年，大连军政署颁行的“大连学堂（华人）暂定规则”规定，该

---

① 嶋田道弥．满洲教育史［M］//朱诚如．辽宁通史（第5卷）．沈阳：辽宁民族出版社，2009：280.

② 辽宁省教育史志编纂委员会．辽宁教育史志资料（2）［M］．沈阳：辽宁大学出版社，1990：56.

学堂的办学宗旨是“诱掖指导清国官民，开发其物产资源，以图吾国国利之布殖”①。日本在推行其殖民教育文化时十分审慎，“殖民地的教育方针，特别需要慎重对待”，能否有效调节殖民地教育方针，“当可作为殖民地政治家的秘诀韬略”②。因此，日本殖民统治者随时调整在辽东地区的发展殖民教育文化的方针。

1905—1915 年，是辽东地区日本殖民教育文化兴起时期。这一时期，日本殖民教育文化以驯服辽东地区民众为目的，“一方面是以布施文化为目的，一方面又是把我国政治的公明正大示诸土人，同时又培养了一批懂日语的清国人，以便于我们的公私事物”③。换言之，日本实施殖民教育文化，一面是千方百计教化辽东乃至东北地区中国人淡化或放弃自己的民族意识、国家观念，去做亲日、服从侵略、甘于殖民统治的驯服工具；一面教育在东北的日本人效忠天皇，成为坚定的殖民主义者。

1915—1931 年，是辽东地区日本殖民教育文化形成与发展时期。这一时期，袁世凯政府与日本签订《二十一条》卖国条约后，辽东地区成为日本的殖民地，日本将其作为实现大陆政策的殖民基地来经营。辽东地区殖民教育文化迅速形成和发展。1915 年，日本关东州设立公学堂有 7 所，到 1931 年增加至 11 所；市级行政机构设置的四年制普通学堂有 106 所，到 1931 年增加为 127 所。为适应各级学校的发展，日本殖民当局进一步完善会对中国人教育文化的立法，先后颁行了“关东州普通学堂规则”“关东州书房（私塾）规则”，修改了“关东州公学堂规则”等，以加强对

① 辽宁省教育史志编纂委员会．辽宁教育史志资料（2）[M]．沈阳：辽宁大学出版社，1990：951.

② 满铁总裁室地方部残务整理委员会．满铁附属地经营沿革全史[M] //朱诚如．辽宁通史（第 5 卷）．沈阳：辽宁民族出版社，2009：278.

③ 辽宁省教育史志编纂委员会．辽宁教育史志资料（2）[M]．沈阳：辽宁大学出版社，1990：951.

中国人学校的管理。其中，1918 年 3 月，日本颁行了《中国人教育设施建设方案》，提出在中国东北地区发展殖民教育文化应被视为政府的急务①，进一步明确了实行同化教育文化的基本政策，即教授中国人日本的语言、思想文化、精神，以影响和约束殖民地人民的思想观念和行为方式，使其完全依照日本殖民者的意志办事。

此外，为使教师能够按照日本殖民者的意图去教育学生，举办“教员讲习会”“教员讲习所”等，加强对教师的培训，以清除教师的不纯思想，提高教师奴化学生所需的素质。

九一八事变至日本战败投降，是日本推行军国主义教育文化的时期，也是辽东地区日本殖民教育文化发展的高峰期。九一八事变后，日本全面占领了辽东地区，成立了关东局，关东军司令身兼关东局长官和日本驻伪满洲国特命全权大使，总揽统治权力，实行法西斯军事独裁统治。1934 年，日本政府改关东厅为关东州厅，归关东局，大连地区教育文化亦归关东局领导，辽东其他地区教育文化名义上归伪满洲国领导，实质仍由日本统治。其各项教育文化的法令、法规，俱由日本顾问班子起草与审议，经关东局长官批准后，再由伪满洲国发布施行。1937 年，颁行重新修订的“学制要纲”，针对东北地区中国人教育文化，提出了一个比较全面系统的殖民教育文化方针，即推行殖民教育文化，“以咸使体会日满一德一心不可分之关系及民族协和之精神，阐明东方道德，尤致意于忠孝之大义，涵养旺盛之国民精神，陶冶德性，并置重点于国民生活安定上所必需之实学，授予知识技能，更图保护、增进身体之健康，养成忠良之国民”为方针②。可见，日本在辽

① 卢鸿德．日本侵略东北教育史［M］．沈阳：辽宁人民出版社，1995：111．

② 武强．东北沦陷十四年教育史料（1）［M］．长春：吉林教育出版社，1989：451．

东地区推行殖民教育文化所崇尚的“建国精神”是要将东北从中国的版图中分离出去，永远由日本殖民统治，殖民教育文化的本质在于培养甘心接受日本奴役的忠良之民。

随着日本侵华战争的不断扩大，日本大肆制造“圣战”舆论，鼓动日本国民及殖民地民众支持战争。尤其是向学校学生宣传灌输军国主义思想，发起了以“举国一致，尽忠报国，坚忍持久”为主题的国民精神总动员运动，对学生进行“皇国民”教育。1943—1944年，制发了“关东州人教育令”，规定在大连地区实行皇国民教育，对各级学校提出了12项具体要求，主要包括学校对儿童进行教育时，必须遵循日本《教育敕语》的宗旨，经过全面教育，让学生修炼皇国之道，贯彻奉谢皇恩的诚心，明确日本在东亚及世界上的使命，重视精神训练，培养灭私奉公的实践能力，学成之后辅佐大东亚建设。总之，这一时期，日本殖民教育文化的方针，旨在“醇化陶冶关东州人，培养挺身奉公的实践精神，以归顺皇国之道”①。

3. 殖民教育教材

殖民教育教材是殖民教育文化的重要组成部分。日本帝国主义侵占辽东后，发展殖民教育文化，首先以殖民教育教材为抓手，充分利用殖民教育教材来培养适应满蒙地区文化生活的优秀日本人和驯服于日本殖民统治的中国人。为此，日本殖民统治者在大连设立各类学堂或学校，包括主要服务于日本人的日本小学和专门针对中国人的公学堂、普通学堂。服务于日本人的日本小学所用教材系由日本文部省审定的教科书；早期的中国公学堂和普通学堂一般没有固定的教材，由学校自行选定。除规定必须学习日语外，各学校在唱歌、图画和手工等课程，也尽量采用和日本学校相同或相近的内容和风格，以驯化中国人。强制废除排日教材，

① 关东州厅学务课. 现行学事法规［M］//朱诚如. 辽宁通史（第5卷）. 沈阳：辽宁民族出版社，2009：285.

对于有反映中国人民抗御外来侵略内容的教材，如对商务印书馆出版的《新修身》和《新汉语》等教材中有关岳飞、文天祥、史可法等中国古代的民族英雄的内容，则全部删掉。编审国定教材，编纂或采用符合日本殖民统治利益的教材替代中国教材，强行向中国青少年灌输所谓的“建国精神”“王道政治”“日满亲善”以及“大东亚共存共荣”等奴化思想。1914 年，关东都督府成立了教科书编纂委员会；同年，满铁公司也成立了教材编纂机构，负责编纂符合日本利益、满足殖民教育文化发展要求的教科书。直至日本投降，在 30 多年的殖民统治时期，从未有间断。1914—1922 年，由于关东都督府（关东州厅）与满铁公司各自为政，并没有编印出完整的殖民教育用教材，公学堂使用的是遭日本人删改的中华书局或商务印书馆出版或盗用上述出版社名义出版的教材。即便如此，日本殖民当局仍然不能允许，下决心要彻底改变教材的编写体制。

1922 年，关东州厅与满铁公司联合成立南满洲教育会教科书编辑部，秉承“中日亲善”“共荣共存”的殖民教育方针编写教材。6 年间，编纂了从公学堂初等一年级到高等二年级共 6 个学年的全套教材，并强制在关东州厅和满铁附属地推行使用。南满洲教育会教科书编辑部编写的这套教材，从企图磨灭中国儿童的国家观念和民族意识出发，许多内容竭力蔑视和侮辱中国人、贬损中国文化，如《中国文教科书》。因此，遭到大连人民和中国教师的坚决抵制，迫使日本殖民当局重新修改。

九一八事变后，日本侵略者完全占领了辽东乃至东北三省，原来东北地区各级学校所使用的教材一律被禁止，代之以伪满洲国傀儡政权“国定”和审定的教科书。1932 年 2 月 28 日，伪奉天省教育局公布了《省立学校、各县教育局、视学通饬小学教授科目及教科书暂行救济办法》，规定暂采用中华书局和商务印书馆以前出版的新学公民课本、国语教材、新撰历史、地理教材，但对其内容与时势不合处，略加删正，并制发了《教科书删正表》，强制执行。1932 年 4 月 1 日，伪满洲国傀儡政府发布“各学校课程令用四书、孝经讲授之件”，同时下令废除与国民党党义有关的教科书，以《四书》和《孝经》代之。在教科书中大量补充与经学有关的资料，对学生进行忠君和孝道教育。随后，颁布“关于发布之重要教育令、改废法规、编纂教科书之件”“关于废止三民主义党义等之教科书之件”“取缔排外教材之件”，严禁使用宣传反日和三民主义思想的教材；1932 年 7 月，成立了教科书统制编纂委员会，着手编写教材，并将其定为“国定教科书”，于 1934 年 9 月陆续发行。次年，“国定教科书”出版 22 种 39 册以及伪经文教材 23 种 29 册；至 1937 年，共出版发行教材 3 期，48 种 80 册。此外，伪满洲国傀儡政府还采取审定和认定教科书两种形式选取教材。

4. 殖民教育措施

日本军国主义文化以崇奉天皇为特征，即把天皇作为日本的化身和精神实体，天皇就是国家的象征，也是国家权力的象征。一切个人的道德、意志、行为及需求，都必须服从于天皇这个精神实体。为此，日本先后颁行了《军人训诫》《军人敕谕》《教育敕语》等一系列道德行为规范条例，不仅要求军人早晚习诵，而且要求学习朝夕诵读，达到烂熟于心，小学三年级的学生必须能准确背诵、四年级学生要会默写《教育敕语》，并见诸行动。作为“皇国民”，要以效忠天皇、为天皇献身为人生追求，时刻准备着，“一旦有事发生，必须以义勇奉公的精神，保卫天地无限的皇运”，“在战争发生时，必须为天皇尽忠尽义，保卫国本”①。大搞以天皇崇拜为核心的造神教育文化运动，每逢节日或纪念日，学生和教师必须举行集会，面对天皇和皇后的画像（御容），行 90 度鞠躬礼，然后山呼天皇、皇后万岁。之后，校长戴着白手套奉读

① 张海鹏，等. 日本教科书问题评析［M］. 北京：社会科学文献出版社，2002：5.

《教育敕语》，师生俯首聆听。通过这样的形式，为日本培养效忠于日本天皇的臣民即“皇国民”。1910 年 5 月 4 日，关东都督府颁行了《关于学校举行陆、海军纪念日的规定》，要求学校于每年 3 月 10 日的陆军纪念日和 5 月 27 日的海军纪念日举行集会，向学生宣讲有关战役情况，借以培养师生忠君爱国思想，陶冶奉公情绪，同时也要求居民参加。1923 年 10 月 30 日，关东州厅颁行了《关于居民参加学校举行的仪式的文件》，规定：当纪元节（日本建国节）、天长节（昭和天皇生日）、明治节（明治天皇生日）、四方拜（元旦）等庆祝日，学校举行庆祝仪式时，要动员当地居民参加。1927 年，对学校在纪念日、庆祝日的仪式式程进一步作出统一规范：齐唱国歌；向天皇和皇后的御容行最高礼；校长奉读《教育敕语》；校长向师生讲解《教育敕语》；齐唱与仪式日有关的歌曲。太平洋战争爆发后，日本的造神运动也随之升级。各级学校除了在规定的纪念日和庆祝日之外，还在每天的朝会和每周的周会上，都要向建国神庙、日本皇宫等遥拜，并俯首默念祈武运长久等，进一步奴化学生共同的思想意识、政治趋向和文化心态。

强化学生军事训练是日本军国主义教育文化的重要形式。1913 年，日本将军事训练引入师范学校体操课程；1925 年，日本颁行了《陆军现役军官派驻学校令》，规定：凡官立、公立师范学校、中学校、实业学校、高等学校、大学预科、高等师范学校、临时教育养成所、实业学校教员养成所、实业补习学校养成所等，都要派驻现役军人进行军事训练①。因此，关东州的日本学校也全面实行军事训练。次年，关东州厅下令关东州各小学校、公学堂和旅顺师范学堂的训导、教谕等教员，按照兵役法规定，实行

① 关东州厅学务课．现行学事法规［M］//朱诚如．辽宁通史（第 5 卷）．沈阳：辽宁民族出版社，2009：294.

在职短期服役①。1926 年 4 月，日本颁行了《青年训练所令》，规定对 16～20 周岁初中没有受过军事训练的社会青年进行军事训练，或进青年训练所培训，或参加青年学校培训。1927 年 6 月，关东州厅颁行了《关东州及南满铁道附属地青年训练所规程》及《实施细则》，规定对关东州和东北地区的日本社会青年进行培训，培训时间为 4 年，共 800 课时。到 1934 年，仅大连地区就设立了 5 个青年训练所，培训 678 人。次年 4 月，日本政府指示将大连地区和满铁附属地的青年训练所合并，成立青年学校，将原来社会教育的培训变成了学校正规培训，培训的规模更大了。随着日本侵华战争的不断扩大。至 1942 年，大连地区的青年学校由 1935 年的 5 所增加到 18 所，在校生人数由 853 人增加到 6316 人；其他培训学校有 6 所，在校生人数为 1252 人。青年学校就变成了日本培训兵源的基地。同年 12 月，日本颁行了《学生勤劳奉公令》；次年 1 月，关东州颁行了《关东州勤劳奉公协力规则》。强制学生参加勤劳奉公队，每个学校为 1 个大队，大队长由校长担任，下设若干个中队，中队长由教师担任，中队下设小队，小队长由教师或学生担任，每个小队约有 30～40 人。按军事组织形式，组织学生参加军需生产作业和粮食、饲料等军需物资的生产，培养学生军事意识。这样，学生便成了支援战争的劳动力。若是需要弥补兵源，这些学生放下手中的生产工具，拿起武器就可以上战场。

四　日本侵略者对辽东地区经济文化的垄断与掠夺

九一八事变后，日本占领了整个东北地区，对东北地区的经济文化侵略更加肆无忌惮，军事性的经济统治迅速扩张。其间，日本大肆推行“日满一体”“东亚共荣”的计划，其殖民地投资不断膨胀。1932 年，制定了“满洲中央银行法”，用以培植掠夺中

---

①　齐红深．日本侵华教育史［M］．北京：人民教育出版社，2002：111．

国财富的特殊会社和准特殊会社。次年，由日本关东军一手炮制的“满洲国经济建设纲要”（以下简称“纲要”），是日本帝国主义在辽东乃至东北地区建立殖民地经济体系的行动纲领。该“纲要”提出：以国民全体的利益为重，排除一部分阶级垄断利益之弊，综合发展各个经济部门，对重要经济部门加以国家统治，广求资本于世界范围，特别要吸取先进各国技术、经验及其文化，加以适当有效的利用，达到东亚经济融合，把重点放在同日本国的协调上，而愈益加强与日本相互扶助。同时，将奉天、安东、吉林、哈尔滨列为四大工业区。在辽东地区，则建设以奉天、抚顺、鞍山、大连为中心的工业圈，并设想按日本大阪模式将奉天、大连建设成为工商大都市①。

日本殖民者大力扶植政企合一的特殊会社和准特殊会社组织的发展。除南满洲铁道株式会社外，日本又相继设立了南满矿业开发株式会社和满洲重工业开发株式会社。1936 年，日本特殊会社和准特殊会社有 27 家，1941 年增加到 65 家，至 1943 年增加到 80 家。日本的投资，除政企合一的满铁会社外，日本财阀及日本中小资本也在辽东地区开办各种独立会社。至 1936 年，日本法人在东北开办的各种会社多达 2536 家②。这些会社不遗余力地实施殖民地经济政策和大规模投资，垄断和控制了辽东地区的商贸、金融、工矿、交通、电力、电信、造船及财政等经济文化。

据史料记载，1931—1936 年，日本在东北的直接企业投资由 1931 年的 5.50 亿美元增加到 1936 年的 14.55 亿美元，其中企业

① 汤士安. 东北城市规划史［M］. 沈阳：辽宁大学出版社，1995：16.

② 张福全. 辽宁近代经济史（1840—1949）［M］. 北京：中国财政经济出版社，1989：365.

资本为 13.24 亿美元，企业直接投资增长了 2.4 倍①；1937—1945 年，日本对华投资随着其军事扩张而不断增加，居外国对华投资的绝对垄断地位，比重占外国投资总额的 80%②。在贷款方面，1895—1911 年，日本对华贷款为 7955.14 万银元，占外国对华贷款的 6.60%，居第五位；1911—1927 年，日本成为对华贷款的主要承担者，其间，外国对华贷款总计 646 笔，债务总额为 15.74 亿银元，其中日本对华贷款为 6.96 亿银元，占债务总额的 44.24%，高居榜首③。

（一）对辽东地区商贸业文化的垄断

早在 1871 年，日本迫使晚清政府签订了《中日修好条规》和《中日通商章程》，获得在中国通商口岸经商的权利。1885 年，日本三井物产株式会社开始到辽东地区的营口一带活动；1890 年，派遣办事专员客居营口调查研究大豆经销事宜，并于 1892 年开设办事处，办理进出口贸易；1895 年，日本的福富、日清、海仁在营口开设洋行，福富和日清主要从事豆饼等特产贸易，海仁则从事船舶代理业和水运业；1899 年，又有松村洋行和东肥洋行开张。至 1903 年，营口有日商店铺 32 家，其中经营豆类和豆饼的有 9 家、杂谷商有 4 家、杂货商有 12 家、钟表及贵金属商有 2 家、酒店有 2 家、洋服商有 2 家、药材输出商有 1 家；旅顺有日本人开办的商店 22 家。

1905 年，大连的日资商业有 40 余种，共 488 家，其中食品杂货店和旅馆饭店达 300 多家；营口的日资商业有 400 多家，其中

---

① 白寿彝. 中国通史（21）[M]. 上海：上海人民出版社，1999：582.

② 白寿彝. 中国通史（21）[M]. 上海：上海人民出版社，1999：582.

③ 白寿彝. 中国通史（21）[M]. 上海：上海人民出版社，1999：582.

食品杂货店有 190 家、旅馆饭店有近 90 家、卖药业有 10 家；奉天的日资商业以三井物产株式会社开设的办事处为主，经销板面、肥料、杂货、石油、砂糖、火柴、皮革、武器、军需品等；安东开办了日本商品陈列馆，陈列的商品包括针织品、毛巾、镜子、肥皂、火柴、洋伞、钉子等。

1906 年，旅顺的日资商业有 50 余种，共 700 多家，艺伎和饭店女招待有 300 多人；大连的日资商业增至 80 余种，共 1500 多家；金州的日资商业有 10 余种，共 130 多家；奉天的日资商业有 347 家，其中饭店有 102 家、饮食店有 13 家、其他各类有 92 家。

1909 年，大连的日资商业有 1178 家。1912 年，奉天的日资商业有 100 多家，贸易业有 23 家、煤炭贩卖有 4 家、药材和医疗器械有 11 家、食品杂货店有 24 家、旅馆业有 5 家、服装旧衣店有 7 家、枪炮军需品店有 3 家、钟表及贵重金属店有 4 家、其他经营店有 10 多家。

日资商业中以三井物产株式会社在中国的发展最为迅速，规模亦最大。1876 年，三井创立时资本为 100 万日元，至 1909 年，增资 2000 万日元，其商业文化几乎遍布辽东地区，在营口、大连、奉天、安东、铁岭等地均设有办事处，通过其他日本洋行和中国商号为中介做特产交易，年营业额逾 100 万日元。其他中型会社如大矢组，于 1908 年成立时资本为 10 万日元；同年，三星洋行成立时资本为 5 万日元。日本人个人经办的商业，资本多至四五万或上 10 万日元，少则有数百，一般在 1000～5000 日元之间。

特别是满铁公司旗下的商业文化更是遍布辽东各地，如表 4-24 所示。

表 4-24　　1912 年满铁公司商业文化在辽东地区的分布情况

地区	特产及贸易业	食品杂货	旅馆饭店	医药	服装布匹	煤炭	其他	合计
瓦房店		3	1		1	1	1	7
熊岳城		2	1				1	4
盖　平		2	4	3		1		10
大石桥		4	1				1	6
海　城		1		3		1	3	8
辽　阳	5	13	2	1	4	2	4	31
新台子	2					1		3
铁　岭	6	5	7	1	2		4	25
开　原	5	2		1	1	1		10
昌　图	1	4						5
双庙子	1							1
四平街	2	1	1	1	1	1	2	9
郭家店	1							1
公主岭	3	4	3		1	2		13
范家屯	9							9
抚　顺	1	7	11		3	2	6	30
连山关							1	1
桥　头		1						1
本溪湖		7	2	1	1	2	2	15
法库门		3	4	2	1			10
东　丰							1	1

续表

地区	特产及贸易业	食品杂货	旅馆饭店	医药	服装布匹	煤炭	其他	合计
八面城	1							1
合计	37	59	37	13	15	14	26	201

注：表中资料来源：孔经纬．中国东北地区经济史（第1卷）[M]．哈尔滨：黑龙江人民出版社，1990：667.

日资商业文化大体分为三种类型：一是以中国人为对象，为大量倾销日货服务的，其中以杂货店为最多，一些日资当铺、药铺、服装店也同时经营杂货；日资饭店、饮食店、药铺和服装绸布店，其售卖的各种食品及生活用品价格相对低廉，用以占领辽东市场；二是为掠夺辽东地区农副产品服务的特产贸易，主要经营大豆三品，兼营兽皮及兽骨、烟草、蚕丝、药材等；三是以日本人及其他外国人为对象，包括直接为日军服务的军需承办商和为满铁公司职工服务的调解所，在日本人居住的地方开办旅馆饭店、书店、文具店、澡堂等业态。从经营状况看，获利多、发展快的属以经营大豆三品为主的特产贸易业文化。

日本垄断了辽东地区内外贸易业文化，主要表现在操纵大连、营口、安东三港贸易。日本专门从事外贸的会社，除三井物产株式会社外，还有三菱商事株式会社、铃木商事株式会社、日清制油株式会社以及大仓商业株式会社。这些日资大公司，资本雄厚，既拥有工矿企业，又从事商贸活动，从生产、收购到销售，形成了较完整的价值链。日本用于发展贸易业文化的投资总额占日资在华投资的17%，位列铁路运输、矿山开采、不动产之后，排第四位。1907—1911年，辽东三港贸易总额达7.81亿日元。至1912年，经由大连港的贸易额已跃居第四位，排在上海、天津、广州之后。1912—1913年，经辽东三港的对日贸易占主导地位，如表 4-25 所示。

表 4-25　　1912—1913 年辽东三港贸易中各国的占比情况统计

<table>
<tr><th colspan="2" rowspan="2">三港情况</th><th colspan="4">两年累计贸易额（万海关两）</th><th colspan="3">所占比例（%）</th></tr>
<tr><th>合计</th><th>中国</th><th>日本</th><th>其他国家</th><th>中国</th><th>日本</th><th>其他国家</th></tr>
<tr><td rowspan="3">三港</td><td>合计</td><td>26607</td><td>10909</td><td>12577</td><td>3121</td><td>41.00</td><td>47.30</td><td>11.70</td></tr>
<tr><td>输　入</td><td>12662</td><td>4506</td><td>6017</td><td>2139</td><td>35.60</td><td>47.50</td><td>16.90</td></tr>
<tr><td>输　出</td><td>13945</td><td>6403</td><td>6560</td><td>982</td><td>45.90</td><td>47.00</td><td>7.10</td></tr>
<tr><td rowspan="3">大连港</td><td>小　计</td><td>13808</td><td>3262</td><td>8608</td><td>1938</td><td>23.60</td><td>62.30</td><td>14.10</td></tr>
<tr><td>输　入</td><td>6680</td><td>1093</td><td>4384</td><td>1203</td><td>16.40</td><td>65.60</td><td>18.00</td></tr>
<tr><td>输　出</td><td>7128</td><td>2169</td><td>4224</td><td>735</td><td>30.40</td><td>59.30</td><td>10.30</td></tr>
<tr><td rowspan="3">营口港</td><td>小　计</td><td>10377</td><td>6764</td><td>2448</td><td>1165</td><td>65.20</td><td>23.60</td><td>11.20</td></tr>
<tr><td>输　入</td><td>4796</td><td>3161</td><td>717</td><td>918</td><td>65.90</td><td>14.90</td><td>19.20</td></tr>
<tr><td>输　出</td><td>5581</td><td>3603</td><td>1731</td><td>247</td><td>64.60</td><td>31.00</td><td>14.40</td></tr>
<tr><td rowspan="3">安东港</td><td>小　计</td><td>2422</td><td>883</td><td>1521</td><td>18</td><td>36.50</td><td>62.80</td><td>10.70</td></tr>
<tr><td>输　入</td><td>1186</td><td>252</td><td>916</td><td>18</td><td>21.20</td><td>77.20</td><td>1.60</td></tr>
<tr><td>输　出</td><td>1236</td><td>631</td><td>606</td><td>—</td><td>51.10</td><td>48.90</td><td>—</td></tr>
</table>

注：表中资料来源：张福全. 辽宁近代经济史（1840—1949）[M]. 北京：中国财政经济出版社，1989：281.

1914—1931 年，经由辽东三港的贸易大幅提高，如表 4-26 所示。

表 4-26　1914—1918 年辽东三港贸易总额占东三省的比重统计表

年份	三港合计		其中（万海关两）		
	万海关两	占东三省的比重（%）	大连港	营口港	安东港
1914	16127	72.90	8947	4735	2445
1915	18208	76.40	10101	5196	2911
1916	18248	78.20	10866	4084	3298
1917	24434	76.40	16002	4057	4375
1918	29246	85.00	20599	4516	4171
1919	37705	85.10	25924	5435	6346
1920	36279	84.20	23961	5993	6325
1921	37655	86.60	24129	6991	6535
1922	39178	85.90	24742	7065	7371
1923	43295	88.70	25845	8632	8818
1924	39223	86.00	26210	6302	6711
1925	47937	88.00	30239	9077	8621
1926	54286	85.60	35989	8925	9372
1927	55887	84.20	37311	7975	10601
1928	60608	83.80	42702	8110	9796
1929	67936	91.20	50368	8290	9278
1930	61179	89.10	41775	9709	9695
1931	62182	89.80	42475	12569	7156

注：表中资料源自张福全. 辽宁近代经济史（1840—1949）[M]. 北京：中国财政经济出版社，1989：286、294.

从表 4-27 可以看出，日本垄断的贸易文化中，大连港的地位越来越重要。其贸易所占比重由 1914 年的 72.90%提高到 1931 年的 89.80%，增长了 17 个百分点。其占东北三省贸易总额的比重也由 1927 年的 56% 提高到 1928 年的 58.90%、1929 年的 67.60%、1930 年的 60.80%、1931 年的 61.30%。

日本垄断辽东贸易文化后，1919—1931 年期间，将煤炭、生铁、原盐等大量资源性物资从辽东地区运回日本国，如表 4-27 所示。

表 4-27　　1919—1931 年辽东地区煤炭生铁原盐输出情况统计表

年份	抚顺原煤（万吨）		生铁（万吨）		原盐（吨）	
	输出量	运往日本	输出量	运往日本	输出量	运往日本
1919	64	11	6	6	129460	9.0622
1920	69	6	4.3	4.2	134010	95147
1921	139	29	9.5	9.3	147888	105739
1922	260	91	7.2	7	139632	100954
1923	260	92	7.6	7.4	155960	112916
1924	298	117	10.1	9.9	161382	96784
1925	324	124	12.6	12.3	150866	144200
1926	380	145	15.9	15.6	178521	123125
1927	409	165	21.3	19.9	186566	184233
1928	433	185	21.8	21.3	201544	144720
1929	449	189	21.6	19.5	186678	172312
1930	419	171	18.1	17.9	188846	143954
1931	438	131	27.4	24.2	155742	150752

注：表中资料源自张福全. 辽宁近代经济史（1840—1949）[M]. 北京：中国财政经济出版社，1989：297-298.

从表4-28可以看出，1919年后的13年间，日本从辽东地区运回日本的原煤达1456万吨，占同期输出总产量的36.90%；生铁达174.50万吨，占同期输出量的95.10%；原盐达157.51万吨，占同期输出量的74.40%。

总之，日本垄断辽东地区商贸文化，趁机大肆掠夺辽东地区物资资源，以肥其国。

（二）对辽东地区金融业文化的垄断

金融业文化是影响和制约工矿企业和商业文化发展的重要因素，是调节生产、流通、交换、消费等整个经济生活的重要手段。辽东乃至东北地区的金融业文化兴起于19世纪末。具有新式性质的银行在东三省设立。奉天亦设立官银钱号，负责兑换银钱，调节钱价。

到1930年，东北地区有新式银行19家，其中辽东地区有13家，实有资本现大洋2858万元，分别占东三省总数的65%和90.60%，如表4-28所示。

表4-28　1930年辽东地区中资开办的13家银行实有资本情况表

银行名称	创立年份	本行所在地	实有资本（现大洋万元）
浙江兴业银行	1907	奉天、哈尔滨	250.00
奉天商业银行	1914	奉　天	87.50
金城银行	1914	大连、哈尔滨	700.00
东莱银行	1918	大　连	300.00
东边实业银行	1918	安　东	150.00
大同银行	1922	奉　天	200.00
东北银行	1923	奉　天	500.00
世合公银行	1924	奉　天	12.50

续表

银行名称	创立年份	本行所在地	实有资本（现大洋万元）
奉天汇华银行	1926	奉　天	63.00
林业银行	1927	奉　天	20.00
济东银行	1928	奉　天	500.00
奉天民生银行	1929	奉　天	25.00
中国国货银行	1930	奉　天	50.00

注：表中资料源自张福全著．辽宁近代经济史（1840—1949）[M]．北京：中国财政经济出版社，1989：312.

辽东地区沦陷为日本殖民地后，日本在辽东地区大肆发展金融业文化，开办的金融机构种类繁多。有日本政府投资兴办的新式银行、信托公司，也有日本中小企业投资兴办的民间金融组合、信用组合、当铺以及贷金业等金融文化形态。其中，势力最大的是日本横滨正金银行和日本韩国银行。

日本横滨正金银行成立于1880年2月，分别于1902年在辽东地区的营口设立分支机构、1904年在大连设立分支机构，次年又在旅顺和铁岭等地设立分支机构。日本政府当时抱有极大的野心，企图统一东北的货币。因此，赋予横滨正金银行种种特权，包括：发行钞票，发行银兑换券，发放长期低息贷款，发行金元券，办理汇兑业务，专门经营钞票。1906年，日本政府令该金融机构发行银本位的银元兑换券（钞票）。一面用以收回日俄战争中发行的军用手票，一面强行在东北市场流通。依靠日本政府的强力推助，正金银元券不仅在东北市场畅通无阻，而且成为日本在东北地区的法定货币。1910年，该行正式向在东北地区兴业的日本人办理长期低息贷款业务。1913年，日本政府授权该行发行金元券（钞票），作为法定货币在东北全境流通，使中国金融市场受到很大冲击。

日本韩国银行是日本在朝鲜京城设立的金融机构。该金融机构于1909年在安东设立分支机构。次年，该金融机构更名为朝鲜银行。于1913年在奉天、营口、开原、铁岭、辽阳、旅顺等地开办分支机构。1917年，日本妄图统一东北金融业文化，命其承担了横滨银行原发行金票业务、经营国库业务，同时授权在中国东北发行日本银币。取消正金银行金票发行权和钞票的法定地位，以朝鲜银行券取而代之。但因正金银行的钞票是银本位，与中国银本位货币兑换方便，故在中国人当中被广泛使用。

1917年10月，日本东洋拓殖株式会社在大连、奉天等地开办分支机构，专门办理不动产金融业务，接管了正金银行在大连地区的不动产贷款业务。至1922年年底，朝鲜银行在大连地区共办理不动产贷款达5019万日元，为日本工商企业开拓辽东市场提供了金融支持。随着日本帝国主义侵略的扩张，日本朝鲜银行也不断扩张，到1931年，其实际资本增加到2500万日元。继在安东设立分支机构后，先后在大连、营口、奉天、开原等地设立分支机构。到1930年，日本在东北地区开设银行达17家，其中有13家在辽东地区，实际资本为2025.60万日元。其中，辽东地区有13家，实际资本为1495.60万日元，分别占总数的76.50%和72.90%，如表4-29所示。

表4-29　1930年日本人在辽东地区开办的13家银行实有资本情况表

银行名称	开办年份	本行所在地	实有资本（万日元）
大连兴信银行	1900	大　连	20.00
正隆银行	1906	大　连	562.40
商工银行	1913	辽　阳	27.50
大连商业银行	1918	大　连	200.00

续表

银行名称	开办年份	本行所在地	实有资本（万日元）
安东实业银行	1918	安　东	12.50
振兴银行	1918	营　口	20.00
日华银行	1918	铁　岭	50.00
开原银行	1919	开　原	50.00
南满银行	1919	鞍　山	37.50
满洲殖产银行	1920	奉　天	50.00
东华银行	确时不详	瓦房店	150.00
协成银行	1920	安　东	25.00
满洲银行	1923	大　连	290.70

注：表中资料源自张福全．辽宁近代经济史（1840—1949）[M]．北京：中国财政经济出版社，1989：314.

到1930年，辽东地区银行资本占东北地区总数的72.50%，日本银行则占其中的96.30%。这一时期，日本人在辽东地区开办有钱庄、借贷庄、典当铺、信托公司及股票交易场所等，金融机构多达200余家，它们形成了庞大的、多层次的、垄断的金融体系，也操控了辽东地区的金融业文化的发展。

金钱和有价证券顺利的金融交流体制是金融市场发展的关键因素。在辽东地区，资金完全依赖于日本，几乎没有一家中国民族金融机构。因此，股票、债券等有价证券的交易极不发达，少数证券交易所也完全由日本操控①。

① 满史会．满洲开发四十年史（下卷）[M]．东北沦陷十四年史辽宁编写组译．营口：辽宁省营口县商标印刷厂印（准印证：87·第192号），1988：334.

辽东地区金融业文化在币质形态上表现为以金为本位的有日本金票、日本辅助币，俄国纸币、俄国辅助币；以银为本位的有中国银元、东北现大洋、小银元、洋钱票和龙银元以及银锭和香港银，外国的有墨西哥银、日本银元、正金银行券；以铜为本位的有铜元、制钞和官帖。货币形态极其复杂。1931 年九一八事变前夕，有纸币 15 种、票种 126 种，即使是同一银行发行的纸币，也由于种类不同而换算率也不同。这说明当时辽东地区金融文化之混乱。中国发行的货币极其繁杂，极度贬值，致东北金融业文化长期处于混乱状态。除奉系军阀政府官僚不懂金融的原因外，这与日本帝国主义在东北特别是辽东地区设立垄断性金融机构以及指使日本人蓄意捣乱、故意破坏也有很大关系。如，日本人多次持奉票纸币兑换现小洋硬币：1914 年 5 月 1 日至 7 月 1 日，日本人每天到官银号兑换 4 万～5 万元；10 月 2 日至 12 月 20 日，日本人每天兑换 5 万元；1916 年，银价提高，日本人进行挤兑，每天兑换 7 万～8 万元。他们前店兑换硬币，后门用纸币收购，然后再到前店兑换，轮番挤兑，造成银、钞差价愈来愈大，奉票价格低落愈甚。1917 年，有奉天浚全永金店老板黄献亭、兴业银行经理刘凤楼伙同日本浪人，里应外合，从兴业银行捣兑出大量硬币小洋钱，现熔化成白银，卖给金店，从中牟利，致兴业银行濒临倒闭。奉天省当局于 1917 年 10 月 15 日对黄献亭和刘凤楼执行枪决，但这并不能遏止辽东地区金融业文化混乱的局面。日本人视奉票为投机商品，故意操控，致奉票始终处于贬值状态。

从 1925 年起，奉天当局一面发布告，严禁奉票比值低落，一面大量发行奉票，致奉票丧失了兑换的信用。奉票不能兑现，造成了金银价格上涨。为挽救奉票危机，奉天当局于次年发行“东三省整理金融公债”，以 5000 万元为额，以收回奉票为限，即以奉大洋 2 元作为现大洋 1 元核收，付息 6 厘，以及还本均以现大洋支付，以奉天省官产的地亩作为担保。但这些措施无济于事。是年，现大洋与奉票比值为 1∶3.16，比上年又贬值了 45.60%。

1927 年，现大洋与奉票的比值为 1∶9.58；次年为 1∶23.85；1929 年为 1∶50.95。

日本侵略者则趁此混乱之机，从 1930 年到次年秋，在奉天南满站驱使几家中国人开设的钱庄，以奉票加价收购黄金，随之又驱使朝鲜德力本店来奉，以高价收买黄金。日本收购和囤积黄金，以增加日本的军需实力。是年，在东北市场上，中外货币流通量为中国货币现大洋 2.83 亿元。其中，中国货币量为 2.16 亿元，占总量的 76.30%；日本货币为 6720.30 万元，占比为 23.70%。中国货币在流通中除以银为本位的硬币 6400 万元（占比 29.70%）币值相对稳定，具有储藏价值外，其他近 70%的纸币是不受市场欢迎的。日本货币占比虽小，但由于中国纸币一再贬值，故日币的势力很大。这对于加速日本资本积累，扩大经济侵略具有重要作用。

日本殖民者在辽东地区设立的金融机构是对辽东地区侵略和操纵的工具，它利用日本横滨正金银行和朝鲜银行发行金票、银票，并无多少黄金储备，实属买空卖空。日本其他金融机构，特别是设在奉天、大连地区的钱钞交易所、信托会社以及大小钱庄，都是从事找换、汇兑以及金融投机的金融机构，其行为严重扰乱了东北地区特别是辽东地区的金融市场，破坏了辽东地区的经济发展。从史料记载看，日本殖民者为扰乱和破坏辽东乃至东北地区的金融文化主要采取了如下手段。

故意抬高日币价格，压低中国币值。辽东地区当时实行金本位和银本位两种货币并存的流通体制文化。对于官方支付、满铁的运输费及其附属企业员工薪酬的支付，使用日本的金本位货币，即日本银行发行的金元券；而中国人日常使用的是小洋、大洋、铜元等银本位货币。中国人得到日元后要兑换成自己习惯用的中国货币。这便形成了钱钞交易市场。日本人通过行政手段，垄断了钱钞交易市场，从中渔利。如日本规定，南满铁路客货运费，必须使用日元结算，迫使客户用中国币兑换日元。兑换时，他们故意压低中国货币的价格，蓄意造成中国货币加速贬值、日元升值的紧张局面。趁中国货币贬值之机，大搞投机倒把，从中牟利。奉票与日元的比值，1924 年前的 16 年间，一直维持在 1.1—1.75∶1；到 1927 年，降至 10∶1；1928 年，降至 25∶1；1929 年，降为 51∶1；1930 年，降为62∶1；1931 年，降为 62∶1。东三省官银号货币与日元的比值变化，如表 4-30 所示。

表 4-30　　日本钞票 1 元与东三省官银号货币比值变化表

年份	奉票（元）	吉林官帖（吊）	黑龙江官帖（吊）	年份	奉票（元）	吉林官帖（吊）	黑龙江官帖（吊）
1907	—	2.80	—	1920	1.56	60.40	58.10
1908	1.10	3.40	—	1921	1.45	86.80	69.00
1909	1.09	3.60	—	1922	1.51	128.90	92.30
1910	1.13	3.90	—	1923	1.47	140.70	119.90
1911	1.10	3.80	4.60	1924	1.75	166.80	191.40
1912	1.18	5.10	6.00	1925	2.22	179.30	212.40
1913	1.19	8.00	9.90	1926	3.68	171.40	260.80
1914	1.21	11.80	15.80	1927	9.15	171.30	297.50
1915	1.21	11.90	15.40	1928	25.60	179.80	351.90
1916	1.24	14.70	17.10	1929	51.30	189.10	396.90
1917	1.29	14.90	22.40	1930	61.80	209.30	532.20
1918	1.46	21.60	36.40	1931	63.57	361.60	1455.30
1919	1.67	44.80	68.00	—	—	—	—

注：表中资料源自张福全．辽宁近代经济史（1840—1949）[M]．北京：中国财政经济出版社，1989：328．

日本人还故意排斥东北硬币，致东北硬币价格日益贬值。金票与过炉银的比值由 1921 年的 1∶0.96，降至 1931 年的 1∶4.70。过炉银贬值了 80%，如表 4-31 所示。

表 4-31　　1921—1931 年期间日本金票与中国银两的比值变化表

年份	过炉银（两）	镇平银（两）	小银元（元）	年份	过炉银（两）	镇平银（两）	小银元（元）
1921	0.96	0.72	1.11	1928	2.50	0.71	1.21
1925	1.09	0.53	1.17	1929	2.50	0.78	1.32
1926	2.10	0.67	1.17	1930	3.47	1.16	1.89
1927	3.04	0.75	1.28	1931	4.76	1.53	2.47

注：表中资料源自张福全. 辽宁近代经济史（1840—1949）[M]. 北京：中国财政经济出版社，1989：329.

地方发行的纸币大幅贬值给辽东地区人民带来沉重灾难。日本殖民者则趁此金融混乱之机，指使其所属金融机构大肆换取中国硬币。1930 年，日本在东北地区经营的商家达 1358 户，其中有 1277 户在辽东地区，占比为 94%。这些日本商人也趁机囤积货物，从中牟取暴利。

日本人采取存少贷多的方式，占领投资市场，进而垄断金融市场。日本在辽东地区的金融机构利用币值稳定取得客户信赖，极力搜集社会注资，吸纳社会存款。1930 年，日资金融机构以金票计算，吸收社会存款高达 2.80 亿日元，是当时金票流通量的 7.80 倍，放贷 4 亿日元，超过存款加东北各行实有资金的 17.60%。日本通过扩大投资垄断了辽东地区金融市场。

日本人采取低存高贷的方式，从中盘剥，牟取暴利。当年日本银行的存款利息，定期年利为 4.5～6 厘，而放贷利率却相当高。以不动产做抵押为例，其年利最高为 5 分，最低为 2 分 5 厘，一般为3分5厘至4分；以证券做抵押的年利，最高为5分，最低为2分，一般为2分5厘至3分5厘。若以这种低利存、高利贷的方式，按最低年利2分5厘计算，1930年日本银行放贷4亿日元，收取的利息就高达1亿，扣除存款利息126万日元，日资银行一年榨取的利息就有8740万日元。

垄断外汇市场，操控外贸。日本横滨正金银行是日本汇兑银行，直接垄断了辽东乃至东北地区对关内的汇兑。如，日本横滨正金银行通过各地的分支机构控制了500家粮栈收购农副产品，每到收粮季节，把大量的钞票借给在各地经商的日本商人，收购粮食和农副产品销往日本国内或欧洲其他地区，换取外汇，然后再到天津、上海等地抛售这些外汇，换取中国银两。若是中日商人在内地购买物资时，他们便通过正金银行及其分支机构将款项汇至内地，用于购买。他们这是通过关内外和国内外物资交流牟利。而日本横滨正金银行则操控了辽东地区的对外贸易。

九一八事变后，日本查封了东三省官银号、边业银行、四行号联合发行准备库、公济平钱号、中国银行和交通银行奉天分行等金融机构，并进行大肆洗劫，如一次性掠夺库存黄金16万公斤，在边业银行抢走了张学良寄存的七八千两黄金及字画藏品。1932年，日本操纵成立了伪满洲国傀儡政权后，将东北地区的官银号与边业银行合并，成立“满洲中央银行”，并将其定为实行金融统制的特殊会社，要求“满洲中央银行从速整理附业，谋通货之调剂与安定，专负统制金融之责”①。“满洲中央银行”成立后，成为日本垄断我国东北地区金融业的工具。从1936年起，日本政府对辽东乃至东北地区的金融业文化发展格局进行了有计划的调整。是年，成立满洲兴业银行，将朝鲜银行、正金银行在伪满洲国内的各分支机构、正隆银行和满洲银行全部并入满洲兴业银行；

① 中央档案馆，等. 日本帝国主义侵华档案资料选编·东北经济掠夺（14）[M]. 北京：中华书局，1991：35.

接着取消了朝鲜银行券在关东州内和满铁附属地的法定货币地位，并停止其在伪满洲国流通，仅限其在关东州以内流通。已经流入伪满洲国的，由“满洲中央银行”负责收回，不再投放市场。“满洲中央银行”和满洲兴业银行，先后在大连设立分支机构。满洲兴业银行在日本全面侵华战争中成为为日本军需供应生产基金的募集平台，于 1937 年帮助日本政府发行 50 亿债券，扶持军工生产。

日本在除灭辽东乃至东北地区的官银号后，对中国民营银行也采取了封杀。伪满洲国傀儡政权于 1936 年颁行了“银行法”，规定中国民营金融机构重新核发执照，在实施过程中，对辽东地区 169 家中国民营金融机构予以严苛审查，结果只核准了 88 家换发执照，砍掉了近一半。到 1937 年，辽东地区只有 26 家民营金融机构。次年，继续整顿，辽东地区仅剩 16 家了。其中，奉天 7 家，安东 4 家，营口 2 家，本溪、锦州、瓦房店各有 1 家。至 1942 年，辽东地区仅存奉天工商银行、奉天银行、志诚银行、安东银行、营口兴业银行 5 家。1938 年以后，日本殖民统治当局强令中国民营金融机构改变以存贷为主的金融业务，要求拿出存款的 10%用以购买公债，将 40%送存“满洲中央银行”，即搞所谓的“共同融资”①。

据史料统计，1907—1944 年，大连地区各金融机构放贷总额为 53.13 亿日元，其中 98.50%款额是日系银行放贷的。

以上可以看出，日本完全垄断了辽东乃至东北地区的金融业文化。

（三）对辽东地区港口业文化的垄断

辽东地区南部和东南部的大连、旅顺、营口、安东地区拥有良好的港口，不仅是连接华北、华中、华东的海上枢纽，同时也

① 孙邦．伪满史料丛书·经济掠夺［M］．长春：吉林人民出版社，1993：555.

是通向欧亚大陆的重要口岸。因其特殊的地理位置而成为日本殖民者争夺的焦点。1904 年 5 月 28 日，日军占领大连港，将大连港作为日俄战争日军军需保障基地，日本从国内运输的兵员、武器、补给物品从海上运往大连港后，再分送到各个战场。日本取胜后，从俄国人手中接管了辽东地区，迫于英美等国的压力，宣布大连港为自由港，向各国开放，免征进出口关税。1907 年，满铁公司从日军手中接管了大连港的经营管理权后，开始规划建设。于次年完成《大连筑港计划案》。1928 年，满铁公司又制订了《大连港扩张预订计划》，提出用 20 年时间建设 5 个码头。依据这两套规划方案，至九一八事变前夕，日本在大连港筑港，完成的工程有东、北、西、西北 4 座总长为 3978.3 米防波堤；对早期俄国人建设的甲码头、一码头、二码头进行了扩建；新建了寺儿沟第一和第二栈桥、乙码头、丙码头、第三码头、长门町码头、大连港客运站、大连港港桥和甘井子煤码头等。在此期间，日本一面加紧建设大连港，一面设法提高大连港的竞争力。至 1931 年，除第四码头外，其余的则全部建成，比原计划提前了 15 年。满铁公司利用其掌握南满铁路和大连港经营权的优势，实行港路联运。1907 年 7 月，推出“特殊运费制”，即东北地区发往大连的货物，经南满铁路运输的，运费大幅降低，具体是公主岭以南地区降低 35%～45%，公主岭以北地区的降低 45%～50%；1909 年 10 月，推出到港货物仓库免费保管业务；1911 年，推出港区仓库保管的实行火灾保险，保险费用由满铁承担。上述措施使东北地区货物源源不断涌向大连港。1912 年，大连港货物吞吐量达 179.40 万吨；对外贸易量 7000 万海关两。1919 年，突破 400 万吨；1929 年，则达到 901.10 吨。据史料记载，1907—1931 年期间，大连港进出口货物总量为 1.05 亿吨，其中出口货物为 0.87 亿吨，进口货物为 0.19 亿吨①。大连港在短短的十几年时间内，发展成为东北地区第一大出口港，其中 50%出口的货物都是运往日本。

在垄断辽东地区港口进出口货物运输业文化的同时，日本也垄断了辽东地区的贸易业文化。1929 年，大连港的进出口贸易额占全东北地区进出口贸易的 67.60%②。至此，日本基本上实现了利用大连港掠夺辽东乃至东北地区资源和操控对外贸易的设想。

1931 年九一八事变以后，满铁公司开始了对大连港的扩建，于 1934 年在甘井子建设了两个工业码头即满化码头和满石码头；于 1942 年建成了黑嘴子码头；于 1933 年以后扩建了香炉礁码头。香炉礁码头的建成使大连港运营发生了变化，进口货物明显增加，致使大连港从出口港转变成了进口港。大连进出口货物的情况，如表 4-32 所示。

表 4-32　　1931—1939 年大连港出口货物与进口货物对比表

年份	出口（万吨）	进口（万吨）	出口与进口比
1931	648.00	87.40	7.4∶1
1932	720.30	146.50	4.9∶1
1933	742.50	232.50	3.2∶1
1934	766.00	307.40	2.5∶1
1935	680.10	290.40	2.3∶1
1936	638.60	313.70	2∶1

① 大连港史编委会．大连港史［M］．大连：大连人民出版社，1995：170、174.

② 张福全．辽宁近代经济史（1840—1949）［M］．北京：中国财政经济出版社，1989：294.

续表

年份	出口（万吨）	进口（万吨）	出口与进口比
1937	647.20	385.20	1.7∶1
1938	610.90	433.20	1.4∶1
1939	536.60	533.80	1∶1

注：表中资料源自刘连岗，等．大连港口纪事［M］．大连：大连海运学院出版社，1988.

从表 4-32 中数据对比可以看出，大连港从出口港向进口港转变。由于进口货物增加，在防波堤外等候进港卸货的船只数量很是壮观，如表 4-33 所示。

表 4-33　1933—1938 年大连防波堤外等候卸货的船只与夜间卸货情况表

年份	防波堤外等候的船只（艘）	夜间卸货（千吨）
1933	379	930
1934	583	1235
1935	259	931
1936	199	825
1937	686	1746
1938	1405	2261

注：表中资料源自满史会．满洲开发四十年史（下卷）［M］．东北沦陷十四年史辽宁编写组译．营口：辽宁省营口县商标印刷厂印（准印证：87·第 192 号），1988：390.

1937 年以后，随着日本侵华战争规模的日益扩大，日本将大连港视为日军军需物资补给的基地，日本运输军需物资的船只挤满了大连港。由于日本将一号码头、甲码头、三号码头西部、四号码头东部、丙码头都划入日军军事专用区，致 1938 年在大连港防波堤外等候卸货的船只增加到 1405 艘，是 1936 年的 7 倍多。因战争军需物资的卸运优先，造成港区内滞留货物堆积如山。

1938 年 7 月，满铁公司成立港湾审议委员会，负责起草和审议大连港扩建规划。由于太平洋战争爆发，日本侵略扩张的战线越拉越长，满铁公司资金日渐短缺，无力再进行港口扩建，大连港随之走向衰落。

日本对大连港的垄断目的是为开发中国辽东乃至东北产业，掠夺东北的煤炭等矿产资源和大豆等农产品资源，向中国倾销棉纱、人造丝、玩具等工业品。当时，大连港每年进出的船只总吨位达 1250 万～1542 万吨，其中日本船只占了 65%以上，中国的船只仅占 10%左右。九一八事变后，经大连进出口的货物年增长 100 万吨，到 1934 年达 1073.40 万吨。随后两年有所下降。但自 1937 年起，因日本侵华战争规模扩大，大连港货物吞吐量又突破千万吨，至 1939 年竟升至 1070.40 万吨。太平洋战争爆发后，日本实行海运统制，禁止中日两国以外的船只进入大连港，造成大连港货运量骤减，大连港的功能日益萎缩，货物吞吐量直线下降，至 1944 年降至 230 多万吨。

大连港出口货物主要以辽东地区的大豆等农产品和煤炭等矿产资源、生铁等工业原料为主。据史料记载，1932—1942 年，大连港出口的大豆为 1365.80 万吨、豆饼为 724.30 万吨、豆油为 56.70 万吨、苞米和高粱等为 528.90 万吨、煤炭为 2309.70 万吨、生铁为 323.20 万吨。其中仅大豆和煤炭两项就占了 60.50%。这些物资统统运往了日本。在与大连港有贸易关系的 20 多个国家或地区中，每年从大连港运往日本的货物占该港当年出口总额的 60%以上，1938 年以后大幅度增加，至 1942 年增至 86.41%。1938—1942 年，大连港出口货物情况，如表 4-34 所示。

表 4-34　　1938—1942 年大连港出口主要货物统计表

年份	合计（千吨）	谷类（千吨）		豆饼（千吨）	豆油（千吨）	煤炭（千吨）	生铁（千吨）	其他（千吨）	船用煤（千吨）
		大豆	其他						
1938	5376	1408	736	758	63	1018	146	1246	733
1939	4802	830	732	941	62	796	300	1142	635
1940	3258	499	352	445	18	676	284	984	534
1941	2982	274	231	268	13	646	510	1041	535
1942	3735	362	211	542	7	635	623	1356	346

注：表中资料源自满史会．满洲开发四十年史·南满洲铁道株式会社（下卷）[M]．东北沦陷十四年史辽宁编写组译．营口：辽宁省营口县商标印刷厂印（准印证：87·第 192 号），1988：394.

这一时期，大连港进口货物也主要来自日本。大宗物资是日本在辽东乃至东北建厂、修铁路、筑军事设施等需要的钢材、水泥、机械设备、五金工具等。据史料记载，1937 年前，每年从日本进口的货物为 180 万吨左右；1938 年以后，随着日本侵华战争规模的扩大，大连港从日本进口的货物剧增。1938—1942 年这 5 年中，大连港从日本进口货物总计 1519.90 万吨，平均每年为 303.98 万吨，占同期大连港货物进口总量的 70%以上，如表 4-35 所示。

表 4-35　1938—1942 年大连港进口货物及从日本进口货物的比重表

年份	1938	1939	1940	1941	1942
进口货物合计（千吨）	4332	5338	4382	3657	3379
日本内地货物（千吨）	2892	3944	3105	2689	2569
日本货物量占比（%）	66.76	73.89	70.86	73.53	76.03

注：表中资料源自满史会．满洲开发四十年史·南满洲铁道株式会社（下卷）[M]．东北沦陷十四年史辽宁编写组译．营口：辽宁省营口县商标印刷厂印（准印证：87·第 192 号），1988：397.

从表 4-36 数据不难看出，日本作为殖民地宗主国垄断大连港口的真实目的。

日本除了垄断大连港外，还侵占了其他港口。如早在 1922 年，满铁公司从日军手中接管了旅顺港；次年 8 月，满铁公司设立旅顺码头事务所；1927 年，撤销旅顺码头事务所，码头业务交由满铁旅顺车站负责。旅顺港是大连港的附属港，至 1930 年，货物吞吐量为 58.90 万吨。其中，进口 2.90 万吨、出口 56 万吨，大宗商品为煤炭，出口有 51 万吨，占出口总量的 90%。1931 年以后，旅顺港的货物吞吐量变化不大。

1914 年，满铁公司将营口港业务交由营口站负责。1928 年以后，满铁公司有计划地扩建和修建营口港的相关设施，包括煤炭、生铁专用栈桥、系船码头、浮栈桥和船坞等，吞吐能力大大提高。1930 年，营口港出口量为 109 万余吨。1931 年以后，营口港吞吐量变化不大；1934 年，吞吐量达到历史最高水平，为 167 万吨；1936 年，吞吐量降为 136 万吨；1937 年，再降至 94 万吨；1942 年，只有 54 万吨。营口港每年的出口货物占吞吐量的 80%，这些货物主要输送到日本。1934—1936 年，营口港向日本出口的货物占同年出口总量的比重分别为 94.70%、89.90% 和 100%。货物的种类主要是粮谷、大豆、原煤、矿产品和生铁。

1911 年，满铁公司完成了对安奉铁路的改建；次年，设立大连码头安东事务所，开始经营安东港码头业务。1914 年，撤销安东事务所，业务改由满铁安东车站负责。安东港以进口为主，进口货物主要有面粉和纺织品。1936 年，安东港进口货物量为 14.10 万吨；1938 年，进口货物量为 12.50 万吨；1939 年，增加到 22.40 万吨；1940—1941 年，降至 7.30 万吨。出口货物主要有粮谷、大豆和木材等。1936 年，出口货物量为 3 万吨；1938 年，出口货物量为 2.60 万吨；1939 年，增加至 4.10 万吨；1940 年，降至3.40万吨；1941年，再降至2.20万吨①。

总之，随着日本在东北殖民统治日益巩固，早期日本提出的发展自由港业文化不复存在，代之以对进出口贸易的全面统治。1932年，日本颁行了《外国汇兑管理办法》，间接地对出口贸易实行统治文化；随后，不断出台向日本倾斜的贸易政策和港口管理制度，强制实行对烟草、酒精等专卖品和石油、化学肥料、药品及粮谷等农产品的统治文化，极大地限制了欧美商人的活动。次年10月，关东州厅发布了《关东州船舶进口许可办法》，对日本以外的外国船只进口采取进一步的限制措施。1937年以后，日本为加强控制与战争有关的物资外流，颁行了《进出口贸易许可法》及《临时进出口许可细则》；1938年5月，制发"关东州临时进出口许可规则"，对23种货物限制出口。1939年9月，日本政府颁布了"关东州、'满洲国'及中华民国出口调整令"，进一步限制这些地区出口物品的价格和数量，以保证日本侵略中国的物资供应。1940年，关东州厅公布了"关东州进出口许可规则"，1938年颁行的"关东州临时进出口许可规则"同时废止。新的规则规定，进出口商品全部要经关东州厅长官批准，这便意味着进出口向配给制文化转变。日本垄断辽东地区港口业文化，施行贸易统制文化，致欧美商人行商空间越来越小，且无法进行正常的商务活动。各国商行纷纷倒闭，撤离大连，最后仅有3家德国贸易商行苦苦支撑。1940年，日本正式宣布禁止海运，规定第三国船只禁止进入大连港，致大连港货物吞吐量每年以100万吨的速度减少。太平洋战争爆发后，3家德国贸易商行也撤离了大连。到1944年，大连港货物出口量降至232.40万吨，与1942年出口货物为373.50万吨相比，减少了37.78%。

① 满史会. 满洲开发四十年史（下卷）[M]. 东北沦陷十四年史辽宁编写组译. 营口：辽宁省营口县商标印刷厂印（准印证：87・第192号），1988：399.

（四）对辽东地区工矿业文化的垄断

日本于20世纪初开始垄断辽东地区工矿业文化。1931年九一八事变后，日本侵占了辽东地区，强力推行“日满经济一体化”和经济统治文化，将经济活动纳入军事轨道，通过建立垄断性企业，全面垄断了辽东地区工矿业文化。

1. 对辽东地区化工业文化的垄断

日本以满铁中央试验所为依托在辽东地区开办化工企业。1910年，开办了大华窑业株式会社；1920年，开办了昌光硝子株式会社；1925年，开办了大连窑业株式会社。这些化工企业都是利用满铁中央试验所开发的陶瓷和耐火材料等科研成果建立的建材生产企业。此外，还利用该所开发大豆油汽油抽取法和硬化油工业法建立了一批大豆加工企业，如1915年开办了丰年制油株式会社，次年开办了大连油脂工业株式会社，1918年开办了大连制油株式会社。日本从1915年开始，在抚顺煤矿生产硫氨，随后于1920年在鞍山制铁所、1926年在本溪湖煤铁公司相继生产出硫氨。1931年，日本在辽东地区的企业生产硫氨已达27463吨。日本在这些企业中进行煤焦油、矿山用黑色炸药、硝氨炸药、雷管和导火线等生产。

1920—1931年，辽东地区硫酸硫氨生产情况，如表4-36所示。

表4-36　　1920—1931年辽东地区硫酸硫氨生产情况统计表

年份	硫酸（折100%，吨）		硫氨（吨）			
	年产量	抚顺煤矿	年产量	抚顺煤矿	本溪煤铁	鞍山制铁
1920	12904	9401	6816	5184	—	1527
1921	7527	7527	5833	4332	—	1500
1922	7394	7394	5882	4171	—	1581
1923	9087	9087	8021	6246	—	1835

续表

年份	硫酸（折 100%，吨）		硫氨（吨）			
	年产量	抚顺煤矿	年产量	抚顺煤矿	本溪煤铁	鞍山制铁
1924	10730	10730	6942	5097	—	1712
1925	10724	10483	7041	5566	—	1331
1926	12562	12247	9489	6149	—	3213
1927	17621	14929	11049	6280	470	4189
1928	13325	10050	12867	7265	834	3903
1929	15966	12585	13827	8256	1114	4016
1930	24083	21299	25928	20650	390	5692
1931	24043	21088	27463	21725	76	5441

注：表中资料源自张福全. 辽宁近代经济史（1840—1949）[M]. 北京：中国财政经济出版社，1989：239.

九一八事变后，日本关东军全面占领辽东乃至东三省后，开始推行“日满经济一体化”和经济统治文化。无论科研项目还是生产项目都纳入军事管控范围，一切都要服从并服务于战争的需要。日本在辽东地区开办的化工企业被列为统治的重要产业。随着太平洋战争的进展，满铁公司的试验所则以制造轻金属和液态燃料的研究为主，并承担了军需工业的任务①。1933 年，日本殖民当局颁布的“满洲国经济建设纲要”，将化学工业的油脂工业、碱工业、酒精工业、洋灰工业等列为带有国防或公益性质之重要企业对待，统一由关东军直接控制。关东军与满铁经济调查会在对

① 满史会. 满洲开发四十年史・南满洲铁道株式会社（上卷）[M]. 东北沦陷十四年史辽宁编写组译. 营口：辽宁省营口县商标印刷厂印（准印证：87・第 192 号），1988：171.

辽东乃至东北地区资源调查后，决定有计划地逐步在大连地区建立一批重化工企业。这些企业平时开发东北地区自然资源，生产民用化工产品，战时则迅速转变为军需物资生产。这批重化工企业以满洲化学工业株式会社、满洲石油株式会社、满洲曹达株式会社为代表。

满洲化学工业株式会社是于 1933 年 5 月 30 日经日本关东州厅批准，以满铁公司为主要投资者建立的化工基础产业，是在生产农用化肥硫铵的掩护下为日本关东军进行火药、军工项目研究和生产的基地。该会社资本总额为 2500 万元，满铁公司占有 51.70％的股份，其余股份分属日本购买组合联合会、东洋窒素工业株式会社及其他私人投资者。到 1941 年，该会社已成为东亚顶尖的现代化大型化工企业。太平洋战争爆发后，该会社被纳入军工生产的轨道。1942 年，按日本军方指令，加大了军火原料硝酸盐的生产力度。1943 年，生产二硝基氯苯 806 吨，次年生产 851 吨。这些产品全部供给日军驻辽阳的 383 部队（辽阳造兵厂），用作制造地雷、榴弹、手榴弹的基本原料。

满洲石油株式会社大连工厂成立于 1935 年。出于侵略战争和推行大陆政策的考量，日本关东军特务部于 1932 年 12 月在《液体燃料方策》中提出，尽速查找石油及油页岩资源。受当时日本勘探技术的限制，在辽东地区没有找到大储量的石油资源，只在抚顺发现了油页岩矿。日本于 1936 年建立抚顺西炼油厂，加工进口原油。

为加强对石油产品的控制，日本关东军决定以伪满洲国的名义成立一个负责石油的开发和销售的特殊会社，即满洲石油株式会社。株式会社实缴资本为 1000 万日元，其中伪满洲国政府为 350 万日元，满铁公司为 250 万日元，日本石油株式会社、三井物产株式会社和三菱商事株式会社各出资 100 万日元，小仓石油株式会社和伪满洲国中央银行各出资 50 万日元①。该会社于 1933

① 山岸守永．满洲经济提要［M］//朱诚如．辽宁通史（第 5 卷）．沈阳：辽宁民族出版社，2009：201.

年在大连甘井子海茂屯建设大型炼油厂，于1935年建成投产。该炼油工厂是完全炼油工厂，拥有炼制全部石油产品的设备，均由社内设计，并由日本国内和关东州制造①，年加工原油为18万吨，主要产品有挥发油（飞机和汽车用油）、煤油、轻油、重油（内燃及外燃用油）、润滑油、石蜡、润滑脂和沥青等。

1935—1945年，满洲石油株式会社大连工厂主要产品产量，如表4-37所示。

表4-37　1935—1945年满洲石油株式会社大连工厂主要产品产量统计表

年份	汽油（吨）	煤油（吨）	轻油（吨）	重油（吨）	润滑油（吨）
1935	20703	12378	6903	6723	2511
1936	36104	32005	10145	7575	3592
1937	50271	46992	8743	12035	3527
1938	101232	40736	6068	27056	4788
1939	141132	51786	8968	28956	6536
1940	125620	55997	6326	35457	7038
1941	93709	55199	5366	32700	4887
1942	74003	45408	6870	26889	3318
1943	638	206	912	3800	228
1944	3040	436	684	4700	2356
1945	949	……	826	543	760

注：表中资料源自张福全．辽宁近代经济史（1840—1949）[M]．北京：中国财政经济出版社，1989：518.

① 中央档案馆，等．日本帝国主义侵华档案资料选编[M]．北京：中华书局，1991：373.

由于日本侵略战争规模的不断扩大，对燃料油的需求增长很快，日本加大了对该厂的投资，一度资本高达4000万日元。这些资金保证了新的生产设备的引进和新的厂房的陆续建成。至1945年日本投降前夕，满洲石油株式会社大连工厂已成为设备先进、装配完善的大型炼油企业，如表4-38所示。

表4-38　　1945年日本投降前夕大连炼油厂设备及生产能力

<table>
<tr><th colspan="2">主要设备</th><th>年生产能力</th></tr>
<tr><td rowspan="3">蒸馏设备</td><td>管馏器</td><td>年处理原油为7.2万吨</td></tr>
<tr><td>单独蒸馏炉</td><td>年蒸馏重油为1.8万吨</td></tr>
<tr><td>连续蒸馏装置</td><td>年榨油（脱蜡油）为2.7万吨</td></tr>
<tr><td rowspan="3">分解蒸馏</td><td>流动接触分解装置</td><td>年处理为2.7万吨</td></tr>
<tr><td>石蜡分解装置</td><td>年处理为1.3万吨</td></tr>
<tr><td>大豆油分解装置</td><td>年处理为1.4万吨</td></tr>
<tr><td rowspan="2">制蜡装置</td><td>冷却装置</td><td>年处理为5.0万吨</td></tr>
<tr><td>脱蜡装置</td><td>年处理为4.8万吨</td></tr>
<tr><td rowspan="8">洗涤装置</td><td>航空用汽油连续洗涤装置</td><td>年处理为5.7万吨</td></tr>
<tr><td>汽车用汽油连续洗涤装置</td><td>年处理为7.1万吨</td></tr>
<tr><td>分解汽油连续洗涤装置</td><td>年处理为8.2万吨</td></tr>
<tr><td>机械油连续洗涤装置</td><td>年处理为1.3万吨</td></tr>
<tr><td>机械油单独洗涤装置</td><td>年处理为1.1万吨</td></tr>
<tr><td>炼油、轻油单独洗涤装置</td><td>年处理为8.9万吨</td></tr>
<tr><td>润滑油洗涤装置</td><td>年处理为6.4万吨</td></tr>
<tr><td>酒精混合装置</td><td>年处理为2.6万吨</td></tr>
</table>

注：表中资料源自张福全. 辽宁近代经济史（1840—1949）[M]. 北京：中国财政经济出版社，1989：519.

满洲曹达（纯碱）株式会社于1936年5月22日在长春正式成立，下设大连工厂和开原工厂。大连工厂于次年5月竣工投产，日产100吨纯碱。由于日本侵华战争不断扩张，各种军需物资供应量猛增，对纯碱和苏打的需求也随之剧增。鉴于大连工厂日产100吨纯碱无法满足需求，所以该株式会社决定扩建大连工厂，将其日产能力增加到200吨。1940年，该厂增加扩建资金1倍，新建一套生产烧碱装置，其日产能力提高到300吨。1942年，该厂第二期工程完工，纯碱年产量达7.20万吨。次年，该厂再筹措资金，计划将年生产能力提高1倍，达14.40万吨。1944年，满洲曹达株式会社第四次增资，实际使用资金为3775万日元，比计划的2500万日元增加51%。是年，该厂生产盐酸2000吨、烧碱5000吨、漂白粉30000吨、氯气3200吨、氯化苯1500吨。此外，满洲曹达株式会社于1940年在奉天设立工厂，以生产盐酸为主。1944年，奉天工厂被满铁收购，当年生产盐酸1600吨、烧碱5000吨、漂白粉2900吨①。

总之，日本于1933年以后分别在大连建立满洲化学工业株式会社、满洲石油株式会社大连煤油厂和满洲曹达株式会社大连制碱厂，依托这三大大企业巨头，在辽东地区建立了一批新兴化工厂。如，1934年由满铁公司和日本产业株式会社投资100万日元建立的满洲大豆株式会社、关东州兴业株式会社、关东州加里（氯化钾）株式会社、关东州苦汁化学株式会社、石河工业株式会社等。

2. 对辽东地区交通运输设备制造业文化的垄断

（1）对造船业文化的垄断

日本垄断辽东地区造船业文化，主要是通过兴办大连船渠铁工株式会社、大连西森造船厂、安东鸭绿江造船厂和高见造船厂

---

①　张福全．辽宁近代经济史（1840—1949）[M]．北京：中国财政经济出版社，1989：571-572.

等来进行的。另外，日本还强占了中国建立的营口造船厂。大连船渠株式会社是当时规模最大、生产能力最强的造船企业。1907—1945年，自满铁公司从日军手中接管到日本投降前夕的40多年里，大连船渠株式会社大体经历了川崎造船所大连出张所、满洲船渠株式会社、大连汽船株式会社船渠工厂和大连船渠铁工株式会社四个发展阶段。这也是日本垄断辽东地区造船业文化的历史过程。

满铁公司成立时，从日本军方手中接管了大连修造船厂和中央发电所的经营管理权后，即与日本川崎造船所签订协约，将大连修造船厂租给川崎造船所经营，租期为23年，并将大连修造船厂更名为川崎造船所大连出张所，简称川崎大连出张所。川崎造船所租赁大连修造船所的条件十分优厚，租借期的前3年为无偿租用，满3年由双方商定缴纳使用费①。

川崎造船大连出张所的任务是负责民用船只的维修、一般机械设备和船舶机械的制造、小型汽船的制造。其中，一般民用船只的维修主要是对本地的大连埠头事务所、大连筑港事务所、大连汽船株式会社、政记轮船公司等航运部门的船舶进行定期检修，同时对进出大连港及航在上海航路、台湾航路和欧美航路上日本、中国、朝鲜与欧美的船只进行临时检修。

1922年，满铁公司承租了原日本海军旅顺要港部下属的旅顺船厂，同时收回租给川崎造船所的大连修造船厂，组建新的工厂，即满洲船渠株式会社，资本200万日元，下设大连、旅顺两个工厂，经营的业务包括船舶、发动机、车辆和各种机械设备的制造与维修，海难救助和拖拽船舶，船舶的买卖与租赁业务。旅顺工厂以造船为主兼顾其他。据史料统计，1925—1930年，旅顺工厂共建造船舶5000排水吨左右。大连工厂以修船和车辆、机械制造

① 南满洲铁道株式会社. 南满洲铁道株式会社十年史［M］//朱诚如. 辽宁通史（第5卷）. 沈阳：辽宁民族出版社，2009：221.

为主，主要为大连汽船株式会社、政记轮船公司的船舶进行定期检修，但受当时世界经济危机和海运不景气的影响，一直处于低迷状态。1925 年，大连工厂亏损 13.67 万日元；直至 1928 年，才现转机，投资者第一次得到分红。次年，因满铁公司修建第四码头需要占用大连工厂用地，故大连工厂进行搬迁，即将原 5000 吨船坞以东的厂房搬迁到大坞以西，原大坞西南侧的建筑物全部撤除，宿舍搬迁到道路南侧，车间移到乃木町。整个搬迁工程于 1930 年 9 月结束。新厂区占地 5.04 万平方米①。

大连工厂因搬迁的消耗和受世界经济危机的影响陷入困境。1931 年，满铁公司决定让大连汽船株式会社收并满洲船渠株式会社大连工厂，出资 70 万日元。9 月 26 日，正式对外公布并购消息，改名大连汽船株式会社船渠工厂，下设大连、旅顺两个工厂。1932 年下半年起，该工厂按照关东军司令部的指令，为伪满洲国军队和警察部队生产自动艇、警备艇、车辆和桥梁、钢架等装备。另外，满铁公司也将附属地的陆用机械制造和修理业务承包给该工厂，使工厂出现了军需景象，连续出现极为良好的业绩。次年上半年，大连工厂生产总值为 63 万日元，其中造船为 5.80 万日元，占比为 9%；修船为 38 万日元，占比为 60%；车辆生产为 7.10 万日元，占比为 11%；陆机制造为 11.80 万日元，占比为 19%；陆机修理为 6000 日元，占比 1%。1935 年，大连工厂全年生产总值创历史最高水平，全年生产总值达 155 多万日元，其中车辆生产值高达 73 万日元，占该厂全年生产总产值的 47%。1936 年，全厂全年生产总值增加到 173.33 万日元，其中造船生产总值创新高，产值为 26 万日元，占全厂全年总产值的 15%②。至此，

① 大连造船厂厂史编委会. 大连造船厂史 [M]. 大连：大连船舶印刷厂，1998：31.

② 大连汽船株式会社庶务课. 大连汽船株式会社二十年史略 [M] // 朱诚如. 辽宁通史（第 5 卷）. 沈阳：辽宁民族出版社，2009：224.

该工厂已经发展成为一个能够生产多种产品的综合性企业。1931年，该厂全年总产值为35万日元，1935年则为200万日元，增长了471.14%。其间，该工厂发展最快，在6年所承造的73艘船舶中有72艘为该工厂所造，年产值由低迷时的27万日元提高到170万日元。其垄断地位可见一斑。自1933年下半年起，由于承揽大批军需物资生产业务，该工厂年生产额一直稳定在170～200万日元的水平。由于满铁垄断了伪满洲国的全部铁路经营业务，这给满铁下属与铁路相关的车辆、陆用机械等设备和用品生产企业带来巨大商机。1937年，满铁决定将船渠工厂从大连汽船株式会社析出，并成立大连船渠铁工株式会社，资本为1000万日元，实缴750万日元；次年4月，大连汽船株式会社持有的原满洲船渠株式会社的200万日元股份，也全部转让给满铁公司。

大连船渠铁工株式会社建立于日本侵华战争全面扩张时期，所以它一成立便投入军工生产中，负责为侵华日军生产和运输军事物资。仅1938年7月下旬，生产和运输到华北的车辆就多达5293辆，其中机车为179辆、客车为160辆、货车为4838辆、守车为116辆①。车辆生产是大连船渠铁工株式会社在太平洋战争爆发以前的主要生产项目。据史料记载，1939年10月至1940年3月，该工厂车辆生产总值为389.90万日元，占全厂生产总值的51%；1938年4月至1940年9月，共生产各种车辆总计2338辆②。这些车辆全部直接或间接用于侵华战争。

船舶修理是大连船渠铁工株式会社又一重要项目。为了提高其修造船能力，满铁公司决定投资180万日元对该工厂进行改扩建，主要包括向满铁公司租借10.66万平方米土地作为扩建用地，新建8000吨级的船坞、8000吨级的系泊船坞、4000吨级船台各1

① 苏崇民．满铁史［M］．北京：中华书局，1990：746.

② 大连造船厂厂史编委会．大连造船厂史［M］．大连：大连船舶印刷厂，1998：44.

座，增设相应的工厂厂房和增加相应的机械设备。整个改扩建工期为1938年4月至1939年年末。此次改扩建工程完成后，增设的工场有造船、锅炉、放样、铸钢、涂装、货车制造和安装等，新增厂房面积8946平方米，添置重型机械设备60台、441千瓦压缩空气动力设备和5台起重机，敷设专门铁道1500米以及修建了装配作业线。改扩建后，工厂占地面积为15.03万平方米，具有年造船8500吨、修船53万吨、生产车辆1450辆的生产能力，成为特大型企业，为垄断造船业文化提供了保障。1940年，该工厂修船168艘，计22.743万吨；次年，修船201艘，计29.118万吨，创建厂以来新高①。

从1940年起，日本帝国主义就在为发动太平洋战争作准备，船舶生产便成为军备的重中之重。大连船渠铁工株式会社亦被纳入军备体系。1942年，日本政府发布了《战时计划造船方案》，大连船渠铁工株式会社严格执行这个方案，是年底共承接船舶订货达67艘，包括日本政府战时经济管理机构下达的项目和日本海军内部命令的任务。船舶类型有3000吨D型战时标准船、8100吨战时标准矿石运输船、4500吨C型战时标准船、220千瓦拖船、甲型艇和快速艇等，其中有3000吨以上的大中型船舶11艘，总吨位为4.69万吨。要求1945年年底之前交货。大连船渠铁工株式会社的年造船能力为8500吨，3年内要完成4.69万吨，显然是难以做到的。于是，满铁公司决定投资160万日元对其进行第二次扩建。此次扩建工程自1942年4月1日起开始，至1943年末结束，最高投资达1000万日元②。完成的主要项目有：新建3000吨级船台1座、扩建5000吨级船坞北侧的机械工场和8000吨级

① 大连造船厂厂史编委会．大连造船厂史［M］．大连：大连船舶印刷厂，1998：44.

② 大连造船厂厂史编委会．大连造船厂史［M］．大连：大连船舶印刷厂，1998：55.

船坞南侧修船工场、新建事物所和电气工场各1座、增加各机械厂设备、为机械工厂的锻造铸造模型工场扩大用地。

日本悍然发动太平洋战争后，在中途岛战役中，日本海军遭受重创，其战舰总数的近一半毁于一旦。因此，日本举全国之力为前线提供船舶。先后发布了《海运国家管理纲要》《战时海运管理令》，成立船舶运营会统一调拨全国船舶支持前线。大连船渠铁工株式会社亦在其中。为提高船舶生产能力，满铁于1943年10月提出了以年产10万吨为目标，对大连船渠铁工株式会社进行第三次扩建，主要包括扩建造船工场、造机工场、电气工场、车辆制作所等项目。该工程尚未全部完工，日本就战败宣布投降了。尽管如此，该厂经过多次改扩建，至1944年，全厂共有30个业务科、57个业务股系和21个生产车间，占地面积为14.643万平方米，拥有4000吨级以下船台3座、5000吨级和8000吨级船坞各1座、修造船用进水台2座、舾装码头2座，拥有金属切削、起重、焊接、运输等机械设备680余台，固定资产总值达1599.31万日元，财产总值达4155.19万日元，是辽东乃至东北地区唯一一座大型造船企业。

在日本殖民统治时期，以大连船渠铁工株式会社为代表的造船业文化，是随着日本侵华战争升级应运而生的，始终受到日本殖民者的操纵与统治，服从并服务于日本军国主义对外侵略与扩张，表现出浓厚的殖民主义文化特点。

（2）对铁路运输设备制造业文化的垄断

铁路运输设备主要包括机车、客车和货车。日俄战争结束后，日本承袭了沙俄在辽东地区的权益，包括沙俄在大连车站内修理部和辽阳车辆修理厂。1907年，满铁公司投资在大连兴建铁道工厂，专门垄断铁道机车车辆制造业文化。当时，该工厂生产铁道机车，主要是学习与模仿美欧机车制造技术，从试制到成功制造仅用了10年时间。至1924年，铁道运输部门成功装备了最大牵引力的机车。

1910 年，大连工厂开始生产客车，至 1924 年，生产出头等卧车及鸠号头等展望车。1912 年以前，大连工厂生产的货车包括木制棚车、客车、水车、油车等；1921 年以后，开始生产铁架结构的货车。1925 年，开始生产全钢结构货车；1927 年，仿制抚顺煤矿用的倾侧货车，逐步替代抚顺煤矿进口车辆。至 1931 年，该工厂共生产机车 185 台、客车 413 台、货车 5619 辆。其中，大连沙河口铁道工厂 1931 年以前生产的产品在满铁运行车辆中所占的比重分别是：机车占 28.80%、客车占 64.60%、货车占 66%。

3. 对辽东地区能源工业文化的垄断

(1) 对采煤业文化的垄断

辽东地区的原煤产量在东三省占有重要地位，年均原煤产量占东三省原煤总产量的 90%以上，如表 4-39 所示。

表 4-39　　1921—1931 年辽东地区原煤产量及占东三省的比重

年份	东三省原煤产量合计（万吨）	辽东地区	
		产量（万吨）	占比（%）
1921	371.60	348.00	93.00
1922	484.90	453.60	93.50
1923	682.00	655.40	96.00
1924	700.80	664.60	94.80
1925	740.60	688.80	93.00
1926	847.10	789.30	93.20
1927	905.10	844.20	93.30
1928	970.00	859.40	88.60
1929	1001.00	875.90	87.50

续表

年份	东三省原煤产量合计（万吨）	辽东地区	
		产量（万吨）	占比（%）
1930	956.90	875.30	91.50
1931	851.10	811.70	95.40

注：表中资料源自张福全．辽宁近代经济史（1840—1949）[M]．北京：中国财政经济出版社，1989：187.

日本是个能源资源极度贫乏的国家。在占领辽东地区后，其采取兼并、没收、强占等手段，攫取中国的煤炭资源。辽东地区的大煤矿均被日本所垄断，并大肆开采。至1931年，日本会社经营的煤矿产煤达661.80万吨，占辽东地区原煤总产量的81.53%。1919—1931年，日本在辽东地区经营的煤矿产量，如表4-40所示。

表4-40　1919—1931年日本在辽东地区经营的煤矿产量统计表

年份	产量合计（万吨）	抚顺煤矿							烟台煤矿	本溪煤矿
		合计	古城子矿	大南山井	大山矿井	东乡矿井	老虎台矿	新屯矿井		
1919	333.2	280.6	54.1	31.3	41.2	32.4	41.0	1.8	10.9	41.7
1920	373.2	321.3	61.7	34.7	52.3	28.3	47.7	5.9	8.3	43.9
1921	320.5	281.6	48.4	34.2	42.2	25.7	40.1	8.0	5.1	33.8
1922	423.8	388.9	109.3	35.8	53.6	29.1	46.2	15.8	6.4	28.5
1923	552.1	504.3	168.0	33.7	66.2	36.3	51.0	27.1	10.0	37.8
1924	623.8	568.1	184.0	35.7	72.9	29.7	52.1	44.6	10.7	45.0
1925	636.4	584.4	204.8	53.3	55.2	36.9	53.3	44.8	12.0	40.0

续表

年份	产量合计（万吨）	抚顺煤矿							烟台煤矿	本溪煤矿
		合计	古城子矿	大南山井	大山矿井	东乡矿井	老虎台矿	新屯矿井		
1926	709.4	654.0	256.0	57.8	59.8	40.9	53.1	45.3	13.9	41.5
1927	757.8	702.9	259.0	56.2	68.1	43.8	53.8	49.5	14.5	40.4
1928	755.5	690.8	254.1	34.8	41.1	46.3	55.6	56.1	15.7	49.0
1929	766.6	700.0	270.7	43.1	64.6	25.3	45.1	53.0	14.5	52.1
1930	746.4	670.4	276.0	36.4	54.4	33.4	34.8	52.6	17.8	58.2
1931	661.8	597.7	243.3	82.6	35.7	32.4	50.2	17.3	46.8	—

注：表中资料源自张福全．辽宁近代经济史（1840—1949）[M]．北京：中国财政经济出版社，1989：192-193.

据史料记载，日资煤矿以增长突破100万吨的速度开采，时间越来越短，1910年突破100万吨、1913年突破200万吨、1918年突破了300万吨、1922年突破400万吨、1923年突破500万吨、1924年突破600万吨、1926年突破了700万吨。

抚顺煤矿所属的6个主要矿井的原煤产量占全部产量的74%以上。另据史料记载，抚顺煤矿1907年固定资产为4636.60万元，到1931年增加到11499.60万元，增长1.6倍；而原煤产量1907年为23.70万吨，到1931年增加到597.70万吨，增长了24倍多。1907—1931年，日本在抚顺煤矿共掠夺原煤8823万吨，每吨原煤投入资金不到1.30元。1931年，抚顺煤矿固定资产为11499.60万元，当年原煤产量为597.70万吨，每万吨原煤占用的固定资产仅为19.20元。

（2）对电力工业文化的垄断

日本帝国主义垄断了辽东地区的煤炭工业文化，也就垄断了能源和以煤炭工业文化为基础的电力、煤气、焦炭和煤焦油业文化。

为了加强对电力工业文化的管理，1926 年 6 月 1 日，日本将隶属于满铁公司的电器部改为南满电气株式会社，这是实施对辽东地区电力工业文化垄断的重要步骤。随后，分别在旅顺、金州、瓦房店、普兰店、貔子窝、安东、营口、抚顺、本溪、鞍山、辽阳、海城、奉天、开原、锦州等地开办了发展电力工业文化的株式会社。

1931 年，辽东地区有发电厂（所）55 家，其中日资开办的就有 33 家；变电所有 79 家，日资开办的有 66 家；日本经营的电力工业文化，资本金占辽东地区当时电力总资本的 85%，从业人员占 78%。1924—1931 年，辽东地区的电力装机与发电量，如表 4-41 所示。

表 4-41　1924—1931 年辽东地区电力装机及发电量统计表

年份	发电机（台）	装机容量（千瓦）				发电量（万度）			
		合计	日本	中国	英、荷	合计	日本	中国	英、荷
1924	61	110010	84650	24810	550	23104	20489	2544	71
1925	69	106515	85760	20205	550	26393	23689	2633	71
1926	70	138893	112820	25523	550	30187	26820	3300	67
1927	62	138413	112340	25523	550	30336	27143	3114	79
1928	73	150563	124490	25523	550	38546	34780	3688	78
1929	75	153563	127490	25523	550	43479	39793	3615	71
1930	82	199498	167565	30543	1390	48269	44125	3964	180
1931	83	210198	178265	30543	1390	54455	49862	4393	200

注：表中资料源自张福全. 辽宁近代经济史（1840—1949）[M]. 北京：中国财政经济出版社，1989：200.

4. 对辽东地区采运加工业文化的垄断

日本垄断辽东地区采运加工业文化主要包括木材采运及其加工业和采盐业文化。

（1）对木材采运加工业文化的垄断

为垄断鸭绿江流域森林采伐及木材加工业文化，1916 年 7 月，日本财阀成立了中日合办鸭绿江采木公司、大仓株式会社。随后，中小日资企业纷纷涌入安东，先后开办了制材株式会社（所）达 36 家，总投资近千万日元。日资会社几乎都是使用机械动力进行采伐，计有 1323.74 千瓦，年均从业人员 1604 人。这些制材厂从建立开始就昼夜生产，但仍供不应求。安东地区的森林遭到浩劫。

安东的森林资源主要被日本大仓系财阀掠夺。该会社专门从事木材采伐，从鸭绿江右岸的冒儿山到二十四道沟，距江边 30 千米，属其采伐区。1918 年，采伐木材 50 万立方米，1919—1924 年间，年采伐木材 100 万立方米。该会社木材交易额最盛时达 3000 万日元以上；木材运出量，1919 年比 1915 年增加 1.50 倍，制材增加 2.50 倍。

日资经营的木材加工业文化，主要集中在大连地区。1919 年，有 16 家。其中，经营生产用木材的有 6 家，即秋田商会制材部、中村制材工场、清水出张所工场、秋元商会制材部、大连制材所、佐佐木制材场，共计投资 198 万日元，动力为 365 马力；经营民用木制品的会社有代表性的是大连工业株式会社、满蒙家具制作株式会社、山叶洋行家具工场 3 家。

日本的财阀和中小资本企业几乎完全垄断了辽东地区的木材采伐及其加工业文化。

（2）对采盐业文化的垄断

辽东地区海盐资源丰富，盐场广阔，盐质优良，自古就是中国著名的产盐区之一。日本占领旅大地区后，到 1916 年，日本强占辽东地区的盐田面积占辽东盐田总面积的 64%，产量占 60%。

到 1931 年，旅顺、大连、金州、普兰店、貔子窝五大盐场，全部被日本占领，占辽东地区盐田总面积的 86.30%，产量占总产量的 72.70%。1916—1931 年的 15 年间，日本经营的盐田面积由 1916 年的 4.42 万亩增加到 1931 年的 10.05 万亩，同一时期，产量由 9.08 万吨增加到 14.86 万吨，分别增加 1.30 倍和 63.70%，如表 4-42 所示。

表 4-42　1916—1931 年期间部分年份旅大地区日资经营盐业的情况

年份	经营单位（个）			从业人数（人）			盐田						原盐产量（万吨）		
	合计	日本	中国	合计	日本	中国	滩数（个）	日本	中国	面积（亩）	日本	中国	合计	日本	中国
1916							432	260	172	69104	44239	24865	15.11	9.08	6.03
1928	312	11	301	4161	2632	1529	614	425	189	116266	89449	26817	24.87	16.50	8.37
1929	291	11	280	3719	2332	1387	614	425	189	116266	89449	26817	24.89	16.57	8.32
1930	304	11	293	4394	3251	1143	614	461	153	116266	94647	21619	24.95	16.29	8.66
1931	240	11	229	4499	3590	909	615	508	107	116529	100520	16009	20.44	14.86	5.58

注：表中资料源自张福全. 辽宁近代经济史（1840—1949）[M]. 北京：中国财政经济出版社，1989：212.

5. 对炼铁工业文化的垄断

1911 年 10 月 9 日，日本大仓财阀攫取了庙儿沟铁矿；1921 年 8 月，日本满铁公司掠夺了鞍山白家堡子铁矿区。辽东地区较大铁矿的开采权全部被日本殖民者以欺骗、拉拢、收买、强占等手段攫取。到 1931 年，日本霸占的铁矿区有 15 个，占地 2.19 万亩，储量为 121.48 亿吨，如表 4-43 所示。

表 4-43　　截至 1931 年日本霸占辽东地区铁矿的情况统计表

铁矿名称	矿区面积		储藏量（万吨）	合约签字时间（年月）
	方里·亩	折合亩数		
庙儿沟铁矿	20486	11062	22700	1911 年 10 月
八盘岭铁矿			9	1915 年 7 月
歪头山铁矿			15	
大孤山铁矿	3172	1792	9530	1916 年 4 月
樱桃园铁矿	3246	1860	2740	
西鞍山铁矿	4185	2345	7500	
东鞍山铁矿	4514	2674	15000	
王家堡子铁矿	3426	2046	1100	
关门山铁矿	1160	700	—	
小岭子等铁矿	4334	2495	—	
铁石山等铁矿	1220	760	—	
弓长岭矿区	10272	5672	37700	1918 年 12 月
一担山铁矿	4138	2298	—	1921 年 8 月
新关山矿区	4505	2665	—	
白家堡子铁矿	4136	2296	—	

注：表中资料源自南满洲铁道株式会社编. 满洲产业统计［M］. 大连：南满洲株式会社出版，1934：48.

日本殖民者霸占的铁矿都是富矿区。其中：庙儿沟铁矿含铁量为 69.39％，樱桃园铁矿含铁量为 63.01％，王家堡子铁矿含铁量为 57.18％；西鞍山铁矿和大孤山铁矿为中等矿，含铁量分别为 41.02％和 42.80％；庙儿沟铁矿和樱桃园铁矿有贫矿，含铁量分别为 36.18％和 33％。这些矿山，无论贫富，均被日本侵略者霸占。

1931 年，辽东地区铁矿石年采量 102.65 万吨，比 1915 年和 1920 年分别增长 19 倍和 4 倍，如表 4-44 所示。

表 4-44　　　1921—1931 年辽东地区铁矿石产量统计表

年份	铁矿石产量	富铁矿			鞍山贫矿
	合计（吨）	小计（吨）	本溪	鞍山	
1921	212655	193155	56555	136600	19500
1922	140600	122100	—	122100	18500
1923	213612	190012	25512	164500	23600
1924	220000	200500	65000	135500	19500
1925	200900	198700	65000	133700	2200
1926	561600	184400	70000	114400	377200
1927	664500	166500	70000	96500	498000
1928	681100	181500	106000	75500	499600
1929	766700	262700	116500	116200	504000
1930	975561	309861	141061	168800	665700
1931	1026500	250100	105600	144500	776400

注：表中资料源自张福全. 辽宁近代经济史（1840—1949）[M]. 北京：中国财政经济出版社，1989：214.

日本垄断辽东地区铁矿资源后，在辽东建立起来了较为完整的炼铁工业体系，除了霸占铁矿外，还对石灰石、菱镁厂和黏土等与炼铁相关的主要材料进行了疯狂掠夺。

1915—1931 年，辽东地区石灰石、黏土、菱镁石产量，如表 4-45 所示。

表 4-45　　1915—1931 年石灰石、黏土、菱镁石产量统计表

年份	石灰石（吨）	耐火黏土（吨）	菱镁石（吨）
1915	25406	12884	—
1916	29334	19581	511
1917	38377	33567	410
1918	28579	21039	8874
1919	92144	21450	8113
1920	98043	14372	4205
1921	57714	25131	18000
1922	58400	25388	22400
1923	79549	27103	21000
1924	133200	32705	19800
1925	113000	37859	23400
1926	175900	35920	24200
1927	208200	52126	23000
1928	203300	60481	25454
1929	227409	68651	31681
1930	198728	53661	29016
1931	218600	35476	36034

注：表中资料源自张福全．辽宁近代经济史（1840—1949）[M]．北京：中国财政经济出版社，1989：221-224.

日本垄断辽东地区冶铁工业文化主要表现在建立本溪、鞍山两大钢铁企业文化形态。这两大企业的生铁产量在 1931 年达到 33.50 万吨，相当于日本国内生铁生产总量的 36.50%。1915—1931 年的 17 年间，辽东地区生铁产量增加了 10.40 倍，如表 4-46

所示。

表 4-46　　1915—1931 年辽东地区生铁产量统计表

年份	生铁产量合计（吨）	其　中	
		本溪湖炼铁公司	鞍山制铁所
1915	29438	29438	—
1916	49211	49211	—
1917	37971	37971	—
1918	44966	44966	—
1919	110967	78841	32126
1920	124939	48845	76094
1921	89125	31018	58107
1922	67492	—	67492
1923	97799	24338	73461
1924	147972	51950	96022
1925	139675	49999	89676
1926	216054	51000	165054
1927	253945	50500	203445
1928	287491	63030	224461
1929	286743	76300	210443
1930	373493	85060	288433
1931	335114	65620	269494

注：表中资料源自张福全. 辽宁近代经济史（1840—1949）[M]. 北京：中国财政经济出版社，1989：230.

从表 4-47 中可以看出，自 1924 年以后，日本侵略者对辽东地区的生铁开始了疯狂掠夺。

6. 对轻纺工业及建材工业文化的垄断

轻纺和建材工业文化直接关系民众日常生活。日本殖民者依靠财阀在辽东地区开办会社，垄断辽东地区轻纺及建材工业文化。

（1）对轻纺工业文化的垄断

轻纺工业文化包括棉纺织业、毛纺织业、麻纺织业、制糖业、造纸业等形态和类型。

据史料记载，日本大财阀于1923年在辽东地区开办的垄断企业有：满洲纺绩株式会社，该会社于3月15日由日本富士瓦斯纺绩株式会社出资500万日元在辽阳创办，到1925年拥有精纺机3.13万锭、织机504台；满洲福岛纺绩株式会社，该会社于4月由日本福岛纺绩株式会社出资300万日元在大连周水子创办，到1930年拥有精纺机2万锭、合股机1020台；内外棉株式会社金州支店，该支店于10月由日本内外棉株式会社出资兴办，公称资本为60万日元，到1929年拥有精纺机6.32万锭。截至1931年，辽东地区拥有精纺机14.48万锭、合股机1908台、织机754台。其中日资经营的会社有精纺机11.45万锭、合股机1020台、纺机504台，分别占辽东地区的74.10%、53.50%、66.80%①。

日本于1918年在奉天投资兴办满蒙毛织株式会社，当时公称资本为300万日元，实缴资本为195万日元，次年又增加到250万日元。该会社由日本东洋拓殖株式会社伙同满铁公司兴办，满铁占股5.30%，主要经营毛线、毛织品和贩卖羊毛及其他兽皮、兽毛等。这个会社由于有日本财阀势力作后盾，不仅垄断了辽东乃至东北地区的毛织品市场，而且其势力范围扩大到了中国的华北地区及朝鲜。

日本三井特产株式会社和日本纤维托拉斯（帝国纤维侏式会

① 张福全. 辽宁近代经济史（1840—1949）[M]. 北京：中国财政经济出版社，1989：235-236.

社）于 1917 年 5 月在大连合伙开办了满洲制麻株式会社，公称资本为 100 万日元，实缴资本为 25 万日元，于 1919 年建成投产。1919 年，日本安田保善社在奉天开办满洲纤维工业株式会社（1922 年失火烧毁，于 1924 年重建），当时公称资本为 300 万日元，实缴资本为 120 万日元。日资以财阀为后盾，所经营的麻纺织业完全垄断了辽东乃至东北地区市场。

1916 年，日本在奉天铁西开办制糖株式会社，公称资本为 1000 万日元，实缴资本为 250 万日元，所隶奉天、铁岭两个分厂，年产糖为 4000 吨左右。

1922—1926 年，该社生产情况，如表 4-47 所示。

表 4-47　　1922—1926 年满洲制糖株式会社糖产量统计表

年份	合计（吨）	其中（吨）	
		奉天分厂	铁岭分厂
1922—1923	4504	3685	819
1923—1924	4037	2608	1429
1924—1925	1910	677	1233
1925—1926	4960	2610	2350

注：表中资料源自张福全. 辽宁近代经济史（1840—1949）[M]. 北京：中国财政经济出版社，1989：237.

1919 年 6 月，日本大财阀大仓组和日本王子证券株式会社合伙在安东开办了鸭绿江制纸株式会社，当时公称资本为 500 万日元，实缴资本为 400 万日元，当年投资兴建，当年投产，生产木浆。1922—1926 年，因欧美纸浆倾销而停产。其间，开发出用机器生产纸张品种，并设立抄纸分厂，于 1927 年开始抄纸，由于该产品质量好，销路很广。在中长铁路沿线各大城镇，乃至上海、天津、山东等地，都有该会社抄纸分厂生产的毛边纸和宣纸销售。

1930 年，鸭绿江制纸株式会社正式恢复纸浆生产。当年生产纸浆为 9801 吨，其中亚硫酸纸浆为 7446 吨、碎木纸浆为 2355 吨；次年生产纸浆为 8718 吨，其中亚硫酸纸浆为 6739 吨、碎木纸浆为 2339 吨。鸭绿江制纸株式会社是当时辽东地区采用机器生产纸张品的一个大厂，也是唯一一家生产纸浆的大厂。可见其垄断地位。

（2）对建材工业文化的垄断

水泥和玻璃是当时建材工业文化的主要形态和类型。1909 年，日本小野株式会社在大连周水子开办分社。当时，公称资本为 500 万日元，实缴资本为 50 万日元。投产后，产量增长很快。由于当时满铁公司的扩张，对水泥需要量很大，该会社经营的水泥无法满足供应，因此于 1922—1923 年、1927—1928 年两次扩建，产能由 1923 年的 13.60 万吨提高到 21 万吨。1927 年起，不仅达到了自给，而且每年还有 2.60 万吨出口。1909—1931 年期间，辽东地区水泥生产情况，如表 4-48 所示。

表 4-48　1909—1931 年辽东地区水泥生产情况统计表

年份	产量（吨）	年份	产量（吨）	年份	产量（吨）	年份	产量（吨）
1909	9754	1915	37790	1921	39610	1927	111893
1910	25763	1916	37746	1922	40598	1928	151364
1911	23882	1917	37700	1923	51183	1929	205712
1912	31108	1918	38592	1924	103387	1930	194509
1913	33399	1919	37524	1925	85504	1931	162405
1914	35016	1920	32595	1926	111095		

注：表中资料源自张福全．辽宁近代经济史（1840—1949）[M]．北京：中国财政经济出版社，1989：243.

1921 年，满铁公司在大连投资开办生产玻璃会社，于 1925 年建成投产。但由于玻璃系由日本旭硝子株式会社垄断经营，故改由满铁公司与旭硝子株式会社联合经营大连玻璃制造业文化，即昌光硝子株式会社大连工厂。投资为 300 万日元，设计年产玻璃为 30 万标准箱。始因生产工艺落后，实际每年产量为 15～20 万标准箱。1928 年，该会社从美国引进设备，对原会社生产线进行改造，安装了 8 台新设备——引上机，1931 年恢复正常生产，年产量达到了 45 万标准箱，当年生产平板玻璃为 16.17 万箱。

此外，日资还垄断了辽东地区工业用的特殊建筑材料，如耐火材料工业文化。除满铁公司开办的鞍山制铁所黏土耐火砖厂外，日资还在抚顺开办了抚顺窑业株式会社所属的东岗、瓢儿屯、河北 3 个工厂及奉天窑业株式会社等。这些会社垄断了辽东地区工业用炉、窑需要的耐火砖、耐火胶泥等产品市场。

7. 对交通运输业文化的垄断

交通运输业文化包括陆路交通运输业和海上交通运输业两种形态和类型。

（1）对陆路交通文化的垄断

陆路交通文化包括铁道交通和公路交通两种形态和类型。根据《朴次茅斯和约》，1905 年，日本从沙俄手中夺得了中东铁路南满段及其一切支线，共 5 条线路，全长 842 公里的所有权益。其中，长大线（长春—大连码头）长为 704.30 公里、旅顺支线（南关岭—旅顺）长为 47.70 公里、抚顺支线（苏家屯—抚顺）长为 52.90 公里、烟台支线（烟台—烟台煤矿）长为 15.60 公里、营口支线（大石桥—营口）长为 21.50 公里①。同时，抢夺安奉铁路（奉天—安东），全长 260.2 公里。日本攫取了对上述铁路的合法经营权，并将上述铁路的合法经营权划归满铁公司经营。满铁公司先后于 1920 年修造了吾妻线长 2.90 公里和浑榆线长 4.10

① 张福全. 辽宁近代经济史（1840—1949）[M]. 北京：中国财政经济出版社，1989：249.

公里；1930年修筑了甘井子线长11.90公里；次年，修筑了入船线长4公里。截至九一八事变前夕，日本满铁公司直接垄断辽东地区的铁路总长达1129.20公里。直接经营的和通过借款方式间接控制东北地区的铁路总长为2360.80公里，占东北地区铁路总长的37.70%。这一时期，东北铁路各主要线路每公里配备的车辆是：机车为23台、客车为31辆、货车为361辆。其中，日本垄断的线路配备得最多，每百公里机车为41台、客车为48辆、货车为724辆。据史料记载，1907—1931年，满铁公司拥有车辆数随着营运量的增加而不断增加，24年间，机车增加了5倍、客车增加了11倍、货车增加了78倍，如表4-49所示。

表4-49　1907—1931年满铁公司拥有车辆变化情况统计表

年份	机车	客车	货车	年份	机车	客车	货车	年份	机车	客车	货车
1907	78	45	103	1916	262	219	3194	1925	421	432	6642
1908	202	104	2181	1917	262	233	3433	1926	428	440	6811
1909	205	123	2240	1918	279	254	4199	1927	437	486	7260
1910	216	135	2315	1919	321	298	4798	1928	451	517	7555
1911	244	150	2323	1920	333	328	5624	1929	454	532	7945
1912	253	191	2932	1921	340	349	6028	1930	461	536	8134
1913	252	196	3033	1922	461	373	6180	1931	462	543	8176
1914	259	196	3186	1923	373	391	6247	—	—	—	—
1915	259	213	3186	1924	401	401	6509	—	—	—	—

注：表中资料源自张福全．辽宁近代经济史（1840—1949）[M]．北京：中国财政经济出版社，1989：262.

日本通过满铁公司基本垄断了辽东乃至东北地区铁路的运量。1931年，满铁货物输送量达1545万吨，占东北地区货物输送量的

65.1%。1907—1931 年，满铁直营铁路运量增加情况，如表 4-50 所示。

表 4-50　1907—1931 年部分年份满铁公司运量增加情况统计表

年份	旅客输送总里程（万公里）	货物输送总里程（万公里）	增长指数（以 1907 年为 100%）	
			旅客输送	货物输送
1907	22600	39600	100	100
1912	40700	130700	180	131
1920	84700	333600	375	842
1931	58700	537400	260	1357

注：表中资料源自张福全. 辽宁近代经济史（1840—1949）[M]. 北京：中国财政经济出版社，1989：263.

1936 年的货运量比 1931 年增加 80.70%、客运量增加 50%以上。1935—1936 年，满铁公司在东北经营的铁路营运里程及运量，如表 4-51 所示。

表 4-51　1935—1936 年满铁公司在东北经营的铁路营运里程及运量统计表

年份	营运总里程（公里）	货运情况		客运情况	
		吨数（万吨）	货物周转量（万公里）	旅客数（万人次）	旅客周转量（万人公里）
1935	8320	3740	101700	3011	281700
1936	8884	4209	107400	3500	331000

注：表中资料源自张福全. 辽宁近代经济史（1840—1949）[M]. 北京：中国财政经济出版社，1989：379.

七七事变后，满铁公司为提高军事运输能力，加速军用铁路和掠夺辽东乃至东北地区的煤炭、生铁、木材和粮食等物资资源的产业铁路建设，以保证军需物资运输。1939 年，其垄断营运的铁路里程达到 10459 公里。到 1944 年，则达到 1.13 万公里，比 1936 年增加了 27%。各种车辆配置增加速度更快。1945 年，机车、客车、货车分别比 1936 年增加了 93.80%、45.10%、109.70%。为配合日军扩大侵略战争规模，日本关东军和满铁公司强化铁路管控，将东北原 4 个局改为大连、奉天、锦州、吉林、哈尔滨、齐齐哈尔、牡丹江 7 个局，并根据军运任务不断配置不同数量的车辆。其中，奉天局辖奉天、新京、安东，营运里程为 928 公里，配置机车 528 台、客车 932 辆，每百公里配置机车 56.90 台、客车 100.40 辆；大连局辖大连、大石桥，营运里程为 438 公里，配置机车 155 台、客车 239 辆，每百公里配置机车 35.40 台、客车 54.60；锦州局辖大虎山、锦州、辛新、承德，营运里程为 1778 公里，配置机车 239 台、客车 206 辆，每百公里配置机车 13.40 台、客车 11.60 辆。

满铁在强化管理中，为保证军运任务的完成，对具体的营运业务采取措施加以调整。

1937—1944 年，东北地区铁路营运情况，如表 4-52、表 4-53、表 4-54、表 4-55、表 4-56 所示。

表 4-52　　1937—1944 年东北地区铁路营运情况统计表

年份	营运里程（公里）	货运量		客运量	
		吨数（万吨）	货物周转量（万吨公里）	人数（万人次）	旅客周转量（万人公里）
1937	9655	4012	1290300	3842	413000
1938	9846	4785	1625900	5005	544800
1939	10459	5899	2046200	7596	853000

续表

年份	营运里程（公里）	货运量		客运量	
		吨数（万吨）	货物周转量（万吨公里）	人数（万人次）	旅客周转量（万人公里）
1940	11039	6338	2059300	9782	1053600
1941	11097	7344	2580300	10377	1100500
1942	11140	8310	2795700	13215	1403400
1943	11270	8462	2809000	16355	1672000
1944	11285	7755	2071200	17005	1737800

注：表中资料源自东北物资调查委员会研究组．东北经济小丛书·运输篇［M］．北平：京华印书局，1948：134．

从表4-52中数据可以看出，1941年的货运量增加了74.50％，客运量增长了2倍；1944年货运量保持了1941年的水平，客运量则持续增长，比1941年增长了63.80％。

表4-53　　1937—1944年辽东地区铁路营运情况统计表

年份	货运量（万吨）		两线占货运总量的比例（％）
	奉山线	安奉线	
1937	313	342	16.30
1938	376	382	15.80
1939	572	429	17.00
1940	679	501	18.60
1941	906	570	20.10
1942	1036	745	21.40

续表

年份	货运量（万吨）		两线占货运总量的比例（%）
	奉山线	安奉线	
1943	1381	1065	28.90
1944	1412	1194	33.60

注：表中资料源自张福全．辽宁近代经济史（1840—1949）[M]．北京：中国财政经济出版社，1989：393-394.

从表4-53中可以看出，1944年，通往关内的奉山线比1937年增加了4倍多；安奉线比1937年增加了3倍多。

表4-54　　1937—1944年东北铁路军运物资运输情况统计表

年份	军用和官用合计（万吨）	货物周转量	军运物资在总运量中的占比（%）	
		（万吨公里）	吨数	公里
1937	397	155900	10.10	12.10
1938	707	179700	14.80	11.10
1939	954	307400	16.20	14.70
1940	1190	337200	18.80	16.40
1941	2013	337400	27.40	13.00
1942	2154	372800	25.90	13.30
1943	2110	402900	24.90	14.30
1944	1988	399604	25.60	15.00

注：表中资料源自张福全．辽宁近代经济史（1840—1949）[M]．北京：中国财政经济出版社，1989：393.

从表 4-54 中可以看出，随着日本侵略战争规模的不断扩大，军运物资量不断增加，保证军需运输成为重点，1944 年比 1937 年的军运物资量增加了 6 倍多，军运货物的吨数占总运量的比重由 1937 年的 10.10%增加到 1944 年的 25.60%。

表 4-55　1937—1944 年经辽东各口岸出入的旅客情况统计表

年份	经由各地口岸出入的旅客情况（人）			
	大　连	山海关	安　东	图　们
1937	659000			
1938	67030	582433	633839	—
1939	105655	1114155	1054576	—
1940	116668	1965554	1232463	516982
1941	98915	1678991	1341738	895728
1942	52596	2193356	2241064	1304263
1943	5614	2730551	2513798	1397665

注：表中资料源自张福全. 辽宁近代经济史（1840—1949）[M]. 北京：中国财政经济出版社，1989：393.

从表 4-55 中可以看出，旅客运输东北经由山海关、大连、安东是与关内和日本联系的主要通道。日本扩大侵华战争规模导致海上运输受阻，经大连出入的旅客明显减少，而经山海关、安东和图们与日本联系的通道旅客显著增加。1943 年与 1937 年比，经山海关的旅客由 1937 年的 58.24 万人增加到 1943 年的 273.06 万人；经安东的旅客由 1937 年的 63.38 万人增加到 1943 年的 251.38 万人；经图们的旅客由 1940 年的 51.70 万人增加到 1943 年的 139.77 万人。

表 4-56　1937—1943 年辽东乃至东北铁路主要线路每天运送货物统计表

年份	各线路总平均（吨）	增加幅度较大的各站						
		奉山线	安奉线	梅辑线	长图线	图佳线	滨绥线	滨北线
1937	3795	4220	5980	455	2238	1806	2048	2223
1938	4578	3790	5903	665	3226	2920	4340	2912
1939	5516	5830	6585	1609	3947	3818	5263	3626
1940	5325	6911	6366	2157	4739	4640	5799	4317
1941	6403	11201	7842	2728	6296	5428	8429	6183
1942	6890	11609	11014	3982	7535	6403	8596	6416
1943	6684	18936	17618	5278	7074	6365	6232	6939

注：表中资料源自东北物资调查委员会研究组．东北经济小丛书·运输篇［M］．北平：京华印书局，1948：251-252.

从表 4-56 中不难看出，由于日本侵华战争规模的扩大，铁路运量日益加大，线路负担越重，每公里日均运送货物吨数由 1937 年的 3795 吨增加到 1943 年的 6684 吨，增加了 76.60%；同期，安奉线由 5980 吨增加到 1.76 万吨，增加了 194.62%。

日本还垄断了辽东乃至东北地区的公路运输业文化。在日本关东军和满铁公司的共同策划下，伪满洲国政府成立国道局管理公路汽车运输事宜，1934 年，官营线路共有 38 条、总里程为 8000 多公里；民营线路有 28 条、总里程为 2428 公里。在奉天境内，官营的有 7 个营业所，营运里程为 660 公里；民营的有 10 条线路，营运里程为 517 公里。1937 年，奉天境内官营线路有 8 条，营运里程为 964 公里；民营线路有 17 条，营运里程为 3971 公里，占东北民营总里程的 58.40%。1940 年，满铁公司在辽东地区成立奉天（今沈阳）、沈南（今鞍山）、安东（今丹东）、锦西（今北镇）、昭和（今台安）5 个交通株式会社，辽东境内的营运里程为

2861千米，客车为1229台、货车为110台，从业人员为2266人，分别占全东北民营的36.60%、93.10%、58.20%、39.20%。1940年以后，辽东地区的汽车运输业文化出现衰落现象。无论官营还是民营里程，以及从业人员数量在东北地区的占比均有所下降，1940年下降到26.30%和25.50%；1943年继续下降到23.90%和22.70%。1937—1943年，东北及辽东境内公路客运情况，如表4-57所示。

表4-57　1937—1943年东北及辽东境内公路客货运输周转量情况统计表

年份	东北地区官营与民营周转量		其中，辽东境内	
	客运（百万人公里）	货运（万吨公里）	客运（百万人公里）	货运（万吨公里）
1937	94	330	43	176
1938	178	364	81	160
1939	312	486	148	234
1940	454	576	207	270
1941	524	733	246	357
1942	608	894	281	470
1943	515	1213	234	595

注：表中资料源自张福全. 辽宁近代经济史（1840—1949）[M]. 北京：中国财政经济出版社，1989：410.

（2）对港口及海上运输业文化的垄断

辽东的大连港、安东港、营口港自古就是交通便利的良港，不仅具有经济、交通价值，而且具有军事价值。日俄战争后，日本承继了沙俄在辽东地区的所有权益，至1915年，辽东地区的港口及海上运输业文化悉数被日本所垄断。当时，设在大连的日资海上运输会社多达38家，有船只103艘，总吨位达24.08万吨①。往返日本的航线有6条，均被日本控制。其中，大陕商船株式会社1家就控制了5条线路，日本邮船株式会社控制了1条线路。往返仁川至大连的航线被日本朝鲜邮船株式会社控制；大连至上海、大连至广东的航线被满铁公司控制；大连至青岛、大连至安东、大连至天津、大连至龙口等线路被日资大连汽船株式会社控制。

日本早在1906年就正式向各国开放大连港，至1913年，货物吞吐量达到200万吨以上；1917年，吞吐量突破300万吨；1919年，吞吐量突破400万吨。由于出入港货物迅速增加，日本先后辟旅顺港、甘井子码头为补充港。自1923年以后，大连港的货物吞吐量连续突破600万吨、700万吨、800万吨、900万吨。安东港和营口港的货物吞吐量也因此受到影响，逐年减少。至1931年九一八事变前夕，港口已成为满铁公司垄断辽东地区交通运输的一个重要组成部分，对日本帝国主义统治辽东乃至东北地区、掠夺中国的资源起着重要作用。1932—1936年，经由海路出入东北的人数达374万人，占东北全部出入人数522万人的71.60%；对外贸易的货物的比重由1932年的57.90%提高到1936年的91.40%②。日本侵略者在“日满共存”“日满经济一体化”的幌子下，竭力利用辽东港口疯狂掠夺中国的农副产品和矿产资源，大肆倾销其轻纺工业剩余产品。1932—1939年间，大连港每年进出港口的船只总吨位为1250～1542万吨，其中日本就有839～1025万吨，占总吨位数的66.90%～66.40%。

1932—1936年，大连港平均每年输出的大豆为177万吨、原

① 山岸守永．满洲经济提要［M］//朱诚如．辽宁通史（第5卷）．沈阳：辽宁民族出版社，2009：203.

② 东北物资调查委员会研究组．东北经济小丛书·贸易篇［M］．北平：京华印书局，1948：14.

煤为 229 万吨，分别占年平均输出总数 631.70 万吨的 27.80%和 35.90%。而同期，输入的面粉、稻米和轻纺工业产品为 225 万吨，占年平均输入总量 249 万吨的 90%。同期，向日本输出的货物总量为 400 万吨左右，从日本输入的货物总量为 200 万吨左右，分别占全部输出、输入总量的 80%和 75%。

在此期间，1936 年经由旅顺港输出的货物为 18 万吨，比 1932 年增加 1 倍，输入的货物为 7000 多万吨。这一年该港的输出、输入的货物全被日本所垄断。同年，经由营口港输出、输入货物的总量为 151 万吨，比 1932 年增加 28.40%。其中，经由该港输出的货物，1932 年占 90%多，1936 年占 81.90%。输出的货物主要是原煤，平均每年输出 46 万吨；大豆和豆饼平均每年输出 21 万吨，分别占该品种的每年输出总量 111 万吨的 41.40%和 18.90%。输入的货物，1936 年为 28 万吨，比 1932 年增加了 1.80 倍，平均每年输入面粉为 4.20 万吨、轻纺产品为 1.38 万吨、谷物为 4.01 万多吨。从实际运营情况看，经由营口港净输出、输入的货物 1936 年比 1934 年有所减少，而对日本的输出、输入的比重却有所增加，即由 1932 年的 86.40%提高到 98.70%①。经安东港输出的货物 1936 年为 11.04 万吨，比 1932 年增加了 8.20 倍；输入的货物为 14.30 万吨，比 1932 年增加了 1.90 倍。从日本输入的货物由 1934 年的 19.10%提高到 1936 年的 26.40%，向日本输出货物由 1934 年的 53.20%提高到 1936 年的 100%。

1937 年以后，由于日本侵华战争的规模不断扩大，海路运输日益受阻。1937 年，进出辽东港口的船只为 10978 艘，总吨位为 1658 万吨，与 1936 年的船只数 11798 艘，总吨位为 1829 万吨比较，分别下降到 91.60%和 90.70%；次年，又下降为 85.60%和 77.90%。1938 年，日本船只吨位数较 1936 年减少了 133 万吨，

① 东北物资调查委员会研究组. 东北经济小丛书·贸易篇［M］. 北平：京华印书局，1948：18-38、39、40、41.

下降为 17.20%。

第三节　日本殖民统治时期辽河近代抗战文化

九一八事变后，日本占领了辽东乃至东北地区，强制推行殖民主义文化统治长达十四年之久。日本帝国主义的野蛮欺凌和疯狂掠夺，从物质的鹰攫鲸吞到精神的摧残迫害，给辽河文化造成空前的浩劫与灾难，也在辽河文化史上刻下了悲痛的历史文化记忆。

哪里有压迫，哪里就有反抗。日本法西斯的粗暴侵略、野蛮压迫与疯狂掠夺，激起了辽河儿女的英勇反抗。日本帝国主义侵略东北的历史，也是东北人民反抗日本殖民统治的历史。

日本发动九一八事变的第二天即 1931 年 9 月 19 日，中共满洲省委发出了《中共满洲省委为日本帝国主义武装占领满洲宣言》；9 月 20 日，中共中央发表了《中国共产党为日本帝国主义强暴占领东三省事件宣言》，强烈谴责日本公然对中国发动侵略战争，揭露日本侵华真相和蒋介石政府不抵抗主义的实质；9 月 20 日，中共满洲省委和共青团满洲省委联合发表了《为日本帝国主义武力占领满洲告全满朝鲜工人、农民、学生及劳苦群众书》；9 月 21 日，中共满洲省委又发表了《关于日本帝国主义武装占据满洲与目前党的紧急任务的决议》；9 月 22 日，中共中央作出《关于日本帝国主义强占满洲事变的决议》；9 月 23 日，中共满洲省委为了组织抗日武装又作出《对士兵工作的紧急决议》，提出加紧领导与号召士兵群众，发动他们不让日本军队缴械、反抗国民党长官一切命令的斗争。九一八事变发生后，中共上述决议和宣言的公开发表，犹如号角，唤醒了陷入迷茫的东北民众，鼓舞了濒临绝望的民族情绪，激发了人民抗争精神。不愿做亡国奴的东北各阶层民众和部分东北军爱国官兵，冲破国民政府不抵抗政策的禁锢，组织抗日义勇军、自卫军、救国军、游击队、人民革命军和抗日联军，经历了由自发、分散到有序、统一的过程，实现了由自在到自为的历史转变。这些爱国武装力量以热血之躯，义无反顾地投身到抗日斗争中，与武装到牙齿的日本法西斯展开了殊死搏斗。谱写了辽河近现代文化的一曲曲动人史诗。到 1932 年 6 月，辽宁抗日义勇军总人数达 30 余万。他们与抗日联军、抗日游击队等抗日武装力量一道，纷纷奔赴抗战第一线。工商业界、教育界与文艺界人士，积极响应中共满洲省委的号召，迅速掀起抗日斗争的高潮。工人停工、怠工、罢工；商人罢市；教育界反对殖民教育，学生罢课；东北流亡同胞以笔杆作武器，创作反映抗日救亡运动的文学作品，动员人们积极参加抗日武装，拿起武器，抗击日本侵略者。

在此期间，辽河儿女在抵抗日本帝国主义侵略和压迫的运动中所表现出来的民族气节、民族情怀、顽强精神、英雄气概和爱国精神是辽河近代文化传统的基本特质。

一　辽河近代抗日斗争文化的兴起与发展

辽河抗日斗争文化的兴起与发展，大体经历了半个世纪三个不同的历史时期。甲午战争时，辽东地区广大人民群众就组织起来抵抗日军侵略；日俄战争后，针对日本大力推行的殖民统治和奴化教育文化，掀起了反对日本殖民统治和奴化教育文化的斗争；日本发动九一八事变后，辽河儿女纷纷成立抗日组织，同仇敌忾、前赴后继，共同抵抗日本侵略者，形成了全民族抗战，直至打败日本侵略者。在此期间，兴起、形成和发展了辽河近现代抗战文学，以抗日战争为题材的小说创作取得了进步，成为动员和激励人民抗战的精神力量。

（一）反对殖民教育文化的抗争

日俄战争后，日本殖民者以大连为中心，以满铁附属地为重点，开办学校，极力向中国青少年推行殖民教育文化，灌输“天皇至上”“效忠天皇”“做天皇忠实臣民”等军国主义思想，企图用“教育文化”给中国青少年“洗脑”，甘愿做亡国奴，成为日本殖民者的奴隶。针对日本强加于人的殖民教育文化，辽东地区人民展开了正义而持久的斗争。

1923 年，辽东地区掀起了收回教育权的斗争。中俄于 1898 年签订的《中俄旅大租地条约》（原称《中俄会订条约》，又称《中俄条约》），期限为 25 年。日俄战争中日本打败了沙俄，攫取了沙俄在辽东地区的一切权益。在占有了旅大地区的租界和南满铁路、安奉铁路及其权益后，企图吞并辽东乃至东北地区，于是向中国推行殖民教育文化，为其培养驯服的奴仆。对于日本的企图，绝大多数中国人特别是教育界的有识之士坚决不会答应。东北特别是辽东地区的爱国教育工作者和青年学生，为维护中国的主权，纷纷组织起来进行斗争。1923 年 3 月，《中俄旅大租地条约》期满，日本却以《二十一条》为借口，拒不交还旅大，企图长期霸占旅大和南满铁路附属地，全面控制东北的政治、经济和教育。由此引发了辽东乃至东北地区要求归还旅大和收回教育权的运动。收回教育权运动由奉天省教育厅厅长谢荫昌发起和组织。1922 年，谢荫昌就提出收回教育权的问题，并于 1923 年 3 月 19 日着专人到南满铁路附属地对南满中学堂和公学堂日本人对中国人教育的问题展开调查，形成了《参观南满中学校、公学堂及第一、第二寻常小学校观后之感想》一文，刊载在奉天教育厅编译处主编的《东北》杂志上。该调查报告以大量事实揭露了日本帝国主义对中国青少年进行奴化教育的严重后果，激发了社会各界的义愤，推动了收回教育主权运动的进一步发展。

1924 年 3 月，谢荫昌在会晤日本驻奉天总领事时指出，“一国之国民教育，根本一国历史之精神。无论何项国家绝无他国越俎以教其国民之理”。质问日本人：“中国人民而施以贵国之国民教育，在贵领事于心安乎?”4 月 1 日，由日本国内中小学校长组成的 200 余人的教育视察团来奉天，谢荫昌在接见视察团时揭露满铁附属地殖民教育对中国学生造成的危害，强调指出："一国之国民教育决不容他国人干预，乃世界公理。"① 再次提出了收回教育权的主张。4 月 11 日，奉天省教育厅宣布：为了收回教育权，今后外国人在东北设立学校，必须经省教育行政主管部门批准，按照中国的法律办理。从此，奉天省及教育厅开始了与日本驻奉天总领事馆、满铁公司交涉，要求其尽快交回教育权，取缔日本在奉天省境内所开办的师范学校。经过多次严正交涉，迫使日本作出让步，即同意中国派人到满铁附属地华人学校指导、监督教学工作；日本设立的华人学校可以采用中国课本，但历史课本不得有揭露日本侵华等内容；同意满铁附属地学校聘用中国教师。1924 年 4 月 22 日，谢荫昌主持召开省内教育临时会议，决定成立收回教育权委员会，并安排部署了如何收回教育权等工作。4 月 26 日，奉天省教育会召开收回教育权的临时特别会议，提出要在报纸等媒体上制造舆论，公开揭露日本在东北实行奴化教育的事实，以教育机关组织演讲会，以中华教育联合会为后援，继续坚持斗争；组织满铁附属地教育实况调查委员会，公开调查结果，研究日本奴化教育手段，随时建议省政府收回教育权；由教育会发动各界向省议会请愿，由省议会督促省政府与日本交涉；督促省政府收回教育权，建立中国学校，拨款办学，禁止中国儿童进入日本学校②。4 月 28 日，东北地区收回教育权委员会在奉天正式成立，在奉天省政府领导下工作。收回教育权委员会的成立，标志着收回教育权的斗争有组织、有计划、有步骤地展开，收到了一定成效。

1925 年 8 月，收回教育权委员会连续两次召开会议，由各团

① 卢鸿德. 日本侵略东北教育史［M］. 沈阳：辽宁人民出版社，1995：792.

② 卢鸿德. 日本侵略东北教育史［M］. 沈阳：辽宁人民出版社，1995：793.

体发表意见；月初，省教育会确定了五项措施，主要包括：省署完全负责管理各项交涉事宜，并予以适当之援助；省署饬财政厅准拨大宗款项，作为添置学校、维持收回教育权委员会之用；教育厅通令解散教会小学，并禁止教会创办小学；教育厅饬各县视学及教育事务员调查各地外人办理小学校，酌量情形，协同各县知事，在外人设教之处添设小学校；同时，揭露日本在南满洲经营教育事业搞教育文化扩张，辽东地区东边道和旅大地区中国的教育权被日本侵略者所占领的事实。省教育厅的调查报告揭露说："满洲日本移民之数，将达二十万以上。其事业之发展，国权之扩大，实足令人惊讶。日政府又投入巨大资本，以经营教育事业。日本明治四十年（1897）四月，南满洲铁路公司开始经营诸般业务。同年十月，从事于教育事业，先设小学校，以教养居留民之儿童。其次设立公学堂，以教养中国人子弟。嗣后实业补习教育、女子教育、幼儿教育、中等教育、专门教育、大学教育、社会教育等各种机关，莫不次第设立。"① 另外，海城县（今辽宁省海城市）教育公所的调查报告亦揭露了日本在南满洲不遗余力经营教育事业的情况：日本人在海城县开办的学校有大学 4 所、中学 13 所、小学 37 所，另有实业补习学校 32 所、家政女子学校 11 所、幼稚园 28 所、图书馆 20 座；对中国人教育的学校，大学有 2 所、中学有 6 所、小学有 22 所。可见，日本教育侵略日益深重。他们在南满洲铁路附属地遍设学校，形成了从小学、中学到专门学校或大学的教育文化体系，大肆推行殖民奴化教育文化，从而为长期霸占东北进而全面侵略中国服务。如奉天省视学调查组织在《参观南满中学校、公学堂及第一、第二寻常小学校观后之感想》中以南满中学堂为例，深刻揭露日本殖民奴化教育文化的内容及其危害时指出，使用的教材"均系日本文部省规定之中学校教科

① 卢鸿德. 日本侵略东北教育史 [M]. 沈阳：辽宁人民出版社，1995：797.

书”。“其所教授之历史，系采用日本文部省所规定之中学校东洋历史。内容组织完全以日本为主体，年代纪元，则以日本为本位，国际关系，则以日本为中心，史事则又中国极简而日本极详”。“其所教授之地理，中国地理则系该校自行编印者，内容简略异常，关于中国疆域之广袤，省道之区别，形势险要、商业物产，种种要项，多付缺如”。“此等教授日学生本位之地理、历史，而施之于中国学生，使其国家观念日益淡薄，当然为势所不免”①。该调查报告进一步揭露了日本针对中国青少年学生分年级进行殖民奴化思想教育的事实。总之，日本侵略者在南满洲铁路附属地开办学校，向中国青少年灌输日本殖民统治文化，从而泯灭中国青少年的国家观念和民族意识，使他们从小就丧失反抗日本侵略的精神斗志，甘愿做日本殖民统治者的顺民和驯服工具，以达到从精神上征服和役使中华民族的目的。而这，正是日本殖民奴化教育文化的本质所在。

尽管这一时期以收回南满洲铁路附属地教育权为目标的运动没有取得成功，但以谢荫昌为代表的爱国者，面对日本侵略者及殖民主义奴化教育文化，表现了无所畏惧、敢于抗争的精神气概。

1925 年，上海爆发了反抗日本迫害纱厂厂主、镇压中国工人的五卅运动，大连中华增智学校、中华觉民学校与大连中华华工学会等团体联合成立了沪案后援会，声援上海工人的反日斗争。旅顺工科大学、旅顺师范学校、旅顺第二中学、南满洲工业专门学校、大连商业学堂等学校的中国学生和普兰店公学堂、庄河县（今辽宁省庄河市）县立小学等学校纷纷组织罢课，举行示威游行，声援上海工人的反帝斗争。次年 3 月 12 日，大连中华增智学校、中华青年会、普善堂平民学校、寺儿沟平民学校、培德学校等，提出了打倒帝国主义和卖国军阀、取消不平等条约等口号。

① 卢鸿德．日本侵略东北教育史［M］．沈阳：辽宁人民出版社，1995：800.

1926 年冬天，旅顺师范学校学生举行了抗议日本教师鄙视、侮辱中国人的活动，要求学校当局增设英语、理化课程，增加学校图书室中文书籍的罢课斗争，罢课坚持一个多月，最终取得了胜利。

九一八事变后，辽东地区广大爱国师生展开了反抗日本殖民奴化教育的英勇斗争。东北教育界的爱国志士，如王化一、高崇民、阎宝航、卢广绩、杜重远、车向忱、梅佛光、李献廷等，在平津地区组织成立了“北平救国会”，以收复东北失地为目标，在平津地区大中学吸收会员。次年夏，李献廷回到安东组织救国会安东分会，联络秦有德等 30 余人参加该分会，开展抗日救国思想宣传教育和捐献活动，支援东边道的抗日义勇军。随后，各县相继成立了 10 余个分会。1935 年，由于叛徒告密，日本宪兵以“国事犯”“思想犯”等罪名，将孙文敷和安东、凤城、庄河、岫岩、宽甸、桓仁、辑安、通化、临江等县教育局局长、职员及中小学校长、教师共 500 多人逮捕，进行严刑逼供，有 40 余人被刑讯致死、100 多人被处死，另有许多人下落不明，制造了骇人听闻的安东教育界大惨案。在旅大地区，各大中小学的教员及爱国学生秘密成立了“旅大青年义勇会”，会员由 80 多人增加到 200 余人。会员主要来自旅顺工科大学、旅顺师范学校、大连商业学堂、大连公学堂、水师营公学堂及牧城驿普通学堂等。该会在旅顺、大连、金州各地设立分会。其任务是宣传三民主义等进步思想和旅大租借地即将收回，提倡国货、拒售土地、拒食毒物、破除迷信、打倒土豪劣绅、提倡博爱等。金州分会会长刘毅组织游行示威，有 2000 多人参加，日本警察和巡捕出来干涉，被游行的人们缴械后捆绑弃之路旁。事后遭到日本宪兵的镇压，有 20 多人被捕，惨遭杀害。

1938 年，日本侵华战争进一步升级。旅顺师范学校发现日本教师故意将日本地图挂压在中国地图之上，将所占领的地方全部插上了日本国旗，遭到中国学生的反对和抵制。1941 年 6 月，旅顺高等学校学生举行了反对日本教师迫害中国学生和抗议学校日本管理教官克扣学生伙食费、盗卖学生食堂粮食的运动。其浩大声势令日本殖民者当局深感震惊，被迫撤换了该校校长。

以上，说明辽东地区人民在反帝斗争，特别是爱国人士在反日、收回教育权的斗争中，表现了中华文化传统尤其是辽东地区文化传统的优秀品质和坚定意志。

（二）抗日斗争文化的兴起和发展

1. 辽东地区抗日义勇军及抗日斗争

辽东乃至东北地区沦陷后，日本帝国主义铁蹄的践踏与蹂躏，致辽河近现代文化传统遭受严重破坏。在民族危机空前严重的时刻，广大爱国同胞毅然挺身而出，组织各种形式的抗日义勇军，同反日游击队、人民革命军和东北抗日联军等抗日武装力量一道，响应中共满洲省委的号召，坚决抵抗日本侵略，演绎着感人的抗战英雄史诗，成为近现代辽河文化传统发展的新篇章。

东北抗日义勇军是东北抗日联军的前身。当时，辽宁的义勇军主要有分布在北宁路、大通路（大虎山至通辽）、营沟路（营口至沟帮子）一带的辽西、辽北义勇军，分布在安奉路（安东至奉天）、南满路中段（奉天至盖平）一带的辽南义勇军，分布在通化与桓仁一带的东边道义勇军。

这一时期，辽西、辽北兴起了多支义勇军，如东北民众抗日救国义勇军第四路军、辽西抗日救国军、东北民众抗日救国义勇军第三路军、东北抗日救国义勇军第四十八路军、东北民众抗日救国军、东北义勇军第五军团等。这些抗日义勇军活动在北宁、营沟、大通 3 条铁路沿线，对阻止日军西犯发挥了重要作用。

辽南义勇军活动在海城、台安、辽阳、辽沈一带。这支抗日武装以海城为中心，活动在北至辽阳、辽中，东至岫岩、凤城，南至营口、大石桥，西至台安、盘锦的范围内，抗击日伪军，大小战斗不下数百次。他们拆铁路、毁兵站、炸军车，取得了关门山等战斗的胜利，给日伪军很大打击。

辽东南东北民众自卫军由凤城县（今辽宁省凤城市）公安局

局长邓铁梅组建，活动在安东、凤城、岫岩、庄河等地，是当时规模最大、武装最齐备的抗日武装力量。后来，被东北抗日救国会编为东北民众自卫义勇军第二十八路军。这支由邓铁梅率领的抗日武装自成立以来，与日伪军战斗百余次，给日伪军以沉重的打击。较为有名的战斗有：夜袭凤城敌警察局；尖山子沟战斗；奇袭卡巴岭三义庙；攻打龙王庙；袭击岫岩城。1933 年年末，日军调集大批武装对邓铁梅领导的抗日队伍进行扫荡、围剿。1934 年 5 月 30 日，邓铁梅因叛徒出卖而不幸被捕，惨遭杀害，时年 43 岁。邓铁梅牺牲后，报纸盛赞其领导的抗日武装是威武之军，称邓铁梅为“大丈夫”①。1935 年 8 月 1 日，中国共产党驻共产国际代表团草拟《中国苏维埃政府、中国共产党中央为抗日救国告全体同胞书》（即《八一宣言》）中称“邓铁梅等民族英雄为救国而捐躯”②。邓铁梅牺牲后，苗可秀整顿改组该军队为救国军，继续开展抗日斗争。在辽东南地区形成了抗日斗争新高潮。1935 年 6 月 12 日，在日军围剿中苗可秀不幸受伤被俘，惨遭杀害。邓、苗两位抗日将领虽然牺牲，但辽东南地区抗日斗争并没有停止，抗日武装力量仍继续战斗，直至打败日本侵略者。

在辽东南地区还有第五十六路抗日义勇军以及第三十五路义勇军和庄河大刀会等武装力量进行的抗日斗争。在奉天南郊地区，义勇军第二十一路军在奉天、抚顺、本溪、铁岭、新民一带开展抗日斗争。这充分显示了义勇军抗击日本侵略、收复失地的斗争意志。

东边道义勇军成立于 1932 年 4 月 21 日，5 月底，该军被编为东北民众抗日义勇军第三军。其抗日斗争活动范围达 21 个县，与

① 辽宁省中共党史人物研究会．辽宁党史人物传（1）[M]．沈阳：辽宁人民出版社，1997：322.

② 易显石，等．“九·一八”事变史 [M]．沈阳：辽宁人民出版社，1981：34.

日伪军战斗长达两年多，多次打退日伪军的扫荡，先后收复过东边道许多县份，给日本侵略者以沉重打击。

在辽东地区义勇军建立和发展过程中，中共满洲省委根据中共中央的指示精神，选派一批共产党员和共青团员深入义勇军中，协助组建武装力量，发动群众积极参加义勇军，促进了义勇军迅速发展壮大。至 1932 年夏秋之际，抗日义勇军发展达到了高潮，经东北救国会委任的义勇军有 38 路、27 个支队。九一八事变爆发后，辽东地区义勇军率先发动抗日斗争，在兵力、武器、后援等与日军存在极大差距的情况下，英勇作战，奋勇杀敌，袭敌兵营、收复失地、拆毁铁道、炸毁桥梁、捣毁通信，让侵略者不得安宁，歼灭了日寇大量有生力量。据史料记载，1933—1934 年间，义勇军出击敌人 6000 余次、出动人数在 46 万人次①。另据奉天省警察署统计，仅辽东地区抗日游击队进行的战斗，在 1934 年 6 月份为 709 次、7 月份为 757 次、8 月份为 1516 次，至 12 月份则增加到 1706 次②。这充分显示了辽河儿女不怕流血牺牲、不屈不挠、敢于斗争的爱国精神。

2. 抗日游击队在辽东地区的创建及发展

1931 年 9 月 22 日，中共中央在《关于日本帝国主义强占满洲事变的决议》中提出，加紧在北满军队中的工作，组织兵变与游击战争。在东北抗日义勇军受挫后，中国共产党便积极争取和团结各种抗日力量，收编和改造各地义勇军余部，着手建立由中国共产党领导的游击队。同时，派巡视员帮助地方党部深入农村，直接在农民中组建游击队。10 月 12 日，中共中央在《关于满洲士兵工作的指示信》中指出，“满洲的形势中极有利于游击战争的开展”，“在开始发动游击战争的时候，要找到群众比较活跃、统治

---

①　钱俊瑞. 救亡手册［M］. 上海：生活书店，1937：48-49.

②　王明阁，等. 东北抗日联军斗争史［M］//哈尔滨：北方论丛出版社，1980：76.

阶级力量比较薄弱的地方，游击队作武装群众斗争的前锋，群众作游击队的基础，把游击队与群众斗争配合起来，才能开辟游击区域与加强和扩大游击队”①。中共满洲省委根据中共中央指示信的精神，于11月中旬召开会议，专门研究组建抗日游击队、开展游击战争的问题，提出了具体工作计划，强调要以创建抗日游击队、开展游击战争为中心，对城市职工运动、农村群众运动工作和游击战争、士兵工作、宣传工作及出版省委机关刊物《满洲红旗》等工作进行部署，并向各地党组织发出一系列组建抗日游击队的指示。1932年3月，中共满洲省委发布了《抗日救国武装人民群众进行游击战争》的文件，提出只有人民群众起来，只有在群众斗争中创建中共直接领导的人民武装，才能保证彻底抗日救国，同时应该以这样的武装斗争为核心力量，支持、援助和联合其他非党的一切抗日武装力量共同抗日。4月22日，中共满洲省委给中共中央的报告中明确提出：“发动满洲游击战争，领导反日的民族战争，开辟满洲新的游击区域与苏维埃区是党目前最中心最迫切最实际的战斗任务。”② 不久，中共满洲省委就派遣大批优秀干部深入农村和各地义勇军中去指导创建游击队工作。1932年6月4日，在磐石中心县委的领导下，创建了磐石游击队，公开宣布“决心驱逐日本强盗，收复一切失地，对无辜的群众秋毫无犯，以保我民众安居乐业”。1932年11月，中共满洲省委候补委员、代理军委书记杨靖宇到达义勇军驻地，在经过调查了解情况后，将义勇军改为中国工农红军第三十二军南满游击队，即磐石游击队。1933年春，中共满洲省委任命杨靖宇为南满游击队政委。从此，南满游击队在杨靖宇的领导下迅速扩大，至4月

① 《东北抗日联军斗争史》编写组．东北抗日联军斗争史［M］．北京：人民出版社，1991：79.

② 《东北抗日联军斗争史》编写组．东北抗日联军斗争史［M］．北京：人民出版社，1991：80.

间，连续粉碎日伪军 4 次扫荡，并主动出击日伪军。这一时期，先后作战 60 多次，击毙日伪军 130 多人。游击队迅速扩大到 250 多人，新式武器达 230 余支。至此，南满游击队的活动区域已经扩大到以磐石河套、红石砬子为中心，包括桦甸、甸通、双阳、永吉等附近县市。南满游击队已经成为名副其实的抗日武装骨干力量。

南满地区另一支抗日武装是海龙游击队。九一八事变后，这里的抗日武装力量十分活跃。1932 年 8 月 3 日，中共海龙县委决定以原保卫县委的武装特务队为基础组建海龙工农义勇军。年末，遭到日伪军的大举进攻，被迫解散。1933 年 1 月，杨靖宇从磐石到海龙巡视工作，整顿了海龙工农义勇军，并改称为中国工农红军第三十七军海龙游击队。中共海龙县委开会决定进行抗日宣传和武装斗争。海龙游击队先后在大泉眼和大苏河乡大沙滩打垮日伪武装，缴获许多物资、枪支和货币。战斗胜利后，队伍转移时遭到日军伏击，损失惨重。后来，中共派人进行补充，队伍有所发展。

磐石游击队和海龙游击队不断发展壮大，后来成为抗日联军的主力部队，成为辽东乃至东北地区抗日的中坚力量，为抗日战争的胜利作出了重大贡献。从此，辽东地区抗日武装斗争出现了焕然一新的局面。

3. 东北人民革命军在辽东的抗日斗争

为了壮大抗日武装力量，继组建南满抗日游击队后，中国共产党在东满、北满等地组建抗日游击队，并以此为基础，组建了东北人民革命军，坚持和发展东北地区抗日游击战争。1933 年 1 月 26 日，中共中央发来了《中央给满洲各级党部及全体党员的信——论满洲的状况和我们党的任务》（史称《一・二六指示信》），指出："党领导的游击队是一切游击队伍中最先进最革命拥有最大战斗力的队伍，只有进一步发展这支队伍，才能动员千百万群众同日本侵略者作斗争，直到取得抗日战争最后的胜利。为使抗日游击运动及一切革命群众运动取得胜利，中共满洲党组织必须尽可能地形成全民族的反帝统一战线，来聚集和联合一切可能的尽管是动摇的抗日力量，与共同的敌人——日本帝国主义及其走狗斗争。在统一战线中要坚持和保存自己政治上和组织上的独立性，夺取和保证无产阶级在统一战线中的领导权。”为此，要在东北组建民众政权和民众革命军。反日民族统一战线的策略方针，对于中国共产党领导东北地区人民展开抗日武装斗争发挥了重要作用。中共满洲省委根据这一指示信的要求，于 1933 年 5 月 15 日通过了《关于执行反帝统一战线与争取无产阶级领导权的决议》，提出中共满洲各党部当前的中心任务，必须执行民族革命的统一战线，开展广大群众参加的日常政治、经济斗争，夺取和巩固无产阶级的领导权，建立满洲的人民革命军与选举的民众政权①。并提出在坚决反日、不侵犯劳苦群众的利益并给予民众以民主权利、不反对共产党条件下，中国共产党所领导的反日游击队便可以与其他抗日武装力量建立抗日联合军指挥部的组织，或订立反日作战协定，共同进行抗日战争。7 月 1 日，中共满洲省委制发了《中共满洲省委给磐石中心县委及南满赤色游击队的信》，提出改编中国共产党领导的抗日游击队，建立东北人民革命军，为团结和加强领导一切抗日武装力量，建立“抗日联合军司令部”作为抗日统一战线的军事领导组织，扩大游击运动与根据地，并提议建立地委、南满中心县委，统一领导磐石、海龙等地区的抗日工作。9 月 18 日，东北人民革命军第一军第一独立师正式成立，杨靖宇任师长兼政治委员，李红光为参谋长，宋铁岩为政治部主任，下属两个团和 1 个政治保安连。发表了《东北人民革命军第一军第一独立师成立宣言》，郑重宣告，东北人民革命军独立师是东北 3000 万民众的重要力量，要为驱逐日本一切海陆空军撤出满洲，收复

① 《东北抗日联军史料》编写组．东北抗日联军史料（上）［M］．北京：中共党史资料出版社，1987：65．

东北而战，推翻日本军国主义为中国民族独立解放与国土完整而战，为东北三省而战，为东北 3000 万民众的利益而战。同时，还公布了《东北人民革命军政纲》《东北人民革命军士兵优待条例》《东北人民革命军暂行规则》《告反日义勇军战士兄弟书》，进一步明确了人民革命军的性质、任务和纪律，以及愿与反日部队结成作战同盟的条件。为集中分散在辽东地区的游击队，联合其他抗日武装共同作战，中共满洲省委于 1934 年将活动于南满一带的各个抗日武装联合起来，成立抗日联合军指挥部，推举共产党人杨靖宇任总指挥。抗日联合军总指挥部成立后，各个抗日部队由分散抗日转变为联合抗日，在 4 个多月的时间里，与日军交战 60 余次，打死打伤日伪军 130 余人，粉碎了日伪军是年发动的第一期讨伐，给日伪军以极大威慑。经过战斗洗礼，东北人民革命军第一军独立师得到了迅速发展，到 1933 年 10 月末，部队由成立时的 300 多人增加到 800 余人，活动区域由 8 个县增加到 20 多个县。根据中共满洲省委的指示，在 1933 年 11 月 7 日召开的南满党的第一次代表大会上，正式成立东北人民革命军第一军，杨靖宇任军长兼政治委员、朴翰宗任参谋长、宋铁岩任政治部主任兼党务、马占元任军需处处长；下辖两个师，第一师，李红光任师长兼政委、韩浩任副师长、程斌任政治部主任、韩震任军需处处长；第二师，曹国安任师长兼政委、李松波任参谋长、张云志任政治部主任；另设司令部直属保卫队和两个教导连。

东北人民革命军第一军成立后，遵照中共中央和满洲省委的指示，展开抗日斗争，东北地区抗日游击战争的发展进入了新的时期。1933 年 11 月 25 日，第一师第五团、第三团在通化三岔攻击日伪军，消灭 30 余人；12 月 3 日，该部又袭击孤山子日伪军，歼敌 20 余人，缴获部分枪支弹药；同月 7 日，东北人民革命军第一军与日军井上部队及伪军第二旅一部在老秃尾巴沟遭遇，激战 5 个小时，将日伪军击败；1934 年 1 月，军长杨靖宇与参谋长朴翰宗率 100 多人在红土崖附近伏击伪军李寿山部 1 个骑兵连，毙敌

10 余人，俘敌连长以下 30 多人，缴获大量枪支弹药。参谋长朴翰宗不幸牺牲。1934—1935 年，东北人民革命军第一军粉碎了日伪军的多次讨伐和围剿，在战斗中不断发展壮大，至 1935 年年底，兵力已达 1600 多人，成为南满乃至东北地区的一支重要的抗日武装有生力量。

4. 辽东地区的抗日救亡斗争

东北全面沦陷后，辽东地区的农工商业界的广大工农群众和教育与文艺界的爱国知识分子积极投身抗日救亡运动，迅速掀起了抗日救亡运动，与日伪当局展开艰苦的斗争。

在大连，抗日组织对日本战略设施和物资的破坏活动，长达 5 年之久，给日军以深重的打击。他们以血肉之躯，同日本侵略者展开殊死搏斗，在辽东地区人民反抗日本侵略的历史上，书写了辽河近现代文化传统壮丽的篇章。

在沈阳，九一八事变爆发后，抗日救亡运动则是以工人停工、怠工、罢工，商人罢市，学生罢课等手段展开斗争。9 月，奉天造兵所工人发动怠工、抢粮、罢工斗争；皇姑屯铁路工厂发动工人罢工斗争。1933 年，奉天源顺兴纱厂、奉天纺织厂发动工人罢工斗争，其他工厂工人也采取各种手段支持罢工斗争。九一八事变后，当时沈阳的商埠地有 1.5 万户店铺闭门停业，直至 9 月末，仅有 1/5 的店铺被逼迫开业。

自辽东沦陷后，教育与文艺界的广大爱国人士展开了抗日救亡运动。当时东北大学的师生闻知九一八事变后，群情激愤，矢志保卫家乡。为阻止日军接管学校，学生们自发组成护校队，昼夜巡逻，并将学校的一些重要财产疏散、保护、收藏起来。宋黎、张希尧等同学鼓励东北军将枪口对准日本侵略者。奉天神学院学生牛光仆、锦州育贤中学教员张一民联合盛京施医院医生王聿光、屈秋然等，在奉天成立了抗日组织“一分委员会”，以其为联络手段，从事抗日救国运动。经过两年的发展，会员有奉天文学院、奉天神学院、盛京施医院、基督教青年会、奉天启东烟草公司等单位的学生、教员、医生、护士等100多人。1935年10月12日，日伪军警派出80多人在沈阳搜捕，逮捕牛光仆、陈守礼等34人。一分委员会虽遭受重创，但已凝聚起来的抗日力量仍继续坚持抗日救国运动。

辽东地区文艺界的爱国人士，不顾个人安危，通过各种文学艺术形式进行抗日救国宣传，鼓动和鼓舞人们积极参与抗日救国运动。由抗日作家花喜露在盖县创办的鲁迅文学研究社是当时较有影响力的文艺团体。其宗旨是研究研究左翼文学，联络爱国志士仁人，发展辽东的革命文艺运动，进行爱国抗日斗争。在花喜露主持下创办了文艺刊物《行行》和《星火》，发表爱国抗日作品。其内容大多反映的是在日本殖民统治下的辽南农民和劳苦大众反对帝国主义侵略和封建地主阶级压迫和剥削。1941年，《星火》出刊20期，被当局以“宣传赤化”为由强迫停刊。1944年，花喜露遭到敌人逮捕，在狱中写下了几十首正气凛然的诗歌，如《我是王》《暗室》等，在爱国志士中传诵，表现出花喜露爱国抗日的英雄本色。

出生于奉天城一个普通知识分子家庭的阎述诗，九一八事变后，面对无数爱国志士惨遭日本侵略者杀害，大好河山遭受日本帝国主义铁蹄践踏，他将悲愤之情融于笔端，谱出了歌曲《五月的鲜花》，激越的歌曲是抗日救亡的嘹亮号角，传遍辽东乃至东北大地，激发民众的抗日激情。阎述诗还冒着生命危险搜集日军发动九一八事变，侵占辽东乃至东北地区所犯罪行的证据，提交给“国联调查团”，积极参加“一分钱捐赠”活动；1934年秋，排演了抗日歌剧《风雨之夜》，痛斥日本侵略者的种种罪行。大批日伪军警包围剧场，阎述诗毫无畏惧，坚持演完歌剧后化装脱险。

东北抗日联军十分重视文艺宣传的作用，通过举办娱乐会、唱歌班、文艺演出等形式，进行爱国抗日宣传。特别是杨靖宇将军，亲自编导四幕话剧《王小二放牛》，撰写了《西征胜利歌》《东北抗日联军第一路军军歌》等，深受将士们欢迎，极大地激发了官兵们的爱国之情和救国斗志。总之，东北抗日联军的抗日歌曲是东北爱国抗日斗争文化在艺术领域的具体体现。

许多文艺工作者，将发生在奉天的抗日人物及事迹编写成故事，如《李兆麟古镇“黑帽子”》《“老北风”的抗日传说》《关帝庙聚义》《义勇军夜袭大南门》《火烧奉天飞机场》《王殿荣痛击日军》《智斗大岛》《耿黎锄奸》《大闹南满站》《苏家屯车站的反日诗》《黄寺大街的枪声》等。这些英雄人物的事迹成为鼓舞民众抗日斗志的精神力量。还创作了《九一八》《乱世叹》等民谣，揭露日军的罪行，当时的奉天城，“满城东洋鬼，横行耍野蛮，抢夺又杀伤，百姓真可怜”。这些民谣，为发动民众奋起抗日起到了重要的作用。

东北流亡同胞的抗日救亡运动。日本帝国主义野蛮侵略和残酷压迫致大批民众逃往关内，其中有爱国抗日思想的人士纷纷组织成立流亡同胞团体。1931 年 9 月 21 日，由在北平的东北青年学生包括从东北流亡北平的学生和原在北平的大学就读的东北籍学生共 3000 多人成立的“东北民众抗日救国会”。东北民众抗日救国会成立伊始，即以“抵抗日本侵略，共谋收复失地，保护主权”为宗旨①，担起了关内和关外两条线同时抗日作战的任务。在关内，积极开展宣传、募捐、慰劳、培训等活动；在关外，负责组建、整顿、支援东北各地兴起的抗日义勇军的斗争，组织民众开展抗日武装斗争。

1933 年 5 月，蒋介石政府下令取缔东北民众抗日救国会等抗日团体。8 月 31 日，东北民众抗日救国会被迫解散。东北民众抗日救国会在东北沦陷、民族危机空前严重的时刻挺身而出，积极组织抗日宣传、创办抗日救亡刊物、南下沪宁请愿等，揭露日本帝国主义的侵略罪行，批判不抵抗政策的危害，痛斥汉奸的卖国

① 政协辽宁省委员会文史资料研究会. 辽宁文史资料［M］. 沈阳：辽宁人民出版社，1991：2.

行径，向民众宣讲抗日救国的道理，诉说东北沦陷区人民遭受日本侵略的苦难，策动、指导和支持东北各地兴起的抗日义勇军的斗争，号召民众捐款支援东北抗日义勇军的抗日斗争，组织民众投身抗日武装斗争，为联络东北人民和全国人民进行抗日救国斗争作出了重大贡献。

二　辽河近代抗战文学的兴起与发展

文学是社会文化的重要形态和类型，代表了一个民族的艺术和智慧。其形成和发展折射了时代人文历史真实境况。

辽河抗战文学的兴起和发展，与辽东地区抗日战争的历史息息相关。抗日战争期间，或虽是辽东籍，但却因战乱而流亡外地，或虽非辽东籍，但在辽东地区生活、学习、工作过的作者，以抗日战争为题材，创作了许多表现辽东乃至东北地区抗战主题的文学作品。就其主流来说，担负着抗日救亡的历史任务，揭露日本帝国主义侵略罪行，批判国民党南京政府不抵抗政策，表现了辽河儿女的苦难、抗争以及对和平生活的追求。无论是地区抗日战争史，还是中国抗日战争史，辽河抗战文学都是不可或缺的历史文化篇章，也是辽河近现代文化的精神要义所在。

从时间过程上讲，辽河抗战文学的兴起、发展与中国抗日战争的整体发展趋势、与辽东乃至东北地区抗日战争的发展过程相随相伴。日本侵略者发动九一八事变，武装侵占了辽东乃至东北地区。刚刚兴起的东北新文学潮流被阻断，辽河新文学进入复杂扭曲的发展阶段。一方面，日本殖民文化大肆入侵，殖民当局疯狂鼓吹法西斯文学，大力扶植卖国主义的汉奸文学和为日本侵略者歌功颂德的粉饰文学；一方面，在中国共产党领导下，爱国文人创作的歌颂中国人民抗击日寇的英雄行为，揭露日本帝国主义的野蛮侵略，批判国民党南京政府的不抵抗政策的文学。

较早以文学形式表现九一八事变给国人带来震惊、愤慨与抗战呐喊的是上海东南医院医学教授姚伯麟，他在《辽警有感》中对国民党当局“只依赖国联，劝国人镇静”的政策质疑：“独使万民持镇静，诸君何以退夷兵?”另外，教师李贯慈《哭辽东》吟道：“复我片土可百世，杀敌一毛足千秋！男儿一副好身手，拼将热血洒神州。”教师希鲁《日本入寇东三省感赋》中写道：“尝胆惟期歼丑虏，枕戈莫怕抗强权。同胞今日应同起，仔细艰难任仔肩。”王一甲《日占东省有感》呼吁：“同胞奋起共杀贼，定国磐安皆在此……君不闻，男儿职志守山河，血染征衣亦快哉!”东北大学的苗可秀组织征校歌，教师刘永济作《满江红·东北大学抗日义勇军军歌》，其中以“交阯铜标勋迹壮，燕然勒石威名烈”的传统，期许年轻的学子“把乾坤、大事共承担”①。

以新文学形式表现九一八事变的是张恨水以及一批被新文学阵营视为旧派的作家。张恨水在《健儿词之七》中写道：“背上刀锋有血痕，更衣裹剑出营门。书生顿首高声唤，此是中华大国魂。”为了捍卫中华大国魂，通俗小说家以九一八国难为背景，纷纷创作了表达对东北沦陷的忧愤与抗日旨趣的小说，如程瞻庐的《疑云》、徐卓呆的《往哪里逃》、顾明道的《为谁牺牲》、黄南丁的《肥大佐》、汪仲贤的《恐怖之窟》等，其中最突出的是张恨水。张恨水的创作意旨是：“必以语言文字，唤醒国人，鼓励民气。”因此，“写任何小说，都想带点抗御外侮的意识进去”。他以切实、深沉、雄浑的笔调，写国难时的事物，虽然烽烟满目、山河破碎，但贡献社会语言文字，足可“唤醒国人，鼓励民气”，这都体现在他自费出版的《弯弓集》中。

辽河抗战文学的兴起，首先关注的是沦陷区劳苦民众的生活，关心的是中华民族面临的巨大危机，以多种文学形式，表达了辽河儿女不愿做亡国奴的反抗心声，抒发了爱国知识分子丧失家国

① 陈汉平．抗战诗史［M］．北京：团结出版社，1995：18-19．

的愤懑，在普通民众的反抗斗争中寄托民族兴亡的忧思。

纵观辽河抗战文学，大体由两个方面组成：一是东北流亡作家中辽东籍作家创作的文学；二是生活在辽东本土的作家所创作的文学。这两个部分共同构成了辽河抗战文学的整体面貌。

（一）辽东流亡作家的文学创作

九一八事变后，日本关东军很快以武力占领了辽东乃至东北地区。一些出身辽东的作家被迫流亡，或北上或南下，在中国的南北各地发出爱国抗日反帝文学的先声。在辽沈沦陷初期，日本殖民统治比较薄弱的哈尔滨地区，形成了以金剑啸、罗烽、白朗、萧军、山丁、林珏、陈隄为代表的北满作家群。他们翻译介绍外国文学作品，以报纸副刊为阵地，发表了许多抗日题材和暴露现实的作品。萧军、罗烽、白朗的小说创作，金剑啸的戏剧和诗歌创作，代表了沦陷初期辽河文学的主要成就。

东北沦陷后，辽东的端木蕻良、马加、蔡天心、李满红、雷加、徐放、刘黑枷等新文学作者陆续流亡到关内。他们在读书和从事抗日救亡活动中继续文学创作，发表了许多反映东北地区民众爱国抗日题材的文学作品。由于他们的作品发表的时间地点相对分散，因而没能从一个流派或文学团体的角度给当时的文坛以震动。

1935年后，萧军、萧红、罗烽、端木蕻良、白朗、骆宾基等陆续到达上海，创作一系列小说并相继发表，如萧军的《八月的乡村》、萧红的《生死场》、舒群的《没有祖国的孩子》、罗烽的《第七个坑》、端木蕻良的《鴜鹭湖的忧郁》、白朗的《伊瓦鲁河畔》、骆宾基的《边陲线上》、马加的《登基前后》等。这些文学作品所表现的内容逐渐形成了一个文学流派即东北流亡作家群，引起了文坛的关注。他们的创作给正在兴起的抗日救亡文学注入了生机与活力，为反帝反封建的新文学增添了抗日救亡的崭新内容。萧军、罗烽、白朗、端木蕻良、马加等人的作品不仅提升了东北文学的地位，而且也为辽河现代文学赢得了第一个文学创作的高峰，成为20世纪三四十年代辽河抗战文学最高成就的代表。

日本武装占领辽东乃至东北地区后，大力推行殖民地文化，强化文化统治，大部分报纸被迫停刊，以报纸副刊为阵地的新文学也就失去了载体。直至1934年以后，日本殖民者允许一些报纸办副刊，于是奉天、大连、抚顺、营口等地才渐渐有一些依附于报纸副刊的文学社团出现，这些文学社团凭借报纸副刊发表文学作品。次年，出现了《凤凰》《新青年》《明明》《麒麟》等综合性杂志，刊发过新文学作品。20世纪30年代末，又创办了《文选》《艺文志》等文学杂志。报纸副刊开辟的专栏和杂志类刊物是当时文学作品的两个主要载体，这极大地扩大了文学表现生活的视野和容量，对新文学的创作起到了一定的促进作用。

1937年以后，日本帝国主义在东北地区对思想文化的殖民统治趋于常态化。辽河近现代文学创作环境更加艰难，许多进步新文学作者冒着被捕、坐牢的危险，大胆创作新文学作品，通过各种渠道传播新文化。形成了以山丁、秋萤、袁犀等为代表的文选文丛派和以古丁、小松、疑迟等为代表的艺文志派。这一时期，辽河新文学的发展已粗具规模，产生了一批中长篇小说和叙事诗，如山丁的《绿色的谷》、秋萤的《河流的底层》、古丁的《原野》《平沙》、小松的《无花的蔷薇》《北归》、金音的《教群》、青榆的《冷香槟》、石军的《沃土》、姜灵非的《新土地》、冷歌的《船厂》等。这些作品以不同的文学表现方式记述了在日本殖民统治下亡国奴的悲惨生活，揭露了日本侵略造成的空前劫难，表现了在军事战争与民族矛盾交集的社会环境中，中国人民不甘屈服、坚决反抗的心声。在题材选择、主题发挥、人物塑造及细节描写等方面都有明显进步，逐渐走向成熟。在体裁上与同一时期关内新文学注重史诗性长篇小说创作态势的趋同，通过文学创作探索了殖民统治下艺术地表现中华民族传统文化的有效途径，提供了反抗外来侵略的现代文学表达形式。

1941年3月，日伪当局颁行了《艺术指导纲要》，提出“八不主义”，进一步强化文化管制，明确规定文学作品不得描写社会阴暗面，严禁流露悲观失望情绪。太平洋战争爆发后，大肆鼓吹法西斯“决战文学”，将文学纳入战争轨道，强迫文学创作者为日本侵略战争呐喊助威，粉饰殖民统治。对东北境内的左翼文学作者多次采取统一行动进行大肆搜捕、残酷镇压。受此影响，辽河近现代新文学的发展十分艰难。尽管如此，一些文学创作者仍坚守民族气节，创作出了许多揭露社会阴暗面、记录时代风云的现实主义作品，在腥风血雨的岁月里，为辽河新文学的发展作出了积极的探索。

1. 辽东流亡作家的中长篇小说创作

20世纪20年代以来，辽河近现代中长篇小说的创作和艺术水平凸显了一种跳跃性和反差性，与同期关内出现的较为成熟的趋势相比，作家人数和创作数量较少，总体上略显单薄。但与关内作家较多地以中长篇小说描写乡村生活的创作趋势不同，辽河中长篇小说一起步就着墨于都市生活景象，刻画都市中丑恶的人物灵魂，揭露物欲横流、道德沦丧的社会面貌。从卑微愚昧、趋炎附势的市井小民、地痞流氓，到见利忘义、专横跋扈、丧失人伦的官场政客、军阀恶棍，几乎是一片污浊与黑暗，在王冷佛的《珍珠楼》、穆儒丐的《笑里啼痕录》《香粉夜叉》和金小天的《春之微笑》等作品中有大胆的暴露，表现了殖民地社会的贪欲、势利、世俗、见利忘义、不择手段满足个人私欲的市井心态，展现了都市成长起来的具有反抗意识和社会责任感的青年一代的精神风貌。

20世纪30年代以来，在东北流亡作家群中，以萧军、罗烽、白朗、端木蕻良、马加等为代表的辽东作家的中长篇创作，为辽河近现代文学乃至中国近现代文学掀开了反帝爱国文学的新篇章，由此也形成了辽河近现代中长篇创作的第一个高潮。

（1）萧军的中长篇小说创作

萧军，原名刘鸿霖，曾用名刘吟飞、刘蔚林，曾用笔名三郎、田军。1907 年生，辽宁省义县人。于 1931 年以三郎笔名正式从文；1933 年与悄吟（萧红）合出短篇小说集《跋涉》；次年 7 月流亡入关，曾得到鲁迅先生的提携；1935 年 7 月，出版长篇小说《八月的乡村》，引起了文坛的瞩目，由此带动了东北流亡作家群的形成。这一时期，萧军创作的中长篇小说有《涓涓》《鳏夫》；1936 年开始创作长篇小说《第三代》，1937 年出版了该书的第一、二部合集；是年以后，先后到武汉、临汾、西安、延安、兰州、重庆等地从事抗日救亡的文化活动；1940 年夏至 1945 年冬在延安，其间继续创作《第三代》，曾参加过延安文艺座谈会；1947 年春返回哈尔滨，任鲁迅文化出版社社长，创办《文化报》并担任主编；1948 年年底至 1951 年间，先后在沈阳、鞍山、抚顺等地的工矿企业体验生活；1951 年赴京加入北京市作家协会，创作了《五月的矿山》《吴越春秋史话》等；1966—1976 年间，曾被除去公职；1980 年恢复公职，是年当选为北京市作家协会副主席；于 1988 年 6 月 22 日在北京去世。

流亡时期，萧军最早创作的中长篇小说《涓涓》取材于萧红所讲述的关于中学求学时的生活，萧军将萧红讲的故事进行整理和加工成为小说，揭露了 20 世纪 20 年代哈尔滨崇德女子学校以封建道德思想束缚学生的教育制度，反映了黑暗的社会现实。故事的主人公苏涓涓生活在一个富有家庭，目睹了父母将家中使女转卖到妓院，致该使女遭毒打而亡；他们还出卖了一位在上海从事过工人运动的穷亲戚。父母的心狠手辣、冷酷无情，让天性活泼、爱好自由的涓涓无法忍受，毅然站出来反对父母，甚至公然背叛。

《鳏夫》是萧军流亡到上海后于 1935 年创作的一部中篇小说，通过鳏夫和女人、山林和狗的故事表现了对乡土故国的眷恋。主人公金合是一个勤恳本分的长工，长年为地主看护山林，创造了大量的财富但全都归地主，自己连起码的生活条件都得不到保障，他天生憨厚善良，帮助失去丈夫的于五嫂渡过生活难关，博得了于五嫂的好感，但碍于世俗的压力，无法和心爱的女人结合。生活让他明白了，驯服和哀求无法改变地主的冷酷无情，只有反抗才能争取属于自己的生活。小说成功地塑造了山村妇女于五嫂的形象。于五嫂深爱自己的丈夫，但并非完全依赖丈夫，她有自己的个性。在丈夫被害以后，是金合帮助她渡过难关的，于五嫂对善良的金合亦有好感，但逆来顺受、安分守己、听天由命的金合却没有勇气冲破世俗观念的束缚。“怕什么呢？你是穷人，我们也是穷人……穷人和穷人交朋友，还犯天谴吗？”于五嫂的话掷地有声，表现了东北妇女对爱情与自由的大胆追求。《鳏夫》中萧军用优美的文字描绘了他魂牵梦绕的白山黑水美丽的自然风光，诗化语言款款道来，令读者向往。

《八月的乡村》是萧军的第一部长篇小说，也是其成名之作。从开始创作到公开出版，经历了三个年头。全书 14 章约 14 万字。以东北人民革命军在磐石一带的抗日战争为题材，成功塑造了陈柱司令员、铁鹰队长、萧明等革命将士的鲜明个性，对于李三弟、小红脸、唐老疙瘩、刘大个子、李七嫂等人的塑造，表现了不同人物的心灵。通过对他们外貌和性格差异的刻画，表现了“失去的天空、土地和受难的人民”的粗犷豪放。东北流亡作家群的创作风格及其创作内容，为中国近现代文坛提供了一种新的文学内容和表现形式。

《第三代》是萧军创作的长篇巨著，这部小说共 8 部，80 余万字，倾注了萧军对东北文化底蕴和人文精神的特殊认识和体验，是一部气势恢宏的跨时代的史诗般的作品。从 1933 年开始创作到 1951 年全书完成，萧军用了大约 20 年的时间，几乎是用毕生心血来创作这部长篇巨著。1936 年在上海、青岛完成了第一、二部，并于次年发表，当即引起文学评论界的重视。小说以 20 世纪 20 年代前发生在辽东凌河村与吉林省长春市为中心的东北城乡社会和人民生活为背景，反映了阶级对抗和下层劳苦民众的痛苦生活。

刻画了上流社会的凶残、狡诈、虚伪、荒淫无耻，下层民众的苦难、挣扎、流徙、铤而走险，揭示了“官逼民反”的社会根源。小说描写的人物众多，有农民、猎户、土匪、工人、教员、艺人、商贾、妓女、中外流浪者、外国传教士、官僚、军阀、企业主等，通过对这些人物的刻画，挖掘了生活的本质，透视和剖析了中华民族的灵魂，在海交、井泉龙、林青、刘元等奋起反抗者身上寄托了民族不屈的灵魂与坚韧顽强的精神。同时，通过汪大辫子的形象揭示了民众中不觉悟的精神病态，反映了腐朽思想对国民灵魂的腐蚀与束缚。《第三代》是对外国殖民统治下的辽东乃至东北地区历史、社会、人生的高度艺术概括，其以深广的艺术表现力，为辽河近现代文学增添了夺目的色彩。

（2）端木蕻良的中长篇小说创作

端木蕻良，原名曹京平，笔名曾有黄叶、叶之琳、曹平等，1912 年生，辽宁省昌图县人。于 1932 年考入清华大学历史系，是年参加北平“左联”，并发表小说《母亲》；次年，发表第一篇长篇小说《科尔沁旗草原》；于 1936 年 1 月赴上海，创作了长篇小说《大地的海》以及多部短篇小说。1937 年 7 月以后，端木蕻良离开上海，开始流亡于西安、武汉、重庆、香港、桂林等地，从事文学创作和报刊编辑工作，先后创作了中长篇小说《大江》《江南风景》《新都花絮》《柳条边外》及一系列短篇小说，于 1949 年 10 月前夕从香港回到北京。1980 年，当选为北京市作家协会副主席；1984 年，当选为中国作家协会理事；次年，与夫人钟耀群合著长篇小说《曹雪芹》；1996 年 10 月在北京去世。

《科尔沁旗草原》是端木蕻良的成名之作，全书共 19 章 32 万字。小说中描写了丁家兴衰的历史。丁家先人原本是山东来的灾民，在“闯关东”途中凭借“仙术”治好了一位年轻的疯妇，被人们视为“半仙”，借此获得了第一笔的财富；到了四太爷一代，丁家已经成为称霸乡里的“北天王”，横行霸道，奸污民女，为所欲为；到了丁小爷时家道开始衰落，丁小爷看中了农家女黄宁姑，派家奴强抢来为妾，黄宁姑产下丁宁后死去，由此造成丁黄两家的冤仇。丁宁由当佃农的舅舅抚养长大，与表弟大山是一对快乐小伙伴。大山成人后外出谋生，九一八事变前后，因父亲去世而回家，料理完丧事后留在了草原，和佃农们联合起来要求丁宁减租。丁宁家接连遭受变故，先是丁宁的父亲投机粮食生意失败死去，接着丁府管家被土匪绑架，年轻的丁宁感到人生的意义已经被残酷的现实击碎，离家出走。抗日义勇军攻进县城，科尔沁旗草原怒吼了。小说重点刻画了丁黄两家年轻一代的形象。年轻的丁宁受新潮思想影响，同情草原上人们的悲惨命运，曾经想用自己的力量拯救一切，盼望农民觉醒，与地主斗争，但一旦农民真的觉醒，要求他减租、“推地”时，他却成了自己先前誓言的背叛者，站到了父亲的立场，而且手段比其父亲更加阴险、毒辣。与丁宁的形象形成鲜明对比的是其少儿时的伙伴大山。这位佃农家的后代，成了科尔沁旗草原怒吼力量的化身。丁宁与大山这两个既有家庭冤仇又有血缘之亲的年轻人，出身不同，命运也迥异。在家仇面前大山绝不向丁家让步，发誓要向丁家报仇，不饶恕罪恶丁家的任何一个人。在发动佃农联合起来向丁家“推地”，强迫丁家减租失败后，投奔“老北风”领导的抗日义勇军。在小说中，端木蕻良将上层社会三太奶、三十三婶的阴险、无耻、空虚与无聊，下层社会春兄、灵子、水水的勤劳、质朴、清纯和坚贞，刻画得生动而鲜明，表达了对善良人性的美好追求。

《大地的海》是端木蕻良创作的第二部长篇小说。小说描写了1933年春天发生在日本殖民统治下关东农村的故事。艾老爹有两个儿子，大儿子叫虎头，二儿子叫来头，哥儿俩同时爱上了村里的杏子姑娘。艾老爹虽然觉得这两个儿子同时爱上一个姑娘不是什么好事，但还是想多种几垧地，盼着有个好收成，给二儿子来头娶房媳妇，让全村人热闹热闹，也让自己也光彩光彩。一场暴雨冲毁了城里通往亮鬃河车站的道路，也冲毁了艾老爹的理想。替日本人管理囚犯的习艺所所长路百吉为了发财，建议日本人强占民田修路以防义勇军，为达到目的竟然让自己的小老婆花枝侍奉日本政务官永野。日本人强行铲去农民庄稼、强迫囚犯修路的行为，深深地刺伤了农民的心，也增加了民众仇恨的情绪。修路囚犯中的大胡子五丁和开压路机的金永德趁机鼓动农民和组织囚犯，欲发动暴动。敌人抓走了艾老爹，农民们捉住了日伪朱警长，双方进行人质交换，金永德用朱警长换回了艾老爹。路百吉的三儿子与虎头下乡打探情况，三少爷见杏子漂亮欲行强奸，杏子坚决反抗，三少爷打伤了杏子，虎头怒不可遏，打死了三少爷，飞马而去。农民们展开暴动，救出300来名囚犯。暴动中，来头受伤。大胡子五丁指挥暴动队伍撤退至铁背岭，与抗日义勇军会合。来头回村探望杏子时被敌人发现，在敌人的追捕下和艾老爹躲进深山老林，靠打猎采摘谋生。在来头的劝说下，艾老爹和儿子一道投奔抗日义勇军。路百吉不但没能从修路中捞到好处，反而成了日本人的囚犯。小说描写了深沉、纯朴的农民在日本殖民统治下痛苦生活的境况，表达了作者朴厚坚强的东北民众在与日本侵略者斗争中的觉醒，刻画了艾老爹、杏子、来头两代人性格形象，揭露了日本侵略者的凶狠残暴和汉奸路百吉的贪婪无耻，表达了抗日义勇军五丁、金永德的机智勇敢。塑造了一批带有深厚关东气息的人物形象，反映了辽东大地的灵魂本质。

《科尔沁旗草原》和《大地的海》是以关东土地为核心的创作，表达了作者对家乡深深的眷恋。

《大江》《新都花絮》《江南风景》等小说是端木蕻良满足“生活的意志”，探索人类“从最初的本能到最高的求生权”，在社会下层的人生和反抗中体现对理想人性的追求。如《大江》中的主人公铁岭，生长在关东荒僻的村落，刚能拿得动枪就学打猎。20岁后，一直在山林中以打猎谋生。日本浪人借口搜捕义勇军，把铁岭和猎户们辛辛苦苦积攒的山货洗劫一空。铁岭回家探望病重的哥哥，听从哥哥的嘱咐“到关里为国家出力”，历经千辛万苦到华北参加华北军队进入北平，在镇压学生运动时不慎丢了枪，被上司以“私通反日大同盟”的罪名投进了监狱。越狱后，到山西参加了平型关战役。在收编土匪的战斗中，铁岭的山林性格得到充分体现，当上了大队长，收编了土匪李三麻子。由于汉奸窃密，铁岭的部队被日军分隔，铁岭和李三麻子在战斗中负伤，在民众的帮助下找到了部队，重上前线。李三麻子和铁岭在与敌人的战斗中先后负伤，特别是铁岭，医生已给他下了死亡通知书，但他凭着顽强的意志战胜了死神，重新站了起来。在江边，他深情地望着滔滔江水，想到了自己的责任与使命，准备重返战场。端木蕻良抓住李麻子的炮仗性格和铁岭的山林性格展开描写，表现了抗日斗争是如何改造和转变农民的时代主题，挖掘出了辽东人民所蕴蓄的伟大力量。

《新都花絮》是端木蕻良流亡重庆期间创作的中篇小说。小说描写了一位出身于北平官僚家族的漂亮小姐李宓君的故事。李宓君大学毕业后准备出国留学，因抗日战争全面爆发取消了出国的计划，与商业储蓄银行总经理的路三公子相爱。结婚前，李宓君意外发现路三公子原是个风月场中的游荡公子，于是两人分手，李宓君为此大病一场。病愈后，她想告别过去灰色的生活，于是随着抗战的洪流漂到了重庆。由于其过惯了官僚家庭锦衣玉食的日子，在重庆依旧来往于阔太太们的酒宴，打发心中的忧郁与寂寞。一天夜晚，她被一阵优美的歌声所吸引，爱上了妹妹的琴师梅之实。梅之实是云顶山保育院的音乐顾问，为了方便和梅之实见面，李宓君当上了该保育院的英语顾问，和梅之实共同疼爱一个叫小小的小乞丐。正当他们准备去北温泉游玩时，医院派人告之病危的小小特别想见他们。李宓君不想因此耽误旅程，便掏钱给付了小小的诊疗费，说：“我对他已经付出很多了，他也不过是个孤儿。”梅之实闻听此言，丢下一句“我也是个孤儿”后，转身离去，从此后音讯全无。心灰意冷的李宓君去了香港。小说通过描写李宓君的心路历程和生活态度，揭露了这类人物顾影自怜、矫揉造作、麻木不仁、自私虚伪的心理。

另外，中篇小说《江南风景》，描写了江南蒿坝镇陷落前的社会景象及人情世态，讽刺批判了以李缙绅为代表的失败主义和投降主义等悲观思想，暴露了江南小镇民间普遍存在的愚昧、冷漠、迷信和麻木不仁的风气，褒扬了具有民族气节而又迂阔刚正的伍老先生。作者以感伤凄凉的笔调刻画人物，进而表现民族心态，在某种意义上说，这也是作者当时心境的观照。

（3）马加的中长篇小说创作

马加，原名白永丰，曾用名白晓光，1910 年生，辽宁省新民市人。1928 年，考入东北大学，接受进步思想和革命文学的影响；九一八事变后流亡到北平；次年参加反帝大同盟读书会；1935 年，加入北平左翼作家联盟和学生爱国运动，在北平期间，创作诗歌《火祭》、中篇小说《登基前后》以及短篇小说《复仇之路》《老人的死亡》《演习之后》《潜伏的火焰》等多篇；1937 年卢沟桥事变爆发后，继续在关内从事抗日救亡活动；1938 年到延安；1945 年创作了延安地区第一部长篇小说《滹沱河流域》。是年秋季，从陕北公学毕业，被分配到陕甘宁边区从事创作工作；1941 年，调到文艺界抗敌协会工作，同年加入中国共产党；次年，应邀参加延安文艺座谈会，在延安期间，分别在《谷雨》《解放日报》发表短篇小说、散文、特写，并连载长篇小说《滹沱河流域》；1945 年后返回东北；1946—1947 年，参加土地运动；1949 年，发表了长篇小说《江山村十日》；1950 年，发表中篇小说《开不败的花朵》、短篇小说集《双龙河》；抗美援朝战争爆发，随中国人民志愿军入朝；1954—1983 年，先后出版长篇小说《在祖国的东方》《红色的果实》《北国风云录》、短篇小说《杏花开种棉花》、短篇小说集《新生的光辉》《过甸子梁》、散文集《友谊散记》《幸福的时代》《祖国的江河土地》。曾任东北作家协会主席、辽宁省文学艺术界联合会主席、中国作家协会辽宁分会主席、中国文联委员、中国作家协会理事、辽宁省文联主席、辽宁省作家协会名誉主席。2004 年在沈阳去世。

马加的中篇小说创作始于20世纪30年代初期。1934年，创作《登基前后》，这部小说是马加早期的代表作。小说描述了日本侵略者占领辽东乃至东北地区扶植“满洲国”傀儡政府溥仪登基前后，辽河南岸农村贫苦农民深受日伪政权苛捐杂税的剥削，广大农民受到侮辱与压迫，激发不满与愤怒，最终走上反抗的故事。小说成功地塑造了一系列性格各异的农民形象，揭露日伪政权、汉奸借“皇上”登基逼迫村民交“官钱”的黑暗与残暴。陆有祥是公认的好人，忠厚老实，一生勤劳却一直受穷，因不服从王村长的无理要求，被罚过“十斤大药”。50多岁的年纪，还要拼着命交“官钱”。传统道德观念很重的陆有祥，得知儿媳和村长、子新鬼混，深感耻辱，在王永福和他商议干掉王村长时，坚决同意并让陆英采取秘密行动杀死儿媳和村长。陆英用王永福的长枪到王村长家杀死了和村长鬼混的媳妇，打伤村长后逃跑到县城。五署的子新得知村长被杀率领伪军到安和堡村实行报复，抓捕了陆有祥和王永福，并将他们送到日本人的监狱。抗日义勇军夜袭安和堡，徐老八打开南卡子门放抗日义勇进村，杀死了汉奸子新的走狗全贵，一把火烧了村长和子新的房子。已是抗日义勇军排长的大卡动员乡亲们加入义勇军，徐老八、秃六、陆英、王永福的两个儿子和许多村民积极响应，成了抗日义勇军战士。小说以老实厚道的陆永祥被逼无路逐步走上反抗之路的过程，表明了日伪统治的残暴以及在这种野蛮压迫下农民们的觉醒与反抗。王永福原来有个豆腐坊，日子过得去。由于日伪的横征暴敛，强迫交“官钱”，他不得不把地照押给了地主福大叔。胆小怕事的他，对村长赔尽了笑脸。他想反抗又有后顾之忧，在把地照押给福大叔后再无顾忌，也不再忍耐了，跑去和陆有祥商议干掉村长，并将自己的长枪给陆英拿去报仇。王七先生是当时老一代农民知识分子的典型概括，“儒释道三位一体的术学先生”，举止斯文古怪，以独特的方式表达了爱国之情，用“国家将亡，必有妖孽，妖孽不死，大祸不止”来表示抗日的决心。马加在《登基前后》中还成功地塑造了一组反面人物形象。如王村长本来是个二混子，在把祖产荡尽后，靠出卖灵魂巴结子新当上了村长。他搜刮民脂民膏，侮辱民妇，狡诈而贪婪，伪善而凶残，对有钱有势的地主福大叔和五署的子新巴结逢迎，对穷苦百姓贪婪苛刻，对抗日义勇军则残酷镇压。子新是日本人的走狗和帮凶，靠着日本人鱼肉乡里，动不动就将百姓投进监狱，吃喝嫖赌，粗俗残暴，在国难当头时为虎作伥，大发国难财。福大叔因儿子在日伪政府机构里当官，成为村里头名地主，表面温柔敦厚，骨子里虚伪狡诈，为保住自己的财产和地位，什么坏事都能干出来。他和王村长狼狈为奸，克扣“官钱”中饱私囊。作者根据这些败类性格发展，写出了他们不同的“坏”处，生动传神。

《滹沱河流域》是马加于1945年抗日战争胜利前夕在延安创作的长篇小说，取材太行山麓滹沱河畔抗日根据地东庄发生的故事，描写了贫苦农民受新思想影响逐步觉醒，起来斗争，开展减租减息运动，表现了解放区阶级关系的变化。佃户孙国亮家贫如洗，母亲生病，家里揭不开锅，旧村长还带人上门强行征粮。孙国亮奋起反抗，带领一帮人冲进村公所查账，在八路军县政府支持下建立了村农会。地主许庭坚表面上拥护八路军县政权，私下却让管家将王老太太家耕种的河滩划入自己名下。王老太太和许庭坚是远房亲戚，上许家求情，遭到许家姨太太嘲笑责骂，还唆使王老太太不让儿媳春妮参加妇救会。王老太太回家后，大骂春妮，把儿媳打得头破血流。妇救会主任来调解，农会主任孙国亮揭穿了许庭坚开明绅士的伪装，迫使许庭坚将王老太太家耕种的河滩地调出典卖范围。小说表现了晋察冀边区人民在中国共产党领导下迸发出来的反抗精神。

（4）罗烽、白朗的中长篇小说创作

罗烽，原名傅乃琦，笔名有洛虹、罗烽、彭勃等，1909年生，辽宁省沈阳市人。1929年，在呼海铁路工作时加入中国共产党；1931年发表作品，其间在哈尔滨参加左翼文学活动，一度入狱。1935年5月，偕白朗流亡上海，加入“左联”，后去延安，任延安“文抗”秘书长。1945年，罗烽回到东北解放区，担任文艺界领导。1949年10月以后，赴北京从事文艺工作。历经政治磨难，于1979年平反，担任中国作家协会顾问。1991年在北京去世。

罗烽的文学创作以短篇小说见长，在诗歌、戏剧、评论等方面也有不少创作成果。哈尔滨时期开始创作中篇小说，曾发表《星散之群》；流亡关内后，创作的中篇小说有《归来》《粮食》《莫云与韩尔谟少尉》等；长篇小说《满洲的囚徒》取材于自己的经历。

中篇小说《粮食》，围绕争夺粮食的活动展开了农民与地主和国民党军队的冲突。小说中多条线索纵横交错，矛盾交织，成功地塑造了农民孙黑手的形象。《归来》表现了主人公黎申怀着一腔爱国热情去寻找抗日义勇军，但同伴半途饿死、日伪官吏被义勇军绞死等血腥场面，使他对战争产生了恐惧感，被炮火吓破了胆的黎申私自逃回哈尔滨，遭到日本宪兵逮捕。黎申归来的结局是悲惨的。作者批判了空有爱国热情而经不住战火考验的青年知识分子的软弱和动摇的弱点，表达了鲜明的意图，即青年应该无所畏惧、敢于抗争。《莫云与韩尔谟少尉》讲述了一个关于爱与仇的故事，表现了抗日战争时期一对年轻的恋人对战争和爱情的不同态度，表明爱国青年应有的价值取向和理想道德。莫云是退役军官的女儿，爱上了青年军官韩尔谟。她原以为韩尔谟是个积极向上、以身报国的男人，可韩尔谟害怕战争和死亡，视战场为通向死亡的坟墓，甚至为了一己的安乐和幸福临阵脱逃。离开部队的韩尔谟住进了莫云家，因而动摇了莫云的爱。太原告急，莫云的父亲要举家迁往南方，私自订下了女儿的婚期。就在结婚日的早晨，莫云留下一封书信，参加“女子战地救护队”走了。韩尔谟送别莫云的父亲，继续留在莫府，想着如何报复莫云。莫云带着一批伤员回家，将家变成了临时医院，韩尔谟几次用手枪威胁莫云与他一道离开，被莫云轻蔑地回绝。莫云愈发厌恶韩尔谟，对失去右臂仍要重返战场的贾明道由衷地敬佩。莫云在护送贾明道撤离太原去韩城的路上遭到韩尔谟的伏击，韩尔谟将贾明道推下山崖，莫云更加鄙视韩尔谟，飞身上马，奔驰而去，与韩尔谟彻底决裂。作者通过婚姻爱情的特殊视角，表现爱国抗日的时代主题，在理想化的人物莫云身上寄托了政治判断和审美理想。

白朗，原名刘东兰，笔名有刘莉、戈白等，1912 年生，辽宁省沈阳市人。1923 年，考入齐齐哈尔市第一师范学校；1929 年，与罗烽结婚，开始接触五四新文学和俄国进步文学作品，并成为罗烽从事中共地下党活动的助手。1933 年 4 月，考入哈尔滨《国际协报》做记者；次年，主编该报副刊“文艺”，开始发表文学作品，编发了大量反满抗日的进步作品。1935 年年初，与罗烽一道流亡上海。1941 年，奔赴延安，任《解放日报》文艺编辑。白朗于 1945 年回到东北，从事报刊编辑和文艺领导工作。1949 年 10 月 1 日以来，积极参加妇女界和文艺界的社会活动，历任东北文艺家协会副主席，中国文联第二届委员，中国作家协会第一、二届理事。1966—1976 年，在政治运动中受迫害，后来得到昭雪。著有散文集《月夜到黎明》、短篇小说集《伊瓦鲁河畔》、中篇小说《为了幸福的明天》、长篇小说《在轨道上前进》等。1994 年在沈阳去世。

《叛逆的儿子》是白朗在哈尔滨时期创作的第一部中篇小说，描写两代人之间存在的代沟与隔膜，表现年轻人的叛逆和老年人的保守与落后，表达反封建的思想。这一时期，白朗创作了较有影响力的中篇小说《四年间》，描写 20 世纪 30 年代的年轻知识女性黛珈结婚四年的情感历程，表现了当时一般知识女性在婚姻、家庭及社会角色之间的矛盾与冲突。黛珈婚前对家庭生活充满幻想，但与心爱的矢野结婚后，并没有获得想象中的快乐和满足。她想继续学业，却遭到封建传统思想浓厚的婆婆的反对，婆婆说：“做媳妇的人只有管理家务是她的责任，哪有念书的工夫。”她日渐消沉，怀孕生育毁坏了她的身子，希望破灭。有去学校任教的机会，被军阀太太把持的学校却不欢迎像黛珈这样正直的人，她的满腔热情换来的是歧视和排挤，无奈之下辞职回家。主人公美妙幻想的破灭，表现20世纪30年代东北社会弥漫着的浓重的封建传统思想，束缚女性的个性发展。这表明，只要封建制度不推翻，封建思想不清除，女性就没有彻底的自由和个性的解放。这个主题具有强烈的震撼力量，引起社会共鸣。流亡关内后，白朗于1940年创作了中篇小说《老夫妻》，作者描写抗战中一个地主家庭各成员对待抗战的不同态度以及他们之间的矛盾与冲突，精心刻画了勇敢抗日的张老太太和青年得福的形象，同时通过地主张老财从狭隘自私到抛弃家产投身抗日斗争的思想转变的经历，表明中国全民族抗战的历史趋势。到延安后，白朗融合短篇小说《沦陷前后》和《探望》的主要情节创作了长篇小说《狱外记》，虽只发表了两章，却表现出相当的审美价值。小说描写九一八之夜，主人公申勃和刘笠坐在松花江边的石堤上，想起了故乡奉天城。谁知，就在那一夜，奉天城被日军武装占领。从此，申勃经常化装早出晚归，这引起了刘笠的警觉与怀疑，得知申勃是在宣传抗日后，刘笠理解了申勃。4个孩子相继夭折的悲哀，申勃被捕入狱的打击，家被日伪警察搜得乱七八糟，探监时遭到日本警察的调戏，使刘笠噩梦不断，在人前却要强作镇静。刘笠想方设法获得报馆代表的身份去参观监狱，她多么想见到受尽拷打的申勃，却只能在心里呼喊他的名字……作者将狱外刘笠的凄苦坚强与狱中申勃的英勇顽强融合在一起，表现了抗日勇士的血肉之情与理想信念，塑造了革命者形象。

2. 辽东流亡作家的短篇小说创作

20世纪30年代，在中国文学创作史上涌现出了东北流亡作家群，他们开辟了爱国抗战的题材领域，塑造了许多抗战英雄人物。这些英雄人物多侧面、多层次地反映了作家们在创作表现抗日和爱国主义主题时所具有的广阔视野和多种艺术才能。以萧军、端木蕻良、马加、罗烽、白朗等为代表，他们的短篇小说创作亦有相当成就。

（1）萧军的短篇小说创作

萧军是东北流亡作家群中最具代表性的作家。其刚正不阿的个人性格，对社会人生的侠义态度，表现于作品中则是激昂凌厉的英雄气概。萧军著有短篇小说集《跋涉》《江上》《羊》。萧军第一篇短篇小说《懦……》，揭露了军阀们不惜用士兵的生命拼争地盘，发财致富，买姨太太，吃喝玩乐，而年轻士兵的性命却任军阀宰割，死了被狗啃，“脑袋”被当作球踢。作者发出呐喊：“你们就这么甘心？难道你们就这么怯懦么?”此后，相继发表了《端午节》《鞭痕》《汽笛声中》《孤坟的畔》等短篇小说。1933 年，与萧红合出第一本短篇小说集《跋涉》，收入萧军的作品有《桃色的线》《烛心》《孤雏》《这是常有的事》《疯人》《下等人》共 6 篇。前 3 篇创作于 1932 年，主要人物是失业的小知识分子，带有作者的生活痕迹；后 3 篇也有作者的影像，但主要人物已经是社会下层的劳动者形象。这表明作者的视角已经深入社会基层，表达了对民众现实生活的关切。在流亡青岛和上海时期，萧军的短篇小说取材更加广泛，在《职业》《樱花》《初夜》《马的故事》《四条腿的人》《货船》等作品中，深刻揭露日伪凶残统治，表达对国民党专制统治的不满，暴露国民党政府不抵抗的投降主义政策，充满对革命者的讴歌，对劳动人民的同情，主题鲜明，刻画人物更加细腻，形象也更加丰富多样。

（2）端木蕻良的短篇小说创作

端木蕻良的短篇小说集《憎恨》《风陵渡》极有特色，具有不可忽视的意义，表现了其在短篇小说创作上的才能与风格。

短篇小说集《憎恨》收录作者 20 世纪 30 年代中期在上海发表的《鸶鹭湖的忧郁》《爷爷为什么不吃高粱米粥》《遥远的风沙》《憎恨》等 10 余篇短篇作品。这些作品表现了三个方面的内容：首先表现了日伪统治下辽东地区人民的苦难生活和艰苦抗争。如，

《鸶鹭湖的忧郁》描写了秋夜浓雾笼罩的湖边发生的故事，沉痛地诉说了日伪统治下东北农民衣食无着的辛酸和苦难。这是端木蕻良第一篇引起文坛注意的短篇小说，也是其成名之作。其次表现了辽东地区人民深沉的抗日情结和顽强的抗日意志。如，《爷爷为什么不吃高粱米粥》描写爷爷的独生儿子在日本侵略者发动九一八事变时被炸死在沈阳北大营中，在国难日和儿子的祭日，爷爷以绝食来表达对国难家仇的铭记，表现东北人民强烈的抗日情结。《浑河的急流》描写浑河畔的猎户抵抗日伪军的勒索，塑造了以水芹为代表的东北人民英勇不屈的形象。从“祖宗”到水芹都是有志气的，从猎户到义勇军组成敢死队，表达了中华民族的反抗精神和东北民众集体抗日的决心。最后揭露了国民党反动派的黑暗统治。如：《找房子》抨击了国民党反动派统治下官吏的贪污腐化；《义卖》揭露了打着募捐和义卖的幌子实行抢劫和掠夺的社会流氓的丑恶；《生活指数表》曝露了金钱与爱情的关系；《嘴唇》表现了饥寒交迫中年轻人追求爱情的凄惨与悲哀；《雕鹗堡》和《红夜》批判了神权对人权的侵犯。作者以凄凉、哀婉的笔调对一群灰色多余人的描写，揭露了在日伪黑暗统治下人性的扭曲。

（3）马加等的短篇小说创作

马加在九一八事变后曾两次流亡北平。1934 年第二次流亡北平，正式开始以文学创作为唯一职业。1935—1937 年，写下了八九十万字的作品。这一时期发表的短篇小说有《我们的祖先》《家信》《潜伏的火焰》《演习以后》《老人的死亡》《鸦片零卖所之夜》《被解放的人群》《小伙房》《还乡》《复仇之路》等。这些早期的短篇小说描写东北和华北人民在日本殖民统治下的苦难生活，表现沦陷区流亡者的艰难处境和悲苦的心情。如：《复仇之路》描写日本侵略者发动九一八事变，以武力占领了沈阳城，沈阳近郊堡子里的人们情结像“烈火一般的燃烧”起来，“大家想着各种避难的法子，想着抵抗日本鬼子的法子”。日本鬼子闯进村，烧杀奸掠，村民大卡的妻子遭鬼子奸杀，孩子被鬼子用刺刀捅死。大卡决心投奔义勇军，毅然走上为妻儿复仇之路。表现了九一八事变后沈阳城民众从焦虑恐惧，到毅然参加义勇军复仇的勇敢精神。《潜伏的火焰》揭露了日伪当局为伪造虚假和平“加强地方治安”，强征暴敛，鱼肉百姓。表现了东北民众从“感到不安、焦灼和恐惶”到“想起了义勇军，一种希望燃烧起来，这是扑不灭的潜伏的火焰”的心理转变。《我们的祖先》表达了东北流亡者对故乡的深情怀念，描写了东北义勇军不屈的精神，表达了要打回去的思想。《演习以后》描写华北人民对日本侵略者在北平城外演习后产生的心理变化，通过刻画王二奶，表现了中华民族伟大抗战精神。到延安后，马加取材华北和晋察冀抗日斗争，创作了《过甸子梁》《宿营》《恐惧》《距离》《间隔》等短篇小说。

（4）罗烽和白朗的短篇小说创作

罗烽、白朗这对夫妇作家以中短篇小说创作见长。罗烽在哈尔滨时期发表了短篇小说《口供》和《胜利》。《口供》记叙了日伪警察对一个无辜被抓少妇的肉体实施残酷的折磨；《胜利》描写被日军抓去做劳工的苦力们不堪忍受压迫而奋起反抗，胜利地逃离的过程。这两篇短篇小说给日伪统治下的人民以力量和希望。短篇小说集《呼兰河边》是罗烽的代表性作品。其中，《第七个坑》描写九一八事变爆发后两天发生在沈阳城的故事，带着血雨腥风的惨烈。皮鞋匠耿大亲眼所见在沈阳城沦陷后日军逼着他活埋中国人的残酷现实，暮色降临，跪在地上喊“太君饶命”的老人竟然是自己的舅舅，眼睁睁地看着舅舅被活埋了。第六个坑埋下一个吗啡鬼后，日军强迫耿大卧到最后一个坑欲活埋，耿大终于奋起反抗了，他用尽全力抡起军用锹，把日本兵劈进第七个坑，之后赶紧到第五个坑中扒扯舅舅，可是舅舅已经死了。满怀愤怒的耿大用刺刀在日军的腹部乱戳十几下，扛起枪支消失在夜幕之中。这表明在生与死的选择面前，东北人民终于走上了反抗的路途，表达了对日本侵略者的刻骨仇恨和对民族尊严的坚定追求。《狱》同样揭露了日本侵略者的凶残暴行，激发了人们的民族仇恨。《横渡》是罗烽的第二部短篇小说集，《荒村》《一条军裤》《三百零七个和一个》是其中较有代表性的作品。罗烽在这些作品中对民众的心理进行了深层次的挖掘。《左医生之死》和《没有遗嘱的人》中左医生和陶勉苟活于世、不敢抗争、甘做顺民的结果同样是悲惨地死去，表明在民族危亡时刻懦弱和苟安是没有出路的，只有拿起武器抗争才有希望。罗烽在其创作的第三部短篇小说集《粮食》中，揭露了日寇的暴行和国民党反动派政府官吏的丑恶嘴脸，如《遇崇汉》《荣誉药箱》《临危的时候》等作品。

白朗创作于上海的短篇小说集《伊瓦鲁河畔》，是抗战时期的代表作。《只有一条路》是白朗创作的第一篇短篇小说，描写了一个不满 14 岁的少年王家栋不甘忍受差官的欺压而进行反抗的故事，表明面对压迫只有抗争才是唯一的出路。《逃亡日记》以日记体的自述形式，记录了一个逃婚女子的内心活动及其在逃亡途中遭遇的种种议论和猜疑，表达了知识女性对自由婚姻的向往和追求。短篇小说集《伊瓦鲁河畔》收有《轮下》《生与死》《一个奇怪的吻》《珍贵的纪念》等短篇小说，暴露了日伪残酷统治下劳动人民的悲惨命运，描写了革命者为争取民族解放不怕牺牲、英勇奋斗的壮举。《轮下》取材于 1932 年秋哈尔滨发水灾的现实题材，记述了南岗难民抵抗日伪军随意拆毁民宅，际雄嫂与孩子惨死在囚车轮下的故事，揭露了日伪当局的暴行。《生与死》记述了女看守所老伯母觉醒、反抗的故事，揭露了甘心做敌人帮凶的安巡官之流的丑恶行径，表现了老伯母以“一根老骨头换八条青春生命”的英雄壮举和崇高民族气节，给人以正义的力量。《探望》《女人的刑罚》《珍贵的纪念》等短篇小说，记录了“我”的感情生活和革命经历。《探望》描写“我”以新闻界人士的社会身份去监狱探望从事革命活动不幸被捕的爱人时心灵的煎熬和悸动、悲愤和克制的情感变化，反映了知识女性对革命和爱情坚贞不渝的信念和高尚的情操。《女人的刑罚》和《珍贵的纪念》记述了女人生育时所受的折磨，“我”生育婴儿后的喜悦，讴歌了母性的伟大，反映了重男轻女的封建思想在民间的深重影响，表达了新女性追求自强自立、获得平等教育权的艰难。

（5）雷加、刘黑枷和王荫南的短篇小说创作

雷加，原名刘涤、刘天达，1915 年生，安东人。九一八事变后流亡关内，曾参与青年学生赴南京的请愿及一·二八淞沪抗战，后去北平、日本东京等地，接触到进步文艺活动。1937 年开始发表短篇小说。1939 年加入中国作家协会。1945 年回到故乡安东，任安东造纸厂厂长并从事文学创作。曾任中国作家协会北京分会副主席，中国文联第四届委员，中国作家协会第三、四届理事。于 2009 年去世。

雷加的短篇小说《平津道上》描写 1937 年日本发动卢沟桥事变武装占领北平，在逃亡天津的火车上，看见“满脸胡须的日本兵，在车窗下沙沙地跑起步来”，他们穿着“钉着铁钉的皮靴”在站台上耀武扬威地踱步。沿途电线断了，铁轨上停着一辆辆日本军车。日军的军马在路旁悠闲地吃草，一切仿佛是在自家一样。表现了对日本侵略者的愤怒。《水塔》讲述了敌占区铁路工人配合炸毁敌人车站水塔，破坏日军交通线的故事。通过对小袁父子二人的刻画，表现华北游击队发动群众抗日的场面，讴歌了小袁勇敢地投身民族抗日斗争的献身精神，寄托了对夺取抗日战争胜利的希望。

刘黑枷，原名刘恩波，后改名刘志鸿，笔名有枫雁、赵人之、阿福、右紫、金刚等。1920 年生，今沈阳市人。出身于东北军军官家庭，九一八事变后随家人逃难到北平。1933 年秋考入设在北平的东北中学，曾参加东北中学赴武汉请愿活动。大学期间参加爱国活动，1939 年开始文学创作，以散文和通信为主。1942 年发表短篇小说《在奴化教育下》。此后陆续发表了《结婚》《人的旅途》《皮袍》《爱妻的杰作》《挂黑牌的人家》等短篇小说。1946 年回到哈尔滨，加入中国共产党，不久被派往沈阳从事地下工作。1949 年 10 月以后，长期在沈阳日报社工作。2001 年在沈阳去世。

《在奴化教育下》描写伪满洲国的一名学生霍权德受奴化教育的深深毒害，将抗日游击队员当土匪检举，致该游击队员被捕惨遭杀害，霍权德因此受到日伪当局的表彰。霍母十分痛苦。舅舅将霍权德与母亲带到山上游击队，让霍权德摆脱了日本奴化教育。揭露了日本侵略者企图实施奴化教育彻底泯灭中国人的民族感情的事实，塑造了霍权德舅舅坚守民族良知和正义的形象，表达了作者鲜明的民族立场和坚贞的民族感情。

王荫南，原名王汝棠，字荫南，笔名王一叶、一叶、黄羊、华楠等，1905 年生，辽宁海城人。1924 年，曾任小学、中学教师。1927 年，在奉天城任同泽中学教师，兼任《新亚日报》《民众日报》记者和编辑，同年考入萃升书院，研修国学。擅长新旧多种文体创作，曾出版《锦瑟集》。九一八事变后流亡到北平，参加东北民众抗日救国会的工作，创办《光明夜报》、《光明》周刊等，宣传抗日救亡。经人举荐做了张学良的秘书，西安事变前执行公务到北平，西安事变发生后留在北平从事地下抗日活动。1944 年春，因人告密遭日本宪兵队逮捕，是年秋被秘密杀害。

现存王荫南的短篇小说 4 篇，即《乡亲》《攻城之夜》《洗手以后》《局长的理论》。其中，《乡亲》描写一个人力车夫的生活，表现了城市经济遭到的严重破坏，表达了对下层劳动者的同情。《攻城之夜》描写辽南义勇军小队夜袭日伪军据点，焚烧日军草料库的英勇行为，揭露了伪军队长的丑恶嘴脸。《洗手之后》描写一位偷盗成性的青年在九一八事变后转变为抗日义勇军战士的故事。《局长的理论》描写一群在日伪政府教育机构中工作的职员的职业生活，批判了某些人的卑怯心理。

3. 辽东流亡作家的诗歌创作

20 世纪二三十年代，受“五四”以来新文学思潮影响，辽东地区文学领域新诗所表现的题材大体包括吟唱个人的苦闷或对美好社会的向往；暴露贪官污吏和军阀混战给人民造成的灾难；表达对劳苦农民的同情、反映地方压迫与剥削、呼吁农民起来反抗；

揭露帝国主义侵略罪行、讴歌民族反抗精神、表现独立自由的新思想四种类型。辽东新诗在选取题材上的新视角，表现了作者关注人生和社会所做的努力。辽东新诗体现与辽东的自然环境、人文环境、社会环境高度契合的自然本色的现实主义诗风。如：王森然于1925年创作的《惨无颜色的人生》；张弓于1929年创作的《生之蠕动》；1930年，雅羔创作的《走向新写实主义之路》，埒颜创作的《出塞》①；箫啸于1930—1931年间创作的《别后的心情点点》《向塞北飞梦》《古城上的惨笑》《不再惋吊这堆荒坟》《新年》等。

九一八事变爆发后，辽东乃至东北地区沦为日本帝国主义的殖民地，金剑啸、萧军、罗烽、马加、李满红、徐放、王荫南等一大批爱国诗人流亡他乡，他们为民族呐喊，创作了大量诗篇。

金剑啸，原名金承载，笔名有巴来、健硕等，1910年生，今沈阳市人。20世纪20年代末，曾到上海参加左翼戏剧活动，1931年加入中国共产党，1936年在齐齐哈尔英勇牺牲。他带领爱国进步文学青年以文学的形式开展抗日活动，创作有两部叙事长诗和4首抒情短诗。《兴安岭的风雪》是其代表作，这首描写抗联战士爬冰卧雪、英勇战斗的叙事长诗，传达出深沉而壮烈的时代信息："在天上落着雪花的时候，/我遇到一种娓娓动听的时代歌声；/歌声里有着血、热和爱。/在空中飘扬着太阳的彩带。/我记下这声音，为了这个时代，/赠给他，或者为了将来。"

萧军和罗烽在哈尔滨时期曾创作过不少新诗。如，萧军的《世界的未来》《全是虚假》《码头夫》《葬曲》《喑哑了的三弦琴》，罗烽的《呼啸》《一个神秘的星球》《生命的烽火》《从黑暗中鉴别你的路吧》《碑》等。这些诗歌贴近现实，关注民族存亡，突出时代特色，具有鲜明的阶级、民族情感。同20世纪30年代无产阶

① 白长青．辽宁文学史（上册）［M］．沈阳：辽海出版社，2005：286．

级诗歌保持一致的步调，表现向左翼文学发展的趋势。

马加流亡关内期间创作了许多抒发思乡苦闷、流露反抗情绪的诗歌，带有鲜明的左翼文学色彩，如《火祭》《故都进行曲》等。政治抒情诗《火祭》表现强烈的反压迫情绪，作者采用决口、崩翻、吹灭、崩溃、摧残、倒塌等词语描写在日本殖民统治下社会面临的景象，发出“挥动坚硬的拳头”“永不动摇的信念”“挑起正义的旗帜”“穿破了旧社会的黑暗”的呐喊，唤醒民众抗争的信心和勇气等，表现革命者的战斗激情。“全世界被压迫的朋友们/革命的怒潮澎湃高涨/战斗的前夜鼓角喧天”，“生命随着了铁骑跃进/天的火炬照耀着崭新的人寰”。《故都进行曲》更是直接高呼：“我们要夺取自由，要求抗战/和那些属于我们的东西”，号召民众进行坚决的、不屈不挠的斗争。

李满红，原名陈墨痕，1917 年生，今庄河市人。九一八事变后曾在家乡参加抗日斗争；1935 年流亡关内，先后在北平、南京、长沙、桂林、重庆等地学习并参加抗日救亡活动；1939 年开始以李满红为笔名发表诗作；1942 年去世，年仅 25 岁。诗集《红灯》收录了 28 首诗。李满红以短暂的生命和率真纯朴的诗句抒发了对祖国深深的热爱，对帝国主义侵略行径彻骨的仇恨。诗歌感情激昂、炽烈、直率、真纯，时代气息浓烈。此外，《向敬爱的祖国》用诗的语言描写辽东青年成长的苦难历程，表达因故土沦丧而被迫流亡所受物质贫困和精神压迫的痛苦，揭露殖民者统治造成的社会丑恶现象，表达了当亡国奴的耻辱以及对侵略者的仇恨，对国民党反动派误国、卖国行径的愤慨。

徐放，原名徐德锦，笔名曾用巉岩、抑舒等，1921 年生，今辽阳市人。九一八事变后参加抗日活动遭日伪势力追捕被迫流亡关内。于 1942 年出版诗集《南城草》（4 卷），诗作题材繁杂，大都以家乡古城为中心展开描写，表现出浓厚的热爱乡土的感情，如《古城》《回家》《西窗》《我来了》《黄昏》《大宅第》《秋暮与野庙》《风筝》等诗作，围绕故乡情结进行描写，抒发对乡土的热爱之情。徐放的诗作格式变化多样，长者 200 余行，短者 4 行，不拘一格，用语通俗易懂，常以口语入诗，意象开阔。

王荫南的诗歌创作包括古体诗和新诗，论其对文学的贡献以古体诗为首要所在。如《沈变纪事诗》《癸酉咏怀诗》《时事杂咏》等诗作，或感事伤怀，或赠友赋别，或直抒胸臆，皆悲壮苍凉，堪称国难的史诗，表现了爱国知识分子的民族良心和忧国忧民的情怀。王荫南创作的新诗中有体现其一贯的爱国爱民思想和流亡者怀乡忧国的深厚感情的，如《悲愤的纪念日》；有反思批判知识分子弱点的，如《当恐慌没有临到的时候》；有反映关注和同情生活在社会底层民众的民本思想的，如《坐在洋车上》。总之，王荫南的诗作与辽东诗文主流保持了一致的方向，有鲜明的个性特征和时代特色。

4. 辽东流亡作家的散文创作

辽东流亡作家萧军、白朗、端木蕻良、刘黑枷、王荫南等创作的散文的共同特点是抒发怀念故乡的情怀，讴歌抗战的时代精神和时代英雄，通过记录人生经历和内心变化，表现他们广阔而深沉的心灵空间，具有鲜明的时代性和个性特征。

萧军在流亡关内时期创作的散文大都收录在诗歌散文集《绿叶的故事》、小说散文集《十月十五日》和旅行记《侧面》等作品集中。萧军的散文大部分带有自传色彩，表现其生活经历和思想变化，也从独特的角度勾画了抗日战争的时代面影，如《十月十五日》《病中的礼物》表达了对鲁迅先生的挚爱之情；《为了爱的缘故》记录了与萧红的患难生活；《水灵山岛》《一只小羊》《大连丸上》等表达了对下层民众悲惨命运的同情。萧军将流亡途中的所见所闻、所思所想形成散文，真实表达或愤怒，或期待，或痛苦的心情，使人领略其刚毅坚强以外的侠骨柔肠。

1935 年年底至 1936 年年初，白朗流亡上海期间在生活极端困难的条件下，创作了许多散文，收录于作品集《月夜到黎明》中的散文，记录了作者的情感生活与思想历程。1937 年 7 月，中国掀起了全民族抗日战争，白朗参加上海文艺界战地服务团，撤出上海到武汉，以《西行散记》为题创作了一组散文记述其生活与思想。1939 年，他在重庆参加作家战地访问团到前线采访，创作了日记体报告文学《我们十四个》，记录了两个半月的采访生活。

端木蕻良创作的散文有《有人问起我的家》《青岛之夜》《记一二·九》《记孙殿英》等，表现出很强的自传色彩，记录了作者在流亡时期的思想和生活，表达了思恋故乡和反抗的心声。

刘黑枷在流亡关内期间，创作发表了 20 余篇散文，记录了辽东流亡青年对国破家亡、内忧外患的忧思与焦虑，对抗战胜利充满信心。1939—1945 年间，刘黑枷创作了《沅江的歌声》《母亲的行列》《报童》《抗属之光》《招魂》《风雪除夕》《父亲的剪影》等散文，既有表现了家仇国恨和个人悲哀的描写，也有不畏艰险、敢于斗争精神的展现，抒发其深切炽烈的爱国之情，表现出激越豪迈的英雄气质。

王荫南创作于九一八事变前的散文有两篇，即《荷池》和《夜月泛舟》，都是描写奉天万泉公园景色的。作者通过对公园景色的描写，表达了对爱与美的追求。流亡北平期间，他创作了近 20 篇散文，抒发了忧国思乡的情绪，饱含着对山河沦陷的深切悲愤。如《过年记》《元旦试笔》《新年与读者谈话》，表达了作者希望国人从平凡小事、身边事做起，“各人第一步要觉醒，然后树立中心思想，然后努力进行，由一己推扩大众”，只有这样我们的民族才会有希望。《平浦车上》《西上》《南京的轮廓》《湖堤闲荡》《江楼午眺》《汉阳的归元寺》《海的思想》《故乡的幻觉》等散文记录了作者求职过程中的游历经过，通过对六朝古都南京的描写和对某些麻木不仁者的讽刺，表达了作者思念故乡，时刻不忘亡国之痛，希望早日收复山河的信心。

（二）辽东本土作家的文学创作

辽东本土作家是指日本发动九一八事变武装占领辽东乃至东北地区后，生活在沦陷区的作家们，包括山丁、秋萤、袁犀、古丁、小松、疑迟等。他们以坚实、顽强的创作态度和意志，在极其艰难的条件下从事文学创作，取得了一定成就。

1. 辽东本土作家的中长篇小说创作

（1）山丁、秋萤、袁犀的中长篇小说创作

山丁，原名梁梦庚，曾用名梁咏时，笔名有梁山丁、邓立、梁茜等，1914 年生，辽宁省开原市人。受五四新文学和左翼文学影响，16 岁发表第一篇小说《火光》，描写 1929 年东北农村交不起地租的灾民偷偷地分了地主粮食后放火烧毁了地主的场院，反映了阶级矛盾和斗争的现实。1933 年前后，在哈尔滨结识了萧军、罗烽等一批进步作家，创作思想又朝着乡土文艺的路上跨进了一步。于 1942 年发表的《绿色的谷》讲述的是东北山村狼沟中林家窝棚林家发生的故事，表现了九一八事变前东北农村旧式封建家庭的衰落、农民反抗地主的剥削以及地主家庭正在成长的新一代的追求。小说充满了东北旷野山林的气息以及人生追求的曲折离奇的悲凉感。作者描写小彪仗义疏财以轻松身心拥抱绿色山谷的行为带有理想主义色彩，热恋霍凤的林淑贞囿于门第观念忍受爱情的恐惧与痛苦，乡间痞棍林国荣的凶残，“大熊掌”绿林好汉的豪侠性格，霍凤失去林淑贞后心灵的失落，以及凶悍的狼群和神秘的巫神等山村特有的风俗景物，给人以悲哀与雄强交织的艺术冲击，显示了“乡土文艺”开放性内涵和独特的艺术魅力。

秋萤，又名王秋萤，现名王立平，笔名有苏克、谷实、黄玄等，1914 年生，辽宁省抚顺市人。1929 年开始文学创作。1937 年发表反映抗日斗争题材的小说《嫩芽》，引起当时文坛关注。出版过 1 部长篇小说、2 部短篇小说集，创作了许多诗歌、散文、戏剧等文艺作品，编有《满洲新文学史料》和《现代文学概论》，以黄玄的笔名发表了长篇文章《东北沦陷时期文学概况》。《河流的底层》描写沉沦在社会生活底层的年轻知识分子在危难之秋的亢奋、热情、斗争直到迷惘、徘徊、苦闷、消沉，表现了他们复杂的心灵变化，显示了作者对年轻知识分子的关注。九一八事变前，林梦吉怀着乡村少年纯朴的梦想到省城求学，寄居在当厅长的舅舅家。他目睹了城里复杂世态，一面是学校进步学生在探讨青年的各种问题，关心社会矛盾、家庭陈腐产生的原因；一面是表兄嫂们的享乐哲学。意志薄弱的林梦吉在迷茫中将舅舅家的使女小香作为生命的寄托。九一八事变的炮声震碎了他的梦想，城里有钱的人想法逃往关内，乡下兵匪四起，农民遭殃，同学们飘零四散，他也奔到了北平。在表兄嫂的朋友圈中，他只学会了打牌、听戏、看电影，不再安心学业，沉醉于声色犬马之中，在遭到张天娇玩弄抛弃后失去了热情和勇气。5 年后，林梦吉重返故乡，使女小香已为人妇，得到的是幻灭的悲哀感。秋萤在描写知识青年心灵变化过程时，也刻画了九一八事变前后的官僚阶层和雇佣阶层的社会景象，揭露了官僚阶层搜刮民脂民膏肥己的丑恶，批判了其不惜用女儿的婚姻作赌注为自己进阶铺路的丑态。

袁犀，原名郝维廉，笔名有郝赫、梁稻、马双翼、李无双、李克异等，1919 年出生，沈阳市人。九一八事变后参加中共地下党组织的抗日活动。1942 年，逃往北平，在新民印书馆做编辑，曾被捕入狱，出狱后继续从事文学活动。在北平期间创作两部长篇小说即《贝壳》和《面纱》。1948 年回到东北，在辽西主编过文艺刊物《草原》，创作过短篇小说《网和地和鱼》。于 1979 年去世。《风雪》是袁犀创作的第一部中长篇小说，以东北农村老白堡人们的日常生活为背景，通过对刘成、陈老九、崔平、钱十八、崔万富等人物的刻画，表现了农民的愚昧落后和迷信，揭露了地主的吝啬、虚伪和狡诈。作者集中笔墨描写刘成卑微的灵魂，“哀其不幸，怒其不争”，充分暴露了存在于得成似的人物身上的民族劣根性，进而发出改造国民灵魂的呼声。《贝壳》和《面纱》是袁犀创作的两部内容具有连续性的长篇小说，以 20 世纪 30 年代初期北平、青岛两地为背景，通过对知识女性李玫、李瑛姐妹爱情和家庭生活的描写，刻画了殖民主义统治下知识女性在中西两种道德观念上的矛盾冲突。在这两则爱情故事中，作者以忧国忧民的思想，大胆地揭露了当时社会的丑恶现象，批判了郝铸仁之流的道德沦丧，给予李玫、李瑛姐妹似的知识女性极大的同情。

（2）古丁、小松、疑迟的中长篇小说创作

古丁、小松、疑迟、外文、爵青、杜白雨等人组成艺文志事务会，出刊《艺文志》杂志，被时人称为“艺文志派”作家。古丁，原名徐长吉，笔名有史之子、古丁、史从民等，1914 年生于吉林省长春市，1932 年考入北京大学，曾参加北平“左联”；于次年回东北；1935 年走上文坛。创作中篇小说《原野》，长篇小说《平沙》《新生》；1945 年参加革命。1949 年任沈阳唐山评剧院院长，从事评剧创作。《原野》是其创作的第一部中篇小说，描写古城芜县太平村钱家祖孙三代的家庭生活，暴露了乡邦沦丧的背景下，这类人无动于衷，依然过着吃喝玩乐醉生梦死的生活。祖父钱财神把家业交给管家经营，带着家眷和金条搬到县城续娶了一个比他孙子钱经邦年龄小三五岁的“三奶奶”，继续过他“酒—色—财—气”的日子；父亲钱科长年轻时留美，沦陷前任过公职，现辞职在家与人合伙开当铺；钱经邦日本留学获法学学士学位，通过祖父的关系在民益局谋了个四等属官的职位，留洋回家的第二天便将出国前母亲给定的媳妇打发回乡下了。钱府衰败，竟然靠向民益局魏局长借高利贷维持生计。钱经邦爱上了魏局长的千金玉珍，而魏局长想将女儿嫁给县长的儿子作进阶的铺垫，女儿竟以喝鸦片自杀吓唬魏局长，魏局长没有升上官反被辞官，不久抑郁成疾而亡。钱财神死后，钱科长把 300 来垧地卖得一干二净，分给钱经邦一部分让他出外边去过日子；钱经邦每天除了喝香片、抽洋烟外，就是恋爱和研究“性生活”，早已没有刚回国时看什么都“封建”、都不顺眼的劲头了。作者着力刻画这样一组人物的悲剧。小说结尾，作者以诗歌深情地呼唤：“原野，你跳跃罢！”“你咆哮吧！”《平沙》则选择了马五爷、高大贵、柳宗易 3 家的人物故事，表现老少两辈人的冲突，通过描写老一辈的固执、保守、落后，少一辈的放荡、空虚、挣扎，表现了土财主、退职官员、留学生、旧派（马五爷、柳宗易、高大贵、马五太太、马五姨太太、潘美娇、马其姝等）和新派（白今虚、高国相、柳似昙等）的人们几乎“无事的悲哀”，暴露了一群“失了味的盐”，走向或将走向没落和灭亡的人物群像。揭示了新派与旧派人物除了生活方式的些许改变以外，新旧两派人物在思想本质上并无太大的差别，旧的固然已经腐朽和没落到了令人厌恶的程度，新的也未能给人以希望和未来，旧事物向新事物的转换不在表面形式，而在内容本质。

小松，原名赵树全，笔名有赵孟原、梦园等，1912 年生，辽宁省黑山县人。于 1932 年开始文学创作，小说、散文、诗歌皆有作品。小说有中篇小说集《野葡萄》、中篇小说《铁槛》、长篇小说《无花的蔷薇》《北归》等。中篇小说集《野葡萄》收录《蒲公英》《铃兰花》《野葡萄》，取材东北城市下层市民的生活。《蒲公英》描写卖唱女孩的不幸遭遇，《铃兰花》描写两个失去丈夫的妇女悲苦的命运，《野葡萄》描写北方农村青年争取婚姻自由与日伪封建势力抗争的故事，揭露了现实生活的残酷。《铁槛》描写东北农村石人沟农民邱青和刘助理两家人哀婉的命运。作者塑造了邱青不甘屈服、不畏强暴的血性汉子形象；虎子在未入都市前有邱青一样的性格，可城市改变了他，消磨了他的反抗意志，只有担起馄饨担子，留给人的是那“在路灯下闪动着夜中求生疲倦的影子”；邱青的妻子爱慕虚荣，贪图小便宜，断送了家庭的幸福生活；刘助理虚伪狡诈，出卖灵魂，竟连亲生女儿的幸福都不顾。小说中人物的性格以语言和心理活动的描写来体现，十分生动。《北归》描写了九一八事变前北方移民家庭刘家的兴衰际遇，揭示了封建势力掠夺民众财富进行资本积累的残酷，以及封建势力各派为争夺财富尔虞我诈的阴险，暴露了青年一代的迷茫沉沦。

疑迟，原名刘玉璋，笔名有刘郎、夷驰、疑迟、刘迟等，1913 年生，辽宁省铁岭市人。1937 年开始发表小说；1939 年参加艺文志刊行会，继续创作小说；次年主编过《麒麟》《电影画报》等杂志，发表长篇小说《同心结》《松花江上》；1948 年进东北电影制片厂工作，从事电影翻译工作，翻译有《普通一兵》《列宁在十月》《斯大林格勒保卫战》《静静的顿河》《被开垦的处女地》等电影剧本。小说《同心结》讲述了一个穷苦青年王茂荣突遇好运，被有钱人张绍武收为准女婿，而张家小姐张雪芳得知王茂荣贫寒家世后经常在父亲面前痛告王茂荣的不是，致使王茂荣被赶出张家，终于回归贫困的故事，揭露了不同阶级间不可调的矛盾和及富人们精神的空虚无聊。《同心结》以质朴的语言对景物描写较有特色。

2. 辽东本土作家的短篇小说创作

日军发动九一八事变，武力侵占辽东乃至东北地区，给辽东人民造成了空前浩劫与灾难。辽河新文学受到严酷的摧残。许多具有民族良知和反抗意识的爱国作家坚持反抗和斗争，如金剑啸、秋萤、袁犀、山丁、金音、田兵、疑迟、古丁、陈隄、赵鲜文、石军、韦长明、森丛、李季疯、金小天、安犀、李文光、铁汉、张露薇、朱隄、左蒂等，他们创作了许多短篇小说，记录了风云变幻的历史。

（1）山丁、秋萤、袁犀的短篇小说创作

山丁在哈尔滨期间以梁倩、小茜等笔名发表了《一个犯人》《天快亮了》《臭雾中》等短篇小说。1937 年发表了《乡土与乡土文学》，明确提出了“乡土文学”的口号，即文学要直面人生，描写真实，要表现乡土风俗，写好民情。1940 年出版了短篇小说集《山风》，收入 9 篇短篇小说，即《岁暮》《臭雾中》《银子的故事》《山风》《北极圈》《织机》《街》《孪生》。1944 年，先后出版第二、三部短篇小说集《乡愁》和《丰年》。《乡愁》收入《乡愁》《一天》《熊》《镇集》《碱土》《猪》《峡谷》《梅岭》等；《丰年》收入 9 篇短篇小说，如《丰年》《残缺者》《一个喜欢讲故事的人》《赌徒的经典》《朋友》《在土尔池哈小镇上》《金山堡的人们》等。山丁的短篇小说创作，以北方农村和城市下层生活为题材，选取被压迫、被侮辱的人民生活片段，表现了强烈的爱国进步的文艺思想。山丁笔下的乡土不是狭小的地域而是整个沦陷的东北国土，因而他所描写的反抗，也不是一两个人的反抗而是整个民族的抗争。表现对美好生活的怀念，对陈旧制度下故乡落后的焦虑。作品充满了浓烈的乡愁，表达失去国土的人盼望回归故里的强烈哀愁。

秋萤的短篇小说创作，以对“暗”的描写来表达他对“明”的追求。秋萤的第一部短篇小说集《去故集》收入了1936—1939年间创作的9篇短篇小说，即《暮景》《春雨》《南风》《羔羊》《亚当的故事》《嫩芽》《书的故事》《两代》《矿坑》；第二部短篇小说集《小工车》，收入了8篇短篇小说，即《离散》《农家女》《丧逝》《小工车》《血债》《三秋草》《新闻风景》《中间层》。这两部短篇小说集从内容到题材，描写了日伪政府统治下穷苦民众的艰难生活，揭露了黑暗、残酷的生活现实。如：《小工车》描写了冯云祥一家善良、忠厚、本分性格以及老鳏夫与冯云祥的友谊，揭露了饱受日本侵略者压迫剥削的中国人齐心协力去抗争苦难的现实。《血债》描写日本大规模武装移民后，东北农村农民被剥夺土地，起来反抗，寻找出路的过程。《暮景》记述了“他”和“我”的故事，“他”不满于乡村小镇闭塞、萧条、落后、沉闷的生活，希望能够干一番轰轰烈烈的伟业；“我”崇拜“他”，也有过和“他”一样的人生抱负，渴望过一种自由的生活，但过早地担起了家庭的担子，多了几分务实，少了几分幻想，“我”受过五四新思想的影响，但对传统道德还得遵从，内心中忍受着新旧思想的冲突和折磨。表现了在民族苦难的历程中，青年人终会由幻想、迷茫而逐渐觉醒，最后投身于民族的解放斗争的潮流中。秋萤对沦陷区知识分子心态的写真，塑造了许多鲜活的人物形象。

袁犀的短篇小说创作成名于其15岁时发表的第一篇短篇小说《邻三人》，当时给文坛带来很大的影响，其出版短篇小说集有《泥沼》《森林的寂寞》《时间》《红裙》。在这些短篇小说中，体现了袁犀关注下层人民的生活，坚持现实主义精神，暴露黑暗社会的各种图景，其以自信乐观、积极向上的人生态度，真实地表现在殖民主义统治下多灾多难的底层人民的悲惨人生，描写了灵魂复苏的人们站起来同反动统治者的顽强斗争，指给人们奋斗的方向。其创作总是从身边琐事取材，笔下的主人公都有几分哀愁的情绪，随着故事情节的展开、人物性格的发展，人物的抗争精神和不屈不挠的意志渐渐凸显，给人以积极向上的感受。如，《邻三人》描写普通劳工赵宝禄、许才、“我”、金凤四个人租房合住时发生的故事。在赵宝禄和许才的眼里，“像世界上的人都是仇敌”，成天骂人，骂工头、骂房东、骂娘儿们，也骂自己，但苦难中的四个人却相依为命，表现出真诚的关爱。赵宝禄和许才被解雇后，做女工的金凤负担他俩的“饭钱”，“我”在金凤的影响下，用微薄的稿酬帮助他俩。当赵宝禄和许才意识到自己非人的境遇和受人怜悯的屈辱生活不能再继续时，相继出走，去寻找出路。作者以曲折暗示的方式描写了生活在沦陷区社会底层的人民觉醒。再如，《一只眼齐宗和他的朋友》描写了挣扎在黑暗渊底的中国人民的抗争精神，讴歌了老林和他的妻子刘霞为追求民族解放而献出生命的英雄主义精神。小书贩齐宗和地下党员老林和老林的妻子成为朋友，是因为老林夫妇冒着风险买进步作品，虽然他们生活不宽裕，老林的“蓝大褂都上了补丁”，可舍得买书，平时沉默寡言的老林，却向有进步思想的“我”宣传革命和抗日的真理，“每个字都沉重地击在我的心底”。老林执行任务离开了，老林的妻子刘霞继续坚持斗争，“不知她做了一件怎样的事情，别人就杀害了她”。作者肯定刘霞的死是“异常悲壮的”！塑造了中国共产党人为了民族的解放事业，不断追求新知，宣传革命和抗日的真理，唤醒民众起来抗日的民族英雄形象。“我”在短篇小说《邻三人》《一只眼齐宗和他的朋友》以及《十天》中，是有进步思想的知识青年，虽然作者描写生活环境不同，但青年知识分子心理变化和感情升华的方向是积极乐观的。袁犀塑造的人物表现出的进步性，引起了日伪当局的不满。为逃避敌人的追捕，他于1942年流亡到北平，冒着坐牢的风险，继续从事文学创作，三年间出版了3部短篇小说集、2部长篇小说，发表了1部中篇小说。

（2）古丁、小松、疑迟的短篇小说创作

古丁于1938年5月出版第一部短篇小说集《奋飞》，收入短篇小说10篇。这些作品的基本倾向呈现出一种积极向上的进取精神。这部小说集从题材上看主要有两类：一是对知识分子心灵的探索，描写知识分子在国土沦丧时不甘沉沦做亡国奴而又深受现实伤害产生迷茫犹豫的矛盾心态，曲折反映了民族灾难在知识分子心灵的投影。如，《吉生》描写主人公吉生原本是一个志向远大、献身教育的有为青年，是有脱俗的见解和独立的精神的知识分子，可这样一个性情高洁的知识青年却不见容于当时的社会，吉生受着身体和精神的双重压迫而过早地“伤逝”了。揭露了在殖民统治的社会中知识分子身心深受摧残的现象。二是从小市民和农民的视角反映沦陷区人民所受的政治压迫和经济剥削。如《织机》《玻璃叶》。《织机》描写的是日货倾销对东北地区城镇工业的冲击，造成大批纺织工人失业；《玻璃叶》描写的日货倾销，对东北地区缫丝业文化的冲击和丰收的蚕农的悲哀，“茧绸赶不上人造丝漂亮，也赶不上人造丝便宜”，霍家峪的养蚕业被挤垮了，丰收年却变成了灾年。

小松于1938年结集出版了《蝙蝠》，这是他的第一部短篇小说集，收入《津村》《洪流的阴影》等短篇小说。此后，相继出版了《人和人们》《苦瓜集》两部短篇小说集。这些作品描写殖民统治将人变成了病态的和非健康的，堕落的小市民、知识分子，病态恋爱的青年男女，自私自利、卖友求荣的无知者，痛苦一生、至死也没有感到生活是怎么一回事的流浪者，由此构成了一幅畸形社会实景，说明在殖民统治下，人们生活找不到出路，未来是漆黑的险途。如《赤色会计》《李博士》《陌生人和一个女侍》《夜语》等篇，以知识分子或小职员的生活为背景，描写了体质和精神都不健全的一类人的生活和心理，这些曾是“崇高而孤傲”的人们，在生活的苦闷矛盾中寂寞而悲哀地活着。如果说短篇小说集《人和人们》代表了小松创作上的矛盾心态——对现实满腔愤怒而又看不到出路，给人一种茫然若失的感觉，那么在《苦瓜集》中这种情绪进一步加深了，表明作者对唯美的强烈追求，体现其艺术和思想的深度。

疑迟的短篇小说创作因其浓郁的乡土气息在当时的文坛上独树一帜，其短篇小说集出版有《花月集》《风雪集》《天云集》，描写的对象主要是具有强悍生命力的山野村夫、猎户渔夫。疑迟发表的第一篇短篇小说《山丁花》，描写生活在北方寒冷荒原的农民张德禄、赵永顺等进深山当伐木工人，干了一个冬天的苦力，结账时却分文未得，连张火车票也买不起，只得两手空空步行回家。《江风》记录了渔民福民被债主强逼典妻，妻子羞辱而死。《北荒》记述了农民夫妇破产后到城里谋生，丈夫在贫病交加中死去，妻子强忍丧夫之痛带着幼子回娘家寻活路，然而儿子在土匪的袭击中不幸夭折。这些人物的不幸虽然不同，但通过对造成这些不幸灾难的天灾与人祸的描写，使读者对现实黑暗社会产生憎恨和否定的情感。《拓荒者》以旷野山林为背景，描写青年农民姜坤的献身精神。当山洪暴发时，为了保护村子、土地，姜坤毫不迟疑地用自己的身体去堵塞漏洞，但村庄未逃过厄运。《塞上行》记录了科尔沁草原上发生的屈辱和抗争的图景。主人公刘进“从那年发水闹反乱，算来整整 13 年”，一再兵败，只得潜行黑龙江到千里之外的蒙古草原给“牧主”放牧马群；王振海是个好色迷财的歹徒，来草原才两天，就奸污了淘金工贾奎的妻子，贾奎的妻子羞怒难当，自尽身亡，王振海怕丑行暴露，悄悄离去；刘进这“虎老雄心在”的汉子得知了这一切，从饮马槽下挖出当年“闹革命”用的那支快枪，驱马去追杀王振海，为草原人民报仇雪恨。多种故事交织在一起，形成了人与自然的强烈对弈关系。《乡仇》是在父亲的惨死和其儿子的复仇交织中展开的故事情节。《雪岭之祭》

描写周庆、于老头和其儿子于亮、张作、张富、佟老四一群有着强烈生命力的山林汉子的故事。这些短篇小说，从布局结构看，在单纯中追求厚重，从细微的生活中发现题材，表现了作者对现实社会人的命运深深的关怀情节。

（3）其他作家的短篇小说创作

除上述作家外，还有许多作家在短篇小说创作领域作出了重要贡献。如赵鲜文，陈隄、田兵、也丽、石军、左蒂等。

赵鲜文的短篇小说的创作。赵鲜文从20世纪20年代开始活跃在文坛，辽东沦陷后，仍坚持文学创作，曾发表《北沟子》《看坟人》等短篇小说。《看坟人》成功刻画地主看坟人杨八的奴才形象，杨八穷得就剩一颗盼着地主施舍的心了，看到地主家的东西遭损坏，心疼得不得了，连吃饭都想着如何保护地主家的豆子，但没有得到地主的一点点施舍。揭露了殖民统治下奴化思想对人格的严重扭曲和地主对雇农的压迫剥削。

陈隄的短篇小说的创作。陈隄，原名刘国兴，笔名有殊莹、果竹、曼娣等，1915年出生，辽宁省辽阳市人，曾发表《一个憧憬着梦的女人》《生之风景线》等短篇小说。《一个憧憬着梦的女人》记录妓女爱梦悲惨的生活，揭露了风尘女子充满血泪的苦难人生，抨击了当时社会不平等、不合理，寄托了反抗的希望。《生之风景线》描写矿工蒋七在矿上折了一条腿，待产的蒋七嫂去领救济粮时被争抢领救济粮的人们活活踩死，控诉了日本殖民统治下工人难以生存的苦难现实，揭露了日本所谓“东亚共荣”的虚假。

田兵的短篇小说的创作。田兵，原名金纯武，后改名金汤，1913年生，大连市人。1933年开始从事文学创作。其创作的《T村的年暮》《王海廷》等短篇小说在当时文坛有过一定影响。《T村的年暮》描写辽南农村年关将近时发生在T村地主与农民之间的矛盾与斗争。地主张三爷继承祖产，又靠自己巴结日本人发财了，佃农老赵头长年的过度劳动使他成了罗锅，到年关了交不起地租，乞求地主张三爷以小猪抵地租，却遭到抽着大烟的张三爷的痛骂。被逼无奈的老赵头到张三爷的山林砍了些树木连着自己家杀的猪肉偷偷地到城里卖了，买了年货准备过年，地主张三爷派庄丁把老赵头叫去，“坐了三爷的专用汽车，送到另一个地方‘过年’去了”。作者通过描写穷苦农民过年的欢乐与哀愁，揭露了殖民地社会农民受尽剥削和压迫的苦难境况，暴露了恶霸地主勾结日本侵略者残酷剥削和压迫人民的现实。

也丽的短篇小说的创作。也丽，原名刘云清，笔名有野藜、镜海等，1902 年出生，大连市人，结集出版《花冢》。短篇小说《三人》描写“我”、老褚和叶芬三人之间的离奇故事，揭露了殖民统治的黑暗，表达了对沦陷区令人失望的生活环境和不甘忍受非“人”生活的人们的愤怒。“我”想做一个真正的“人”，曾向往做一名小学教员，但获得这个职位又不得不“含泪走出”。之后，“我”流浪在外有 10 年了，这 10 年的经历“简直是坐着痛苦的牢”。在荒凉的羊镇遇到性情豪爽、靠“暗平暗去的摸索”度日的老褚。“我”与老褚痛饮之后，游荡到大街上，借着酒劲闯进了暗娼叶芬的家，她帮助呕吐的“我”擦干污迹，向“我”讲述了她的悲惨经历。叶芬原来有个温暖的家，父母都是小学老师，可由于母亲耐不住教师家庭的清贫，背着父亲与别的男人调情因而父母离婚。父母离婚后，叶芬随母亲也一步步陷入生活的泥沼。她曾感念于恩师的教诲，想做一个对社会有用的人，但恩师的出走使她渐渐失去了对人类的信任。叶芬回忆起恩师的教诲，所说的情景触动了“我”的心灵，“我”仔细辨认发现眼前的叶芬竟是自己当年的学生，而叶芬也认出“我”就是她念念不忘的恩师，二人抱头痛哭。叶芬的讲述让“我”了解到老褚是叶芬的情人，叶芬知道他的“行迹使人冷齿”，但认为他的灵魂和见地“值得人赞叹”，在他的带动下，叶芬的心灵复活了。她和老褚都要停止目前的生活状态，去开辟新的生活。作者描写年轻知识分子、粗人老褚、暗娼叶芬三个不同命运的人在同一个黑暗背景下命运和心灵的变化，揭露了当时社会对人性的扭曲和摧残。

石军的短篇小说的创作。石军，原名王世浚，笔名有文泉、秦渭等，1912 年出生，大连市人，著有《麦秋》《脱轨列车》等短篇小说。《脱轨列车》以辽西社会为背景，描写萧劲涛的个人生活和心理变化，反映了他游戏人生、贪赌涉险的荡子生活，揭露了都市让人作恶和自甘作恶或纵容他人作恶的市侩风气，描绘了一幅殖民地社会伪满官场现形图，鞭挞了在乡邦沦陷的背景下小职员们自甘做亡国奴、醉生梦死的生活哲学和“有钱能使鬼推磨”的丑恶现实。

左蒂的短篇小说的创作。左蒂，原名左希贤，笔名有何琪、左蒂、罗麦等，1920 年出生，沈阳市人，创作有《柳琦》《没有光的星》等短篇小说。《柳琦》描写“我”医学院女同学的故事，柳琦生于一个退休军官家庭，立志做一名像居里夫人那样的科学家，她瞧不上不学无术、成天看通俗小说混日子的同学，与积极上进的“我”成为挚友。毕业后，柳琦随家人搬到北平，找不到职业的她很痛苦，慢慢认识到这是一个以男人为中心的社会，曾想抛弃家庭到一个很远的地方，可又放心不下孱弱的父母和幼弱的弟妹。为了谋生，她与两个男人周旋，疲倦了就到“我”家住一段日子，后来竟不辞而别，不知所终。小说记录了柳琦思想转变的过程，在同情殖民社会女性知识分子遭遇的同时，暴露了资产阶级知识分子自哀自怜、不能真正觉醒的思想顽疾。《没有光的星》描写新婚后的“我”与同住在电影公司公寓中一些青年演员的生活，塑造了一个不被世俗接受、被视为坏女人的罗荔的形象。罗荔是官僚家庭的小姐。父亲生活放荡，娶了四房妻妾，罗荔的生母出身农家女，生下罗荔和两个妹妹后被父亲赶出了罗家，罗荔从小失去母爱。罗荔 15 岁时收到一封男生的信件，被认为是大逆不道，无法忍受家庭氛围的罗荔离家出走，却被远房叔叔“搭救”卖到了妓院，她冒死逃脱，被车站好心站长救助。不久，与站长留学归来的儿子冯恕发生恋情。他们回到老家，又被远房叔叔纠缠，并将罗荔生母沦为暗娼的事告诉他俩。冯恕愤怒出走，罗荔生下与冯恕的孩子，受尽白眼。为了谋生她考取了电影演员，在这个污浊的、混吃等死的环境中，她找不到知音，继续被人玩弄污辱。罗荔不想再过这种没有希望的日子，终于搬到不知什么地方去了。作者记录了罗荔性格变化的原因，寄托了对殖民统治黑暗社会的批判倾向。

3. 辽东本土作家的诗歌创作

辽东近代诗歌创作深受五四新文学思想的影响。1925 年以前，诗歌的主题大多反映个性解放、追求爱情、怀念母爱以及青年个人苦闷的情绪和对当时社会不公平现象的愤世嫉俗的情感。1925 年以后，诗歌创作的主题开始大胆暴露社会黑暗，揭露军阀混战给人民造成的灾难和痛苦，贪官污吏盘剥人民，地主剥削农民。九一八事变之前，曾出版赵鲜文的诗集《昭陵红叶》、张露薇的《情歌》、宋树人的《东风第一枝》、王荫南的《锦瑟集》等。九一八事变后，辽东本土作家的诗歌创作进入了艰难的境地。一方面在日本殖民统治下生活重担挤压艰难地谋生糊口，找不到方向；一方面日本殖民者实行殖民文化统治，创作“不合时宜”的作品无处发表。直至 1933 年以后，日本殖民者为制造所谓“王道乐土”的假象，开始允许一些报纸恢复文学附刊，辽东本土作家的诗歌创作活动渐渐恢复生机，出现了许多较为著名的作家，如成弦、金音、姜灵非、山丁、小松、田兵、石军、杨絮、杲杳、韦长明、冷歌、古丁、百灵、田贲、也丽、杨野、安犀、崔束、夷夫、木风、渡沙、铁汉等。

成弦，原名成骏，又名成雪竹，1916 年出生，沈阳市人。读中学时与金音、姜灵非等组织南郊社、冷雾社，出版刊物《南郊》《冷雾》。九一八事变后，从事文艺报刊编辑工作，主编过《凤凰》《电影新潮》《新青年》《盛京时报》文艺副刊等，是东北近现代诗坛较有影响力的诗人。其于 1939 年 8 月出版诗集《青色诗抄》，收入 1932—1939 年创作的 25 首诗；1944 年 11 月出版诗集《焚桐集》，收入38首诗。他的诗歌比较注重将个人情绪、感觉意象化，构思巧妙，感情充沛，大多表现作者心灵的寂寞和无法排解的苦闷与惆怅，常常用落花、败叶、孤月、暗星、夕阳、西风、愁雨等阴暗灰冷的意象，表达浓烈的悲伤情怀。这种极重感觉的诗风使他的诗作在本土诗坛上占有重要的地位。

金音，原名马家骧，后改名马寻，1916年出生，沈阳市人。1941年，结集出版《塞外梦》，收入29首诗。诗作注重艺术美的追求，侧重写自我感受，抒发个人性情，讴歌“爱”与“梦”，向往光明，执着于人生。长诗《塞外梦》描写塞外“千古的大梦”，作者将永不沉睡的大风黄沙、旷漠的原野、嫩江的长流、灰色的城堡、苦难的人群，统统作为自己所要表达情感的意象，尽情地挥洒，创造出气势雄浑、豪放的诗篇，表达了对东北自然、历史深深的热爱。

山丁是辽东本土作家中的多面手，诗歌创作颇有成绩，1941年结集出版了《季季草》，践行乡土文艺的主张，作品大多取材乡土现实为家乡歌吟，始终不忘暴露乡土现实的使命。长篇叙事诗《拓荒者》约300行，是东北移民的拓荒史，作者将拓荒者的焦虑、忧郁、希望凝聚于诗，凄婉的故事讲出了农民心中的神圣土地，表达了农民与土地的深厚感情，勾画出时代的面影。

小松于1940年12月出版了诗集《木筏》，收入33首抒情诗，被认为是当时独树一帜的、抒情的绝妙上品。小松的抒情诗内容包含个人轻松的快乐与痛苦的倾诉，对历史的沧桑回顾，对故乡的无尽思念，是时代的重压在作者心灵上的投影，感情抑扬跌宕，辞藻色彩浓淡相宜，意象组合突出历史纵深感和立体感，给当时诗坛耳目一新的感觉。

杲杏，原名高德生，辽宁省西丰县人。1935年开始诗文创作，1939年出版诗集《口笛》，收入95首诗。作者“为希望而奔忙，为希望而死亡。希望不舍，生意正长”，创作了许多清新质朴的作品，如《飘零儿》以“我”的叙述方式描写一个社会底层流浪儿的生活，暴露了世态炎凉、人间冷暖。表达了“我”未在恶劣的处境中沉沦，而是“在自身上培植自信/永不退缩就有希望”。这种积极的抗争精神会给在黑暗社会中挣扎的人们以信心和勇气。

冷歌，原名李乃庚，笔名有李文湘、冷歌等，1908年出生，辽宁省辽阳市人。受五四新诗和英美诗文影响较深，创作了许多诗歌，1941年，结集出版了《船厂》，以清新的乡土诗风引起诗坛注意。

古丁出版有散文诗集《浮沉》，记录了1936—1938年其心路历程，表现了困惑、迷茫、矛盾、焦躁的思想情绪。“我梦见我在夜雨中，在污泥里独步/我背负着羊皮新衣和线装旧籍一直在那夜雨中，在那污泥中独步/我并无目的，只管独步”。这既是作者自我心灵的反省，又是作者开始渐渐失去刚登上文坛时的那种气势的实际写照。

百灵，原名徐百灵，笔名有白磷、徐荻、倚天等。1938—1939年，出版诗集《火花》《未明集》，主要描写个人的愁绪，黑衣人、黑色的夜、黑色的记忆，凄风苦雨、断魂的黄昏、黑暗的陷坑等意象反复出现在其诗文中，表现了作者对周围环境的抗争思想。

田贲，原名花喜露，笔名有田贲、山川草草等，1912年出生，辽宁省盖州市人。1930年，考入奉天省立第一高中，开始接触左翼文学作品。九一八事变后回到家乡，就读于海城第三师范学校。1934年到盖县归州村小学任国文教员，开始进行进步文学活动及文学创作。1936年，组织进步学生创办“鲁迅文学研究社”，对外称“LS文学研究社”，创办《行行》《星火》等油印秘密刊物。1940年，在《营口日报》文艺副刊开办《星火》。1941年到奉天城做中共地下工作，1944年4月加入中国共产党，1946年6月因病去世。他创作了许多富有战斗性的诗歌，如《献给母亲》《我们是丰厚》《人民是正直的》《我是王》《幽静的山谷》《两代人》等。《献给母亲》中，作者将祖国比作母亲，抒发了对祖国的热爱；《我们是丰厚》暴露了日本殖民统治下中国人民的苦难生活，将人民看作理想精神的化身；《人民是正直的》描写人民的勤劳诚朴，表达了“我要在人民里成长/人民会在我心里发声”的献身精神；《我是王》体现了中共党员视死如归的大无畏精神；《幽静的山谷》通过对夏天山谷凄凉景象的描写，表达作者沉重的心情；《两代人》表达对生命本质的思考和对不同生命形态的欣赏。

4. 辽东本土作家的散文创作

辽东本土作家的散文创作是在五四新文学运动影响下出现的。1919 年以后，辽东地区的报刊开始刊载朱自清、俞平伯等著名的新文学作家的作品，受其影响，辽东地区近现代散文创作开始兴起，1925 年以后散文创作才逐渐产生了一些较有分量的作品。表现青年就业无门、生活无着、爱情破灭的苦闷心理的，如沈生的《遗恨》、刘境遥的《她的一封信》、赵鲜文的《伤心》和《归来》、筱啸的《出路》等；表现军阀争权夺利、发动内战、征兵拉夫，给百姓造成灾难的，如晓星的《忏悔》、慕贤的《一个妇人的自述》等；表现因反抗殖民当局黑暗统治而牺牲的英雄、赞美觉醒农民反抗剥削阶级的英勇行为的，如赵玉溪的《初雪》、侧影的《铁窗外》、丁焕文的《太平歌咏》等。

九一八事变爆发后，日本殖民统治文网严密，辽东地区的文学创作受到严重压制，但一些进步作家冒着坐牢的危险坚持创作。这一时期散文的基本主题是暴露殖民统治的黑暗现实，表达丧失家园的苦难心曲，吟咏不愿做亡国奴的悲歌。表现在强烈乡愁心绪中对山河破碎的感叹，揭露日本殖民统治下的社会丑恶现象的，如韦长明的《荻的小夜》《江山》《丑笑》，朱隄的《窗・黄昏与乡情》《寂寞的感情》等；表现年轻人苦闷，对生活的失望、厌恶及失业的烦恼情绪，反抗殖民统治黑暗社会的，如杨絮的《夜歌》《落叶的情绪》等。

韦长明于九一八事变后，在《大同报》《盛京时报》《麒麟》

《兴亚》等报刊发表了许多散文作品，当时被誉为“文坛新人”①，出版有散文集《无限之生与有限之旅》。他的散文题材较广，有描写自然景观的，有寻宗追古的，有记录日常琐事的，有感叹现实的，表达了作者“灵魂的呼吁和勇敢的预言”。如，《失落之歌》刻画年轻人自我反省、不甘沉沦、苦苦挣扎的心理，“过去是记忆里的尘沙，惟于我却掷不开这些尘沙了，我总觉得那些琐碎的尘沙里也有我的失落了的璀璨的王国，而是必须有的，在过去，在现在，或是在未来”。

朱隄出版有散文集《流云集》，收入1941年后创作的25篇散文，作者通过身边琐事、亲情叙说，记录了离情别绪。如，《傍晚的视野》描写作者在窗前看到傍晚的广场“阴沉而动荡起来的画面”，表现了一种很难说得清的“喜悦与落寞”的情绪；《结束了的行旅》记叙了作者由北平归来读友人来信而引发的感想，表明作者“在文学的全黑时代”的处世态度，“不断地锻冶做人是十分不可忽视的”，“要牢持写作的信心，珍重自己的笔，珍重自己的体验”。

杨絮出版有散文集《落英集》，收入38篇散文，作者通过个人苦闷的表达来暴露殖民统治的黑暗和时代的重压。如：《夜歌》描写“我”期待黎明，但在风不止、雨不停的时代，“年轻人只能唱夜之歌”；《落叶的情绪》描写“我”为排解苦闷，到佛堂求签，可依旧看不到半点希望；《生活手记》记录了为谋生只得在“日系上司”手下工作的难言苦闷和悲惨现实，表达了作者彷徨、苦闷、绝望的情绪，进而暴露殖民统治的黑暗，表达了强烈的抗议；《我的罪状》描写一个年轻女性文学者的艰难境遇，表达了愤怒抗争之情。

姜灵非，笔名有未名、伍未折等，辽宁省沈阳市人。中学时

① 梁山丁．烛心集［M］．沈阳：春风文艺出版社，1989：448.

代曾与同学合编《南郊》，九一八事变后加入冷雾社，从事报刊编辑工作。20 世纪 40 年代创作的散文大都以忧郁沉重的心情吟咏不甘寂寞和沉沦的心境，作品影响较大。如《暗屋之书》《未名抄》《小花园》《梦中之酒》等散文，描写自己的忧郁和感伤心境，感情沉稳，构思隐晦、多变，在当时的文坛有较大的影响力。

也丽以散文见长，结集出版《黄花集》，收入 45 篇散文，或通过身边琐事表达时代的苦闷，或将目光放远到广大的社会人生，表现在黑暗中追求光明和在荒野中期盼温暖。如：《年》描写新的一年来临时感叹，“新的憧憬，依旧是渺茫”，“胜利的交椅，还是个空位子”，揭露了殖民统治下人民毫无希望与生机的日子。《散文四章》分别选取伤风、午睡、影子、荒野这四种意象，表达了作者对社会、人生、文学的思考。“伤风”这种流行病“偏偏就会找身子与精神虚弱的人”，而对于“身子与精神强壮的人”，“伤风症它终不会跳梁的”。表达要有坚定的信仰和立场，号召人们要“健康起来”，“唱着生之序曲”，“去迎接那真的人声，真的话语”。

吕公眉，笔名眉郎等，辽宁省盖州市人。九一八事变时，其正就读于奉天省立第三师范学校，毕业后到长春做小学教师及刊物编辑，并开始发表文学作品。1942—1944 年间，在《华文大阪每日》《华文每日》《兴亚》等报刊上发表了不少散文，其中《中秋时节》《霜叶》《风筝》《静土庵》《慈恩寺的杏花》等是较有影响力的作品。在国破山河碎的年代，吕公眉的散文创作充满了对故国山河的眷恋和对亲人别离的痛苦。如：《中秋时节》描写与家人共度中秋佳节的情景，表达“秋风秋月，都作了梦一般的回溯”的哀愁；《霜叶》通过友人集中的霜叶，表达期盼游子归来的愿望；《风筝》从眼前放风筝的孩子们的欢笑声中感受乐趣，感慨“流浪在异乡的人，年年领略着不同味的春，同时得到些不同风味的怅惘”；《静土庵》和《慈恩寺的杏花》通过叙述儿时在家乡与祖母、父亲到寺庙的经历，暴露了神仙世界的虚伪和残酷，借小和尚的话“菩萨是泥做的”号召人们丢掉迷信，起来反抗，婉转地表达了作者不甘被奴役和压迫的心声。

5. 辽东地区近代戏剧文学创作

辽东地区近代戏剧文学创作始于20世纪20年代，从事戏剧创作的是一些受五四文学思想影响的青年作者，如汪楚翘、咏秋、张弓、娱力、孟刚、王显廷、波侠、贾林、笳啸、孤雁等。或写黑暗压迫对人性的扭曲，或借古人抒发个人的哀愁，或描写投身革命的献身，戏剧题材源自现实生活，是现实生活的折射。辽东地区的新戏剧文学对辽东乃至东北地区的风土人情、地域文化表现较充分，在语言风格方面极具东北特色，在题材、内容、艺术表现上呈现出时代特点。

这一时期的戏剧创作，呼应五四新思潮，追求人的觉醒、个性自由、灵魂解放等主题，如汪楚翘的《到幸福之路》、娱力的《疯人》、贾林的《狂人和妻以及孩子和狗们》，都选择了“狂人”这个形象，描写殖民地社会的现实。《疯人》讲述影双“是被社会上大多数的昏人的不了解和狠心的压迫所挤疯的”，而这个“昏人”恰恰包括养育他的母亲。影双的两个姐姐对他的“疯”也找不到疯根，唯一能够理解他的侄女也被家人认为是“疯子”。影双的家人因爱他而使他变疯，表现民众普遍性的麻木，暴露了那个时代的悲哀。《狂人和妻以及孩子和狗们》中描写的“狂人”虽狂，但他思维清楚，他拆门毁墙寻找求生的路，却遭到兄长的训斥，被族人按“天数”锁禁，妻子也温存地劝他不要沉迷“旁门左道”，只有孩子们明白“狂人”所说的“求生之路”，和小黑狗一起跟狂人夺门而出。揭露了封建礼教对人性摧残和扭曲，鞭挞了普通民众的愚昧无知、灵魂的麻木。

这一时期的戏剧创作有以独幕剧为主的剧本创作，采用诗歌或散文形式布局谋篇，如王显廷的《怀沙》、笳啸的《诗人的悲哀》等，诗剧充满浓郁的抒情色彩；有取材于奉系军阀统治下的东北社会各阶层的生活，揭露军阀混战给普通百姓造成的精神与肉体的痛苦，对军阀黑暗政治进行讽刺和批判，如咏秋的四幕剧

《游离恨》、穆儒丐的独幕短剧《马保罗将军》等，从场景、台词到人物都有鲜明的现实依据和东北地方特色。

在中国近现代文学史上，杨晦因以文学戏剧的形式反映东北乡村生活备受关内文坛的关注。杨晦，原名杨兴栋，1899 年出生，辽宁省辽阳市人，18 岁考入北京大学哲学系，1919 年参加了五四运动，1921 年毕业后到奉天第一师范学校教书，不久被反动当局以“鼓动学潮”为名驱逐，后去山西、天津、北京等地任教，并从事文学创作和评论。《谁的罪》是杨晦创作的第一个剧本。1925 年参加由陈炜谟、陈翔鹤、冯至等人组织的“沉钟社”，并成为该社戏剧方面的代表人物。1929 年 8 月，出版剧作集《除夕及其他》，收入 1926 年以前创作的 9 个剧本，都是以东北乡村生活为背景。有表现对下层劳动者苦难人生同情的，如《笑的泪》；有揭露封建家庭制度和封建礼教“吃人”本质的，如《来客》；有对私有制弊端下的世态炎凉的真实写照的，如《老树荫凉正面》《庆满月》。1933 年，创作五幕历史剧《楚灵王》，通过描写蔡国卿大夫和军民团结抵抗外来侵略死守国都，利用敌人内部矛盾终于复国的故事，表达对中国全民族抗战充满信心。

九一八事变后，辽河戏剧文学创作始终处于困难之中，在日本殖民统治重压下艰难地跋涉，直至 1936 年前后才稍显复苏之气。除独幕剧（诗剧）外出现了广播剧、电影剧本、多幕话剧等戏剧表现形式。

自 1936 年起，东北有 21 个城市成立了放送局，这是日本殖民者操控文艺的阴谋，企图借此拉拢、监视进步戏剧工作者。一些进步文艺工作者充分利用这个阵地开展戏剧活动。是年，成弦、徐百灵、李乔等利用奉天放送局组织业余放送话剧团，曾编演 10 多个短剧。不久，大连也出现同类性质的剧团。1939 年前后，山丁、秋萤、小松、古丁、金音、成弦、百灵等先后加入剧作创作中，推出了一批有一定思想内容和艺术水准的剧作。

1938 年秋，李乔、安犀、百灵、成弦等人发起成立业余性质的协和剧团，排演了安犀创作的独幕剧《三代》，这是奉天沦陷后演出的第一个舞台剧；在抚顺、锦州、营口等城市也成立过一些剧团，有过戏剧活动。次年 9 月，奉天出现专业性协和剧团，主要成员有孙序夫、丹玛、王书翰、关桂文等；成立过业余剧团，成员有金山龙、杨若呆、王宗仁、李鸥等，上演过丁西林的话剧《无妻之累》等，该团后与奉天放送局合并为“国际剧团”，由李乔、金山龙任编导，除在奉天演出外，还去锦州、抚顺等地演出，演出剧目有《夜歌》《紫丁香》《夜深沉》《血刃图》等。

自 1942 年起，日伪当局把戏剧纳入“官制戏剧”的轨道，要求剧团为时局服务，遭到进步文学工作者的抵制、抵抗，一些进步的创作者被监视、被调查，甚至被捕，辽河戏剧文化再次陷入困境。这一时期的戏剧创作以描写社会下层生活或借用历史人物加以“当时化”的改写作为主要内容。多以农村生活为背景的戏剧创作，使戏剧作品具有浓郁的“乡土剧”的特色。隐晦曲折的象征寓意成为这一时期独有的艺术表现形式，代表作家有李乔和安犀。

李乔，原名李公越，1936 年开始创作，次年任奉天放送话剧团编导，创作过 20 多部剧作，较有名的有《夜歌》《夜航》《夜巷》《血刃图》《家乡月》《塞上烽火》《紫丁香》《邻居》《小桃红》《屠户》等。李乔的剧作皆取材于现实生活，表达对当时现实的认识和体验。描写社会下层人们的生存状态和心理状态，关注知识分子在黑暗丑恶社会中心灵的演变过程，常以“胡匪”的形象隐含反抗意识，通过对社会下层劳动者现实生活状况的描写，暗讽日伪统治的黑暗。

安犀于 1937 年加入奉天放送话剧团后转做专职编导，1941 年到满洲映画协会，同山丁等创立满映话剧团，曾创作 10 多个剧本，较有影响的有《三代》《望乡》《姜家老店》《猎人之家》《朱买臣》《东方夫人》《归去来兮》《人在何方》《除夕》等。安犀的剧作从当时东北民众“喜泼辣爱刺激的心理”出发，描写现实，反映生活，以“夸张的富有神秘性的演艺”来“满足观众的要求”，常选取密林、原野、野店、山村、小径等弥漫着夜色的背景，营造出一种阴暗、恐怖、凄凉的氛围，来突出主人公刚烈、耿直、豪放的性格。如《姜家老店》中姜大刚的形象就十分突出。

这一时期电影剧本创作有小松的《人和人们》、古丁的《哈哈镜》、金音的《大院风景》等剧本，在写实中夹带着荒诞夸张的手法，刻画现实人物的心理，在题材上或剖析知识分子个人苦闷和青年学生走向社会后的蜕化，或揭露庸俗的市侩哲学，或描写社会下层劳动者悲惨生活，曲折反映殖民统治的残酷黑暗现实。

金剑啸是辽河左翼戏剧文学的主要开拓者。其在短暂的26年生命中，创作了《穷教员》《艺术家与洋车夫》《黄昏》《母与子》《幽灵》《咖啡馆》等9部剧作，以暴露黑暗之笔，道出了人民的心声，表现抗击日伪的残酷统治，暴露日本殖民者所谓“王道乐土”的虚伪欺骗，表达强烈的民族抗争精神和反抗意识。

罗烽发表过《两个阵营的对峙》《现在晚了》等剧作，表现有力地抗争黑暗的现实。萧军以三郎之名发表过电影剧本《弃儿》，曲折揭示造成晓星一家命运悲剧的社会根源，进而激发起人们的同情与抗争意识。

第五章　民国晚期辽河近代文化转变发展

民国晚期是指日本投降到中华人民共和国成立前，即1945年8月15日至1949年9月30日这段时期。这是辽河近代文化转变与发展的重要时期。

1945年8月15日，日本天皇向全国广播了《终战诏书》，宣布接受《波茨坦公告》，命令日本国内外军队立即终止战斗。9月2日，在美国“密苏里”号战列舰上举行了日本投降签字仪式，正式宣告了日本帝国主义侵华战争的彻底失败。中国人民的艰苦抗战终于取得了自鸦片战争以来的第一次彻底胜利。这是中华民族反法西斯战争的胜利，也是世界反法西斯战争的胜利。在长达十四年的抗战中，中国人民作出了巨大牺牲，对世界反法西斯战争作出了重大贡献。据史料统计，抗战期间，中国军民伤亡3500多万人，经济损失超过6000多亿美元（按当时币值计算），其中直接经济损失1000多亿美元、间接经济损失5000多亿美元。这是日本侵略者造成的浩劫！正如当时《解放日报》社论所指出的：“日本帝国主义给予我中华民族的损失和耻辱，实在是书不胜书。”

抗日战争胜利后，“是建立一个无产阶级领导的人民大众的新民主主义的国家呢，还是建立一个大地主大资产阶级专政的半殖民地半封建的国家?”① 这是关系到国家前途与命运的重大问题。以蒋介石为代表的中国大地主大资产阶级坚持独裁和内战的方针，要从人民手中夺取抗日战争胜利果实，使中国成为大地主大资产阶级专政的半殖民地半封建的国家。代表无产阶级和人民大众利益的中国共产党要建立一个无产阶级领导的人民大众的新民主主义的国家。因此，中国共产党一方面要尽力争取和平、反对内战，另一方面必须对于蒋介石发动全国规模内战有充分准备，采取正确的方针。对于帝国主义和反动派不抱幻想、不怕威吓，坚决保卫人民的斗争果实，努力建立无产阶级领导的人民大众的新民主主义的新中国。中国的两种前途、两个命运的决定胜败的斗争，构成了民国末年中国近代文化转型发展的时代内容，也是辽河近代文化转型发展的关键时期。

抗日战争胜利后，满目疮痍的中国百废待兴，中国人民迫切需要和平、民主与团结，以便同心协力建设一个独立、自由和富强的新民主主义国家。但是蒋介石当局坚持实行独裁专制统治、扩大国家垄断资本主义和官僚资本。因而抗日战争一结束，蒋介石当局便派接收大员接收了大量的日伪产业。至 1946 年 8 月底，蒋介石当局经济部接收的厂矿企业共 2849 个，接收了正金、住友、朝鲜、中央储备等日伪金融机构。国家垄断资本和官僚资本空前膨胀，骤增至 200 多亿美元②。维护这种经济制度和建立其上的政治制度是蒋介石当局政策的基本点。蒋介石当局一方面说“民主宪政不容再缓”，但又提出种种“先决条件”，阻挠民主政治的实现。当时，美国欲以蒋介石当局作为侵略和控制中国的工具，蒋介石当局也欲以美国援助做靠山实现独裁统治。在这个基础上，美、蒋进一步勾结起来。在美国帝国主义的援助下，蒋介石当局

① 毛泽东选集（第四卷）[M]. 北京：人民出版社，1991：1130.

② 白寿彝. 中国通史 [M]. 上海：上海人民出版社，1999：304.

背信弃义撕毁了《双十协定》①，推翻了政治协商会议决定的《和平建国纲领》②，公然发动了规模空前的内战，企图消灭人民革命力量。1946年6月，蒋介石当局派军向中国共产党领导的中原解放区发动进攻；接着向华东、晋冀鲁豫、晋绥、东北、海南岛等解放区发动进攻。1946年6月至1947年6月，中国共产党领导的人民解放军先后挫败了蒋介石当局发动的全面进攻和对陕北、山东两个解放区的重点进攻。至1947年6月底，经过两年的作战，战争形势发生了根本变化。人民解放军发展到280万人，其中正规军149万人，军政素质和战术技术大为提高，在两年作战中，蒋介石军队被歼260余万人，总兵力下降到365万人，其中正规军198万人。虽然精锐尚存，但在战略上已经被解放军分割成东北、华北、徐州、华中、西北、山西6个孤立的集团，解放战争进入决战阶段。辽沈战役、淮海战役、平津战役三大战役共歼蒋介石军队154万余人。蒋介石统治集团被彻底推翻的命运已经无可挽救。

---

① 1945年8月28日，毛泽东应蒋介石电邀，由赫尔利、张治中陪同，偕周恩来、王若飞前往重庆，与蒋介石进行谈判，毛泽东与蒋介石就和平建国大计进行了多次商谈。中共代表周恩来、王若飞与国民政府代表王世杰、张群、张治中、邵力子经过40天的谈判，于10月10日签订了《政府与中共代表会谈纪要》，即《双十协定》。

② 1946年1月10—31日，政治协商会议在重庆召开。参加会议的共有五个方面38名代表，其中中国国民党的孙科、吴铁城、陈布雷等8人，中国共产党的周恩来、董必武、王若飞等7人，中国青年党的曾琦、陈启天等5人，中国民主同盟的张澜、罗隆基、章伯钧、沈钧儒等9人；无党派的"社会贤达"郭沫若、王云五、傅斯年等9人。蒋介石为会议的召集人和当然主席。会议围绕改组国民政府、施政纲领、军队、国民大会、宪法草案五个问题进行了激烈的争辩。正式通过了《和平建国纲领》，作为宪政实施前"施政之准则"。3月1—17日，中国国民党在重庆召开六届二中全会。会议通过了《对政协报告之决议案》，完全推翻了政治协商会议决定的民主宪政原则。

1948年11月2日，辽沈战役胜利结束，东北地区获得解放。为了支持全国人民解放斗争，在中国共产党的领导下，辽河儿女积极恢复和发展生产。

伴随着全国解放战争胜利的脚步，辽沈大地风雷激荡，在光明与黑暗殊死斗争中，辽河近代文化迎来了转型发展的新曙光。

第一节　抗日战争胜利后辽河近代文化生态状况

民国晚期，辽河近代文化转变与发展所受的影响十分复杂。

抗日战争胜利后，辽沈地区满目疮痍、百业待兴。刚刚摆脱了日本殖民统治的辽河儿女期盼和平、民主与团结，同心协力建设独立、自由和富强的新民主主义国家，休养生息，过上安宁祥和的日子。但蒋介石统治集团为实行独裁专制统治、扩大国家垄断资本主义和官僚资本主义，悍然发动内战。辽东乃至东北地区工业基础好、资源丰富、交通便利、粮食充足，在决定国共两党前途和命运的斗争中具有举足轻重的战略地位，因而再次成为争夺的焦点地区。蒋介石当局先后发动了山海关至北宁路战役，本溪、四平、鞍山、海城战役以及新开岭、临江战役，欲尽速占领辽东乃至东北地区。中国共产党领导人民与蒋介石统治集团展开了针锋相对的斗争。由于蒋介石当局发动内战不得民心、有违军心，加上蒋介石统治集团各级官吏的腐化，军队已经失去信心，蒋军节节败退。在东北战场，人民军队捷报频传：长春被和平解放，锦州被攻破，沈阳被解放，营口被攻占。蒋介石为了挽救败局，先后9次亲临沈阳督战，其部署方案在人民军队的炮火中化为灰烬。1948年11月2日，辽沈战役胜利结束。中国共产党领导人民彻底打垮了蒋介石集团的独裁统治。东北解放了，辽河儿女站起来了，从此揭开了辽河近代文化发展的崭新篇章。

民国晚期，辽河近代文化发展深受内战的影响。国统区文化和解放区文化的交织对垒，光明与黑暗、进步与落后的文化形态斗争，成为影响辽河近代文化发展的重要因素。

一　抗日战争胜利后辽河近代社会文化生态

日本投降后，辽河近代文化生态环境十分复杂。辽沈地区经受战乱破坏，满目疮痍、百业萧条。日伪统治垮台后，苏军占据了东北部分大城市、少部分中等城市和铁路交通线。广大城市、乡村和中等城镇仍然由土豪劣绅、官僚政客所掌控，日本殖民统治建立的官僚机构大量存在，日伪时期的省长、市长、县长乃至乡村长等，纷纷组织维持会，把持地方政权，日本关东军被消灭了，但日伪军、警察、宪兵仍然保留武器。蒋介石当局接收时对这些势力进行收编，委任军官，组成所谓“东北挺进军”“中央先遣军”“东北救国军”等①。特别是日本投降前故意破坏社会秩序，造成一些地痞、无赖、土匪趁机抢劫、盗窃、强奸、暴动，一些日伪军趁机兴风作浪，使社会陷入一片混乱状况。日本投降后，东北各地匪患格外猖獗。这一时期，东北土匪普遍发展，地区广、人数多、声势大。据中共中央东北局 1945 年 12 月的估计，东北全境土匪有 10 万人左右②。在经济方面，日本投降时，东北工业设施包括军事物资和重要的工业设备、工业物资、交通运输工具等遭到严重破坏，东北的工矿业残缺不堪。大部分企业倒闭，大批工人失业。

① 杨国庆，白刃．罗荣桓在东北解放中［M］．北京：解放军出版社，1986：38.

② 东北局．关于东北剿匪工作报告（1947 年 4 月 10 日），［M］//东北解放区财政经济史料选编（第 1 辑）．哈尔滨：黑龙江教育出版社，1987：41-41.

二　蒋介石当局接收沈阳后社会文化景象

1945年11月，当时苏军驻沈警备司令部根据《中苏友好同盟条约》的规定，令中共机关及所属军队全部撤离沈阳，将沈阳接收权交给了蒋介石当局。中共中央从战略高度考虑，于11月28日指示中共中央东北局撤离沈阳。当日，中共中央东北局作出撤离部署，中共党政机关及部队于当月月底全部撤出沈阳。1946年3月12日，国民党军第五十二军进驻沈阳。接着，国民党军事委员会东北行营（辕）以及东北长官部也相继进驻沈阳。沈阳陷入国民党反动派的白色恐怖统治之中。蒋介石当局借接收之名行“劫收”之实，使辽河近代文化再遭劫难，辽沈地区民众重陷灾难之中。蒋介石当局的倒行逆施，致辽沈地区工商凋敝、经济停滞、物价飞涨、通货膨胀、文化衰败。

（一）沈阳近代工业文化陷入衰败

从1945年11月开始，蒋介石当局经济部东北特派员办事处或东北行营经济组先后接收日伪国营工矿、电业、商业及研究机构。被接收的全部厂矿主要分布在锦西区（今辽宁省葫芦岛市）、锦州区（今辽宁省锦州市）、沈阳区（今辽宁省沈阳市）、抚顺区（今辽宁省抚顺市）、鞍山区（今辽宁省鞍山市）、辽阳区（今辽宁省辽阳市）、营口区（今辽宁省营口市）等地。接收后，蒋介石当局将企业分配给四大工业系统接管：一是资源委员会系统接管包括重工业、矿业和较大的造纸厂及橡胶厂等28个部门、391家工矿；二是资源委员会东北电力局系统接管了包括东北电力局沈阳区分局、沈阳修理厂、材料库及营业所等9个单位；三是生产管理局系统接管了1307家工厂；四是中纺公司系统接管了9家纺织企业。

蒋介石当局的接收充满腐败。如在沈阳区，其接收了1324家重要工厂，主要有满洲车辆厂、三菱机器厂、日立钢件厂、住友工厂、满洲工厂、协和工厂、奉天制作厂、满洲化学工厂、沈阳胶皮厂、满洲自动车厂①。接收过程中，这些“接收大员”大肆进行抢劫活动。如在接收沈阳第四机械厂时，不仅卖掉了设备、器材，连厂房的木材也被撤卖一空，换成金条，中饱私囊。一些高级官员以接收为名，肆无忌惮地抢夺房产、侵吞文物。如国立中央博物馆奉天分馆原有馆藏文物2.78万多件，待东北教育辅导委员会接收时，只剩0.99万件，有近1.80万件丢失；蒋介石当局沈阳警备司令公然抢夺图书馆复制的《西域回文志》共24卷，图书馆派人索要时，司令部竟说是给蒋介石祝寿用的。蒋介石当局还将日伪汉奸、特务、警察编成10个警察大队，把许多地痞流氓和日伪军残余力量编成所谓的“新建军”。这些所谓的“军警”人员横行霸道、无恶不作，以搜查烟土为名公然抢掠，夜间伪装抢劫，搞得人心惶惶。当局巧立名目，对人民征收各种苛捐杂科税。各商号店铺除缴纳正税外，还要纳慰问捐、联防捐、警防捐等10多种捐税，一般中等饭店每月需缴纳捐税达12～15万元。对田赋采取折币征实办法，每斤高粱折价3元，附加地方复员自卫经费2元，每垧地则征税900元，有的甚至高达2000元。有些农民一年的收成不够交税，无以为生，生活难以为继。蒋介石当局东北行营（辕）于1947年制定田赋征实条例16项，规定，过期不纳者，加征20％～50％不等。拒不交纳者送司法机关强制处理②。沈阳遭蒋介石当局“接收大员”的大肆掠夺，致使许多工厂停产、商店倒闭。据不完全统计，蒋介石当局“接收大员”入城7个月内，共接收357家工厂，能够维持生产的仅有5％，余者几成废墟③。接收后，除部分军工、军需工厂进行修配性生产外，

① 佟冬．中国东北史［M］．长春：吉林文史出版社，2006：802.

② 沈阳市人民政府地方志办公室．沈阳市志·综合（第1卷）［M］．沈阳：沈阳出版社，1989：86.

③ 沈阳市人民政府地方志办公室．沈阳市志·综合（第1卷）［M］．沈阳：沈阳出版社，1989：85.

429 家民用工业企业或遭日本人破坏，或被“接收大员”及驻军盗卖工厂器材，能勉强开工的仅有 54 家。如电线厂，1943 年有职工 2300 余人，年产导体 4600 吨，蒋介石当局接管后，仅有职工 100 余人，年产导体 250 吨。到 1948 年 6 月，民用工业能开工的工厂减少到 40 家。蒋介石当局接收并直接掌控的 16 家生产生活必需品的工厂，能开工的只有 11 家。如，始建于 1935 年 11 月的沈阳第一机床厂，到 1945 年发展为 7 个制造厂，有员工 2062 人、设备 972 台；又如，蒋介石当局接收沈阳 3 年内，不但没有新建一家锅炉制造企业，原有的锅炉企业也没有一家恢复生产，一部分改为生产军火产品，一部分长期停工，整个沈阳的锅炉制造业名存实亡①。至于私营工厂，绝大部分处于停产状态②。此外，农业制造业、铁路运输设备制造业、桥梁工厂等都处于停产状态，工人大批失业，生活极度困难③。

蒋介石当局接收后，辽河近代工业文化始终未能得到恢复，也根本谈不上发展。如钢铁工业，在鞍山，鞍山钢铁公司于 1946 年底制订了年产 20 万吨钢铁的修复计划，1947 年又将原计划调减一半，至 5 月修复完成 75%。由于全面内战爆发，煤电两缺，交通时断，计划流产。在此期间，于 1947 年 8 月开了 1 个 100 吨的平炉和 1 个炼焦炉。到 1948 年 2 月，鞍山钢铁公司全面停产。其他如本溪、抚顺钢铁厂也很少生产。又如有色金属工业，由蒋介石当局东北金属矿业公司管理，在沈阳、吉林、辽南、安东等地共有 33 个厂矿，仅部分恢复了青城子、杨家杖子等矿的生产。

① 沈阳市人民政府地方志办公室．沈阳市志・工业综述・工业机械（第 3 卷）[M]．沈阳：沈阳出版社，2000：343.

② 沈阳市人民政府地方志办公室．沈阳市志・工业综述・机械工业（第 3 卷）[M]．沈阳：沈阳出版社，2000：5.

③ 沈阳市人民政府地方志办公室．沈阳市志・工业综述・工业机械（第 3 卷）[M]．沈阳：沈阳出版社，2000：373、440、471.

1947年，沈阳冶炼厂计划生产电解铜1080吨，实际只生产237吨；计划生产电解铅100吨，实际生产54吨；计划生产烧镁品6万吨，实际完成422吨。再如煤炭工业，蒋介石当局接收了抚顺、阜新、北票、西安、本溪、烟台、营城子7处矿山，经营多则两年，少则数月，只图采煤，不做掘进。1947年，煤产量只有378万吨。如电力工业，蒋介石当局接收丰满、抚顺、阜新、北票、长春、鞍山、本溪发电厂，发电装机容量不足50万千瓦，发电能力不足20万千瓦，发电量最高年度也只有6.84亿度。其他电机工业文化更是落后，只能生产少量的电线、变压器、电泡绝缘瓷瓶等，1947年是产量最高的年份，仅产电线215吨。还有化工工业，蒋介石当局接收了沈阳化工厂、葫芦岛硫酸厂、东北炼油厂、抚顺矿务局炼油厂等单位，职工最多时有2600人。1948年，化工工厂大部分停工，职工只余150多人。其他如机械、电机、水泥、橡胶、纺织工业的境况基本如此。“总括这一时期东北工业的特点是：厂矿绝大部分停工，生产极大萎缩与下降，工矿设备连受破坏。”①

（二）沈阳近代市政管理文化陷入混乱

市政文化是指与市民生活息息相关的公用设施管理文化。蒋介石当局接收沈阳后，市政文化陷入一片混乱，市民生活苦不堪言。如沈阳市政水源建设始于1934年，到1943年，全市有水源10处，管径在75毫米以上的管网有414.1千米，供水面积30平方千米，日供水量7万立方米，日售水量3.30万立方米，用水人口25.40万人。蒋介石当局接收后，成立了自来水管理处，统一市政水源、供水设施、供水营业的管理。由于战争破坏，特别是蒋介石当局官员腐败和管理能力低下，自来水生产和供应设施残

① 《东北解放区财政经济史》编写组．东北解放区财政经济史料选编·八一五至东北全部解放时期东北国营工业概况（第2辑）［M］．哈尔滨：黑龙江人民出版社，1988：171.

缺不全，管网处于瘫痪状态，造成供水能力大大下降。至 1948 年 10 月，自来水日供水量下降到 2.67 万立方米，日售水量仅为 0.56 万立方米，用水人口降至 7.80 万人①。沈阳城煤气供应始于 1923 年 12 月底，当时产煤气 0.45 万立方米/日，用户为 4600 户。到 1944 年，共建成水平式煤气发生炉 32 座，最高供气量达 9 万立方米/日。蒋介石当局接收后，到 1947 年，沈阳最高产气量为 1.10 万立方米/日，仅为 1944 年的 1/9；用户为 4728 户，仅为 1944 年的 1/7。到 1948 年，沈阳煤气生产和供应全部停顿②。

沈阳公共汽车运营业始于 1919 年 3 月，于 1925 年 10 月成立奉天电车厂，开始了有轨电车运营业务。到 1940 年，沈阳城有公共交通线路 17 条，郊区线路 5 条，营运车辆有 259 辆，从业人员为 1396 人，有轨电车线路 6 条，车辆 71 辆。人力三轮车逐步取代两轮车，成为城市重要辅助客运工具。到 1945 年，沈阳有人力三轮车 1 万多辆。蒋介石当局接收后，沈阳城内公共交通车辆、线路锐减，经常停运。到 1948 年 7 月，官办汽车公司因车辆严重亏损而倒闭，员工纷纷失业。到沈阳解放前夕，沈阳三轮车场仅有 34 家，拥有三轮车 12860 辆。沈阳的汽车公司、电车公司均瘫痪，只有靠人力三轮车运营③。

沈阳城市环境卫生清道队成立于 1907 年，当时有清道夫 209 人。1923 年，奉天市（今辽宁省沈阳市）开始有汽车装载水桶进行街道洒水。1926 年，从英国进口 1 台自动洒水车。蒋介石当局接收后，沈阳环境卫生投入的人力和设备不升反降。到 1948 年，

① 沈阳市人民政府地方志办公室. 沈阳市志・城市建设（第 2 卷）[M]. 沈阳：沈阳出版社，1998：395.

② 沈阳市人民政府地方志办公室. 沈阳市志・城市建设（第 2 卷）[M]. 沈阳：沈阳出版社，1998：443.

③ 沈阳市人民政府志办公室. 沈阳市志・城市建设（第 2 卷）[M]. 沈阳：沈阳出版社，1998：325.

全市清道夫只有 130 人，比 1907 年成立时还少 79 人，积存垃圾近 20 万吨、粪便 5 万余吨，整座城市脏乱不堪①。

沈阳市公园建设始于清末民初，1906 年后相继建成万泉公园、沈阳公园，并开放清代皇家陵园供游人参观游览。1931—1945 年，先后建成儿童游乐园 10 余处。蒋介石当局接收后，沈阳市公园设施遭到破坏。如始建于 1938 年的南湖公园，占地面积 6300 多亩，各种游乐设施齐全，树木成林，环境幽静。其由蒋介石当局接管后，公园辟为学校，蒙泽中学借用后，毁林种草，游乐设施被盗，树木被伐，破乱不堪，甚至成为蒋介石当局杀人的刑场②。又如 1929 年辟为东陵公园的清代皇陵福陵，被蒋介石当局接管后，东陵公园树木被砍伐 47685 立方米，陵园古建筑破损坍塌，满目断垣残壁③。北陵公园由蒋介石当局接管后，军队进驻北陵，强占陵寝隆恩殿、东西配殿、殿房等处，使陵园古建筑和各种设施遭到破坏，陵园内到处都是破败景象④。

（三）沈阳近代文博文化遭受浩劫

自 1946 年 3 月起，蒋介石当局大批接收大员纷纷涌入沈阳，这些接收大员打着“敌伪资产统一接收委员会”的名义，到文博部门搞接收，对那些价值连城的文物明抢暗偷，大肆收敛财物，大发国难财。因此，老百姓称他们为“劫收大员”。“劫收”对沈阳文化的破坏十分严重。如，沈阳实胜寺（皇寺）金佛在此期间

① 沈阳市人民政府地方志办公室．沈阳市志·城市建设（第 2 卷）[M]．沈阳：沈阳出版社，1998：265.

② 沈阳市人民政府地方志办公室．沈阳市志·城市建设（第 2 卷）[M]．沈阳：沈阳出版社，1998：197.

③ 沈阳市人民政府地方志办公室．沈阳市志·城市建设（第 2 卷）[M]．沈阳：沈阳出版社，1998：206.

④ 沈阳市人民政府地方志办公室．沈阳市志·城市建设（第 2 卷）[M]．沈阳：沈阳出版社，1998：208.

被盗失踪，下落不明。这尊金佛为纯金质，据传是元世祖忽必烈的国师八思巴用1000多两黄金铸成的，是一尊立式武佛，双手持降魔杵，相貌威武，雕刻精美。清太宗皇太极得到这尊金佛后，认为国运转向后金，便于1636年将金佛供奉在实胜寺（皇寺）的一座佛楼里。佛楼平时不对外开放，凡参拜金佛的官员或信徒，都要有当值的大僧人陪同，拜谒者离开后佛楼铁翻板立刻锁上。1946年3月30日，蒋介石当局辽宁省主席徐箴派两名特使到实胜寺礼佛送贡品，并约定来日亲自到庙上拜佛。次日，僧人发现两道门锁被捣毁，金佛及徐箴所送贡品都不见了。上午11时左右，徐箴带领两名随从来到实胜寺，听完情况汇报后，并未表示出不快，只说“我没有佛缘”，到没了金佛的佛堂拜上一番，随后令随从给警察局打电话，限一周内破案。这是民国末期最大的一宗文物被盗案，金佛至今下落不明。蒋介石当局“接收大员”中很多人以接收为名，将接收的文物据为己有。蒋介石当局接收沈阳后，国立中央博物馆奉天分馆被军政部特派员办公所强占，国立中央图书馆奉天分馆被国民党沈阳市党部强占。负责接收博物馆、图书馆的专业人员前去接收，蒋介石当局的这些大员们拒不交出，后经反复交涉，军政部大员们才搬出博物馆，然而馆藏珍品文物却损失大半①。博物馆原有藏品27832件，经国民党兵燹之后，正式验收时只有9857件，损失了17975件，损失占馆总藏品的2/3。这对于辽河文化来说，简直就是一场浩劫。

（四）沈阳近代社会民生文化衰败

日本投降后，包括沈阳人民在内的所有东北民众都兴奋无比，盼望中央政府尽早来接收，包括沈阳在内的东北各大城市，“家家

① 沈阳市文史研究馆．沈阳历史大事本末（下卷）[M]．沈阳：辽宁人民出版社，2001：981.

户户做了青天白日旗"①，以待中央政府接收。然而，蒋介石当局的腐败，使其统治区经济崩溃、商贸凋敝。如1947年，沈阳的商行由66个减少到41个，商户仅剩6861户，减少了57%。市场萧条，市民失业，生产生活日用品短缺，物价暴涨，通货膨胀。1947年1月18日，当时沈阳市当局决定实行粮食限价政策，规定以当日的粮食为准，每市斤零售价格：高粱10元、高粱米15元、苞米面13元、小米17元、粳米38元、大米50元、白面62元、大豆12元②。到1948年8月19日，粮食价格每市斤：高粱33万元、高粱米37.5万元、大米60万元、粳米53万元、苞米45万元、苞米面49万元、小米50万元、大豆23万元、豆饼13.50万元、豆面27万元、小麦37万元、豆油100万元、食盐16万元、白糖70万元、红糖60万元、猪肉60万元。物价暴涨，民众生活苦不堪言，但蒋介石当局还强行征收各种苛捐杂税。1946年3月至1948年10月，在沈阳征收捐税多达42种，其中国税包括关税、盐税共有14种，地方税有13种，慰劳捐、联防捐、警防捐有15种③。

蒋介石当局不顾国计民生，公然发动全国规模的内战，强行征兵，给人民带来了更大灾难。1946年6月13日，沈阳征兵1700名，7月上旬又征兵3300名。1947年3月，按蒋介石当局重新修订的《兵役法》，在沈阳征招22～23岁壮丁2682名。举行应征抽查时，到场的有1218人，未到场的有1401人。未到场的壮丁以"妨害兵役罪"受到军法室的惩处。此期征兵，共强征新兵

① 沈云龙、林忠胜. 齐世英先生访问纪录[M]. 北京：中国社会科学院近代史研究所，1990：157.

② 沈阳市人民政府地方史志办公室. 沈阳市志·综合卷（第1卷）[M]. 沈阳：沈阳出版社，1989：86.

③ 沈阳市人民政府地方史志办公室. 沈阳市志·综合卷（第1卷）[M]. 沈阳：沈阳出版社，1989：85.

近4000名，其中沈阳市1000名、沈阳县747名。同年11月，又开始第二期征兵，此次强征新兵仅沈阳县配额就多达2523人，仅征到848人，完成配额的1/3。由于完不成征兵指标，当局便强行抓壮丁。在苏家屯区十里河镇抓壮丁177人，东陵区二洼、三洼一带抓走14人，榆树台、王滨沟、桃仙、旧站、李相、孙家寨、大仁境、赵家沟各村先后强行抓壮丁499人①。

蒋介石当局的倒行逆施，导致民生文化一片衰败。当时的民谣说："大雪纷纷下，粮食要涨价，节难过，年难过，日子难打发。""国民党，进了村，平地天天出新坟，新坟埋的什么人，都是咱们穷苦人。"②

三　辽河近代反内战斗争文化的兴起与发展

蒋介石当局发动内战，造成生产萎缩，加上战争消耗，导致物价飞涨、通货膨胀。社会民众生活因财政金融危机而日益恶化，在剥削阶级的残酷剥削下过着极为悲惨的生活③。如在沈阳，1947年12月20日，大米350万元/石，高出上海2倍以上，面粉140万元/袋，高粱米2万元/市斤④；在抚顺，1948年6月，高粱米3.50万元/市斤，大米6.40万元/市斤，豆油17万元/市斤，粒盐2.50万元/市斤。到7月13日，大米突破50万元/市斤。8月20日，高粱米涨到39万元/市斤，面粉涨到80万元/市斤。到

① 沈阳市人民政府地方志办公室. 沈阳市志·政权（第14卷）[M]. 沈阳：沈阳出版社，1989：560.

② 沈阳市人民政府地方志办公室. 沈阳市志·文化卷（第13卷）[M]. 沈阳：沈阳出版社，1990：19.

③ 《东北解放区财政经济史》编写组. 东北解放区财政经济史料选编·八一五至东北全部解放时期东北国营工业概况（第2辑）[M]. 哈尔滨：黑龙江人民出版社，1988：174.

④ 《东北日报》，1948年1月6日。

10月5日，抚顺的物价与1945年8月相比，上涨5万倍①。在安东，“农民疾苦未除而倍增，工人失业未减而愈重，商家贫困无术依旧停业，行旅因道险阻而裹足不前”。蒋介石当局的内战政策、接收过程中的腐败弊端，导致经济危机、社会萧条，无法维持生计的民众掀起了“反内战、反饥饿、反压迫”斗争。

（一）辽河近代教师学生反内战斗争文化的兴起

这一时期，以教师、学生为骨干，掀起“反内战、反饥饿、反压迫”斗争。在沈阳，1946年4—6月，蒋介石当局连续3个月不给教师发放薪资，中小学教职员工组织索薪罢教3天，终于迫使国民党当局发薪。在锦州、鞍山、营口等地小学教师也要求增加工资，相继罢教。1946年5月，锦州全市小学教师为反对蒋介石当局无理扣押工资和侮辱教师代表，举行罢教，取得胜利。同月，北镇全县小学教师罢教7天，取得胜利②。1946年6月，以鞍山复兴小学教师为首，联合平安、陶官、立山等小学100多名教师罢教，几千名学生到国民党鞍山市党部请愿，取得胜利，国民党当局补发工资。在辽南，1947年3月，举行反对辽宁师专校长贪污学生学费的罢课斗争。5月13日，东北大学教师要求改善待遇，举行罢教3天。

1947年5月4日，上海学生举行“反内战、反饥饿、反压迫”游行示威。5月20日，北平、上海、杭州、南京等地16个专科以上学校的5000余名学生在南京举行联合请愿游行，遭到国民党当局镇压，造成学生重伤19人、被捕28人、遭受毒殴500多人的五二〇惨案，举国震惊。为声援京沪等地学生抗议示威，沈阳中

① 傅波，曹德全．抚顺编年史［M］．沈阳：辽宁民族出版社，2004：534-535．

② 中共锦州市委党史研究室．中国共产党锦州市党史大事记（1921—1985）（上编），内部发行［R］．锦州：1990：36-37．

山中学举行罢课 3 天、绝食 1 天①。随后，沈阳高校陆续举行游行示威活动。东北大学于 6 月 2 日在校内游行示威，并宣布罢课；沈阳医学院由刘元波、李朝俊等 10 多人组成罢课行动委员会，发表了罢课宣言，开展宣传活动；东北大学选修班成立“罢委会”，发表宣言，坚持罢课 28 天，举行区域性游行示威，编演了“反内战、反饥饿、反压迫”的话剧。

1948 年，蒋介石当局强迫位于沈阳的东北大学、中正大学，以及寄地招生的长春大学等迁往北平，并强令各校将图书资料、仪器、设备运往关内国统区。然而，流亡到北平的东北学生在北平根本得不到应有的学习条件，许多学生无法上学，生活困苦。北平市参议院居然通过决议，要求蒋介石当局将东北学生交由傅作义予以严格训练，而且要考察学生的背景、身份，学历、成绩不合格的，即拨入军队服役；同时，要求将东北各校一律停办，将经费交给傅作义，再补贴在北平的东北学生和临时大学。东北学生对此深感气愤，于 1948 年 7 月 5 日组织有 4000 多人参加的游行示威，高喊“反内战、反饥饿，打倒参议会”的口号，到参议会请愿，请愿队伍遭到国民党当局镇压，学生死亡 8 人、伤 10 余人，造成全国震惊的七五惨案。七五惨案发生后，7 月 9 日，在北平的北平和东北学生 1 万余人举行游行，抗议蒋介石当局屠杀学生。东北各高校也组织抗议活动。7 月 12 日，沈阳举行了 5 万人的大规模示威游行，各校教师和一些工人市民参加了游行活动。七五惨案学生抗议联合会印发《对“七五”惨案的公开抗议书》，提出严惩凶手，立即释放被捕学生，抚恤死难，医治伤残，保障在北平学生安全等要求。学生抗联的活动得到了广大教师、工会、商会、各省同乡会的支持。全市进行罢工、罢课、罢教、罢市。蒋介石当局十分恐慌，宣布全城戒严，出动军警封锁街道、学校，

① 庄建平. 五二〇运动资料（第二辑）［M］. 北京：人民出版社，1987：251.

逮捕10名学生抗联负责人，宣布学生抗联为非法组织。学生抗议活动并没因此而停止。为扩大影响，学生抗联还派代表到抚顺、铁岭、新民等地活动。7月17日，铁岭学生联合悼慰七五惨案筹备会成立；21日，铁岭城内各校学生及社会名流等2000多人举行集会，声讨七五惨案的罪魁祸首，会后还举行了游行示威。七五惨案抗议斗争坚持了30多天，最终取得胜利。经过斗争，蒋介石当局终于答应学生要求，由当局教育局局长担保释放学生。

（二）辽河近代工人反内战斗争文化的发展

在学生反抗斗争的同时，工人阶级也采取各种方式反抗蒋介石当局的内战政策，罢工、示威游行活动日益高涨。在锦州地区，1946年9月初，一批国民党军在葫芦岛登陆，为保证这批军人安全过冬，蒋介石当局要求锦州各服装厂赶制军服，限令锦州纺织厂于9月底完成3万套军服布的生产任务，但遭到工人的抵制和反抗。由于工人罢工，军服布生产任务连一半也没有完成。1947年2月，锦州纺织厂工人要求增加工资，罢工两天；3月，锦西化工厂1000多名工人要求增加工资，罢工3天，并取得胜利；6月，锦县金城造纸厂工人900多人罢工5天，迫使厂方取消《管制工人条例》，每人补米2斗；此外，锦州铁路工人、锦州水道厂高沙水源地工人也进行了罢工，并取得胜利①。在钢铁战线，工人反抗斗争持续不断。1947年2月，爆发鞍山钢铁工人5000余人游行示威，要求增加工资，迫使蒋介石当局让步，给工人增加了工资；本溪煤铁工人1000多人举行罢工，要求增加工资，并取得胜利②。1947年夏季以后，辽沈地区工人反抗斗争更加高涨。是年10月，铁岭造纸厂工人罢工，要求增加工资，取得胜利；1948年

① 中共锦州市委党史研究室．中国共产党锦州市党史大事记（1921—1985）（上编），内部发行［R］．锦州：1990：40-42.

② 邢安臣，白俊成．解放战争与东北［M］．沈阳：辽宁大学出版社，1993：502.

初，锦州被服厂工人举行反对扣押工资的罢工斗争，罢工坚持 7 天，取得胜利；7 月 27 日，沈阳铁路工人 14000 人罢工，要求提高待遇，蒋介石当局答应工人提出改善生活的条件，罢工获得初步胜利后复工；同月，铁岭车站工人举行罢工；8 月，铁岭电报电话局工人拒绝国民党军安装电话，有 2 人被捕。

这一时期，辽河近现代文化表现为以教师、学生、工人为主体的反对蒋介石当局实行独裁统治，形成了反对蒋介石当局的第二条战线。辽沈地区民众开展的“反内战、反饥饿、反压迫”斗争，给蒋介石当局以沉重打击，有力地配合了东北民主联军的军事斗争。

四　民国晚期辽河近代地方行政建制文化的变化

民国晚期，辽河近代地方行政建制文化发展十分复杂。表现为蒋介石当局设立的东北地方行政建制和中国共产党领导的解放区行政建制同时存在。

（一）蒋介石当局设置的东北地方行政建制

1945 年 8 月 30 日，蒋介石当局在重庆成立国民政府军事委员会东北行营（于 1946 年 9 月 22 日改为国民党政府主席东北行辕）作为接收东北的最高行政机构，任命熊式辉为主任，总揽东北的政治、经济、军事等各项事务，并将东北三省划分为九省二市，即辽宁、安东、辽北、吉林、合江、松江、黑龙江、嫩江、兴安九省，大连、哈尔滨二市。1945 年 9 月 5 日，任命东北九省二市主席、市长，任命徐箴为辽宁省主席，高惜冰为安东省主席，刘翰东为辽北省主席，刘道儒为吉林省主席，吴翰涛为合江省主席，关吉玉为松江省主席，韩俊杰为黑龙江省主席，彭济群为嫩江省主席，吴焕章为兴安省主席，沈怡为大连市市长，杨绰庵为哈尔滨市市长，并以杜聿明为东北保安司令。

（二）中国共产党领导的解放区行政建制文化的兴起

中国共产党领导的解放区行政建制文化初步兴起。通过酝酿召开民主参议会和代表会，推选省、市、县长。当时在辽沈地区建立的省级政权有辽宁省政府、安东省政府、辽北省政府、热河省政府。

辽宁省政府于1945年10月12日在沈阳市正式成立，张学思为省政府主席，朱其文为副主席。其施政方针为：实行民主政治，废除苛捐杂税，减轻人民负担，改善人民生活，严惩汉奸，清除日伪残余势力，保障人民集会、结社、出版、言论、信仰自由。1945年11月25日，省政府迁至本溪市；4月末，本溪失陷，又迁至安东与安东省政府合署办公；7月，张学思将通化行署与辽北省政府撤至通化的部分机关合并，在通化成立新的辽宁省政府；11月，通化失陷，辽宁省政府又迁至临江；1947年夏季攻势结束后，辽宁省政府于6月由临江迁往梅河口；1948年7月，辽宁省与辽南行署合并，仍称辽宁省，省政府设在瓦房店，张学思为省政府主席。

安东省政府于1945年11月3日正式成立，高崇民为主席，刘澜波、吕其恩为副主席。1946年12月14日，由于国民党军大举进攻，全省大部分地区失陷，省政府被迫撤出安东；1947年夏季攻势胜利后，6月10日，省政府迁回安东；1948年6月7日，刘澜波任省政府主席。

辽北省政府于1945年11月3日在四平正式成立，阎宝航为主席，栗又文为副主席。其行政区划当时包括四平全省和兴安西省、吉林省、奉天省、锦州省的部分地区。1945年12月，省政府迁至洮南；1946年2月，改称吉江行署；4月，在东丰召开参议会，成立省政府；6月，因辽北被国民党军占领，省政府一部分撤至通化与通化行署合并，组成新的辽宁省政府，一部分与辽宁省、辽西行署合并，成立辽吉区行政公署，管辖原辽北省部分地区；12月，辽北省政府建制恢复，将辽吉公署改为辽北省政府；1947年2月1日，辽北省政府在白城子成立，阎宝航为主席，朱其文为副主席；10月19日，在康平设立辽北前方办事处，以加强对支前工作的领导；1948 年 2 月 19 日，省政府由白城子迁至郑家屯。

热河省政府于 1945 年 11 月成立，李运昌为主席，李子光、汤雨民为副主席。1946 年 8 月从承德撤出，迁往林西；1947 年 6 月，又迁至赤峰；8 月下旬，划归冀热辽办事处直接领导。

同时，一些市、县政府亦相继成立。如 1946 年 10 月 8 日，本溪市政府成立，田共生为市长；10 月 10 日，沈阳市特别市政府成立，白希清为市长，焦若愚为副市长。1946 年 10 月 24—29 日，锦县、义县、锦州市、锦西县、兴城县、绥中县、盘山县政府成立。在辽宁、安东省境内，除辉南、蒙江（今吉林省靖宇县）、临江外，至 1946 年 1 月 9 日，安东、凤城、庄河、宽甸、桓仁、通化、辑安、柳河、盖平、东丰、兴京、岫岩、新金、赛马、复县 15 个县及安东、旅顺、大连、营口 4 个市全部成立了民主政权。

中国共产党领导建立的民主政权，对于安定社会，开展剿匪、反奸清算、减租减息，没收日伪地产起到了积极作用，也为中国共产党领导的人民军队在辽沈地区的发展壮大创造了基础。

第二节　民国晚期辽河近代农业文化的嬗变

辽河农业文化历史悠久，随着时代的变迁而不断衍化。沈阳新乐遗址下层文化发掘出加工谷物、整地的工具及炭化谷物，反映出早在 7000 多年前该地区就已跨进新石器时代的原始农业文化阶段，原始农业已粗具规模；新乐遗址上层文化和抚顺望花、施家东山等遗址发掘出青铜文化遗存，表明早在距今 3000 年前青铜器就已在农业生产中使用；鞍山羊草庄、锦州大泥洼、抚顺莲花堡等战国时代的遗址发掘出铁制的锤、锄、锸、斧、铲、镰、镐、掐刀等农具，表明在距今 2500 年前后辽东地区就已比较普遍地使用铁制农具，辽河古代农业文化发展已达到较高水平；辽阳三道壕西汉村落遗址发掘出铁铧、镬、铲、锸、三齿耙、锄、镰、掐刀及铁车辖、石磨等用于起土、除草、收割、加工的农业生产工具，表明秦汉时期辽河古代农业文化已进入较为普遍使用畜力耕种为主的发展阶段；汉末经魏晋南北朝到隋唐时期，受封建割据战争影响，社会动荡不安，人民东迁西逃，辽河古代农业文化屡遭破坏，大片土地荒芜，农业文化萧条；辽、金时期，在汉、渤海、契丹、女真等各族人民辛勤劳动下，引种稻谷，养蚕缫丝，施用肥料，使用和推广中原比较先进的农业工具与农业技术，土地耕地面积不断扩大，辽河古代农业文化曾得到较好恢复和发展，古代农业文化、畜牧业文化和手工业文化相当发达；元朝建立初期施行掳杀政策，致辽河古代农业文化出现倒退，忽必烈即位后，采取置卫屯田、开荒种地等一系列恢复农业生产的措施，辽河古代农业文化才得以发展；明朝初期，战乱频仍，给辽河古代文化发展带来严重影响，为巩固边防，加强对辽东都司及其卫所的统辖，明朝政府采取军事屯田和移民屯田等措施，推动了辽东地区土地开发，并以优待办法吸引大量各民族人民定居辽东、发展农业生产，因而极大地促进了辽河古代农业文化的兴旺发达；后金前清时期，由于后金政权5次大规模对明朝的战争，致使辽东地区的耕地大半沦为荒土，辽河古代农业文化几近荒废；清朝政府定都北京后，朝廷视辽东地区为“龙兴之地”，实施封禁，予以保护，直至1653年才颁行《辽东招民开垦授官例》，奖励向辽东乃至东北地区移民垦殖，正当辽河古代农业文化恢复发展之际，清朝政府于1668年停止实施该政策，并将大片耕地置围场和牧场，供饲养军马和旗人习武狩猎，致农业生产萎缩，辽河古代农业文化长期停滞不前。

1840年鸦片战争以后，辽河农业文化进入近代发展的历史阶段。辽河近代土地所有制文化发生两次大转变，形成了两种不同的土地制度文化。第一次转变是清末民初由封禁到放垦，将国有土地完全私有化的历史转变。清朝政府迁都北京后，在辽东“龙兴之地”实施封禁政策，直到 20 世纪初才解禁放垦，鼓励关内农民到东北开荒种地，并将官荒、牧场和围场等禁地，按规定价格和地段售与私人，将皇庄和王庄等也尽售与私人，并废除旗民不交产旧例，承认土地的私有权，土地完全私有化，形成了封建地主占有为主的土地私有制文化。其间，曾掺入日本殖民地土地制度文化。第二次转变是抗日战争胜利至中华人民共和国成立前，东北解放中共实行土地改革，变封建土地所有制为农民平均占有，实现耕者有其田，形成了农民个体土地所有制文化。辽河土地制度文化的转变，带来了土地经营文化和农业种植业文化的发展，促进了辽河近代农业文化的发展。

一　辽河近代土地制度文化的演变

土地制度文化是农业文化核心。不同的土地制度文化影响和决定不同的农业文化形态和类型。清末民初以来，辽河土地制度文化大体经历了封建土地制度文化、日本殖民地土地制度文化、农民个体土地所有制文化等形态和类型。

（一）清末民初辽河近代封建土地制度文化

清末民初，辽河近代封建土地制度文化是在清朝旗地制度文化崩溃和土地完全私有化的基础上形成的。20 世纪初，迫于形势压力，晚清政府才解禁放垦辽东“龙兴之地”，一方面鼓励关内农民到东北开荒种地，一方面将国有土地包括官荒、牧场、围场，以及皇庄、王庄等禁地，按价售与私人，实行土地私有化，形成了封建地主占有为主的辽河近代土地私有制文化。在封建土地私有制文化形成过程中，辽河近代土地制度文化发展极不平衡。地主占有的土地也越来越多，无地少地的农民也越来越多，大批农民被剥削和丧失土地，土地越来越集中于少数人手中，形成了新的封建大地主。形成土地占有悬殊局面的原因主要在于清朝末年政府的土地丈放政策。20 世纪初，清政府被迫实行辽东解禁放垦政策，在丈放官荒和其他官有土地时，原来皇庄和王庄的庄头利用丈放出售官庄之机，采取隐瞒土地、侵吞浮多地等手段，获取了大量土地，成为新的大地主；也有一些军阀、官僚、地主、豪商借丈放之机以廉价买断大片土地，形成土地垄断。因为在丈放荒地中，清政府规定以井、方为丈放单位，荒银数额大：一方合45垧①，36方为1井；按常例每垧荒银价2两1钱计算，每方荒银价为94.50两，每井荒银价多达3402两。如此昂贵的价格，一般垦民是难以承受的，即使是垦民刨荒开出的土地，在清政府清丈时也无力缴纳地价，多数被“撤地另放”，因而为土地垄断于少数军阀、官僚、地主、豪商提供了机会。据1908年统计，奉天省占有土地3000亩以上的大地主有93家，无地的农户则有1/3以上。另《奉天通志》记载，海城县西北部地区，大农占地每户多达550亩，小农占地每户约20亩，少的只有5亩，亦有30％的农户无地。

（二）日本殖民统治时期辽河近代土地制度文化

1905年日俄战争后，日本夺取了沙俄在东北的殖民地统治权，日本殖民者以修筑铁路和经营铁路附属地为名，强买和霸占大片土地。至1919年，日本满铁附属地已占地40.84万亩；1922年，日本在奉天设立东亚劝业株式会社，负责日本在东北三省收买土地事宜，这是日本专门管理收买土地的机关，当年收买土地达12.50万町步②，折合约185.95万亩；1929年设立大连农事株式会社，主要从事农业移民；1929—1931年间，日本殖民者向旅大地区移民，占地6万多亩。1931年九一八事变后，日本帝国主义武装占领了东北，把移民作为对东北殖民战略的一个重要组成部分。除一般移民外，于1932年开始组织所谓“开拓团”，向东北武装移民，大肆侵占东北农民的熟地，迫使农民去开荒或逃荒

① 垧为旧时土地面积单位，各地不尽相同，西北地区1垧合3亩或5亩，东北地区多数地方1垧合15亩。

② 朝鲜土地计量单位，1町步折合0.99174公顷。

到其他地方。至1933年，日本武装移民5批，占地22万公顷；此外，日本帝国主义还强迫朝鲜27.70万贫民移居中国东北，进入辽宁境内的达14.30万人之多，占地3.50万町步。1936年，日本设立移民具体实施机关“满洲拓殖株式会社”和“满鲜拓殖株式会社”，拟订《满洲移民百万户移住计划》草案，并由“满洲拓殖株式会社”全面实施。伪满洲国当局全力配合，将原伪拓政司扩大为伪开拓总局，并于1938年制定“开拓团法”“开拓农业协同组合法”“开拓农场法”，简称“开拓三法”，使日本“开拓团”进驻中国合法化。日本帝国主义依据这些法令，分4期实施向中国东北的移民，计划占地1000万町步。至1945年8月日本投降时，已完成2期，共移民30.70万人，占地320万町步。此外，日本于1939年在铁岭设立开拓团，在昌图、新宾建有“集团开拓民”，在安东、庄河、锦县设立烟草开拓组合，盘山也被日本开拓团占据。日本开拓团强占农民土地，致使当地农民无地耕种，被迫迁徙。这一时期，辽河近代土地制度文化呈现出殖民主义色彩。

（三）民国晚期辽河近代土地所有制文化

解放战争时期，土地改革是中国共产党领导农民消灭封建土地制度文化，实现农民个体土地所有制文化的一场深刻的社会革命。土地改革文化的核心是实现耕者有其田，因而按照农村人口平均分配土地。日本投降后，中共部队从进入辽东乃至东北地区之初，就开展了减租减息运动。随着解放战争形势的良好发展，根据地的不断扩大，土地改革以更加彻底的形式深入开展，建立辽河近代农民个体土地所有制文化形态。

解放战争时期，辽河近代土地改革文化发展因情况特殊而存在时间上的差异。率先开展土地改革工作的是老区，1945年10月下旬，中共中央东北局提出“在农村要组织发动群众，开展反奸反霸、减租减息斗争”。1946年3月，中共中央东北局发布《关于处理日伪土地问题的指示》，规定“所有东北境内一切日伪地产、开拓地、满拓地以及日本人和大汉奸所有地，应立即无代价地分配给无地和少地的农民贫民所有”，辽沈地区执行“反奸清算”“减租减息”的土地政策，普遍开展了反奸清算和清匪反霸斗争。据不完全统计，当时共清算土地 78 万多亩，共减租 24.70 万石，逐步解决农民的土地问题。

1.《五四指示》与辽河近代土地改革文化

1945 年 8 月日本投降后，面临蒋介石派军大举进攻解放区，全国规模的内战即将爆发的形势，为了动员和组织人民“反内战、反饥饿、反压迫”，满足农民对土地的要求，中共中央于 1946 年 5 月 4 日颁布了《关于清算减租及土地问题的指示》（史称《五四指示》），决定将抗日战争以来减租减息的土地政策改变为没收地主土地分配给农民的政策，实现耕者有其田。为了分化敌人，结成广泛的统一战线，《五四指示》规定：对中小地主的生活给予照顾；对中小地主与大地主豪绅恶霸有所区别；对抗日军人及抗日干部家属属于豪绅地方成分的，对在抗战期间无论在解放区还是国统区与中国共产党合作而不反共的开明士绅及其他人，在运动中应谨慎处理，适当照顾，多给他们留一些土地；一般不动富农的土地，如在运动中群众要求时，亦不可打击太重，应使富农与地主有所区别。《五四指示》为解放区土地改革运动指明了方向。1946 年 7 月 7 日，中共中央东北局公布《关于形势与任务的决议》（又称《七七决议》），号召中共党员干部以长期斗争争取和平，坚持创建根据地，“走出城市”下乡，充分发动群众进行反奸清算、减租减息、分粮分地的斗争，迅速执行《五四指示》，改造村屯政权，建立农会，组织武装斗争。当时，辽东省委①组织 5000 多名干部下乡，深入农村开展工作，极大地推动了本溪、辽阳、海城、岫岩、宽甸、安东等地的土地改革运动。1946 年 8 月，又发出《关于深入进行群众土地斗争的指示》，规定：“大汉奸、大地主、

① 1946 年 1 月 10 日，中共东北局将辽宁、安东两省工委合并，组成辽东省委，辖安东、辽宁 2 个分委，6 月，又辖辽南分委。

恶霸、顽匪头，是农村的封建堡垒，也是国民党反动派的主要社会基础，必须发动群众，集中火力，首先向他们进行斗争，分配其土地，甚至可没收其财产。”“对一般小地主，可经过群众酝酿，采取调解仲裁的方式，使其拿出土地，并且允许他保留的土地可多于普通农民的一倍。”“对富农除分配其出租土地外，不得侵犯其利益。”按照这些指示精神和政策规定，辽沈地区进行土地改革。

1946 年 9 月底，据安东、辽宁两省不完全统计，共分配土地 370 万亩，无地和少地的农民普遍分到了土地①。在辽西，锦州西部 3 个县的老区 221 个村进行土地改革，贫苦农民人均分地三四亩②；建昌县在路沟、碱厂等 3 个区 70 多个村开展了以分大户为重点的土改斗争；建东县建立村政权 224 个，清算土地 2.55 万亩；北票县（今辽宁省北票市）将黑城子一带的 1.98 亩内仓地和 8 万亩外仓地分配给 9 个村无地和少地的农民；朝北县分配给农民土地 33.70 万亩；建平县清算土地 19.91 万亩，分配给无地和少地的农民；凌源和喀左两县也解决了部分土地问题③。辽北地区的康平、法库亦开展了土地改革运动，康平分地 36.30 万亩，法库分地村占全县总数的 25％左右④。这一时期，辽沈地区土地改革在艰苦的战争环境中展开，取得了较好的成绩，有力地配合了军事斗争。

1947 年春夏以后，伴随着东北民主联军开始战略反攻，辽沈

① 江华. 辽沈决战·建立巩固的辽东根据地（下）［M］. 北京：人民出版社，1988：152.

② 中共锦州市委党史研究室. 中国共产党锦州市党史大事记(1921—1985)（上编），内部发行［R］. 锦州：1990：37.

③ 秦奎一. 针锋相对［M］. 沈阳：辽宁大学出版社，1991：312-315.

④ 政协辽宁省委员会文史资料委员会. 辽宁解放纪实［M］. 沈阳：辽宁人民出版社，1988：342.

许多地区获得解放。3月1日，中共中央东北局辽东分局作出《关于收复区工作的决定》，提出收复区的工作首先是摧毁旧的社会秩序，建立新的民主秩序，最中心的工作是放手发动群众进行诉苦复仇运动，分地分粮，并与改造政权、整理组织、发展民兵结合起来①。6月6日，中共中央东北局发出《关于新收复区工作的指示》，要求根据地发动群众，从政治上和经济上清算蒋、伪、汉奸、恶霸、地主、匪首、叛徒的罪恶，解决农民的土地问题和人民武装的问题，并提出在新收复区实行土地改革，是壮大人民力量、组织人民战争、全面反攻的关键。辽沈地区放手发动群众，实行土地改革，消灭地主恶霸，取得了很大成绩。在本溪，于1947年7月18—27日召开第二次农民大会，通过了《关于打倒地主吃饱饭、穷人大翻身的决议》《关于肃清狗腿子、巩固农民队伍的决议》《关于要土地、要青苗，保证今冬温饱、实现耕者有其田的决议》等5个文件；从8月至9月20日，全县东部地区以碱厂、田师傅为重点，西部以草河口为中心，除少数敌占区外，全面掀起群众翻身浪潮，以分粮、分浮产、分地为中心的土地改革运动，28个村分得土地2.49万亩，41个村分得房屋3448间及其他财物。在安东，1947年6月，收复安东后，立即发动农民向地主进行反倒算斗争，清算了16个反把、倒算地主，获得成果1100余万元，以及大量牲畜及物资。在辽北，1947年7月26日至8月1日，辽吉省委召开扩大会议，提出新收复区应大胆放手开展群众斗争，把反把倒算、申冤报仇和分地结合起来②。1947年7月10日，辽吉一地委在康平召开扩大会议，决定放手发动群众，实行土地改革，消灭地主阶级。会后，康平县逮捕了反动国民党党

① 辽宁省档案馆. 辽宁大事记［M］. 沈阳：辽宁人民出版社，1988：25-26.

② 辽宁省档案馆. 辽宁大事记［M］. 沈阳：辽宁人民出版社，1988：31.

员及反清算头子 106 人，到 8 月中旬，收缴大枪 352 支，其中有部分反动头子被镇压。在昌图，在控制区举办有 200 多名贫雇农积极分子参加的训练班，斗争了 9 名地主分子，并没收分配了其土地①。

2.《土地法大纲》与辽河近代土地改革文化

1947 年 10 月 10 日，中共中央公布了《中国土地法大纲》，规定："废除封建性及半封建性的土地制度，实行耕者有其田的土地制度"，"乡村中一切地主的土地及公地由乡村农会接收，连同乡村中其他一切土地，按乡村全部人口，不分男女老幼，统一平均分配，在土地数量上抽多补少，质量上抽肥补瘦，使全乡村人民均获得同等的土地，并归个人所有"，"征收富农多余的牲畜、农具、房屋、粮食及其他财产"，"保护工商业者的财产及其合法的营业，不受侵犯"。1947 年 12 月 1 日，中共中央东北局结合东北地区的实际情况，公布了《东北解放区实行中国土地法大纲补充办法》，规定："在全部打乱平分时，中农一般以自愿为原则"，"各地在平分土地时，必须经过丈量，统一平分"。为彻底解决平分土地问题，辽沈地区首先核实丈量土地，对地主富农的土地、山林面积重新丈量。各村农会成立评估组，对土地、山林、浮财进行估价；对于应分得土地的所有农户，按人口、劳动力情况，分等定级，交群众审议，然后按等平分；同时，发表《告农民书》，号召广大农民积极参加平分土地运动，彻底消灭封建土地所有制度。根据这一指导思想，辽沈地区开展了彻底的土地改革运动。首先，宣传《土地法大纲》，充分发动群众组织农会；其次，划分阶级，确定成分，斗争地主、恶霸，没收地主土地财产并将地主剥削农民的粮食、布匹、衣服等财物分给缺少这些财物的农民；其三，平分土地，实现耕者有其田。如康平县《土地法大纲》

① 郭峰，赵石．坚持辽吉，支援决战（上）[M]．北京：人民出版社，1988：244-245.

公布后，贫雇农大会划定阶级成分，分清阶级阵线，各村贫雇农联合起来，平分土地和胜利果实。全县统计，土改时有3.25万户共18.84万口，被斗争的有2725户，其中地主976户、富农1318户、中农以下431户。贫雇农和下中农人均分得土地5～7亩，发给土地执照。据开原县（今辽宁省开原市）240个村统计，雇贫中农共分得房屋1.70万间、牲畜620多头、大车432辆、农具5000多件、现款3亿多元①。1947年秋到1948年，海城、台安、岫岩已经获得解放，进行了土地改革。海城派出200多名干部组织土改工作组，与省委、地委派来的300多名干部配合，在全县分三批进行彻底土改；台安、岫岩组织土改工作队，下乡发动群众，进行土改，共划出地主富农1.05万户，占两县总户数的6.80%，占两县总人口的10%；岫岩县4.80万户农民共分得土地78.65万亩，人均3.30亩②；叶柏寿全县拘捕地主富农分子2207人，查封其全部财产；喀左县后坟1个区3天拘捕恶霸、地主、伪警察1175人。据建东县（旧县名，1948年撤销，在今辽宁省建昌县境）玲珑塔区43村统计，在挖浮财中，挖出粮食0.49万石、衣服2.02万件、棉花0.55万斤、牲畜893头，在此基础上划成分，平分土地③。北票县全县6万多户共30余万口农民共分得150万亩土地和其他胜利果实；朝阳县和朝南县共8.40万户，先后斗争了3100名地主和1400余名汉奸匪特分子，贫农、雇农、下中农计有4.70万户，共分得土地47.03万亩、大牲畜9800头，

① 郭峰，赵石．坚持辽吉，支援决战（下）[M]．北京：人民出版社，1988：247.

② 邢德昶．中共鞍山地方史[M]．沈阳：辽宁人民出版社，1995：170-171.

③ 秦奎一．针锋相对·朝阳地区的土地改革运动[M]．沈阳：辽宁大学出版社，1991：324-325.

以及其他胜利果实①。在锦州地区，有533个村，其中绥中县有123个村、兴城县有106个村、锦西县有172个村、锦县有75个村、义县有56个村，分别建立起农会和贫农团，开展平分土地运动。1947年年底至1948年春，辽沈地区老区大部分地区完成了“斗地主、分田地”的任务。据不完全统计，这个阶段共分地1486万亩。至此，辽沈地区老区已全部废除封建土地所有制，实行农民个人土地制文化。

这一阶段的土地改革运动，也发生了“左”的错误，主要是侵犯中农利益、侵犯工商业、乱打乱杀等。对此，中共中央和东北局及时予以纠正。1948年2月9日，中共中央发出《关于东北土改打击面问题给东北局的指示》，中共中央东北局据此发出《关于领导土改应掌握划分阶级等级三个问题的指示》。土改中出现“左”的问题很快得到了纠正。

总之，辽沈地区以《五四指示》《土地法大纲》为指针，开展土地改革运动，除少数国统区外，基本上消灭了封建土地所有制，广大无地和少地的农民获得了土地，在土地改革的同时，建立起农会、民兵、自卫队、妇女会等群众组织，改造了农村的区村政权，激发了农民革命的积极性。土地改革的胜利，是中国共产党彻底打败蒋介石统治集团的一个最基本的条件。

二 民国晚期辽河近代土地经营文化的嬗变

辽河近代土地经营文化包括日本殖民地土地经营形式和解放区土地“小农经营”形式两种。

（一）民国时期辽河近代殖民地土地经营文化

日本殖民统治时期，辽河土地经营文化充满殖民地特性，主要服从和服务于日本侵华战争的扩张。其形式主要包括强迫种植

---

① 秦奎一. 针锋相对·朝阳地区的土地改革运动［M］. 沈阳：辽宁大学出版社，1991：329-230.

和强制收购两种。

1. 民国时期日本殖民者强迫种植形式

1931年九一八事变后，日本殖民者为满足侵略扩张的需要，采取武力等手段，强迫辽沈地区农民种植棉花、甜菜、蓖麻籽等军需物资。棉花是十分重要的战略物资，在东北三省只有辽沈地区适宜生产棉花，因而当时日本殖民者强迫当地农民生产棉花。特别是以溥仪为首的傀儡政府建立后，开始制订增产棉花的长期计划，组建伪满洲国棉花协会，后改为伪满洲国棉花株式会社，并采取一些强制手段，推行植棉技术和经济措施，增产棉花。如1940年，把各县的棉花技术人员由64人增加到1158人，同时将兴农合作社的棉花技术人员划归伪满洲国棉花株式会社管理，以加强植棉力度，确保棉花生产。到1942年，辽沈地区棉花种植面积达231.50万亩，而且逐年增加，1944年增加到242.50万亩，1945年增加到333.60万亩。生产棉花的县达38个，植棉面积较大的有辽阳县、海城县、盖平县、辽中县、黑山县、北镇县、义县、锦县、台安县等。这些县份植棉面积都超过了合理的种植面积。农民生产的棉花全部被日本强行收购走了。如1944年，日本从农民手中强行收购的棉花占棉花产量的94%。另外，日本殖民者还强迫辽沈地区农民种植其所需的战略物资，造成农业结构畸形发展，如日本强迫辽阳等县的农民种植洋麻，强迫辽西一些县的农民种植甜菜、蓖麻籽等，造成粮食严重减产，农民连饭都吃不上。特别是日本殖民者为了攫取高额利润，甚至强迫农民种植罂粟。1935年，在阜新、朝阳、建平、凌源四县强迫农民种植罂粟1.29万亩，产量达166.60万两，用以毒害人民。据1937年不完全统计，全东北染上烟瘾的达81万多人。

2. 民国时期日本殖民者强制收购形式

日本殖民者为满足扩大侵华战争规模的需要，对棉花等一些战略物资采取强制收购政策。1938年，开始实行细粮统制；1939年，实行特产物统制，特别是强化对棉花的收购，规定私自留用棉花是犯罪行为，以“经济犯”论处；1940 年，对所有农产品包括特产作物 34 种、粮谷作物 16 种，全都实行统购，并全面推行“粮谷出荷”政策①；1942 年，又采取统制政策，实行彻底“搜荷”和“村落集团出荷”制度②。每年秋季，县府官员及各部门组织“搜荷”工作班，大批人马下乡，在日伪军的配合下，逼迫农民“出荷”。交不齐“出荷”粮的农民被施以“灌辣椒水”、“压杠子”、毒打等酷刑，惨不忍睹。在如此强制手段下，日本殖民者收购的谷物越来越多。1943 年，辽沈地区粮谷“出荷”量达 155 万吨，占粮食产量的 31.60％。如：昌图县“出荷”粮达 17.40 万吨，占全县粮食产量的 50.60％；开原县“出荷”粮达 9.10 万吨，占全县粮食产量的 48.70％。可见日本殖民者盘剥之重。因此，广大农民生产和生活难以为继。

（二）民国晚期辽河近代土地农民经营文化

日本投降后，1946 年，老区实行土地改革，广大农民分到了土地，实现了耕者有其田。1948 年 6 月，东北行政委员会发布《土地执照颁发令》，规定：“为保障个人土地所有权，特由本会颁发执照，由土地所有者存执，其所有权任何人不得侵犯。”同年 8 月，东北解放区最高行政领导机构——东北行政委员会又发布《关于颁发地照的指示》，强调“凡属群众分得之地，无论熟地或已开未开之荒地，一律发给地照”。从而在法律上确立和保障了农

① “粮谷出荷”，即强制粮谷以低价出售给日本殖民者。秋收前，由日本殖民者当局对粮谷生产进行全面估产，签订“出荷”契约，规定最高“出荷”谷物数量和收购价格。秋后不论谷物收成如何，农民都必须按契约如数交粮。当时，“出荷”谷物的数量占其产量的三四成，“出荷”的价格相当于市价的 1/2。

② “搜荷”即强行收购，将原来定的“先钱”改为不付现金，只配给更生布、棉纱，“出荷”量加倍；“村落集团出荷”即全村共同完成规定的“出荷”量。“粮谷出荷”是当时日本殖民者盘剥中国农民最残酷的手段。

民所有的土地。农民个体土地所有制下的土地经营方式主要是“小农经营”形式。

所谓“小农经营”就是农户以一家为经营单位，自家经营、各耕其地，农户是土地经营的主体。也有贫雇农家庭因缺乏劳动力，或自家生产资料不足、缺少畜力，在邻里、亲戚之间互相帮助，进行插犋换工生产。如在1949年辽西地区，农业生产经营方式就有独犋单干、换工互助、插犋、人力换畜力、雇套、求亲靠友帮助、出租七种形式。据辽西省14个市县、8个村、2个屯和4个组调查，1949—1951年各种经营形式，如表5-1所示。

表5-1　1949—1951年辽西省农业生产经营情况表

年份	总户数（家）	独犋单干户（家）	换工互助户（家）	插犋户（家）	人力换畜力户（家）	雇套户（家）	求亲靠友帮助户（家）	出租户（家）
1949年	3768	498	269	1112	663	767	70	130
1950年	3801	481	548	1146	523	604	69	126
1951年	3818	398	709	1067	495	606	50	125

注：表中资料源自辽宁省地方志编纂委员会办公室．辽宁省志·农业志［M］．沈阳：辽宁民族出版社，2003：42.

从表5-1中可以看出，插犋户居多，约占总户数的1/3，求亲靠友帮助、出租户占少数。

三　民国晚期辽河近代种植业文化的变化

民国末期，辽河近代种植业文化主要包括粮食作物生产文化、油料作物生产文化、经济作物生产文化等形态和类型。

（一）民国晚期辽河近代粮食作物生产文化的变化

辽河近代粮食作物生产文化主要包括水稻生产文化、玉米生产文化、高粱生产文化、谷子生产文化、小麦生产文化、小杂粮生产文化等形态和类型。

1. 辽河近代水稻生产文化

辽宁地区种植稻的历史悠久。早期主要种植陆稻，分布在辽宁东部和中部低洼易涝地区。17 世纪六七十年代，水稻种植兴起于安东，随后逐渐扩大到辽南、辽中、辽北地区。水稻兴，陆稻被淘汰。民国初年，奉天省在奉天市东陵一带试种水稻，到 1916 年，修建跨沈阳、新民、辽中 5000 公顷的水田灌溉设施，在辽河支流浑河东陵段截流修筑堤堰，因建设简陋，开发水田面积较少。1917 年，日本人在满铁沿线附属地种植水稻 7731 亩；翌年增加至 3 万多亩；1921 年增加到 7 万多亩。1928 年，辽河下游盘锦一带开垦洼地，种植水稻，1931 年九一八事变后停办。1931 年九一八事变后，日本武装占领辽东乃至东北地区后，因扩大对华战争的需要，日本强迫朝鲜人移民到辽宁地区。至 1933 年，朝鲜到辽宁移民人数达 14.30 万人，种植水稻 3.50 万町步，折合 52 万亩。至 1949 年，辽宁地区水稻种植总面积达 96.90 万亩，总产量达 13.30 万吨，亩产为 137 公斤。

2. 辽河近代玉米生产文化

辽宁地区的地理环境和自然气候条件均适宜玉米生产。17 世纪中期，玉米从南方传入辽宁地区；1682 年，已有了种植玉米的记载；1880 年，在清政府放垦、免税、补助政策的鼓励下，关内农民到盛京龙兴之地垦殖，玉米种植面积不断扩大。民国时期，辽宁玉米种植面积进一步扩大，1934—1937 年，辽宁地区玉米种植面积为 847 万亩，仅次于河北、四川，居全国第三位。据 1943 年统计，辽宁地区玉米种植面积为 1000 万亩左右。至 1949 年，辽宁地区玉米播种总面积为 1026.20 万亩，占辽宁地区粮食作物种植面积的 17.70%；玉米总产量为 86.50 万吨，亩产为 84.30 公斤。

3. 辽河近代高粱生产文化

高粱既可用作口粮，也是酿造业和其他工业的重要原料。高粱种植业文化在辽宁地区整个种植业文化中具有重要影响。早在19世纪50年代，在辽宁地区高粱成为主要农作物之一。20世纪初期，辽宁地区高粱种植面积在粮食作物中占首位。1914年，辽宁地区高粱种植面积达3000万亩以上，占全国高粱种植面积的27%，平均亩产为84.50公斤，比全国平均亩产量高10公斤。1949年中华人民共和国成立前夕，辽宁地区高粱种植面积达3099.40万亩，占东北地区高粱种植总面积的56.30%。其中辽宁省高粱种植面积为2026.30万亩，名列东北九省之首，占全东北地区高粱种植总面积的36.80%。至1949年，辽宁地区高粱播种面积为2320万亩，占全省粮食作物播种面积的40.10%，总产量为150.80万吨，占全省粮食作物总产量的41.50%，亩产为65公斤。

4. 辽河近代谷子生产文化

谷子是在公元前1世纪至公元6世纪传入辽宁地区的，与黍一起成为当时粮食栽培作物。至清朝时期，已发展成为辽宁地区主要的粮食品种。民国时期，辽宁地区谷子种植业文化继续发展。据统计，1943年，奉天省种植谷子面积达2501.20万亩，占东北地区谷子种植总面积的11.30%，总产量为30.70万吨，占东北地区谷子种植总产量的9.90%。至1949年，辽宁地区谷子种植面积为1231.30万亩，总产量为56.80万吨，亩产为46公斤。

5. 辽河近代小麦生产文化

据史料记载，辽宁地区自16世纪开始在一些地方种植小麦。17—18世纪间，随着关内大批移民的到来，辽宁地区小麦种植面积逐渐扩大。19世纪末，沙俄入侵东北，修筑中东铁路，大批劳工和俄国人涌入东北，小麦需要量增加，因而刺激了小麦生产的发展。至九一八事变前，东北地区的小麦种植面积保持在1100～2000万亩之间，辽宁地区当时占有东北地区小麦种植面积的8%，即90～165万亩。小麦是当时主要的粮食作物。1931—1945年，日本帝国主义出于战争的需要，促进了辽宁小麦生产的发展。据统计，到1934年，辽宁地区小麦种植面积达275.50万亩，总产量达17.40万吨，平均亩产为63.20公斤；大麦种植面积为123万亩，总产量为8.10万吨。日本投降后，蒋介石统治集团发动全面内战。受此影响，1946年，辽宁地区小麦种植面积锐减到58.20万亩，总产量下降到2.68万吨；大麦种植面积下降到24.10万亩，总产量下降到1.45万吨。至1949年，辽宁地区小麦播种面积为160.90万亩，总产量为5.40万吨，亩产为34公斤。

6. 辽河近代小杂粮生产文化

小杂粮是指水稻、玉米、高粱、谷子、小麦、大豆等主要粮豆作物以外的杂粮、杂豆。辽宁地区小杂粮作物主要包括大麦、燕麦、荞麦、粳子、糜子、稗子、豌豆、小豆、绿豆、菜豆、饭豆、豇豆等，历史上种植面积较大。据1916年民国政府农商部统计，1914年，辽宁地区种植粳子、大麦、小豆等杂粮作物面积为为414.69万亩，占粮豆作物种植总面积的8.55%；1915年增加到417.44万亩，占粮豆作物种植面积的8.74%。1931—1945年，日本殖民者实行“粮谷出荷”，所有农产品都实行强制出售、强制收购。小杂粮种植面积有所增加。至1949年，辽宁地区小杂粮种植面积为845.10万亩，占粮豆作物种植总面积的12.90%，总产量为37.10万吨，占粮豆作物总产量的9.20%。

7. 辽河近代粮食经营文化的变化

19世纪末，形成以营口为中心的东北粮食贸易集散地。日俄战争后，由于日本帝国主义入侵，日资逐渐垄断了辽宁粮食市场。民国前期，日资在营口、辽阳、奉天等地相继设立粮谷交易所，先后建有奉天满洲市场、抚顺中央市场、抚顺千金市场、开原市场、锦州市场、安东市场等，奉天省设立了奉天粮谷交易所、奉天交易保证所，积极参与粮谷经营。各地方官银号也开办官粮栈，中小民族资本经营粮谷企业逐渐活跃，辽河近代粮食经营文化进一步发展。九一八事变后，特别是七七事变后，随着日本侵华战争规模扩大，用粮数量日益增多，为满足战争需要，日本帝国主义通过粮食购销经营进行垄断，采取“粮谷出荷”“计口授粮”等手段，取代粮谷自由买卖。1938 年，伪满洲政府国公布《米谷管理纲要》《米谷管理法》《满洲粮谷株式会社法》，规定稻米的购销、加工均由日伪当局控制。如，《满洲粮谷株式会社法》规定，市立当局满洲粮谷株式会社，对粮谷的买入、卖出、输出、加工、取缔黑市进行一元化领导。再如，1939 年公布的《米谷管理法实施细则》规定，凡是修建水田均须经行政署许可，废止水田或停止水田耕种水稻时，须向行政署提出申请；从生产者手中收购或向米商出售大米，由“粮谷会社”以政府规定价格一手办理，实行统制；凡不经官署批准私自营造水田的按《米谷管理法》第二十九条处以千元以下罚款。日本侵略者对粮谷实行全面统制，以武力保护强行收购，疯狂掠夺广大农民的劳动果实。1943 年，辽宁地区粮食产量为 489.90 万吨，而当年“出荷”粮为 155 万吨，占粮食产量的 31.60%。辽北地区“出荷”率均超过 40%，如彰武县为 40.60%、铁岭县为 43.50%、西丰县为 46.90%，最高的是昌图县达 50.60%；在辽东地区，抚顺县为 42.10%、桓仁县为 45.10%、清原县为 45.50%、安东为 38.20%①。据统计，1940—1943 年，日本从大连港口输出的粮油达 375 万吨，其中粮谷为 99 万吨、大豆为 118 万吨、豆饼为 153 万吨、豆油为 5 万吨。日本殖民者实行的粮谷统制政策，残酷盘剥农民，大肆掠夺我国粮食资源，致辽河近代粮食经营文化全面萎缩。

1945 年 8 月 15 日日本投降后，辽河近代粮食经营文化发展十分复杂。在国统区，蒋介石当局先后成立辽西粮食储运处、东北第一粮食管理局及辽宁分局、安东办事处等粮食机构 20 余处，并先后制发《东北各省田赋征收实物办法》《地方政府公教人员公粮

① 辽宁省地方志编纂委员会办公室．辽宁省志·粮食志［M］．沈阳：辽宁大学出版社，2000：31.

配给办法》等文件，由于受战争影响，特别蒋介石当局横征暴敛，并对解放区实行封锁，致粮食奇缺，物价狂涨。1946 年，蒋介石当局在辽宁各地区征收田赋额，如表 5-2 所示。在解放区，则实行粮食自由交易。

表 5-2 1946 年蒋介石当局在辽宁各地区征收田赋额统计表

市县别	应征额（折合高粱，单位：石）	实际征收额		
		流通券（元）	折合高粱（石）	占应征额的比例（%）
沈阳市	60213	26620214	35494	59.00
鞍山市	39274	22815579	31754	81.00
抚顺市	2838	454815	606	21.00
锦州市	32018	18532449	24710	77.00
营口市	4210	2785944	3715	88.00
沈阳县	860821	633887775	845184	98.00
辽阳县	920864	559587804	746117	81.00
锦县	425799	270437550	360583	85.00
海城县	608291	396530672	528708	87.00
新民县	511393	287879223	383839	75.00
义县	307652	228450063	304600	99.00
本溪县	196322	53350798	71134	36.00
绥中县	239592	124213751	165618	69.00
盘山县	380740	162596334	216795	57.00
黑山县	395757	276951450	369269	93.00
兴城县	239905	107736293	143648	60.00

续表

市县别	应征额（折合高粱，单位：石）	实际征收额		
		流通券（元）	折合高粱（石）	占应征额的比例（%）
彰武县	175557	80316744	107089	61.00
北镇县	253124	160237395	213650	84.00
台安县	130850	96544635	128726	98.00
抚顺县	161757	112138783	149518	92.00
铁岭县	445609	263219908	350960	79.00
锦西县	213424	137574842	183433	86.00
辽中县	303149	207976976	277303	91.00
清原县	177198	21469250	28626	16.00
法库县	311489	202760500	270347	87.00
盖平县	333625	22319200	29759	9.00
康平县	152454	76570645	102094	66.00
新宾县	207547	20826822	27769	13.00
合计	8091472	4574786420	6101048	75.00

注：表中资料源自辽宁省地方志编纂委员会办公室. 辽宁省志·粮食志［M］. 沈阳：辽宁大学出版社，2000：14-15.

（二）民国晚期辽河近代油料作物生产文化

辽宁地区油料作物生产历史悠久。辽河近代油料作物生产文化主要有大豆生产文化、花生生产文化、向日葵生产文化等形态和类型。

1. 辽河近代大豆生产文化

大豆是主要油料作物，也是辽宁地区原始农作物之一。民国时期，1931—1945年，辽宁地区平均年种植大豆面积为1322.20万亩，平均年产大豆100万吨左右。其中1941年大豆种植总面积为1470万亩，总产量为104万吨，是历史最高水平。1942年，辽宁地区大豆种植面积及产量下降。1945年，大豆种植总面积为1213万亩，总产量为83.20万吨。至1949年，辽宁地区大豆种植总面积为753.40万亩，总产量为56万吨。可见，战乱对辽河近代大豆生产文化影响较大。

2. 辽河近代花生生产文化

花生是16世纪从山东蓬莱县传入辽东半岛的，而后扩大到辽西地区和中部地区，逐渐遍及辽河两岸。20世纪初，日俄战争后，日本夺取了俄国在辽东半岛的统治权后，在旅大地区兴办关东州农事试验场，美国大花生从日本千叶县引入辽宁地区并推广种植。民国时期，1916年，辽宁地区种植花生总面积约2万亩，总产量约1307.40吨，平均亩产为65公斤。1931年九一八事变后，日本加紧对辽宁地区的经济掠夺，强制农民种植花生。1935年，辽宁地区花生种植面积达42.80万亩，总产量为5.90万吨，平均亩产为140公斤；1939年，全省花生种植面积发展到69.30万亩，种植面积为历史最多的一年；1945年日本投降后，受战乱破坏，辽宁地区花生种植面积急剧下降至10万亩，总产量降至1万吨左右。至1949年，辽宁地区花生种植总面积为33.70万亩，总产量为2.30万吨，亩产为69公斤。

3. 辽河近代向日葵种植文化

20世纪初，俄国人修筑中东铁路时将向日葵传入东北，先是在辽宁中部和北部地区种植，随后发展到辽西及辽南地区。当时向日葵多作为花卉观赏，少量作为禽类饲料，后来逐渐转为食用，葵花子成为人们零食佳品。据统计，1942年，辽宁地区向日葵种植面积约为1000亩，平均亩产约26公斤。至1949年，辽宁地区向日葵种植总面积为1000万亩，总产量为28万吨，亩产为37.50公斤。

（三）民国晚期辽河近代经济作物生产文化

辽宁地区的经济作物种类较多，有棉花、麻类（大麻、青麻、红麻）、烟草（烤烟、晒烟）、甜菜、芦苇、芦笋、酒花等，其中种植的主要经济作物有梅花、麻类、烟草和甜菜4种，且已经形成一定规模的产区。辽河近代经济作物生产文化主要有棉花生产文化、蚕业生产文化、人参及其他药材生产文化等形态和类型。

1. 辽河近代棉花生产文化的变化

辽宁地区种植棉花历史悠久，17世纪三四十年代，辽南盖平、复县、辽阳、海城等地就已开始种植棉花。20世纪20年代末，随着纺织工业文化的兴起，棉花种植业文化也随之兴起，植棉地区由辽南地区逐渐发展到辽北、辽西地区。据统计，1930年，全省棉花种植面积已达50多万亩，平均亩产皮棉8公斤以上。棉花种植业成为农民重要的生产项目和经济来源。1931年九一八事变后，日本武力占领东北地区，出于侵华战争的需要，日本殖民者强迫辽宁地区农民种植棉花，还制发了《棉花20年发展计划》，提出在辽宁地区棉花种植面积要达到450万亩，生产皮棉150万担。到1945年日本投降前夕，辽宁棉花种植面积突增到380万亩，总产皮棉4.40万吨，平均亩产皮棉11.50公斤。日本投降后，辽河近代棉花种植业文化出现萎缩。1948年11月，辽宁地区棉花种植面积下降到22.40万亩，总产皮棉0.29万吨，平均亩产皮棉12.70公斤。至1949年，辽宁地区棉花生产开始恢复，种植总面积为184.32万亩，总产量为1.365万吨，亩产为7.41公斤。

2. 辽河近代蚕业生产文化的变化

辽河蚕业文化兴起于14世纪，19世纪末至20世纪初，辽宁地区蚕业生产发展较快，产量居全国首位。民国时期，柞蚕业进一步发展。1915—1925年，全省年放养柞蚕20万把左右，产蚕约7万吨，缫丝厂有170多个，缫丝机有3.30万多台，年产柞蚕丝325万公斤，挽手（短纤维）制品达275万公斤，占世界蚕丝总产量的70%左右，是当时中国对外贸易量仅次于大豆的重要商品。1931年九一八事变后，茧价大跌，辽宁地区柞蚕放养面积锐减。至1945年日本投降时，辽宁全省仅产茧1.90万吨。1946—1948年，由于受战乱和柞蚕微粒子病影响，辽河近代柞蚕养殖业文化极度衰败。

3. 辽河近代人参及其他药材生产文化的变化

人参是辽宁地区的主要特产，人参产品在国内外享有盛誉，是全国人参生产基地之一，主要分布在桓仁、本溪、绥中、新宾、清原、西丰等地。此外，其他中药材门类齐全、品种繁多，在全国363种常用药材中，辽宁地产中药材有189种，同时引种栽培了52种中药材，种植面积有10万多亩。辽宁人工栽培人参始于17世纪。19世纪末至20世纪初，人参栽培在安东宽甸一带已成规模，是当时重要的药材生产基地。民国前期，辽宁地区人参生产进一步发展，1913—1930年期间，辽宁地区人参生产和出口已有相当规模。1931年九一八事变后，日本殖民者的侵略和掠夺，给辽宁人参生产带来很大影响，如1931—1934年，营口港人参输出额明显下降。1931年，辽宁人参输出额为4137.29担，1934年下降到752担。

四　民国晚期辽河近代养殖业文化的变化

养殖业文化是农业文化的重要组成部分。民国晚期，辽河近代养殖业文化主要包括畜牧养殖业文化和水产养殖业文化。

（一）辽河近代畜牧业文化的变化

辽宁地区畜牧品种丰富，涵盖猪、牛、羊、马、犬、禽、兔、鹿、貂、鸽、鹑、蜂等，畜、禽、蜂种齐全，养殖业文化发达。辽河古代畜牧业文化历史悠久。汉代辽河古代畜牧业文化相对发达，伴随农业文化的发展，以耕牛为主的养牛业相应发展，用牛犁耕普及面较广。辽、金时期，辽宁境内已有官牧场，所牧牲畜有马、牛、羊、骆驼，马以作军用，牛以借民耕。据史料记载，

1151年，辽东地区有马47万匹、牛13万头、羊87万只、骆驼0.40万峰①。元朝在辽东设群牧使司，专管饲养马、牛、羊等牲畜。明朝在辽东都司置辽东苑马寺，负责牲畜牧养，最多时养马20多万匹。清朝在奉天置辽东、辽西游牧总管，以司群牧事宜。至清代末期，辽河古代养马业文化已经相当发达。据《奉天通志》记载，1907年，奉天省共有马67.70万匹、牛58.10万头、羊36.80万只、猪297.40万头。民国时期，民国政府采取引进优良畜种和借鉴国外畜牧兽医技术等措施，试图发展畜牧业生产，但收效有限。1929年，辽宁地区有马50.60万匹、牛49.90万头、羊73.20万只、猪329万头。1931年九一八事变后，在日本殖民统治下，辽河近代畜牧业文化受到严重摧残，畜牧业生产每况愈下，到1943年，辽宁地区有马65万匹、牛35.10万头、羊26.30万只、猪125.20万头，分别比1929年下降71.50%、29.70%、64.10%、61.90%。1945年日本投降后，辽宁地区畜牧业生产有所恢复，1945年，辽宁地区有马13万匹、牛34.80万头、羊49.60万只、猪130.60万头。至1949年，辽宁地区有马17.90万匹、牛72.40万头、羊61.90万只、猪210.40万头。

（二）辽河近代水产养殖业文化的变化

辽宁地区濒临黄海、渤海，水产资源比较丰富，渔业环境相对优良，渔业生产在全国占有重要地位，是重要的渔业生产基地之一。辽河近代水产养殖业文化包括海洋渔业文化和淡水渔业文化。

1. 辽河近代水产养殖业资源状况

辽宁大陆海岸线长达2170多公里，有大小岛屿500多个、港湾40余处，海洋渔场面积达5.60万平方海里，其中辽东湾、海洋岛两个渔场面积约1.90万平方海里；适宜养殖鱼、虾、贝、藻

① 脱脱，等. 金史·志第25·诸群牧马政. 卷44 [M]. 长春：吉林人民出版社，1995：582.

等水道品的浅海、滩涂、港湾面积达 160 多万亩，适宜海珍品养殖的海底岩礁面积约 21 万亩。辽宁内陆河流纵横，有 360 多条河流，分别形成辽河水系、鸭绿江水系和凌河水系，流域总面积达 14.55 万平方公里。适宜养殖水产品的淡水面积有 166 万亩，其中水库面积 118 万亩、池塘面积 39 万亩、泡沼与河沟面积 9 万亩，另外有可供养殖鱼蟹的稻田 600 多万亩，可供开发养鱼的沼泽地 50 多万亩。这些水域土壤植被条件较好，水质较肥，河流水体水质酸碱度大都适宜水生动物生长，多属中富营养类型。辽宁地处中纬度，属温带大陆性季风气候，灾害天气较南方频率低，良好的自然生态环境适合水生动物资源的繁殖与生长。

辽宁地区水产资源相当丰富，全省有鱼、虾、蟹、贝藻类 1200 多种，鱼类有 300 多种。在海洋水产资源中，仅海水鱼类就多达 200 余种，其中有捕捞价值的有 120 多种，主要经济鱼类有 50 多种，如大黄鱼（大王鱼）、小黄鱼（黄花鱼）、带鱼、墨鱼、鲅鱼、鲳鱼（银鲳、镜鱼）、鲐鱼（鲐巴鱼、鲭）、马面鲀（皮匠鱼）等；虾类有 20 多种，如对虾、毛虾、青虾、鹰爪虾等；蟹类有 10 多种，如梭子蟹、石蟹等；贝藻类有 100 多种，如贝类有螺类、蛤类、蚶类、牡蛎类、鲍类、蚬类，以及竹蛏、扇贝、海蜇、沙蜇、刺参、光棘球海胆等，藻类有蓝藻、红藻、绿藻等。内陆水生动物资源也十分丰富，淡水鱼类有 130 余种，其中纯淡水鱼类有 90 多种，野生的经济价值较高的有青鱼、草鱼、鲢鱼、鲤鱼、鲫鱼、鳊鱼、鲶鱼，以及洄游性的银鱼、刀鲚、香鱼、鳗鲡等，还有蟹、虾、蚌、鳖、螺等。总之，辽宁地区水产养殖业文化发展不仅具有得天独厚的渔业环境，而且拥有丰富的水产资源。

2. 辽河近代海洋渔业文化的变化

辽宁地区海洋渔业文化发展历史悠久，但由于长期处于封建半封建社会，只有单一的捕捞业形式，加上渔具粗糙简单、技术落后，产量较低，因此发展十分缓慢。19 世纪末 20 世纪初，沙俄与日本先后侵入辽宁地区，特别是 1905 年日俄战争后，日本殖民者强行掠夺中国资源，依靠先进的渔具设备和机动渔船，大肆捕捞和疯狂掠夺海产品。1927 年，日本人在旅大地区海域试验养殖海带和裙带菜，随后开始大面积养殖。到 1938 年，在辽宁地区从事捕捞业的日本人增加到 1000 多人，年捕捞量达 5 万吨，是辽宁其他沿海（旅大地区以外）中国渔民捕捞量 2.30 万吨的 2.17 倍。1945 年日本投降前夕，日本人蓄意破坏了大部分渔场。1948 年 11 月东北解放后，接收了日本人控制的渔场及捕捞设备，土地改革，废除了船网主和封建把头制度，渔民分得了渔船、网具，渔业生产由自愿互助互利经营形式发展为建立渔业互助合作社，渔业文化得到了恢复和发展。

3. 辽河近代淡水养殖业文化的变化

东北解放前，在辽河、鸭绿江流域有专业从事淡水捕捞生产的专业渔民。据《奉天通志》记载，1934 年，海城县（今吉林省梨树县）有渔户 44 户；桓仁县有渔户 10 户，劳动力有 35 人；奉化县（今吉林省梨树县）有渔户 150 户，劳动力为 316 人（男 179 人、女 137 人）。另据《沈阳国土资源》记载，在辽河和蒲河流域有零星的网房，多数属农村副业性质的季节性捕捞。1931 年九一八事变后，曾在辽河和蒲河成立过渔业生产合作社，从事捕捞生产。九一八事变前，辽河水系的辽海地区没有正式经营淡水养殖业。九一八事变后，辽宁地区开始出现专业淡水养殖业文化。1931—1945 年，金县南关岭设立西园养鱼场，专以养殖鲤鱼为主。锦州高桥设立养鱼场，除养殖鲤鱼外，还试养甲鱼。此后，伪满洲国在辽阳安平、盖县思拉堡建立养殖场，利用泉水试养鲤鱼。1948 年东北解放后，东北人民政府农林部水产处和辽宁、辽西两省的水产行政部门接收和恢复金县、锦州、辽阳、盖县等地养殖场，并进行饲养和孵化等试验工作。

4. 辽河近代水产工业文化的变化

民国末期，辽河水产工业文化包括制药工业文化、冷冻与冷藏业文化、水产品加工业文化等形态和类型。

20 世纪三四十年代，辽河近代水产品制药工业文化有一定发展，鱼肝油有少量生产。在日本投降后，生产鱼肝油的机械设备被破坏，技术资料被销毁，工人被解散，生产陷入瘫痪状态。

冷冻与冷藏业文化是水产工业文化的重要形态。冷冻和冷藏业发展水平直接影响水产业发展规模。辽宁地区冷冻和冷藏业文化兴起于 20 世纪初，1910 年，日本人在旅大地区修建了一处冷冻制冰厂，1925 年进行扩建，这是辽宁地区第一个为渔业文化发展服务的制冰企业。1930 年，日本人又在旅大地区修建制冰二厂，制冰能力 240 吨/日。1937 年日本人又修建制冰三厂。1942 年，日本人在大连修建冷库 1 座，日速冻能力 10 吨，冷藏能力 600 吨/次。到 1945 年，大连地区由日本人修建的冷库有 4 座，合计生产能力为：制冰 342 吨/日、冷冻 20 吨/日、冷藏 3900 吨/日①。在此期间，日本人在安东还先后修建冷库两座。此外，奉天大西边门冷库于 1940 年修建成。

水产品加工业文化。辽河近现代水产加工业文化兴起于 20 世纪初，1905 年日俄战争日本占领旅大地区后，强行掠夺中国渔业资源，采取机轮船捕捞，水产品量迅速提升。除部分鲜销和供应日军食用外，其余由日本人开设的工厂和商店加工成鱼糕、鱼卷、鱼饼、鱼罐头等，产品销往中国东北及关内其他地区。20 世纪二三十年代，为了满足水产品加工业发展的需要，日本人于 1917 年投资兴办了大连制冰所，1927 年在其基础上正式建立大连制冰株式会社，开始生产人造冰及开展冷冻和冷藏业务。1945 年 8 月 15 日日本投降后，改为旅大制冰厂。

① 辽宁省地方志编纂委员会办公室. 辽宁省志·水产志 [M]. 沈阳：辽宁民族出版社，2001：194.

第三节　民国晚期辽河近代工业文化发展状况

辽河近代工业文化兴起于19世纪60年代，经过清朝晚期和民国前期的发展，已经具有相当水平。九一八事变后，日本帝国主义侵占东北地区，实行殖民统治，为扩大侵华战争和掠夺我国资源，全面控制和垄断辽东乃至东北地区工业，迫使工业呈畸形发展。这一时期，辽河近代工业文化发展呈现殖民地特点。1945年日本投降后，辽东乃至东北地区再次成为内战焦点地区，辽河近代工业文化发展遭受严重破坏。1948年11月东北解放后，在中国共产党正确领导下，辽河近代工业文化迅速恢复和发展，为支持全国解放战争作出了重要贡献。

一　民国晚期辽河近代能源工业文化发展状况

能源工业文化主要包括煤炭工业文化、电力工业文化和石油工业文化等形态和类型，是支撑和影响工业文化发展的重要基础工业文化。辽宁近现代煤炭工业文化、电力工业文化和石油工业文化兴起于19世纪八九十年代。日本殖民统治时期，辽河近代能源工业文化经历了曲折发展。民国末期，由于东北地区成为国共两党争夺的焦点，辽河近代能源工业文化发展受到很大影响。

（一）辽河近代煤炭工业文化的变化

辽宁是中国发现、利用、开采煤炭最早的地区之一。作为“龙兴之地”，清朝政府为保护“龙脉”，禁止开采煤炭，因而辽宁地区煤炭业文化发展处于“禁锁期”长达150余年。直至19世纪六七十年代，西方资本主义列强大肆入侵，海禁大开，西欧科技渐次传入，煤铁等重要资源需要与日增加。为充裕国家财政，清政府改变封禁政策，奖励开发以振兴煤炭业文化。1897年，清政府制定《奉天矿务章程》，作出“无碍龙脉者方准开采”的决定；

1901年，在抚顺杨柏河一带开办煤矿。至1905年，新开办阜新新邱、北票、南票，辽阳张家沟、大窑堡村，锦西大窑沟、蛤蟆山，西丰太平村、新开村，义县乌龙坝、王家屯等20余处煤矿，年产煤约20万吨。中国当时处于半殖民地半封建社会，初兴的辽河近代煤炭业文化受制于外国资本主义列强，浸染着殖民主义色彩。1898年，英国加典马德松商会组成华英公司，中英合办开采南票煤矿；1904年，沙俄以武力霸占抚顺煤矿；1905年日俄战争，日本从沙俄手中夺取了在辽宁地区的统治权，霸占了抚顺、烟台等地煤矿；1910年，日本又以中日合办名义成立本溪湖煤铁有限公司。1911年辛亥革命后，鉴于利权外溢，权益收回运动高涨，民国政府于1914年颁布《矿业条例》，依法冻结了外国独资的矿业，国人经营矿业始趋繁盛。至1928年，辽宁地区煤矿发展到40多处，煤炭年产量达963.30万吨，占东北地区煤炭总产量的84%。特别是抚顺煤矿年产量达816万吨，占辽宁地区煤炭总产量的84.40%，居全国当时煤矿年产量之首。

九一八事变后，辽宁地区煤矿有四大系统：一是满洲炭矿株式会社所属各矿，包括阜新、复州等矿；二是满铁公司所属各矿，包括抚顺、烟台、瓦房店等矿；三是东边道开发株式会社所属各矿，包括本溪湖等矿；四是溪碱炭矿株式会社所属各矿，包括田师傅、田师傅沟、牛心台等矿。日本殖民统治时期，日本帝国主义把辽宁地区作为其侵华战争的战略后方，野蛮掠夺辽宁地区煤炭资源，变本加厉地在抚顺、阜新、本溪、烟台等地掠夺性开采煤矿。除满铁公司经营的抚顺炭矿、烟台炭矿外，1934年，又从中东铁路接管并开采瓦房店炭矿，并与伪满洲国政府合资开办“满洲炭矿株式会社”（以下简称“满炭”），起初资本金各半，伪满洲国政府以复州、八道壕、尾明山、孙家湾各矿及其附属财产和北票炭矿官股为股本，满铁以阜新县内矿权及其附属财产为股本。1935年，日本关东军成立“满洲炭业统治委员会”，由伪满洲国政府、满铁和满炭出任委员。因此，满炭的经营规模迅速扩大，其资本金额增加到1亿元。满铁和满炭是垄断东北煤炭工业的两大家。据统计，1931—1945年，日本在辽宁地区掠夺开采煤炭17596万吨。1943年，辽宁境内主要煤矿煤炭产量为1749.50万吨，其中抚顺炭矿为561.90万吨、烟台炭矿为39.60万吨、瓦房店炭矿为5.21万吨、复州炭矿为14.51万吨、本溪湖炭矿为86.80万吨、田师傅炭矿为69.50万吨、牛心台炭矿为15.80万吨、阜新炭矿为410.20万吨、八道壕炭矿为25.83万吨、北票炭矿为117.80万吨、南票炭矿为1.24万吨、蛤蟆山炭矿为3.29万吨①。为满足侵华战争的需要，日本强迫矿工冒险作业，用矿工的生命换取煤炭。如1942年4月，本溪湖煤矿发生瓦斯和煤尘爆炸，1549名矿工遇难，造成世界上最大的矿难事故。抚顺、阜新、本溪、北票矿的“万人坑”，是当时日本野蛮开采辽宁地区煤炭资源的铁证。日本殖民统治时期，受严重战乱的影响，辽河近现代煤炭工业文化呈畸形发展，充满殖民地特点。

1945年日本投降后，辽宁地区煤炭业遭受日本侵略者的严重破坏，他们破坏了一批矿山机械和坑口，使煤矿要害部位无法运转。日本投降后，抚顺、阜新等煤矿遭拆解的机械设备达2.41万多件，价值2361.30万美元。辽河近代煤炭业文化惨遭破坏。1946年年初，蒋介石当局派接收官员接收了抚顺、阜新、北票、本溪、烟台等煤矿，勉强恢复煤炭生产。上述5个煤矿1946年的原煤产量为237.60万吨，1947年为332.10万吨，1948年为128.30万吨，分别为1944年原煤产量的20.80%、28%和11%②。主要是各主要煤矿设备遭拆解，加上蒋介石当局接收官员贪腐，不仅无力维持煤矿运转，而且还运走和盗卖大量矿山机

① 辽宁省统计局．辽宁工业百年史料，辽新内资字（2003）第14号[R]．沈阳：辽宁省统计局印，2003：147．

② 辽宁省统计局．辽宁工业百年史料，辽新内资字（2003）第14号[R]．沈阳：辽宁省统计局印，2003：148．

械设备。据统计，仅抚顺、阜新两个煤矿被蒋介石当局接收官员运走和盗卖的机械就达1500余件，因而导致煤炭生产停滞。

1948年11月辽沈地区解放后，辽宁煤矿回到人民手中。东北民主政府成立了东北煤矿管理局，抚顺、阜新、本溪、北票分别成立了矿务局，按照中共中央"一面生产，一面恢复"的要求，辽宁煤矿在一片废墟、百业待兴的严峻困难中开始全面恢复和建设。1949年，全省煤炭产量恢复到540万吨。

（二）辽河近代电力工业文化的变化

辽宁近代电力工业文化兴起于19世纪90年代初，其发展大体经历了清朝晚期、民国前期、日本殖民统治时期、解放战争时期四个时期。

1890年11月，清政府兴办北洋水师在旅顺修建船坞时同时建成旅顺大石船坞电灯厂，这是辽宁乃至东北地区第一座发电厂，表明辽宁近现代电力工业文化的兴起。1898年沙俄入侵，强行订立《旅大租地条约》《续订旅大租地条约》；1902年，修建大连发电所，安装4台交流发电机组，总容量900千伏安，这是辽宁地区第一座具有公用性质的发电所。1905年日俄战争后，日本取代沙俄在东北地区的权益，于1907年成立南满洲铁道株式会社（简称"满铁"），兼营南满电力事业，在南满铁路沿线扩张，建设电厂。20世纪初，面对沙俄、日本入侵辽宁，开办电厂，掠夺资源的状况，在安东、奉天、抚顺、营口、本溪、铁岭、辽阳、鞍山、省城、义县、锦州等地有民族资本家兴办30余家电厂，装机总容量达20万千瓦。中国人办电厂遭到日本殖民者的排斥。

九一八事变日本武装占领东北后，随着军事侵略和政治压迫，进行了大规模的经济掠夺，制订了一整套掠夺计划，对东北电力工业实行强占政策；1934年成立满洲电业株式会社，统制东北电力工业；1937年，日本实施旨在掠夺中国资源的第一个"五年产业开发计划"，动工兴建了水丰、阜新、抚顺等大型水、火电站及其他火电站，全部或部分投入运营。除在辽宁境内不断扩张专业发展厂外，在大型工矿企业还建有不少自备电厂。如，抚顺炭矿发电所装机容量由 1932 年的 8 万千瓦发展到 1945 年的 28.50 万千瓦；阜新炭矿发电装机容量所由 1937 年的 7000 千瓦发展到 1945 年的 16 万千瓦；鞍山昭和制钢所发电所装机容量由 1932 年的 3.20 万千瓦发展到 1945 年的 7.35 万千瓦；本溪湖煤铁公司发电所装机容量由 1932 年的 8583 千瓦发展到 1945 年的 7.70 万千瓦。因而推进了辽宁电力工业的发展，辽宁境内装机容量从 1937 年的 34 万千瓦增加到 1943 年的 141.17 万千瓦。1944 年，辽宁省境内总发电量为 322349 万度，其中主要发电厂的发电量为：抚顺炭矿发电所 67241 万度，阜新炭矿发电所 27952 万度，本溪湖煤铁发电所 18828 万度，鞍山昭和制钢所发电所 12840 万度，大连甘井子发电所 11785 万度，大连天之川发电所 2236 万度。至 1945 年日本投降前夕，辽河近代电力工业文化发展具有了一定规模，共有发电厂 24 座，装机总容量为 110.20 万千瓦。日本投资兴办电力工业，客观上推进了辽河近代电力工业文化的发展。但这一时期，辽宁近代电力工业文化是在帝国主义殖民统治下艰难发展起来的，因而辽河近代电力工业文化发展带有殖民地特点。

1945 年日本投降后，辽宁电力工业的较为先进的新机组设备大部被拆解。据统计，当时有设备 21 台，装机容量为 73.60 万千瓦，占总装机容量的 2/3；被拆运的尚未安装的设备 5 台，装机容量为 21.53 万千瓦，两者装机容量共计达 95.13 万千瓦。剩下的一些老旧小机组设备装机容量仅有 36.60 万千瓦。辽河近代电力工业文化惨遭破坏。

1946 年 4 月，蒋介石统治集团派军占领辽宁后，忙于打内战，在其统治区域内电力工业每况愈下。1948 年 10 月下旬，中共中央派部队接管了满洲电业株式会社南满总局及沈阳支社，组织电业职工，经过 10 多天的努力，将沈阳市 6 座 44 千伏变电所全部恢复供电，并恢复向本溪、安东地区送电。这是中国共产党领导电力工业的开始。至 1949 年年末，辽宁省发电设备总容量仅为

43.20 万千瓦，年发电量 8.05 亿千瓦时；送配电线路总长 1.24 万千米，变电容量 119.42 万千伏安。当时，最大的抚顺发电厂残存的发电设备容量仅有 9.50 万千瓦，实际生产不足 5 万千瓦，单机容量最大为 2.50 万千瓦。可见，东北解放初期，辽河近代电力工业文化基础十分薄弱。

（三）辽河近代石油工业文化的变化

辽河近代石油工业经历了从人造石油起步、在加工天然原油中发展、向石油化工迈进三个阶段。中华人民共和国成立前，东北地区主要生产和炼制人造石油。生产人造石油以煤炭和油母页岩为主要原料。辽宁地区的煤炭和油母页岩资源十分丰富，因而在 19 世纪末辽河近代石油工业文化开始兴起。日俄战争后，日本对辽宁地区实行殖民统治，开始大肆掠夺中国的煤炭和油母页岩资源。自 1928 年起，日本先后在抚顺建立西制油厂、东制油厂、石炭液化工场；在锦西建设日本陆军燃料厂锦西制造所；在锦州建设满洲合成燃料株式会社锦州工场等 5 个人造石油厂；在旅大建立满洲株式会社天然原油加工厂；在锦西制造所建设天然原油加工装置；等等。到 1945 年日本投降前夕，除抚顺西制油厂具有一定的生产规模外，其余各厂还只是个雏形。这一时期，辽河近代石油工业文化带有较典型的殖民地特色，完全服从日本侵略战争而建设，辽河近代石油工业发展完全由日本控制，石油工业生产的产品直接用于侵略战争。日本投降时，日本石油企业销毁了各厂的技术资料。蒋介石集团统治时期，各石油工业企业再遭破坏。到 1948 年辽沈地区解放前夕，除抚顺西制油厂有少数干馏炉时开时停外，其余各厂全部停产。辽河近代石油工业文化陷入奄奄一息状态。

二　民国晚期辽河近代冶金工业文化发展状况

辽宁地区发展冶金工业具有独特资源优势。日俄战争后，日本对辽东地区实行殖民统治，在大连设立满铁公司，作为对东北进行经济、文化侵略的工具，先后开办本溪湖煤铁公司、鞍山昭和制钢所，掠夺式开采我国矿山资源，发展钢铁工业。特别是九一八事变后，日本全面垄断辽宁冶金工业，在黑色金属、有色金属以及黄金工业各个领域大肆投资兴办工矿企业。七七事变后，日本全面发动了企图灭亡中国的侵华战争，为满足战争需要，加紧掠夺钢铁矿山的资源。这一时期，辽宁冶金工业是典型的殖民地工业结构，因而辽河近代冶金工业文化发展也带有殖民地特点。

（一）辽河近代黑色金属工业文化的变化

辽河近代黑色金属工业文化兴起于20世纪初，但直至1945年8月日本投降前，辽河近代黑色金属工业文化完全被日本帝国主义所垄断。九一八事变后，东北沦为日本的殖民地，在日本扩军侵略政策的刺激下，日资在我国东北地区大肆扩张，兴办钢铁工业。1933年，满铁公司与日本关东军部在鞍山组建昭和制钢所，开始建设制钢工场（第一炼钢厂）、第一钢片工场（第一初轧厂）、第一压延工场（大型轧钢厂）、第二压延工场第一小型工场（小型轧钢厂）。1935年，制钢工场4座平炉和第一钢片工场、薄板工场、第一小型工场、第一压延工场等先后建成投产。1937年5月，建成容积为777立方米的高炉1座。其间，本溪湖煤铁公司于1933年9月开始筹建特殊钢试验工场。1935年5月正式进行海绵铁生产，以海绵铁作为原料冶炼特殊钢，成为东北地区首家从事特殊钢生产的专业厂。1937年冬，建立满洲重工业开发株式会社（以下简称“满业”），以加强对东北的钢铁工业的垄断。同时，对鞍山昭和制钢所、本溪湖煤铁公司、协和铁山株式会社均予大量投资，推进了辽宁地区冶金工业的发展。1938—1943年，鞍山昭和制钢所又陆续建成容积为947立方米、917立方米的高炉5座；增建了第二制钢场，炼钢年产能力达75万吨。本溪湖煤铁公司在宫原厂区建设两座容积为758立方米的高炉，并以巨资建了特殊钢株式会社，并于1941年投产，生产的不锈钢、高速钢，供日本野日航空工厂、陆军兵工厂和奉天兵工厂生产军械。1943

年，辽宁钢铁产量分别为170万吨和87万吨，比1937年的81万吨和51万吨分别增加109.88％和70.59％。但此期，钢锭的成材能力还较低，如，鞍山昭和制钢所钢锭生产能力为108万吨，而成材设计能力仅有49万吨；生铁的生产能力为170万吨，形成铁大于钢、钢多于材的畸形生产结构。辽宁地区变成了日本侵略者军事侵略所需物资的原料供应基地。辽河近代冶金工业文化是典型的殖民地工业文化。仅1941—1942年，日本从辽宁地区掠夺回国的生铁分别占日本当年进口量的70.50％和81.40％①。特别是日本生产军舰、兵器所用的本溪低磷铁，则全部运往日本。

1945年日本投降，辽河近代黑色冶金工业文化遭到严重破坏。辽宁钢铁工业企业单位的设备遭到人为的大规模拆迁。如鞍山昭和制钢所机械设备被拆运走2/3，连同其他被运走的物资总计达7万余吨；本溪湖煤铁公司的高炉、电炉、焦炉等主要设备和辅助设备被拆运走1.43万吨；抚顺制钢厂被拆运走15吨电炉、3吨汽锤等140多件设备和器材；大连大华矿业株式会社和进和商会两个厂被拆运走276台（套）设备。辽宁钢铁工业蒙受极大损失，生产陷入停顿状态。1946年春，蒋介石当局行政院经济部东北特派员办事处（后由行政院资源委员会接管）接收后，在鞍山成立了鞍山钢铁有限公司，在本溪成立了本溪煤铁厂矿（后改称本溪湖煤铁有限公司）。由于蒋介石当局发动内战，无暇也无力恢复生产，即使维持简单生产，也是每况愈下。1946—1948年，在蒋介石当局接管期间，鞍山钢铁有限公司仅生产钢锭9500吨、钢材12500吨、焦炭2万吨；本溪湖煤铁有限公司生产钢465吨、钢材499吨、焦炭2.20万吨。至1948年11月东北解放前夕，辽河近代黑色冶金工业文化发展处于崩溃的边缘。

---

① 辽宁省地方志编纂委员会办公室．辽宁省志·黑色冶金工业志［M］．沈阳：辽宁民族出版社，2001：7.

（二）辽河近代有色金属工业文化的变化

辽河近代有色金属工业文化兴起于19世纪末，1896年，晚清政府官办的机器局在沈阳大东门外设立，制造兵器和银元，是为辽河近代有色金属工业在辽沈地区起步。九一八事变后，辽宁沦为日本的殖民地。日本为其侵略战争的需要，先后兴办了满洲矿山株式会社和满洲矿业株式会社，对我国有色金属矿产资源进行掠夺式开采。1933年，满洲矿山株式会社开采杨家杖子矿铅锌矿体，1937—1941年，建设了钼系统的采选设施，以钼矿为主进行开采，该矿1944年有职工1.10万人，年采矿能力为16.80万吨。1937年，满洲矿山株式会社开采凤城县青城子矿，并建设了机械化采选设施，该矿1945年有职工3572人，年采矿能力为13万吨。其间，满洲矿山株式会社和满洲矿业株式会社或收买或侵吞，相继兼并了复县华铜矿、桓仁铅锌矿、岫岩铅锌矿、庄河芙蓉铜矿、兴城夹山金铜矿、本溪马鹿沟铜矿、东沟县接梨树铜矿等有色金属矿山。共有职工2.50万人，年产量最高的1943年，产铜、铅、锌精矿含量1.92万吨，钼精矿含量801吨（绝大部分借给日本陆军部和海军部）。日本侵略者在掠夺矿山资源的同时，先后在沈阳、抚顺、锦西等地兴办有色金属冶炼、加工及配套企业，主要有：奉天制炼所（沈阳冶炼厂前身）、满洲轻金属株式会社抚顺制造所（抚顺铝厂前身）和满洲铅矿株式会社葫芦岛制炼所（葫芦岛锌厂前身），以及大信洋行奉天工场（沈阳有色冶金机械厂）、满洲汤浅株式会社（沈阳有色金属加工厂前身）、满洲选矿剂株式会社奉天工场（铁岭选矿药剂厂前身）。上述6家企业，连同满洲轻金属制造株式会社营口镁工厂等有色金属冶炼、加工企业，共有职工1.40万人，年产量最高的1943年，生产电解铜2160吨、电解铝8556吨、电解铅6800吨、黄药700吨、混合起泡浮选油

300 吨①。可见，这一时期，辽河近代有色金属工业文化相当发达，但具有浓厚的殖民主义色彩。

1945 年日本投降，辽宁有色金属工业企业的设备被人为拆解运走，辽河近代有色金属工业文化遭受严重破坏。1946 年春，辽宁有色金属工业企业由蒋介石当局东北金属矿业公司接管。由于蒋介石集团公然发动内战，并在东北战场陷入困境，无心恢复和维持生产，特别是蒋介石集团溃败时厂矿设备被拆毁，有色金属工业陷入瘫痪状态。

1948 年 11 月辽宁全境解放后，为尽快恢复生产，支援全国解放战争，各厂矿广泛发动职工群众，辽宁有色金属工业企业很快恢复和发展生产。辽河有色金属工业文化迎来了发展的春天。

（三）辽河近代黄金工业文化的变化

辽宁地区采金业文化发展，可追溯到 2000 多年前的战国时期，以后各时期均有所发展。1840 年鸦片战争后，辽河近代黄金工业文化兴起。帝国主义入侵辽宁地区后，俄、美、德、日、英等帝国主义国家在辽宁地区开办大小金矿 30 余处，客观上促进了辽河近代黄金工业文化的发展。

民国前期，辽河近代黄金工业文化发展较快。1914 年，民国政府颁布《矿业法》《矿业条例》，其后又颁布《采金暂行章程》，促进了辽河近代黄金工业文化的发展。官商合办金矿不断增多，以私人资本集股筹办公司、矿（厂），请领矿权者逐年增加。据 1915 年统计，奉天省内有 41 人报领脉砂矿区 2.64 万亩，开办金矿（厂）60 多处，并设有华兴、华昌、华富、宝隆、兴丽、明德等诸家公司经营。当时，辽宁境内的宽甸、清原、铁岭、海城、岫岩、兴京（新宾，下同）等县，请领矿权的人数较多。据

① 辽宁省地方志编纂委员会办公室. 辽宁省志·有色金属工业志[M]. 沈阳：辽宁民族出版社，2001：492.

1929—1931 年统计，辽宁省仅官办金矿生产的黄金就达 8350 两①。

日本殖民统治时期，日本侵略者更是疯狂掠夺辽宁地区的黄金矿产资源，大肆开采金矿，辽宁地区黄金开采进入高峰。1932 年 3 月，日本关东军设立满洲采金事业调查部，制订计划并组织 200 多人的调查队、对东北地区黄金资源进行调查，辽宁地区被调查的有海城、营口、清原、开原、兴京、岫岩、庄河、宽甸、复县、朝阳等地 20 多处脉砂金矿产地；1933 年，相继炮制了“金输出禁止法”“产金买上法”和“重要产业统制法”等，并通过这些殖民主义政策，将东北地区的黄金资源完全掌控在手中；1937 年以后，为加剧对黄金的掠夺，又先后组建了满洲矿业株式会社、满洲矿山株式会社和热河开发株式会社等，专事管理和经营黄金生产，其间，由各株式会社在辽宁地区经营的较大金矿、伴生金矿、选矿厂、制炼所等共有 16 座；1939 年，日采矿石量最高时达 300 吨；1939—1941 年，满洲矿山株式会社在安东地区的 8 座金矿共产黄金 18274 两；1941—1945 年间，日本从五龙矿共掠走高品位矿石 7 万吨，仅 1944 年就掠走黄金 5103 两②。据有关资料统计，1931—1945 年，辽宁被日本侵略者开采过的大小脉砂金矿有 200 多处。1934—1937 年，仅满洲矿业株式会社就产黄金 28394 两；奉天制炼所在产量最高的年份 1944 年电解成品金 27040 两；1937—1944 年间，五龙、分水等 8 座金矿共产黄金 51693 两；1931—1944 年，日本从辽宁掠走黄金 10 吨左右③。日本殖民统治

① 辽宁省地方志编纂委员会办公室. 辽宁省志·黄金工业志 [M]. 沈阳：辽宁民族出版社，2001：697.

② 辽宁省地方志编纂委员会办公室. 辽宁省志·黄金工业志 [M]. 沈阳：辽宁民族出版社，2001：698.

③ 辽宁省地方志编纂委员会办公室. 辽宁省志·黄金工业志 [M]. 沈阳：辽宁民族出版社，2001：698.

时期，辽宁地区黄金工业文化的发展充满殖民主义色彩。

1945年日本投降，辽宁地区金矿惨遭破坏，几乎变成了一片废墟。1946—1948年，在蒋介石集团接收的3年里，辽宁地区黄金工业文化发展处于停滞状态，黄金产量急剧下降，如奉天制炼所电解金仅12公斤①。在中国共产党领导的解放区，民主政府组织开采黄金，每年开采黄金数千两。1948年11月东北解放后，辽河近代黄金工业文化发展迎来了新曙光。

三 民国晚期辽河近代机械电子工业文化发展状况

机械工业和电子工业是辽宁国民经济重要的支柱产业。机械工业文化与电子工业文化是辽河近代工业文化的重要内容。

（一）辽河近代机械工业文化的变化

辽河近代机械工业文化始兴于19世纪60年代末。1868年，由民族资本在奉天建成庆盛炉从事铁器制造，随后在奉天、营口、本溪、辽阳、大连等地，类似铁工厂逐渐兴起，这些工厂主要从事修理或制造小机器、铁具和简易农机。辽河近代机械工业文化开始萌生。1896年，官办的奉天机器制造局成立，开始制造兵器和银元，辽河近代机械工业文化进入成长时期。1904年，日本兴办的抚顺机械修理工场是辽宁地区最早的近代机械工业。1905年日俄战争后，日本取代了沙俄在辽宁地区的权益，开始实施殖民地统治。为了野蛮掠夺辽宁地区的资源，日本财团及资本家纷纷来辽宁地区投资办厂。在大连、本溪、鞍山、抚顺等地，围绕为煤铁工业服务的设备维修、易损零部件的加工和配套机具的制作等机械工业逐渐兴起。1921年，奉天官僚资本投资兴办了东北三省兵工厂，此后民族资本亦纷纷兴办机械工厂。在安东、奉天、鞍山等地兴办铁工厂、兵工厂，生产铁路车辆、铁桥、锅炉、起

---

① 辽宁省地方志编纂委员会办公室．辽宁省志·黄金工业志［M］．沈阳：辽宁民族出版社，2001：698.

重机、汽车等。这些民办工厂的资金及规模都不及官僚资本所办工厂，更不能与外国资本家相抗衡。

1931年九一八事变，日本武力侵占东北后，日本大力发展各种机械工业，在奉天、旅大、鞍山、抚顺、辽阳等地建立了180多个机械工厂。为满足进一步扩大侵华战争的需要，日本在辽宁地区最早扩充的机械工业是车辆、飞机、船舶等交通运输设备制造工业。大连沙河口铁道工场生产激增，除了制造机车、客车、货车及内燃机外，还从事煤气、发电、油坊、制麻、制糖、烟草、柞蚕纺织、制铁、制材等以及各种机械器具等一般工业的生产。1933年10月又开办大连机械制作所，该厂是仅次于沙河口铁道工场的车辆工厂，除生产车辆外，还生产铁道线路附属品及信号、铁桥、钢筋房屋、油槽、豆油容器、蒸汽锅炉、各种机械、高级铸铁管、铸钢、铸铁、铜锡合金（炮铜）、各种农具等。该厂还投巨资设立精密机械工厂，制造飞机、汽车、拖拉机以及船舶用的发动机等精密机械。1937年，日本野村财阀系统的资本家根本富士雄与日本国内五大工作母机制造企业之一的池贝铁工所合作，在今沈阳大东区株林街建立了满洲工作机械株式会社，开始生产池贝式机床，计划月产20台；翌年，该会社与美国HERDEY公司签订技术合作合同，开始生产HERDEY式车床、铣床和牛头刨床；1942年，该会社又与日本东洋机械会社订立合同，当年开始生产TNDEX型24号单轴自动车床；1944年，共生产各种机床677台，其中车床为180台、钻床为90台、旋臂钻床为120台、铣床为76台、刨床为26台①。除大连沙河口铁道工场外，大连机械制作所、满洲车辆株式会社、大连船渠铁工株式会社、满洲工厂、奉天造兵所等工厂也相继制造车辆。大连机械制作所、满洲车辆株式会社与沙河口铁道工场为当时东北主要装配工厂。日

① 辽宁省地方志编纂委员会办公室．辽宁省志·机械工业志［M］．沈阳：辽宁民族出版社，2004：220．

资机械工业的发展，客观上推动辽河近代机械工业文化发展进入高峰。

日资在辽宁地区发展机械工业的同时，对中国民族资本工业企业进行打压。据统计，1934 年，辽宁境内机械工业企业单位有 363 家，到 1940 年增加到 632 家，增加了 269 家，日本人建立的机械厂由 114 家增加到 248 家，多数是日本国内的机械厂（总公司）迁至辽宁地区建立的“子公司”。1940 年，辽宁境内普通机械工业资本金总额为 1450.70 万元，其中日资为 1360.70 万元，占资本金总额的 93.80%；生产总额为 6739.60 万元，其中日资企业生产总额为 5803.40 万元，占生产总额的 86.11%。电器机械工业资本金总额为 2792.40 万元，其中日资为 2779.60 万元，占资本金总额的 99.54%；生产总额为 836.70 万元，其中日资企业生产总额为 623.30 万元，占生产总额的 74.50%。车辆制造工业资本金总额为 9351.60，其中日资为 9130.70 万元，占资本金总额的 97.64%；生产总额为 3612.50 万元，其中日资企业生产总额为 3495 万元，占生产总额的 96.75%。造船工业资本金总额为 1712.80 万元，全部为日资；生产总额为 1769.70 万元，全部为日资企业生产。铁道用品工业资本金总额为 378.10 万元，其中日资为 374.20 万元，占资本金总额的 98.97%；生产总额为 456.90 万元，其中日资企业生产总额为 435.40 万元，占生产总额的 95.29%。其他机械制造工业资本金总额为 2485.20 万元，其中日资为 2032.20 万元，占资本金总额的 81.77%；生产总额为 2051.80 万元，其中日资企业生产总额为 643.30 万元，占生产总额的 31.35%①。可见，辽河近代机械工业文化发展完全被日本所垄断。当时，沈阳有民族工业企业单位 1500 多家，到 1942 年，这些民族资本工厂纷纷倒闭，剩下的也被日本殖民者所控制，成

① 辽宁省统计局. 辽宁工业百年史料，辽新内资字（2003）第 14 号[R]. 沈阳：辽宁省统计局印，2003：282-283.

为日本企业的附属加工厂。1943 年，是辽宁机械工业产值最高的年份，其修配产值占总产值的 75%，制造产值占总产值的 25%，当时辽宁所需机器设备 7 成以上依赖日本进口。这一时期，辽河近代机械工业文化发展很快，但表现出较强的殖民主义特点。

1945 年 8 月日本投降后，蒋介石当局于 1946 年年初接管了辽宁工矿企业。当时，辽宁机械工业除部分军工、军需工厂进行一些修配性生产外，多数机械工厂停产。据统计，至 1948 年 11 月东北解放前夕，沈阳有 429 家民用工业工厂，开工生产的仅有 54 家。由于战乱，辽宁地区机械工业发展严重下滑，全省机械工业设备生产能力只及 1943 年的 5%①。如沈阳电线厂，1943 年有职工 2300 余人，年产导体近万吨。蒋介石当局接收后，把灯泡厂、电机厂、变压器厂等合并起来，职工也仅有 100 余人，年产导体 250 吨，仅为 1943 年的 2.60%。至 1948 年 6 月，能够维持生产的工厂减少到 40 多家。至于私人经营的工厂，也因原材料供应不足、电力缺乏，绝大部分处于停产状态。这一时期，辽河近代机械工业文化发展停滞不前。

（二）辽河近代电子工业文化的变化

辽河近代电子工业文化始兴于 20 世纪初。1919 年，由日本人在大连创办满铁公司大连电气修缮场，从事无线电通讯机修理，之后陆续有日本东京电气株式会社、东京芝浦电气株式会社、富士真空株式会社、日本汤浅蓄电池株式会社、满洲电气株式会社、英德电气株式会社等商社及个人在奉天、大连等地创办无线电工厂，生产裸铜线、电磁线、电动机、变压器、电灯泡、电力表、真空管、电话机、交换机、无线电通讯机等，这些工厂多数是日本国内著名工厂的分设机构。在日本殖民统治时期，主要为日本侵略战争服务。因而辽河近代电子工业文化的早期发展具有浓厚

① 辽宁省地方志编纂委员会办公室. 辽宁省志・机械工业志 [M]. 沈阳：辽宁民族出版社，2004：5.

的殖民主义色彩。

1945年8月日本投降，辽宁地区电子工业企业的设备95%以上被人为拆解运走。蒋介厂当局接收后，只有电线厂、变压器厂、电照厂、电机厂4个工厂恢复了生产，由于缺乏资金、材料、能源等，没能形成生产能力。刚刚兴起的辽河近代电子工业文化陷入低谷。

四　民国晚期辽河近代轻工纺织工业文化发展状况

辽河近代轻工业文化和辽河近代纺织工业文化是在家庭副业和手工业基础上发展起来的，19世纪末辽宁轻工业才开始逐渐使用机器，此后辽河近代轻工业文化有了较快发展。辽河近代纺织工业文化兴起于20世纪初，是时正值日本帝国主义侵略扩张时期，日资侵入，客观上促进了辽河近代纺织工业文化的发展。20世纪三四十年代，辽河近代轻工纺织工业文化发展具有典型的殖民主义色彩。

（一）辽河近代轻工业文化的变化

19世纪末和20世纪初，沙俄和日本相继侵入辽宁地区。1905年日俄战争后，日本夺取了沙俄在辽宁地区的权益，残酷压榨和野蛮掠夺辽宁资源，在辽宁境内相继建立和发展了使用近现代机器的造纸、制盐、卷烟、啤酒、味精、陶瓷、搪瓷、灯泡、自行车、酿酒、制糖、罐头、电池、火柴、玻璃制品、日化等轻工行业，客观上促进了辽河近代轻工业文化的发展。这一时期，辽河近代轻工业文化尚处在初兴之际，轻工企业的规模都比较小，还带有手工作坊的特点，设备简陋，生产水平较低，产品单一，质地粗糙。日本殖民统治时期，生长于半封建半殖民地社会的辽河近代轻工业文化，深受封建主义束缚和帝国主义及官僚资本主义残酷压迫，生产力受到严重遏制，生产得不到发展，带有明显的殖民地性质。

1948年11月东北地区解放时，为支援解放战争，夺取全国胜利，辽宁轻工业广大职工，在中国共产党和民主政府的领导下，积极恢复和发展生产。1948 年底，辽宁轻工业生产总产值达 2.60 亿元，占全省工业总产值的 30%，占全国轻工业总产值的 13%，实现利税 1672 万元，极大地支援了全国解放战争和恢复经济建设。

1. 辽河近代造纸工业文化的变化

日本殖民统治时期，辽宁省境内有造纸企业 35 家，划分为三个等级，一等：锦州巴尔布（纸浆）株式会社、开原满洲豆秆马尔布株式会社、营口满洲钟渊制纸株式会社、安东鸭绿江制纸株式会社、安东六合制纸株式会社、安东制化株式会社、奉天满洲纸工业株式会社、奉天满洲制纸株式会社 8 家；二等：安东朝日制纸株式会社、奉天丸山制纸株式会社、奉天大满制纸株式会社、抚顺制纸株式会社、大连松浦制纸株式会社、抚顺协和制纸株式会社、奉天满洲纸业奉天工场、抚顺日满制纸株式会社 8 家；三等有 19 家。此外，还有许多规模较小的、手工操作的工厂。

1940 年，辽宁省境内造纸企业单位共有 146 家，其中，中国人经营的有 117 家，日本人经营的有 29 家；资本金总额为 5414.50 万元，其中，中国人经营的资本金总额为 147.20 万元，日本人经营的资本金总额为 5267.30 万元；生产总额为 3388.60 万元，其中，中国人经营的生产总额为 544.80 万元，日本人经营的生产总额为 2843.80 万元。日资造纸企业单位数量虽少，但其资本金总额、生产总额都占有绝对多数。

1942 年建立较大的纸厂有 7 家，1943 年建立的有两家，1943 年建的有两家。

至 1945 年日本投降，日本殖民者在辽宁地区先后建有造纸厂 26 家，共安装造纸机 44 台，其中长网造纸机为 10 台，圆网造纸机为 34 台。各种类型的蒸煮锅为 43 个，打浆机为 174 台，年造纸能力为77400吨，制浆能力为57600吨①。辽河近代造纸工业文化主要分布在安东、锦州、营口、沈阳、大连、抚顺地区，其中营口、金城、安东3个苇浆造纸厂规模较大。1943年是日本殖民统治时期辽宁地区产浆、纸量最高的年份年产量达76300吨。

1945年日本投降后，蒋介石当局派员接收了辽宁轻工业。受战乱影响和人为破坏，在蒋介石当局统治的3年时间里，辽宁大部分地区轻工业不但没有发展，而且遭到一场劫难。当时，除了手工业制作的盐业维持简单生产外，轻工其他行业大都遭到了严重破坏，如基础一向较好的造纸业，有70％以上的生产能力遭到破坏，厂房及造纸设备被拆卸一空，生产全部停止。

到1949年10月中华人民共和国成立时，辽宁地区有造纸厂14家，年产浆1万吨，生产纸和纸板22866吨，占全国总产量10.80万吨的21％；总产值为2785万元，利润总额为4768万元，上缴利润11万元。

2. 辽河近代制盐工业文化的变化

1931年九一八事变后，辽宁省境内储盐被运往日本，食盐由此开始“输出”，每年约10万吨。为了增加食盐产量，伪满政府着手整顿开发盐田，并垄断了营盖、复县、庄河、盘山、锦县、兴绥六大盐场。1936年，成立满洲盐业株式会社，经营盐的生产、加工、贩卖和购买业务以及副食品的加工、贩卖、购买等业务。1936—1938年，上述六大盐场生产原盐211.93万担，其中1936年78.80万担、1937年66.84万担、1938年66.29万担。至1945年，伪满垄断的六大盐场盐田总面积达25227公顷，其中营盖盐场6538公顷、复县盐场8672公顷、庄河盐场3899公顷、盘

① 辽宁省地方志编纂委员会办公室. 辽宁省志·轻工业志［M］. 沈阳：辽宁民族出版社，2005：14.

山盐场3700公顷、锦县盐场718公顷、兴绥盐场1700公顷①。

此外，大日本盐业株式会社、东洋拓殖盐业株式会社、同和盐业株式会社3个制盐株式会社垄断经营了关东州大量盐田。1935年关东州盐田总面积为865.32万町。其中：中国人经营的盐田面积为86.61万町，占盐田总面积的10%；日本人经营的盐田面积为778.51万町，占盐田总面积的90%②。原盐产量为84301万斤。其中：中国人经营的盐田产量为11559万斤，占盐田总产量的13.71%；日本人经营的盐田产量为72742万斤，占盐田总产量的86.29%③。

这一时期，辽河近代制盐工业文化发展完全被日资所垄断。

3. 辽河近代食品工业文化的变化

民国前期，辽河近代食品工业文化有所发展。调味品、罐头、制糖以及水产加工业均有增加。1931年，辽宁省境内食品工业企业单位数为560家，其中粮食加工业121家、榨油工业339家、水产加工业2家、调味品工业85家、罐头工业6家、制糖工业3家、制盐工业4家。到1934年，辽宁省境内食品工业企业单位数为1115家，其中粮食加工业406家、榨油工业305家、水产加工业22家、调味品工业72家、罐头工业3家、制糖工业1家、制冰工业8家、其他工业193家。这一时期，日资食品工业发展较快。1940年，辽宁省境内共有5人以上的食品工业企业1363家。其中，中国人经营的1059家，日本人经营的304家。实缴资本金额为14213万元，比1934年增加2.45倍。其中：中国人经营的

① 辽宁省统计局. 辽宁工业百年史料，辽新内资字（2003）第14号[R]. 沈阳：辽宁省统计局印，2003：498.

② 辽宁省统计局. 辽宁工业百年史料，辽新内资字（2003）第14号[R]. 沈阳：辽宁省统计局印，2003：499.

③ 辽宁省统计局. 辽宁工业百年史料，辽新内资字（2003）第14号[R]. 沈阳：辽宁省统计局印，2003：500.

3896 万元，比 1934 年增加 1.25 倍；日本人经营的 10317 万元，比 1934 年增加 3.32 倍。生产总值为 25987 万元，比 1934 年增加 94.20％。其中：中国人经营的 11643 万元，比 1934 年增加 57％；日本人经营的 14344 万元，比 1934 年增加 1.40 倍。共有从业人员 25081 人，比 1934 年增加 36.50％，其中中国人为 10692 人、日本人为 14389 人，分别比 1934 年增加 6.30％和 73％。1945 年日本投降，辽河近代食品工业文化发展十分复杂。1948 年东北解放后，辽河近代食品工业文化迎来新的发展机遇。

4. 辽河近代印刷工业文化的变化

辽河近代印刷工业文化兴起于 20 世纪初。至 1931 年，辽宁省境内有印刷企业单位 177 家，其中中国人经营的 124 家、日本人经营的 53 家。日资企业数量虽少，但其资本金额 391.84 万元，占行业资本金总额 425.20 万元的 92.15％，处于绝对垄断地位。日资印刷工业的发展，客观上推进了辽河近代印刷发展。1934 年，辽宁省境内印刷企业单位数增加到 262 家，其中中国人经营的 160 家、日本人经营的 101 家、中日合办的 1 家。实缴资本金额 665.10 万元，其中中国人经营的 71.68 万元、日本人经营的 592.62 万元、中日合办的 0.80 万元。生产总额为 663.24 万元，其中中国人经营的 148.40 万元、日本人经营的 514.24 万元、中日合办的 0.60 万元。1940 年，辽宁省境内有印刷企业单位数 310 家，其中中国人经营的 206 家、日本人经营的 104 家（包括中日合办的 1 家）。实缴资本金额 1568.89 万元。其中：中国人经营的 430.02 万元，占资本总额的 27.40％；日本人经营的 1138.87 万元，占资本总额的 72.60％，比 1934 年增加 71.20％。生产总值 3097.57 万元。其中：中国人经营的 1074.67 万元，占生产总值的 41.30％；日本人经营的 1849.99 万元，占生产总值的 59.70％。辽河近代印刷工业文化发展较集中的是大连。1939 年，大连的主要印刷企业有满洲日日新新闻印刷所、东亚印刷株式会社、太田信三商店印刷工场、日清印刷厂等。1945 年日本投降后，这些印刷企业回到中国人民手中。

（二）辽河近代纺织工业文化的变化

辽河近代棉纺织工业文化包括棉纺工业文化、印染工业文化、丝绸工业文化、毛纺工业文化、针织工业文化、复制工业文化以及纺织机械器材工业文化等形态和类型。

1. 辽河近代棉纺织工业文化的变化

辽河近代棉纺织工业文化兴起于20世纪初，主要分布在奉天、旅大、营口等地。1905年日俄战争，日本夺取沙俄在辽宁地区的权益后，日本野蛮侵入，疯狂掠夺辽宁地区的市场、资源、能源和劳动力等。1917年，日本人在旅大兴办满洲制麻株式会社；1918年，分别在奉天、安东建立满蒙毛织株式会社、绢毛纺绩所；1921年，东北第一家官商合办的近代机器纺织厂——奉天纺纱厂在奉天破土动工，1923年建成投产。1922—1923年，日本资本又分别在金州、旅大、奉天、瓦房店、辽阳、苏家屯、锦州、安东等地先后建立了10个纺织工厂。其间，奉天地方官僚资本和一些民族资本也开始投向纺织工业，先后兴办奉天纺纱厂、营口纺织股份有限公司等。这一时期，辽宁丝绸业也逐步发展起来，奉天、安东等地各缫丝织绸厂相继建成投产。

1931年九一八事变后，日本侵略者为扩大侵华战争的需要，进一步加紧殖民地经济扩张，一面扩建原有的满洲纺绩株式会社、营口纺绩株式会社、内外棉金州支店、德和纺染色厂、东棉纺绩株式会社五大纺织厂，一面新建瓦房店、奉天、锦州3个大型棉纺织厂，3个印染厂和7个丝绢企业，并建成当时中国最大的人造纤维厂——安东人选纤维株式会社。至1945年日本投降前夕，辽宁近现代纺织工业文化发展具有相当规模，拥有棉纺织厂13家、纺锭63.06万枚，普幅织机0.98万台；毛纺织厂5家，梳毛纺锭0.93万锭，精毛纺锭1.05万锭；麻纺织厂4家，纺锭1.37万枚，纺织机 423 台；柞蚕丝绸厂 5 家，印染厂 4 家，人造纤维厂 1 家①。当时，辽宁地区为近代中国纺织工业基地之一，但这个纺织工业基地是典型的殖民地纺织工业基地，整个地区纺织工业的所有权、原料及纱布供应与分配、技术骨干、纺机零配件供应，全部由日本垄断。中国民族工业只在染织、缫丝、织袜等行业发展，但备受日本殖民者盘剥，举步维艰。

1945 年 8 月日本投降，辽宁纺织工业受到人为损坏和蒋介石当局接收官员的变卖及蓄意破坏，1946—1948 年，辽宁纺织工业 2/3 的设备严重受损，整个行业千疮百孔、一片废墟，残存设备根本无法维持生产。

1948 年 11 月东北解放后，东北人民政府接收了相关纺织企业后，按照中央要求积极恢复和发展纺织工业。至 1949 年 9 月底，东北纺织管理局共有纺织企业 16 家，其中辽宁境内有 13 家，拥有棉纺锭 27 万枚、棉织机 4800 台，毛纺锭 3825 枚、毛织机 98 台，麻纺锭 1017 枚、麻织机 10 台②。

2. 辽河近代印染工业文化的变化

辽河近代印染工业文化兴起于 19 世纪 80 年代。大连复州城创办的德盛染坊是辽河近代印染工业文化之滥觞。随后，盛京城内开办了兴茂厚染坊、锦州府第一工厂等。民国前期，1924 年，辽宁首家机械染色工场——东兴色染纺织公司在奉天成立，以后各地均有发展，但较缓慢。九一八事变后，日本占领东北地区，由于日伪当局实行向染业经营者赊销布匹和染料的政策，刺激商业资本家及织布工厂相继转向染色业。1933 年，仅沈阳应有印染厂和染坊 130 家，染坊 763 间，染缸、染锅 710 口，电力染机 12

① 辽宁省地方志编纂委员会办公室．辽宁省志·纺织工业志［M］．沈阳：辽宁民族出版社，2001：3.

② 辽宁省地方志编纂委员会办公室．辽宁省志·纺织工业志［M］．沈阳：辽宁民族出版社，2001：4.

台，从业人员 872 人，月染布 2748 匹、染线 217 件。其中，有代表性的印染企业有兴茂厚染色工厂、奉天染色工厂、老九华洗染业、俊美洗染业、东兴帆布染色公司、老彩华洗染业等。安东当时有染色工厂 32 家（其中棉印染机械加工厂 10 家），月染布 5616 匹。因有利可图，日资大肆进入辽宁印染工业。1933 年和 1936 年，日资先后开办康德染色株式会社和满蒙染织株式会社。当时，满洲纺绩株式会社、营口纺绩株式会社、内外棉金州支店、德和纺染色厂、东棉纺绩株式会社 5 个纺织厂内均设有染色工场。东棉纺绩株式会社染色工场是东北地区最大、设备最好的印染工场，有染缸 21 台、印花机 4 台。1941 年，日伪当局颁布《纤维及纤维制品统制法》，组成了安东、奉天、关东州、新京、哈尔滨 5 个机械染色组合，在纤维联合会指导下生产，由于任务不足，1942 年纷纷倒闭。

1945 年日本投降后，辽河近代印染工业文化曾一度发展较快，如沈阳，印染工业企业曾发展到 49 家。但由于蒋介石当局发动内战，致印染企业纷纷停产甚至倒闭。辽宁地区的工业设备、厂房，因 1945—1946 年遭到严重损坏，整个印染工业生产处于停产或半停产状态。1948 年年末东北解放时，辽宁印染工业已是奄奄一息。

3. 辽河近代丝绸工业文化的变化

20 世纪二三十年代，辽河近代丝绸工业文化发展迅速。1923 年，辽宁地区有丝绸工业企业单位 124 家，拥有缫丝机 3.06 万台，年产丝 1650 吨。至 1934 年，丝年产量增加到 2914 吨。随着缫丝业的发展，辽河近代丝绸工业文化也发展起来。日本殖民者为了控制和垄断辽宁地区丝绸工业，1929 年 8 月成立满洲柞蚕株式会社，并在奉天、安东等地开办分社，在凤城、岫岩、庄河、复县（今辽宁省瓦房店市）、盖平、海城、西丰等地设立出张所。伪满洲柞蚕株式会社为加强经济统制，对茧农压低价格，织造收购；对茧、丝实行配给；对缫丝、织绸业者强行派购，不按合同交售者视为“反满抗日”，予以治罪。因此，导致柞蚕养殖面积缩小，民营缫丝厂、丝栈纷纷倒闭，严重影响了辽河近代丝绸工业文化的发展。

九一八事变后，日资大量侵入辽宁丝绸工业。1937 年，在复县松树镇建立缫丝工厂，设缫丝机 320 台，年产丝 18 吨；1939 年，又增设丝绸机 20 台，生产一六绸。同年，在安东设立柞蚕工业株式会社，有织绸机 500 台，年产丝绸、哔叽料 3.30 万匹。1940 年，在安东五龙背设立伪满洲人造毛株式会社，有毛皮机 20 台，以柞蚕丝为原料，年产毛皮 6 万米；在海城设立兴亚制丝株式会社，安装水缫机 7 台，并设有织绸部、针织部，年产丝 56 吨、茧绸 1.70 万米、丝袜 4.50 万打。1942 年，在抚顺设立伪满洲蚕业株式会社，翌年在凤城设立柞蚕兴业株式会社。1944 年日本人经营的六大柞蚕丝工厂是：安东满洲纺绩株式会社、盖平东亚制线株式会社、凤城满洲柞蚕株式会社、安东柞蚕工业株式会社、五龙背满洲人造毛皮株式会社、奉天东亚织毛工业株式会社，资本金总额为 1525 万元，职工总数为 1126 人，拥有设备：绢纺机为 5700 锭、自动毛纺机为 3600 台、织机为 606 台；产品产量：柞蚕丝为 42.70 吨、绢绸为 10530 匹、人造毛皮为 6380 平方米①。至 1945 年 7 月，安东、奉天、营口、大连共有中国人经营的丝绸工厂 21 家，织绸机 1879 台，年产丝 53.50 万吨，其中柞蚕丝绸 9.66 万吨②。

1945 年 8 月日本投降后，由于内战，辽宁蚕业生产下降，辽河近代丝绸工业文化受到影响。1947 年，辽宁地区仅产柞蚕茧 600 万粒（折合 840 担），缫丝、丝绸厂大部分停产，少数形式企业也是时开时停。如，安东第一织绸厂 1947 年开织绸机 10 台，

① 辽宁省统计局. 辽宁工业百年史料，辽新内资字（2003）第 14 号 [R]. 沈阳：辽宁省统计局印，2003：464.

② 辽宁省地方志编纂办公室. 辽宁省志·纺织工业志 [M]. 沈阳：辽宁民族出版社，1999：116.

后增开至58台；安东第二织绸厂1947年8月开工，开织绸机30台；复县松树织绸厂1946年仅开织绸机12台，1947年7月复工，开织绸机15台；海城兴亚制丝会社1947年1月仅开精纺机2～3台，1948年6月改称东北第一丝织厂，开柞纺机8台、副纹机4台、梳纹机2台、丝绸机18台。原满洲人造毛皮株式会社1946年被蒋介石当局接收后，7月仅产毛皮2000码。1948年6月中国共产党派军队接收后，改称东北第一丝织厂毛皮分厂，月产毛皮1.10万码①，比1946年增加4.50倍。

4. 辽河近代毛纺织工业文化的变化

1918年，由日本东洋拓殖株式会社和满铁公司投资1万元创办的奉天满蒙毛绩株式会社于1922年建成投产，有老式毛纺锭5000锭、织机160台，主要生产毛线、毛织品和贩卖羊毛及其他兽皮、兽毛等。这是辽河近代毛纺织工业文化兴起之端。1931年，关东州和满铁附属地有毛纺织企业3家，资本金额为196.60万元，其中日本人经营的有2家，资本金额为196.50万元，生产总额为91.20万元。

日本殖民统治时期，辽宁地区有毛织厂6家，主要的有奉天满蒙毛织株式会社。1933年生产情况开始好转，增资到100万元，此后资本金逐年增加：1934年增加到250万元；1936年增加到550万元；1937年增加到1000万元；1941年增加到2000万元；1943年增加到3000万元，实缴资本金额为2250万元，同年资本金额又增加到8000万元，实缴资本金额为4250万元；1944年，使用资本金额达到23270万元。至此，该会社形成规模庞大的毛织工厂，其产品占领了远东各地。1945年7月，辽宁境内有主要毛纺织厂4家，拥有设备：梳毛纺锭为9306枚、纺毛纺锭为8070枚、毛织机为402台，占东北地区毛纺锭总数的88%。1948年8

① 辽宁省地方志编纂办公室. 辽宁省志·纺织工业志［M］. 沈阳：辽宁民族出版社，1999：116.

月 15 日日本投降后，蒋介石当局将住江织物株式会社、满洲制绒所和东棉纺绩株式会社的毛纺织部分均合并于满蒙毛织株式会社，改称联合勤务总司令部沈阳被服总厂制呢厂。1948 年东北解放后，辽宁仅有沈阳毛织厂（原满蒙毛织株式会社）①。

5. 辽河近代针织工业文化的变化

辽河近代针织工业文化的兴起于 20 世纪初，主要分布在奉天、大连地区。奉天相对集中，主要是生产袜、毛绳衣、针织内衣、手套的作坊和工场。至 1917 年，奉天有针织手工作坊 470 户，从业者为 1845 人，户均 3～9 人。其次是营口，1915 年，营口有袜机 280 台。为研究改进技术，促进同业发展，1918 年奉天的针织手工作坊业主联合组织了针织行。20 世纪 20 年代，辽河近代针织工业文化有了发展。1921 年，在奉天、安东出现针织机械工厂，织袜机由过去依靠进口转为由本省生产，产品销往全东北。1925 年，营口织袜作坊发展到 120 户，年产袜子 26 万打。

九一八事变后，辽河近代针织工业文化进一步发展。1933 年，奉天有织袜手工作坊 46 家，袜机有 263 台，每天生产袜子 1019 打。1935 年，日资在奉天创办专门生产内衣的近代针织工场——恭泰莫大小株式会社。1938 年，是辽河近代针织工业文化最盛年份，奉天有针织个体工业者 200 户，从业人员为 700 人；工场手工业者为 100 户，从业人员为 1500 人，年产袜子 100 万打。1939 年 10 月，奉天协和染色株式会社投产，该厂以染色为主，并设有 93 台袜机，年产袜子 8.30 万打。1939 年 3 月，日伪当局公布了“原棉、棉制品统制法”，成立针织工业组合，规定有 100 台机器的业户方能参加组合，个体针织手工业者和较小的针织工场被迫停产或转业。到 1945 年 7 月，辽宁境内安东、营口、大连、奉天 4 个棉线针织组合有 252 家工场，职工为 2898 人，织袜机为

① 辽宁省地方志编纂办公室. 辽宁省志·纺织工业志［M］. 沈阳：辽宁民族出版社，2001：147.

11002台，其中电力袜机1071台，年产军用袜子1824.90万打，还生产部分手套；丝针织组合有工场63家，职工为979人，织袜机为3840台，年产丝袜280万打①。

1945年日本投降后，辽宁地区针织工业作坊一度恢复。如，沈阳当时有个体工业300户，从业人员有1000人；工场手工业有70户，从业人员有700人。但由于蒋介石当局发动内战，物价飞涨，原料供应不足，这些针织作坊纷纷倒闭。到1948年10月，仅剩37家针织工厂，但因原料短缺也处于停工状态。

6. 辽河近代复制工业文化的变化

辽河近代复制工业文化主要包括毛巾与床单制造业文化形态和类型，是辽河近代纺织工业文化的组成部分。辽河近代复制工业文化兴起较晚，其发展规模相对较小、基础较差。1918年，据奉天省农商统计表记载，全省年产毛巾3.55万方码（条），制造户数24家，职工96人。

辽河近代复制工业文化主要分布在营口等地。1931年，营口生产毛巾的工厂有11家，织机约100台，其中广发成、永发合两家工厂年产毛巾1.30万打，其余各厂年产量2000～3000打。

1931年九一八事变后，日本实行殖民统治，辽河近代复制工业文化发展十分艰难。至1934年，东北地区共有毛巾工场44家，年产毛巾22.48万打，其中奉天有毛巾工场26家，年产毛巾12.08万打；安东有毛巾工场10家，年产毛巾3.90万打。1936年，奉天、营口、安东地区有毛巾织机133台，全部为足踏手织机。据满洲电业株式会社计划室统计，1944年9月，伪满洲国年产毛巾能力为245.01万平方码，关东州（大连地区）为3.33万平方码，共计248.33万平方码，折合毛巾52.84万打。

抗日战争胜利后，由于蒋介石当局发动内战，辽河近代复制

① 辽宁省地方志编纂办公室．辽宁省志·纺织工业志［M］．沈阳：辽宁民族出版社，2001：187.

工业文化发展受到影响，毛巾产量急剧下降。1948 年，大连纺织厂有 58 台毛巾织机，沈阳接收的 40 台毛巾织机中有手拉换梭毛巾机 6 台、铁轮脚踏织机 34 台。当时，毛巾行业染纱、浆纱、漂练及毛巾后处理工艺较落后，均用缸棒生产，自然晾干，工人劳动强度大，生产效率低，产品质量差。床单生产亦存在类似情况。20 世纪 20 年代，床单织厂使用木制手拉脚踏人力织机。20 世纪 20 年代末期，少数工场使用电力传动的铁木织机进行生产。

7. 辽河近代纺织机械器材工业文化的变化

辽河近代纺织机械器材工业文化兴起和发展在 19 世纪 70 年代至 20 世纪初期，主要分布在手工纺织起步较早的营口、大连和安东地区。

日俄战争后，日本产业资本家趁机向中国东北地区大量倾销工业品，并大肆挤压东北市场、资源。从此，近代纺织机械从国外进入东北地区，客观上促进了辽河近代纺织机械器材工业文化的发展。当时，主要分布在奉天、安东地区。奉天、安东主要制造简易袜机、织布机、染色机和相应配件。

九一八事变后，东北地区陷入日本殖民统治，日资凭借日本军国主义侵略势力，陆续在东北开办纺织工场和纺织机械制造工场。据辽宁省档案馆资料记载，1940 年，东北地区共有铁工厂和纺机工场 96 个，其中辽宁地区 77 个；纺织器材工场 4 个，其中辽宁地区 3 个。上述工场主要生产捻线机、织布机、染色机、针织机和配件以及木纱管等产品，工场规模一般为 4～6 人，最大的成记针厂为 113 人。

1948 年 11 月东北地区解放，纺织厂陆续恢复生产，急需大量机配件。但 1949 年中华人民共和国成立前，辽宁地区只有 14 家私营小型铁工厂制造纺织机械、配件，只能依赖国外进口和上海等地供应，因而严重制约了辽河近代纺织工业文化的发展。

五　民国晚期辽河近代化学工业文化发展状况

辽河近代化学工业文化兴起于 20 世纪初。1905 年日俄战争后，日本取代了沙俄在辽宁地区的统治地位，继开办煤炭、炼铁工业后，南满株式会社开办了化学工业，相继建立了鞍山制铁所附产物工场、抚顺炼油工厂、南满瓦斯株式会社、满铁本溪湖工厂和大和染料工厂，这些株式会社为辽宁现代化学工业的滥觞。1919 年后，奉天省官僚资本建立了奉天兵工厂火药厂，开启了民族化学工业的序幕。化学工业刚刚起步，多是些手工业作坊，在辽南、辽东地区还有一些零星的硫铁矿企业。当时，辽宁境内化工企业单位仅有 23 家，可见辽河近代化学工业文化并不发达。1931—1945 年，在日本殖民统治下，辽河化学工业文化主要服从于日本侵略战争。此期间，辽宁化学工业以沈阳、旅大、抚顺、本溪、鞍山为重点，逐步向锦州、锦西、辽阳、营口、安东、开原等铁路沿线城市扩展，投资兴建 72 家化工企业，其中有化肥回收企业 5 家、农药生产企业 3 家、纯碱生产企业 1 家、氯氨生产企业 2 家、染料生产企业 1 家、涂料生产企业 10 家、火工生产企业 1 家、硫酸生产企业 3 家、助剂生产企业 1 家、无机盐生产企业 6 家、矿山企业 1 家、橡胶加工企业 30 家、酒精生产企业 5 家、甘油生产企业 3 家。这些企业形成了辽宁近代化学工业的雏形。1943 年，化工产品最高年产烧碱 5327 吨、浓硫酸 3122 吨、硫铵 50800 吨、纯苯 1580 吨、硝酸 50667 吨、硝铵 56260 吨①。1941 年用胶量最高达 5000 吨，年产胶鞋 2000 万双、汽车轮胎 5 万条、大车轮胎 2000 条、实心轮带 2 万条、自行车胎 45 万条、三角带 240 万 A 米、工业用品 300 吨、农业用品 200 吨、医疗用品 50 吨。

① 辽宁省地方志编纂办公室．辽宁省志·化学工业志［M］．沈阳：辽宁科学技术出版社，1999：3.

日本殖民统治时期，疯狂掠夺辽宁地区化学工业资源。如1935—1944年，仅从大连化学公司就掠走化学工业资源：硫酸58.02万吨、硫铵115.39万吨、硝酸5.07万吨、硝铵5.63万吨。1945年8月日本投降，由于战争破坏，加上人为拆解部分工厂设备，辽宁原本落后的化学工业生产能力损失达60%～70%。至1949年，辽宁全省化学工业企业只有26家，主要化学工业产品产量仅相当于1943年产品最高产量的50%左右。可见，这一时期辽河代化学工业文化发展处于十分艰难境地。

六　民国晚期辽河近代医药建材工业文化发展状况

辽宁地区具有丰富的药材资源和建材资源，为医药工业和建材工业的发展提供了基础原料，因而医药工业与建材工业发展成为辽宁重要的工业门类。辽河近代医药工业文化和建材工业文化是辽河近代工业文化的重要组成部分。

（一）辽河近代医药工业文化的变化

1. 辽河近代中成药工业文化的变化

辽宁地区由于其独特的地理位置，复杂多变的地形、地貌及气候条件，形成了资源门类齐全、种类繁多的中医药资源。辽宁地产具有代表性的药材主要品种有人参、五味、细辛、鹿茸、党参、黄柏、马兜铃、藁本、关升麻、柴胡、黄芩、远志、桔梗、枣仁、薏苡、小茴香等；大宗药材有人参、五味、细辛、黄芪、桔梗、甘草、枣仁、麻黄、知母、柴胡、威灵仙、黄芩、远志、苍术、白薇、山楂、草乌、丹参、苦杏仁、郁李仁、鹿茸等。国家重点保护的47种野生药材在辽宁地区的分布：一级有豹、梅花鹿；二级有甘草、熊、山参、黄柏；三级有秦艽、射干、紫草、五味子、蔓荆子、北细辛、刺五加、黄芩、桔梗、猪苓、龙胆草、防风、远志、知母、全蝎、蟾酥、林蛙。据对149种常用野生动植物药材蕴藏量统计，总蕴藏量为15.87万吨，其中100万公斤以上的有玉竹、桔梗、柴胡、知母、威灵仙等42种；50万～100

万公斤的有五味子、甘草、紫花地丁等 19 种；10 万～50 万公斤的有龙胆、柴草、马兜铃、细辛等 40 种；1 万～10 万公斤的有射干、银柴胡、全蝎等 30 种；1 万公斤以下的有 18 种。这些为辽河近代医药工业文化发展提供了充足的资源。

辽宁近代中医药工业文化始兴于 20 世纪初。兴起初期，辽宁中药饮片加工和中成药生产均由药店自己加工，基本上为手工作坊式生产，生产规模较小，没有专门的中药厂生产。民国前期，即 1911—1931 年，辽宁地区中成药生产一度繁荣，当时辽宁地区有 1000 余家中药房，有 40%左右都是自己生产中成药。辽宁的中成药生产工艺比较原始，大多是人工切片、人工炮制，中成药工业相当薄弱，生产起伏较大，如 1929 年，关东州以及“满铁”附属地的药品（含化学药品和中成药）工业生产额为 165.20 万元，1930 年增加到 290.90 万元，1931 年又下降到 264.30 万元。直至 1920 年，一些中成药坊才开始安装电碾子、电罗等机械设备，并自己发电，如铁岭义和堂药店的制药厂；奉天天益堂药房安装了电力切药片、电碾子、电磨，增设了干燥炉等。这不仅提高了生产力，还保证了药物质量。九一八事变后，东北陷入日本殖民统治。由于日本残酷地摧残中国民族工业，实行经济统制，成立满蒙汉药株式会社和满蒙汉药输入统制组合，将“中药同业公会”强行改为“汉药小卖配给组合”，对中药实行配给制，并实施“价格临时措施法”，冻结物价，对中药生产进行垄断和控制，使大批中药房关闭，停止了中成药生产。1945 年日本投降后，蒋介石当局发动内战，并实行对经济、药品封锁，物价上涨，多数中药房无法恢复生产，仅存的一些中药房也只是勉强维持生产。

2. 辽河近代化学制药工业文化的变化

辽河近代化学制药工业文化兴起于 20 世纪 20 年代。1923 年，日本人鹤原邻次郎将在奉天开办的鹤原药房改建成鹤原制药株式会社，主要生产由麻黄制取祛痰新药——阿斯麻脱尔及各种注射液、片剂、酊水剂、软膏等制剂药品。1925 年，日本人又在大连开办三共药品贩卖株式会社和乾卯株式会社（附制药部）。这些日资企业的开办，客观上推进了辽河近代化学制药工业文化的发展。

1931 年九一八事变后，日本武力占领东北。为掠夺中国的物资资源，日本人在辽宁地区开办工厂，为其扩张侵略战争服务。这一时期，一些日本人趁机在辽宁地区开办一批化学制药工业，如日资在沈阳、大连开办制药企业就有 43 余家。其中：沈阳有武田药品工业株式会社、田边药品株式会社、盐野义制药株式会社、藤泽制药厂、鹤原制药株式会社等 23 家；大连有三共药品贩卖株式会社等 20 家。因而，辽河近代化学制药工业文化具有典型的殖民地特点。日资开办的这些化学制药企业多数生产制剂，将日本生产的化学制药原料运至辽宁地区经过分装或简单加工制成成品药，40％～60％供应侵华日军使用，25％供应给其扶植的“满洲国”傀儡政府使用，其余为民用。这一时期，只有少数企业生产 10 余种原料药，规模小，产品单一，产量不大。辽河近代医药工业文化主要分布在日本租界地——关东州以及满铁附属地。1932—1938 年，关东州及满铁附属地药品（含化学药品和中成药）生产值完成情况：1932 年药品工业生产值为 189.90 万元，1933 年为 244.90 万元，1934 年为 232.80 万元，1935 年为 460.20 万元，1936 年为 1523.40 万元，1937 年为 1204.70 万元，1938 年为 1290.80 万元。

1945 年日本投降后，日本人经营的各药厂均停业。1946 年 1 月蒋介石当局接管沈阳后，接管武田药品工业株式会社、盐野义制药株式会社等企业，并成立国民党卫生署中央生物化学制药实验处东北制药实验厂，下设 4 个分厂，即原武田药品工业株式会社为第一分厂，原第一制药株式会社为第二分厂，原田边药品株式会社为第三分厂，原鹤原制药株式会社为第四分厂。因受战争影响，各厂未能正常生产。在大连，日本投降后，东北民主联军接收了三共药品贩卖株式会社，成立了大连三三化学制药厂，隶属于东北民主联军卫生部，生产针剂、片剂、软膏等制剂，供应东北和南下各部队。1949 年划归地方后，与大生化学厂、黎明卫生材料厂、双东医疗器械厂一起并入沈阳东北化学制药厂。

（二）辽河近代建材工业文化的变化

辽宁近代建材工业文化始兴于 19 世纪末 20 世纪初。甲午战争，特别是 1905 年日俄战争后，日本攫取了沙俄在辽宁地区的权益。出于侵华战争和掠夺中国资源的目的，日本一些财团纷纷到辽宁地区办厂，他们利用辽宁地区丰富的矿藏资源、能源资源、人力资源和交通条件，兴办水泥厂、玻璃厂、砖瓦厂、非金属矿等建材工业企业，对辽宁实行经济侵略；辽宁境内的民族资本家为与日本企业抗争，也兴办了一些建材工业企业。这些企业采取机器生产，从而形成了近代建材工业文化。1903 年，日本在营口市郊建成 18 门轮窑 1 座，日产黏土砖 3 万块。之后，又有日本人在辽宁地区建砖窑数十座，采用机器生产砖。中国民族资本也投资兴办窑 100 余座，生产青砖、红砖、瓦、日本瓦、洋灰瓦及花砖等。这一时期，辽宁窑业文化达到极盛。至 1943 年，辽宁境内有回转窑 18 座，其中干法窑 16 座、湿法窑 1 座、半干法窑 1 座；原料磨 25 台，水泥磨 25 台。

1. 辽河近代水泥工业文化的变化

1907 年，日本小野田洋灰制造株式会社在大连建成洋灰厂；1924 年，又建鞍山制铁所高炉矿渣水泥厂；1926 年，建泉头水泥厂；1941 年，建小屯水泥厂，统属日本兴办的大连洋灰厂。同时，日本满铁株式会社、大同株式会社、盘城株式会社等先后建抚顺水泥厂、本溪水泥厂、辽阳水泥厂、锦西水泥厂、工源水泥厂、安东水泥厂。至 1944 年，日本在辽宁建立 10 多个水泥厂。据 1944 年伪满洲国水泥工场一览表所列数据计算，1943 年辽宁地区有转窑 18 座，其中干法窑 16 座、湿法窑和半干法窑各 1 座；原料磨和水泥磨各 25 台，余热发电机组为 6 套；生产能力为 164 万吨，实际产量为 123.30 万吨。

2. 辽河近代玻璃工业文化的变化

辽河近代玻璃工业文化于1922年始兴，由日本满铁株式会社和旭硝子株式会社合资组建满洲昌光硝子株式会社大连工场，于1925年建成投产，初期采取拔筒法，后改为垂直引上法生产。1937年，满洲昌光株式会社又建奉天昌光硝子工场，1930年建成投产。至1943年，以上两个工场的生产能力为93.76万重量箱，各46.88万重量箱，实际产量为84.94万重量箱，占当时全国总产量的70%。

3. 辽河近代非金属矿工业文化的变化

非金属矿工业形态和类型主要包括滑石、苦土、石棉、黏土、陶土、瓷土等。1914年，日本人在海城开采滑石，年产300吨，90%销往日本；1919年，奉系军阀组建大岭滑石矿业公司，有直井两口、斜井两口，日产能力为50吨，所采滑石全部销往欧美各国。据统计，1931年辽宁境内有滑石矿点58处，年产滑石1万余吨。日本人于1914年开办华津矿业公司、白川洋行，开采菱镁矿。1931年，辽宁境内有菱镁矿点38处，年产量为4万吨，占当时世界产量的10%。日本人于1914年在金州小珠山开采石棉矿，年产量近百吨，岫岩、锦西、海城、辽阳、凌源、朝阳等地亦有石棉矿点。在此期间，开采的还有黏土、陶土、瓷土、白云石、大理石、石膏、印版石、砂岩、水晶等。这一时期，辽河近现代非金属矿工业文化具有典型的殖民地特性。

1945年日本投降后，辽宁境内除旅大地区外，其他地区非金属矿工业企业由民国政府资源委员会接收。由于日本投降前的蓄意破坏和蒋介石当局发动内战，辽宁境内大部分非金属矿工业企业陷入停产。据调查，1949年辽宁地区非金属矿工业企业有205家，其中国家资本企业有25家，总产值为2000万元，水泥产量仅有26.40万吨。这一时期，辽河近代非金属矿工业文化发展严重滞缓。

第四节　民国晚期辽河近代金融商贸城建交通通信文化发展状况

随着农业、工业经济的发展，辽河近代金融文化、商贸文化、城建文化、交通文化、通信文化也随之发展起来。

一　民国晚期辽河近代金融文化的变化

辽河金融文化源远流长。辽河近代金融文化在半殖民半封建社会的桎梏下缓慢发展。1840 年鸦片战争后，资本主义列强纷纷侵入中国，辽宁沦为半封建半殖民地。1958 年，营口开为商埠，原来工商业并不十分发达的营口一跃成为东北地区的商业和金融中心，也成为外国资本主义掠夺我国财富和资源的桥头堡。随着经贸兴起，通货需要量剧增，不少钱庄、当铺和商号私出“凭帖”行于市面，是为辽河近代金融文化之滥觞。凭帖行用日久，渐有滥发之势，加之利息过高，信用渐失，商民不愿接受。于是，营口一些银户凭借自身信用，曾发行一种过码炉银即“过炉银”接济市面，对稳定金融市场、开发经济，进而推进辽河近代金融文化健康发展，发挥了重要作用。

甲午战争后日本侵入辽宁。1895 年 11 月，由沙俄主持，俄、法、中共同出资成立华俄道胜银行（以下简称“道胜银行”）；1896 年 5 月，沙俄又迫使清政府同意其修建中东铁路，道胜银行乘机大量发行羌帖，并通过发放贷款直接参与经营土地、林业和矿业买卖。羌帖一度成为东北地区金融的最大势力，凡欧亚之间的银行往来，全部以羌帖为媒介，中东铁路沿线流通的泉货几乎全是羌帖。1897—1900 年，沙俄在营口、旅大、奉天共设立金融机构 6 处。其间，日本在辽宁境内设立了日本横滨正金银行（以下简称“正金银行”）营口支店（行），发行银支票（又称“日洋”)、军用手票和正金钞票（或称“正钞”“金钞”），与沙俄金融势力抗衡。不久，日本在安东设立朝鲜银行，配合正金银行同沙俄金融势力进行斗争。日俄战争后，日本从沙俄手中攫取了其在辽宁地区的所有权益，正金银行发行的日洋、军用手票和金钞，迅速占领辽宁金融市场，仅军用手票在日俄战争当年就发行了2500万元，发行量最高额达1.90亿元①，成为辽宁金融市场的新霸主，垄断了辽宁经济与金融市场。日俄在辽宁地区的较量，客观上推进了辽河近代金融文化的发展。此期，清政府及奉天省当局，亦开办官银行号，发展民族金融事业。1894—1911年，先后设立22个官帖局、1个官钱局，发行官帖，废除私帖，易银票为钱票；设立了4个国家银行的分行和1个官银号，吸收存款，发放贷款，汇划款项，发行纸币，为社会经济发展融通资金，为官府扩大资金来源；还增设机器局、银元局和造币厂，制造金属货币，供应市场。中国的过炉银、沙俄的羌帖与日本的日钞，曾经形成三足鼎立之势。此时，官办金融业与民营金融业一直共同抗击帝国主义的侵略势力，从而使辽宁地区的经济和金融均获得发展，因而辽河近代金融文化一片繁荣。

民国前期，在第一次世界大战期间，伴随辽宁地区农业、工业和交通运输业的发展，辽河近代金融文化一度比较兴旺。至1919年，辽宁地区相继建立了许多金融机构，其中规模较大的有东三省官银号、奉天兴业银行等十余家银行和储蓄会。此外，还有保险业、典当业也日渐增多，但私帖与屯帖则只能用于特定的范围。由于军阀混战，辽河近代金融文化由繁盛转向衰落。此期，日本帝国主义乘欧战之隙，加快对辽宁地区掠夺的步伐，在鞍山、抚顺、本溪和安东等地开矿办厂掠夺资源的同时，也加紧了对金融业的掠夺。当时，在大连的进出口贸易中，日本曾强行使用日

① 辽宁省地方志编纂委员会办公室．辽宁省志·金融志［M］．沈阳：辽宁科学技术出版社，1996：4.

本正钞和日金，中国的各种货币对外根本没有行市。特别是因军阀混战，奉天省当局经常向各行号挪借款项，导致奉票贬值。日本乘机同不法中国投机钱商勾结，掀起挤兑风潮，引起市场恐慌，给辽河近代金融文化发展造成重大损害。1930年，东北政务委员会颁布《保险公司暂行章程》，旨在加强对外资保险业的管理。

1931年九一八事变爆发，辽宁近代金融文化陷入日本殖民统治时期。辽宁地区金融业在日本殖民统治期间，成为日本掠夺辽宁经济与资源的工具。九一八事变的第二天，日军占领了东三省官银号等主要行号。1932年6月15日，又将东三省官银号、东北边业银行、吉林永衡官银号和黑龙江省官银号吞并，在辽宁组成伪满洲国中央银行奉天分行。同年，实行统制货币政策，强制发行不兑现的伪满中央银行币，并限期压价收兑市场流通的各种货币。1935年，实行伪满币与日本币比值等价，开始向“日本经济一体化”迈步。1937年七七事变后，日本发动全面侵华战争，为筹措军费，日本在辽宁地区组成了以正金银行、东洋拓殖株式会社为后台，以伪满洲国中央银行、兴业银行、兴农金库、生命保险和大兴公司在辽宁的分支机构为主体的殖民地金融体系。日伪两股金融势力以“金融统制”的名义，一方面对欧美等国开办的银行（公司）进行排挤，威逼其停业或撤离；一方面对华资民族银行、典当行、钱庄以及保险业进行所谓的“整顿”，强迫其合并或关闭。1931—1945年，辽宁金融市场和经济命脉完全被日本所垄断，辽河近代金融文化发展完全被日本钳制。如九一八事变前，辽宁地区有普通银行3家，实有资本金额洋元为2858万元；1937年，虽增至26家，但实有资本金额却减少至958万元（伪币）；至1945年日本投降时，仅剩下6家①。七七事变后，日伪对辽宁实行“战时统制经济”，从城市到农村强行开展所谓“国民储蓄运

① 辽宁省地方志编纂委员会办公室. 辽宁省志·金融志［M］. 沈阳：辽宁科学技术出版社，1996：5.

动”，强制城乡居民购买各种“储蓄券”“公债券”，同时还巧立名目，以“组织银行协会、共同融资团”的名义，把各银行、当铺、钱庄和保险公司的资金集中起来，一部分直接用作侵华战争军费，另一部分以垄断放款和外汇的方式，转手投向军工企业，生产军用物资，使辽宁的金融业为日本侵华战争服务。因此，这一时期辽河近代金融文化具有殖民主义色彩。

1945 年 8 月日本投降后，辽河近代金融文化发展呈现十分复杂的局面。在国统区，1946 年 3 月，蒋介石当局派军抢占了沈阳、辽阳、抚顺、鞍山和铁岭等大部分城市，接收日伪银行和保险公司等金融机构，并在辽宁先后成立了“四行二局一库”① 和保险公司的分支机构。到 1948 年 5 月，累计发行“东北九省流通券”1 万万亿元。同年 8 月，又发行“金元券”代替东北九省流通券和法币，导致通货膨胀，货币极度贬值，金融市场一片混乱。后来，蒋介石当局虽采取一些稳定措施，但亦未能挽救其通货膨胀金融市场崩溃的败局。

在解放区，在中国共产党的正确领导下，人民解放区的金融业由小到大，由分散到统一，日趋活跃，一片欣欣向荣的景象。1945 年 10 月，中共东北局决定在接收官僚资本银行的基础上于沈阳成立东北银行总行，在新民县（今辽宁省新民市）建立印钞厂；11 月 12 日，东北银行对外营业，代理国库，并以国库担保，发行“东北地方法币”；同月 26 日，由于形势变化，东北银行总行撤出沈阳，先后迁至通化、佳木斯和哈尔滨等地。1946 年 3 月，东北财经会议规定，东北银行发行“东北地方流通券”行用东北全境；为了适应各解放区比较分散的特点，允许各解放区分别建立地方银行，发行 10 元以下小票在区内流通。同年，辽东解放区成立东北银行辽东省分行、东北银行安东省分行和辽宁分行，发行“辽

① “四行二局一库”即中央银行、中国银行、交通银行、中国农民银行；中央信托局、邮政储金汇业局；中央合作金库。

东地区流通券”，在辽东、辽南一带流通，后来扩大到通化附近。同年 1 月，辽北解放区成立了东北银行辽西分行（次年 2 月改为辽北省分行），发行“辽西地方流通券”；同年 7 月，旅大解放区成立了大连银行（次年改为关东银行），发行“关东券”。1948 年 11 月东北解放后，东北银行总行于 12 月迁回沈阳，此后除关东银行外，各解放区地方银行统一归东北银行总行领导。东北银行及其各解放区地区地方银行，对于曾在国统区流通的各种货币以及伪币等，采取不同的政策和方法进行取缔、驱逐和收兑，最终以东北地方流通券统一了东北全境的货币市场，为辽河近代金融文化的发展创造了条件。从此以后，辽宁地区各行还通过大力开展存、放、汇业务，为支援辽宁乃至全国的解放战争、医治战争创伤、制止通货膨胀、稳定金融市场发挥了重要作用。

二　民国晚期辽河近代商贸文化的变化

辽宁商业历史悠久，辽河古代商贸文化较为发达。

辽河近代商贸文化兴起于 19 世纪五六十年代。1840 年鸦片战争后，特别是 1861 年营口正式开埠以后，继英国商业资本侵入辽宁地区之后，美国、法国、德国、俄国、日本、荷兰、挪威、瑞典、丹麦等国商人纷至沓来。营口成为东北贸易中心，辽河近代商业文化倍加繁荣。

民国前期，19 世纪末 20 世纪初，随着外国商业资本侵入，洋货倾销充斥辽宁市场。外商在倾销洋货过程中，大肆掠夺辽宁乃至东北地区的资源和土特产品。1901 年清政府被迫签订《辛丑条约》后，辽宁完全沦为半殖民地半封建社会，经济命脉完全被外国资本主义国家所控制。如 1903 年，沙俄控制了大连地区的经济命脉；1905 年日俄战争后，日本从沙俄手中夺取了在辽东半岛的全部权益，控制了大连乃至辽宁地区的经济命脉。1906 年，日本宣布大连为自由贸易港，东北贸易中心由营口转向大连。1907 年，日本在辽阳、铁岭、海城、开原、抚顺、苏家屯等地开设租界；同年，安东、大东港被迫开港，日本对中国的侵略日益加重。此间，日本、美国、英国、法国、德国、瑞典、荷兰、俄国等国的商社和商人纷纷迁至商埠地、附属地，凭借不平等条约规定的特权，开设洋行买办，掠夺原料，倾销洋货。这一时期，辽河近代商贸文化发展带有殖民主义色彩。

民国前期，日本乘欧洲各国忙于第一次世界大战之机，加紧对中国的经济侵略。日本商业资本、贸易资本与军事势力相勾结，垄断了整个辽宁市场。第一次世界大战结束后，日、美、英、德等国再次展开对东北市场的争夺，竞相扩大对辽宁的贸易规模。1929 年，大连、营口、安东三港的输入总额达 3.11 亿海关两，比上年增加 15%；输出总额为 3.79 亿海关两，比上年增加 8.96%。1930 年，日本在关东州和满铁附属地的各类商业公司由 1907 年的两家增加到 640 家。这一时期，辽河近代对外贸易文化发展较快。1912 年出口额为 3177 万海关两，至 1929 年增加到 28000 万海关两，增加 7.81 倍；1912 年进口额为 3897 万海关两，至 1929 年增加到 19060 万海关两，增加 4.03 倍。出口商品约 300 多种，主要以粮油、五金矿产为主，其中粮油类出口额（1919—1930 年）占出口总额的 51.60%～75.90%；生铁、原煤出口额（1927—1931 年）占出口总额的 11%～14%。

日本殖民统治时期，辽河近代商业文化在日本殖民统治的桎梏下曲折发展。1932 年伪满洲国公布了《“满洲国”经济建设纲要》，对商业等经济部门实行统制，对来自关内的商品征收进口税，以打击中国民族商业及保护日本商品的倾销。此间，日本在辽宁地区的职业人员达 20.22 万人，其中从事商业的为 5.07 万人。1934 年，日伪当局公布了“中央批准市场法”“石油专卖法”；1936 年，公布了“贸易紧急统制法”“火柴专卖法”“盐专卖法”；1937 年，公布了“商人通法”“公司法”“支票法”“运输法”“海商法”“商工公会法”“重要特产品国营检查法”“重要产业统制法”“棉花统制法”“贸易统制法”“酒精专卖法”；1940

年，公布了“物价物资统制法”；1941 年公布了“纤维及纤维制品统制法”；1943 年，公布了“物品贩卖统制法”“账册票制配给统制规则”“布业统制法”和修改了“商工公会法”等有关商业法规，对辽宁经济实施全面统制，致民族批发商被迫停业，少数转为零售；部分民族零售商被淘汰，部分保留下来的则成为日伪“组合”辅助“配给店”。如，当时沈阳最大的吉顺丝房已无货可卖，整个市场日趋萧条，物价飞涨，民不聊生。这一时期，辽河近代商贸文化发展殖民主义色彩浓厚。这一时期，日本对辽宁经济实行全方位配给和全面统制政策，疯狂掠夺辽宁资源性产品，同时向辽宁市场大量倾销洋货，日本成为辽宁地区最大的商品进出口国。辽宁地区出口总额（1933—1935 年）为 126446.10 万元（伪满洲国币），其中出口到日本的为 52719.10 万元，占 3 年出口总额的 41.69%。出口商品主要是粮油，占出口比重的 76.85%～89.34%，其次是矿产资源。进口商品主要是纺织品类，占进口比重的 22.40%～46.50%。从日本进口商品占据主要地位，1933 年从日本进口商品占辽宁地区进口商品总额的 63%，1935 年为 67%。

民国晚期，1945 年日本投降后，辽河近代商贸文化发展十分复杂。在国统区，蒋介石当局抢占的部分城市，苛捐杂税名目繁多，各商号负担沉重。1947 年后，国统区经济全面崩溃。如沈阳，当年 3 月倒闭商号达 520 家。1948 年，国统区的物价暴涨，如沈阳市，大米每斤由法币 6 万元涨至 9 万元；高粱每斤由 3.80 万元涨至 4.50 万元。至当年 9 月，沈阳高零售物价指数比 1945 年上涨了 5.40 万倍。市场萧条，民不聊生。在解放区，中国共产党先后在辽东、辽北、辽南、辽西建立巩固的革命根据地，建立民主政府，稳定社会秩序，恢复生产和工商贸活动。成立辽宁省贸易局、安东省贸易管理局、东北贸易局辽宁分局；安东省公布了组织暂行条例。旅大市（今辽宁省大连市）在接收日伪企业的基础上，建立公营贸易公司，并采取优惠政策，兴办消费合作社；

抚顺、清原、新宾县解放区建立一批公营商业企业；安东建立国营东北商店安东分店。这些公营贸易机构和人员，为推进辽河近代商业文化的发展作出重要贡献。1948 年东北解放后，在中国共产党的正确领导下，辽河近代商贸文化迅速恢复与发展。

三　民国晚期辽河近代城建文化的变化

19 世纪 60 年代营口开埠后，帝国主义列强相继侵入，强占或强租土地，利用中国的自然资源和劳动力修建铁路、港口，开采矿山，建设工厂，先后建设了旅大、奉天、鞍山、抚顺、营口、辽阳、铁岭、开原、安东等满铁附属地市街以及旅馆、商店、学校、住宅等近代建筑。受西方建筑技术、建筑材料、施工方法和经营方式的影响，辽河近代城建文化逐渐兴起。1898 年，沙俄强租旅大地区后，在大连建设海港和城市，还编制了《大连港及市街建设计划》，按照西方古典城市规划的模式，设想把大连建成东方自由贸易港、远东最大的军港和工商大城市。1905 年日俄战争后，日本取代沙俄在辽东乃至东北地区的特权，除继续强占旅大地区外，还开辟满铁附属地，在这些“租借地”修建一些城市。伴随着近代建筑业文化的发展，传统的泥木作坊开始转为专业的建筑营造厂。仅沈阳地区，1912—1931 年间就先后引进西方建筑技术和建筑材料，设计并建造了东三省兵工厂、奉天迫击炮厂、奉天纺纱厂、东北大学、奉天劝业银行、奉天国际运动场等近代建筑。这些建筑普遍采用了砖混结构和钢筋混凝土结构，因而带动了私营建筑营造业的发展。1930 年，辽宁地区有私营建筑营造厂 87 家，拥有一批初步掌握近代建筑技术的建筑工人。

九一八事变后，辽东乃至东北地区沦为日本的殖民地。日本侵略者为掠夺我国资源，将辽宁地区作为侵略中国的战略基地，在关东军支持下，依据日本炮制的“满洲经济建设纲要”和“‘满洲国’都市计划实施基本纲要”，1932—1940 年，由日本规划人员分期制订了奉天、关东州、鞍山、抚顺、本溪湖、安东、大锦县（锦州）、营口、阜新、辽阳、铁岭、复县（今辽宁省瓦房店市）、海城、北票、苏家屯、葫芦岛、大东港等城市的《都邑计划》（即城市规划）。日本侵略者制订的《都邑计划》提出了城市发展目标，包括人口及区域范围、铁路规划、道路及广场规划、水路及堤防规划、公共用地规划、民用地及地段分割规划等，并制定了严密的法规以保证规划的实施管理，由各地警察厅（署）监督强制执行。按照《都邑计划》，先后在上述城市设计建造了一批工厂、矿山、办公楼、商店、住宅，以及城市市政公用设施，成为辽宁地区近代城市建设的基础，因而客观上推进了辽河近代城市建设文化的发展。但此期，辽宁地区城市的建筑勘察设计、施工技术和经营管理均被日本殖民者所垄断，完全是为日本帝国主义侵略政策服务的，带有畸形发展的殖民地城市色彩。到 1943 年，辽宁地区有日本建筑商 377 家，大量雇佣中国人充当劳工。这一时期，辽宁城市普遍具有殖民地城市特性。当时，辽宁的城市内日本人居住区多采用庭院式建筑，配备有完整的给排水系统、煤气设施和独立的供暖系统，道路宽敞、环境整洁优美，尚有工厂干扰和污染；而中国人居住区功能分区混乱、污染严重，没有公用设施和绿地，建筑标准低、密度大，环境极差。

1945 年日本投降后，由于蒋介石当局发动内战，致辽宁建筑业呈现出冷落萧条的景象，仅有一些私人营造厂、设计事务所和个体建筑工匠，技术力量薄弱，设计、营造水平较低。以公共交通为例，1945 年日本投降后，蒋介石当局接管的城市，客运设施毫无改善，部分城市仍以人力车、马车为主要代步工具。至 1948 年东北解放时，沈阳、旅大、鞍山、本溪 4 个有公共交通的城市仅有旧汽车和有轨电车 244 辆，经过短期恢复后投入运营。

至 1949 年，辽宁有沈阳、旅大、鞍山、抚顺、本溪、安东、锦州、营口、阜新、辽阳 10 座大中型城市，城市人口为 356 万人，占辽宁人口 1831 万人的 19.44%。城市建成区总面积为 330 平方公里；各种房屋建筑总面积达 3994.37 万平方米，其中住宅建筑面积为 2000 万平方米；城市道路总长为 2211 公里，其中铺装道路为 889.60 公里；城市下水道总长为 1365 公里；城市桥梁有 275 座，多数是木制桥；城市防洪堤坝总长为 70.70 公里；城市路灯为 6000 盏；饮用自来水人口为 104.40 万人，日供水能力为 53.10 万吨；沈阳、旅大、安东日产煤气为 2.40 万立方米，用气人口为 11.50 万人；共有公交车辆 245 辆，运输线路总长为 413 公里；有公园 30 座，占地面积为 1638.40 公顷，另有绿地面积 2315 公顷①。

四　民国晚期辽河近代交通文化的变化

辽河交通文化历史悠久，水陆交通比较发达。辽宁境内河流纵横，有大小河流 360 多条，总长约 16 万公里；全省海岸线长达 2178 公里（不含岛屿岸线），约占全国海岸线总长的 12%，旅顺、营口、安东是古代海上交通的重要停泊点。“无终道”“卢龙道”“营州入安东道”等古代陆路交通是东北与中原交通的重要孔道。至清代，已经形成以盛京为中心的干线道路网，陆路交通四通八达。

（一）辽河近代陆路交通文化的变化

1840 年鸦片战争后，辽河近代交通文化迅速发展。19 世纪 60 年代，英国迫使清政府辟营口为商埠，并夺取了京奉（后称北宁）铁路的修筑权；1898 年，沙俄胁迫清政府允许其修筑东清铁路（满洲里至绥芬河）及其支线（哈尔滨至大连）；日俄战争后，日本帝国主义攫取了沙俄在辽东半岛的所有权益后，为把该地区变成其侵略中国的桥头堡，除大力进行港口建设，垄断水运和铁路运输外，还把公路交通提高到巩固其殖民统治，为扩大侵略战争服务的战略高度来经营。1910 年，汽车在大连出现后，日本殖民

① 辽宁省地方志编纂委员会办公室. 辽宁省志·建设志［M］. 沈阳：辽宁民族出版社，2003：4.

者遂开始把马车道改为汽车道。

民国前期，1919 年，北洋政府公布了《修治道路条例》，辽河近代道路交通因军阀混战发展缓慢。1922 年，奉天省长公署制定了《修治道路考成规则》，将发展道路交通纳入地方官员政绩考核之中，推进了辽河近代道路交通文化的发展。1924 年，共整修道路约达 12640 千米（多为大车道）。同年，在关东州经正式勘测并铺装黑色路面的旅顺口至大连南线公路竣工通车，公路全长为 46.80 千米。1928 年，省建设厅制发相关文件，允许商民修筑专用汽车路，鼓励创办汽车运输业。1931 年九一八事变前，已初步形成了以沈阳为中心的、辐射四周的 15 条地方干线公路——省道，即沈阳经新民、北镇、兴城至山海关线，沈阳经法库、康平至洮南线，沈阳经辽阳至营口线，沈阳经本溪至安东线，沈阳经抚顺、通化至临江线，沈阳经开原、伊通至吉林线，沈阳经铁岭、开原、昌图、梨树至长春线，以及海城经盖平、瓦房店至旅顺线，海城至岫岩线，盖平经岫岩至凤凰城线，安东经宽甸、桓仁至通化线，安东经大孤山、庄河至城子疃线，营口经新民、彰武、绥东至开鲁线，锦县经义县、朝阳、建平、赤峰、林西至洮南线，开原经西丰、西安（旧县名，在今吉林省辽源市西部）、东丰、海龙至清原线。此外，还有热河经平泉、凌源、朝阳、北票至义县线①。同时，主要通过民工建勤、季节性整修的方式，修治“由县治达于重要各镇乡之道路，各镇乡相衔接之道路；由县治达于港津之道路及其他相邻工厂、矿区之道路”，“由此县治城通至彼县治城之官道”，主要县道有 20 余条，总里程为 5485 公里②。至 1931 年九一八事变前，辽宁地区民办汽车运输业发展到 66 家（不

① 辽宁省地方志编纂委员会办公室. 辽宁省志・公路水运志 [M]. 沈阳：辽宁人民出版社，1999：35.

② 辽宁省地方志编纂委员会办公室. 辽宁省志・公路水运志 [M]. 沈阳：辽宁人民出版社，1999：110.

含大连和朝阳)，拥有汽车 251 辆，营运里程达 500 多多公里。

1931 年九一八事变后，日本为把东北变成其侵华战争的基地，通过满铁公司加强了对交通运输的控制与垄断。除扩建大连港、续建葫芦岛港、改造营口港和筹建大东港，垄断沿海运输外，还为镇压东北人民的抗日运动，强迫民众修筑所谓“国道”和治安道路——“警备道”。同时，以开发产业为名，实以掠夺资源为目的，大修道路桥梁。至 1941 年，建成永久式大桥 20 座、5790 延长米；1942 年，修筑公路 1 万余千米，其中“国道”4453 千米、“警备道”7927 千米①。这些公路多是在原有大车道上改建的，标准较低、质量较差，绝大多数道路未做路面铺装，通过能力有限。

此前，由私人集资建设的开原至西丰铁路已被日伪当局以“逆产”的名义没收，改由日本人充当常务理事兼经理。1945 年日本投降后，公司解体，铁路停办。

1946—1948 年，东北地区战争频仍，公路、桥梁、港口和各种运输设备，除了旅大少数地区外，都出现了“利用—破坏—恢复—再破坏”的现象。境内交通设施遭到严重破坏，城乡交通几乎陷入瘫痪状态。这一时期，辽河近代交通文化发展严重滞缓。

（二）辽河近代水路交通业文化的变化

辽宁境内有大小河流 360 余条，海岸线长达 2178 多公里。其中，辽河、鸭绿江、大凌河是辽宁三大通航河流，大连、营口、安东等港是东北与华东、华南沿海以及海外的水运枢纽。19 世纪 60 年代营口开埠后，1862 年营口港停靠外国船舶达 31 艘、11346 吨位，1864 年增加到 302 艘、82281 吨位。19 世纪 80 年代，营口港每年进港木帆船有 400 多船次。甲午战争后，在外国航运势力的排斥和打击下，进港的木帆船只逐年减少，至 19 世纪末减少至

① 辽宁省地方志编纂委员会办公室．辽宁省志·公路水运志［M］．沈阳：辽宁人民出版社，1999：11.

50只左右。辽河近代民族航运业陷入破产和衰落境地。1901—1911年，辽宁民族轮船航运业仅有6家中小企业，资本金总额为42万元，轮船共19艘、4902吨位，活动范围较小。其中，大连政记轮船公司有轮船1艘，并租船5艘，航行于大连、大东沟、营口、天津、烟台、龙口、青岛、上海间；营口肇兴轮船公司有轮船1艘、1580吨位，在营口、烟台、龙口间航行。

民国时期，辽河近代民族轮船航运文化开始恢复。至1921年，民族轮船公司有14家，资本金总额为现洋742万元，拥有轮船35艘、23937吨位①。其中，大连政记轮船公司至1923年拥有轮船25艘、33255吨位，在原有航线基础上，又开辟辽宁沿海至中国香港的航线，成为当时全国华资第三大轮船运输公司；营口肇兴轮船公司拥有轮船8艘、9947吨位，相继开设营口至上海、营口至天津，营口、大连至厦门、汕头、兴化、泉州的直达航线，成为颇具规模的中型轮船运输企业。其间，安东新创办的人和航业公司拥有轮船两艘、1884吨位，航行于北方沿海各口岸并溯长江至汉口等处；营口创办的商船公司有轮船两艘、1266吨位，主要航线为营口至秦皇岛、营口至天津、营口至烟台，营口至大连、安东、孤山、威海、青岛、上海、厦门、中国香港等处。内河小型轮船航运业在这一时期发展缓慢。由于日本帝国主义航运势力的扩张与排挤，多数民族航运企业因亏损而收缩或改组。1920年，辽宁内河小轮船仅有4艘。一度较为繁荣的辽河近代航运文化陷入衰落境地。1925年，以大连港为中心的定期航线发展到17条，每月航行95个班次，除中国黄海、渤海沿岸港口外，还航行到日本的大阪、神户，朝鲜的仁川、釜山等地。

九一八事变后，东北沦为日本侵略者的殖民地，辽宁沿海的水运几乎全被日本人所垄断，沿海各地从事粮食、杂货、煤炭等

---

① 辽宁省地方志编纂委员会办公室. 辽宁省志·公路水运志[M]. 沈阳：辽宁人民出版社，1999：4.

物资运输的帆船逐渐被迫停运。此期，日本大连汽船株式会社成立后快速发展，其在上海、青岛、天津等地设立分公司，在营口、安东等地设有办事处。1935 年，该会社拥有轮船 48 艘、165908 吨位，租船 6 艘、17215 吨位，经营的航线有大连经日本门司、神户至日本大阪，大连至青岛，安东经大连至天津，大连经青岛、上海、中国台湾基隆至中国台湾高雄，大连经日本敦贺至日本新潟，大连经烟台、朝鲜清津至中国台湾高雄，大连至龙口，大连经营口至旅顺等。此外，在辽宁沿海经营的日资航运公司还有：大阪商船株式会社、日清汽船株式会社、日本邮船株式会社、阿波国共同汽船会社、川崎汽船株式会社、三井物产株式会社、近海邮船株式会社、山下汽船株式会社等。日资航运公司几乎控制了东北对外贸易的全部海运业。此期，辽宁沿海仅有政记轮船公司 1 家从事海上运输，其航线有大连至日本、南洋等地。1941 年，政记轮船公司先后有 14 艘轮船被日本侵略者劫夺，有 17 艘轮船在给日本运送军火的途中被击毁。到 1945 年 8 月，政记轮船公司仅剩下两艘合计载重 650 吨的小火轮。这个因日本侵略而发迹的公司，也随着日本侵略者的战败而走上了彻底倒闭的末路。

日本为实现其掠夺中国资源的企图，还通过满铁公司垄断了辽宁沿海的港口改造与建设。1931—1945 年，除垄断经营大连、营口、安东港口外，又攫取了葫芦岛港的续建权和经营权。1937 年，大连港吞吐能力达 1200 万吨。1939 年，日本人又在鸭绿江口开始筑港，以作为东边道矿产资源的出口港。

1945 年日本投降后，海上正常的客货运输基本瘫痪。1946 年 7 月至 1947 年 7 月，在辽宁沿海地区，被蒋介石当局烧毁、击沉和掠走的商船、渔船达 90 余艘。1947 年 2 月，中共中央东北局在大连开办同利公司，中共中央华东局在大连开办大华公司、复丰公司，兼营海运业务，负责华东地区的海上运输，拥有 70 多艘汽船和 1000 多名船员。民国晚期，辽宁内河航道淤塞，港口设施毁坏，船舶所剩无几。沿海只有数百只旧木帆船和少数小型机船来往于辽宁半岛和山东半岛沿海，个别百吨以上的船舶航行于天津、连云港等地，也有的到朝鲜跑贸易。1949 年 4 月，东北人民政府交通部决定开放营口港，当时的海上航线仅有营口至龙口、营口至烟台、营口至锦州等，多为帆船航行。1949 年 6 月，大连至烟台客货班轮恢复通航，航程为 89 海里，以后相继开通大连至威海（93 海里）、大连至天津（272 海里）、大连至上海（558 海里）等多条航线。

五　民国晚期辽河近代通信文化的变化

19 世纪五六十年代，随着辽河近代民族工商业文化的发展，奉天、营口等地出现了办理民商通信的民营信局，是为辽河近代通信文化之滥觞。19 世纪末 20 世纪初，民营信局之分号、代理店遍布辽宁地区的主要城镇。辽河近代通信文化呈快速发展之势。1878 年，牛庄海关邮政局是全国 5 所邮局之一；1896 年，正式开办大清邮政，牛庄海关邮政局改为牛庄邮政总局。1899 年，开始在奉天、辽阳、锦州等地开设邮政分局和代办所。1900 年，沙俄侵占东北三省后，各地邮政被迫停业，初兴的辽河近代通信文化遭受严重挫折。日俄战争后，奉天省城设立东北三省邮政事务总署（后改称奉天邮政局）。邮局办理的业务包括挂号邮件、汇兑、包裹、代收货价和快递邮件等。邮政运输网络，初期利用商船、军舰带运邮件，随后开办营口至山海关骑差邮路。1899 年，首开锦州至天津铁路邮路，于 1900 年通至营口，以后又相继增开旅顺至长春、奉天至北京、奉天至安东等地的铁路邮路。至 1911 年，邮政通信网已粗具规模，全省邮政局数达 160 处，邮路总长度约 8800 公里；邮政业务量：收寄函件为 532.90 万件，包裹为 19.60 万件，收汇海关银达 33.70 万两。同期，日本设在辽宁境内办理邮政、电信业务的“邮便局”达 165 处，其中电话局为 13 处。各“邮便局”之间的邮路、电报线路均已形成网络。可见，辽河近代通信文化的初步繁荣。

民国前期，奉天省加快建立通信事业，由省县政府投资和民间筹措资金，建设长途、市内、农村电话线路和无线电台，并将电报事业收归省办，辽河近代电信文化取得很大发展。1931 年九一八事变前，辽宁境内电报局为 42 处，并全部附设长途电话局，电报电话线总长约 6000 公里；无线电台 3 处，沈阳电台装设 10～20 千瓦大功率短波发信机，规模居全国之首，并与德、法、美等国开通直达电路，创中国与欧美国家直接通信的开端，并转递全国半数左右的国际电报；城市电话局 6 处，交换机总容量为 7150 门，其中沈阳电话局建设自动交换机 3500 门；由各县筹资建设的官办、商办或官商合办的地方电话局为 35 处，乡镇电话交换点约 100 处，交换机总容量为 6800 门。至此，辽宁城乡电话网已经初步建成，交换机总容量达 1.40 万门。在此期间，日本邮电在辽宁地区进一步扩张，南起旅顺、大连，北至长春，东至抚顺、安东等南满铁路沿线各地城镇，其邮路、电路和电报、电话、无线电设施均已织成网络并自成体系，为其武装占领东北做了准备。至 1931 年，日本在辽宁境内所设邮便局已达 389 处，其中电话局为 28 处。交换机总容量为 2.35 万门，其中自动交换机为 1.68 万门。这一时期，辽河近代通信文化发展相对较快。

1931 年九一八事变后，日本劫夺了辽宁地区全部邮电通信业，重新建立为日本侵略中国服务的殖民地邮政和电信体系。1933 年 9 月，由日本关东军司令部操纵策划，以“日满合作”的名义，成立“满洲电信电话株式会社”，将中日两套电信网合一，实行垄断经营，又将各县地方电话局的县城电话设施，以及安东、营口商办电话局强行“收买”吞并。而各县至区乡的电话设施则被日军夺取，为“警备”专用，公用的农村电话网已不复存在。至 1945 年 8 月日本投降前，日本在辽宁地区建立的邮政局达 197 处、代办所 820 处，邮路总长度达 1.80 万公里。为保证战争需要，日本殖民者又在辽宁地区增建自动电话，建设沈阳至安东、沈阳至长春长途电缆线路，并采用载波通信技术，增强了通信能力。至1945年8月前，辽宁地区的电报电话局有79处、代办所319处，长途电信线路总长为3996公里，长途电缆为690皮长公里，单路至6路载波电话端机77部，载波电报机20部；市内电话交换机总容量为7.30万门，其中自动交换机总容量为6.10万门。各种电信业务主要为日本人服务，其中，电报业务日本人使用量占75%，市内电话使用量日本人占66%。可见，这一时期，日资大量进入辽宁地区邮政通信业，虽然客观上促进了辽河近代通信文化的发展，但此期辽河近代邮电通信文化发展充满殖民主义色彩。

1945年日本投降后，在国统区，蒋介石当局派官员接收沈阳、锦州等地，并在沈阳、锦州设立邮政、电信管理机构，接收国统区的邮政、通信设施，成立邮局、电信局，并将本溪、营口、抚顺、铁岭等地的自动电话交换机拆走3800门。随着东北解放战争的节节胜利，国统区日渐缩小，沈阳、锦州等地仅能与少数城市维持通信。在解放区，中共先后接收日伪邮电设施，并在安东省、辽宁省和旅大地区先后成立邮政、电信管理机构；并各成系统，建立市县邮政局和电报电话局，在地方政府的领导下，积极抢修通信设施，恢复东北解放区的邮电通信。1946年6月，旅大地区首建邮政、电信合一的关东邮电总局。1947年7月，成立辽南邮电管理局。此后，辽宁省、安东省全部实行邮电合一的新体制。1948年东北解放后，辽河近代通信文化迎来了发展的光明前景。

第五节　民国晚期辽河教育科技文化发展状况

辽河近代教育文化是以兴办学堂、传播实用科学技术为特征的。鸦片战争后，特别是清朝末期推行“罢科举，立学校”等“新政”后，以儒学、私塾和书院为代表的传统教育文化逐步淡出历史舞台。随着外国殖民势力的大肆入侵，殖民地教育成为辽河近代教育文化发展史上的曲折一页。日本帝国主义统治东北时期，极力推行殖民地教育，奴化中国人民。1945 年 8 月 15 日日本投降后，辽河近代教育文化发展十分复杂，辽宁地区存在国统区和解放区两种教育文化形态和类型，形成鲜明对照。中国共产党领导下的解放区教育事业，为辽河近代教育文化的发展开创了光明前景。

一 民国末期辽河近代教育文化发展状况

20 世纪初，辽河近代教育文化发展很快。清朝政府推行“新政”，普及教育。最初规定的修学年限为：初等小学学制为五年，高等小学学制为四年，中学学制为四年，本科师范学制为五年，专门及优级选科师范学制为三年或四年。近代教育文化兴起后，在课程设置上重新进行了规划，1903 年奏定学校章程规定：初等小学设修身、读经讲经、中国文学、算术、地理、格致、体操为全科；高等小学设修身、读经讲经、中国文学、外国语、历史、地理、算学、博物、物理、化学、法制及理财、图画、体操。优等师范学科分三类：一是公共科，是本科的预备。二是分类科，共四类：第一类以中国文学、外国语为主；第二类以地理、历史为主；第三类以算学、物理、化学为主；第四类以动植物、矿物、生理为主。三是加习科。在分类科毕业后，择教育重要数门加习一年，以资深造。优级师范附属中学堂、小学堂、初级师范，学科程度与中学略同。完全科学科，于中学科目外增教育学、习字。实业学堂分农、工、商三种。除人伦道德、英语、教育、教授法、体操为其他同科外，其余为各种专业科①。1906 年，颁行《各厅州县劝学所章程》，废各府、州、县儒学之教授、学正、教谕及训

① 李喜平. 辽宁教育史［M］. 沈阳：辽海出版社，1998：210-211.

导各署，设劝学所，由地方官监督，设总董1人，综理各区教育行政事务；区设劝学员1人，办理本区兴学校、筹集教育经费等事宜。1912年，教育部颁发《中学校令》《中学校令实施细则》《普通教育暂行办法》，奉天省增设国民学校。1917年，教育部颁行《教育厅暂行条例》，通饬各省筹设教育厅。1919年，奉天省设教育厅，奉天全省58个县各设教育局，隶属教育厅，主管各县教育事务①。这表明辽河近代教育文化发展进入新阶段。是年，奉天省长公署制发《视察省城公私立各小学校报告书》，进一步推动了奉天省小学教育的发展。至1929年，奉天省小学校总数达10115所，比1912年增加5倍，居全国第二位，仅次于广东省；全省共有师范学校及师范讲习科等97所，其中省立师范学校7所②。

1922年，奉天省再次进行新学制改订。学校教育确定为小学校，中学校、师范学校、职业学校，大学校、专门学校三级，各级各类学校的修业年限均定为六年。这一时期，无论是学校数量、从事学校教育的教师数量、接受学校教育的学生数量，还是教育经费，都有较大增加。1931年，辽宁拥有各级各类学校10404所，从事学校教育的教师19933人，各级各类学校学生587343人，全年教育经费1534.81万元现洋。九一八事变时，辽宁总人口为1600余万人，在校学生数为64万人，受教育人口占总人口的4%③。至1930年上半年，辽宁有民众学校1302所，在校学生

① 辽宁省教育志编纂委员会．辽宁教育史志资料（第二集上）［M］．沈阳：辽宁大学出版社，1990：101．

② 辽宁省地方志编纂委员会办公室．辽宁省志·教育志［M］．沈阳：辽宁大学出版社，2001：590．

③ 辽宁省教育志编纂委员会．辽宁教育史志资料（第二集上）［M］．沈阳：辽宁大学出版社，1990：101-102．

4.57 万人。1931 年，辽宁有各级各类职业学校 49 所，在校学生 2.08 万人①。

九一八事变后，日本出于殖民统治和扩大侵华战争的需要，1932 年日伪当局发布了“关于改废教育命令法规之件”，规定：凡是省政府发布的重要教育指令或改废法规，必须事先申报，经核准后方可执行；1933 年 5 月，又重申：制定教育法规及重要教育设施，均须事先呈准、请核准。这样日本侵略者就完全操纵和控制了辽宁教育权，并废除了原有的教育体制，强行统一教育法规，建立殖民教育管理秩序，大肆推行奴化教育。辽河近代教育文化遭到严重破坏。1931—1945 年，由于日本发展殖民教育的需要，辽宁地区小学教育、中学教育、职业教育、师范教育等各级各类教育均有所恢复和发展。据 1941 年统计，伪满洲国奉天省有小学 4028 所，安东省有小学 1046 所，锦州省有小学 2671 所，热河省有小学 366 所。中等教育，奉天省有公立学校 79 所、私立学校 32 所，安东省有公立学校 15 所、私立学校 4 所，锦州省有公立学校 22 所、私立学校 4 所。辽宁地区共有师范学校 7 所、国民高等学校 112 所、女子国高 33 所、职业学校 8 所。高等教育，奉天省有公立高等学校 2 所、私立高等学校 3 所。此外，还有日本殖民者强制成立的民众学校，奉天省有 1336 所，锦州省有 250 所，安东省有 61 所。此外，还有日本设立的电影教育、日语学校、教化指导村、农民训练所等设施。总之，日本奴化中国人民，在社会教育方面是无孔不入的②。这虽然在客观上推进了辽河近代教育文化的发展，但也使其充斥着奴化教育的思想内容。

日本投降后，辽沈地区的教育事业大多为蒋介石当局接收。

---

①　辽宁省地方志编纂委员会办公室. 辽宁省志·教育志［M］. 沈阳：辽宁大学出版社，2001：371.

②　辽宁省地方志编纂委员会办公室. 辽宁省志·教育志［M］. 沈阳：辽宁大学出版社，2001：5.

为接收东北的教育事业，蒋介石当局在教育部下设东北区教育复员辅导委员会，作为接收东北教育的专门机构，根据全国教育善后复员会议通过的《接收东北教育事业决议案》，着手接收东北的教育。东北解放区的教育事业是随着根据地的建设而发展起来的。中共在开辟东北根据地之初，就将教育工作列为根据地建设的五大任务之一，投入相当大精力来发展教育事业。

（一）国统区辽河近代教育文化的发展

1945 年 8 月 15 日日本投降后，蒋介石当局为接收东北教育事业，成立了东北区教育复员辅导委员会，并在全国教育善后复员会议上通过了《接收东北教育事业决议案》。东北各省依据这个文件精神，相继出台了学校复员暂行办法和暂行准则，并着手制订和实施了教育重建计划。对初等教育，要求被接收的学校一律暂时维持现状，半年内将所接收的学校正式改为国民学校和中心国民学校；将学校划分为初、高两级，并于师范学校增设附属小学。同时，划分 6 个学区，分别设置各类学校，以使各地学校能够均衡发展。1946 年年底，蒋介石当局接收了医科大学，将其更名为“国立沈阳医学院”，将盛京医科大学更名为“私立辽宁医学院”，将流寄四川的国立东北大学迁回沈阳。从 1947 年起，蒋介石当局教育部在辽沈地区新创办了 4 所大学，即私立中正大学、国立葫芦岛商船专科学校（后更名为辽海商船专科学校）、私立沈阳辽东学院和省立沈阳师范专科学校。

在中等教育方面，在接收中学教育时，各校暂时维持现状，按蒋介石当局规定的学制予以改组，后又调整初级中学教育，增设市级中学。到 1947 年，辽沈国统区共有中学 98 所。在初等教育方面，接收的小学教育一律暂时维持现状，半年内改制为国民学校和中心国民学校，并分为初、高两级。到 1947 年，蒋介石当局统治的25个县、6个市设有国民学校4342所、中心国民学校639所①。

国统区中等教育按照蒋介石当局设立的东北区教育复员委员会提出的复员方案执行，即中等教育各学校收回后暂时维持现状不变，按当局的现行学制逐步改组，进行甄审后予以短期培训，遣返日籍教员。尔后，又制订了重建计划，划分了师范学区，分别配置了学校数量，增设了高级中等学校，调整了初级中等学校，加强师资培训。根据1946年发布的《辽宁省学校复员暂行办法》，对旧有国民高等学校和女子国民高等学校一律改称中学或女子中学，改学制为六年，按三三分段制分段为初级中学、高级中学或两级（完全）中学。1946年上半年，初、高中开始办预习班，据统计，国统区辽宁的中等学校数量为98所（朝阳地区除外）。国统区教育，蒋介石当局以“一个党”“一个主义”“一个领袖”的“忠党爱国”的教育思想钳制学生思想，大肆推行党化教育和法西斯主义教育。

（二）解放区辽河近代教育文化的发展

为发展东北地区教育文化，中共中央先后把原设在延安的中国人民抗日军政大学等几所著名的干部学校迁往东北，同时派遣大批有教育工作经验的干部来到东北领导教育工作，成立了东北行政委员会教育委员会，各省相继成立教育管理机构。1946年9月，东北行政委员会召开第5次委员会议，讨论通过了《关于改造学校教育和开展冬学运动的指示》，提出发展教育文化的总方针是：“进一步肃清敌伪奴化教育和蒋介石封建法西斯教育的遗毒和影响，建立民族的民主的大众的科学的新民主主义教育，使教育服务于新民主主义的政治斗争，服务于东北人民的和平民主建设

① 李喜平．辽宁教育史［M］．沈阳：辽海出版社，1998：474.

事业。”确定“干部教育第一，国民教育第二”的具体方针①。

按照这一要求，各地把干部教育放到优先考虑的地位，创办了许多抗大式的干部学校。如辽宁学院、辽北学院、辽北民主学院、安东省干部学校、辽东白山艺术学校、辽东人民干部学校、辽宁省农业专门学校等，专门培养新干部，以满足军事、政治、经济、文化、教育等文化发展的需要。各市、县也创办了一些干部学校和训练班，通过这些干部学校的政治教育和其他方面的教育，大批青年很快成为中国共产党在各条战线上的骨干，促进了各项事业的发展。这一时期，中国共产党先后创办有东北大学、辽南建国学院、大连大学、东北行政学院、东北鲁迅文艺学院、沈阳工学院、沈阳农学院、中国医科大学、东北药学院②。东北全境解放后，又接收了国民政府在辽沈地区创办的 6 所大学，即东北大学及先修班、沈阳医学院、辽宁师范专科学校、中正大学先修班、锦州大学先修班。1948 年 10 月，东北行政委员会指示，要拿出一定力量来办工业、农业、铁路、邮电、卫生、行政等专门学校，培养各种知识分子干部，因此一批技术学校应运而生。它们是：安东工科高级职业学校、中长铁路工厂技术学校、大连铁路工厂技术学校、大连船渠青年技术学校、大连交通公司技工学校、大连远东电业公司技术学院、辽西兴城农科职业学校、辽东省立熊岳农业专科学校③。

解放区在兴办干部教育文化的同时，采取措施发展普通教育和社会教育文化，改变了辽沈地区教育文化落后的状况。日本投

---

① 辽宁省教育科学研究所编. 东北解放区教育资料选编［M］. 北京：教育科学出版社，1983：2、7.

② 辽宁省教育志编纂委员会编. 辽宁教育史志资料［M］. 沈阳：辽宁大学出版社，1990：572-575.

③ 辽宁省地方志编纂委员会办公室. 辽宁省志・教育志［M］. 沈阳：辽宁大学出版社，2001：379.

降后，争取各级学校早日复课。到1947年年初，解放区小学教育恢复和发展，有学校1006所，在校生7.49万人。1947年8月后，将教育工作的重点转向中学教育，至1948年夏，培养4000余青年知识分子，输送到各条战线。夏秋以后辽沈地区处于解放前夜。为支援解放战争，适应经济建设和文化建设的需要，教育在注重思想教育的同时，加大文化课的授课比重。如，中小学新发了课程标准，统一了授课进度。中学课程的比重，文化课占90%，政治课占10%。文化课包括国文、历史、地理、数学、自然科学、生理卫生、音乐、美术、体育等科。整顿和办好高等教育，改革中小学教育，提高教育质量，为即将到来的大规模经济建设培养大批有进步思想、有文化知识、有专门技术的知识分子干部和专门人才。因而，辽沈解放区教育事业文化迅速向新型正规化方向发展。到1948年，辽宁的小学增加到1.05万所，在校生人数达111.60万多人。1949年，小学增加到1.44万余所，教师有3.93万余人，在校生为185.34多万人；中学有90所，在校生为5.27万多人；师范学校有13所，在校生为0.40万人①。

从1946年开始，辽沈地区创办农民冬学教育文化。到1948年冬，辽沈地区共办冬学7000万余所，入学人数40余万人，学员中贫、雇、中农占90%以上。从1948年下半年开始，辽沈地区开始发展职业教育文化，通过短期培训班对工人进行文化教育。据不完全统计，辽沈地区接受培训的工会干部和生产小组长以上干部有6万人左右，参加工人夜校、识字班、政治训练班、文艺训练班、技术训练班的工人达工人总数的29.10%。这一时期，先后创办的职业技术学校有18所，主要有安东工科高级职业学校、中长铁路工厂技术学校、大连铁路工厂技术学校、大连交通公司技工学校、辽东省立熊岳农业专科学校、沈阳纺织高职、阜新工

① 辽宁省地方志编纂委员会办公室．辽宁省志·教育志［M］．沈阳：辽宁大学出版社，2001：183.

科高职等。

二　辽河近代科技文化发展状况

辽河近代科技文化的发展从一开始就和辽河近代教育文化的发展联系在一起。清末民初，中国面临内忧外患的严峻形势。辽东乃至东北地区人民深受日本、沙俄帝国主义的侵略和压迫。在此形势下，“教育救国”的社会呼声更加促使有识之士向教育投注力量。辽河近代教育文化有了较快发展。1902—1931 年，辽宁地区先后创办各类大专院校 18 所，其中最具影响力的是 1923 年创办的东北大学（以下简称“东大”）。东大以“研究高深学术，培养专门人才，应社会之需要，谋文化之发展”为宗旨，以研究与教学相长为发展目标。为培养一流人才，东大不惜重金将国内一些著名的专家、学者聘请到东大任教，先后达 100 多人，如汪兆璠、孙国封、杨毓桢、黄侃、林公绰、曾运乾、缪凤林、柳诒徵、赵修乾、施仁培、冯祖荀、叶志等。一些留学国外的专家、学者既是学科的带头人，又是推进东西方文化交流、传播新文化和新思想的使者。学校的学术活动十分活跃，经常举办学术报告会，并选派优秀学者参加国际学术会议。辽河近代教育文化的发展进一步促进了辽河近代科学技术文化的繁荣，因而辽宁地区的学术机构或学术团体也随之兴起和发展，并都以推进社会进步为己任。与此同时，辽宁地区的学术刊物也开始大量涌现，如《东北大学周刊》《东北大学季刊》《东北大学校刊》《东北丛刊》《新文化》《盛京时报》《关外》《北国》《国民外交旬刊》《林业杂志》《东北航空（季刊）》等都是当时较有影响力的报刊，刊登了大量科研成果。据统计，1931—1945 年，沈阳先后出版过日文科技期刊 12 种、中文科技期刊 8 种；1948 年东北解放前夕，沈阳出版的科技期刊有 11 种，其中自然科学类有 2 种、工业交通类有 3 种、医药卫生类有 4 种、农林类有 2 种①。

九一八事变后，日本殖民者控制了辽河近代科技文化的发展，并以学术研究为名为其殖民统治编造理由和制造舆论。如殖民地科研机构——满铁中央试验所（又称伪满洲中央试验所），是日本最早开办的殖民地研究机构。该研究机构于 1907 年开办，由日本殖民者设在辽东的关东都督府直接领导。1910 年随着日本侵略者在旅大乃至东北地区的扩张加剧，该试验所移交满铁公司管理。当时设有分析化学、应用化学、制丝、染织、窑业、酿造、卫生、电气化学、庶务（总务）9 个部门。1927 年，试验所内部机构做了调整，改设农业化学、畜产化学、矿业化学、油脂化学、煤焦化学 5 个科及庶务股，将原有的卫生试验交由卫生研究所。1931 年，为统一满铁的研究机构，又将满铁的理学研究所与满铁中央试验所合并，仍称满铁中央试验所，设有无机化学、有机化学、农业化学、机械电气、土木等 7 个科及庶务股。1935 年，随着满铁铁路运输业务量的增加，试验所又增设车辆研究科。1936 年，又将机械、电气、土木、辆车 4 个科从试验所析出，成立了隶属于满铁公司的铁道技术研究所，满铁中央试验所便成为纯粹的化学研究所。1939 年，该所又增设了冶金科和特别物理研究室，试验所又变成了化学物理研究所。1941 年太平洋战争爆发后，试验所面向战争，以制造轻金属和液体燃料的研究为主，同时承担了一些军需工业的研究任务。总之，满铁中央试验所经过长期经营，逐步发展成为东北乃至东亚地区有名的化学研究机构，规模之大、设备之齐全，在当时的中国是少有的。它有 7 个科室，下设有 114 个试验室。至 1945 年，试验所有人员 752 人，其中研究员有 22 人、副研究员有 40 人、职员有 151 人，年度经费预算为 685 万日元。满铁中央试验所的“科研”工作是紧密配合日本财阀和满铁

① 辽宁省地方志编纂委员会办公室．辽宁省志・科学技术志［M］．沈阳：辽宁人民出版社，2000：120.

公司在东北地区的侵略与经济扩张的，其为日本殖民挤压服务的特点是显而易见的。除为了挤压我国资源服务外，该试验所还研究一些为日本侵华和日军发动太平洋战争服务的项目，如制铝的干、湿法研究成果就被用于满洲轻金属制造株式会社为日本发动战争提供战略物资。海绵钛、特种钢的研究成果及油母页岩和煤的液化的研究成果，均被用于战略物资的生产活动中，体现了该试验所服务于殖民地掠夺和殖民侵略的罪恶事实。

另外，满铁公司还设有调查部，其任务是“在满洲及其附近地区从事一般经济及惯例的调查”，是满铁重要的智库机构。其长期的调查活动领域涉及经济、政治、法律和资源诸多方面。自调查部设立至改编调整为经济调查会（1907 年 4 月至 1932 年 1 月），直至 1945 年 8 月 15 日日本投降的近 40 年间，他们提出的研究报告达 6000 件，为研究之用而剪贴的资料、书籍、杂志、新闻等共计 5 万余件，堪称“20 世纪亚洲的一大知识宝库”。

这一时期，日本殖民统治者还成立为其殖民统治服务的多种学会，涉及政治、经济、社会、哲学、宗教、史学等各个领域，如“满日文化协会”“满洲考古学会辽东学会”“满洲史学会”“满洲法制恳谈会”“满洲心理学会”“满洲民族学会”“满蒙文化协会”等。这些机构和组织都是为日本殖民统治服务的工具，企图通过对史学、考古、民俗等方面的研究，为日本殖民侵略和殖民统治寻找合法依据，并动用不同的方式灌输殖民主义法制和政治、经济思想，使被占领地区人民成为任人摆布的顺民。这一时期，日本出于扩大侵华战争和进行殖民统治的需要开办的殖民地研究机构，客观上推进了辽河近代科技文化的发展。

九一八事变后，日本占领了东北地区。为反抗日本帝国主义侵略，东北大学等大专院校迁往关内，一大批专家、学者亦流亡关内，辽河近代科技文化遭到严重摧残。然而，在日本殖民统治的桎梏下，一些专家、学者在极其困难的条件下坚持科学技术研究，在哲学、社会科学、经济学以及科学技术领域研究取得了一批重要成果，如金毓黻的东北史研究、罗振玉的古代研究等。

金毓黻长期致力于东北地方史料的搜集整理工作，先后编辑出版了《渤海国志长编（20卷）》《辽海丛书（10集）》《文溯阁四库全书提要（32册）》《春天通志（100册）》《宣统政记（13卷）》《东北通史》①。在这些著作里，最能表达其学术倾向的是《东北通史》一书。该书上编于1941年由东北大学石印出版，共6卷39章，始上古迄元末，是金毓黻长期从事东北古史研究的结晶。正如金毓黻自己说的，在抗日战争期间研究中国东北史，就是要让国人了解东北的历史，并为收复东北失地做准备。在国难临头之时，金毓黻用学术研究的方法表达了拳拳之心。其所提出的理论框架，以及所进行的辟棘开山的工作，为后来的学术研究起到了奠基的作用。

《辽海丛书》是金毓黻主编的重要史志文献，其正集包括《辽东志》《全辽志》《辽阳志》《铁岭县志》《锦州府志》《岫岩志略》《锦县志》《盖平县志》《开原县志》《绥中县志》10集。在这些志书中，均有山川、江湖、地震、气候等自然地理内容的记述。《辽海丛书》与王华隆的《东北地理总论》、许逸超的《东北地理》、张宗文的《东北地理大纲》、王惠民的《新东北指南》一起，成为这一时期自然地理、人文地理方面的综合性专著。

从民国初年至1945年日本投降前的30余年间，据不完全统计，这些专家、学者在各种主要刊物上发表的哲学和社会科学类的研究成果多达3100多篇②，其中不少文章迄今仍有重要的学术价值。

① 金景芳．金毓黻传略［J］．史学史研究，1986（3）．

② 辽宁省地方志编纂委员会办公室．辽宁省志·社会科学志［M］．沈阳：辽宁人民出版社，2000：4．

第六节 民国晚期辽河近代法制文化发展状况

辽河近代法制文化主要包括公安文化、司法文化、检察文化、审判文化等形态和类型。

一 民国晚期辽河近代公安司法文化发展状况

辽河近代公安司法文化始兴于20世纪初。由于历史背景特殊，辽河近代公安司法文化发展经历曲折历史，形态和类型变化十分复杂。

（一）辽河近代公安制度文化的变化

1902年，清政府为处理盛京管下的警察事务，在奉天城内组建了警察（公安）局。这一时期，新式警察制度与传统警察制度相混杂，机构变动频繁，职能庞杂，集治安、司法、卫生、建筑、慈善等事业于一身，直至清朝覆亡，警察仍未成为保卫国家政权的重要力量。

1912年中华民国成立后，先后经历了孙中山领导的南京临时政府、北洋军阀政府和蒋介石集团的南京政府三个时期。此一时期，民国政府加强警政建设，先后颁布了《地方警察官厅组织令》《各省整顿警政办法大纲》《警务处长予保办法》《各省警务处组织章程》等，加强警政建设，辽河近代公安制度文化初步形成。奉天省警政虽经历改组，各种法令、章程日渐完备，但各县情形不同，官警素质不一样，各厅、局、所往往各自为政，散漫无稽。直至1926年奉天全省警政方初步统一。然而，在“治外法权”的名义下，日本警察机构在奉天省已经星罗棋布，并逐年扩大，成为“国中之国”，中国警察无权过问，难以发挥保境安民作用。

1931年九一八事变后，日本武力占领沈阳乃至东北地区后，日本为维护其殖民统治，操控组建了庞大的武装警察和行政警察，进行治安整肃，镇压抗日军民。1932 年，伪满洲国设置最高警察机关；同年 4 月，在奉天省设立了伪警务厅，在各市、县以及海岸沿线设立了庞大的伪警察机构，实行军、警、宪、特合流的白色恐怖，镇压革命，压迫人民。

1945 年抗日战争胜利后，辽宁地区一部分是国统区，一部分是解放区，国共两党政权的警察机构并存，进行激烈斗争。在解放区，中国共产党大量军政人员陆续进入辽宁地区接管日伪政权，省、市、县公安机关相继组建起来。1946 年，蒋介石当局背信弃义，撕毁停战协议，向东北解放区大举进攻，当时占领了辽宁省大部分地区，同时设立警察机关。

1. 辽河近代公安建制文化的变化

自 1902 年设立奉天警察局后，奉天省的警察机构一直处于调整变化之中。至 1907 年，改革警察局，将总局的 5 个科改为总务、行政、司法、卫生、捐务 5 个课，增设稽查处及警卫、消防、探访、清道 4 个队，城关有 7 个局，城内增设一、二分局，城外增设三、四、五、六分局。总局有警员 55 人，下属 4 个队有 54 人，7 个分局共有 1265 人。1909 年，辽宁地区警察组织文化已粗具规模。全省有警区 218 个，设分驻所 687 个、巡警 19190 人，省城警察总人数为 1846 人。另外，1905 年在营口设立营口商埠警务局，有警员 53 人，下辖 4 个区 4 个队；1906 年在安东设立安东商埠警务所，下设文牍、会计、庶务及巡官、长警若干人；1907 年在奉天巡警局消防科改为消防队，警员 79 人，至 1927 年，警员减至 45 人；各县、厅成立警察机构后亦多设消防队；1909 年创设鸭绿江、浑江水上警察总局，直隶奉天军署，1911 年增设水上巡警，设立 1 个总局、15 个分局，1929 年更名为鸭浑两江水上公安局；1910 年将原辽河水师营改为辽河河防营，负责辽河巡防事务，下设 8 个队，1925 年改称辽河水上警察厅，不久又恢复旧制，下辖 8 个分局，共有 240 名警察，1928 年又改称辽河水上公安局；1909 年将安奉铁路巡警队改为安奉铁道警务巡警队，统属铁道巡警总办管辖，1929 年改称安奉铁路公安局；1907 年在奉天设立两个宪兵营，营辖两个队，每队两个排，每排两个棚，每棚 10 人，合营 109 人。1919 年成立东北三省宪兵司令部，1923 年改称东北宪兵司令部，下辖东北宪兵队 4 个，1931 年改编为 6 个大队，每个大队 307 人，其中第一、二大队驻辽宁；1912 年在奉天城创办警官传习所及巡警教练所，1915 年各县分别设立警察教练所。

民国初年，仍沿用清末警察体制文化。至 1915 年，改奉天省城警察厅为省会警察厅，设全省警务处，监督管理全省警察事宜。从此，省和省会市的警察机构开始分设。当时，全省警务处设处长 1 人、视察长 1 人、视察员 10 人、秘书 1 人，下设总务、编制、考核、章制 4 个科，各设科长 1 人，科员无定额。1929 年，奉天省会警察厅改称辽宁省会公安局，成立公安总队，6 个警察署扩划为 7 个公安分局，将营口等商埠警察局改划为省会公安局下属的第八、九、十分局，同时将各县警察事务所一律改称县公安局，警察人数增加到 23360 人。

九一八事变后，日本侵略者占领沈阳，省城的警察机关解体。随后，日本操控成立了“满洲国”并建立奉天自卫警察局，先后恢复和建立了 11 个警察分局、166 个警察分驻所，全局警员达 3139 人。

1945 年日本无条件投降后，辽宁地区分为国统区和解放区。辽河近现代公安制度文化发展曲折而复杂。

在国统区。辽宁省警务处于 12 月在锦州开始办公，翌年迁至沈阳，下设四科四室，至 1947 年，全处有人员 77 人。1946 年，国统区 30 个县设有警察局，共有政治警察 327 人；6 月，将沈阳市警察大队改为保安第一团；7 月，将辽阳一带收编的地方武装编成第二团，沈阳民众自卫队编成第三团，计有官兵 17819 人；8 月，将各市县义勇警察队并入民众自卫队，协助维护地方治安；11 月，成立辽宁全省水上警察局，重建警队，巡舰队、水上警察队各 50 人，刑事警察队 34 人，巡艇一、二队，每队 148 人，各队总人数430人，全省水上警察局下辖4个分局，每局下设5个分所；1947年，为加强对铁路的控制，将原交通警察总扩编为第一、第二两个交通警察总局，负责东北地区的是第二交通警察总局，有警察35000人。随着辽沈战役中蒋介石集团的失败，国统区的警察组织文化也随之消散。

在解放区。1945年10月，辽宁省公安厅在沈阳成立，11月奉命撤出，迁至本溪，省、市公安机关合署办公；翌年，辽宁省政府撤至通化，7月组成新的辽宁省，随之成立辽宁省公安总局，下设秘书室、社会科、审讯科、公安科、公安大队。1946年11月，通化失陷，辽宁省公安总局随之转移至临江；1947年2月，根据东北行政委员会指示，辽宁省公安总局改称辽宁省公安处；翌年7月，东北行政委员会决定将辽南并入辽宁省，驻地瓦房店，辽宁省公安处迁至瓦房店，下设秘书室、治安科、指导科、人事科、总务科、公安大队。安东省公安厅于1945年11月成立，下设侦察、审讯、治安、内保、秘书5个科和1个公安大队；翌年，辖区内一市九县均先后建立公安机关；1947年2月，原安东省公安局更名为安东省公安处，下设保安科、执法科、行政科、总务科和公安大队；1948年，安东省公安处下属1个公安分处、4个市公安局、17个县公安局、23个公安分局、80个分驻所、15个检查站，共有警员1294人。辽北省公安厅于1945年11月成立，下辖4个专区、2个市、13个县，均建有公安机构；1947年2月，辽北省公安厅改称辽北省公安处；1949年3月，又改称辽北省公安厅；同年4月，东北行政委员会决定撤销辽北省，所属市、县分别划归辽西、辽东省，辽北省公安厅随之撤销。1946年，东北行政委员会曾决定成立辽吉行政公署，同时设立辽吉行署公安处，1947年2月撤销。辽南专区公安局于1946年4月成立，8月升格为辽南行署公安局，下设社会侦察股、司法审讯股、总务股和警卫队，警员共计97人；1947年7月，根据东北行政委员会指示，改称辽南行署公安处，下设秘书室、总务科、治安科、人事科、指导科和治安大队；1948 年 7 月，辽南行署区并入辽宁省，辽南行署公安处随之撤销。

1948 年 11 月，辽沈地区解放。辽西省公安厅于 1949 年 1 月成立，当时称辽西省公安处，下设秘书科、总务科、政保科、经保科、治安科、边防科，

（1）辽河近代刑事侦察文化的变化

早在 1902 年，奉天警察总局就设有类似机构。1905 年以后，先后设立侦探科、探访队，负责刑事侦察。民国初年，奉天省城（会）警察厅（警务处）的司法科主管刑事侦察，1929 年，省公安管理处设侦缉队主管刑事侦察。日本殖民统治期间，奉天警务厅设司法股主管刑事侦察。1945 年日本投降后，在国统区，辽宁省警务处设侦缉队负责刑事侦察。

（2）辽河近代治安管理文化的变化

辽宁地区实施治安管理始于清末，当时奉天地方当局高巡警管理地方治安，所依法律是清廷颁行的《违警律》《违警律实施办法》《禁烟法》。1911 年辛亥革命后，奉天省城警察厅和各县警察机关负责各地治安管理，所依法律为民国政府颁行的《行政执行法》《治安警察法》《预警戒法》《违令罚法》《违警罚法》。日本殖民统治时期，由保安警察负责，所依法律是日本操纵的“满洲国”颁行的《违警罪立即裁决法》《违警罪处罚令》。在民国后期，辽宁地区省、市、县警务部门的保安、行政科股负责治安管理，沈阳市警察局发布了《特种行业暂行管理规则》等。这一时期，由于统治阶级政治上的腐败，法令不能很好执行，特别是对于毒、娼、赌，采取名禁实纵的政策，以致社会丑恶现象有增无减，泛滥流行。

（3）辽河近代户政管理文化的变化

辽河近代户政管理文化兴起于 20 世纪初。1902 年，奉天警务机关始设户籍管理机构掌管户口，其法律依据是清廷颁行的《调查户口章程》《户口管理规则》《调查户口执行法》《清查户口办

法》等规定。民国初期，沿袭清末的做法，在奉天省城警察厅设有行政科治安股负责户政管理，依据是北洋政府颁行的《警察厅户口调查规则》《县治户口编查规则》等。日本殖民统治时期，在伪奉天省警务系统设专门机构掌管户政，其依据是日本操控的伪满洲国政府颁行的“暂行保甲法”“户口调查规程”“暂行民籍法”“暂行户口申报规则”等。民国晚期，辽宁省警务处设立第四科掌管户政，其依据是民国政府颁行的《国民身份证发给办法》，并编保甲，强迫居民“切结”，实行联保边坐。特别是 1947 年，《沈阳市区住户可疑户口调查及检查办法》列出了可疑户口范围，将隶于解放区的户口皆列为可疑范围，予以严查，调查中载为“确”字者，一律逮捕；载为“疑”字者，由富商或两名公务员具结担保并注销“疑”字，若认为可疑，带回审讯。

1948 年东北解放后，人民公安机关的户籍管理制度文化逐渐形成和发展完善。户政管理日渐规范，主要包括：常住人口、暂住人口、重点人口、户口迁移、人口信息、居民身份证 6 项业务。其法律依据是东北公安总处制定的《户口暂行管理办法》《关于户口变动的管理实施办法》，以及辽西、辽东两省分别发布的《户口变动管理实施办法》《户口管理权限》《来客报告制度》。当时，沈阳、旅大亦制定了相关户政管理规定，如沈阳的《户口异动暂行办法》《管理公共户口办法》，旅大的《户口管理暂行办法》《户口违警暂行办法》等。

（4）辽河近代交通管理文化的变化

交通管理是公安行政管理文化的重要组成部分。辽宁地区交通管理始于 20 世纪初。1907 年，奉天巡警总局行政科设交通股，专门掌管道路、桥梁危险的预防，车马通行的督察，铁路车站及交通建筑的检查，其法律依据是清廷制定的《交通暂行规则》《管理东洋车条规》《管理搬运车条规》《管理合座马车条规》等法规。民国前期，奉天省交通管理事务由警察厅行政科负责，1929 年改由辽宁全省警务处第三科负责，其法律依据是警务处颁行的《警察职守概要》等。日本殖民统治时期，奉天、锦州、安东省警务厅保安科设交通股，掌管交通事宜。其依据是日本掌控的伪省公署和警务厅颁行的“整理交通办法”“整理交通注意事项”“汽车司机及就业考试规则”“关于汽车取缔规则及施行细则办理手续”等。民国后期，在国统区，辽宁省警务处保安科负责交通事宜，其依据是1946年制定的《汽车监查办法》。

（5）辽河近代消防管理文化的变化

早在19世纪70年代，奉天城内就有被称为“水会”的民间消防组织。20世纪初，随着警察组织文化的兴起，专业消防组织列入警察序列。1907年，奉天地区组建了第一支消防队，至1945年，辽宁地区先后组织了69个消防队。其中：清末时期全省有消防队12个，队员557人；民国前期有消防队24个，队员778人；日本殖民统治时期有消防队32个，队员868人。1948年，辽宁解放初期，各级政府对日本殖民统治时期的消防组织和人员进行接管和改造，组织人民消防队。

（二）辽河近代司法行政文化的变化

清末民初，辽河近代司法文化始终处于变化状态。清代晚期，清廷分别在东北三省设置提法司，专掌全省司法行政事务，开始了近代中国司法行政与司法审判的分立制文化发展的历史。民国时期，中央设司法部、司法行政部等机构，实行由地方行政长官和司法（审、检）机构兼理司法行政的“合一制”文化。这一时期，辽河近代司法行政文化表现为三个特点：一是1912—1930年期间，辽河近代司法行政文化流露出自外中国政府的倾向，同时亦表现有抑制日本侵略和努力收回治外法权的特点。二是1931—1945年期间，日本侵略者实行殖民统治，辽河近代司法行政文化受日本垄断，表现殖民地日本法律化的特点。三是1945年8月至1949年10月期间，国共两党对峙，辽河近代司法行政文化表现为复杂性特点。在国统区，蒋介石当局派官员接收了部分日本殖民统治时期的司法机构，继而组建了辽宁辖境内的辽宁高等法院，推行法院兼管司法行政的“合一制”文化，即辽宁高等法院在主管审判的同时，兼管司法行政；在解放区，中共中央东北局领导的东北行政委员会明确提出各省及特别市设立高等法院，业务上受最高法院东北分院指导，当时的司法行政工作由东北大行政区所设的司法部主管，在省、市以下仍然实行法院兼管的“合一制”司法行政文化。

1. 辽河近代司法建制文化的变化

1907 年，晚清政府在奉天设立的奉天提法司是辽河近代司法文化发展的最早形式。当时奉天提法司内设总务、刑事、民事、典狱四科，其中总务科掌管考绩、文书、财务；刑事科掌管复核全省死刑罪奏报、咨询案件，复核全省钱债、房屋、地商契约及索取赔偿事件，考察全省不支产业、船舶及其他各项登记；典狱科掌管全省监狱、艺所事项。各科均设佥事 1 人、一等科员 1 人、二等科员 1 人、三等科员 2 人。设正副书官 4 人、司书生 30 人。1909 年，调整为 3 个科，即总务科、刑民科、典狱科，设科长 1 人、一等科员 1 人、二等科员 1～4 人。

民国时期，1913 年 1 月 8 日改奉天提法司为奉天司法筹备处；11 月，奉天司法筹备处撤销，由奉天高等审判厅兼理。次年，司法隶于奉天巡按使。1916 年，各省巡按使改为省长，由省长兼督全省司法事务。1931 年九一八事变后，辽宁境内的奉天、锦州、安东等省的司法行政权集中在伪满洲国司法部。日本殖民统治时期，辽宁境内的司法机构几经调整改组，至 1945 年 8 月，辽宁境内各级司法机关共计伪高等法院及其分庭 3 所、地方法院及其分庭 7 所、区法院及其分庭 4 所，其中伪奉天高等法院辖地方法院及其分庭 17 所、辖区法院及其分庭 26 所；伪奉天高等法院安东分庭辖地方法院及其分庭 6 所、辖区法院及其分庭 6 所；伪锦州高等法院辖地方法院及其分庭 4 所、辖区法院及其分庭 12 所。

解放战争时期，辽宁地区司法机构有两种类型。在国统区，1946 年除九市二十八县内设高等法院外，先后建立了 18 所地方法院；至1947年9月底，共建立地方法院23所。在解放区，1946年组建辽宁省高等（人民）法院，至1948年改称辽宁省人民法院，下设秘书室、民刑庭、书记室、监狱，人员有52人；1949年年初，先后设立辽东省人民法院，下设秘书科、民事审判庭、刑事审判庭、狱政科等；辽北省人民法院，下设秘书室、民刑庭、司法行政科、书记室、监狱管理科，编制43人；辽西省人民法院，下设秘书科、司法行政科、民事审判庭、刑事审判庭、狱政科等，人员有65人。

2. 辽河近代律师与公证制度文化的变化

律师与公证制度是近代司法制度文化的重要组成部分。《大清刑事民事诉讼法》中对律师的资格、申请手续、宣誓手续、原被告律师的责任等做了规定，因而为辽河近代律师与公证制度文化发展提供了法律依据。当时在辽宁地区，辽河近代律师与公证文化仅见于个别地区，日本殖民者租借地表现相对充分。

（1）辽河近代律师制度文化的发展

晚清末年，辽宁境内已有日本人律师制度文化的建立。1908年日本殖民统治者根据《关东州辩护士令》，从10月1日起施行律师辩护制度，在租借地成立“关东州辩护士会”，并规定辩护士的一切活动依照日本国的辩护士法。可见，这类辩护士实为维护殖民统治的一种工具。1909年，安东地区审判庭创建，在庭内设有律师休息室，每天有1人值班，专司当事人及律师报到签名各事务。

民国初年，1912年，北洋军阀政府颁布《律师暂行章程》和《律师登录暂行章程》后，在沈阳、抚顺、辽阳、营口、铁岭等地方法院设立律师组织，开展律师业务。《奉天律师公会暂行会则》（以下简称《会则》）中对律师为原、被告办理诉讼事件的职务做了明确规定。奉天地区各律师公会在《会则》中对律师不得从事的职务也做了详细规定。以确保律师业的健康发展。当时，律师执行职务一般分为两种情况：一种是受当事人委托，另一种是受审判部门之命。1913 年，奉天律师公会正式成立，公会由议员 8 人、干事 4 人、会员兼会计 1 人、会员兼书记 1 人组成。此后，奉天律师业文化发展很快，至 1919 年已有律师事务所 45 个、从业律师 55 人。当时，律师业文化在大中城市和经济较发达、人口相对集中的城镇发展较快，农村几乎没有。至 1930 年，辽宁地区有 14 个律师公会。1931 年，专职律师人数为 146 人。1937 年，奉天律师会有会员（律师）112 人。1940 年，安东、辽阳、铁岭、营口等地成立律师会时，共有会员（律师）57 人①。

1945 年日本投降后，在辽宁省高等法院和各地方法院登录并成立律师公会的有 11 个，登录人数为 143 人，如表 5-3 所示。

表 5-3　1946 年辽宁境内各法级法院律师登录人数统计表

法院名称	登录人数（人）	法院名称	登录人数（人）
辽宁高等法院	54	黑山地方法院	1
沈阳地方法院	62	海城地方法院	7
锦州地方法院	1	鞍山地方法院	2
辽阳地方法院	4	义县地方法院	3
抚顺地方法院	4	盖平地方法院	1
营口地方法院	4	合计	143

注：表中数据源自辽宁省地方志编纂委员会办公室．辽宁省志・司法行政志［M］．沈阳：辽宁民族出版社，2003：115.

（2）辽河近代公证制度文化的发展

辽河近代公证制度文化是辽河近代司法制度文化的重要组成

① 辽宁省地方志编纂委员会办公室．辽宁省志・司法行政志［M］．沈阳：辽宁民族出版社，2003：122.

部分。20世纪初，外国公证制度文化传入中国。辽河近代公证制度文化始兴于1907年，日本殖民统治者在关东州实行公证制度。1921年，抚顺开始出现公证活动。1932年，伪满洲国在较繁盛的省会城市开始推行公证制度。1945年日本投降后，在国统区，辽宁省高等法院于1946年7月"奉令整饬将收复区各地方法院先后成立了公证处"，同年10月，在沈阳、锦西、义县、黑山、海城、盘山、抚顺、辽阳、铁岭、营口、鞍山、新民、北镇、绥中、兴城15个市、县地方法院成立公证处，年底，本溪、锦县、台安、辽中4个市、县地方法院成立了公证处。届时，辽宁地区国统区的21个市、县中有19个地方法院成立了公证处。随着公证活动开展，原定由法院推事和书记官兼办公证的做法已经不适应公证业务发展的需要，故当局决定推行专任公证人区域，并指定沈阳地方法院为专任公证人区域，由地方法院设专职公证人员办理公证业务，规定专职公证人员不得兼任其他职务。

这一时期，在辽宁地区各地方法院，除设置公证处外，还设立了与公证业务有关的登记处和提存局。从1929年开始，先后在沈阳、抚顺、辽阳、营口、铁岭、黑山、复县、庄河8个市、县地方法院设立了登记处，在沈阳、抚顺、营口、辽阳、铁岭、黑山、复县7个市、县设立了提存局。到1947年年底，辽宁省境内国统区各地方法院先后设立登记处17处、提存局14处。

1948年东北解放后，沈阳等大城市在市法院内设立公证机构，根据城市居民特别是归国华侨、侨眷和外国侨民的需要，开办了婚姻状况、收养子女、委托书以及房产登记等方面的业务。

二　民国晚期辽河近代检察审判文化发展状况

辽河近代检察审判文化始兴于20世纪初。由于受日本殖民者控制，辽河近代检察审判文化发展经历曲折历史。

（一）辽河近代检察制度文化的变化

检察制度文化是法制文化的重要组成部分。辽河近代检察制度文化兴起于20世纪初。1908年1月，奉天省高等检察厅和奉天府地方检察厅及初级检察厅同时成立。1909年，营口、新民、辽阳相继成立初级检察厅。辽河近代检察制度文化逐渐发展起来。

1. 辽河近代检察机构的变化

据1931年《东北年鉴》记载："辽宁全省58县，计县政府兼理司法者27县；其余各县，论其繁简，分设各级法院。计司法公署已成立者14处，其所在地为：开原、辽中、新宾、海城、新民、绥中、庄河、宽甸、本溪、梨树、怀德、法库、临江等县。地方分庭及检察处8处，所在地为：东丰、昌图、盖平、西丰、义县、海城、凤城、岫岩。地方法院及检察处12处，其所在地为：沈阳、辽阳、营口、复县、安东、锦县、铁岭、洮南、海龙、辽源、抚顺、西安等各县。高等法院第一分院及检察处，则设在通化县。高等法院检察处，设在辽宁省城。"

1931年，九一八事变后，辽河近代检察制度文化完全陷入日本殖民统治之下，经历了曲折发展。据1934年《满洲帝国年报》记载，伪奉天高等检察厅所属44个县级单位，其中地方检察分厅9个单位，有省城、本溪、盖平、岫岩、凤城、义县、昌图、西丰、东丰；伪司法公署11个单位，有新民、法库、兴京、辽中、宽甸、绥中、梨树、怀德、柳河、庄河、临江；兼理伪司法县公署24个单位，有北镇、黑山、彰武、台安、盘山、锦西、兴城、镇东、安广、突泉、开通、洮安、瞻榆、金川、辉南、双山、康平、通辽、清原、桓仁、辑安、长白、安图、抚松。1937—1940年，伪满洲国实行四年改组计划，由于行政区划数次变动，各级检察机构也随之变动。这一时期，伪奉天省县级检察机构变动情况，如表5-4所示。

表 5-4　1937—1940 年伪奉天省县级检察机构变动情况表

年份	区检察厅（个）	县司法公署（个）	兼理司法县公署（个）	旗县检察署（个）
1937	20	9	11	
1938	28	5	7	14
1939	22			
1949	22			

注：表中资料源自辽宁省地方志编纂委员会办公室．辽宁省志·检察志［M］．沈阳：辽宁科学技术出版社，1999：28.

1945 年日本投降后，蒋介石当局在东北地区国统区建立检察机构，1946 年 4 月至 1948 年 11 月，蒋介石当局在沈阳成立辽宁省高等法院检察处，当时正处于战争时期，其所属机构随着战争形势的变化而变化。1947 年，蒋介石当局曾先后在盖平、清原、新宾、锦西、海城、新民等县建立检察机构。

2．辽河近代审查逮捕制度文化的变化

1908 年，清政府进行司法改革时把逮捕人犯列入法律程序之内，表明辽河近代审查逮捕制度文化的兴起。1909 年发布的《奉天各级审判厅试办章程》中规定，“检察官统属于法部大臣，受节制于其长官，对于审判厅独立行使其职务”，“指挥司法警察官建后犯罪者”。其对逮捕人犯程序制度、管辖范围也做了初步规定，“凡逮捕人犯应以审判衙门所发印票为凭，由检察厅备文，送交该管巡警衙门转饬司法警察人员执行”，“属于行政处分者应即决判外，其余解由总分厅备文，派警送交检察厅办理”，“凡是宗室觉罗、职官、外国人、军人有犯罪者，应即电告检察厅以待处分”。1908 年，奉天省各级检察厅批准逮捕人犯的案件有 133 件，其中奉天高等检察厅批准的有 59 件、奉天府地方检察厅及初级检察厅批准的有 74 件。

民国前期，沿用清朝末期的有关法律规定，辽河近代审查逮捕制度文化变化不大。1931 年九一八事变后，日本占领东北，为强化殖民统治，伪满洲国检察机构职权是对“案件范围内行侦查及公诉之实行，刑事裁判之指挥并其他法令所规定之事项”。对案件实行侦查时，强化搜查权，伪满洲国检察厅对搜查辅助机构的司法警察，除赋予对被疑人以拘留权外，还赋予对证人以讯问、扣押、搜查、检证等强制权，对反抗日伪统治的人民群众、革命志士进行残酷迫害。如 1933—1935 年，伪奉天省各级检察厅以“反国家之思想行动”的罪名，将抗日人员起诉判刑的有 120 人。1941 年 6 月，日本关东州（大连）厅地方法院检察局将 37 名反殖民统治的抗日志士移送起诉，其中有 12 人被残杀害、17 人被判 7～10 年有期徒刑，还抓捕无辜群众 2000 多人，其中 66 人惨遭毒打致死。

（二）辽河近代审判制度文化的变化

辽河近代审判制度文化是辽河近代法制文化的重要组成部分。旧时，清朝对奉天极为重视，无论立法、司法，抑或官制、民治，都与全国其他省不同，除盛京将军、奉天府尹过问案件外，盛京刑部是辽沈地区最高审判机关，掌管奉天十五城旗人狱讼及旗民交涉案件，但案件管辖混乱，弊端较多。1905 年，晚清政府裁撤盛京刑部；1907 年，设置奉天高等审判厅和奉天地方审判厅及下属 6 个初级审判厅、其他 7 个地方审判厅。从此，辽沈地区建立了独立的司法机构，同时设置奉天提法司，掌管全省司法行政事务，并负责监督各级审判厅、检察厅及监狱，审判与司法行政开始分立。辽沈地区乃清朝龙兴之地，因备受朝廷重视而形成了独特的法制文化，其审判原则和司法制度表现为：保护满族特权，满族人诉讼，由盛京旗务署及盛京户部、内务府审理，一般司法机关无权过问，皇族犯罪，享有减等、换刑等特权；依靠司法幕僚办案，即上至奉天府下至州县，均聘用幕友帮助审案，形成“审判之名在官，审判之实在幕”的局面；民刑不分，当时没有独立的民法典，民事纠纷均按刑事处理；允许刑讯取供，即刑讯取供作为定案依据，特别是拷刑致死人犯者，不负责刑事责任，造成屈打成招，冤案普遍的局面。民国初期，相继颁布了一些法律、法令，确立了立法、行政、司法三权分立原则，全国为四级审判，中央设大理院，省设高等审判厅，各地区设地方审判厅和初级审判厅。刑事案件审判仍沿用《大清新刑律》。1914 年，北洋军阀政府分别颁布了《暂行新刑律实施细则》和《暂行新刑律补充条例》；1928 年，民国政府公布了《中华民国刑法》《中华民国刑事诉讼法》，作为刑事案件的审理依据。1931 年九一八事变后，日本侵略者占领东北三省，辽宁地区陷入日本殖民统治的桎梏下，辽河近代审判制度文化由日本人操控，主要服从并服务于日本殖民统治。日本投降后，蒋介石当局在其统治区行使审判权，处理刑事、民事案件。1949 年以前，中国的经济审判均按民事案件进行审理，其依据也多是民事法律。民国时期，经济纠纷主要是一些买卖、借贷、租赁、合同等；日本殖民统治时期，辽河近代司法文化主要实行日本殖民经济的掠夺与统治政策，对民众的正当经济行为往往冠以“经济犯”的罪名而予以惩罚。解放战争时期，蒋介石当局经济法规相对较为完整，但其占领辽宁时间较短，审理经济纠纷案件也较少。1948 年 11 月 2 日东北解放后，司法审判权重新回到人民手中，辽河近代司法文化进入全新的发展时期。

1. 辽河近代审判机构与人员变化

1840 年鸦片战争后，辽河近代审判文化的发展大体分为晚清时期、民国前期、日本殖民统治时期（民国中期）、民国晚期（解放战争时期）四个不同时段。

（1）晚清时期

清朝末年，除盛京刑部是专职审判机构外，从盛京将军、奉天府尹至道、府、厅、州、县衙门均兼理司法，直到 1907 年才相继设置初级、地方、高等三级审判厅，从中央到地方实行四级三审制文化。辽宁地区设有奉天高等审判厅，下辖奉天地方审判厅、抚顺县地方审判厅、营口厅地方审判厅、新民府地方审判厅、安东县地方审判厅、锦州府地方审判厅、辽阳州地方审判厅、奉天特别地方审判厅。

（2）民国前期

1912 年，临时大总统发布命令，继续施行清政府所颁行的《法院编制法》，各省于清末建立的审判厅暂不变动。次年，奉天省高等审判厅通令不设地方审判厅的县设置审检所，行使审判、检察职能；同年 7 月，奉天高等审判厅呈报司法部，全省成立 46 个县审检所，不久便裁撤，审判工作复交县公署。1914 年 4 月，奉天省根据司法部颁行的《县知事兼理司法暂行条例》，制发了《奉天省县知事和承审员办事细则》；1923 年，奉天省在西丰等 12 个县设置司法公署，按章设监督审判官 1 人、书记官 2 人、雇员 3～5 人、检验吏 1 人、承发吏 3 人；1928 年 11 月，在奉天成立东北最高法院，是年年底改称最高法院东北分院；1929 年，奉司法部令，东北三省审判厅改称法院。

（3）日本殖民统治时期

1931 年九一八事变前夕，辽宁地区设置有辽宁高等法院 1 个、辽宁高等法院通化分院 1 个、地方法院 13 个、地方法院分庭 10 个、县司法公署 12 个、兼理司法县公署 26 个。至 1945 年日本投降前夕，“满洲国”设有伪奉天高等法院及安东分庭、通化分庭，锦州法院及承德分庭各 1 个；伪地方法院 12 个及分庭 25 个；伪区法院 50 个及区分所 5 个①。

（4）民国晚期

1945 年日本投降后，国民政府于 1946 年 4 月在锦州成立辽宁高等法院，同年 12 月迁往沈阳，至 1947 年 5 月，国民政府在辽宁地区共设置 29 个地方法院，至 1948 年辽沈地区解放前夕，辽

① 辽宁省地方志编纂委员会办公室．辽宁省志·检察志［M］．沈阳：辽宁科学技术出版社，1999：44．

宁地区残存国民政府设置的法院有辽宁高等法院和沈阳、锦县、兴城、绥中、辽阳、义县、海城、辽中、新民、本溪、锦西 11 个地方法院。1948 年 11 月 2 日，东北解放，司法权回到了人民手中。

2. 辽河近代审判程序制度文化的变化

1907 年公布的《奉天各级审判厅试办章程》及附章，对案件管辖、审判制度、诉讼程序做了明文规定。民国初年，奉天省各级审判厅审理刑事、民事案件，仍沿用该规则办理。1914—1931 年期间，民国政府先后颁行了《县知事审理诉讼暂行规则》《复判章程》《刑事诉讼审限规则》《地方审判厅简易庭暂行规则》《民事简易程序暂行条例》《民事诉讼执行规则》《刑事诉讼法》《民事诉讼法》等。辽宁地区遵行中央法律、法令，司法文化的发展逐步走上正轨。1931 年九一八事变后，日本侵略者完全掌控了辽河近现代司法文化，为了维护其殖民统治，也相继制定了“刑事诉讼法”“民事诉讼法”，其“刑事诉讼法”的重点是惩治反日抗日的爱国人士，其“民事诉讼法”的根本原则是维护日本人的利益。1937 年 12 月，日本玩弄所谓“撤废领事裁判权”的阴谋，将在东北境内日本人的民事、刑事诉讼案件交由法院审理，于是在高等法院设立涉外庭，但涉外庭的庭长、审判官、检察官、书记官只能由日本人担任，实际这部分案件的审判权依然掌控在日本人手里。不仅如此，日本人犯罪获刑后，服刑地点亦与中国人不同，关押在奉天第二监狱，生活待遇与其他监狱的犯人也有区别。1938 年，伪奉天高等法院增设法案庭，专门审理“内乱罪”“背叛罪”“妨害国交罪”“‘军机保护法’中的重罪”和“违反‘暂行惩治叛徒法’之罪”，其庭长、检察官、审判官、书记官均由日本人充任。为了镇压中国人民的抗日活动，他们还在奉天、抚顺、鞍山、本溪等地设置了“矫正辅导院”，将一切有抗日思想的人，送至“矫正辅导院”强行拘禁，防止其思想传播。日本殖民者还特别制定了“经济犯罪”案件处理程序，对“经济犯罪”实行二审终审制，对“经济犯罪”采取严罚方针，不仅主刑从严，而且从刑如罚金等亦从严。总之，这一时期辽宁地区司法文化充满殖民主义色彩。

1945 年 8 月日本投降后，辽河近代司法文化的发展历程十分复杂。蒋介石当局在国统区恢复了旧的法院审判制度，依据《反革命案件陪审法》《剿匪期内审理盗匪案件暂行办法》《特种刑事法庭组织条例》，镇压人民反压迫、反剥削、反内战的运动。敌特机关不按刑事诉讼法办事，实施秘密搜查、逮捕、审讯、关押，甚至暗杀了大批中国共产党员和革命志士。在解放区，在战争的情况下逐步开始了人民法院的建设并逐步形成了人民的司法制度，1948 年 9 月中旬，辽宁省高等法院由通化迁往瓦房店，成立了辽宁人民法院。随后，在组建各县司法科的同时，建立了简单的诉讼制度，包括严格逮捕手续，实行传票、拘票制度，建立陪审制度、档案制度、宣判指示制度，实行犯人生产分红制度，并制定了 17 种司法、诉讼表格，如司法工作登记表、日志、收文发文簿、收案簿、传票、口供笔录格、审理书、审判诉讼卷宗、批答归档登记表、罚没财物登记表、收理案犯月报表、处理案犯月报表、徒刑犯登记表、犯人登记表、犯人财物保管证，以及犯人释放、转出、处决、死亡登记簿等。1948 年 11 月 12 日，辽宁省公布《为彻底贯彻保障人权令由》的训令，规定：除公安司法机关可依法执行职务得以传讯、拘禁外，其他任何机关、团体、部队和个人，除现行犯外，对任何人均不得加以逮捕、监禁、审问或处罚。辽北人民法院于 1949 年 1 月着手制定了 9 个规章草案，其中对刑事、民事审判程序略有涉及，这 9 个条例草案及呈请批答复核刑事案件手续办法，使各市、县、旗人民法院或司法科在审判程序上有所遵循，审判文化日益朝着正规方向发展。辽西省人民法院于 1949 年 6 月 29 日制发《为通知审级及复核制度希查照办理由》的通知，规定：实行审级制度、复核制度、审级和复核制度的手续等，促进了辽河近代审判文化的逐步健康发展。安东省人民法院于 1948 年春在各地设立司法科，开始以《土地法大纲》《东北解放区惩治贪污暂行条例》为司法指针，完善了诉讼手续、审判方式方法，进一步促进了辽河近代审判文化的发展。

（1）辽河近代刑事案件审判文化

1907 年以前，辽宁地区的刑事案件审判在《奉天通志》及其他地方文献中有零星记载，自 1908 年起，辽宁地区每年审结案件大体上有记载。其中 1908—1909 年间辽宁地区每年审结的刑事案件有 0.70～0.80 万件①。辽宁各地各级官府衙门审判刑事案件的主要依据是《大清律例》和 1910 年颁行的《大清新刑律》。《大清新刑律》分总则（共 87 条）、分则（300 条），共 387 条。其将刑事案件分为"十恶"、人命、斗殴、强盗、抢夺、窃盗、发冢、诈伪、诱拐、赌博、捕亡、犯奸、杂犯十三类，刑罚分为死刑、军刑、流刑、徒刑、杖刑、笞刑、监禁七类。由于当时实行满汉分治，满族人享有特权，其犯罪不归一般官府衙门管辖，而由步军统领衙门和理事厅、慎刑司审理，皇族由宗人府审理，均享有减等、换刑等特权。半殖民地半封建社会，帝国主义侵略掠夺、晚清政府残酷剥削与压榨，致国内阶级矛盾、民族矛盾日益加剧，刑事审判体现"乱世用重典"的特征，表现在镇压民变案件包括反抗腐败没落晚清政府、反对帝国主义侵略、抗捐抗税等，"拳匪"案件，职官犯罪案件，其他案件，宗室犯罪案件。这一时期，奉天各审判厅处理案件刑、民不分，民事纠纷按刑事案件处理。1908—1909 年，共收民事案件 1.57 万件，审结 1.45 万件。在审结的案件中，判决结案 1.01 万件，占结案总数的 69.50%；经调解和解 0.19 万件，占结案总数的 12.90%；注销和免诉 0.25 万

① 辽宁省地方志编纂委员会办公室．辽宁省志·审判志［M］．沈阳：辽宁民族出版社，2003：246.

件，占结案总数的17.60%①。

民国初年，北洋军阀政府除沿用清末法律外，还制定了《暂行新刑律》及一些特别法规。《暂行新刑律》规定罪名有35种，是刑事审判的主要依据。当时的刑罚分主刑、从刑两种。主刑有死刑、无期徒刑、有期徒刑、拘役、罚金；从刑有褫夺公权、没收财产。1929年以后，辽宁地区适用南京民国政府颁行的《中华民国刑法》及一些条例、办法。案件审判，据统计，1914—1926年期间奉天高等审判厅（辽宁高等法院）及其下属各地方审判厅和分庭共收案8.37万件，共结案8.23万件，结案率为98%；1929年，辽宁高等法院共收案0.21万件，共结案0.19万件，结案率为89.32%；1930年上半年，辽宁高等法院刑事诉讼案件数为0.12万件，地方法院及分庭刑事诉讼案件数为0.62万件，另有民事与刑事混合案件数为0.39万件。这一时期，其刑事法律体现维护北洋军阀统治和蒋介石集团的独裁统治。其政治性案件审判主要针对反对袁世凯复辟进行护法运动的革命党人和中国共产党领导的工农运动。仅1927—1930年，经奉天督军公署军法处、东北边防军怀念部军法处、辽宁省高等法院等审讯处理的、有影响的政治性案件有8件，主要有任国桢、杨志云“共产党嫌疑案”、陈为人等“共产党嫌疑案”、刘少奇等“煽动工潮案”、杨靖宇“反革命案”、李子芬等19人“政治案”、刘伯刚“反革命案”、林仲丹等5人“危害民国罪案”②。这一时期，各级审判机关开始将民事与刑事案件分开，在审判机构内单独设立民事审判庭，专门审理民事案件。民事案件审理的法律依据是民事法律和习惯。1930年3月，民国政府在给东北地区各法院的通知中指出：“审理

① 辽宁省地方志编纂委员会办公室．辽宁省志·审判志［M］．沈阳：辽宁民族出版社，2003：414.

② 辽宁省地方志编纂委员会办公室．辽宁省志·审判志［M］．沈阳：辽宁民族出版社，2003：286.

案件应遵照国府新法，如《中华民国刑法》等，惟民事案件则因边陲开化较迟，风俗习惯多与中原不同，民事本主习惯，故在民事法典公布之前，东北习惯历来适用的法例，与三民主义无抵触者，仍准援用。”奉天审判机关对未受理的民事案件，主张先行调解，同时设立民事简易庭进行审理，还规定民事有上诉权等。这一时期，民事案件分为人事、建筑物、船舶、土地、钱债、粮食、物品、证券和杂件案件九类。据不完全统计，1914—1926 年，沈阳、辽阳、安东、营口、复县、锦县、铁岭 7 个地方审判厅和复县、抚顺、义县、昌图、盖平 5 个分庭，共受理各类民事案件 6.81 万件，审结 6.52 万件。其间，奉天高等审判厅共受理民事案件 1.89 万件①。

1931 年 9 月至 1945 年 8 月年，日本殖民统治时期，辽河近代法制文化充满殖民性，主要是为了维护日本殖民统治。其法律规定对反满抗日人员处以重刑。刑事审判依据有 1932 年颁行的“暂行惩治叛徒法”和“暂行惩治盗匪法”、1937 年颁行的“刑法”、1941 年颁行的“治安维持法”、1942 年公布的“时局特别法”等。这些法律将“思想犯”“国事犯”等案件视为重中之重，迫害的主要对象是“反满抗日之共产分子及组织”，主要罪名有“内乱罪”“外患罪”“妨害国交罪”“危害国家罪”及“叛徒罪”等，对此类“犯罪”实行重罚方针，由日伪奉天高等法院一审管辖。对此类案件，在清剿和搜捕过程中，依据“治安维持法”，实施了“临阵格杀”和“酌情处理”两条。日本殖民统治时期，日伪当局对中国共产党党员及抗日爱国志士进行疯狂的搜捕、审讯，其中无数中国共产党党员和抗日爱国志士被捕后，未经审判程序即被杀害。1933—1935 年间，奉天省各级法院一审共处理 189 件，其中有较大影响的有 16 件。主要有赵毅敏等“危害民国紧急治罪法案”，刘凯平等 9 人

① 辽宁省地方志编纂委员会办公室．辽宁省志·审判志［M］．沈阳：辽宁民族出版社，2003：425-426.

"反满抗日国事犯案"，郝培庄等 4 人"政治案"，马锦坡等"反满抗日案"，张有才等"国事犯案"，邓铁梅"反满抗日案"，"一分委员会案"，兴京县商会"通匪案"，安东"救国会案"，纪儒林等"违反'暂行惩治叛徒法'案"，抚顺炭矿"特殊工人暴动案"，"仁义军"首领郭文连"反满抗日案"，凌源刀尔登尖山子无辜村民"报复案"，革命作家田贲"共党嫌疑案"，宋国祥"违反治安维持法案"①。日本侵略者为了进一步扩大侵华战争，大肆掠夺东北资源，加快经济立法，企图用立法形式强化对物资和资源的统制，先后颁行了"重要产业统制法""米谷管理法""小麦及制粉业统制法""粮谷管理法""特产物专管法""农产品强制出卖法"等一系列法律，并设有"搜荷工作班""黑市取缔班""情报班""宣传班"等，实行武力强制"搜荷"。凡列入统制范围的物资严禁在市场出售和交易，如有违者即被当作"经济犯"予以制裁，甚至农民吃大米、蚕农生产蚕茧自用亦被视为"违法"。1941 年 1—4 月，伪奉天省以不交出"荷粮"为名逮捕农民 0.11 万人；次年同时，又逮捕 0.31 万人②。这一时期，日本殖民者操控了司法文化，辽宁地区民事审判为日本侵略者进行经济掠夺、政治压迫、思想奴化的殖民统治服务。据统计，1934—1935 年，日伪法院审理民事案件 2.88 万件，审结 2.30 万件；日伪奉天高等法院共受理民事案件 1.53 万件，审结 1.43 万件③。

解放战争时期，辽宁地区存在着两种不同性质的政权。在国统区，蒋介石当局颁行一系列法律、法令，如《惩治盗匪暂行条

① 辽宁省地方志编纂委员会办公室. 辽宁省志・审判志［M］. 沈阳：辽宁民族出版社，2003：296-304.

② 辽宁省地方志编纂委员会办公室. 辽宁省志・审判志［M］. 沈阳：辽宁民族出版社，2003：305.

③ 辽宁省地方志编纂委员会办公室. 辽宁省志・审判志［M］. 沈阳：辽宁民族出版社，2003：439-440.

例》《暂行反革命治罪法》《危害民国紧急治罪法》《共产党人自首法》《维持治安紧急办法》《国家总动员令》《妨害兵役治罪条例》《共产党问题处置办法》《防止异党活动办法》《戡乱总动员令》《戒严法》《维护社会秩序暂行办法》《戡乱时期危害国家紧急治罪法》等，适用法律原则为，新法优于旧法，特别法优于普通法，命令具有法律效力①。蒋介石集团把矛头直接指向中国共产党和广大民主人士，其公开审理审结的案件仅是一小部分，而绝大多数是未经审判即将其秘密杀害或无限期监禁。在解放区，辽宁省、安东省及旅大地区人民政府依据中共的政策和政策法令，对汉奸、恶霸、国民党特务、还乡团骨干等反动分子进行公开审判并给予了坚决镇压，以巩固新生的人民政权。据统计，1946 年秋至 1947 年 3 月辽宁省法院共处理刑事案件 38 件；1948 年，据不完全统计，全年共处理刑事案件 685 件；1946—1948 年，旅大地区各级法院共处理各种刑事案件 0.49 万件；1948 年至 1949 年 3 月，安东省各级法院共处理刑事案件 0.14 万件②。

1946—1948 年解放战争时期，在辽宁地区存在两种不同性质的地方政权。在国统区，少数城市的地方法院依据蒋介石当局颁行的“六法全书”中的《民法》办理民事案件。1946 年 4 月 1 日至 1947 年 8 月底，国统区高等所属地方法院受理各类民事案件共 0.98 万件，审结 0.84 万件③。在中国共产党领导的解放区，审理民事案件的方针是：以调解为主，以判决为辅，着重说服教育，促进民众的团结和睦。审判机关处理民事案件，坚持保护劳动者

① 辽宁省地方志编纂委员会办公室．辽宁省志·审判志［M］．沈阳：辽宁民族出版社，2003：312.

② 辽宁省地方志编纂委员会办公室．辽宁省志·审判志［M］．沈阳：辽宁民族出版社，2003：320.

③ 辽宁省地方志编纂委员会办公室．辽宁省志·审判志［M］．沈阳：辽宁民族出版社，2003：449.

的合法权益。为适应民事审判的需要，有些地方法院制定了一些临时法规、条例、规章、办法。审理民事案件比较简单，如 1946—1949 年旅大地区各人民法院共受理民事案件 0.28 万件；安东地区各市县人民法院（司法科）共受理民事案件 585 件。1946 年，辽宁省法院共处理土地案件 4 件、婚姻案件 12 件；1949 年 2—3 月，辽北省人民法院共受理一审、二审民事案件 97 件，审结 87 件①。

第七节　民国晚期辽河近代文化事业发展状况

辽河近代文化事业包括戏剧曲艺文化、美术摄影文化、图书报刊文化、广播电影文化、方志档案文化等。九一八事变后，辽河近代戏曲美术文化遭到限制和摧残，但经过戏曲界人士的艰辛拼搏和人民群众的支持，辽河近代戏曲美术文化曲折发展。

一　民国晚期辽河近代戏曲美术文化的发展

辽河近代戏曲美术文化主要包括戏剧文化、音乐舞蹈文化、曲艺杂技文化、美术摄影文化等形态和类型。

（一）辽河近代戏剧团体及其演出

解放战争时期，在中国共产党领导下的大片解放区，先后组建了许多文艺团体。这支文艺队伍运用各种文艺形式，宣传激励人民为建立巩固的东北根据地、夺取解放战争的胜利而斗争。一些从关内各解放区来的艺术骨干，他们创作并演出了许多剧目，培养了大批文艺骨干，为动员人民、支持解放战争作出了贡献。

1945 年 8 月 15 日日本投降后，中共中央组织干部团到东北，

---

① 辽宁省地方志编纂委员会办公室．辽宁省志·审判志［M］．沈阳：辽宁民族出版社，2003：450.

其中包括一大批文化艺术干部，组成东北文工一团、二团两个文工团，东北文工一团以鲁迅艺术文学院为基础，东北文工二团以青年艺术剧院为基础。如 1945 年 11 月 2 日，延安鲁迅艺术文学院部分师生来沈阳，成立东北文艺工作团，于 1946 年 3 月 14 日奉命撤至大连，举办多场演出，收到良好效果。该团曾去黑龙江工作，1948 年 7 月后又回到沈阳。同年冬，鲁迅艺术文学院迁入东北，先在黑龙江活动。沈阳解放次日，东北鲁迅文艺工作团四团进入沈阳；11 月中旬，东北文艺协会工作团进入沈阳；11 月 28 日，由哈尔滨赴锦州、营口慰问演出的东北鲁迅文艺工作团一团、二团进入沈阳；12 月 10 日，三团进入沈阳。12 月 28 日，鲁迅音乐工作团进入沈阳。至此，东北鲁迅文艺工作团 5 个团全部到达沈阳。1949 年 1 月，5 个文工团合并，恢复东北鲁迅艺术文学院建制，吕骥任院长。该院设戏剧、音乐、美术 3 个系，舞蹈班、文学研究室和实验剧团、实验音乐团。东北文工一团在沈阳演出了《东北人民大翻身》，在大连演出了《黄河大合唱》《没有共产党就没有新中国》《日出》及小话剧《把眼光放远一点》《粮食》《血泪仇》等。

此外，还从华中、山东、冀中调来一批文化艺术干部、文化艺术团体跟随部队活动，或进入东北各省工作。这些人成为开创东北解放区文化艺术事业的主力军。

1946 年 6 月，安东省成立白山艺术学校，首批招收学员 100 多人；1947 年 5 月以后，白山艺术学校开赴前线为战士们演出《白毛女》。中华人民共和国成立后，这些人成为辽宁文化艺术事业的骨干。冀东尖兵剧社成立于 1943 年 7 月，日本投降后，随部队挺进辽西，在锦州演出了戏剧，社长李劫夫创作了大批革命歌曲，其中《歌唱二小放牛郎》《我们走在大路上》《革命人永远是年轻》等脍炙人口、传唱久远。冀热辽军区第十八军分区文工团活跃在辽西地区，排演了话剧《糖衣炮弹》，合唱《歌唱共产党》《毛泽东之歌》等歌曲。随部队转战演出。

此外，1946 年 4—10 月，先后成立辽宁文化协会、冀热辽联合大学鲁迅艺术学院、东北文化教育队、东北鲁迅文艺学院、中华全国文艺协会东北总分会（简称东北文协）。当时较有影响的戏剧团体有：胜利剧社、鸭绿江文工团、东北鲁迅文艺学院文工团四团、东北文协文艺工作团、东北文协（京）剧工作团、东北文协评剧工作组、唐山评剧院等。

这一时期，各类作品影响较大的有戏剧《炮弹是怎样造成的》《东北人民大翻身》《蒋日伪合流》《把眼光放远一点》《粮食》等；歌剧《打倒蒋介石解放全中国》、秧歌剧《两个胡子》《参军》、话剧《救星》《自卫》《反翻把斗争》、评剧《小二黑结婚》《新老妈辞话》《鸭绿江怒潮》《花烛恨》《打狗劝夫》《群英大破刁家庄》等。

（二）辽河近代音乐舞蹈团体及其演出

九一八事变后，日本侵略者侵占东北，辽河近代音乐舞蹈文化受到很大摧残。但在东北抗日联军中仍出现许多填词歌曲在部队和群众中保留，如《抗日联军第一路军歌》《中朝民族联合歌》《露营之歌》等。阎述诗谱出的《五月鲜花》唱遍了长城内外、大江南北，鼓舞了中国人民抗日的斗志。1945 年 8 月 15 日日本投降后，东北解放区广泛开展了革命歌舞和音乐创作与表演，小歌剧、秧歌、歌舞等演出增加，革命新歌舞成为宣传、教育和鼓舞群众的有力工具。由延安鲁艺以及关内解放区来到东北的一大大批革命文艺工作者，从事音乐创作，举行音乐演出，兴办音乐教育，开展音乐活动，传播音乐文化，辽河近代音乐舞蹈文化的发展奠定了良好基础。创作了许多有影响的作品。如民歌有《牧歌》《春耕谣》《乘顺风》《叫五更》《瞧情郎》《小情人》《绣门帘》《对花》《九反朝阳》《嘎达梅林》《来到千金寨》《劳工叹》《打倒日本鬼子》《驱赶日本强盗滚蛋》《抗日五更》《劝夫参军》《十劝》《妇女放哨》《支前小唱》《新东北风》《五朵花儿开》《四季喜洋洋》等。其中一些作品直至 20 世纪 80 年代仍为人们所传唱。

1946—1948 年，辽宁音乐创作情况，如表 5-5 所示。

表 5-5　　　　1946—1948 年辽宁音乐创作情况表

体裁	题目	作者	创作年份	演出地点与获奖情况
秧歌剧	会亲家	冀察热辽鲁艺文工团	1946	
	王大嫂翻身	旅大被服厂	1947	旅大各工厂
	参军去	刘相如	1947	瓦房店城乡
	两兄弟	陈其通	1947	旅大、瓦房店城乡
	送子参军	白山艺校	1947	旅大、瓦房店城乡
	最后胜利	旅大文工团	1947	旅大
	上冬学	旅大文工团	1947	
	状元回家	黎军	1947	
	州民泪	旅大职工总会进化剧团	1947	
	盼八路	谢力鸣编剧、孙康配曲	1947	
	喜	安洁等编剧、杨明配曲	1948	瓦房店、营口、鞍山、辽阳
	二毛立功	王水亭	1948	荣获国家第一届文代会献演纪念奖
	翻身年	曹会萍、赵育秀编剧，于大波配曲	1948	
	两种军队	刘相如编剧、石长增作曲	1948	
	开荒	田成仁	1948	普兰店、庄河、皮口
	杨小林	卞和之、韩彤等编剧，苏颖等配曲	1948	辽北各地区，辽北省委宣传部表奖
	打年底	姜雨零	1948	

续表

体裁	题目	作者	创作年份	演出地点与获奖情况
秧歌剧	放赖	旅大职工总会进化剧团	1948	
	二流子转变	旅大职工总会进化剧团	1948	
	假状元	旅大职工总会进化剧团	1948	
	男耕女织	冀察热辽鲁艺文工团	1948	
	不要走岔道	冀察热辽鲁艺文工团	1948	
小歌剧	自卫队杀贼		1946	
	独眼龙	刘相如	1946	首演于赤峰农村
	帮助主力	刘相如	1946	首演于普兰店
	解放年（又名《胜利年》）	程云、严正	1946	首演于叶百寿
	兵	安波、程云、张凡等	1947	首演于赤峰
	戒大烟	李德生编剧、作曲	1947	
	送公粮	安东市委文教队	1947	
	上当	安波	1948	首演于赤峰农村
	李贵香	田风改编	1948	首演于旅大
	金不换	克莹、赵郁秀	1948	瓦房店、庄河、皮口
	婆媳英雄	安洁、项昌、王玫罡等集体创作	1948	瓦房店、庄河、皮口
	戴霸天	安洁、项昌、王玫罡等集体创作	1948	首演于建昌要路沟
	复仇	胡零编剧、陈紫作曲	1948	首演于安东
	信不得	刘相如编剧、于大波作曲	1948	新金、庄河

续表

体裁	题目	作者	创作年份	演出地点与获奖情况
儿童剧	打豺狼	冀察热辽鲁艺文工团	1947	
	刘锁上学	张凡编剧、程云作曲	1947	
儿童歌剧	团结起来打瘸狼	冀察热辽鲁艺文工团	1947	
	归队立功	劫夫、管烨	1948	
	米	骆文、张凡编剧，莎莱作曲	1948	
	秋收歌舞	冀察热辽鲁艺文工团	1948	
歌舞剧	一个女工的翻身	赵毅等（大连华胜烟草公司）	1947	
歌舞	闹生产	丁鸣词、曲	1948	首演于安东
	分浮财	张庚编剧、丁鸣作曲	1948	首演于安东
	五朵金花	白山艺校	1948	
歌曲	我们欢迎和平	柯夫	1946	首唱于叶百寿
	东北青年进行曲	陈陇词、刘炽曲	1946	首唱于旅大
	工人进行曲	刘炽词、曲	1946	首唱于旅大
	民主进行曲	张庚词、刘炽曲	1946	首唱于旅大
	歌唱新关东	马克词、曲	1946	首唱于旅大
	妇女会会歌	方冰词、路曼曲	1946	首唱于旅大
	七月七日这一天	柄元词、刘炽曲	1946	首唱于旅大
	古树开了花	李予词、郝汝惠曲	1946	首唱于旅大
	民主联军进行曲	禹黎寅	1946	首唱于旅大
	光荣起义颂歌	麦溪词、黄准曲	1946	首唱于叶柏寿

续表

体裁	题目	作者	创作年份	演出地点与获奖情况
歌曲	立功歌	吴仁词、刘亚曲	1946	首唱于旅大
	七月七	戈苏云	1946	首唱于旅大
	关东妇女进行曲	东方词、夏苏曲	1946	首唱于旅大
	“八一五”(合唱)	王大化词、田风曲	1946	
	人民一定能胜利（联唱）	安波、程云等	1946	建昌要路沟
	坚决打他不留情	邢也、劫夫词，劫夫曲	1947	首唱于叶柏寿
	纺棉花	骆文词、莎莱曲	1947	
	运动战歼灭战	安波	1947	
	蒋介石是运输大队长	安波	1947	赤峰等地
	我们的排长同志	俞德秀	1947	
	三套黄牛一套马	安波	1948	
	打进关里去	柯夫	1948	
	工人本领高	旅大建新裕华厂	1948	首唱于旅大
	支援前线	旅大海口搬运队	1948	首唱于旅大
	咱们工人有力量	旅大鱼网厂	1948	首唱于旅大
	共产党的光辉照遍了旅大	旅大西岗区度量衡厂	1948	首唱于旅大
	装卸号子	旅大码头工人	1948	首唱于旅大
	解放全中国	旅大渔网厂	1948	首唱于旅大
	荣誉军人之歌	俞德秀	1948	铁岭一带

续表

体裁	题目	作者	创作年份	演出地点与获奖情况
歌曲	炮兵歌	柯夫曲	1948	
	尖兵连	郝子义词、柯夫曲	1948	
	加油练兵歌	梁契词、柯夫曲	1948	
	受苦人翻身（大联唱）	冀察热辽鲁艺文工团	1948	
	展开攻坚战	列原正、柯夫、程云词曲	1948	
	红五月	列原正、柯夫、程云词曲	1948	
	生产忙（东北民歌）	刘炽、解冰改编，崔琪曲	1948	首唱于沈阳
	刺刀见红	田力词、达尼曲	1948	
	五月的歌	大为词、劫夫曲	1948	
	打倒蒋介石	安波曲	1948	
	锦州解放了（合唱）	严正词、程云曲	1948	
	码头工人（大合唱）	王斋词、丁鸣曲	1948	首唱于旅大
	秋收（合唱）	丁鸣词、曲	1948	首唱于旅大

注：表中资料源自辽宁省地方志编纂委员会办公室．辽宁省志·文化志［M］．沈阳：辽宁科学技术出版社，1999：165-168.

当时，音乐刊物有《戏剧与音乐》《人民音乐》《戏剧与歌曲》等。

抗日战争胜利后，东北解放区中国共产党领导的人民军队和地方的革命舞蹈工作以“解放秧歌”“胜利腰鼓”为先导，创作了一大批反映革命战争和人民翻身当家作主人的舞蹈节目，如女子群舞《嘎登待》《七枝花》、群舞《陕北大秧歌》、女子独舞《纺棉花》、歌舞《秋收歌舞》等。音乐舞蹈团体主要有春天谐和音乐团、营口春风音乐会等。

（三）辽河近代曲艺杂技团体及其演出

九一八事变后，在日本侵略者殖民统治下，辽河近代曲艺杂技文化发展也受到限制，但东北抗日联军中仍出现许多填词歌曲在部队和群众中保留。日本投降后，在国统区曲艺团体难以为继。直至1948年东北解放后，辽河近代曲艺文化才有了良好的发展前景。这一时期，传统的说唱艺术、二人转、鼓吹乐、喇叭戏、皮影戏、京剧、评剧在民间也有所发展。如说唱艺术，东北大鼓艺人主要有霍树棠、车德宝、朱玺珍（女）、那月林（女）等；二人转曲牌常用的有《红柿子》《穷生调》《武咳咳》《喇叭牌子》《打枣调》《锔大缸》《五字锦》等；喇叭戏主要采用唢呐牌子曲，如《句句双》《柳青娘》《鬼扯腿》《斗蛐蛐》《柳摇金》《五匹马》《满堂红》等。在海城、盖县、大石桥、岫岩等地还流传皮影戏、辽南戏等。

九一八事变后，辽河近代杂技文化受到日本殖民统治的限制，日本的杂技、马戏、魔术团体乘隙而入。这在客观上推进了辽河近代杂技文化的发展。这一时期辽宁地区的杂技演出团有星星马戏团、双盛马戏团、周化一魔术团、中华幻术团等，演出的节目有《马上劈刀》《蹬大车轱辘》《锯拉活人》《男女换相》《杂耍》等。一些流散艺人演出的节目有《吐宝剑》《吞铁球》《仙人摘豆》《飞钱不见》等。魔术（戏法）、马戏、杂技、飞车走壁、气功武术等各类节目创作十分活跃。

（四）辽河近代美术摄影书法文化的变化

辽河书画美术艺术文化历史悠久。清末民初，辽河近代书画美术摄影创作文化表现为由分散状态向有组织的方向发展，并逐渐形成鲜明的地域特色。奉天美术研究专科学校培养了一批画家，曾在奉天等地举办过画展。1931 年九一八事变后，日本殖民统治给辽河近代书画美术艺术摄影文化带来萧条。1945 年日本投降后，辽河近代书画美术摄影艺术文化有一定发展，书画美术摄影艺术家以战争题材创作出一大批反映东北解放战争的版画、摄影作品，书画、摄影展览举行规模较大，参加人数较多，鼓舞了广大军民的斗志。

二　民国晚期辽河近代图书业文化的发展

辽河近代图书文化主要包括图书出版文化、书店业文化和图书馆业文化等形态和类型。

（一）辽河近代图书出版文化的发展

辽宁地区图书出版文化在清代中晚期就有所发展。当时，盛京有程记书坊、会文山房等享有盛名、有一定经营规模的民间书坊，编纂印行蒙学书、诗文集及子弟书等。1840 年鸦片战争后，随着西方资本主义入侵，现代工业、现代印刷和造纸技术传入辽宁地区，辽河近代图书出版文化进入木刻与铅印并存的新阶段。20 世纪初，清朝政府实行“新政”，废除科举，兴办学堂，教育文化进一步发展，社会对图书的需求量增加，促进了辽河近现代图书出版文化的迅速发展。奉天的作新石印局、安东的诚文信书局等一批大型的近代书局应时创立，集出版、印刷、发行于一体，开展图书出版活动。截至 1911 年，辽宁地区有各类书局 50 多家，此外还有官办的期刊。

辛亥革命后，近代书局纷纷涌现。1912—1930 年，相继成立的书局有辽阳的增发钰书局、锦州的锦潮书局、奉天的关东印书局、旅大的大中印书馆、营口的震东书局、阜新的德发书局。此外，一些政府机关、团体、学校、报刊社等也经营图书编纂出版，如奉天省教育厅、沈阳学署、东北大学等机构都出版过图书。这一时期，辽河近现代图书出版文化较为兴盛，出版图书种类较多。北京、上海等地区的一些新文学作品被大量翻印，政治和科普读物开始出现，因而带动了一些书局经营发展与规模扩大。至 1931 年，辽宁地区有书店 170 多家、印刷厂 243 家。特别是在五四新文化运动的影响下，辽宁近现代期刊出版文化也日益兴盛，官办与民办期刊共同发展，数量由清末寥寥几种发展到数十种，其中不乏有《冰花》《关外》等进步刊物。

九一八事变后，日本对辽宁乃至东北地区实行残酷的殖民统治，辽河近现代图书出版文化遭受严重摧残，许多民营书业被查禁。为维护殖民统治，日本实施奴化教育和文化侵略，大肆发行日文书刊，各大中城市中几乎都有日本人开办的书店，如日本人在奉天开办的书店有 20 多家、在旅大开办的书店有 30 多家，出版物数量骤增，辽宁地区各级各类学校教科书一律由日方审定编纂出版，图书市场被日本垄断。至 1941 年，辽宁地区有书店 300 余家，其中日本人开办的有 80 多家；印刷厂 444 家，其中日本人开办的近百家。1942 年太平洋战争爆发后，受纸张配给制度的影响，辽河近代出版业文化发展出现萎缩。到 1945 年，辽宁地区的民营书业仅剩 72 家，幸存者勉强维持。

抗日战争胜利后，辽河近现代图书出版文化摆脱了日本殖民统治，获得新的发展。中共中央从延安、晋察冀、山东等地选派一大批文化工作者随军进入辽宁地区。在沈阳成立了东北画报社，开办东北书店；在旅大开办大众书店、光华书店、友谊书店；在安东开办辽东建国书社。1946—1948 年，辽宁地区各地出版部门共出版图书近 2300 种，其中自编图书约 800 种，年均出版图书 500 种以上。如东北书店，在战火纷飞、极其艰苦的条件下，翻印与编辑出版书刊达 600 多种。该书店一面翻印延安解放社和其他各解放区出版的马列主义经典著作、政治理论书籍、政策文件汇编和革命文艺书籍等，一面自编新版图书，包括配合土地改革、解放战争和建设根据地的大量政治、文化读物，并积极出版知名作家周立波、刘白羽、马加等人的文艺新著。出版高峰时，每月发排的本版、外版图书竟达二三十种之多。同时，大众书店、光华书店、友谊书店、辽东建国书社等也都出版了一定数量的政治理论读物、文史读物和翻译图书。其中，东北书店、大众书店曾编辑出版《毛泽东选集》(6卷合订本)。1948年11月辽沈地区解放后，辽河近代图书出版文化直接为恢复生产和发展国民经济服务，当时各种出版物肩负着对广大工农群众和干部进行思想教育、指导工作、提高文化水平的使命。

1931—1945年，辽河近代书刊印刷业文化完全被日本殖民者垄断。九一八事变后，日本殖民者为奴化东北人民，垄断并扩张印刷业文化，大量印制各种书刊、编印殖民主义教育材料。在奉天、旅大等地投资兴办了许多大型印刷企业，如奉天的兴亚印刷株式会社、新大陆印刷株式会社，拥有职工五六百人，最多时达1000人，而且印刷设备齐全，技术力量很强。日本投降后，从老解放区来的一些中国共产党干部和东北的一些中共老地下党员，在沈阳、旅大地区，筹建书刊印刷厂，并建立了一些书刊印刷企业。

（二）辽河近代书店与图书馆业文化的发展

1. 辽河近代书店业文化的发展

1945年11月7日，中国共产党在沈阳创建东北书店，隶属东北日报社，出版发行《论联合政府》《新民主主义论》《中国革命和中国共产党》《论解放区战场》等革命书籍20余种。同年11月26日，遭到国民党特务破坏，被迫撤出沈阳，到本溪继续出版，后转移至吉林、黑龙江；沈阳解放后，重新回到沈阳，接收了原属于国民党的中国文化服务社、独立出版社、时与潮出版社等出版单位。1948年11月8日，东北书店在沈阳隆重开业。1949年1月，东北书店总店从哈尔滨迁回沈阳，7月1日更名为东北新华书店总店。1946—1949年，东北书店出版包括《新民主主义论》《论联合政府》在内的图书达600余种。辽沈解放区各省相继成立书店。安东成立建国书社，1947 年 6 月成立安东书店。1949 年，安东省与辽南行署合并，两地书店合并为新华书店辽东省分店。1947 年，大连友谊书店正式挂牌营业，1950 年 1 月合并到新华书店大连分店。1945 年 8 月 25 日，由中共地下学员创办大连大众书店，出版有《大众哲学》《政治经济学》《论青年的修养》《论联合政府》等进步书籍。1947 年 1 月，中共大连工委接管了大众书店，旅顺、金州、普兰店、瓦房店等地的书店或改为大众书店分店，或新设立了分店。到 1947 年上半年，书店已出版书籍 100 余种 100 万余册。1949 年 4 月 1 日，书店改名为东北书店大连分店。

1946 年 7 月，山东烟台的光华书店在大连开办了东北第一家光华书店，随后在安东等地建立分店。该店最早翻印出版的图书有《政治经济学》《大众哲学》《铁流》《革命文豪高尔基》等，自编图书有吕振羽的《简明中国通史》、冯定的《平凡的真理》、柳青的《种谷记》、丁玲的《太阳照在桑干河上》、雷加的《水塔》、方冰的长诗《柴堡》、宋之的话剧《群猴》等。此外，还有“国际问题丛书”12 种、“少儿文库”20 余种及《学习生活》杂志。1946—1949 年，光华书店共出版各类图书 678 种。1949 年 8 月 15 日，光华书店更名为三联书店。

辽东建国书社创建于 1945 年 12 月 20 日，后归辽东日报社领导，当时大量翻印老解放区的出版物，也出版一些小册子。1946 年 10 月，书社分批撤离安东；1947 年 5 月，改称辽东书店；1949 年 7 月，划归东北新华书店领导，其间翻印出版过《新民主主义论》《论共产党员修养》《简明中国通史》《甲申三百年祭》《新人生观》等书，还编辑出版了新作《安东的早晨》《患难余生记》等书。1945—1949 年，辽东建国书社共出版各类图书 120 种①。

东北书店和辽沈解放区各省书店文化的发展，推动了辽河近代

① 辽宁省地方志编纂委员会办公室. 辽宁省志·出版志［M］. 沈阳：辽宁科学技术出版社，1999：13-15.

图书出版业文化的兴盛。这一时期，出版有《共产党宣言》《帝国主义论》《国家与革命》《列宁主义问题》《社会发展简史》《中国现代革命运动史》《政治经济学》《唯物史观》《论持久战》《新民主主义论》《论联合政府》《中国革命与中国共产党》《经济问题与财政问题》《农村调查》《论共产党员修养》《怎样做一个共产党员》《党员课本》《党章教材》《论群众路线》《论自我批评》等一大批进步书籍，为广大干部群众的理论学习提供了教材，受到了广泛欢迎。

据不完全统计，解放战争时期，沈阳东北书店、大连大众书店、丹东辽东建国书社、鞍山三八书店、朝阳朝南书店等 26 家出版单位在解放区发行各类图书 2300 余种。

2. 辽河近代图书馆业文化的发展

辽河古代图书馆业文化兴起于清代初年。清初，沈阳故宫有大量珍贵的宫廷藏书。清康熙朝建有沈阳书院，有 2 层楼房的藏书楼。于 1872 年建文渊阁，专门收藏《四库全书》。至 20 世纪初，清朝命各省建图书馆。1907 年，建奉天省图书馆，随后又在盖平、复县等地建立县图书馆数所。1915 年，教育部颁行《图书馆规程》《通俗图书馆规程》，辽宁地区各县陆续建立图书馆。到 1930 年，辽宁省境内有公共图书馆 29 所。辽宁省立图书馆藏书最多，有 9 万余册；各县立图书馆多者几千册，少者数百册。大学图书馆和中学图书馆也陆续建立。1929 年，辽宁省境内有图书馆的学校 18 所，其中大学 2 所，中学 16 所。1929 年，东北大学建有约 3000 平方米图书馆，藏书达 6 万余册。另外，有日本“满铁”公司投资兴建的图书馆 19 所。九一八事变后，日本侵占我国东北地区，垄断了辽宁省境内图书馆，致辽河近代图书馆业文化停滞不前。1945 年 8 月 15 日日本投降后，蒋介石当局在沈阳接收了伪满洲国立中央图书馆奉天分馆，改称沈阳博物院筹备委员会图书馆，被伪满洲国政府改为奉天市立图书馆的原辽宁省立图书馆，由沈阳市政府接收，改为沈阳市立图书馆，又重建了辽宁省图书馆。原“满铁”公司所属大连图书馆由中长铁路接管，改为中长铁路中央图书馆，未对外开放，其珍藏的图书也有损失。受战争影响，其他各市县图书馆均停办，馆藏图书损失甚重。

三　民国晚期辽河近代报刊业文化的发展

辽河近代报刊业文化发展处在日本殖民残酷统治下，呈现出殖民主义色彩。辽河近代报刊文化主要包括报纸业文化、期刊业文化等形态和类型。

（一）辽河近代报业文化的发展

据有关资料统计，从1919年5月至1949年9月，辽沈地区总计出版报纸达280余种。1919年5月至1931年9月，辽沈地区报业文化颇为兴盛，民办、官办、社团办报形态屡屡出现，但能长期出版的不多。九一八事变后，日本侵略者实行法西斯统治，一再强化“新闻统制”，多次“整顿”中文报纸，许多中国人办的报纸被强制勒令停刊。

辽河近代报刊业文化兴起于19世纪末半殖民地半封建的桎梏中，其发展大体经历了五个阶段。清末民初是辽河近代报业文化发展的初始阶段。这一时期，辽河近代报业文化带有明显的殖民地特性。1840年鸦片战争后，特别是1858年营口开埠后，随着帝国主义的入侵，西方近代报业文化也随之流传到辽宁地区。1895年中日甲午战争后，沙俄以干涉日本将其侵吞的辽东半岛归还中国有功为由，于1898年侵占了旅大地区。1899年，沙俄总督府在旅大创办了俄文报纸《新边疆报》，于1900年正式公开发行，每周3期，发行1000余份。这是外国殖民者在辽宁地区发行的第一种推行殖民文化的报纸。1902年，日本人在营口开办《营口新闻》，这是日本侵略者在辽宁地区出版的第一种殖民文化报纸。日俄战争后，日本人在营口又创办《满洲日报》，按照日本军政署的要求，该报以日文、中文和英文出版。一种报纸以3种文字出版，开辽河近代报业文化之先河。日俄战争中俄国战败后，日本攫取了俄国在辽宁地区的殖民统治权，在建立殖民统治机构和军事机构的同时，设置了殖民新闻宣传文化机构。1905 年 10 月，奉日本辽东守备司令部指示，在旅大地区创办第一份日文报纸《辽东新报》，翌年改为日文、中文版。随着日本帝国主义的入侵，日本打着“联络中日邦交，开通民智”的幌子，在辽宁地区开办中文、日文报纸有 10 多种，以加强殖民文化宣传教育。当时，以奉天的《盛京时报》和旅大的《泰东日报》最具代表性。

在帝国主义殖民文化大举入侵之际，中国一些有识之士、社会团体和地方机关也创办了一些报纸。例如，1905 年，奉天学务处创办《东三省公报》；1907 年，奉天商务会创办《东三省日报》、营口商务会创办《营商日报》；1909 年，营口商人创办《亚东报》、知名人士张兆麟在奉天创办《醒时白话报》；等等。这些报纸在一定程度上打破了俄、日帝国主义垄断辽河近代报业文化的局面。这一时期，辽河近代报业文化发展情况，如表 5-6 所示。

表 5-6　1899—1912 年辽河近代报业文化发展情况表

报名	刊期	开版	创刊时间	终刊时间	主办单位	主办人	社址	语种
新边疆报	周 3 期		1899 年 8 月	1904 年	沙俄远东舰队	阿尔泰米耶夫	旅顺	俄文
营口新闻			1902 年	1904 年	日本人		营口	日文
营口商报			1905 年 5 月 15 日	1907 年	日本人	大井宪太郎	营口	日文
满洲日报		4 开 4 版	1905 年 7 月 26 日	1907 年 10 月	营口军政署		营口	日文
辽东新报	隔日刊	4 版	1905 年 10 月 25 日	1927 年 11 月	关东都督府	末永纯一郎	大连	日文
东三省公报	隔日刊	大张 8 版	1905 年 12 月 21 日	1907 年 2 月	奉天省学务处	谢荫昌	奉天	中文

续表

报名	刊期	开版	创刊时间	终刊时间	主办单位	主办人	社址	语种
安东新报	日报	对开4版	1906年10月17日	1939年6月1日		川保笃	安东	日文
盛京时报	日报	对开1张	1906年10月18日	1944年9月14日	日本外务省	中岛真雄	奉天	中文
海城白话演说报			1906年11月		海城县署	管凤和		
东三省日报	日报	1.5张	1907年2月28日	1911年8月	奉天商务会	赵国亭、汪洋	奉天	中文
安东时报			1907年6月				安东	
营口醒世汇报			1907年7月	1908年	民办	张兆麟	营口	中文
营商日报	日报	4版	1907年9月	1937年	营口商务总会	潘达球等	营口	中文
满洲日日新闻	日报	8—14版	1907年11月3日	1945年8月	日本关东厅、满铁公司	后藤新平	大连	中日英文
内外通讯			1907年		日本人	松宫琴子	奉天	日文
简明日报			1907年					中文
满洲新报			1908年2月11日	1938年4月	日本宪政会	小川义和	营口	日文
辽鞍每日新闻	日报	4开4版	1908年3月10日	1940年6月	日本人	渡边德重	辽阳	日文

续表

报名	刊期	开版	创刊时间	终刊时间	主办单位	主办人	社址	语种
泰东日报	日报	10 或 12 版	1908 年 11 月 3 日	1945 年 10 月	日本大华商公议会发起	金子平吉	大连	中文
安东每夕新闻			1908 年 11 月	1912 年 9 月	日本人	嘉纳三治	安东	日文
奉天日日新闻		8 版	1908 年 12 月		日本人	村田懿磨	奉天	日文
南满日报			1908 年 12 月	1912 年 8 月	日本人	矢野勘	奉天	日文
辽阳报			1908 年					
醒时白话报	日报	两大张	1909 年 2 月 21 日	1944 年 9 月	民办	张兆麟	奉天	中文
大陆日日新闻			1909 年 6 月 1 日		日本人	吉野直治	奉天	日文
亚东报			1909 年 8 月		民办集股	郭俊臣	营口	中文
在中公报		两大张	1910 年 7 月 11 日	1913 年	民办	袁昆乔	奉天	中文
铁岭时报			1910 年		日本人	西尾信	铁岭	日文
国民报			1911 年春			张榕		中文
华商报			1911 年 7 月			赵子西	营口	中文
铁岭日报	日报		1911 年 8 月 11 日				铁岭	中文

续表

报名	刊期	开版	创刊时间	终刊时间	主办单位	主办人	社址	语种
奉天官报			1911 年 9 月 22 日		奉天度支司衙门		奉天	中文
微言报	日报	一小张	1911 年		民办	寿世公	奉天	中文
开原新报			1912 年 2 月 1 日				开原	
东三省公报		对开两张	1912 年 2 月 18 日	1933 年 4 月	奉天省议会	曾有严	奉天	中文
奉天商报			1912 年 2 月 18 日			卞宗孟	奉天	中文
奉天公报			1912 年 2 月				奉天	中文
民生报	日刊		1912 年 7 月 24 日		民办	胡子晋	营口	中文
满洲每日新闻	日报	8 版	1912 年 8 月 5 日	1941 年	日本满铁公司机关	滨村善吉	大连	日文英文
亚洲日报	日报	两张	1912 年	1914 年	辽防长官署秘书厅	王维宙	奉天	中文
国民日报			1912 年	1914 年		广铁生	奉天	中文

注：表中资料源自辽宁省地方志编纂委员会办公室．辽宁省志·报业志［M］．沈阳：辽宁人民出版社，2005：23-25．

1913—1930 年，是辽河近代报业文化初步发展阶段。受辛亥革命的影响，具有民主革命思想的知识分子等进步人士，认识到掌握舆论对革命的重要性，纷纷开始办报。1913—1919 年，辽宁地区的报纸有 5 种，其中有民办报纸、官报和社团报纸、革命党人办的报纸、私人办的报纸，此外也有日本人办的报纸。虽然各办报者的政治派别和政治信仰不同，其宣传的主张、言论、态度也各有不同，但在唤起民众、广开舆论、揭露日本侵略中国罪行，传播新思想、新文化等方面起到了一定的作用。1921 年中国共产党成立后，一些共产党员被派到辽宁地区的报馆工作，以合法身份开始传播马列主义，传播新文化、新科学、新思想，这些宣传在当时不能公开化，多利用副刊等进行渗透。中共满洲省委成立后，根据中共中央的指示，曾利用奉系军阀与蒋介石之间的矛盾，有计划地在报纸上发表一些宣传文章。此时，反帝、反封建、反独裁的斗争在报纸上已经公开化，许多报纸公开宣传自己“爱祖国，爱家乡，反对帝国主义侵略”的办报宗旨，极大地鼓舞了广大民众。这一时期，辽河近代报业文化发展情况，如表 5-7 所示。

表 5-7　1913—1930 年辽河近代报业文化发展情况表

报名	刊期	开版	创刊时间	终刊时间	主办单位	主办人	社址	语种
警察公报			1913 年		安东警察厅		安东	中文
营口新闻			1914 年 5 月			李雨亭	营口	日文
健报			1914 年	1915 年		张复生	奉天	中文
谭风报			1915 年	1916 年		赵荷	奉天	中文
奉天新闻			1917 年 9 月		日本人	佐藤善雄	奉天	日文
铁岭每日新闻			1917 年 11 月 3 日				铁岭	
大连经济日报			1917 年	1923 年改名			大连	日文

续表

报名	刊期	开版	创刊时间	终刊时间	主办单位	主办人	社址	语种
营口华商报					日本人	山口忠山	营口	
满洲实业新闻								
辽阳新报			1919年10月					
小公报	周1刊		1919年12月	1926年9月	《东三省公报》附张		奉天	中文
大连新闻	日报		1920年5月5日	1935年	日本人	小泽太兵卫	大连	日文
关东报	日报	12版	1920年9月1日	1937年	日本海军	记田善三郎	大连	中文
营口商会所月报	月刊		1920年9月4日	1928年2月	日本人	田中七	营口	日文
奉天商报			1920年	1928年9月				
东北工商日报	日报	1大张半	1928年9月		奉天省商会	高崇民	奉天	中文
营口实业会月报			1920年		日本人商工团			日文
抚顺新报			1921年2月14日		日本人	立坡本格	抚顺	日文
抚商日报			1921年	1929年12月		梁子元	抚顺	中文

续表

报名	刊期	开版	创刊时间	终刊时间	主办单位	主办人	社址	语种
营口经济日报		4开4版	1922年3月30日	1925年5月9日	日本人	落合丑彦	营口	日文
满洲报	日报	8版	1922年7月24日	1937年	日本殖民当局	西片朝三	大连	中文
东三省民报	日报	两大张	1922年10月20日	1933年	东三省民治促进会	宋大章等	奉天	中文
奉天画报			1922年			赵子贞	奉天	中文
东报			1922年			张煊	奉天	中文
开原实业时报			1923年1月1日		日本人	篠田仙十郎	开原	
东边时报	日报	对开4版	1923年12月		民办	康荫权	安东	中文
奉天市报	日报	4开4版	1923年12月		奉天市政公署		奉天	中文
铁岭日报	日报		1923年	1924年		关向应	铁岭	中文
铁岭公报			1923年			于占渊	铁岭	中文
自治周报	周报						奉天	中文
辽宁地方日报			1923年	1931年	奉系军阀之俄国军团		奉天	俄文
丛报		8开2版	1925年	1927年				
广告世界			1926年2月				开原	中文

续表

报名	刊期	开版	创刊时间	终刊时间	主办单位	主办人	社址	语种
东北日报	日报		1926年5月	1944年		丁袖东	奉天	中文
小安东报					附设《东边时报》	吕志厚	安东	
新亚日报			1926年11月	1929年		董荣庭等	奉天	中文
营口市报	日报		1926年3月		营口市政公所		营口	中文
满蒙日报			1926年			周元恒	奉天	中文
奉天大亚图画周报	周刊		1926年			陆一勺	奉天	中文
中华商报			1926年			费九香	奉天	中文
市政日报	日刊		1927年4月	1928年	奉天市公署		奉天	中文
奉天商报			1927年10月		奉天总商会		奉天	中文
满洲日报			1927年11月	1935年	日本满铁公司		大连	日中文
大亚画报			1927年	1931年		沈叔邃	奉天	中文
东方小报			1927年				安东	中文
国境每日新闻国境日日新闻	日刊	对开8版	1928年1月1日	1939年6月1日	日本人	中野初太郎	安东	日文

续表

报名	刊期	开版	创刊时间	终刊时间	主办单位	主办人	社址	语种
平民日报	日刊		1928 年 2	1929 年初	民办	苗渤然	奉天	中文
晚霞报			1928 年 5 月	1928 年 9 月				
新民晚报	日刊	4 开 2 张	1928 年 9 月 20 日	1931 年 9 月 16 日	张学良扶植	钱芥尘等	奉天	中文
文画日报	日刊		1928 年 11 月		民办	杨际青	营口	中文
蒙边日报	日刊		1928 年			李一樵	奉天	中文
安东商报			1928 年			袁慎礼	安东	中文
东北民国日报	日刊		1929 年 8 月		国民政府执委会		奉天	中文
安东市报	周 6 刊		1929 年 9 月 1 日	1931 年 4 月	安东市政筹备处		安东	中文
抚商日报	日刊		1929 年 9 月	1929 年 12 月			抚顺	中文
抚顺商报			1929 年 9 月			武子章	抚顺县	日文
东北民众报	日刊		1929 年 10 月	1931 年 9 月	集资兴办	陈言	沈阳	中文
红十字报			1929 年 12 月	1931 年 9 月		李大贞	沈阳	中文
东边商工日报	日刊		1929 年	1931 年		袁华东	安东	中文

续表

报名	刊期	开版	创刊时间	终刊时间	主办单位	主办人	社址	语种
辽宁日报	日刊		1929 年	1930 年		马昂雷	沈阳	中文
新满公报	日刊	4 开 2 版	1929 年	1933 年		徐铁珊	安东	中文
公众阅报			1929 年		沈阳县电话局		沈阳县	中文
曦光报			1929 年			柏烦尘	营口	中文
辽宁新报			1929 年			马耕非	营口	中文
东北时报			1929 年			金韬	沈阳	中文
政声			1929 年	1930 年 8 月			台安县	中文
新奉午报	日刊		1929 年			王国光	沈阳	中文
开原新报			1929 年				开原	
东北时报			1930 年 8 月					
满洲红旗	3 日刊		1930 年 9 月 15 日	1931 年 12 月迁出	中共满洲总行动委员会		沈阳	中文
国民新报			1930 年			张法友	沈阳	中文
沈阳晚报			1930 年			宋格谨	沈阳	中文
辽宁全民报			1930 年				沈阳	中文
新辽午报			1930 年			张学成	沈阳	中文
开原公民日报			1930 年			李毅	开原县	中文

续表

报名	刊期	开版	创刊时间	终刊时间	主办单位	主办人	社址	语种
救国公报			1930 年			吴家星	沈阳	中文

注：表中资料源自辽宁省地方志编纂委员会办公室. 辽宁省志・报业志［M］. 沈阳：辽宁人民出版社，2005：25、63-65.

1931—1945 年，是辽河近代报业文化被日本殖民化的时期。1931 年九一八事变后，日本帝国主义对辽宁乃至东北地区实行残酷的殖民统治，钳制舆论，垄断报业，要求各报政治版只许采用“满洲国”通讯社通稿，报纸发行前要送大样审查，加盖“检阅济”的验章才能付印。在日本殖民者的残酷打压下，中国人创办的一些宣传抗日思想的报纸被迫停办。辽河近代报业文化发生了急剧的畸形变化，一些报纸公然媚日，为日本侵略者涂脂抹粉。同时，在日本操纵下，一批为日本侵略行径服务的报纸纷纷出笼，如奉天有《大亚公报》《奉天公报》《奉天日报》《民声晚报》，鞍山有《鞍山日日新闻》，锦州有《锦州新报》《辽西晨报》，阜新有《阜新矿业所报》，安东有《新满公报》《安东新闻》《安东时报》，抚顺有《抚顺新闻》等。此外，在奉天、大连、安东、营口、抚顺、鞍山、辽阳、本溪、锦州等地均有日文报纸。这些报纸极力宣传所谓“圣道”“王道”，美化日本侵略行为，鼓吹日本操控的溥仪傀儡政权是“独立国家”“王道乐土”，灌输日本军国主义思想，宣扬侵略有理，污蔑诋毁抗日群众和抗日联军，是日本殖民统治的罪恶工具。1941 年太平洋战争爆发后，日本侵略势力开始走下坡路，日本唯恐人心动摇，后方不稳，从严封锁失败消息，进一步加强新闻统制。1943 年，成立满洲新闻协会，统辖东北地区中日文报刊；翌年 9 月，将东北中文报纸统一改名为《康德新闻》，连《盛京时报》也改为《康德新闻》奉天版了。这样，全东北地区的报纸不仅言论一致，体制也变为一家，成为名副其实的一家之言了。至此，辽河近代报业文化萧条到了极点。直至 1945 年 8 月日本投降，这种殖民主义文化才彻底结束。这一时期，辽河近代报业文化发展情况，如表 5-8 所示。

表 5-8　　1931—1945 年辽河近代报业文化发展情况表

报名	刊期	开版	创刊时间	终刊时间	主办单位	主办人	社址	语种
新晨报			1931 年 1 月 1 日			赵雨时	奉天	中文
每日新闻	早晚刊		1931 年 5 月			多田英吉	安东	日文
奉天公报			1931 年 9 月 21 日	1937 年 8 月		若月太郎	奉天	
东边日报			1931 年 10 月	1940 年	《辽鞍每日新闻》办		辽阳	中文
抚顺民报			1931 年 12 月			洼田利平	抚顺	
辽海公报	周 6 刊	4 开	1931 年	1940 年		渡边德圣		
锦州新报	日报	4 开 4 版	1932 年 4 月 8 日	1942 年改版为《满洲日日新闻》锦州版		井下万次郎	锦州	日文
东北公报						刘潜修	大连	中文
辽阳公报						周笑语	辽阳	中文
满洲报						王念曾	大连	中文

续表

报名	刊期	开版	创刊时间	终刊时间	主办单位	主办人	社址	语种
鞍山日日新闻	日刊	4 开 6 版	1932 年 6 月 16 日	1945 年 8 月	鞍山守备队	上川利三郎	鞍山	日文
奉天日报			1932 年 4 月			菊地秋四郎	奉天	中文
大亚公报	日刊	两大张	1933 年 4 月	1937 年 8 月 1 日		王希哲	奉天	中文
奉天晶画报			1934 年 2 月			丁袖东	奉天	中文
民声晚报		4 开 4 版	1933 年 12 月 1 日	1937 年 8 月 3 日		西片朝三	奉天	中文
新满公报			1934 年 3 月			杉山宗作	安东	中文
广告大观			1934 年 10 月			张子泰等	营口	中文
抚顺旬报			1934 年 11 月			丸川顺助	抚顺	中文
鞍山经济时报			1937 年		鞍山商工会议所		鞍山	中文
阜新矿业所报	周 3 刊	8 开	1938 年	1945 年		浜田茂治	阜新	
满洲新报		对开 4 版、6 版	1937 年	1942 年		古川米吉	营口	中日文
小时报		4 开或 8 开	1938 年 7 月 30 日	1941 年 6 月	《盛京时报》社		奉天	中文

续表

报名	刊期	开版	创刊时间	终刊时间	主办单位	主办人	社址	语种
辽西晨报		4开4版	1939年7月15日	1942年		下野重三郎	锦州	中文
鞍山商工公会公报			1939年1月5日	1943年		中山正三郎	鞍山	日文
协和报			1941年	1945年		酒井	抚顺	中文
康德新闻（锦州版）	日刊	4开4版	1942年1月23日	1945年8月	《康德新闻》社锦州分社		锦州	中文

注：表中资料源自辽宁省地方志编纂委员会办公室．辽宁省志·报业志［M］．沈阳：辽宁人民出版社，2005：65-67.

1945—1948年，是辽河近代报业文化复杂发展时期。1945年8月日本投降以后，辽河近代报业文化发展比较复杂，有解放区和国统区两种不同性质的报纸业文化存在。

在解放区。1945年9月中共中央东北局成立后，为配合解放战争，中共东北局宣传部即在沈阳筹办报纸出版工作，同年11月《东北日报》创刊，但由于《中苏友好同盟条约》不允许中共在辽沈地区公开出版报纸，因而《东北日报》当时处于半地下状态。由于战局关系和应苏军要求，《东北日报》随中共中央东北局一道撤离沈阳，转移到本溪，翌年2月又先后转移到海龙（今吉林省梅河口市）、长春，最后抵达哈尔滨解放区。1948年11月2日东北解放后，《东北日报》由哈尔滨迁回沈阳①。

① 沈阳市人民政府地方志编纂办公室．沈阳市志［M］．沈阳：辽宁人民出版社，1985：658.

在沈阳。当时由中共中央东北局委派的鲁企风筹办、于1945年11月24日正式创刊的《文化导报》，最多时每期发行量达6000余份，1946年3月被国民党反动派军警查封。沈阳市城工部（中共地下党组织）于1946年2月创办《东北公报》，发表一些进步文章，后来迫于白色恐怖形势，半年后即停办。1945年11月至1948年8月，在中国共产党领导的解放区创办有许多报纸，用以宣传中共的政治主张和政治、军事形势，为建设巩固的根据地、争取解放战争的胜利作出了巨大贡献。当时，辽沈地区解放区有10余种中共地方党报，如《东北日报》、《辽东日报》、《胜利报》、《安东日报》、《辽河新报》、《热河辽报》、《群众日报》、《通化日报》、《人民呼声报》等。1945年9月，冀热辽军区画报社进入沈阳，次月改名《东北画报》，共出版48期，后改名《辽宁画报》，并发展成为辽宁美术出版社。

在旅大。有《新生时报》《人民呼声》（《大连日报》）《民众报》《关东日报》《实话报》《金县报》（《农民报》）《职工报》《新建报》等。1946年6月1日，《人民呼声》更名为《大连日报》，其每期发行量达1.3万份；10月，大连通讯社并入《大连日报》，成为报社的电务部，增强了报纸的时效性，提高了新闻质量，至1949年，每期发行量已达5万余份。1946年7月，《辽东日报》社派出的20多名干部在瓦房店创办了《辽南日报》，日发行量达2000多份。

在安东。1946年5月，《安东日报》更名为《辽东日报》，成为中共辽东省委机关报；同年5月至11月，辽东日报社分批撤出安东。次年1—4月，《辽东日报》停刊，5月在通化复刊；7月1日在瓦房店正式创办了《辽南日报》。安东于8月10日《安东日报》正式复刊。是年，文艺月刊《行行》创刊于沈阳。1948年6月，《安东日报》正式停刊，报社回迁安东，并入安东日报社。部分人员留守，准备恢复《辽宁日报》（后改名为《辽北日报》）。1949年4月，《辽南日报》停刊，其人员回到安东日报社；5月22

日，《安东日报》终刊，共出版 755 期。次日，中共辽东省委机关报《辽东大众》创刊。

在鞍山辽阳。1946 年 1 月，中共辽南地委创办了《辽河新闻》，每期发行量达 4000 余份；6 月，又创办了《千山日报》。1945 年 11 月 11 日，中共营口市委创办了《群报》。

在沈阳。1945 年 11 月，中共中央东北局创办了《东北日报》。1845 年 11 月至 1846 年 7 月，《东北日报》曾先后转移至本溪、吉林、长春、哈尔滨。除在转移过程中《东北日报》出现过短暂中断外，一直坚持出报，到 1948 年年末，报纸每期发行量已达 8 万余份。1945 年 11 月 24 日，中共沈阳市委创办了《文化导报》，最高时每天发行量达 6000 余份。1946 年 2 月创办的《东北公报》，每期发行量达 3000 多份。

在辽西。1945 年 9 月 11 日，中共辽西省委创办了《民声报》；10 月，中共辽西省委创办了《胜利报》《民主日报》；1948 年 9 月 28 日，中共锦州工委创办了《人民报》；同期，冀热辽军区第十六军分区主办《先锋报》，在本溪出版期间，每期发行量达 2000 余份。

同一时期，在国统区，国民党“接收大员”到达辽沈地区后，国民党党、政、军也创办了一些报纸，但都寿命较短、影响较小。如国民党军占领沈阳后，办有《中央日报》《中苏日报》《和平日报》等报纸。1946 年 6 月，国民党军占领鞍山，军方接管了日本人办的报刊《鞍山日日新闻》的设备，办起了《湘潮日报》，国民党鞍山市党部办有《远东日报》《国民周刊》，国民党鞍山市政府办有《辽南日报》。1948 年 2 月，鞍山解放，国民党在鞍山办的报刊全部停办。国民党当局兴办的这些报纸，主要宣传国军抗战功绩，向人们灌输所谓正统观念，为蒋介石统治集团接收东北、发动反革命内战制造舆论。

这一时期，辽河近代报业文化发展情况，如表 5-9 所示。

表 5-9　　1946—1948 年辽河近代报业文化发展情况表

地区	报名	刊期	开版	创刊时间	终刊时间	主办单位	主办人	社址	语种
中国共产党领导的解放区	民声报	隔日刊	4 开 4 版	1945 年 9 月 11 日	1945 年 11 月 25 日	中共辽西省委	何伟	锦州	中文
	先锋报		4 开 4 版	1945 年 9 月	1945 年 12 日	中共本溪市委		本溪	中文
	新生时报		4 开 2 版	1945 年 10 月 30 日	1947 年 5 月 16 日	大连市民主政府	张致远等	大连	中文
	东北日报	日刊	对开 4 版	1945 年 11 月 1 日	1954 年 8 月 31 日	中共中央东北局	李长青等	沈阳	中文
	人民呼声	3 日刊	4 开 2 版	1945 年 11 月 1 日	1946 年 5 月 30 日	中共大连市委	白全武等	大连	中文
	大连日报	日刊	对开 2 版	1946 年 6 月 1 日	1949 年 3 月 1 日	中共大连市委	白全武等	大连	中文
	旅大人民日报	日刊	对开 4 版	1949 年 4 月 1 日	1955 年 12 月 30 日	中共旅大市委	白全武等	大连	中文
	安东日报	日刊	对开 4 版	1945 年 11 月 22 日	1949 年 5 月	中共安东省委	陈楚	安东	中文
	辽东日报	日刊	对开 4 版	1946 年 5 月 6 日	1949 年 5 月	中共辽东省委	陈楚	安东	中文
	民众报	3 日刊	4 开 2 版	1945 年 11 月 23 日	1947 年 5 月 10 日	中共旅顺市委	殷杰等	旅顺	中文
	文化导报	周 6 刊	对开 2 版	1945 年 11 月 24 日	1946 年 3 月 16 日	中共沈阳市委	鲁企风	沈阳	中文
	群报	日刊	4 开 4 版	1945 年 11 月	1946 年 3 月	中共营口市委		营口	中文

续表

<table>
<tr><th>地区</th><th>报名</th><th>刊期</th><th>开版</th><th>创刊时间</th><th>终刊时间</th><th>主办单位</th><th>主办人</th><th>社址</th><th>语种</th></tr>
<tr><td rowspan="13">中国共产党领导的解放区</td><td>新抚顺报</td><td></td><td></td><td>1945 年 12 月</td><td></td><td>中共抚顺市委</td><td></td><td>抚顺</td><td>中文</td></tr>
<tr><td>胜利报</td><td></td><td>4 开 4 版</td><td>1946 年 1 月 1 日</td><td rowspan="2">1949 年 1 月改为辽北新报</td><td rowspan="2">中共辽西省委</td><td rowspan="2"></td><td rowspan="2">法库</td><td rowspan="2">中文</td></tr>
<tr><td>民主日报</td><td></td><td>对开 4 版</td><td>1946 年 1 月 1 日</td></tr>
<tr><td>辽河新报</td><td>3 日刊</td><td>4 开 4 版</td><td>1946 年 1 月 14 日</td><td>1946 年 2 月 20 日</td><td>中共辽阳地委</td><td>俞质明等</td><td>辽阳</td><td>中文</td></tr>
<tr><td>东北公报</td><td>日刊</td><td>4 开 4 版</td><td>1946 年 2 月</td><td>1946 年 7 月</td><td>中共沈阳市委城市工作部</td><td>郭春雷等</td><td>沈阳</td><td>中文</td></tr>
<tr><td>农民报</td><td>周 2 刊</td><td>4 开 4 版</td><td>1946 年 4 月</td><td>1954 年 12 月</td><td>中共金县县委</td><td>汪蔚青</td><td>金县</td><td>中文</td></tr>
<tr><td>实话报</td><td>隔日刊</td><td>4 开 4 版</td><td>1946 年 8 月 14 日</td><td>1951 年 8 月</td><td>苏军驻旅大地区指挥部</td><td>谢吉赫敏诺夫</td><td>大连</td><td>中文</td></tr>
<tr><td>辽东日报</td><td></td><td></td><td>1947 年 5 月 16 日</td><td>1948 年 6 月 7 日</td><td>中共辽东分局</td><td></td><td>通化</td><td>中文</td></tr>
<tr><td>关东日报</td><td>日刊</td><td>对开 4 版</td><td>1947 年 5 月 20 日</td><td>1949 年 3 月 31 日</td><td>关东公署</td><td>江清风</td><td>大连</td><td>中文</td></tr>
<tr><td>辽南日报</td><td rowspan="2">日报</td><td rowspan="2">对开 4 版</td><td rowspan="2">1947 年 7 月 1 日</td><td rowspan="2">1948 年 12 月</td><td rowspan="2">中共辽南省分委</td><td rowspan="2">邢路</td><td rowspan="2">瓦房店</td><td>中文</td></tr>
<tr><td>辽宁日报</td><td>中文</td></tr>
<tr><td>安东大众</td><td>周 2 刊</td><td>4 开 4 版</td><td>1947 年 10 月</td><td>1948 年 12 月 16 日</td><td>中共安东省委</td><td>郭允贤</td><td>安东</td><td>中文</td></tr>
<tr><td>东沟县报</td><td></td><td></td><td>1947 年冬</td><td></td><td>中共东沟县委</td><td></td><td>东沟县</td><td>中文</td></tr>
</table>

续表

地区	报名	刊期	开版	创刊时间	终刊时间	主办单位	主办人	社址	语种
中国共产党领导的解放区	工人报	3日刊	4开2版	1947年12月23日	1949年5月25日	中共安东市委	赵健	安东	中文
	庄河农民报			1947年	1949年	中共庄河县委		庄河	中文
	建新报	周报	4开4版	1948年10月7日	1949年9月2日	大连建新公司职工总会		大连	中文
	人民报	隔日刊	4开4版	1948年10月28日	1949年5月18日	中共锦州市委	高文晋等	锦州	中文
	职工报	3日刊	4开4版	1949年1月25日	1952年8月	关东职工总会		大连	中文
	前进	周3刊	4开4版	1949年3月10日		中共沈阳军区委员会		沈阳	中文
国民党军占领地区	辽西公报	日刊	4开4版	1945年8月19日	1945年9月	国民党锦州治安维持会	胡耀民	锦州	中文
	渤海民报			1945年8月31日	1948年2月	国民党营口市党部	胡述谋	营口	中文
	盖平县党部临时刊			1945年9月		国民党盖平县党部		盖平	中文
	青年日报	日刊	8开2版	1945年10月	1946年12月	三民主义青年团营口分部	胡述谋(兼)	营口	中文
	新生命报	日刊	对开4版	1945年11月28日	1948年10月	国民党东北保安司令部	麻德魁	锦州	中文

续表

地区	报名	刊期	开版	创刊时间	终刊时间	主办单位	主办人	社址	语种
国民党军占领地区	扫荡简报			1945 年		国民党军委会政治部	李明勃	锦州	中文
	东北群众报			1946 年 1 月	1946 年 6 月	民办	陈言	沈阳	中文
	建设日报	试刊 3 期	4 开 4 版	1946 年 2 月	1946 年 3 月	国民党工会	李秀生	沈阳	中文
	中苏日报			1946 年 3 月 5 日	1947 年 10 月	国民党东北保安司令部	余纪忠	沈阳	中文
	新东北日报			1946 年 3 月	1946 年 5 月	励志社	郝逸梅	沈阳	
	民报			1946 年 3 月	1948 年 1 月	国民党辽阳县党部	王己明	辽阳	中文
	青年报			1946 年 3 月	1946 年 6 月	国民党陈布雷派	李舜福	辽阳	中文
	青年报			1946 年 3 月	1946 年 6 月	国民党青年军		沈阳	中文
	新报			1946 年 4 月 22 日	1948 年	国民党第二〇七师	徐露放	沈阳	中文
	建设日报	周 6 刊		1946 年 4 月	1947 年 11 月	国民党第六军	梁直平	辽阳	中文
	和平日报	日刊	对开 4 版	1946 年 4 月	1948 年 11 月	国民党东北长官司令部	阎奉璋等	沈阳	中文

续表

地区	报名	刊期	开版	创刊时间	终刊时间	主办单位	主办人	社址	语种
国民党军占领地区	前进报			1946 年 5 月 5 日	1948 年	国民党新六军	赵惜梦等	沈阳	中文
	东北前锋	日刊	4 开	1946 年 5 月 5 日	1948 年	民办	马愚忱	沈阳	中文
	东北韩报			1946 年 5 月			韩光	沈阳	朝文
	抚顺建设日报		对开 4 版	1946 年 5 月	1948 年 10 月	国民党抚顺市政府	余可等	抚顺	中文
	襄平日报	日刊		1946 年 6 月 1 日	1948 年 1 月	国民党辽阳地下党 CC 派	张正平	辽阳	中文
	辽滨晨报			1946 年 7 月 12 日	1948 年 2 月	民办	张友敬等	营口	中文
	中央日报（沈阳版）	日刊	两大张	1946 年 8 月 15 日	1948 年 1 月	国民党中央宣传部	赵漠野	沈阳	中文
	正义报			1946 年 9 月 9 日	1948 年 11 月	国民党军统	文强	沈阳	中文
	辽西民报	日刊	4 开 4 版	1946 年 10 月 10 日	1948 年 10 月	国民党锦州市党部	吴尹生	锦州	中文
	国民日报	不定期	4 开 4 版	1946 年 10 月 12 日		国民党辽中县党部		辽中	中文
	东北民报			1946 年 11 月 12 日	1948 年 11 月	国民党东北经济委员会	马毅	沈阳	中文

续表

地区	报名	刊期	开版	创刊时间	终刊时间	主办单位	主办人	社址	语种
国民党军占领地区	光华报	日刊	对开4版	1946年11月	1947年6月	国民党第五十二军	高士栋	安东	中文
	新声报	日刊	4开4版	1946年11月		国民党第五十二军		安东	中文
	湘潮日报			1946年	1947年	国民党新六军二十二师	胡恒	鞍山	中文
	辽南日报			1946年	1948年7月	国民党第五十三军	朱亮	鞍山	中文
	远东日报			1946年	1948年1月	国民党鞍山市党部	张威	鞍山	中文
	扫荡简报	日刊	4开或8开	1946年	1947年6月9日	国民党第五十二军		安东	中文
	和平晚报	日刊	4开4版	1947年1月	1947年7月	国民党东北长官司令部			中文
	力行周报	周刊	4开2版	1947年		国民党东北力行图书社	葛志强	安东	中文
	光华日报			1947年				沈阳	中文
	沈阳日报			1947年	1948年10月	国民党沈阳市政府		沈阳	中文
	东北公报			1948年3月29日	1948年10月	国民党沈阳市党部	张宝慈	沈阳	中文
	民生报			1948年4月	1948年6月			沈阳	中文

注：表中资料源自辽宁省地方志编纂委员会办公室. 辽宁省志·报业志［M］. 沈阳：辽宁人民出版社，2005：67-70；本表各栏空白均无资料

（二）辽河近代期刊业文化的发展

九一八事变后，特别是伪满洲国建立后，辽河近代期刊出版业文化几近凋零。当时所剩的多为官厅出版的一些为殖民统治服务的刊物，如《奉天教育》《市政月刊》等，民间出版的期刊则很少。

抗日战争胜利后，辽河近代文学期刊大量涌现。许多报纸都创办副刊，综合性期刊也辟有文学栏目，专门性文学刊物也涌现出来。解放战争时期，辽沈地区文学期刊发展情况，如表 5-10 所示。

表 5-10　解放战争时期辽河近代文学期刊发展情况表

期刊名称	创办时间	主办单位	备注
《东北日报》副刊	1946 年 3 月	东北日报社	白朗、陆地先后任副刊部长
公民	1945 年 11 月	沈阳公民社	旬刊
艺光	1945 年	安东艺光社	主编未确实
白山	1946 年 2 月	安东白山文艺社	副社长田丰，编辑鲁琪、韶华、陈容等
文化导报	1945 年 11 月	沈阳中苏友好协会	1946 年 3 月停刊
星火	1946 年 3 月	主办单位未确实	半月刊，3 期后改为月刊，主编铁汉、后田丰，6 期后停刊
星群诗刊	1946 年 1 月	诗刊社	6 月停刊，共出刊 5 期，主编隋克文
辽北群众	1946 年 4 月	辽北文协	在西丰创刊
草原	1946 年 4 月	辽西文艺工作者协会	创办于郑家屯，第 2 期在洮南出版，编辑袁犀、梁山丁等

续表

期刊名称	创办时间	主办单位	备注
力行	1946 年 5 月	沈阳东北力行社	旬刊，主编未确实
文林	1946 年 6 月	大连文林社	不定期，主编未确实
青群	1946 年 8 月	沈阳青群文艺社	主编未确实
激潮	1946 年 8 月	沈阳激潮社	主编未确实
文展	1946 年 9 月	主办单位未确实	半月刊，主编白朗
文锋	1946 年 9 月	文锋出版社	月刊，创刊于沈阳
鸭绿江	1946 年 9 月	辽宁文协	编辑郑文、丁新、项冶等，1948 年停刊，共出 16 期
东北公论副刊	1946 年 10 月	沈阳东北公论社	主编未确实
八一五旬刊	1946 年	沈阳青年文艺研究会	主编未确实
小说半月刊	1946 年	沈阳小说半月刊社	主编未确实
艺术文化	1946 年	沈阳艺术文化社	主编未确实
公民（月刊）	1946 年	沈阳公民出版社	主编未确实
正气	1946 年	沈阳正气出版社	半月刊，主编未确实
北斗	1946 年	沈阳北方文化社	半月刊，主编未确实
同声	1946 年	沈阳同声杂志社	半月刊，主编未确实
青年文化	1946 年	沈阳中国文化服务社	主编未确实
知识	1946 年	沈阳知识杂志社	半月刊，主编未确实
知行	1946 年	沈阳知行周刊社	周刊，主编未确实

续表

期刊名称	创办时间	主办单位	备注
明日东北	1946 年	沈阳明日 东北出版社	主编未确实
松辽文化	1946 年	沈阳松辽文化社	主编未确实
高粱	1946 年	沈阳北光月刊社	主编未确实
凯旋	1946 年	沈阳凯旋社	半月刊，主编王再励
第一代	1946 年	辽阳第一代杂志社	月刊，主编未确实
部队文艺	1947 年	东北民主联军 政治部文艺处	月刊，主编未确实
战士文艺	1947 年	辽东军区宣传部	主编未确实
大地艺术	1947 年	沈阳大地杂志社	主编未确实
文选	1947 年	沈阳正气出版社	半月刊，主编未确实
白黑评论	1947 年	沈阳正气出版社	月刊，主编未确实
诗阵地	1947 年	诗战线社	不定期，主编未确实
群众文艺	1948 年 6 月	赤峰新华书店	主编未确实
生活	1948 年 8 月	安东生活杂志社	月刊，主编未确实
青年生活	1948 年 12 月	沈阳青年 生活杂志社	月刊，主编未确实
东北春秋	1948 年	沈阳东北 春秋杂志社	主编未确实
民主青年	1948 年	大连民主 青年杂志社	主编未确实
文学战线	—	东北文协	1949 年 3 月由哈尔滨迁至沈阳，主编马加，共出版 5 期

续表

期刊名称	创办时间	主办单位	备注
文艺报	1949 年 3 月	大连关东文协	旬刊，主编未确实，共出版 20 期
人民文艺	1949 年 9 月	大连关东文协	旬刊，主编未确实

注：表中资料来源辽宁省地方志编纂委员会办公室. 辽宁省志·文化志［M］. 沈阳：辽宁科学技术出版社，1999：34-46.

四　民国晚期辽河近代广播电影文化的发展

（一）辽河近代广播文化的发展

辽宁地区是中国兴办无线电广播的地区之一。1925 年 7 月，日本侵略者设立旅大放送局（广播电台），这是日本在辽宁地区建立的最早的殖民地电台，其目的是为推行其血腥殖民统治、加紧侵略中国进行舆论宣传。1927 年，奉天当局创办了奉天广播无线电台，这是中国人早期创办的 4 座官办电台（当时还有哈尔滨、天津、北京台）之一，其发射功率为 2 千瓦，占当时全国广播电台总功率的 1/2。旅大和奉天两地无线电台的设立，客观上促进了辽河近代广播电视文化早期萌生和发展。

1931 年九一八事变后，日本殖民统治者攫取了奉天广播无线电台。1933 年，成立满洲电信电话株式会社，完全垄断了东北地区广播电信。当时，在辽宁地区共设有奉天、旅大、安东、营口、锦县、鞍山、抚顺、本溪湖、阜新 9 座放送局，总功率达 4.48 千瓦。这些放送局完全由日本掌控，是日本侵华战争的舆论工具。

日本投降时，辽沈地区有电台 10 座。中国共产党领导的人民军队挺进辽宁地区，接收了由日本控制的 9 座放送局，改建成人民广播电台。到 1946 年 6 月，辽沈地区先后有沈阳、大连、安东、鞍山、抚顺、营口等广播电台在中国共产党领导下进行广播。同时，中共辽宁省工委在沈阳建立沈阳广播电台，辽河近现代广播文化进入新的发展历史时期。各地人民广播电台发扬自力更生、艰苦奋斗的精神，经受了解放战争的洗礼，逐步成长起来，为解放战争的胜利作出了重要的贡献。1946 年，蒋介石统治集团为建立独裁统治政权，大举进军解放区，沈阳广播电台等部分人民电台被迫撤离大城市，在极其艰苦的条件下坚持播音，揭露蒋介石统治集团发动内战的阴谋，宣传中国共产党的正确主张，及时报道解放战争中人民军队的每一场胜利。1946 年 5 月至 1947 年 5 月，在极其艰苦的条件下，解放区各电台以各种方式培养广播人才，为以后广播事业的恢复与发展准备了技术力量。1945—1948 年，辽沈地区中国共产党领导的始终坚持正常播音的电台有大连台、安东台，其他电台断断续续进行广播。如大连电台自 1946 年开始播音后，一直没有中断，有力地揭露了蒋介石统治集团欺骗民众的谎言。这些电台密切配合形势，有力地宣传了中国共产党的方针政策，及时报道了解放战争的胜利消息和辽沈地区剿匪建政、土地改革、生产建设等情况，对于宣传群众，鼓舞群众，动员群众踊跃参军、支前，促进解放战争的胜利和辽沈地区根据地的建设和发展，都起到了重要作用。1948 年 7 月，中共中央东北局作出了《关于统一广播电台的决定》，批准成立东北新华广播电台（于 1949 年改称东北人民广播电台）。东北新华广播电台和辽沈地区各地电台的宣传，为东北人民的彻底解放作出了重要贡献。

1948 年 11 月东北解放后，12 月 25 日，中共中央东北局领导的东北新华广播电台由哈尔滨迁至沈阳，辽河近现代广播文化得到了恢复与发展。当时，辽宁省境内共有东北地区及各省、市广播电台 7 座，总功率达 13.30 千瓦。

（二）辽河近代电影文化的发展

20 世纪初，电影文化传入大连。最初的电影是黑白无声片，开始大都在露天场地放映，后渐入茶园、戏院。不久便出现了专业电影院，浸渐而成城市电影放映场所，专门为电影院提供影片的发行商也悄然成长起来了。1931 年九一八事变后，日本殖民者将电影作为其奴化教育的工具，对东北地区的电影制片、发行、放映实行殖民统治，独家垄断。1945年日本投降后，中共东北局领导的同利公司在大连发行影片，苏联影片输出公司在大连设立办事处，发行苏联影片。

五　民国晚期辽河近代方志与档案文化的发展

最早记述辽东地区的志书是12世纪90年代王寂编修的《辽东行部志》《鸭江行部志》。此后，元、明、清各朝代，辽东地区编修方志从未间断。这些为辽河近现代方志文化发展奠定了基础。20世纪50年代，辽河近现代方志文化进入新的历史时期。辽宁地区开始编修县志。至20世纪80年代，开始中华人民共和国成立后的第一轮大规模编修全省志书，从而形成了辽河近现代方志文化全面繁荣的局面。20世纪90年代末，基本完成第一轮修志工作任务。此外，年鉴编纂工作也取得较大成绩。

辽河档案文化历史悠久，档案资源文化十分丰富。早期档案文化表现为金石、简牍、缣帛和纸质等形态和类型；1840年以后，除纸质档案外，辽河近代档案文化发展为照片、影片、录音、录像以及光盘、磁带等不同载体的形式。各个历史时期，都有反映本时期的政治、经济、文化特征的档案文化形态和类型。

（一）辽河近代方志文化的发展

编纂地方志是中国特有的优秀文化传统，至今已延续千年。方志是以记述特定地域自然、地理、环境、经济、政治、军事、社会、文化、乡土、风俗为内容的百科式工具书籍，作为承上启下、继往开来、服务当代、有益后世的文化基础事业，已成为文化建设系统工程中的重要组成部分。其具有明道、资治、存史、教化功能，一直以来受到社会的高度重视。

辽河古代方志文化萌发于12世纪90年代，迄今已有800多年的发展历史，志书编修成果显著。辽宁地区有据史迹可考编修的方志有280余部。1190—1191年，王寂先后编修了《辽东行部志》《鸭江行部志》，开辽河方志文化的先河。1299年，元朝政府为编修《大元统志》诏令各地编修地方志，辽阳行省奉令纂修呈报《辽阳图志》，以及《沈阳路图册》《辽阳路图册》《开元志》《广宁志》等五六种。明代，辽宁地区所修志书有据可查的有10部。15世纪二三十年代，朝廷诏令天下，要求各地编纂志书，“成为图志以进”。辽东都指挥使司所属地方官吏组织编修《辽东志》，于1443年完成。此后，于1488年、1529年、1537年先后三次重修；1566年，《辽东志》第4次重修，并易名为《全辽志》。该《全辽志》由《辽东志》9卷、9志变为19卷、19志，即图考志、沿革志、山川志、赋役志、边防志、兵政志、马政志、职官志、选举志、宦业志、人物志、典礼志、风俗志、方物志、祥异志、故迹志、杂志、艺文志、钱志。正文约23.00万字。另外，明代辽宁地区还编修有《辽纪》《全辽备考》《全辽略记》等。此外，开原县于17世纪20年代编修有《开原图说》《开原新志》等。

清代前、中期（1644—1840年），辽河古代方志文化发展取得一批重要成果。如，《盛京通志》《八旗掌故》《八旗通志》等12部志书相继问世，其中最具代表性的是《盛京通志》。该志在1684—1784年间，先后五次编修，其中1736—1784年间就编修过3次；1784年，由阿桂等编纂、经乾隆皇帝钦定的《盛京通志》共130卷，分圣制、纶音、天章、京城、坛庙、宫殿、山陵、星土、建制沿革、疆域形势、山川、城池、关邮、津梁、户口、田赋、职官、学校、官署、选举、兵防、名宦、历朝人物、国朝人物、忠节、孝义、文学、隐逸、流寓、方伎、仙释、烈女、祠祀、古迹、风俗、物产、杂志、历朝艺文、国朝艺文39目，图1卷，共35幅，历代《盛京通志》以此志载图最多。

清代晚期（1840—1911年），辽河近代方志文化在半封建半殖民地社会的桎梏下艰难发展。1840年鸦片战争后，西方列强大举侵略，中国陷入半封建半殖民地社会。帝国主义对中国实行残酷的殖民统治，大肆输入殖民文化，给辽河近现代方志文化发展造成重要影响。20 世纪初期，辽宁地区编修的省级方志可考的有 12 种，其中由日本、俄国殖民者编纂的方志占一半以上。当时，国人多是以私人身份编纂的志书，如 1852 年隋汝龄编纂的《辽海志略》、1908 年寿鹏飞编纂的《奉天新志》、1911 年吴廷燮编纂的《奉天郡邑志》《东三省志稿》等，其中吴氏编纂的《奉天郡邑志》较为全面地记述了奉天境内 42 个县的建制沿革情况，成为清末辽宁地区方志的代表；官修志书有《东三省政略》等，官修志书数量不多。《东三省政略》由东三省总督徐世昌纂修，该志比较详细地记述了当时东三省的政务、军务与实绩，是辽宁地区官修志书中最有影响力的志书之一。

清代晚期是辽河近代方志文化比较发达的时期，州县修志文化比较繁荣，共编修志书 77 种，其中府、厅、州方志 7 种，各种专志 9 种，县志 61 种（含乡土志）①。如，《开原县志》《辽阳州志》《辽阳县志》《广宁县志》《盖平县志》《海城县志》《锦州府志》《锦县志》《宁远州志》等。辽宁地区最早的县级志书数 1677 年编修的《铁岭县志》。该县志也是东北地区县志中最早的一种。

20 世纪初期，辽河近代方志文化出现了一股编修乡土志的热潮。辽宁地区共编修乡土志 48 种。清代末年，辽宁地区编修的各种专志中，以杨同桂等编纂的《盛京疆域考》最具代表性。清末辽河近代方志文化发展有两个特点：一是志书记述的内容极大地拓宽；二是出现乡土志编修热潮，所编修的乡土志数量超过州县志数量。

1190—1911 年辽河近代方志文化发展情况，如表 5-11 所示。

① 辽宁省人民政府地方志办公室. 辽宁方志志［M］. 沈阳：辽宁大学出版社，2019：100.

表 5-11　　1190—1911 年辽河近代方志文化发展情况

志书名称	卷数	纂修年代	纂修人	藏佚
辽东行部志	1	金明昌元年（1190）	王寂	辽宁图书馆
鸭江行部志		金明昌二年（1191）	王寂	佚
辽阳图志		元大德三年（1299）		佚
辽东志略		元	戚辅之	辽宁图书馆
辽东志	9	明永乐十四年（1416）	王祥、毕恭	佚
辽东志	9	明弘治元年（1488）	陈宽等	佚
辽东志		明嘉靖八年（1529）	潘珍、徐文华等	佚
辽东志	9，附图 1 卷	明嘉靖十六年（1537）	任洛	辽宁图书馆
全辽志	6	明嘉靖四十五年（1566）	李辅	辽宁图书馆
全辽备考		明嘉靖年间（1522—1566）	李辅、陈绛	上海图书馆藏稿本
辽纪	1	明	田汝成	辽宁图书馆
奉天刑赏录	1	明	袁褧	北京大学图书馆（刻本）
全辽略记	12	明	方孔炤	北京大学图书馆铅印线装 6 册（1 函）
八旗掌故	4	清代	佚名	上海图书馆抄本
盛京通志	32，首图 1 卷	清康熙二十三年（1684）	董秉忠	辽宁图书馆、大连图书馆、上海南京地理所

续表

志书名称	卷数	纂修年代	纂修人	藏佚
辽载前集		清康熙二十九年（1690）	林本裕	中科院南京图书馆
柳边纪略	5	清康熙四十六年（1707）	杨宾	辽宁图书馆
盛京通志	33，首图 1 卷	清雍正十二年（1734）	吕耀曾、王河、魏枢等	北京图书馆
八旗满族氏族通谱	80	清雍正十三年至乾隆九年（1735—1744）	弘昼等	大连图书馆
盛京通志	48，首图 1 卷	清乾隆元年（1736）	吕耀曾、王河、宋筠等	辽宁图书馆：缮本乾隆元年刻本 20 册
八旗通志	253	清乾隆四年（1739）	鄂尔泰修，涂天相纂	上海图书馆，中国国家图书馆
盛京通志	32，首图 1 卷	清乾隆十二年（1747）	汪由敦等	辽宁图书馆
满洲源流考	20	清乾隆四十二年（1777）	阿桂等	辽宁图书馆
盛京通志	130，图 1 卷	清乾隆四十九年（1784）	阿桂等	辽宁图书馆
钦定八旗通志	342，目录 20 卷	清嘉庆年间（1796—1820）	纪昀等	中国国家图书馆
辽海志略	160	清咸丰二年（1852）	隋汝龄	吉林社会科学院、南开大学图书馆
陪都纪略	2	清同治十二年（1873）	刘世英	辽宁图书馆
盛京考略	1	清光绪十七年（1891）	龚柴	吉林图书馆

续表

志书名称	卷数	纂修年代	纂修人	藏佚
满洲考略		清光绪十七年（1891）	龚柴	佚
盛京疆域考	6	清光绪二十八年（1902）	杨同桂、孙宗翰	
奉天新志略		清光绪三十四年（1908）	寿鹏飞	中国科学辽图书馆、辽宁图书馆
奉天通志稿		清光绪三十四年（1908）	吴廷燮等	辽宁图书馆
东三省舆地图说	1	清光绪年间（1875—1908）	曹廷杰	
盛京乡土历史教科书		清宣统元年（1909）	杜翰生	沈阳图书馆
东三省政略	12	清宣统元年（1909）	徐世昌	辽宁图书馆
东三省志稿	6	清宣统三年（1911）	吴廷燮等	哈尔滨师范大学图书馆
奉天郡邑志	5	清宣统三年（1911）	吴廷燮	辽宁图书馆
盛京事宜	8	清		辽宁图书馆
盛京通鉴	8	清		大连图书馆
全辽备考	2	清	林佶	辽宁图书馆
盛京志略		清		辽宁图书馆
奉天地略	1	清	马冠群	东京大学图书馆
旗军志	1	清	金德纯	
奉天全省地舆图说图表		清	王志	北京大学图书馆

续表

志书名称	卷数	纂修年代	纂修人	藏佚
东北边防辑要	2	清	曹廷杰	
盛京典制备考	8	清	崇厚	北京大学图书馆
奉天备志	5	清末	吴廷燮等	中国科学院图书馆、首都图书馆
奉天行省同官录	不分卷	清	杨绍宗、都林布	大连图书馆

注：表中资料源自辽宁省人民政府地方志办公室．辽宁方志志［M］．沈阳：辽宁大学出版社，2019：104-106．

民国时期，辽河近代方志文化饱受战乱和外国殖民统治的严重影响，在曲折中发展。

1912—1930 年，是辽河近代方志文化发展的重要阶段。一是政府比较重视修志工作。仅 1916—1930 年，省、县两级政府及修志主管部门先后制发各类修志训令及函件 40 余件，如 1926—1928 年，奉天省长公署先后制发《训令各县迅即编辑县志》《训令申斥未送志书各县》《训令催各县具报修志情形》，明确要求各县迅即设馆修志；1928 年 7 月，成立奉天通志馆，奉系少帅张学良亲任总裁；各县相继设立了修志机构。二是修志成果突出。这一时期，共编修市志 10 部、县志 51 部。其中，最具代表性的是金毓黻等编修的《奉天通志》，较有代表性的县志有《辽阳县志》《义县志》《营口县志》等。

1931—1945 年日本殖民统治时期，是辽河近代文化曲折发展的阶段。日本为强化其殖民统治，掠夺中国资源，掌握辽宁地区自然、政治、经济、风俗、物产、文化和教育等情况，下令编写一批志书，共编写市、县志 110 种，其中日文版的有 48 种。这一时期，辽河近代方志文化发展带有明显的殖民地性质。

1931—1945 年，辽宁地区日文版方志编纂情况，如表 5-12 所示。

表 5-12 1931—1945 年辽宁地区日文版方志编纂情况表

方志名称	版式	编纂年代	编撰人	藏佚
满洲地志	小 32 开，485 页	清光绪二十年（1894）		辽宁图书馆
满洲事情	155 页	光绪二十八年（1902）	大藏省理财局抄译	大连图书馆
满洲事情	大 32 开	光绪三十年（1904）	营又熊之助	辽宁图书馆
满洲地志	在 32 开，3 卷	清光绪三十二年（1906）	守田利远	辽宁图书馆
满洲通志	大 32 开，780 页	清光绪三十二年（1906）	俄财政部编，日参谋本部译	辽宁图书馆
满洲一般志	大 32 开，659 页，草稿，卷 3	清光绪三十四年（1908）	关东都督府陆军经理部	辽宁图书馆
满洲地方志	大 32 开，835 页，草稿，卷 1	清宣统三年（1911）	关东都督府陆军经理部	辽宁图书馆
满洲事情	第一辑第一回奉天新民府，643 页	清宣统三年（1911）	日本外务省通商局	辽宁图书馆、沈阳图书馆
满洲志	大 32 开，500—600 页	民国元年（1912）	关东都督府	黑龙江图书馆
满洲地志	铅印本	民国七年（1918）	释尼春	吉林图书馆

续表

方志名称	版式	编纂年代	编撰人	藏佚
满蒙都邑全志	529 页，上卷 516 页，上卷 975 页	民国十五年（1926）	山田九太郎	辽宁大学图书馆、大连图书馆
满洲国地方事情	复印本，175 页	民国二十一年（1932）	中原八部	营口图书馆
新满洲国地志	小 32 开，413 页	民国二十一年（1932）	田中秀作	辽宁图书馆
奉天省事情		民国二十二年（1933）		哈尔滨图书馆
满洲国地方事情	大 32 开，252 页，第一卷，概说	民国二十三年（1934）		大连图书馆
满洲事情	大 32 开，470 页	民国二十三年（1934）	南满洲中等教育研究会	辽宁图书馆
满洲事情（下）	大 32 开，125 页	民国二十四年（1935）	满洲事情案内所	沈阳图书馆
满洲事情补遗	大 32 开，30 页	民国二十四年（1935）	南满洲中等教育研究会	辽宁图书馆
新撰满洲事情	329 页	民国二十五年（1936）	南满洲中等教育研究会	大连图书馆
满洲事情		民国二十六年（1937）	中央警察学校	东北师范大学图书馆
新撰满洲事情	三订版，大 32 开，17 页	民国二十七年（1938）	南满洲中等教育研究会	辽宁图书馆
满洲国各县事情	大 32 开，439 页	民国二十八年（1939）	满洲事情案内所	辽宁图书馆
满洲国省市志	640 页	民国二十八年（1939）	满洲事情案内所	辽宁大学图书馆

续表

方志名称	版式	编纂年代	编撰人	藏佚
满洲国地方志	大 32 开，648 页	民国二十九年（1940）	满洲事情案内所	辽宁图书馆
新满洲地志	大 32 开，242 页	民国三十一年（1942）	国松久弥	辽宁图书馆

注：表中资料源自辽宁省人民政府地方志办公室. 辽宁方志志［M］. 沈阳：辽宁大学出版社，2019：107-108.

1945—1948 年，因战乱影响，辽河近代方志文化陷入停顿阶段。

（二）辽河近代档案文化的发展

辽河档案文化历史悠久，可溯至商代的金文、石刻档案，距今有 3000 余年。档案文化的形成、演进与政权机构、社会组织以及重要人物从事政治、军事、经济、科学文化等活动直接相关，所记述的是对国家和社会具有保存价值的历史资料，对一个地区经济、政治、文化、社会等发展有着重要意义。由于历史上长期战乱、政权更迭，甚至人为破坏，辽宁地区自先秦至唐辽金元时期的档案资料绝大部分无存。明朝时期（1368—1644），辽河古代档案文化有了一定发展，现今辽宁省档案馆所保存的 1080 卷明代档案，是辽东都指挥使司及其所属二十五卫二州等地方行政机构形成的。清朝时期是辽河古代档案文化发展的重要时期。17 世纪 40 年代中期清朝入主北京后，作为龙兴之地，清政府置盛京为陪都，设奉天将军和奉天府尹衙门，以旗、民分治政策实行统治。因而在盛京及其所属的旗属衙门和府、厅、州、县衙，普遍设立了档案库房和堂主事、笔帖式等掌管文书档案事宜。清朝政府为更好地行使管辖权，建立了一套较完整的文书档案工作制度，如清政府要求盛京各衙门所有来往文书必须限期办结，并按“一案一卷”的方法立卷归档，以防丢失；官员调转时，要按规定对档案接交盘查，如有疏漏换易等弊，一经发现，按例治罪。盛京各衙门按规定建立了档案文件副本制度。盛京内务府与北京、盛京各衙门的往来公文都有抄稿副本于正本之外另行收贮。因而形成了大量历史档案。为保存这些历史档案，建立了专门的档案库，如敬典阁、崇谟阁等。盛京各衙门很注重档案的查考利用，如编史修志、纂修玉牒、增修世爵谱册、诉讼案件等，都大量利用了历史档案。这些都极大地推动了辽河档案文化的繁荣与发展。

1840 年鸦片战争后，特别是日本帝国主义的野蛮侵略，辽河近代档案文化陷入空前劫难。1904 年日俄战争中，盛京地区各官署档案遭受严重破坏。据战后调查，盛京省城各衙署档案已惨遭毁失，各项工程档案荡然无存，各项武职册世职谱档案被尽数损毁，各项考核奏销案卷全部遗失；各府、厅、州、县衙署档案亦遭劫难。日俄侵略者还霸占了盛京大内敬典阁、崇谟阁、文渊阁，阁内大量文化典籍和档案史料或被损毁或遭盗窃。日俄殖民者的入侵致使辽河近代档案文化遭受一场空前浩劫。

民国时期，辽河近代档案文化发展可划分为三个阶段：1912—1930 年为第一阶段，1931—1945 年为第二阶段，1946—1948 年为第三阶段。第一阶段（1912—1930 年），民国政府成立后设奉天行省公署。旋即改称奉天巡按使公署，这一时期，辽河近现代档案文化有一定发展。1922 年，奉天省制发《县公署隶属办事规则》，规定对县公署的文件收发、保管，职有专责；1928 年，奉天省重新厘定了公文用纸格式，并通令全省各机关一律仿制执行，同时对档案的点收、分类、编目、归卷和存贮都作了明确规定；1929 年，改奉天巡按使公署为辽宁省政府，档案机构、人员以及工作制度更加健全。是年，辽宁省政府制发《县政府档案保存规则》。各县据此普遍设立了档案室，对乡村政府机构和学校的文卷要妥善保管，防止遗失或损毁。省政府秘书处又制发《档案整理保管办法》，进一步明确档案整理、归档、存贮的要求。辽宁省各机关还抽调人员，对积存的清代卷宗进行整理，保存下来一大批完整的档案。由于民国前期政府健全了档案机构、人员、规章制度和管理方法，因而形成的大量档案迄今保存完好。辽宁省档案馆保存有民国时期东北政务委员会、辽宁省政府、热河省政府、各级地方法院、检察厅、教育厅、监狱、财税、银行等机关形成的档案计 93 个全宗，881999 卷，其中省级机关 32 个全宗，335100 卷；县级机关 61 个全宗，546899 卷①，是历史档案中保存数量最多最为完整的部分，促进了辽河近代档案文化的发展。

第二阶段（1931—1945 年），九一八事变后，日本野蛮侵占东北地区，为全面推行殖民统治，日本将辽宁地区划分为奉天、安东、锦州、四平、通化 5 个省，制定档案工作制度，对档案严加控制。如奉天省规定，由秘书处掌管省公署文件拟写、收发和保存，伪省公署各厅及伪县公署均由总务科负责，并设专职或兼职人员负责档案工作。辽宁地区各伪省官署亦对文书归档、编纂、保管、废弃、使用等做了规定。如，办结文书由主办单位按规定方法编纂后，于翌年 2 月底以前送文卷室统一保管；根据文件的具体情况，以事件、时间、机密种类及重要程度为主的方法进行编纂，以事务之轻重来权衡档案的保管期限，一般分为永久、20 年、10 年、5 年和 1 年五个档次；废弃和借阅档案要履行审批手续，以防止泄密。日本为掩盖其掠夺东北资源和发动更大规模的侵略战争的罪行，于 1939 年下令，将原东北各省及社会团体保存的历史档案全部集中于奉天图书馆统一管理，共集中了 380 个机关、团体的档案文件 248 万卷（件）。1945 年日本投降前夕，日本下令对档案进行大肆破坏，将日本侵华机构及“满洲国”政府档案全部销毁，以消灭其侵略罪证，辽宁地区各伪官

① 辽宁省地方志编纂委员会办公室．辽宁省志・档案志［M］．沈阳：辽宁民族出版社，2004：5.

署执行了这一命令。除伪奉天省公署、日本满铁公司及军、警、宪、特机关部分档案未来得及销毁外，其余省、市、县各伪官署档案均被焚毁，中华人民共和国成立后，已经发现了部分焚烧档案，称为“纸灰档案”①。日本侵略者的这一做法，给辽河近代档案文化带来了空前浩劫。

第三阶段（1946—1948 年），由于蒋介石统治集团发动内战，辽河近代档案文化发展受到了影响。在中国共产党领导的解放区，由于当时处于战争环境，为防止敌特窃密和破坏，中国共产党领导的各机关作出严格规定，由党委书记、机关首长负责保管文件，定期传阅。至 1947 年后，解放战争转入反攻阶段，局势稍有好转，辽宁省政府根据东北行政委员会的相关规定，制发了《文书办理手续规定》，健全了文件整理、归档、保管、借阅、销毁等制度，有力促进了解放区辽河近代档案文化的进步。在国统区，蒋介石集团在辽宁地区设立辽宁、辽北、安东等省，并在沈阳设立东北行辕及其所属东北政务委员会、东北经济委员会。东北政务委员会规定由各省政府秘书处负责档案工作事宜，市、县设文书股负责文档事项。东北行辕和辽宁、辽北、安东各省政府为加强文书档案管理，制定了一些规章制度，对文书收发、归档、分类、组卷、调阅作出具体规定。这一时期，东北地区和各省及市县形成了档案。这在客观上促进了辽河近代档案文化的发展。

第八节　民国晚期辽河近代文学创作景象

随着解放战争的发展，中国共产党在农村革命根据地开展土地改革运动，发动群众、依靠群众，建立各类革命组织，反奸除

① 辽宁省地方志编纂委员会办公室. 辽宁省志·档案志［M］. 沈阳：辽宁民族出版社，2004：5.

霸、减租减息、平分土地、扩大武装力量，领导的革命力量不断壮大。在土地改革运动中，新民主主义文化和文学作品纷纷涌现，通过歌颂土地改革新运动及出现的典型人物，揭露和批判旧的制度文化，特别是国民党反动派的倒行逆施，促进了新民主主义文化思想深入人心。相对于国统区“正统文学”的腐朽、阴暗，解放区的文学阵地则是一派欣欣向荣的景象。

一　民国晚期辽河近代小说创作景象

民国晚期即解放战争时期，辽沈地区小说创作领域涌现出了许多知名作家。他们在中长篇、短篇小说方面，创作出了不少著名作品，短短三四年时间就获得了较好的成果。

（一）民国晚期辽河近代中长篇小说创作景象

解放战争时期是辽沈地区文学创作承前启后的时代。这一时期，迅疾发展的革命形势为文学创作提供了广阔的空间。中国共产党及其领导的人民武装为人民谋幸福，无私无畏，同蒋介石集团进行坚决斗争。解放战争推动了土地改革，翻了身的劳苦大众成为自己命运的主人，他们反独裁、反内战，送子参军、支援前线，用实际行动支持中国共产党。在解放区民主政府领导下，工人当家作主，以主人翁姿态积极恢复与发展生产，支援经济建设，精神面貌焕然一新。辽沈地区人民不仅在物质上获得了解放，在精神上也真正实现了自由解放。这些历史的变化，在辽沈地区中长篇小说创作中得到了体现，表现出强烈的现实参与性、突出的目的性。作家们将自己的文艺思想完全服膺于中国共产党的号召下，自觉服务于社会、服务于人民大众，主要代表人物有袁犀（李克异）、范政、草明、马加等。

1. 袁犀和范政的中篇小说创作

袁犀于1945年秋冬时节随东北文工团进入东北，先到辽西行署，在沈阳以西法库的农村工作，参与编辑《草原》杂志，随后到黑龙江乌苏里江地区采访土改工作情况，在哈尔滨完成了短篇小说《网和地和鱼》的创作。小说真实反映了土改后阶级斗争的复杂性，深入刻画了人物的性格。虽然曾因小说暴露了人物的精神弱点而受到文艺界“左”倾思想的批评，但袁犀并没因此而颓废，仍然满腔热情地投入革命工作。1947年，创作中篇小说《狱中记》，次年以笔名李无双发表。作者描写了“我”在一个半月的监狱生活中所受的毒刑和“我”在狱中亲眼看到的残酷的镜头，包括怀孕即将临产的妇人、被脱光了衣服灌凉水的女学生，以及被吊在墙隅里，全身赤裸、血肉模糊的八路军战士。他们不断地遭到宪兵的拷打，一会儿被用整桶的凉水浇，一会儿被用烧红的铁烙烫……在暗无天日的日伪监狱中，侵略者对“我”和受苦受难的志士们施行的酷刑，深刻地揭露了日伪法西斯惨无人道的兽行，深情地讴歌了为民族自由解放而不屈不挠、英勇斗争的英雄气概，批判了靠出卖同志和朋友而苟且活着的叛徒丑恶嘴脸。作者通过刻画革命者的凛然正气与汉奸叛徒卖身求荣的丑恶嘴脸，表现了在民族灾难面前，人们不同的人生追求和道德操守。

范政创作的《夏红秋》曾作为东北解放区文艺佳作推荐给全国第一次文代会，在解放区青年知识分子特别是广大学生中，引起过强烈反响。作者笔下的夏红秋是受日本殖民主义奴化教育长大的青年女性，她不知道自己是个中国人，自认为是“满洲国”的标准小民，羡慕日本人居住的大和区的干净的马路，认为日本人有文化、懂礼貌，她崇拜日本老师川畑，崇拜日本天皇，渴望“满洲国”将来能和日本一样文明强盛。日本投降以后，夏红秋转而认为蒋介石集团是中国“正统”的统治者，甚至可以为它去死。起初，她瞧不起八路军，嫌他们土气，嘲笑甚至敌视八路军。在有“正统”思想的王老师的鼓动下，又听信国民党的愚民宣传教育，从安东家中不辞而别，只身来到国统区沈阳。然而，现实给她浇了一头冷水。沈阳并没有像国民党宣传中说的那样“热烈欢迎中共区来的青年学生”，她还险遭学校主任的欺侮。失望至极的夏红秋徘徊在沈阳街头，巧遇先她而来的王老师。生活的苦难让王老师失去了往日的潇洒气色，沦落成了街边摆摊的小烟贩。王老师一脸愧疚地告诉夏红秋他给她指了一条错路，劝说夏红秋赶快回安东开始新的生活。夏红秋在王老师的劝说下连夜乘车奔回安东，途中她借宿农户家，农家大娘以为她是八路军，一再夸赞八路军的好处。夏红秋回到学校，老师和同学们都没有嫌弃她，她参加了宣传合唱队，彻底与同学中的特务分子脱离了关系，并大胆主动地揭发其挑拨八路军和人民群众关系的恶毒用心。后来，夏红秋加入革命队伍成长为一名光荣的文工团员，在文工团指导员的帮助下，夏红秋逐渐抛弃了“正统”观念，认识到八路军民主政权才是为国为民的好政权，她彻底否定了过去的自己，成为一名出色的八路军战士。作者记述了大量事实，细致展现了夏红秋思想转变的过程，代表了当时东北青年知识分子普遍面临的问题和应该选择的道路。夏红秋的转变历程符合人物思想行为发展的自然逻辑，具有较强的说服力和感召力。

2. 草明的长篇小说创作

草明，原名吴绚文，广东顺德人，九一八事变后开始文学创作，在上海加入“左联”，发表过短篇小说《倾跌》《进城日记》和中篇小说《绝地》等。抗日战争期间，曾在广州、重庆等地从事抗战宣传和文艺创作。1941 年到延安，日本投降后到东北，曾在东北邮电工会、镜泊湖水电站、沈阳铁路工厂等地做群众工作。1948 年，创作出版东北唯一一部反映工业题材的长篇小说《原动力》。小说描写了东北解放初期，玉带湖水电厂的机器被国民党军破坏，埋在冰雪之中。国民党军撤走后，老工人孙怀德带领工友们刨冰打捞，修复机器。解放区民主政府任命王永明为电力公司经理，他来到玉带湖水电厂，组建领导班子、组织工人恢复生产。王永明从大盛电厂带来两名干部即陈祖庭和刘月轩，陈祖庭当上了工会主任兼人事股长，刘月轩任电器股长，陈祖庭主持电厂工作。陈祖庭主观片面，脱离群众，甚至良莠不辨，使工厂工人的积极性受挫，敌特分子趁机造谣生事，弄得“满湖是非”，人心涣散。发电机试运行时，孙怀德等老工人提出合理建议，陈祖庭和吕副厂长不听，结果电机损坏，造成火灾事故，孙怀德及时指挥工友灭火，避免了更大的损失。看到损坏的设备和在救火中受伤的工友，工人们失声痛哭，吕副厂长深受教育和感动，主动向王永明经理作了汇报。王永明深感自己用人失察，工作方法简单，但他并没有急于处理责任者，而是关心另一部机器能否修复，还亲自赶到工厂了解情况，向工人们作了自我检讨，工人们深受鼓舞，更加拥护他。电厂工会改选，孙怀德当上了工会主任。老孙头深入细致地做工人们的工作，消除了干部工人间的隔阂，大家一起投入了修复第二台机器战斗。电机很快修复了，工人们欢欣鼓舞。庆祝大会上，王永明揪出了老佟头和他的外甥李希贤等敌特分子。电厂恢复生产，老孙头要求加入中国共产党，他团结带领工友埋头苦干，最后成了电厂的副厂长，仍保持工人阶级本色，组织工友捐钱、捐物，感动了被抓起来的老佟头的父亲，将儿子偷厂里的东西都交还了电厂。小说以宏大的历史画面的描写，表现了工人阶级是中国共产党建设新中国的“原动力”，在文学史上第一次成功塑造了被解放出来的工人阶级形象，如通过描写老孙头及其工友，深入挖掘出工人阶级的先进典型的闪光品质；较好地塑造了中国共产党领导干部王永明的形象，既表现了这位知识分子干部对革命的忠诚、对事业的热爱，也反映了他急于求成、心浮气躁的官僚主义作风，以及他知错就改、虚心接受批评、深入实际的工作态度；同时批评了陈祖庭和吕副厂长的主观片面、脱离群众、作风专横。小说题材新颖、主题鲜明、时代特色突出，较好地运用了心理描写塑造人物性格，在不同人物性格的对比中，凸显人物个性。《原动力》因主题鲜明独特在解放区文学史上具有重要意义，其突出反映时代政治的创作意图，思想价值超出了作品本身的审美价值。

3. 马加的中长篇小说创作

解放战争时期是马加文学创作生涯十分重要的时期。这一时期，马加不仅创作了许多有影响力的短篇小说和散文，而且创作了不少有影响力的中长篇小说，如《江村十日》《开不败的花朵》等。

《江村十日》是一部以东北土改为题材的长篇小说。小说描写了高家村的土改生活，将高家村改成江山村“那翻天覆地的十天”所发生的变化，反映了解放区农民快乐、健康、新鲜的新生活，散发着浓郁的政治热情和北国的乡土气息。

小说描写了发生在东北农村的土改故事。土改干部沈洪搭乘金永生的爬犁去高家村，途中向金永生了解土改情况时发现高家村的土改不彻底，农民心中尚有顾虑。高家村曾来过两批土改工作队，负责第一批工作组的裴同志工作浮于表面，听信伪装积极的地主高福彬的心腹任云峰，贫苦农民没有得到土地的实惠，地主的威风还在；第二批工作组由何同志负责，虽有工作热情，但对情况了解不多、不透，高家村的土改工作不彻底。沈洪是一位参加革命的“老同志”，有着丰富的工作经验，和群众打成一片，逐步摸清了当时高家村的阶级状况。金永生的父亲当年从关内来到这荒草丛生的东北农村，好不容易开出 7 垧地，被有官府背景的地主高福彬给占去一半。第一次土改工作队进该村时，金永生想要回自己被地主强占的土地。结果任云峰给金永生分了“兔子也不拉屎”的河滩地。任云峰勾结土匪的事情败露后，村里人推举从苏联留学归来的邓守桂当村长。高福彬利用其走狗刁金贵在不明真相的村民中煽风点火，在私下组成小组会，欲将邓守桂赶走。金永生只想要回自己的土地，当他看清刁金贵想当村长的阴谋后十分后悔参加小组会。恰在金永生苦闷、无助时，沈洪来了。他在向金永生等穷苦民众了解情况后，马上召集群众大会，推举邓守桂为贫雇农委员会主任，揭露了刁金贵、高福彬等人的阴谋。高家村土改继续。沈洪在来到高家村的第十天，开始组织重新划分土地，村民们来到江边做平分土地的准备工作，大家为新的生活所鼓舞，有人建议将高家村改名“江家村”，村民们欣然接受。

《江村十日》成功塑造了一系列个性鲜明的农民形象，作者抓住不同人物的语言和行为特征，生动展现了人们在土改工作中前后的心理变化和思想变化。如对金永生的刻画，他勤劳本分、待人诚恳、心地善良，对于不托底的人，保持农民特有的机警和戒备心理，其对沈洪的态度变化可以说明这一点。金永生车老板的身份，使他在农村算是见多识广的人物，作者在描写其比较复杂的身份时，既有对他作为农民的刻苦耐劳的优秀品质描写，也写出了他的反抗精神。他对高福彬的仇恨，不仅是因为高福彬强占了他的土地，更主要的是出于农民对剥削阶级的反抗。作为农民，他没有像李大嘴等人那样浓厚的小农思想，遇事能够识大体、顾大局，凡事能替他人考虑，在金永生身上体现出农民阶级的先进性。李大嘴是作者塑造的又一个性鲜明的人物。李大嘴是农村常见的人物类型，优点和缺点都十分突出，他身上有二流子习气，革命热情高，小农思想浓厚，私心较重，遇事好冲动，政策观念不强，风风火火，有较强的反抗精神和无政府观念，知错能改。作者塑造这个底层人物复杂性格，充分暴露了这个人物个性复杂多变的社会原因。小说还描写了年轻一代农民的觉醒，如金成、周兰。在描写人物时，作者大量运用东北乡土语言的风格，塑造风趣幽默的人物形象。

中篇小说《开不败的花朵》记录了作者于 1946 年随干部队返回东北一路上发生的令人难忘的经历，塑造了英雄副团长王耀东的感人形象，赞美了为创造新生活而无私奉献的英雄，呼唤着大无畏的英雄气概和敢于自我牺牲的献身精神。主人公干部队的副团长王耀东是东北人，九一八事变时，他是东北军的一个排长，因激愤于蒋介石集团对日本侵略采取不抵抗政策，参加了东北义勇军，后转战关内。15 年后返回家乡，心情无比喜悦，途中与负责护送的蒙古族部落保安队骑兵班的赵班长认了老乡。经过西拉木伦河时，王耀东给大家讲述了有关这条河和草原英雄嘎达梅林的真实故事。当年，牧民嘎达梅林为反对军阀强占硬抢牧民草场，率领牧民到奉天告状，被官府抓捕了。嘎达梅林的妻子牡丹为救丈夫联合草原牧民暴动劫狱时牺牲，嘎达梅林被沉于西拉木伦河。嘎达梅林夫妻的故事感动着工作队一行人。夜晚工作队宿于蒙古族村落，警卫员误打了那申乌吉的猎狗，王耀东和曹团长为此登门向那申乌吉老人道歉，老人向他们讲述了长子参加义勇军抗日殉国的经过。第二天，那申乌吉老人做向导，带领工作队冒雨穿过茫茫草原，到达瞻榆县城附近的小村屯。王耀东带人侦察，因警卫员不慎出枪，暴露了目标。为分散敌人兵力，赵班长带领部分人员赴瞻榆县求援，王耀东带人攻打敌军阵营时不幸中弹身亡，干部队突围不成。瞻榆县县长带队打退了敌军，派人护送干部队上了火车，巴扎布是那申乌吉老人的小儿子，他唱起嘎达梅林的歌谣为工作队送行。曹团长听着巴扎布的歌唱，眼前仿佛看见了嘎达梅林和王耀东化作大雁向他飞来……马加以婉转抒情的笔调，抒写了一曲英雄赞歌，将蒙古族民族民间血与火的抗战与工作队的顽强斗争和不怕牺牲的勇气融汇于一体，挥洒在五月的草原，生长出绚丽的鲜花，一朵一朵地绽放，一片一片地蔓延，永开不败。

（二）民国晚期辽河近代短篇小说创作景象

解放战争时期，大批关内作家随东北文工团来到东北，一些辽东籍流亡关内的作家也陆续回到东北，辽沈地区短篇小说创作呈现出新的景象。这一阶段，辽沈地区短篇小说创作代表性人物有朱隄、鲁琪、雷加、袁犀、白朗、井岩盾、韶华、陈隄、史从民、刘白羽、白刃、西虹等。

1. 朱隄、鲁琪、雷加的短篇小说创作

朱隄于1944年创作的《小银子和她的家族》，描写了善良纯朴的小银子为生活所迫，被卖给刁钻人家，被迫到街头卖唱，终被糟蹋的经过。作者通过对小银子不幸经历的描写，体现了对小银子的深刻同情，表达了对造成小银子悲惨命运的黑暗社会的强烈愤怒。

鲁琪，原名鲁启智，笔名有华青、华原等，奉天盖平（今辽宁省盖州市）人。于1942年在长春开始文学创作，曾因反满抗日被捕入狱。日本投降后出狱，参加革命工作，解放战争时期，曾在安东人事新闻文化工作，创作了大量文学作品。在歌剧、话剧、短篇小说创作上都有出色成果，是这一时期比较活跃的年轻作家。《月亮圆又圆》是鲁琪短篇小说代表作。小说描写了日本殖民统治时期强行抓劳工给辽沈地区人民造成的灾难。主人公孙庆有原本是一位健壮的青年，小伙子被抓劳工修铁路，半个月就病倒了，工友王福和孙先同情他、帮助他，可是日本监工和小队长都怕他有传染病，竟然残忍地将他扔到工棚外的草地上，任日晒虫咬。王福及时给孙庆有家捎了信，孙庆有的妈妈闻讯赶到时，看到奄奄一息的儿子后号啕大哭。妈妈将昏沉欲死的孙庆有弄回家去了。小说深刻揭露了日本法西斯残酷压迫和剥削中国人民的罪行。孙庆有的悲惨结局，激起人们对日本侵略者的仇恨。小说刻画了小队长的狡猾、奸诈的性格，歌颂了工友间纯真的阶级感情。

小说《于家沟的春天》描写了于家沟的农民反抗日本侵略者的斗争。大祥是一个勤劳、忠厚的农民，热爱家乡的土地胜过自己的孩子。大祥的家庭虽然贫穷，但美丽贤惠的大祥嫂聪明能干，一家人日子过得美满。可是，日本侵略者闯进于家沟，毁灭了大祥美满的日子和一切希望。于家沟200多村民被日本鬼子杀害，血腥的屠杀激起人们对日本鬼子的刻骨仇恨。为了给死去的乡亲们报仇，大祥终于觉悟，与元庆一样投奔了抗日游击队，直到打垮日本帝国主义。小说成功塑造了大祥的形象，通过描写大祥性格转变的过程，细致刻画了大祥的内心活动，表现了游击队员元庆刚毅果敢的英雄气概。小说通过描写大祥家平时欢快的生活和于家沟特有的祥和平静，与日本鬼子制造的惨无人道的血腥屠杀场面形成强烈的对比，既激起人们无比的民族仇恨，也为大祥坚决投奔抗日游击队做了铺垫，使人物心理变化和性格发展真实可信。

《崔“傻子”》是鲁琪又一部以描写日伪统治下农民苦难生活为题材的短篇小说。作者描写了一个忠厚勤快的农民在日伪统治下被迫流浪街头装傻混日，解放后返回家乡过上幸福生活的过程。崔“傻子”本名崔德厚，是个孤儿，长大后长年给地主“孙大马棒”耕地干活，但起早贪黑拼命地干活也算计不过地主，一年到头的忙活反欠着地主的钱，把所有的家当抵债还不够。被逼无奈，崔德厚打了地主之后逃离家乡，流浪到城里当了乞丐，因无意间冒充“傻子”躲过了抓劳工，从此就装傻混日。5 年后，中国共产党来了，解放了城市，开仓放粮，在领取粮食时巧遇同村曾经帮过他、现已当了共产党部队干部的李大哥，才知道自己的家乡解放了，已进行土地改革。崔德厚不再装傻了，立即返回家乡，分得了土地，过上了幸福的生活。小说通过描述崔德厚的人生遭遇，揭露了日伪统治和国民党统治给东北人民带来的苦难，“把人变成鬼”的野蛮残酷，赞美了中国共产党及其领导的人民军队给劳苦大众带来的幸福生活。

雷加，解放战争时期回到辽宁后，在短篇小说创作上成果颇丰，创作了《姊之家》《有仇必报》《鳝鱼》等作品，出版有《水塔》。

《姊之家》描写了知识青年建白和厉生对革命的忠诚和超人的胆识，将聚集在姊之家的青年引向正确的革命道路，逮捕了隐藏的国民党特务。通过刻画建白的形象，说明日本帝国主义侵占东北，东北青年经受了十四年法西斯奴役，抗战胜利后在决定东北命运的不同政治立场上的不同选择，讴歌了为中国人民的自由、民主而奋斗的中国共产党。作者通过塑造不同的人物形象，批判了国民党“正统”观念对青年人的毒害。《有仇必报》描写了“我”在日本投降后，对日伪时期的仇人的情感态度与政治立场。小说中，“我”曾是名教师，日伪时期，因反满抗日被关进监狱 7

年 8 个月 12 小时，饱受监狱监护科科长惨无人道的酷刑，而这位监狱监护科科长从前是“我”的学生，成为日伪帮凶后，千方百计地折磨“我”。日本投降后，“我”偶遇了这位“科长”，也曾动了恻隐之心，但最后还是举报揭发了他。在如何对待过去的敌人的问题上，小说将民族大义置于师生情感之上，对于在中华民族遭遇灾难时那些出卖良心、甘愿成为日伪残害中国人民帮凶的汉奸特务决不能姑息。同时，“我”又以老师的慈爱之心帮助昔日的学生，教育“科长”洗心革面，重新做人，闪耀出教师人性的光辉。作者深入刻画了“我”细腻真实的心理活动，通过“我”在师生之情上表现出的犹豫与动摇到坚定的心理矛盾，真实反映了“我”的革命性和人情味，坚定的革命理性与温存的真正人性融为“我”的襟怀，更加具有感染力。

2. 袁犀、白朗、井岩盾的短篇小说创作

袁犀重返东北解放区后，以马双翼的笔名发表的短篇小说《网和地和鱼》，描写了解放区土地改革中农民阶级思想觉悟变化的过程。青年渔夫谭元亭分得了两垧地后，整天高兴，他将自己想去当兵的想法告诉了女朋友魏素英，魏素英告诉他那两垧地是过去大地主孙把头家最好的地，孙把头虽然被斗争了，可孙家的势力还在。孙把头的女儿拉拢腐蚀谭元亭，让他替孙家收藏所谓的包裹。谭元亭经过激烈的思想斗争，想起伪满时期，孙把头当警察时说他哥哥勾通苏联，把哥哥抓进了监狱，糟蹋了他嫂子，他自己也成年累月给地主孙把头干活却一无所有的苦难日子；想起魏素英的希望，觉得很对不起大家，想一头跃进湖中。但男子汉的坚强又让他战胜了自己，终于把老孙头女儿寄放在他那里的包裹交到了村上，解放了自己，过上了真正的自由自在的生活。小说揭示了东北解放区斗争轰轰烈烈的一面，也暴露了正在成长为革命战士的农民存在明显弱点和意志不够坚定的一面，再现了解放后东北乡村真实环境中真实人物的思想变化。

白朗在东北解放区创作了许多短篇小说，大都收在他的小说集《牛四的故事》中。小说集中，《牛四的故事》描写了革命干部发动群众帮助牛四转变的过程，表现了中共革命干部深入实际的工作作风。《棺材里的秘密》记述了四喜屯春天第一次土改工作不彻底，搞成了“夹生饭”，农民并没获得真正的解放，地主仍然耀武扬威地欺压农民。夏天，土改工作队第二次进屯，彻底斗争了地主，躲藏在地窖里的地主马得骠被自卫队抓住，给农民解除后顾之忧。小说真实反映了土地改革初期一部分工作队队员工作不深入，给农民造成了思想压力，第二批工作队来了后，公审了地主恶霸，纠正了第一批工作队的失误和不足，表现了共产党人知错必改和全心全意为人民服务的精神境界。《孙宾和群力屯》是白朗小说集中最有代表的作品，作者成功塑造了农会主任孙宾的形象，通过对孙宾在土改中带领农民同地主姜恩父子进行曲折斗争过程的描写，揭露了地主阶级同农民阶级不可调和的矛盾，反映出农民积极分子虽然积极热情，但由于对中共土改政策学习不够、掌握不足，被地主分子姜恩父子钻了空子。姜恩的儿子姜文飞利用土改干部文化水平和政策水平不高的弱点，耍两面手段，以假进步、假马列的外表来蒙骗区干部，在村民中搞小恩小惠，掩饰其父子欺压农民的阶级本质，还指使地痞流氓殴打孙宾和王老疙瘩，对土地改革积极分子进行报复，形象地说明了土改工作的复杂性和土改斗争的艰巨性，还说明了地主阶级是不会甘心失败的，总会寻机进行报复和破坏。孙宾等人被成功救出，姜恩父子的阴谋被揭穿，表现了鲁区长雷厉风行的工作作风和对敌斗争的谋略。小说既歌颂了农民的斗争热情，也暴露了他们身上的弱点，充分反映了中国共产党的领导是工地改革取得根本胜利的保证。

另外，《死角》是白朗为配合部队诉苦运动而创作的短篇小说，描写了解放战士苏海在民主部队中思想转变的过程。刚被解放时，苏海老是想着开小差，思想顽固落后，调皮捣蛋，但班里战士都把他当小弟弟看待，苏海慢慢受了感动。解放战士钱大发利用苏海的动摇心理，拉拢他对抗诉苦运动，逢会一言不发，苏海成了全排的一个“死角”。部队首长发现后，将钱大发调走了，对苏海进行耐心说服教育，终于让苏海认清了自己的阶级本性，经过整训，苏海“简直变了一个人”，成了部队练兵模范。

3. 韶华、陈隄、史从民的短篇小说创作

韶华，原名周玉铭，河南滑县人，1946 年进入东北，曾在安东《白山》杂志社任编辑、齐齐哈尔《西满日报》任记者，后调入中共东北局宣传部工作。1949 年 4 月，出版短篇小说集《荣誉》，收入了 1947 年至 1949 年 3 月间创作的短篇小说 8 篇。这些短篇小说从不同侧面反映了东北解放后人民的新生活，成功塑造了许多新人物，暴露了旧思想、旧传统对农民的影响。如土改题材小说《刘怀义》，记述了一个土改后改造二流子的故事。刘怀义是个游手好闲、好逸恶劳、赌博成性的人物，人称“二流子”，弄得倾家荡产、妻离子散。在民主政府和翻身的乡亲们的教育帮助下，刘怀义终于转化过来，成为真正的劳动者，夫妻团圆，重新过上了好日子。作者通过描写刘怀义的转化过程，深刻暴露了造成刘怀义变成二流子的社会原因，批判了旧社会、旧制度将好人“造坏人”的黑暗，讴歌了新社会、新制度让人活得幸福有尊严的现实。作者通过对刘怀义在新旧社会的不同心理活动和行为变化的描写，表现了土地改革不仅使农民在物质上获得了解放，而且让农民在精神上获得了解放的时代主题。妇女命运是韶华短篇小说所关注的题材，如《买卖婚姻》《参加劳动才改变成人》《荣誉》等作品，通过对王梅枝、于翠云、方巧珍 3 位女性命运的记述，表现了作者对妇女命运的关切。《买卖婚姻》描写了买卖婚姻给妇女造成的心灵痛苦。王梅枝 15 岁时被图彩礼钱的父母逼迫嫁给了一个不务正业、又老又丑的赌棍。这深刻暴露了中国农民虽然政治上获得了解放，但思想观念等精神文化依然深受旧社会旧思想的影响，不尊重妇女的人格，把女儿当作赚钱的工具。作者通过对王梅枝父母冷漠和麻木心理的描写，表达了改造农民精神状态的企盼。《参加劳动才改变成人》中的于翠云是一名精神上解放的新女性。旧社会，勤劳、节俭、贤惠的于翠云，在家受尽婆婆与丈夫的欺压，根本没有体面、尊严可言，土改后，于翠云的境遇也没有什么改变。后来，在中国共产党的领导教育下，于翠云成长为村妇女干部，由“围着锅台转”的“老娘们儿”成为妇女主任，还成为村里第一个党员，享有真正自立的生活，成为对社会有用的人。作者通过刻画于翠云形象，表现了新的历史条件下农民解放的主题，特别是妇女解放的问题，表达了妇女要随时代的进步，实行自我解放，以自强、自立、自尊、独立的人格精神展现于社会。《荣誉》以方巧珍的内心活动为主线，通过表现其自我斗争的过程，塑造了真正忠诚无私、一心为厂的新社会工人阶级的典型形象。方巧珍是编织厂的劳动模范，从厂里设立光荣台开始，她的照片就挂上了墙，创造了全季度无次布的记录。一天快下班时，她检查布面，发现了次布，她想起上周曾用这台机器织过布，一定也有次布。她内心充满了矛盾，她是厂里的劳动模范，要是别人知道记录有假，脸面不好看，犹豫再三，她还是鼓足勇气找质检员说明了情况。可质检员为了掩饰自己工作的失误，竟然让她不要声张，还说这是为方巧珍的荣誉着想。方巧珍再次处于矛盾斗争中，经过一番挣扎斗争，最终她抛开私心杂念，勇敢地向党组织做了说明。党组织不但没有取消她的荣誉，还在光荣台她的照片下面加了个说明，表扬她勇于承认失误的做法，号召全厂职工学习她“忠诚无私的工人阶级优秀品质”。

陈隄创作的短篇小说《歪歪屯的春天》记述了彭大福家的不幸遭遇，反映了歪歪屯在地主何阎王的把持下，农民们“有冤没处申，有仇不能报”的苦难生活。地主何阎王糟蹋了彭大福的女儿，致17岁的女孩上吊而死，彭大福因惧怕何阎王只好忍气吞声。土改工作队来了，住在彭大福家里，工作队队员帮助他家担水扫院子，住的是他家的北坑，工作队队员的行为感动了彭大福，在工作队队员的启发教育和帮助下，彭大福终于站出来，和村民们一道斗争何阎王，为女儿报了仇。彭大福在土改中分得了胜利果实，大儿子参了军，全家成了光荣军属，过上了扬眉吐气的日子。小说反映了土地改革不仅给农民带来了物质财富，也给他们带来精神上的解放。

史从民创作的短篇小说《井》，以 4 个掏井农民叙述的形式，讲述了民主村围绕村里唯一一口井发生的故事，反映了民主村土地改革前后的变化。民主村原名郎家岗，日伪时期，因饿死的人多，又叫死人岗。村里有一口水井，原是露天的，是清光绪年间全村齐钱修造的。被“大三狼”霸占后，村里人吃水就要交纳井捐，否则只能喝河沟里的脏水。这个“大三狼”祖上靠“绿裤腰”起家，成了村里的首富，欺男霸女，无恶不作，这口井中也不知道埋葬了多少冤魂。土改时，公审“大三狼”后，民主政府决定掏干净这口井，让全村人能够吃上甘甜的井水，彻底解决群众吃水问题。小说赞美了民主政府真心诚意为群众谋幸福的服务精神。

4. 刘白羽、白刃、西虹的短篇小说创作

刘白羽，北平（今北京）人，抗战前夕开始文学创作，出版过短篇小说集《草原上》；抗战后赴延安参加文艺工作，从事文学创作活动；1944 年到重庆，编辑《新华日报》副刊；抗战胜利后，以新华社军事记者身份进入东北，后又到平津、淮海前线，进行战役报道和文学创作；解放后，长期担任全国文艺办领导职务。刘白羽因为熟悉部队军人生活，了解普通士兵的喜怒哀乐，所以创作了许多反映部队生活的军事题材的小说。《政治委员》是刘白羽到东北后创作的第一篇短篇小说。小说描写了军事指挥员独臂英雄吴毅的坚定成熟和英勇果敢。吴毅出身红军，在红军时代的战斗中失去了左臂，但他想到的不是自己断臂的伤痛，而是何时能够重返前线。抗日战争胜利后，吴毅随军来到东北，当上了团政治委员。他勇猛善战，治军严格，大仗恶仗冲锋在前，讲究策略，有勇有谋，是了不起的独臂指挥英雄。作者通过对吴毅心理、对话和行为的描写，把中国共产党思想政治工作融入小说故事情节发展之中，表现中国共产党领导的民主军队思想政治工作对部队战斗性的鼓动力量。短篇小说《无敌三勇士》运用心理描写，展示人物性格特征，成功塑造了3个普通战士阎成福、“老油条”李发、俘虏兵赵小议的形象。阎成福是模范班的孤胆英雄，李发作战机敏，不时对自己要求不严，对阎成福不服气，又瞧不起新解放过来的俘虏兵赵小议，由此演绎了3个人的故事。团里开展诉苦活动，这3个有矛盾、互不说话的人，各自讲述了自己的苦难经历，在共同的阶级仇恨中3人达成和解。后来，他们相互配合、协同作战，为部队攻击敌人打开了突破口，一起荣立战功，被称为“无敌三勇士”。此外，刘白羽还创作了反映部队与地方群众关系，表现我军英雄主义精神的小说。如，《战火纷飞》描写了战士王喜通过忆苦，激发出高度的觉悟和大无畏精神，英勇作战，火线入党；《血缘》刻画了陈启祥在行军途中坚决要求加入部队，表现了穷苦战士团结互助，成为超越血缘关系的亲兄弟，反映了团结是我军胜利的根本保证之一；《回家》描写了解放过来的战士李广和想家、回家、离家归队的心理变化和思想转变，表现了劳苦大众自觉投身革命战争、走上革命道路的历史必然性。总之，刘白羽的短篇小说大多以讴歌革命英雄为主题，突出政治，符合时代要求。

白刃，原名王寄生，笔名有王爽、屯冷等，福建晋江人。青少年时代，曾去过菲律宾、马来西亚等地求学、谋生。于1938年到延安。日本投降后，随中国共产党部队进入东北解放区，曾任安东广播电台台长、西满军区宣传科科长兼《反攻报》主编。其出版有短篇小说集《生死一条心》，收录了白刃在辽沈解放区4年间创作的4篇短篇小说，从不同侧面反映了我军攻无不克的根本原因，通过对林春来等人物刻画，生动说明我军改造所俘国民党军士兵的历史过程，反映了“共产党是熔炉，能把废铁炼成钢”的思想主题。《谁是敌人》描写了原国民党军士兵林春来被中国共产党部队俘虏后，在民主军队里真实生活的感召和中国共产党部队的政策教育下，成长为革命战士的转变历程。小说深入细致描写了林春来的心理活动，在参加中国共产党部队前后的思想斗争，从犹豫、动摇到最后彻底与国民党军决裂的心路历程，较好地展示了人物思想境界的升华。

西虹，原名宁保禄，山西省原平县人。1938 年参加革命工作，1946 年进入东北解放区，任东北民主联军和第四野战军随军记者。短篇小说《英雄的父亲》是西虹的代表作。同样是军事题材，西虹在深入挖掘了农民参军的心理因素，探索了新型的军民关系方面做了大胆尝试。小说从一个侧面反映了土地改革不仅给农民带来了物质生活的巨大变化，而且也给农民的思想境界与精神面貌带来了巨大的变化。农民不仅要做土地的主人，还要做保卫土地革命成果的革命战士。革命战士的自觉精神是民主军队战胜敌人的力量源泉。小说深入描写了农民张老汉得知儿子牺牲消息前后的心理活动，表现了苦大仇深的张老汉对革命的满腔赤诚。土地改革后，有了房子，有了地，“还差什么呢？还差个荣誉”。这个荣誉不是别的，是为国家作贡献的荣誉。因而张老汉送儿子参军就是为了这个荣誉，有了这个荣誉，“不枉活这一辈子”。张老汉的焦虑、痛苦、悲哀是儿子牺牲所引起的，更多的是担心儿子在部队上不争气。作为一位父亲，儿子的牺牲给张老汉带来巨大的悲伤、难过；作为一名英雄的父亲，儿子获得的荣誉给张老汉带来无比的自豪感和荣誉感，他为有这样英雄的儿子而感到无比光荣，儿子的死是值得的，他甚至还产生了“也要参军为儿子报仇”的思想。作者通过对张老汉心理活动自然而真实的描写，表现张老汉老农民的性格，塑造了民族化、大众化的典型人物，具有较强的艺术感染力。

解放战争时期，辽沈地区逐步得到解放，工厂大部分回到人民手中，工人阶级摆脱了受“三座大山”压迫和剥削的境遇，成了时代的主人。许多作家纷纷深入工厂体验工人生活，创作了许多反映工业战线新面貌的短篇小说，如雷加的《鳝鱼》、李纳的《煤》《出路》、韶华的《荣誉》等。这类工业题材短篇小说，从不同层面反映了解放后工人阶级转变思想观念，焕发工人阶级主人翁责任感，同时将心理描写有机地融入故事的叙述中，挖掘人物复杂的内心世界，增强了作品的现实感和可信度，讴歌了在中国共产党领导下，工人阶级真正成了主人翁，为自己、为国家忘我劳动的奉献精神。

二　民国晚期辽河近代诗歌散文戏剧创作景象

解放战争时期，辽沈地区诗歌、散文继续发展，戏曲除传统的二人转、辽南皮影戏、海城喇叭戏、东北大鼓外，还有晚清时期传入的戏剧包括梆子戏、评剧、京剧，五四新文化运动时期传入的话剧、歌剧以及电影等。1945 年 11 月，从延安辗转至辽沈地区的东北文工团先后在沈阳、鞍山、辽阳、本溪、大连等地演出并进行戏剧创作，推动了辽沈地区戏剧文化的发展。

（一）民国晚期辽河近代诗歌创作景象

抗日战争的胜利，使辽沈地区文学终于从殖民主义和日本法西斯的桎梏中解脱出来，文学发展的光明前景展现在作家的面前。但是，蒋介石集团悍然发动全面内战，大举进攻东北解放区，内战的炮声打碎了作家们的梦想。在错综复杂的社会政治背景下，辽沈地区新文学发展表现出两种不同的风格：一是蒋介石集团统治下的白色恐怖，使许多进步文人受到迫害和监视，其文学创作继续日伪统治时期的路子，虽然出现了一些对自我、对民族的反思，但只能是委婉的批评；二是共产党领导的解放区文学弥漫着一种翻身解放、自由清新的文化气息。在这一时期，辽沈地区从事新文学创作的有三部分人：其一是本地作者；其二是流亡关内的辽东籍作者；其三是随着中共派遣到辽沈地区来的解放区作家。作家队伍构成的多元性，决定了这个时期辽沈地区新诗歌创作的艺术价值取向。

1946 年前后，辽沈地区陆续创办了《星群诗刊》《驼铃诗刊》《诗战线》《星火》《白山》《鸭绿江》等刊物。一些进步刊物冒着政治风险刊登了许多政治观点鲜明的新诗作品，如《诗战线》刊登过臧克家、李广田、艾青、田间、安娥、邹荻帆、吕荧、徐放等人的诗文，为人们提供精神食粮和艺术借鉴。这一时期，诗歌创作题材大体分为四类：一是反映抗日战争胜利后人民的喜悦和对新生活的向往，如王为的《苏醒了的灵魂》、王泽的《船长》、韦长明的《挣脱掉灵魂的枷锁》等诗作；二是对压迫人民的殖民主义、日本法西斯和封建主义的控诉，如韦长明的《从你的尸身上踏过去》、辛土的《神女》等诗作；三是怀念牺牲的烈士和死去的亲朋，为其没能等到黎明而悲伤和惋惜，如韦长明的《你活在我们的心里》、云鹏的《狱中吟》、丰永刚的《悲歌》等作品；四是反思日本殖民统治十四年给东北人民精神上造成的严重创伤，呼唤新的健全的东北风和人格，如公木的《忘掉它，这屈辱的形象》等诗作。总之，这时的诗作表现得较为明朗健康，给人以积极力量和希望。

随着大批延安文艺工作者进入东北，给辽沈地区文学创作注入了新的活力，促使辽沈文学特质发生了积极转变，成为当时全国最先进的延安文艺的延续和发展。经过解放战争和土地改革的洗礼，一批新诗作者茁壮成长，他们继承和发扬了延安文艺大众化的传统，积极表达新的群体意识、阶级感情，在诗歌民族化、大众化的道路上不断探索与尝试。这一时期，辽沈解放区诗歌题材主要有两类：一是反映战争和军事生活；二是反映劳苦大众翻身解放，记述土地改革的历史进程以及翻身农民歌颂中国共产党和领袖毛泽东的浓烈情感。诗歌的写实风格，讴歌集体主义精神，摒弃个人主义形象，成为诗歌创作的主流。诗体更为自由奔放，散文化倾向较为明显，民歌体裁受到普遍欢迎。其代表人物有方冰、蔡天心、谢廷宇、刘文玉等。

方冰，原名张世方。抗日战争爆发后到延安，在街头诗运动中，创作了许多作品，长篇叙事诗《柴堡》是其代表作。日本投降后进入东北，先后到新民、大连等地从事文学创作和文艺领导工作。他于1946年创作的《给老王》《屈死者》、1947年创作的《不屈者》在当时影响较大。1947年，光华书店出版方冰的诗集《柴堡》，对解放后东北地区诗歌创作产生了一定影响。如《给老王》中“我”分三个层次讲述了对老王进行启发教育，提高老王的思想觉悟，让老王明白懦弱和愚昧是受苦受难的根源。老王终于觉醒，在控诉会上“真正做了人了”，将口语和东北地方方言入诗，十分亲切。再如，《不屈者》描写了一个威武不屈的英雄形象。作者选取敌人审讯革命者的场面加以描写，以不屈者与变节者的对话来突出不屈者的品质。“我死，/为了人民为了党，/为了我光荣的称号，/为了我曾宣誓过的!”“你活着，/你活得很惬意，/实在你早死了，/你不如一具死尸!”形象地表达了革命者坚定的意志和情操。又如，《殉难者》描写了被国民党蒋介石集团赶到东北战场而屈死的南方战士，表达了对这些屈死的战士的同情。诗作有力地揭露了蒋介石集团发动内战，给百姓造成的灾难和痛苦，并发出给殉难者报仇的誓言。方冰的诗作热情源于他对人民群众的热爱。在语言风格上，方冰从日常生活中提炼诗句，较好地把民歌体应用到新诗创作中。在写作手法上，他常用倒叙、对比的手法表达主题，并用多种叙事手段反映塑造了较为丰富的诗歌形象。

蔡天心于1945年随东北文工团回到东北。1946年，把亲眼所见、亲身所感解放区的现实景象融于笔端，创作出诗歌《仇恨的火焰》，反映了东北大地人民的心声。“仇恨燃烧着，/像火一样灼着广阔的土地，/听啊，大凌河在狂呼，/辽河在咆哮，/松花江在怒吼。/在许多城市和乡村里，/哪儿出现反动派的鬼影，/哪儿就堆成愤怒的山；/哪儿有敌人迹蹄，/哪儿就燃烧起仇恨的火焰”。讴歌了觉醒的东北人民和英雄的民主联军战士，“用生命，用鲜血/保卫着自由、解放的土地，/不被反动派停留!”1948年11月，辽沈大地解放，东北全境解放，全国解放的号角已经吹响，毛泽东号召“宜将剩勇追穷寇”，彻底消灭蒋家王朝。蔡天心创作了

《在伟大的毛泽东召唤中前进》，热情讴歌了中国人民为争取民主、自由、解放而浴血奋斗的英勇精神。“我们，/在伟大的毛泽东旗帜下，/一刻不停地/同敌人奋战/我们从黑暗中找到光明/从艰苦里赢得胜利。……/全中国/到处/燃烧着，/革命的火焰，/到处/欢声雷动，/到处/是沸腾的生活。”诗境阔大，氛围热烈，渲染了新中国即将诞生的恢宏气势。

谢廷宇，浙江金华人，1945 年进入东北，后长期在辽沈地区从事文艺工作。这一时期，他创作了反映辽沈解放区人民庆祝抗日战争胜利，歌颂毛泽东的诗歌，代表作有《八月十五日》《毛泽东同志》。在《八月十五日》中，作者围绕抗日战争胜利这个有纪念性的日子展开描写，反复吟咏“解放的日子”“光明的日子”，表达了东北人民“从死的地方活过来了”，“我们不愿再做奴隶了”的心声。《毛泽东同志》塑造了伟大领袖毛泽东的高大形象。毛泽东以“一颗沉重的心，/担负着老百姓的痛苦，/也担负着他们的希望。/他追随着人民，/又领导着人民，/经历了长期的斗争，/把人民甜蜜的梦幻提高到实现。”“他的左手抚爱着伤痕累累的百姓，/……他的另一只手指向前方，/告诉我们：该怎样不疲倦地和敌人斗争，/该怎么学会迂回曲折地前进”。描写了毛泽东对中国革命和中国人民的伟大贡献，表达了对毛泽东的无限景仰和热爱。

刘文玉是解放战争时期辽沈地区青年诗人。1949 年，在《东北日报》《东北文艺》《群众文艺》等报刊发表文学作品。解放后，长期在辽沈文坛从事领导工作，是后来公认的“关东诗派”的代表。1949 年，辽北《胜利新报》发表了他的《光荣颂》，抒写东北解放区农民踊跃参军、支援前线的喜悦心情。诗作语言极富辽沈地域特色，表现出浓郁的乡土生活气息。

辽沈文坛在解放战争时期表现出一种全新的景象，诗歌创作始终植根于辽沈大地，呼应着时代发展，为辽沈人民而歌，为辽沈大地而歌。许多诗歌以土地改革和革命战争为题材，对战争和军事生活，以及土改后农民精神面貌变化进行了抒写，在诗歌的气质提升与诗境的拓展方面取得很大成绩，但在深入挖掘人物精神变化和心理变化等方面略显不足。

（二）民国晚期辽河近代散文创作景象

1945 年 8 月，日本帝国主义无条件投降，“十四年来从没有过的真喜悦，降临在我们的心中”，“这回我们可抬起头来了！”辽沈文坛进步作家以散文形式记录下辽沈地区人民重见天日、盼望自由时刻来临的喜悦心情。乙梅的《弥补》正是这种喜悦心情的真实写照。在辽沈解放区，文学工作者以散文为载体，传播了辽沈战役和土地改革的顺利发展，当时《东北日报》《草原》等报刊刊登了许多散文、杂文、报告文学，这些作品较好地反映了东北解放区发展的过程。这一时期的散文大都是随着记者创作的，具有较强的时效性、真实性，是历史风云的记录，也是文学史研究的重要史料。舒群、金人、韶华、刘白羽、华山、西虹、陆地、周洁夫、林蓝、陈隄等作家都曾在辽沈解放区从事过散文创作，创作了许多感人的作品，其中刘白羽、华山以报告文学著名。

刘白羽于 1946 年春天和 1947 年年初至 1948 年间两次进入东北，第一次是以新华社记者身份进入东北的，创作了报告文学《环行东北》。作者第一次到东北，3 个月间辗转于长春、安东、本溪、鞍山等地，他将自己在城镇乡村所见所闻融入笔端，描写了东北野战军英勇善战，揭露了蒋介石集团在东北的各种卑劣行径和企图挑起内战的罪恶阴谋。作者第二次到东北，参加了东北野战军解放东北的各个战役。在战火纷飞的岁月里，他创作了 50 多篇报告文学，表现了东北野战军的昂扬斗志，出版了《光明照耀沈阳》《为祖国而战》《英雄的记录》《历史的暴风雨》等通讯报告集，形象地记录了大变革时代辽沈大地发生的变化，获得翻身解放的辽沈地区人民精神面貌的根本性转变，塑造了一组生动的英雄群像。

华山以随军记者身份于 1946 年进入东北，在两年多的时间内，以军事题材为主，创作了50多篇报告文学，出版了《光荣属于勇士》《踏破辽河千里雪》，真实记录和生动展现了东北军民的时代风采。如《光荣属于勇士》《奔袭口前》《踏破辽河千里雪》《英雄的十月》等作品，从东北战场全局着眼，战争场面宏大，真实记录了东北野战军从胜利走向胜利的伟大历程，充分表现了波澜壮阔的东北人民解放战争的宏伟场面，展示了人民军队的英雄气概。

此外，以辽沈地区军事题材为创作内容的，还有周洁夫的《大炮打开辽阳城》《复仇的大炮》，记录了东北野战军炮打辽阳的战斗场面。作者通过描写宏大的炮轰远景和激烈的战斗经过，塑造了东北野战军战士热爱大炮的形象，他们宁可牺牲自己，也要保护好大炮。华山善于运用东北地域语言表现人物形象，增强了作品的感染力。

林蓝于1945年到东北，随辽西省委下乡工作团参加农村土地改革运动，创作了《农村速写》《温风山之死》等报告文学。《农村速写》记录了作者参加土地改革运动的经历，《人民的判决》描写了土改时人民公审恶霸王义亭的斗争场面，《桂屯的沉默》反映了土改斗争的复杂性。林蓝的通讯报告结构简洁、主题突出、语言生动，记述事物感情充沛。

陈隄于1942年元月因“一二·三〇左翼文学事件”被捕入狱，日本投降后出狱，参加了革命工作，创作有《无泪的祭文》《悼高尔基》《愉快的青年之家》《出狱一年》等散文作品。日伪统治时期，陈隄因反满抗日被捕入狱5年，《出狱一年》《无泪的祭文》取材于他的监狱生活。5年的监狱生活，作者亲身经历了日伪的残酷折磨，亲眼见到了难友的悲惨遭遇，控诉了殖民统治者的罪恶，塑造了坚强的爱国者形象。同时，揭露了蒋介石集团的腐败，抗战胜利后，国民党政府“接收大员”只顾掠夺钱财，根本不管为抗日坐牢和牺牲的人们，表达了对国民党政府贪污腐化的愤怒。作者还记述了一位难友投奔乡村的人民自卫军，表达了心中的希望。

三　民国晚期辽河近代戏剧创作景象

辽沈地区的剧种：一是本土戏剧，包括海城喇叭戏、阜新蒙古剧、辽南戏等；二是外省传入的剧种，如梆子、京剧、评剧、话剧、歌剧、吕剧等。由于受到民族和地域的影响不同，所以各种剧种在辽沈地区的发展、变化亦有所不同，逐渐形成独特风格。抗日战争胜利后，戏剧创作有所发展。

解放战争时期，辽河文坛新戏剧创作在国民党白色恐怖统治下艰难发展。1946 年 9 月到 1948 年 11 月，辽沈地区的中心城市被国民党军占领，当时国统区的戏剧创作数量不多，戏剧的主题亦明显受到关内新戏剧的影响，较多地延续着五四新文化思潮，大多反映追求人的觉醒、个性自由、灵魂解放等，反映家庭生活和下层民众生活。如，1946 年丰永刚创作的《晚春》，描写了中年寡妇在囚笼般的寡居生活中毁灭的过程，表现了作为母亲，甘愿放弃自己的幸福，成全二女儿和昔日情人幸福的母爱，揭露了大家庭为争夺财产，互相钩心斗角、尔虞我诈的丑恶。由言创作的《各怀心腹事》，描写了一位革命者在被敌人追捕过程中，不同心思的人所采取的不同态度，进而形成戏剧矛盾。在中国共产党领导下的解放区，先后组建了许多文艺团、队，创作并演出了许多剧目，为动员人民、支援解放战争作出了贡献。

辽西、辽北地区是中共军队建立的解放区，因而那时戏剧活动呈现出了新景象。具有直接现场鼓动作用的戏剧形式较为发达，如新秧歌剧、小型广场剧、活报剧、二人转、小演唱、歌剧、话剧等戏剧形态大量呈现，表现了广大解放区人民翻身得解放的喜悦。这一时期，戏剧创作出现工人群众参与歌剧创作的新局面，如《结果怎么办》《二毛立功》《不泄气》《一块红布》《解放前后》《死车复活》《朱家贵》等话剧、歌剧，就是由沈阳和大连等地的工人作者创作的，充分展示了工人在机房和工地的生活，生活气息浓郁，人物形象自然生动。为了配合解放战争的军事行动和土地改革的深入开展，工矿企业恢复生产等政治任务，东北文工团的戏剧工作者在艰苦的战争环境下，创作了许多反映人民新生活、新斗争、新面貌的戏剧作品，积极有力地宣传了中国共产党的政策方针。新秧歌剧运动是由东北文工二团从奉天城发起进而扩展到江南、辽西、辽东乃至整个东北地区的。新秧歌借鉴延安秧歌运动的经验，吸取东北大秧歌的有益成分，融入东北二人转等民族艺术的因素，利用东北民歌的曲调，适应民众欣赏习惯，涌现出李之华的《光荣灯》，罗立韵、于永宽的《姑嫂劳军》，鲁迅文艺团创作的《劳军鞋》，韩彤、左云祥、赵家襄的《杨小林》，颜一烟的《挖坏根》，蔡天心、江帆的《欢天喜地》等作品，起到了很好的政治宣传作用，描绘了辽沈地区解放初真实的历史画卷。

这一时期，辽沈文坛新的戏剧形式、新的戏剧内容、新的人物形象等审美规范逐步确立。辽沈地区的戏剧审美建立在解放战争、推翻蒋介石集团、建设民主政权这样的政治背景和时代氛围之中，必然具有理想主义的、昂扬向上的美学追求，表现了欢快、明朗、积极向上的喜剧风格。如丁洪创作的话剧《两天一夜》，其创作源自战地采访所带来的灵感。作者将战斗的生活、感人的故事融入笔端，刻画出感动心灵的戏剧。胜利的结局、大团圆的结局成为群众喜欢的艺术模式。

辽沈地区戏剧叙事方式，注意东北地区民众的欣赏水平和鉴赏习惯，在人物形象塑造上，突出单纯而鲜明的个性特征，剧情设计选取日常生活或寻常事，通过矛盾冲突来营造故事，增加生活情趣和戏剧的亲和力。如李之华和侣朋合著的三幕话剧《血债》，描写了矿工王大海一家同恶绅杨敬轩的仇恨，剧情时空跨度较大，故事曲折。日伪统治时期，王大海兄弟三人遭恶绅杨敬轩陷害，王大海抱着怨愤而死。日本投降后，曾在日伪协和会任职的杨敬轩，摇身一变投靠国民党反动派，成为国民党的党部委员了，借着接收的名义搜刮钱财，将王大海的妻子逼疯了。故事记述了王大海的三弟王三海逃出劳工营参加东北民主军队，终于将欠有血债的杨敬轩捉拿归案。这部话剧剧情结构紧凑，故事情节清晰，以人物行动和语言叙述剧情，表达了人民的期盼。

王大化、陈其通等是来自延安、具有丰富的新剧创作经验的剧作家。进入东北后，他们将艺术积累和创作激情融入辽沈地区，为辽沈戏剧创作揭开了新的序幕，用心血和汗水浇灌辽沈戏剧的创作园地，结出了丰硕的成果。

王大化在延安时因参与创作并演出了新秧歌剧《兄妹开荒》而闻名，1945 年 9 月，随东北文工团进入东北，11 月到沈阳，曾在沈阳、鞍山、安东、大连等地演出，与颜一烟等创作了话剧秧歌剧《东北人民大翻身》，以秧歌剧的形式改编了秦腔戏《血泪仇》，创作了话剧《我们的乡村》《祖国的土地》等。《东北人民大翻身》是王大化与颜一烟创作的第一个剧本，以东北民众喜爱的秧歌剧形式，生动形象地反映了东北人民在日本殖民统治下饱受压迫与剥削、日本投降后喜盼自由解放的喜悦心情。该剧以一个工人家庭生活的变化为主线，全剧分为 3 场。第一场，描写日本殖民统治时期，工人家庭深受压迫与剥削，贫寒交困，大人被抓劳工，孩子被饿死，全家生活陷入绝境；第二场，描写苏联红军赶走了日本侵略者，但敌伪特务却将“协和会”的牌子翻过来，谣传国民党军要来接收东北，搞得人心惶惶；第三场，描写东北民主军来了，同民众一道与敌人斗争，抓敌特，搞土改，人民得到自由解放。这部剧作真实再现了从 1931 年九一八事变东北沦陷到 1945 年日本无条件投降十四年间，东北人民所受的剥削、压迫、灾难、痛苦、冤屈和仇恨，深刻揭露了日本法西斯的罪恶，讴歌了为争取自由解放而浴血奋斗的革命英雄。在人物形象的塑造和性格刻画方面，融入西方戏剧的表现手法，较好地表达了革命英雄主义精神，起到了为革命服务、宣传鼓动人民革命热情、提高民众精神境界的作用。

陈其通于 1946 年随东北文工团到辽沈地区，参加了辽南土地改革，创作了《两兄弟》《马老汉》《刘家父子》《炮弹是怎样炼成的》等戏剧作品。歌剧《两兄弟》描写了赵家哥儿俩对土地改革的不同态度，所走的不同道路，最后的结局也不同。赵老二在土改后，积极参加政府工作，立场坚定，敢于同黑暗势力斗争，终于取得胜利；赵老大一心想着自己“平平安安过日子”，甚至忘记了自己的老婆被地主逼死的仇恨，怀疑共产党土改不会成功，民主政权不会长久，结果却遭反动势力“算计”而死。该剧表达了只有跟着中国共产党干革命，才能有光明的前途。剧中暴露了在日本帝国主义投降后，国民党反动派与敌伪势力相勾结，欺压百姓的史实。演出在当时引起了轰动。话剧《炮弹是怎样炼成的》又名《炮弹》，取材军工题材，描写部队干部何厂长被分派到某城市军工企业，接受了要在 5 个月内完成 5 万发炮弹的生产任务。何厂长刚到企业时，采取部队上的管理方式，单纯依靠刚出校门、没有实践经验的李科长，片面追求生产速度，不接受工人意见，导致实验失败。后来，何厂长总结教训，改变了工作作风，采取民主管理，听取工人意见和建议，大家共同努力，完成了上级交给的生产任务。该剧剧情紧张、热烈，人物刻画生动，典型意义突出，表现了鲜明的戏剧效果，其表达的主题具有重要的方向性意义，因而受到好评。

解放战争时期，辽沈地区的戏剧创作，在表现人们生活的复杂性，揭示当时社会现象的深度和广度上，都达到了新的高度；在宣传群众、鼓舞群众、培养观众的欣赏力、促进文学艺术大众化等方面，为中华人民共和国成立后的戏剧创作与发展准备了条件。1946—1949 年间辽沈地区戏剧创作剧目，如表 5-13。

表 5-13　1946—1949 年间辽沈地区戏剧创作剧目一览表

剧种	序号	年份	剧名	作者	创编	演出单位
京剧	1	1946	热血帼史	竺乾元	改编	大连福兴大剧院
	2	1947	天国女儿	徐菊华	创作	东北京剧实验剧团
	3		九件衣	宋之的、张东川	改编	东北京剧实验剧团
	4		新白蛇传	徐菊华、侯相林	改编	东北京剧实验剧团
	5	1948	虎	刘玉昆、刘颖华	创作	大连远东电业职工会国剧部
	6		白毛女	集体	改编	大连新声剧团
	7		闯王进京	集体	改编	大连新声剧团
	8		山芙蓉	辛华甫	改编	大连新声剧团
	9		九宫山	李一氓	创作	大连新声剧团
	10		孔雀胆	赵鹏声	改编	大连新声剧团
	11		满江红	罗烽	创作	大连新声剧团
	12		新牛郎织女	赵鹏声、刘慧琴	改编	大连新声剧团
	13	1949	九纹龙史进	赵鹏声、刘慧琴	改编	大连文联京剧团
	14		九头案	孙万基	创作	安东市水道科宣传队
	15		仇深似海	李纶	创作	东北京剧实验剧团
	16		新王宝钏	徐菊华、侯相林	改编	东北京剧实验剧团
	17		水泊梁山	李三胜、徐菊华	口述	辽西省京剧院

续表

剧种	序号	年份	剧名	作者	创编	演出单位
评剧	1	1947	戒毒大观	袁汉光	创作	大连解放评剧团
	2	1948	伪满遗恨	竺乾元	创作	大连解放评剧团
	3		斩秦英	曹克英、徐汲平	创作	东北评剧实验剧团（唐山评剧院）
	4		王贵与李香香	徐汲平	移植	
	5	1949	白毛女		移植	东北评剧实验剧团
	6		一贯道	曹克英	移植	东北评剧实验剧团
	7		血泪仇		移植	东北评剧实验剧团
	8		小二黑结婚		移植	东北评剧实验剧团
	9		新打狗功夫	夏青、曹显明	移植	东北评剧实验剧团
	10		鸭绿江怒潮	曹克英	创作	东北评剧实验剧团
	11		假皇帝白云金	梁继成	创作	东北评剧实验剧团
话剧	1	1945	红军让我们翻身	骆文	创作	胜利剧社
	2	1946	马司令	黄钢、海默、石影	创作	胜利剧社
	3	1947	如此中央军	集体，程云执笔	创作	胜利剧社
	4		掩护	骆文	创作	胜利剧社
	5	1948	穷汉岭	白玉江、田稼等	创作	大连大粪合作社

续表

剧种	序号	年份	剧名	作者	创编	演出单位
歌剧	1	1946	自卫队	骆文、程云等	创作	热河军区胜利剧社
	2		解放军	严正、程云	创作	热河军区胜利剧社
	3	1947	拥军碗	莎莱	创作	热河军区胜利剧社
	4		参加八路军	骆文、严正等	创作	热河军区胜利剧社
	5		兵	安波	创作	冀察热辽军区文工团
	6		盼八路	谢力鸣	创作	白山艺术学校
	7		互助		创作	白山艺术学校
	8		独眼龙	刘相如	创作	白山艺术学校
	9		信不得		创作	白山艺术学校
	10	1948	纪念碑	穆可夫	创作	白山艺术学校
	11		一个女工的翻身	田丰等	创作	关东社教文工团
	12		团结起来打豺狼	海默、莎莱	创作	冀察热辽鲁艺少艺班
	13		米	骆文、海默编剧莎莱作曲	创作	冀察热辽军区文工团
	14		秋收歌舞		创作	冀察热辽鲁艺少艺班

注：表中资料源自辽宁省地方志编纂委员会办公室．辽宁省志·文化志［M］．沈阳：辽宁科学技术出版社，1999：83-84、91-92、99、108．

解放战争时期，在中国共产党领导下，辽沈地区先后组建了许多文艺工作团（简称“文工团”）、队，主要有胜利剧社、东北文化教育工作队、鸭绿江文工团、东北鲁迅文艺学院文工团四团、东北文协文艺工作团、辽西省文工团、辽东省文工团、东北文协平（京）剧工作团、东北军区政治部国剧团、辽东军区政治部国剧团、东北文协评剧工作组、唐山评剧院等。这支文艺队伍运用各种文艺形式，宣传激励人们为建立巩固的东北根据地、夺取解放战争的胜利而斗争，创作了许多文艺节目，培养了大批文艺骨干；他们参加基层土地改革和政权建设，为解放战争和土地改革的胜利及辽沈乃至东北地区文艺事业的发展作出了重要的贡献。

总之，作为东北文学构成的重要部分，辽河近现代文学是多姿多彩、繁茂而厚重的。辽沈地区作家的创作，张扬着东北文学和辽沈地区特色的风采，拥有自己独特的个性气质。他们创作的小说、诗歌、散文及戏剧等文学作品，是研究辽河近现代文化的重要历史资料。

第九节　民国晚期辽河近代社会习俗与禁忌文化的变化

辽宁省是一个多民族省份，在长期历史发展过程中，各族人民错处杂居，民族文化不断交流和交融，形成了极具地域特色的辽河近代民族文化传统。辽河近代社会习俗与禁忌文化是辽河近代文化的重要组成部分。

一　民国晚期辽河近代生活习俗文化的变化

辽河近代生活习俗文化主要包括饮食习俗文化、服饰习俗文化、居住习俗文化、出行习俗文化、生活用器习俗文化等形态和类型。随着社会发展和社会分工的复杂化，物质获得越加丰富，宗教信仰、审美观点、政治观念、社会心理等差异越来越明显，进而促成各民族生活习俗也日趋多样化、复杂化。

（一）辽河近代饮食与服饰习俗文化的变化

辽宁幅员辽阔，不仅有广阔陆地平原，而且有漫长的海岸线。各地区、各民族的饮食与服饰习俗文化，内涵丰富又独具地域特色。

1. 饮食习俗文化的变化

辽沈地区饮食习俗文化与该地区的气候及农副产品生产有密切关系。辽宁是东北地区沿海省份，属于粮、菜、果、渔区，居民食物来源比较复杂，饮食品种丰富。旧时食物概括说有五谷、五菜、五饮、六畜、八珍、五味①。烹饪技法有：蒸、煮、烧、炸、炖、烤、炒、煎、焖、煨、熬、熏、卤、腌、烹、涮、熘、爆、烫等，以蒸、煮、炒、炖、熏、炸为主。

辽宁地区民众主食多以面食为主，有馒头、饺子、包子、面条等。民国时期，特别是日本殖民统治时期，大米、白面（小麦面粉）专供日本人食用，中国人只能吃玉米面和橡子面及地瓜、小米、高粱、豇豆、绿豆等杂粮。

主食品种有：大饼子、苞米粥、馒头、米饭、煎饼、面条、包子、饺子、饸饹、饽饽等。

副食有：菠菜、小白菜、韭菜、芸豆、土豆、辣椒、黄瓜、西红柿、茄子、大头菜、葱、蒜、大白菜、萝卜、南瓜、冬瓜、雪里蕻等各类应季的蔬菜及时鲜野菜，以及豆制品、粉条、肉、蛋、鱼、奶制品。蔬菜以白菜、萝卜、土豆为主，是腌制酸菜、咸菜的主要原料，也是居民冬季储藏的主要品种。“山居之民，常食野味”。“海滨各县，多产鱼鲜”。“每春初，贩运各地，价甚廉，人多购食”。蘑菇、木耳、金针菜、海菜、东江菜之类，是年节待客所必须，或因贫富、奢俭而有无。豆腐“春夏之交，农家常自为之，原浆和卤佐饭食之，曰水豆腐；冬，或方切而冻之，曰冻

① 五谷有：稻、黍、稷、麦、菽。五菜有：韭、葱、薤、蒜、兴渠。五饮有：水、浆、酒、酪、酏。六畜有牛、马、羊、猪、鸡、犬。八珍分上八珍、中八珍、下八珍，其中上八珍有：猩唇、驼峰、熊掌、燕窝、凫脯、鹿筋、黄唇胶；中八珍有：鱼翅、银耳、果子狸、鲥鱼、广肚、哈什蚂、鱼唇、飞龙；下八珍有海参、龙须菜、大口蘑、川竹笋、赤鳞鱼、干贝、蜡黄、乌鱼蛋。五味有：辛（辣）、酸、咸、苦、甘（甜）。

豆腐，亦可储至来春”①。粉条也是餐桌上常见之物。

瓜果主要有：甜瓜、西瓜、苹果、梨、枣、葡萄、桃、李、杏等。“凤城、熊岳城所出各种水果，甚美且丰。交通便利，辇运各地，价格甚廉，乡僻儿童亦且饵苹果，食鸭梨矣。”辽阳特产香水梨闻名全国，“或鲜或蜜饯，以时入贡，又有制成梨干者尤可致远”。冬季民间习惯吃冻梨②。喜食榛子、松子等各种干果。

食油有动物油和植物油，以豆油为主；调味品有：大酱、酱油、醋及其他调味品；饮品有：白酒（烧锅）、果酒、汽水，以及黄酒、洋酒、啤酒、香槟等。

19 世纪 60 代营口开埠以后，随着外国资本主义工商投资者增加，西方食品及饮食文化渐渐传入，对辽河近代饮食文化产生了一定影响。如 19 世纪末 20 世纪初，奉天等城市出现了诸如“锦绣春”“海奉天”等西餐馆。这些西餐馆不仅提供英、法菜系，还出售各种点心、洋烟、洋酒等。西餐馆与中餐馆比较，其菜品、经营以及就餐环境有明显的不同，可以满足那些追求新潮、时髦的人的需要，因而职场应酬多选择西餐馆。但当时西餐馆消费比较高，到西餐馆消费的大多是有钱、有社会地位的人。对社会民众饮食习俗影响较大的是西式日常消费品，诸如啤酒、汽水、冰淇淋、罐头、糖果、面包等。如在营口，“荷兰水（汽水）销路畅旺，商民人等皆购饮”。西式食品中，以俄式、日式食品影响较大，尤其是日式食品影响更为突出。如日本料理，日本侵占辽东半岛地区后，开办了许多日本料理店。外国食品文化侵入，使民众在饮食品种的选择上更加多样，丰富了辽河近代饮食文化内涵。

这一时期，占主导地位的依然是传统食品和传统饮食习惯。如，满族祖居森林，以农、林、渔、猎为业，主要农作物有玉米、高粱、谷子、水稻、糜子以及大豆等，为适应这种生产方式形成

---

① 金毓黻，等. 奉天通志［M］. 沈阳：辽海出版社，2003：2340.

② 金毓黻，等. 奉天通志［M］. 沈阳：辽海出版社，2003：2341.

了以玉米、高粱为主食，喜食黏食和甜、酸味的食俗文化，影响至今。炒面、炒米是辽宁地区满族的传统食品，尤其爱吃黏豆包、油炸糕、年糕、苏叶饼、牛舌饼、发糕等黏食。受其影响，辽宁地区的汉族人也普遍接受这些黏性食品。酸汤子不但满族人爱吃，汉族及其他民族民众也十分喜爱。满族人食用肉类副食品有猪、牛、羊及狍子、野猪、野獾等野生动物，尤以猪肉为主，忌食狗肉。满族烹饪以烧、烤见长，擅用大酱。爱食血肠，因而杀猪时讲究自制血肠。片肘花以及扒肘、焖肘等均为满族特色做法。猪肉多用白水煮，谓“白煮肉”，以酸菜作配料，肥而不腻。喜食火锅，又称涮火锅。以上这些亦为汉族人所喜爱①。又如，朝鲜族的泡菜、拌菜、酱菜等，风味独特，成为兄弟民族所喜爱的民族风味食品②。

辽宁各地方和各民族食俗除了在食物和制作方式之外，还包括食用方式。辽宁地区是一日早、午、晚三餐。食俗：早餐吃稀饭、咸菜和些许点心；午餐和晚餐吃米饭和面食，配以菜肴。当然也有根据季节、劳作而变化的一日两餐、多餐制。城里人家周末有一日两餐制，农村农民在农闲季节有一日两餐制，农忙时农民有多餐。辽宁地区少食夜宵。

此外，辽宁各地方、各民族一直以来传承着良好的待客饮食文化。如：汉族好以酒食待客，菜肴丰盛，主人先敬客人酒，边吃边聊天，其乐融融；保持“送行饺子接风面”的习俗，即亲朋出远门饯别必吃饺子，亲朋到来接风要吃面条。朝鲜族热情好客，有亲友到访置酒食招待，米酒是招待客人的最佳饮品，常常一醉方休；跟长辈喝酒时，务必先敬长辈，敬酒时须双手举杯，碰杯

① 辽宁省地方志编纂委员会办公室．辽宁省志·少数民族志·满族［M］．沈阳：辽宁民族出版社，2000：119-120．

② 辽宁省地方志编纂委员会办公室．辽宁省志·少数民族志·朝鲜族［M］．沈阳：辽宁民族出版社，2000：305-307．

时晚辈的杯子要低，忌等高碰杯，碰杯后要侧身饮酒。蒙古族至今保持着传统待客饮食文化。若有客人到家中访问，主人首先奉奶茶，表示对客人的热情欢迎。客人光临，不斟茶，则被视为草原上最不礼貌的事情。蒙古族饮茶形成了丰富的习俗文化，如斟茶时，茶碗必须完整无损，不能有缺瓷、裂纹；倒茶时，壶嘴或勺头要向北向里，茶不能倒得太满，也不能只倒一半；献茶时，手指不能蘸进茶里；给老人或贵宾添茶时，要把茶碗接过来再添，不能让客人把碗端在手里。对远方来的客人统统当作贵宾招待，设宴待客一般都要上烤全羊，称“全羊席”①，以示隆重。

此外，辽宁地区也存在一些特殊的饮食习俗，如婚礼上，夫妻一般要吃同心饺子、宽心面。总之，辽宁地区至今保持着传统的待客饮食文化，是辽河近代文化传统的重要形态和类型。

2. 服饰习俗文化的变化

服饰水平，反映着人类生产实践的水平，同时也反映着处于特定社会现实中人们的文化心理活动。因此，我们理解辽河服饰习俗文化，除了要考虑到各民族所处的自然环境和气候条件外，更要考虑人类的生产方式和生活方式，以及历史文化背景等。

辽沈地区是清朝发祥地，又是多民族杂居的地区，乡土文化的满汉融合趋势最为明显，以汉族习惯为基础吸收满族习俗最多的，当属服饰习俗与文化，其中最具代表性的是马褂和旗袍。辽宁“民间风俗尚朴素”，一般中产之家，“男子平居，各服棉袍马褂，白袜青鞋”②。棉袍灰、黑、蓝三色居多，马褂以青色为主，质地多为棉布。棉袍宽衣大袖，腰间束带；春秋着夹袍。居家不穿马褂，只有节庆、吊祭、串亲访友时着马褂。夏季居家多穿蓝

---

① 全羊席即烤全羊，用上品羯羊烤制，以特别的炉子，用微火烘烤，烤一段时间后，将羊取出，涂一层油，再烤，重复四五次。烤好一只全羊一般要用1天多的时间。

② 金毓黻．奉天通志［M］．沈阳：辽海出版社，2003：2338.

布裤褂，亦有用麻布、茧丝绸为衣料，出门时着长衫；贫者和农民按夏单冬棉着短衣。中产之家，冬天穿毡鞋，年纪大的穿羊裘皮袜，中年人出门时多穿革靴。贫困之家，冬天穿乌拉，春秋时穿夹鞋，夏天穿青布鞋。冬天出门喜戴帽子，有貂皮帽、毡帽、缎帽、棉帽。女子服饰形制更多。虽满汉不同，但汉族妇女多仿效满族妇女服饰，在长衫、袍之外，根据节候不同，穿着长坎肩，材质或棉或夹或丝或布。20 世纪初，在奉天、旅大等城市，以及沿海开埠地区，穿西服的逐渐多了起来，某些中小学统一制作校服，更推动了西服的流行。这一时期，形成西装与马褂并行的局面。1911 年辛亥革命后，男子流行长衫、马褂、中山装、西装，与西装、中山装相适应，礼帽、皮鞋逐渐流行，特别是知识分子、职员更是喜欢着西装、戴礼帽、穿皮鞋。农村男子服饰变化不大。民国前期，辽宁地区女子则钟情于旗袍，此外还有大衣、西装、马甲、长裙、围巾、胸花、耳环、戒指等。1931 年以后，辽宁地区服饰文化受日本服饰文化影响很大，日本的呢绒、纱等原料输入，机制原料价廉物美，被普遍使用，改变了服饰传统。胶皮鞋、帽子、手套、衬衫等成品不断进入辽沈地区市场，逐渐改变了人们的服饰习惯。唯有女性旗袍一直延续至今，成为中国女生特有的服装。1911 年辛亥革命后，男子剪去发辫，剃成光头或剪成各式短发；妇女则在头上梳旗髻，知识界妇女以及青年女学生则多留短发，农村姑娘则留“瓦檐儿”头帘，脑后一条大辫子。

总之，随着生活方式、居住环境的变化，以及各民族的交往、交流，辽宁地区服饰文化不断发生变迁。除民族节庆活动外，日常服饰日渐趋同。

（二）辽河近代居住与出行习俗文化的变化

辽河近代居住与出行习俗文化与辽宁经济、地理、气候环境相适应。

1. 居住习俗文化的变化

辽宁地理、气候环境特点是冬季寒冷，这便决定了居住要考虑取暖的问题。据《奉天通志》记载，省城中产以上的居民建筑住房，朝向一般为坐北朝南，正房一般为 3～5 间不等；较富裕的人家，房屋朝南，正房为7～9间不等。东西两侧建厢房，正前方建门房，门房数目与正房相等。门房中间开门，有的人家为方便车马进出，不设门槛。门前两侧各置石墩或台阶，俗称“上马石”。有功名的人家，门楣处悬挂匾额。大门至正房有石甬相连，两侧放置盆景，也有在院中建第二道门，平时不开启，起障壁作用，进出须走两侧，遇有婚事、丧事或贵客来访时方开启。窗户镶嵌玻璃，窗棂通常为“卍”字形或方形，“榱桷彩书，光泽可观”①。进入正房房门为堂室，东西两侧为寝息之处，南北对砌火炕，有的是一面火炕。炕上铺稻草，稻草上为苇席，苇席上为炕毡，就寝时，再在炕毡上铺置被褥。冬天在窗外或堂室通过炕洞燃柴，使炕上温暖异常，也可使室内增温。炕两侧均有箱柜，用于储存衣物，一侧箱柜上叠置被褥，俗称“被格”。主人所居炕中放一炕桌，左右各铺一长条褥子，以待客。富贵之家，“或设引炕、靠褥、脚踏之类，势益堂皇矣”②。地上铺砖，靠近山墙一端中央放置桌椅，桌上摆设钟、瓶、壶、碗之类物品。桌椅后面为箱柜，“上设神主或佛龛以及五供之器”，其余陈设“则视家之有无、人之好恶而不同焉”③。屋顶及四壁大都用白纸裱糊，也有以屏联、彩书为装饰的。厨房一般单设，也有在堂屋设厨的。东西厢房“或为兄弟、子侄分居，或以出赁，亦视各家之情形不同而异”④。这类形制的房屋，在西式住房形制未传入中国前，是北方

① 金毓黻. 奉天通志［M］. 沈阳：辽海出版社，2003：2335.

② 金毓黻. 奉天通志［M］. 沈阳：辽海出版社，2003：2335.

③ 金毓黻. 奉天通志［M］. 沈阳：辽海出版社，2003：2336.

④ 金毓黻. 奉天通志［M］. 沈阳：辽海出版社，2003：2336.

民居的主要形式。

乡村农居与城里民居有所不同，最大的区别是“县民所住草舍居多，瓦舍次之”①。所谓草舍即“椽上盖以苇笆或秫秸，上盖稗草，铺置平整，久经风雨，草作黑褐色，修洁朴素”②。为节省造房成本，有的乡民用坯土砌墙。民间俗称“前浪后不浪”的房舍，即房屋前脸用砖砌成，两面山墙和后墙用土坯砌成。乡村民舍堂屋基本兼作厨房，左右灶台与居室连通，生火做饭时，炕热屋暖。居室少、人口多的人家则在炕中间用箱柜间隔，“各县幔帐，夜则下垂，晓则叠起”③。农居厢房多用于储存粮食、杂物，也有住农工的。房屋四周或用石头或用砖、土坯筑成围墙，富户人家在围墙四角筑楼状可住人炮垒。房前屋后植树、种菜，“时值春暮，榆柳结青，桃杏吐蕊，红绿相间，景致足观”④。各地自然环境、风俗也影响到民居建筑。据《兴京县志》记载，“因边地多风之故”，又因草房居多，为防火起见，“煤筒皆尚高大”。本县民居多在正房东西“两侧相依接盖一间耳房，耳房只接一旁，忌东西俱接”⑤。在大连，农居忌正南正北向，建房多呈东南向或西南向；在新民、锦州、绥中、北镇等地，因居民多来自河北，民居多为平顶。东部荒僻地区，“或倚岩结屋，或穿地为穴，或覆桦皮为居，或以连木为栅”⑥，承袭当地少数民族遗风。

19 世纪末 20 世纪初，随着外国资本主义入侵程度加深，辽河

---

① 沈国冕，等．兴京县志·礼俗·衣服（卷 7）[M]．奉天太古山房铅印本，1925：10.

② 金毓黻．奉天通志 [M]．沈阳：辽海出版社，2003：2336.

③ 金毓黻．奉天通志 [M]．沈阳：辽海出版社，2003：2336.

④ 金毓黻．奉天通志 [M]．沈阳：辽海出版社，2003：2336.

⑤ 沈国冕，等．兴京县志·礼俗·衣服（卷 7）[M]．奉天太古山房铅印本，1925：10.

⑥ 金毓黻．奉天通志 [M]．沈阳：辽海出版社，2003：2337.

近代居住习俗也发生明显变化。据《奉天通志》记载，“省会开辟商埠，建筑宏丽，悉法欧西，于是广厦连云，高甍丽日，绵亘达数十里，栉比鳞次，顿易旧观”。“各县城市，如安东、营口、抚顺、开原、铁岭、锦州、辽阳因交通便利，肆廛繁盛，重楼结构，规模虽尚不逮省垣，较之他县为宏崇矣”①。在大连，由于先后为沙俄和日本的租借地，市政、公共设施多为俄式或日本式建筑。

2. 出行习俗文化的变化

辽河近代出行习俗文化随着外国资本主义侵略的深入而变化。近代初期，人们出行多步行，也有以马车、牛车、轿子等为代步工具的。19 世纪末 20 世纪初，由于公路和铁路建设文化的发展，人们出行远途或乘汽车，或乘火车。日俄战争后，日本占领辽东半岛后，东洋人力车传入大连。轨道车以畜力为动力。如 1907 年，奉天成立了中日合办的马车铁道公司。20 世纪二三十年代，发展成为有轨电车。沈阳、大连、鞍山等地城市公共交通很大程度依赖于有轨电车。人们出行乘坐公共交通工具。20 世纪 30 年代后，随着自行车进口数量增加，价格下降，公司职员、店员和家境较好的青年学生出行也骑自行车。随着公路、铁路、港口的建设发展，长途旅行选择乘坐长途客运汽车、火车、轮船的人也逐渐增多。

（三）辽河近代器用习俗文化的变化

器用文化是民俗文化的重要内容，体现了地方民俗和民族习俗特点。

1. 器用习俗文化

辽宁地区器用文化的形态和类型十分丰富，主要包括生活器具、生产工具、工艺美术品、娱乐用品。

---

① 金毓黻. 奉天通志［M］. 沈阳：辽海出版社，2003：2335.

（1）生活器具文化

生活器具文化的形态和类型主要包括炊事用具、餐饮用具、日杂用品、交通工具和儿童玩具等。辽宁地区冬季寒冷，因而多数家庭砌炕取暖。炕是北方民族居住的一大特色，一般用砖或土坯环屋砌成，上面铺席，寝食起居均于其上。炕与炉灶或锅台和烟囱相连，砌炕时留有孔道，与烟囱相通，炉灶或锅台生火做饭或烧水时，烟从炕下的孔道流向烟囱排到屋外，烟气将炕熨热。可见，炉灶或锅台生火做饭、烧水时的余热便可将炕熨热，既节省燃料，又提高热能利用，一举多得。

悠车即婴儿的摇篮，形制为船形，一般长为 1.33 米、宽为 0.5 米，漆成红色，绘有荷花鲤鱼等吉祥图案，书“长命百岁”吉祥字样，两边各装有两个固定铁环，环上拴有绳子，挂吊在椽子上。婴幼儿放在悠车里，肩、臂、腿用布带绑住，以防止意外翻车时掉下。满族民间信俗，睡悠车的婴幼儿长大身材好，没有罗锅、溜肩、罗圈腿。

爬犁是适应东北地区冬季道路状况而制造的交通运输工具，也是深受青少年喜爱的冰上娱乐工具。其形制基本是由 4 根木头两两一组，成“井”字形状固定，制作简单，取材方便。

酸汤子套是满族人家制作酸汤子的主要工具，其形制为斗笠形，中间有圆孔的汤套，圆孔汤套以薄铁片卷成圆台形小铁筒，长约 5 厘米，上口直径不大于 1 厘米、下口直径小于 0.8 厘米。制作酸汤子时将发酵好的汤面从汤套挤入沸水中，煮熟即可食用。

（2）生产工具文化

辽宁地区满族使用的大部分用具都是木制的，如木制盆、捶衣棒等，因而男子从小就学会制作木制用具，代表传承，相沿成俗。蒙古族从事畜牧业，常用羊毛剪、羊毛刷、羊毛抓、牛奶分离器、奶桶、奶盒，等等。锡伯族从事渔猎活动，常用弓箭，同时也将其作为御敌武器。塔式鸟笼是锡伯族民间捕获和饲养鸟类的器具，其形制为塔形，以高粱秸、蒿秆编制而成，工艺讲究，曾广泛流传于民间。

二　民国晚期辽河近代礼仪

礼仪文化是民俗文化的重要内容之一，是文化传统在家庭、宗族、族群等社会组织，生产与生活经验，民族心理等方面的体现。不同的礼仪文化体现了不同文化类型的价值观念。禁忌文化存在于各种民俗活动之中，是民俗文化的重要组成部分。禁忌文化广泛涉及各类民俗领域，其淀积和蕴含着不同时期的道德与思想内容，在一定的历史时期内具有一定的积极作用，如历史上的同姓不婚、异辈不婚、“骨血不倒流”等至今仍具有重大的社会意义。

（一）辽河近代婚姻习俗文化的变化

辽河近代婚姻仪礼文化是对传统婚姻仪礼文化的承继和发展，同时受到西方婚俗文化的影响。

辽沈地区是一个多民族聚居地区，婚俗文化受民族文化传统的影响，呈现多种形态和类型。如满族婚姻习俗，青年男女婚姻绝大多数由父母做主，父母不在了则由本支长辈做主，有所谓的“三媒六证”。议婚之初由媒人往返两家之间，介绍男女双方情况，双方同意后就开始“认亲”，即男方父母领着儿子到女方家，拜见女方父母及长辈。之后，择吉日，媒人领着男方父母及男方本人到女方家送首饰、布匹、猪肉等物，女方家设宴款待，席间双方父母互换酒盅对饮，称“换盅”，表示双方正式结为亲家，并商定彩礼数量品种及大致婚期。定下婚期后，结婚前还要“过礼”，即男方要按商定的品种数量给女方送彩礼①。这一天，女方将男方送来的彩礼陈列于祖先案前，由长辈用剪刀将布匹剪开，俗称“开剪”。结婚过程需 3 天。头一天，请帮工备筵席、送请帖、接

① 彩礼一般为布匹、猪肉、酒、钱等。

远方亲戚等；第二天雇吹鼓手，选对子马①陪同新郎携带供品及祭品前去拜祖坟，然后准备迎娶新娘。新娘在“送亲奶奶”和诸友陪同下，到男方事先准备的、离男方家不远的寓所住下，俗称“打下处”。女方把嫁妆送到男方家，摆到门前案上，俗称“过箱柜”②。男方设迎风酒招待送嫁妆的人，称“下马杯”。第三天，是结婚正日子。这一天，选好吉时，新郎在对子马陪同下，鸣锣开道前去迎亲。新娘在“送亲奶奶”陪同下，脱去娘家鞋换上踩堂鞋，由“送亲奶奶”搀扶上彩车，新娘的哥哥同乘一车相送。两方车辆相遇于途中，车辕相错，新娘换好婚礼服装，“送亲奶奶”给新娘披上蒙头红布俗称“盖头”，由新娘的哥哥将新娘从送亲车上抱上迎亲车，俗称“插车”。迎亲车到新郎家门口时，由新娘的哥哥抱新娘下车，这时新郎要用无箭的弓箭向新娘虚射3箭。新郎新娘一同到天地桌前，由族中长者主持赞礼③，之后，新郎用秤杆挑起新娘头上的盖头扔在房上，新娘由伴娘搀扶着踩红毡，抱宝瓶，跨马鞍子，入室坐福。坐福即将结束时，由女方的“送亲奶奶”等年龄较大的妇女为新娘“开脸”④。到正午时，新郎新娘跪在天地桌前，除供天地牌、烧香外，还带肉1方、酒3盅、尖刀1把，族长唱喜歌。礼成后，举行大宴，款待送亲的人。新郎新娘逐桌敬酒。宴罢，送亲的人等立即返回。当晚，青年人在洞房里围住新郎新娘尽情地玩闹，俗称“闹洞房”。第四天早晨，要拜祖先，拜公婆，以及拜族中长辈，俗称“分大小”。第五天或第七天，新婚夫妻一同回娘家拜望双亲，俗称“回门”。女方父母及亲属宴请。又如，辽宁境内的蒙古族的婚俗文化遵从蒙古族文

---

①　对子马即伴郎，选未婚男青年4人做伴郎。

②　过箱柜又称“亮箱底”“摆嫁妆”。

③　赞礼辞：一拜天地，二拜高堂，三新人对拜。

④　开脸即用丝线绞去新娘脸上的汗毛，再用鸡蛋滚压绞过的部位，使脸保持平润光滑。

化传统，稍有变化。蒙古族青年男女到十六七岁时，由父母包办成婚。婚姻程序包括求婚、订婚、聘礼、结婚、接亲、迎亲篝火、赞荷包、梳头、拜亲、婚宴、省亲等。再如朝鲜族，其婚俗文化遵从朝鲜族文化传统，同宗同姓之间不得通婚。其传统婚俗有议婚、订婚、纳彩、结婚。

辽河近代婚姻文化呈现多种形态和类型，但总体上趋于简单、节俭。19 世纪末 20 世纪初，“文明结婚”渐起。据《奉天通志》记载，“欧风东渐，新礼制迄未颁定，于是缙绅之族损益繁缛，酌剂中西仪节，谓之文明结婚”。“两家婚约既成，先以指环及饰物为聘。婚期多在上午，男女两家家长为主婚人，并合亲族戚友萃于一堂，延年高望重者一人，曰证婚人，通两姓之好者二人，曰介绍人，即媒妁也。届行礼时，先由证婚人宣读婚书，自主婚、证婚、介绍诸人及新婚夫妇俱钤章讫，新婚夫妇交换指环，后相向行三鞠躬礼，依次向证婚人、介绍人、主婚人行礼毕，由证婚人、主婚人各致训词，来宾致祝词。礼成摄影，新夫妇偕归男家”①。新式婚礼，既有旧式婚礼的喜庆色彩，又有近代文明社会的合理内涵，是对传统婚姻习俗文化的重大变革，逐渐发展成为辽河近代婚姻习俗文化的潮流。

（二）辽河近代交际礼仪

交际礼仪是一种社会道德规范，是人们社会交际活动中的行为准则和社会规则，主要包括礼貌、礼节、礼仪。礼貌是人与人之间在交往中，相互表示敬重和友好的准则和精神风貌；礼节是人们日常生活中，特别是在交际场合中相互问候、致意、祝愿、慰问以及给予必要的协助与照料的惯用形式，基本礼节形式包括握手、鞠躬、拥抱、招手、问候等，各地区、各民族以及身份不同，往往有所差别；礼仪通常是指在较大或较隆重的正式场合，

① 金毓黻．奉天通志［M］．沈阳：辽海出版社，2003：2317．

为表示敬意、敬重、重视等所举行的合乎社交规范和道德规范的仪式。

1840年鸦片战争后，在相当长的时间里，传统社交礼俗仍占主导地位。常见的见面礼仪有跪拜礼、拱手礼、请安等形式。

跪拜礼即两膝着地行礼。由一种相互致敬的礼节，演化成具有等级身份，成为臣服的象征，是古代交际礼仪文化的重要形式。古人的跪拜礼包括稽首、顿首、空首、振动、吉拜、凶拜、奇拜、褒拜、肃拜9种，因场合，行礼和受礼者身份、地位的不同而选择不同的跪拜礼。最隆重的叩首礼是三跪九叩，是用于对至尊者或祭祀时的一种礼仪。拱手礼，即双手合抱以示敬意。双手合抱时一般左手在外、右手在内。

（三）时令节俗文化的变化

辽沈地区岁时节日习俗文化是辽河文化的重要组成部分，主要包括传统节日习俗、农时节令习俗等形态和类型。

1. 传统节日习俗

辽沈地区流行的传统节日有春节、元宵节、中和节、上巳节、寒食节、清明节、端午节、虫王节、乞巧节、中元节、中秋节、重阳节、下元节、消寒节、腊八节、小年、除夕等。民间最看重的有春节、元宵节、清明节、端午节、中秋节、腊八节、小年、除夕等传统节日。辽沈地区重要传统节日及其活动习俗，如表5-14所示。

表 5-14　　辽沈地区重要传统节日及其活动习俗

节日名称	所在时间	活动习俗
春节	农历正月初一	旧时，春节从腊月下旬至正月下旬，气氛延续 1 个月，不出正月都是过年。中华人民共和国成立后，春节国家统一放假，现今春节假期为腊月三十至正月初五。民间将最美味的食品、最靓丽的衣服在春节时享用。初一清晨开门时要燃放鞭炮，男女老幼皆早起，梳洗后换新衣、帽、鞋，祈迎福、禄、寿、财诸神，晚辈给长辈叩头拜年，长辈赏压岁钱，之后邻里乡亲、亲朋、同事互相拜年祝福。“衣冠拜贺岁新除，窄窄名条楷字书。郎自叩门依接帖，相逢一笑大年初”是旧时市井拜年的写照。初二、初三、初四亲友走访拜年，各家设宴款待，出嫁的女儿多偕夫挈子回娘家拜年、团聚。初五，俗称“破五”，早晨燃放鞭炮，各家吃饺子、豆包，谓“捏破”，此俗流传至今
元宵节	农历正月十五	元宵节又称“上元节”“灯节”，是一年一度的重要节日。旧时，元宵节日，大街小巷、店铺人家，张灯结彩，商贾等杂扮男女装束，扭秧歌、耍狮子、跑旱船、踩高跷、猜灯谜，热闹非凡。是日，百姓人家蒸、煮、炸食元宵
清明节	公历 4 月 5 日前后	清明节习俗是祭祖，缅怀祖先，祭扫祖先坟墓、焚烧纸钱冥物，除草、添土培坟
端午节	农历五月初五	端午节又称“五月节”，民间在门上悬挂葫芦、檐下插艾蒿，老人鬓饰蒿叶，儿童胸佩黄布小猴、青麻小帚，腕系五彩线，意在去病毒保长命，百姓吃粽子、煮鸡蛋。此俗流传至今

续表

节日名称	所在时间	活动习俗
中秋节	农历八月十五	中秋节俗称“团圆节”。此日傍晚，明月升起时，设案摆上月饼、瓜果进行祭月、拜月。之后，明月当空，一家人在庭院赏月叙谈，分享祭月礼品——月饼、水果
腊八节	农历腊月初八	腊八节，家家户户吃腊八粥，城乡同俗。从稻小米、黄米、麦粒、高粱、花生、黄豆、红豆、玉米馇子、绿豆、蚕豆、豇豆、黑豆等中选出 8 种材料，做成粥，分赠朋友食用，不得过午
小年	农历腊月二十三	民间家家祭灶、扫尘、准备年货，吃小年饭前燃放鞭炮。自此日始，社会各单位组织给军、烈属，老劳模、五保户、敬老院老人，离退休干部，老工人，送慰问品和优抚钱物等
除夕	农历腊月三十	贴年画、窗花、门神、春联，挂笺，供灶神像，吃年夜饭，又称“团圆饭”，团圆饭必有鱼、豆腐、粉条、鸡肉、饽饽、豆包、年糕之类的食品，是夜无人能眠，以待天明，称“守夜”“守岁”，午夜 12 时吃饺子，燃放鞭炮，无论贫富都给小孩压岁钱，此俗流传至今

注：表中相关资料参阅沈阳市人民政府地方志编纂办公室. 沈阳市志（第十六卷）［M］. 沈阳：沈阳出版社，1994：361-364；大连市史志办公室. 大连市志·民俗志［M］. 北京：方志出版社，2004：133-149.

2. 农时节令习俗

辽宁地处中国东北地区南部、东部季风区，属中纬度温带季风气候，雨热同季，春秋季较短，寒冷期较长。由于受地理位置、地貌等因素的影响，省内各地的气候有较大差异，主要表现为东湿西干、南暖北冷，平原和沿海多风，灾害性天气主要有季节性干旱，水、涝灾害，霜冻、冷害、冰雹和大风等。千百年来，农田作物的播种习俗基本沿用传统习惯，农时活动也都根据二十四节气的传统方式进行，大体生产周期是春种、夏管、秋收、冬备耕。年复一年，周而复始。在长期的耕作实践中，人们根据节候的变化与作物生长情况总结出许多生产规律，成为自觉遵守的农时节令习俗。有关农时节气的含义及习俗，如表 5-15 所示。

表 5-15　　　　农时节气的含义及民间习俗表

<table>
<tr><th colspan="2">农历按月分布</th><th rowspan="2">节气</th><th colspan="2">阳历按月分布</th><th rowspan="2">节气含义及习俗</th></tr>
<tr><th>月份</th><th>节次</th><th>月份</th><th>日期</th></tr>
<tr><td rowspan="2">正月</td><td>上节</td><td>立春</td><td rowspan="2">2 月</td><td>4 日或 5 日</td><td>农历立春一般是“六九”的头一日，或“五九”最后一日。俗谚“春打六九头”或“春打五九尾”。“五九”最后一日立春年景比较寒冷，俗谚“春打五九尾，来年冻死鬼”。立春象征春季开始。立春阳气转，万物复苏，生机勃勃。俗谚有“立春一日，水暖三分”“晴兆丰年，阴兆荒灾”“雷打立春节，惊蛰雨不歇”等</td></tr>
<tr><td>下节</td><td>雨水</td><td>19 日或 20 日</td><td>雨水沿河边。雨水节气象征降雨量逐渐增加，是春耕备耕的时节。俗谚有“立春天渐暖，雨水送肥忙”“雨水惊蛰寒，芒种水淹岸”等</td></tr>
</table>

续表

农历按月分布		节气	阳历按月分布		节气含义及习俗
月份	节次		月份	日期	
二月	上节	惊蛰	3月	5日或6日	惊蛰乌鸦叫。惊蛰节气，开始响雷，冬眠的动物复苏。俗谚有“惊蛰过，暖和和，蛤蟆老角唱山歌”“惊蛰一犁土，春分地气通”。这日有雷鸣，主丰年，有“雷打惊蛰米谷贱”，亦有“惊蛰闻雷鸣，虫蚁多成群”“雷打惊蛰前，四十九个阴雨天”之说
	下节	春分		20日或21日	春分节气，昼夜平分，越冬作物进入春季生长阶段。春分滴水干。若春分日气温低，则夏季雨水多，有“冻了春分，才有夏雨”之说
三月	上节	清明	4月	5日或6日	清明节气，气候温暖，天气晴和明朗，万物开始生长，是种植作物的时节，农民开始春耕春种，清明忙种麦。俗谚有“光清明，暗谷雨”“植树造林，莫过清明”等。清明之夜下雨对麦子生长不利。俗谚：“麦子不怕四季水，只怕清明一夜雨。”民间信俗，“清明不明”即为荒年之兆，清明刮风主旱等
	下节	谷雨		20日或21日	谷雨节气，降雨量增多，是谷类作物生长的好时期，“雨生百谷”，故有“谷雨种大田”“谷雨前后，种瓜种豆”之说。谷雨这日若降雨，则预示着丰收年景，有“谷雨不雨，年荒人饥”之说；若不降雨，则是荒年之兆

续表

农历按月分布		节气	阳历按月分布		节气含义及习俗
月份	节次		月份	日期	
四月	上节	立夏	5月	5日或6日	立夏鹅毛住。立夏节气，气温升高，表明夏季开始，夏季是农作物生长的旺季。俗谚：“立夏日晴，蓑衣斗笠随身行”，说明夏季天气变化无常，提示人们时刻预防下雨
	下节	小满		20日或21日	小满节气，麦类等夏熟作物籽粒逐渐饱满，但尚未完全成熟，故称“小满”。民间信俗，这日晴天，主年景好，有“四月八日晴，油菜麦子长两层；四月八日落（雨），油菜麦子光壳壳”之说。农作物成熟的时节，是雀鸟的孵化季，故有“小满雀来全”之说
五月	上节	芒种	6月	5日或6日	芒种节气，麦类等有芒作物成熟。芒种又称“忙种”，此时晚谷、黍、稷等夏播种正忙，“过了芒种不可强种，若再种有芒作物，很难有收成”。芒种时节，农民抢收抢播，俗称“双抢”，大家乐于忙活。俗谚有“芒种火烧天，夏至雨涟涟”“芒种雷声大，定是大旱年”，是民间信俗

续表

农历按月分布		节气	阳历按月分布		节气含义及习俗
月份	节次		月份	日期	
五月	下节	夏至	6月	21日或22日	夏至节气，表明夏天的真正开始，雨季到来，此日白昼时间最长，夜晚时间最短。从此日开始，白昼则一天一天变短，“夏至一日短”。夏至以后，播种和田间管理暂告一段落，农民获得休整期，俗称“挂锄”，夏至至秋收前一段时间，主要的任务是积攒农家肥，为来年种植做准备。俗谚：“夏至不过不暖，冬至不过不寒。”故夏至不着棉。民间信俗，夏至天气变化对逐作物有影响，俗谚有“夏至风西南，路上水成潭”，“夏至雾茫茫，洪水漫山冈”。夏至若是晴，“有雨在秋边”，即秋后多雨
六月	上节	小暑	7月	7日或8日	小暑节气，正当初伏前后，气候开始炎热，故“小暑不算热”。俗谚：“小暑头上一声雷，四十五天野黄梅”，说明小暑时天上打雷，会有45天的黄梅天气。小暑凉飕飕，大暑热熬熬
	下节	大暑		22日或23日	大暑在伏天。大暑节气以后为一年中最炎热的时节，即“三伏”，“大暑热熬熬”说的就是这个意思。俗谚“小暑大暑，淹死老鼠”，说明大暑时节雨水太多

续表

农历按月分布		节气	阳历按月分布		节气含义及习俗
月份	节次		月份	日期	
七月	上节	立秋	8月	7日或8日	立秋节气是秋季的开始。气温逐渐下降，“立秋天渐凉，处暑谷渐黄”，天气逐渐变凉，农作物接近成熟，农民为秋收做准备，立秋忙打垫。立秋日若是打雷，预示秋季将干旱无雨。俗谚有“雷打立秋，干死泥鳅”“立秋无雨，秋季必旱”。可见，农民重视立秋日天气
	下节	处暑		22日或23日	处暑节气表明一年中炎热的天气即将过去，亦有立秋后天气炎热的情况，俗称“秋老虎”。农民准备收获庄稼了，处暑动刀镰
八月	上节	白露	9月	7日或8日	白露节气表明秋收开始，大田的农作物基本成熟，农民开始收割，故“白露快割地”。此间夜晚开始凉冷，“白露秋风夜，一夜凉一夜”，昼夜温差较大。俗谚：“白露身勿露，露了冻泻肚”，就是在告诫人们要注意保护身体
	下节	秋分		23日或24日	秋分节气，昼夜平分。秋分无生田，地里庄稼全部成熟，是秋收季节，也是秋耕时节。此时，农民忙着翻地整地，既可保墒，也可将土地中的虫卵翻出或让鸟雀啄食或使其在冬季冻死。俗谚：“白露过去是秋分，忙过秋收忙秋耕”，说的就是这个意思

续表

农历按月分布		节气	阳历按月分布		节气含义及习俗
月份	节次		月份	日期	
九月	上节	寒露	10 月	8 日或9 日	寒露节气表明气温明显降低，夜间露水重且很凉，天气逐渐转冷。寒露不算冷，但其风对晚秋作物危害很大，故有“禾怕寒露风，人怕老来穷”之说。寒露后人们要防止着凉
	下节	霜降		23 日或24 日	霜降节气开始降霜了，故说“霜降变了天”，天气已冷。成霜的早晨较冷，农作物晚受冻害。俗谚：“寒露不出终不出，霜降不黄终不黄”，说明霜降后，作物很难成熟
十月	上节	立冬	11 月	7 日或8 日	立冬节气表明冬季开始，立冬先封地。农村粮进仓、草上垛，场院脱粒全部结束，俗称“地了场光”，农民进入积肥、选种时期，为明年耕种做准备
	下节	小雪		22 日或23 日	小雪节气表明天气逐渐变冷，天空会飘雪花，小雪地上冻、河封严，进入封冻季节。俗谚有“小雪现晴天，有雪到过年”“小雪不落雪，大雪满天飞”“小雪雪满天，来岁定丰年”。农民从小雪节气的天气情况来判断未来的天气和年景的习俗由来已久

续表

农历按月分布		节气	阳历按月分布		节气含义及习俗
月份	节次		月份	日期	
冬月	上节	大雪	12 月	7 日或 8 日	大雪节气的降雪较大，逐渐进入严寒冬季。大雪交冬月，地封严，人不出行。
	下节	冬至		22 日或 23 日	冬至节气天气酷寒，进入“数九”寒天。这一日白昼最短、夜间最长，冬至以后，白天时间开始变长，“冬至一日长”，“吃了冬至面，一天长一线”。民间信俗，冬至日吃面条、祭祖
腊月	上节	小寒	1 月	5 日或 6 日	小寒节气表明天气已经开始进入寒冷的冬季了，小寒忙买衣。俗谚“小寒大寒不下雪，小暑大暑田开裂”，说明若是小寒与大寒节气不下雪，夏季的小暑和大暑时节将会发生严重干旱，提示人们及时做好抗旱准备
	下节	大寒		20 日或 21 日	大寒节气是一年中最寒冷的时节，数“三九”天易发生冰冻灾害，应做好预防。大寒节气是一年中最后的一个节气，过了大寒就是春节，所以说大寒要过年

注：表中相关资料参阅沈阳市人民政府地方志编纂办公室. 沈阳市志（第十六卷）［M］. 沈阳：沈阳出版社，1994：406-408；大连市史志办公室. 大连市志·民俗志［M］. 北京：方志出版社，2004：1149-155.

参考文献

1. 彭泽益. 中国近代手工业史资料［M］. 北京：三联书店，1957.

2. 孙毓棠. 中国近代工业史资料［M］. 北京：科学出版社，1957.

3. 严中平，等. 中国近代经济史统计资料［M］. 北京：科学出版社，1955.

4. 舒新城. 中国近代教育史资料［M］. 北京：人民教育出版社，1979.

5. 中国科学院近代史研究所，等. 洋务运动资料［M］. 上海：上海人民出版社，1962.

6. 中华书局编辑部. 筹办夷务始末・同治朝（第25卷）［M］. 北京：中华书局，2008.

7. 方豪. 中西交通史［M］. 台北：中国文化大学出版社，1983.

8. 汪敬虞. 十九世纪西方资本主义对中国的侵略［M］. 北京：人民出版社，1983.

9. 吕思勉. 中国近代史［M］. 长春：吉林出版集团股份有限公司，2017.

10. 朱寿朋. 光绪朝东华录［M］. 北京：中华书局，1958.

11. 孔经纬. 清代东北地区经济史［M］. 哈尔滨：黑龙江人民出版社，1990.

12. 薛虹，等. 中国东北通史［M］. 长春：吉林文史出版社，1991.

13. 朱诚如. 辽宁通史［M］. 沈阳：辽宁民族出版社，2009.

14. 中国人民银行. 中国近代货币史资料［M］. 北京：中华书局，1964.

15. 佟冬. 中国东北史［M］. 长春：吉林文史出版社，2006.

16. 王先谦，等. 东华续录·同治朝：卷 50［M］. 上海：上海古籍出版社，2007.

17. 王树楠，吴廷燮，金毓黻，等. 奉天通志［M］. 沈阳：东北文史丛书编委会点校、出版，1983.

18. 朱诚如. 清朝通史［M］. 北京：紫禁城出版社，2003.

19. 张侠. 清末海军史料［M］. 北京：海军出版社，1982.

20. 张福全. 辽宁近代经济史［M］. 北京：中国财政经济出版社，1989.

21. 戚其章. 北洋舰队［M］. 青岛：山东人民出版社，1981.

22. 关捷，等. 中日甲午战争全史［M］. 长春：吉林人民出版社，2005.

23. 中国史学会主编. 中国近代史料丛刊·中日战争［M］. 上海：上海人民出版社，1957.

24. 王铁崖. 中外旧约章汇编［M］. 北京：三联书店，1982.

25. 王彦威. 清季外资史料（卷 135）［M］. 北京：书目文献出版社，1987.

26. 佟冬. 沙俄与东北［M］. 长春：吉林文史出版社，1985.

27. 董志正. 日俄战争始末［M］. 大连：东北财经大学出版社，2005.

28. 辽宁省人民政府地方志办公室. 辽宁古塔志［M］. 沈阳：辽宁大学出版社，2019.

29. 白寿彝. 中国通史［M］. 上海：上海人民出版社，1999.

30. 汪敬虞. 中国近代工业史资料［M］. 北京：科学出版

社，1957.

31. 吴承明. 中国资本主义与国内市场［M］. 北京：中国社会科学出版社，1985.

32. 祝慈寿. 中国近代工业史［M］. 重庆：重庆出版社，1989.

33. 陈真、姚洛. 中国近代工业史资料［M］. 北京：三联书店，1958.

34. 孔经纬. 中国东北地区经济史第1卷，哈尔滨：黑龙江人民出版社，1990.

35. 王魁喜. 近代东北史［M］. 哈尔滨：黑龙江人民出版社，1984.

36. 顾明义，等. 日本侵占旅大四十年史［M］. 沈阳：辽宁人民出版社，1991.

37. 王德昭. 清代科举制度研究［M］. 北京：中华书局，1984.

38. 陈学恂. 中国近代教育史教学参考资料［M］. 北京：人民教育出版社，1986.

39. 李喜所. 近代留学生与中外文化［M］. 天津：天津人民出版社，1992.

40. 中国银行总管理处. 东北三省经济调查录［P］. 民国八年（1919年）版。

41. 朱诚如，等. 清朝前史［M］. 大连：辽宁师范大学出版社，2016.

42. 中央档案馆. 日本帝国主义侵华档案资料选编［M］. 北京：中华书局，1988.

43. 苏崇民. 满铁史［M］. 北京：中华书局，1990.

44. 辽宁省教育史志编纂委员会. 辽宁教育史志资料［M］. 沈阳：辽宁大学出版社，1990.

45. 卢鸿德. 日本侵略东北教育史［M］. 沈阳：辽宁人民出

版社，1995.

46. 齐红深．日本侵华教育史［M］．北京：人民教育出版社，2002.

47. 毛泽东军事文集［M］．北京：军事科学出版社、中央文献出版社，1993.

48. 毛泽东选集［M］．北京：人民出版社，1996.

49. 金毓黻．奉天通志［M］．沈阳：辽海出版社，2003.

50. 白长青．辽宁文学史［M］．沈阳：辽海出版社，2005.

51. 辽宁省地方志编纂委员会办公室．辽宁省志·报业志［M］．沈阳：辽宁人民出版社，2005.

52. 辽宁省地方志编纂委员会办公室．辽宁省志·文化志［M］．沈阳：辽宁科学技术出版社，1999.

53. 辽宁省地方志编纂委员会办公室．辽宁省志·粮食志［M］．沈阳：辽宁民族出版社，2001.

54. 辽宁省地方志编纂委员会办公室．辽宁省志·地理志·建置志［M］．沈阳：辽宁民族出版社，2002.

55. 辽宁省地方志编纂委员会办公室．辽宁省志·少数民族志［M］．沈阳：辽宁民族出版社，2000.

56. 辽宁省地方志编纂委员会办公室．辽宁省志·人口志［M］．沈阳：辽宁民族出版社，2005.

57. 辽宁省人民政府地方志办公室．辽宁省志·公安志（1986—2005）［M］．沈阳：辽宁民族出版社，2016.

58. 辽宁省地方志编纂委员会办公室．辽宁省志·司法行政志［M］．沈阳：辽宁民族出版社，2003.

59. 辽宁省地方志编纂委员会办公室．辽宁省志·检察志［M］．沈阳：辽宁科学技术出版社，1999.

60. 辽宁省地方志编纂委员会办公室．辽宁省志·审判志［M］．沈阳：辽宁民族出版社，2003.

61. 辽宁省统计局．辽宁工业百年史料（内部资料）［M］．沈阳：辽宁省统计局印刷厂，2003.

62. 东北行政委员会之东北工业部. 东北工业概况［P］. 1949.

63. 辽宁省地方志编纂委员会办公室. 辽宁省志・黑色金属志・有色金属工业志・黄金工业志［M］. 沈阳：辽宁民族出版社，2001.

64. 辽宁省地方志编纂委员会办公室. 辽宁省志・化学工业志［M］. 沈阳：辽宁科学技术出版社，1999.

65. 辽宁省地方志编纂委员会办公室. 辽宁省志・机械工业志［M］. 沈阳：辽宁民族出版社，2004.

66. 辽宁省地方志编纂委员会办公室. 辽宁省志・电子工业志［M］. 沈阳：辽宁民族出版社，2003.

67. 辽宁省地方志编纂委员会办公室. 辽宁省志・煤炭工业志［M］. 沈阳：辽宁民族出版社，1999.

68. 辽宁省地方志编纂委员会办公室. 辽宁省志・电力工业志［M］. 沈阳：辽宁科学技术出版社，1996.

69. 辽宁省地方志编纂委员会办公室. 辽宁省志・轻工业志［M］. 沈阳：辽宁民族出版社，2005.

70. 辽宁省地方志编纂办公室. 辽宁省志・纺织工业志［M］. 沈阳：辽宁民族出版社，2001.

71. 辽宁省地方志编纂委员会办公室. 辽宁省志・医药志［M］. 沈阳：辽宁民族出版社，2003.

72. 辽宁省地方志编纂委员会办公室. 辽宁省志・建材工业志［M］. 北京：民族出版社，1999.

73. 辽宁省地方志编纂委员会办公室. 辽宁省志・农业志［M］. 沈阳：辽宁民族出版社，2003.

74. 辽宁省地方志编纂委员会办公室. 辽宁省志・公路水运志［M］. 辽沈：辽宁人民出版社，1999.

75. 辽宁省地方志编纂委员会办公室. 辽宁省志・商业志

[M]. 沈阳：辽宁民族出版社，2001.

76. 辽宁省地方志编纂办公室. 辽宁省志·对外经济贸易志 [M]. 沈阳：辽宁民族出版社，2003.

77. 辽宁省地方志编纂委员会. 辽宁省志·金融志 [M]. 沈阳：辽宁科学技术出版社，1996.

78. 辽宁省地方志编纂委员会办公室. 辽宁省志·教育志 [M]. 沈阳：辽宁大学出版社，2001.

79. 辽宁省地方志编纂委员会办公室. 辽宁省志·科学技术志 [M]. 沈阳：辽宁人民出版社，2000.

80. 辽宁省地方志编纂委员会. 辽宁省志·社会科学志 [M]. 沈阳：辽宁人民出版社，2000.

81. 辽宁省地方志编纂委员会办公室. 辽宁省志·出版志 [M]. 沈阳：辽宁民族出版社，2001.

82. 辽宁省地方志编纂委员会办公室. 辽宁省志·档案志 [M]. 沈阳：辽宁民族出版社，2004.

83. 吴汝纶. 李文忠公奏稿 [M]. 上海：上海古籍出版社出版，2012.

84. 左宗棠. 左文襄公全集·奏稿 [M]. 长沙：岳麓书院，2014.

85. 吴汝纶. 李文忠公朋僚函稿 [M]. 上海：上海古籍出版社，2012.

86. 爱新觉罗·弘历. 乾隆御制诗文全集：第五集·卷 26 [M]. 北京：人民大学出版社，2013.

87. 刘锦藻. 清朝续文献通考：第 230 卷 [M]. 杭州：浙江古籍出版社（影印本），1988.

88. 中华书局编辑部. 大清历朝实录·德宗景皇帝实录：第 547 卷 [M]. 北京：中华书局，1987.

89. 中共中央翻译局. 马克思恩格斯选集 [M]. 北京：人民出版社，1976.

90. 齐思和. 筹办夷务始末·道光朝：第 2 卷 [M]. 北京：中华书局，1964.

91. 中华书局编辑部. 大清历朝实录·宣宗成皇帝实录：第 314 卷 [M]. 北京：中华书局，1983.

92. 戚其章. 中国近代史资料丛刊续编·中日战争：第 7 册 [M]. 上海：上海人民出版社，1957.

93. 丹东市史志办公室（旧志整理）. 凤城县志 [M]. 沈阳：辽宁民族出版社，2008.

94. 姚锡光. 东方兵事纪略·辽东篇//中国近代史资料丛刊 [M]. 上海：上海人民出版社，1957.

95. 辽阳市史志办公室（旧志整理）. 辽阳县志 [M]. 沈阳：辽宁民族出版社，2008.

96. 戚其章. 中国近代史资料丛刊续编 [M]. 上海：上海人民出版社，1957.

97. 王彦威. 清季外交史料：第 16 卷 [M]. 北京：书目文献出版社，1987.

98. 盛宣怀. 愚斋存稿：第 31 卷 [M]. 上海：上海人民出版社，2018.

99. 魏元旷. 坚冰志：第 1 卷 [M]. 上海：上海人民出版社，1957.

100. 旅顺民政署. 旅顺事情：第 1 章 [R]. 旅顺：旅顺民政署印，1920.

101. 无尤. 日俄战争辽阳会战 [J]. 今古辽阳，1992 (2).

102. 营口市史志办公室（旧志整理）. 营口县志·制油工业 [M]. 沈阳：辽宁民族出版社，2008.

103. 中国银行总管理处. 东三省经济调查录 [M]. 沈阳：中国银行总管理处印，1919.

104. 魏福祥. 解放前辽宁工商业发展概述//辽宁文史档案资料选辑：第 26 辑 [M]. 北京：文史资料研究委员会，1962.

105. 大连市工商业联合会. 大连油坊业史略［M］//辽宁文史档案资料选辑：第 26 辑. 北京：文史资料研究委员会，1962.

106. 宋瑞宸. 解放前安东的油坊业［M］//辽宁文史档案资料选辑：第 8 辑. 北京：文史资料研究委员会，1962.

107. 国民政府工商部工商访问局编. 工商半月刊·营口工业状况：第 1 卷［M］. 南京：国民政府工商部工商访问局编印，1929.

108. 奉天省政府. 奉天省长公署档案［M］//辽宁省档案馆馆藏：卷 3108. 沈阳：奉天省政府印，1913.

109. 丹东市史志办公室（旧志整理）. 安东县志·工业：卷 6［M］. 沈阳：辽宁民族出版社，2008.

110. 《中国柞蚕》编辑部. 东北柞蚕放养调查［M］. 沈阳：《中国柞蚕》编辑部印，1917.

111. 丹东市工商业联合会编. 丹东柞蚕丝绸发展简史［M］//辽宁文史档案资料选辑：第 26 辑. 北京：文史资料研究委员会，1962.

112. 马尚斌. 奉系经济［M］. 沈阳：辽海出版社，2000.

113. 东北文化社年鉴编印处. 东北年鉴［M］. 沈阳：东北文化社，1931.

114. 沈阳市地方志办公室（旧志整理）. 新民县志·实业：卷 5［M］. 沈阳：辽宁民族出版社，2008.

115. 鞍山市史志办公室（旧志整理）. 海城县志·实业：卷 7［M］. 沈阳：辽宁民族出版社，2008.

116. 锦州市工商联合会，等. 锦州皮毛业//辽宁文史档案资料选辑：第 26 辑［M］. 北京：文史资料研究委员会，1962.

117. 沈振荣. 东三省兵工厂［M］//辽宁文史档案资料选辑：第 8 辑. 北京：文史资料研究委员会，1962.

118. 徐世昌. 东三省攻略·实业（奉天省）［M］. 长春：吉林文史出版社，1989.

119. 满铁社长室调查课. 满蒙全书（卷 5）［M］. 大连：满铁文化协会印，1923.

120. 辽阳市史志办公室（旧志整理）. 辽阳县志・实业志：卷 27［M］. 沈阳：辽宁民族出版社，2008.

121. 铁岭市地方志办公室（旧志整理）. 铁岭县志・实业商务：卷 8［M］. 沈阳：辽宁民族出版社，2008.

122. 鞍山市史志办公室（旧志整理）. 台安县志・工商业：卷 3［M］. 沈阳：辽宁民族出版社，2008.

123. 辽源市史志办公室（旧志整理）. 东丰县志・商业志：卷 3［M］. 北京：中央广播电视出版社，1994.

124. 东北交通委员会. 交通委员会文书//辽宁省档案馆馆藏：第 7515 号［M］. 沈阳：东北交通委员会印，1930.

125. 菊池宽. 满铁外史（后篇）［M］. 大连：满铁社员会印，1942.

126. 满洲青年联盟史刊会. 满洲青年联盟史［M］. 大连：满洲青年联盟印，1933.

127. 草柳大藏. 满铁调查部内幕：刘耀武，等译［M］. 哈尔滨：黑龙江人民出版社，1982.

128. 马越山. "九・一八"事变实录［M］. 沈阳：辽宁人民出版社，1991.

129. 松冈洋右. 动荡之满蒙［M］. 日本：中央公论社，1931.

130. 小林龙夫，等. 现代史资料 7・满洲事迹［M］. 日本：美铃书房，1985.

131. 日本国际政治学会太平洋战争原因研究部编. 走向太平洋战争・资料编［M］日本：朝日新闻社，1963.

132. 粟屋宪太郎. 文献昭和史（第 2 卷）［M］. 日本：东京平凡社，1983.

133. 森恪. 危急的满蒙［M］//侵略・没有宣战的战争. 日

本：东京平凡社，1987.

134. 汪向荣. 中国近代化与日本 [M]. 长沙：湖南人民出版社，1987.

135. 井上清. 日本军国主义：姜晚成，译 [M]. 北京：商务印书馆，1985.

136. 缬缬厚. 田中义一：顾令仪，译 [M]. 北京：社会科学文献出版社，2005.

137. 南满洲铁道株式会社. 南满洲铁道株式会社十年史 [M]. 大连：满洲日日新闻社，1919.

138. 东北沦陷十四年史辽宁编写组. 满洲开发四十年史 [M]. 沈阳：东北沦陷十四年史辽宁编写组印，1988.

139. 南满洲铁道株式会社. 南满洲铁道株式会社十年史 [M]. 大连：满洲日日新闻社，1919.

140. 辽宁省教育厅教育志编纂委员会. 辽宁省教育志 [M]. 沈阳：辽宁省教育厅印，1992.

141. 南满洲铁道株式会社调查部. 满洲经济提要 [M]. 大连：南满洲铁道株式会社印，1938.

142. 辽宁省地方志编纂委员会办公室. 辽宁省志·建设志 [M]. 沈阳：辽河民族出版社，2003.

143. 阿瓦林. 帝国主义在满洲 [M]. 北京：商务印书馆，1980.

144. 沈予. 日本大陆政策史（1868—1945）[M]. 北京：社会科学文献出版社，2005.

145. 董惠云、张秀春. 张学良与东北新建设资料选 [M]. 香港：香港同泽出版社，1998.

146. 胡适. 胡适文集 [M]. 北京：北京大学出版社，1998.

147. 铁保. 熙朝雅颂集 [M]. 沈阳：辽宁大学出版社，1992.

148. 天津图书馆. 袁世凯奏议 [M]. 天津：天津古籍出版

社，1987.

149. 故宫博物院明清档案部．清末筹备立宪档案史料［M］．北京：中华书局，1979.

150. 张应昌．清诗铎［M］．北京：中华书局，1960.

151. 中华书局编辑部．大清历朝实录·文宗显皇帝实录：第215、290卷［M］．北京：中华书局，1987.

152. 杨学琛、周远廉．清代八旗王公贵族兴衰史［M］．沈阳：辽宁人民出版社，1986.

153. 孙铭军．俄国侵华史简编［M］．长春：吉林人民出版社，1983.

154. 龟井兹明．血证——甲午战争亲历记［M］．高永学，译．北京：中央民族大学出版社，1997.

155. 中国档案汇编．清光绪朝中日交涉史料：卷27［M］．北京：故宫博物院，1932.

156. 陈旭麓，等．甲午中日战争·盛宣怀档案资料选辑之三［M］．上海：上海人民出版社，1980.

157. 薛天忠．金县志［M］．大连：大连出版社，1989.

158. 河村直，等．日清战争实记选译［M］//中国近代史资料丛刊续编·中日战争：第8册．北京：中华书局，1986.

159. 孙克复．甲午抗日烈士阎世开考略//纪念甲午战争一百年学术研讨会专辑：第4期［C］．大连：大连市社科联，1994.

160. 维特．俄国末代沙皇尼古拉二世——维特伯爵的回忆录［M］．张开，译//大连百近年史见闻．沈阳：辽宁人民出版社，1999.

161. 总参谋部军事档案馆．1900—1901年俄国在华军事行动资料：第1册［M］．济南：齐鲁书社，1980.

162. 曾根俊虎．俄国暴状态［M］．日本：东京国文社，1904.

163. 安德鲁·马洛泽莫夫．俄国的远东政策［M］．北京：商务印书馆，1977.

164. 王希智、韩行方．大连近百年史文献［M］．沈阳：辽宁人民出版社，1999.

165. 国家中央档案馆．日俄战争［M］//吉林省哲学社会科学院历史研究．北京：商务印书馆，1976.

166. 大连港史编委会．大连港史［M］．大连：大连出版社，1995.

167. 浅野虎三郎．大连市史［M］．大连：大连高役所，1936.

168. 鸠田道弥．满洲教育史［M］．大连：大连文教社，1935.

169. 罗曼诺夫．日俄战争外交史纲［M］．上海人民出版社，编译．上海：上海人民出版社，1976.

170. 王芸生．六十年来中国与日本：第1卷［M］．北京：三联书社，1980.

171. 丛佩远．日俄战争期间东北人民的抗俄斗争［J］．社会科学战线：1978（4）.

172. 辽宁省人民政府地方志办公室．辽宁古塔志［M］．沈阳：辽宁大学出版社，2019.

173. 田志和．清代科尔沁蒙地开发述略［J］．社会科学战线，1982（2）.

174. 田志和．清代东北蒙地开发述要［J］．东北师范大学学报，1984（1）.

175. 王松龄．清代东北地区工矿业述略［J］．松辽学刊，1990（3）.

176. 杨绰庵．东北经济小丛书［M］．北京：京华印书局，1948.

177. 营口县地方志办公室．营口县志：上篇［M］．沈阳：辽宁民族出版社，1999.

178. 金士宣、徐文述. 中国铁路发展史［M］. 北京：中国铁道出版社，1986.

179. 邮电史编辑部. 中国近代邮电史［M］. 北京：人民邮电出版社，1984.

180. 吉林省档案馆. 清代吉林档案史料选编・辛亥革命［M］. 长春：吉林省社会科学院历史所出版，1985.

181. 辽宁省档案馆. 奉系军阀档案史料汇编：第3册［M］. 南京：江苏古籍出版社、香港地平线出版社，1990.

182. 苏崇民. 劳工的血与泪［M］. 北京：中国大百科全书出版社，1995.

183. 孙景悦. 张学良与辽宁教育［M］. 香港：香港同泽出版社，1993.

184. 陈学恂. 中国近代教育史教学参考资料［M］. 北京：人民教育出版社，1986.

185. 郭建平. 奉系教育［M］. 沈阳：辽海出版社，2000.

186. 董守义. 清代留学运动史［M］. 沈阳：辽宁人民出版社，1985.

187. 程道德. 中华民国外交史资料选辑（1919—1931）［M］. 北京：北京大学出版社，1985.

188. 宓汝成. 中国近代铁路史资料［M］. 北京：全国图书馆文献资料缩微中心影印，2002.

189. 王道平. 中国抗日战争史［M］. 北京：解放军出版社，2005.

190. 陈本善，等. 日本侵略中国东北史［M］. 长春：吉林大学出版社，1989.

191. 赵冬晖. 苦难与斗争十四年［M］. 北京：中国大百科全书出版社，1995.

192. 孙邦，等. 伪满史料丛书——伪满社会［M］. 长春：吉林人民出版社，1993.

193. 中共沈阳市委党史研究室. 暴虐的罪行——日本殖民统治下的东北 [M]. 沈阳：沈阳出版社，2005.

194. 辽海档案馆，等. “九·一八”事变前后的日本与中国东北——满铁秘档选编 [M]. 沈阳：辽宁人民出版社，1991.

195. 高桥勇八. 大连市 [M]. 大连：大连大陆出版协会，1931.

196. 齐红深. 日本侵华教育史 [M]. 北京：人民教育出版社，2002.

197. 武强. 东北沦陷十四年教育史料（1）[M]. 长春：吉林教育出版社，1989.

198. 汤士安. 东北城市规划史 [M]. 沈阳：辽宁大学出版社，1995.

199. 中央档案馆，等. 日本帝国主义侵华档案资料选编 [M]. 北京：中华书局，1993.

200.《东北抗日联军斗争史》编写组. 东北抗日联军斗争史 [M]. 北京：人民出版社，1991.

201.《东北抗日联军斗争史》编写组. 东北抗日联军史料 [M]. 北京：中共党史资料出版社，1987.

202. 陈汉平. 抗战诗史 [M]. 北京：团结出版社，1995.

203. 梁山丁. 烛心集 [M]. 沈阳：春风文艺出版社，1989.

204. 徐光荣. 辽宁文学史 [M]. 沈阳：辽宁人民出版社，2013.

205. 沈阳市人民政府地方志办公室. 沈阳志·工业综述 [M]. 沈阳：沈阳出版社，1989.

206. 沈阳市人民政府地方志办公室. 沈阳志·机械工业·城市建设 [M]. 沈阳：沈阳出版社，2000.

207. 沈阳市人民政府地方志办公室. 沈阳志·城市建设 [M]. 沈阳：沈阳出版社，1998.

208. 邢安臣、白俊成. 解放战争与东北 [M]. 沈阳：辽宁大学出版社，1993.

209. 秦奎一. 针锋相对［M］. 沈阳：辽宁大学出版社，1991.

210. 辽宁省人民政府地方志办公室. 辽宁省方志志［M］. 沈阳：辽宁大学出版社，2019.

211. 孙克复. 狐狸方去穴，桃偶已登场——辛亥革命在辽宁的失败［J］. 辽宁大学学报，1981（6）.

212. 荆有岩. 张学良执政时期东北、华北财经状况［R］. 沈阳：辽宁文史资料，1982.